Victoria Forner

# HISTORIA PROSCRITA
*La actuación de agentes judíos
en la Hª Contemporánea*

# III

La II Guerra Mundial y la posguerra

Victoria Forner

## HISTORIA PROSCRITA
*La actuación de agentes judíos
en la Hª Contemporánea*
III
La II Guerra Mundial y la posguerra

Ilustración de la portada:
*"Puerta de Brandeburgo"* en Berlín.

Publicado por
Omnia Veritas Ltd
OmniaVeritas
www.omnia-veritas.com

© Omnia Veritas Ltd – Victoria Forner – 2017

Reservados todos los derechos. No se permite la reproducción total o parcial de esta obra, sin autorización previa y por escrito de los titulares del *copyright*. La infracción de dichos derechos puede constituir un delito contra la propiedad intelectual.

# CAPÍTULO X .................................................................................................... 11

## SOBRE LA II GUERRA MUNDIAL .......................................................... 11

### 1ª Parte Una guerra impuesta a Alemania y al mundo ................. 11
El milagro económico del nacionalsocialismo .................................................. 12
Pasos de Hitler en política exterior: el Sarre y las relaciones con Polonia ........ 16
Danzig ................................................................................................................ 20
Checoslovaquia o el Estado imposible .............................................................. 24
El Anschluss ....................................................................................................... 26
Los sionistas y la Conferencia de Evian ............................................................ 30
El camino hacia Múnich .................................................................................... 33
La ficción de Checoslovaquia, en evidencia ..................................................... 44
La política errática de Polonia contra Alemania en 1938 .................................. 49
Un terrorista judío asesina a Ernst von Rath: la "Kristallnacht" ....................... 53
Las consecuencias de la Kristallnacht ............................................................... 60
Alemania busca el acuerdo y la paz con Polonia .............................................. 62
Edward Frederick Lindley Wood, conde de Halifax ......................................... 65
Checoslovaquia se desintegra ............................................................................ 68
La farsa de Tilea ................................................................................................. 74
El trato de Hitler a los checos ............................................................................ 77
La utilización de Polonia contra Alemania: el cheque en blanco británico ...... 78
El deterioro de las relaciones germano-polacas ................................................ 84
La situación insostenible de los alemanes en Polonia ....................................... 90
La situación vista desde la Unión Soviética ...................................................... 97
¿Guerra general o guerra localizada? .............................................................. 105
El Pacto Ribbentrop-Mólotov. Algunas reacciones ........................................ 111
Alemania sigue intentanto el acuerdo con Gran Bretaña ................................ 114
La farsa de Halifax y Kennard: los polacos se niegan a negociar ................... 118
Los últimos intentos para evitar la invasión de Polonia .................................. 127
De una guerra local, a la II Guerra Mundial ................................................... 135
Piezas y peones del sionismo internacional en el Gobierno británico ............ 147

### 2ª Parte Hechos relegados de los primeros años de guerra .......... 151
La matanza indiscriminada de la minoría alemana en Polonia ....................... 151
De la guerra contra Alemania a la carta blanca para la URSS ....................... 160
Terror rojo y terror judío en Estonia y Letonia ............................................... 165
Beria y la matanza de Katyn ............................................................................ 172
La situación en Europa occidental: Noruega y los neutrales .......................... 178
El misterio de Dunkerque ................................................................................ 184
Una tesis poco creíble e indemostrable ........................................................... 188
El armisticio y los británicos. Agentes judíos rodean a De Gaulle ................. 192
El plan para exterminar definitivamente a la raza alemana ............................ 197
El vuelo of Rudolf Hess a Escocia ................................................................... 202

### 3ª Parte Pearl Harbour: Roosevelt inmola a sus marinos para entrar en la guerra ................................................................................................. 204
Roosevelt provoca a Alemania y se pone al servicio de la URSS .................. 205
El estrangulamiento económico de Japón ....................................................... 210
La flota estadounidense en Pearl Harbour ....................................................... 211
El Código Púrpura ............................................................................................ 213
Las horas previas al ataque .............................................................................. 218

### 4ª Parte El terror aéreo y el terror atómico ................................. 221
Alemania no se preparó para este tipo de guerra ............................................ 222

La "espléndida y heroica decisión" .................................................................. 226
La destrucción progresiva de Alemania ......................................................... 229
Lindemann, el ideólogo judío de Churchill..................................................... 232
Dresde, el holocausto olvidado ....................................................................... 234
El terror aéreo en Japón: el terrorismo atómico ............................................. 244
*5ª Parte El Plan Morgenthau. Media Europa para el comunismo* ............ *257*
Un inquietante documento secreto ................................................................. 258
El *Diario Morgenthau*. El Plan Morgenthau para Alemania........................... 264
La Conferencia de Yalta ................................................................................... 276
*6ª Parte Crímenes y masacres inmunes contra el pueblo alemán* .......... *290*
El preludio de Nemmersdorf........................................................................... 290
Las matanzas de refugiados en el mar: tres hundimientos olvidados ............... 294
Königsberg......................................................................................................... 296
Dos millones de mujeres violadas................................................................... 297
Los prisioneros de guerra alemanes. Los campos de la muerte de Eisenhower 300
El asesinato del general Patton ....................................................................... 309
Terrorismo judío ............................................................................................... 314

# CAPÍTULO XI .................................................................................................321

Los años decisorios de posguerra ......................................................... 321
*1ª Parte Alemania, una nación al borde del abismo* ................................. *321*
La expulsión de los alemanes, un transfer de poblaciones sin precedentes........ 322
Criminales judíos en los campos de concentración............................................. 338
El montaje funesto de Núremberg ................................................................... 344
Propaganda, desnazificación, castigo y saqueo ................................................ 359
*2ª Parte Fracaso del plan del Gobierno Mundial basado en el monopolio de la violencia atómica* ................................................................................... *365*
Bernard Baruch presenta el plan para el Gobierno Mundial ........................... 367
Judíos comunistas entregan a la URSS los secretos de la bomba atómica ........ 372
*3ª Parte La imposición del Estado sionista en Palestina* ......................... *386*
Algunos hechos históricos anteriores a 1936 .................................................. 387
La situación entre 1936 y noviembre de 1947 ................................................. 394
De la partición (29/11/1947) a la proclamación de Israel (14/5/1948) ............... 405
Proclamación unilateral de independencia y guerra de conquista ..................... 413
Las matanzas y la limpieza étnica................................................................... 421
El Golem nuclear sionista ................................................................................ 425
*4ª Parte En Estados Unidos, "brujas". En China y Corea, comunismo* ...*434*
Harry Dexter White, al frente del Fondo Monetario Internacional ................... 435
Los casos de Harry Hopkins y Alger Hiss ....................................................... 441
"Una conspiración tan inmensa": la entrega de China al comunismo ............... 447
Y más de lo mismo en Corea .......................................................................... 468
"Brujos" y "brujas", conjurados contra McCarthy........................................... 471
*5ª Parte El control del comunismo. Beria y el asesinato de Stalin*...........*493*
Lavrenti Pávlovich Beria .................................................................................. 494
La lucha por el poder y por el control de los partidos y los países comunistas .. 507
La crisis búlgara................................................................................................ 518
Fracaso del golpe de Estado en Hungría ........................................................ 526
El "antisemitismo paranoico" de Stalin ........................................................... 539
La lucha abierta entre Stalin y Beria............................................................... 544
Stalin, asesinado. El golpe de Estado de Beria ............................................... 557

Alemania y el fin de Beria .................................................................................. 572
**ÍNDICE** ........................................................................................................... 591
**OTROS LIBROS PUBLICADO POR OMNIA VERITAS** ............................ 615

# CAPÍTULO X

## Sobre la II Guerra Mundial

### 1ª Parte
### Una guerra impuesta a Alemania y al mundo

No es nuestro propósito narrar paso a paso el acontecer de la Segunda Guerra Mundial, sino reseñar hechos señeros generalmente distorsionados o falsificados por la historiografía oficial que permitan comprender por qué se produjo, quiénes la forzaron y cómo actuaron durante el conflicto. Se ha visto ya en el capítulo octavo que James Forrestal, quien sufrió una campaña que acabó con su vida el 21 de mayo de 1949, denunció a los poderes en la sombra que anhelaban la guerra. En *The Forrestal Diaries* el primer Secretario de Defensa de Estados Unidos desveló que Neville Chamberlain le confesó a Joe Kennedy, embajador en Londres, que la judería mundial y Roosevelt, su marioneta, habían forzado a Inglaterra a la guerra contra Alemania. Una guerra que había reclamado públicamente el rabino Stephen Wise, quien ya en mayo de 1933 había manifestado: "Soy partidario de la guerra santa contra Hitler. ¡Quiero la guerra!" Se verá en las páginas que siguen cómo el sionismo internacional movió a sus peones y cómo se sirvió del sufrimiento de su propio pueblo para lograr sus objetivos.

En 1938 los preparativos para la guerra estaban en marcha y muchos agentes trabajaban sigilosamente en los distintos países para que se produjera su estallido. Entre ellos, por citar algunos nombres, estaban Lord Halifax, Lord Vansittart, Duff Cooper, Leo Amery, Paul Reynaud, Georges Mandel, William Bullitt y otros sobre los que habrá ocasión de escribir más adelante. En cuanto a los organismos y grupos de presión favorables a la guerra controlados por el poder en la sombra, sobresalen, por su puesto, el sionismo, principal interesado; la masonería internacional, instrumento habitual; y el "Brain Trust" judío del presidente Roosevelt. En el fondo todos venían a ser los mismos perros con diferentes collares. También los laboristas ingleses, el Partido Comunista de Francia y la mayoría de los socialistas franceses servían intereses ocultos. Hemos visto cómo Negrín, Álvarez del Vayo y compañía, bien relacionados con el comunismo y la masonería, basaban en

España toda su estrategia de resistencia en el convencimiento de que la guerra en Europa era sólo cuestión de tiempo. Así, pues, distintas fuerzas trabajaban para la guerra en el seno de los países europeos y conformaban un partido belicista transnacional que servía intereses ajenos a los de sus naciones.

## El milagro económico del nacionalsocialismo

Antes de pasar a examinar los hechos que desencadenaron la mayor hecatombe jamás padecida por la humanidad, es conveniente dejar constancia de la portentosa recuperación de Alemania tras la llegada de los nazis al poder, pues ello ayudará a comprender por qué el nacionalismo alemán se convirtió en el peor enemigo de los banqueros internacionales y del liberalismo económico. Mientras entre 1934 y 1938 el dictador rojo liquidaba a los agentes judíos que habían protagonizado la Revolución de Octubre y consolidaba su poder gracias a las purgas, Hitler, el dictador alemán, concebido y financiado para que se enfrentase a Stalin y para que propiciase un éxodo de judíos europeos a Palestina, afianzaba también su posición mediante la puesta en marcha de una serie de medidas económicas, sociales y políticas que transformaron el país en cuatro años.

En 1933 la economía alemana seguía inmersa en un colapso y la población venía soportando tres lustros de hambre, miseria y enfrentamientos sociales, orquestados una y otra vez, como se ha visto, por la Internacional Comunista, que veía en Alemania la pieza clave para la revolución mundial. Las reparaciones de guerra habían hundido en la ruina a la población y la nación estaba en bancarrota. Cerca de siete millones de alemanes no tenían trabajo como consecuencia de la Gran Depresión. Con la llegada de los nazis todo cambió como por encanto y Alemania, un país al que se había privado de colonias, se convirtió en cuatro años en la economía más fuerte de Europa. No es, pues, de extrañar que Hitler, el hombre que personificaba este milagro, fuera extraordinariamente admirado por los alemanes. Cómo se logró un cambio tan impresionante merece un breve resumen.

En primer lugar hay que decir que la abolición de la esclavitud del interés era uno de los puntos centrales del programa del NSDAP. El ideólogo económico del partido, Gottfried Feder, había previsto la nacionalización del Reichsbank y de los grandes bancos que prestaban con interés. Cuando los nazis llegaron al poder el 30 de enero de 1933, Feder fue designado secretario de Estado para Asuntos Económicos y se dispuso a poner en práctica la política económica oficial del nacionalsocialismo. Hjalmar Schacht, nombrado presidente del Reichsbank en marzo de 1933, no sólo frustró cualquier iniciativa nacionalizadora, sino que logró la destitución de Gottfried Feder y además pasó a ser el titular del Ministerio de Asuntos Económicos, cargo en el que se mantuvo hasta el 19 de enero de 1939. Su oposición a la concesión de una serie de créditos solicitados por el Estado provocaron su cese. El 15 de junio de 1939 se promulgó una ley por la que el Reichsbank quedó "incondicionalmente subordinado a la soberanía del Estado". Dicho esto, veamos en unas pinceladas algunos logros del llamado "milagro económico".

El trabajo fue la base sobre la que el nacionalsocialismo levantó a la nación. Se puso en marcha un extenso programa de obras públicas: reparación de edificios públicos y privados, construcción de puentes, canales, diques, carreteras, instalaciones portuarias, etc. Una de las realizaciones que adquirió fama mundial fue la famosa "Autobahn", el primer sistema de autopistas del mundo. De esta manera millones de desempleados se pusieron a trabajar. La gran pregunta que surge es ¿Cómo pagaron los nazis a los trabajadores sin crédito internacional y con el país en bancarrota? Lo que hicieron fue sustituir el patrón oro por el patrón trabajo, basado en la productividad del obrero alemán. El coste de todos los proyectos fue establecido en 1.000 millones de unidades de una nueva moneda nacional que se llamó Certificados de Trabajo del Tesoro, que en realidad eran mil millones de letras de cambio no inflacionarias emitidas por el Gobierno con las que se pagaba a los obreros. Estos Certificados del Tesoro eran utilizados por los trabajadores, que los gastaban en bienes y servicios, con lo que se creaban puestos de trabajo para más gente. Los certificados circularon como dinero y se convirtieron de hecho en una moneda. Eran renovables indefinidamente y fueron emitidos como bonos, por lo que el Gobierno pagó intereses a los poseedores.

El economista Henry C. K. Liu se refiere a esta forma de financiamiento como "crédito soberano", en alusión, sin duda, a que se evitaba de este modo pedir dinero a los prestamistas usureros internacionales, con lo que se eludía cualquier tipo de deuda. Mientras en Estados Unidos y en Europa millones de personas seguían sin trabajo y a expensas de la asistencia social, en Alemania el problema del desempleo se solucionó en dos años gracias a esta moneda estable no inflacionaria. La idea del "crédito soberano" no era nueva: en el capítulo V se ha visto que cuando los Rothschild y otros banqueros internacionales ofrecieron préstamos al 24% y al 36 % de interés, Lincoln ordenó la emisión de notas del Tesoro, los "greenbacks", un dinero libre de interés que tuvo uso legal en Estados Unidos. Entonces, se pidió la destrucción del Gobierno que había puesto en práctica esta "malévola política financiera". Lincoln fue asesinado por el judío masón John Wilkes Booth.

En cuanto al comercio exterior, también se consiguió restaurarlo gracias al "barter" o sistema de trueque. El boicot económico internacional que decretaron las organizaciones judías de todo el mundo incluía la restricción de créditos a Alemania; pero mediante el intercambio directo de mercancías se evitó tener que pagar la financiación de bancos internacionales. En octubre de 1938 Walter Funk, ministro de Economía, viajó a los Balcanes, a Turquía y a Bulgaria. Ante un comité mixto germano-yugoslavo que preparaba un acuerdo comercial Funk declaró: "Podemos absorber en Alemania todo lo que produce Yugoslavia. Podemos mandar a Yugoslavia todo lo que ésta necesita. Los precios que podemos ofreceros no os los puede ofrecer ningún país. Al ser vecinos, los gastos de transportes son mínimos. Al actuar por el sistema de trueque, no necesitamos pagar la financiación de bancos extranjeros. No necesitamos préstamos. No necesitamos a nadie." Alemania ofreció sus productos a Yugoslavia, Bulgaria, Turquía, países que cubrieron de este modo dos tercios de sus necesidades. A la vez, recibió las exportaciones de estos Estados. Se formó de este modo una zona que iba de la frontera alemana al mar Negro. Todo ello iba en detrimento del principal cliente y proveedor de estas naciones, Gran Bretaña, que no podía competir, puesto que estaba sujeta a los créditos y a las pólizas de seguros de las entidades bancarias de la City.

Pero no sólo funcionó el "barter" en Europa: Brasil, Argentina y México también lo pusieron en páctica. El 19 de enero de 1939 el periódico norteamericano *Daily Journal World* daba la noticia de que México había vendido petróleo a Alemania por valor de 17.000.000 de dólares a través del sistema del trueque. Textualmente este diario decía lo siguiente: "El sistema barter de los nazis es una de las maravillas de nuestro tiempo. Alemania canjea sus productos por los de otros países sin que haya intercambio de dinero. Es tan simple como el acuerdo mediante el cual un colegial permuta con otro una navaja con la hoja rota por un escarabajo vivo en una botella." Es evidente que este tipo de operaciones en las transacciones internacionales iba en contra de los intereses del sistema capitalista imperante, basado en la especulación y la usura. La pugna entre el capital productivo y el capital especulativo había sido ya ganada por los banqueros internacionales, que no podían permitir de ninguna manera un retroceso que suponía un revés muy serio para sus intereses.

Otro aspecto relevante del milagro alemán fue la protección de los agricultores, convertida en una de las prioridades del Gobierno. Una sana y robusta población agraria era premisa indispensable para la nación, ya que los nazis otorgaban gran importancia a la familia campesina tradicional. Muchos payeses engrosaban las cifras de los desempleados, pues habían quedado arruinados en años precedentes debido a la caída del precio de los productos del campo, a los intereses desmesurados que pagaban y a las ejecuciones hipotecarias de especuladores sin escrúpulos, con frecuencia judíos. El Gobierno nacionalsocialista creó la Agencia Nacional de Alimentación (Reichnährstand), una corporación pública que integraba a quienes estaban conectados con la producción, procesamiento y distribución de los alimentos: molineros, panaderos, conserveros, intermediarios, tenderos locales... Su función consistió en una reglamentación del mercado de víveres. Esta Agencia Nacional garantizó al agricultor un mercado para sus productos a un precio suficiente, que le permitiera cubrir los costes de producción y preparar la nueva cosecha, pero a la vez moderado, con el fin de que los compradores gozaran de precios razonables. Se creó así un mercado estable que aseguró un suministro de alimentos fiable para todas las partes. Se eliminaron de este modo las fluctuaciones irregulares de los precios, dictados con frecuencia por los especuladores de la bolsa. Estas medidas salvaron al campesinado alemán del descenso catastrófico de los precios mundiales y evitaron las quiebras de agricultores: en 1932 hubo más de siete mil, pero en ya 1933 las quiebras se redujeron a mil seiscientas. En 1932 Alemania había importado víveres por valor de 4,5 mil millones de marcos, mientras que en 1935 lo hizo sólo por valor de 0,9 mil millones. Como sabemos, en el paraíso soviético por el que luchaban obreros y campesinos de todo el mundo, en 1933 se estaba matando de hambre de manera planificada a millones de agricultores: "Holodomor".

La protección del nacionalsocialismo a los trabajadores es asimismo digna de mención. Una de las primeras medidas del Gobierno de Hitler fue el adecentamiento de las fábricas alemanas, que fueron dotadas de parques o zonas ajardinadas, piscinas y otras comodidades destinadas a humanizar el entorno de los obreros. El programa "Kraft durch Freude", KdF, cuya traducción sería "Fuerza a través de la Alegría", se basaba en la idea de que los trabajadores no sólo debían recibir el salario, sino que su trabajo debía ser reconocido poniendo a su alcance ciertos disfrutes de la vida. KdF ofrecía a los trabajadores y a sus familias el acceso a la cultura, al deporte, a las artes. El programa tenía once secciones. Una de ellas, "Vacaciones, viajes y turismo", ofrecía viajes por Alemania y también por el extranjero. En tres años, once millones de trabajadores realizaron viajes de recreo por tierra o por mar. Inicialmente se dispuso en esta sección de seis barcos grandes, que sólo en 1935 realizaron más de cien viajes por el Atlántico. En 1936 doscientos mil trabajadores embarcaron en estos buques turísticos. En 1935 el arquitecto Clemens Klotz concibió el balneario de Prora en la isla de Rügen, una instalación monumental para el disfrute de los obreros alemanes. El balneario, con vistas al Báltico, tenía una extensísima playa de finas arenas blancas y 350 hectáreas de bosques y praderas. Este proyecto recibió el gran premio de arquitectura en la Exposición Internacional de 1937.

El tema de la vivienda merece ser elogiado. Para ayudar a los matrimonios jóvenes, se construyeron casas pulcras y resistentes dotadas de jardín, que podían comprarse sin interés mediante pequeños pagos mensuales. Con el fin de incentivar la natalidad, con cada nacimiento se cancelaba una cuarta parte de la hipoteca. De este modo con el cuarto hijo una pareja obtenía su hogar completamente gratis. Esta fórmula, evidentemente, no tiene nada que ver con pasar veinte o treinta años pagando intereses a un banco para acceder a una vivienda digna. En cuanto a los apartamentos y casas viejas en los suburbios o barrios más degradados, los nazis realizaron restauraciones y modernizaciones con objeto de dignificar tanto las barriadas como las viviendas.

El nacionalsocialismo estableció una seguridad social universal y gratuita. Los hospitales alemanes, dotados con los más modernos equipos médicos, ofrecían una atención de calidad a los pacientes, que tenían derecho a escoger médico y hospital. Se podía permanecer hasta un año hospitalizado con derecho a una prestación económica. Si pasado este plazo la hospitalización continuaba, se perdía la asignación, pero se permitía a los enfermos continuar indefinidamente en la clínica. En cuanto a la educación, era gratuita para todos los solicitantes que cumplieran los requisitos establecidos, con independencia del origen o circunstancia familiar. Estos fueron algunos de los logros sociales que en pocos años acabaron con la pesadilla del martirizado pueblo alemán.

## Pasos de Hitler en política exterior: el Sarre y las relaciones con Polonia

El "Diktat" de Versalles era causa de todos los males, por lo que los nazis estaban decididos a revertir sus consecuencias para los alemanes y así lo habían declarado en su programa. Las reclamaciones territoriales en el oeste fueron solucionadas en 1934. Mucho más difíciles fueron las cosas en el este. Millones de alemanes habían quedado dentro de las fronteras de la nueva Polonia en contra de su voluntad. Además, se había creado Checoslovaquia, un país nuevo en el que, aparte de checos y eslovacos, había poblaciones de origen alemán, polaco, húngaro y rumano que no sentían ningún nexo con un Estado que nunca antes había existido.

Entre los afectados por el Tratado de Versalles estaban los sarrenses, habitantes del Sarre, parte de Alemania entregada a la Sociedad de Naciones por quince años. Transcurrido este tiempo, debía celebrarse un referéndum para saber si la población quería converstirse en un departamento francés o deseaba reincorporarse a Alemania. En el Sarre casi nadie hablaba francés antes de la guerra, pero Clemenceau había presentado una lista, según la cual ciento cincuenta mil franceses vivían en este territorio. En noviembre de 1934, dos meses antes de la consulta, Alemania presentó una nota diplomática al embajador François Poncet, en la que proponía una solución amistosa. La oferta consistía en un tratado económico que permitiría a la industria francesa seguir beneficiándose de los recursos de la región como lo había hecho de 1919 a 1934. El Gobierno francés rechazó estúpidamente esta oportunidad y envió cuatro divisiones a la frontera con el pretexto de evitar posibles motines, hecho que provocó una protesta formal de Hitler.

Finalmente, una fuerza de la Sociedad de Naciones garantizó el plebiscito, celebrado el 13 de enero de 1935. Pese a quince años de propaganda francesa, sólo el 0,4% de los electores votaron a favor de la unión con Francia. El 90,8% de la población expresó su deseo de reincorporare a Alemania. Un 8,8% de votantes, en su mayoría judíos o comunistas, pidieron mantener el statu quo. El 1 de mayo de 1935 la Sociedad de Naciones entregó la administración del Sarre a las autoridades alemanas y Hitler declaró ante el Reichstag: "Alemania renuncia solemnemente a toda reivindicación sobre Alsacia y la Lorena; tras el reintegro del Sarre, la frontera franco-alemana puede ser considerada como definitivamente trazada." O sea, Alemania quería la paz con Francia y no tenía más aspiraciones territoriales: las reivindicaciones en el oeste habían terminado. Un día después de esta declaración, Francia y la Unión Soviética firmaban un tratado de Asistencia Mutua. El 7 de enero de 1936 Hitler hizo saber al Gobierno francés a través de su embajador que el Reich "consideraría la ratificación del Pacto Franco-Soviético por el Parlamento francés como un gesto hostil hacia Alemania, e incompatible con las obligaciones del Pacto de Locarno, cuyo texto y espíritu habría violado Francia." El Parlamento francés ratificó el Pacto el 27 de febrero de 1936. En respuesta a esta ratificación, Hitler ordenó el 7 de marzo de 1936 la remilitarización de Renania.

La cuestión del Sarre se solucionó con un referéndum; pero uno de los litigios que Alemania tenía planteados en el este, Danzig, acabaría siendo el "casus belli". Se impone, por tanto, centrar la atención en las relaciones entre Polonia y Alemania para poder tener idea exacta de lo sucedido. Un libro absolutamente imprescindible es *Der erzwungene Krieg. Die Ursachen und Urheber des 2. Weltkriegs* (*La guerra forzada. Las causas y los autores de la II Guerra Mundial*), obra publicada en alemán en 1961 por el historiador revisionista norteamericano David L. Hoggan, de la que el "Institute for Historical Review" publicó en 1989 una edición en inglés. Este libro, cuya traducción al español sería del máximo interés, es una de nuestras fuentes principales. De él procede la reseña histórica que sigue, necesaria para entender mejor los hechos. La obra del Dr. Hoggan tiene como fuentes esenciales los documentos diplomáticos de los países ocidentales, lo cual permite conocer textos y actitudes que aportan una luz inédita ante la que cierra los ojos la historiografía oficial. Nosotros acudiremos repetidamente al trabajo del profesor Hoggan a lo largo de estas páginas.

Con la unificación de Alemania en 1871, los territorios polacos de Prusia pasaron a formar parte del nuevo Reich alemán. Rusia y Austria-Hungría eran los otros dos imperios que ejercían dominio sobre Polonia, aunque la mayor parte del territorio estaba bajo control ruso, por lo que surgió un nacionalismo polaco partidario de Alemania. Wladyslaw Studnicki fue el principal teórico de esta tendencia. Por contra, existía también un nacionalismo prorruso, cuyo más destacado ideólogo fue Roman Dmowski, quien antes de la Revolución Bolchevique había atacado en la Duma a alemanes y judíos. Pese a que deploraba el papel de los judíos en la Rusia comunista, Dmowski propugnaba la expansión de Polonia hacia occidente a costa de Alemania y con la colaboración de Rusia. Hoggan reproduce unas palabras de Dmowski, quien en 1931 declaraba: "La cuestión judía es la gran cuestión que atañe a la civilización en todo el mundo." Este nacionalista polaco, como Hitler, era partidario de la expulsión total de los judíos de su país, puesto que consideraba imposible su asimilación. Menos importante era el nacionalismo polaco a favor de los Habsburgo, cuyo representante fue Michal Bobrzynski. El genuino nacionalista polaco fue Josef Pilsudski, que creía en Polonia como un gran poder. Pilsudski no compartía los puntos de vista de los tres anteriores y rechazaba sus planteamientos. Sin embargo, su formación era marxista y durante un tiempo se adhirió al socialismo revolucionario, hasta que comprendió que sus implicaciones chocaban con su nacionalismo.

En agosto de 1914 Rusia ofreció vagas promesas a los polacos con el fin de asegurarse su apoyo en la guerra. Pero fue Alemania la que el 5 de noviembre de 1916 proclamó la restauración de la independencia polaca. El general Hans von Beseler, gobernador de la Polonia ocupada por Alemania, tras anunciar el acuerdo, ordenó que una banda de música del ejército alemán interpretase el himno *Polonia todavía no está perdida*, cuyo origen se remontaba a las guerras napoleónicas. El 6 de diciembre de 1916 se creó un Consejo de Estado Polaco. Los países aliados de la Entente reaccionaron contra la política alemana hacia Polonia y en el verano de 1917 se atrevieron a ofrecer toda Polonia a Austria-Hungría, a la que propusieron una paz separada si rompía su alianza con Alemania. Pilsudski, que era el jefe del departamento militar del recien formado Consejo de Estado Polaco, pidió la inmediata formación de un ejército polaco. La consigna de sus seguidores era: "Nunca un Estado sin un ejército, nunca un ejército sin Pilsudski." Ante la imposibilidad de Alemania y de Austria-Hungría de acceder a estas demandas, Pilsudski dimitió el 2 de julio de 1917. Arrestado, fue trasladado a Magdeburgo, donde quedó cómodamente instalado.

Con la derrota final de Alemania, Pilsudski se convirtió en persona non grata en Versalles. El Comité Nacional Polaco estuvo dominado por Roman Dmowski. Enseguida la cuestión judía fue planteada a los negociadores polacos, que tuvieron que afrontar las exigencias de los grupos judíos norteamericanos, que infestaban la delegación de Estados Unidos. Estos pretendían la creación de un estado judío independiente dentro de Polonia. El presidente Wilson, en manos de los conspiradores judíos que lo habían puesto en el poder, expresó sus simpatías hacia estas peticiones y argumentó ante sus colegas ingleses franceses e italianos que "los judíos eran contemplados de modo poco hospitalario en Polonia". Finalmente, el Tratado concedió a los polacos la mayor parte de Prusia Occidental, con una mayoría de población alemana a la que se negó un referéndum; y la rica región industrial de la Alta Silesia, pese a que los polacos perdieron el plebiscito que se celebró allí con posterioridad. Se creó un protectorado de la Sociedad de Naciones para la población alemana de Danzig, que se convirtió en un puerto libre para Polonia, gracias al llamado Corredor. En cuanto a las fronteras en el este de Polonia, los aliados pospusieron las decisiones, lo cual permitió a Pilsudski, partidario de la expansión hacia oriente, perseguir su propio plan.

En el contexto de la guerra civil rusa, los bolcheviques, enfrascados en su lucha contra los blancos en Ucrania, no pudieron evitar que durante el año 1919 Pilsudski, a quien Denikin pidió ayuda infructuosamente, fuera preparando a sus fuerzas para la confrontación con el Ejército Rojo, al que venció en la batalla de Varsovia el 16 de agosto de 1920. Los lituanos, por otra parte, vieron como los polacos ocupaban Vilna durante la guerra; pero ellos reaccionaron y tomaron a su vez la ciudad alemana de Memel, en la Prusia Oriental, que había sido colocada bajo la protección de la Sociedad de Naciones. Finalmente, entre 1923 y 1939 Memel se convirtió en parte de Lituania. La guerra ruso-polaca confirió un prestigio extraordinario a Pilsudski, que se convirtió en líder indiscutible del Ejército y de la nación. No obstante, a partir de 1926 Dmowski puso en duda su liderazgo y se convirtió en una alternativa. El programa de Dmowski preveía una intensificación del nacionalismo, la mejora de las relaciones con Rusia, un programa para la asimilación de las distintas minorías que habían pasado a formar parte de Polonia, y un plan para expulsar a los judíos. En septiembre de 1930 Pilsudski reaccionó purgando severamente a los seguidores de Dmowski, a los que internó en campos de concentración. Una coalición formada en torno a su figura ganó en noviembre de 1930 las elecciones al Parlamento polaco (Sejm). En 1935 Josef Pilsudski falleció a los sesenta y ocho años.

Entre 1919 y 1933 no hubo ninguna posibilidad de entendimiento entre Polonia y la República de Weimar, cuyos líderes consideraron siempre inaceptable la situación. Los Tratados de Locarno (16 de octubre de 1925) garantizaron las fronteras alemanas con Francia y Bélgica y facilitaron cierta mejora de las relaciones con estos países; pero los polacos no lograron ninguna garantía en relación a sus fronteras con Alemania. En 1932 Polonia, con el fin de asegurar que Stalin no ayudaría a la República de Weimar en caso de conflicto, firmó con la Unión Soviética un pacto de no agresión. Pese a todo ello, poco antes de la muerte de Pilsudski y ya con los nazis en el poder, los cuales siempre consideraron a Pilsudski un hombre con sentido de Estado, Berlín y Varsovia firmaron el 26 de enero de 1934 otro pacto de no agresión por diez años, que no implicaba, no obstante, ningún reconocimiento por parte alemana del status quo de 1919. El negociador polaco fue Józef Beck, nombrado en 1932 ministro de Asuntos Exteriores, puesto en el que se mantuvo hasta 1939. Él iba a ser uno de los principales responsables de la política errática que llevó a su país al desastre. Con la Unión Soviética al este y Alemania al oeste, la posición del nuevo Estado polaco era suficientemente complicada. El historiador polaco Olgierd Gorka advirtió en una conferencia el 18 de septiembre de 1935 que una política antialemana y antirusa a la vez equivalía a un suicidio. Con una metáfora muy gráfica, Gorka equiparó entonces a Polonia con un canario que pretendía devorar a dos gatos. Este era precisamente el absurdo de la política exterior polaca.

En febrero de 1936 Józef Beck comenzó a tantear la posición de Francia en caso de guerra con Hitler. Seguía en cierto modo las enseñanzas de Pilsudski, quien en varias ocasiones había contemplado la posibilidad de desencadenar una guerra preventiva contra Alemania. Beck consideraba que una victoria sobre los nazis podía conferir prestigio y grandes ventajas a su país. En la tarde del 7 de marzo de 1936, horas después de que Hitler anunciase la remilitarización de Renania, el ministro polaco convocó al embajador francés Léon Noël y le confesó sin ambages su actitud belicista, pues le anunció que Polonia atacaría a Alemania por el este si Francia estaba dispuesta a invadirla por el oeste. David L. Hoggan escribe que ante la negativa del ministro de Exteriores francés, Pierre-Étienne Flandin, a desencadenar otra guerra en Europa, Beck lo describió desdeñosamente como un debilucho y como "el más triste personaje". Hoggan añade que el ministro de Exteriores polaco se apresuró a viajar a Londres en un intento de influir en la actitud británica, pero ni el rey Eduardo VIII, con quien se entrevistó, ni los conservadores lo tomaron entonces en serio. En contraste con estas maniobras delirantes de Józef Beck, Hitler buscaba promover la colaboración entre ambos países, por lo que en febrero de 1937 Göring viajó a Polonia y presentó un plan de colaboración más estrecha entre Alemania y Polonia. Se entrevistó con el mariscal Smigly-Rydz, al que solicitó algunas licencias a cambio de concesiones por parte alemana. Le aseguró, por ejemplo, que Berlín no exigiría la devolución del Corredor. Sin embargo, el encuentro no produjo resultados inmediatos.

## Danzig

Danzig, fundada en el siglo XIV al oeste de la desembocadura del Vístula, estuvo habitada desde el principio por ciudadanos alemanes. Cuando se decidió desprenderla de Alemania, la ciudad era la capital de Prusia Occidental. Nadie pensaba entonces que los polacos iban a pedirla en la Conferencia de Paz. El presidente Wilson, pese a saber que los habitantes de la ciudad exigían a las autoridades de la República de Weimar que rechazaran la segregación de Danzig de Alemania, propició la separación. El Tratado de Versalles le confirió el status de Ciudad Libre y un Alto Comisionado de la Sociedad de Naciones se convirtió en la primera instancia de apelación en caso de conflicto con Polonia. Las relaciones exteriores de Danzig fueron delegadas a Polonia y la Ciudad Libre estuvo bajo control de las aduanas polacas. Los polacos utilizaron sin restricciones con fines comerciales canales, puertos, ferrocarriles y carreteras. También las comunicaciones telefónicas, telegráficas y postales entre Polonia y el puerto de Danzig quedaron en sus manos. Los residentes en la ciudad perdieron inicialmente la ciudadanía alemana; pero se estipuló que los adultos podrían reclamarla de nuevo pasados dos años. La doble nacionalidad en Danzig y en Alemania quedó prohibida. La propiedad de todas las instalaciones administrativas de Alemania y Prusia en el territorio de Danzig pasó a manos de la Sociedad de Naciones. La constitución de Danzig, que reemplazaba la de Weimar, fue promulgada el 14 de junio de 1922. En este fecha, el territorio de la Ciudad Libre, convertida en protectorado de la Sociedad de Naciones, estaba habitado por 365.000 personas, de las cuales sólo el 3% eran polacas. La Sociedad de Naciones, pues, administraba Danzig, del mismo modo que había hecho con Memel hasta que se permitió que Lituania la anexionase. La anexión era también el máximo objetivo de las autoridades polacas.

Pensar que un acuerdo duradero entre Alemania y Polonia sería posible sin solucionar la cuestión de Danzig era una ilusión, puesto que la situación en que se hallaba la población alemana de la ciudad era fuente de fricciones permanentes. Pilsudski se había mostrado partidario de la anexión definitiva de la ciudad, por lo que después de su muerte las autoridades polacas siguieron esta línea de pensamiento. Asimismo, Polonia tenía aspiraciones sobre el territorio de Teschen, que había pasado a formar parte de Checoslovaquia. Hitler contemplaba el apoyo de Alemania a esta reivindicación con el fin de obtener alguna contrapartida en Danzig; sin embargo, en lugar de adoptar medidas que suavizaran su actitud en relación a la ciudad, los polacos se mostraban cada vez más duros. En 1936, por ejemplo, vistieron a sus funcionarios de aduanas con el uniforme militar con el fin de acostumbrar a los ciudadanos a la ocupación. El Gobierno de Danzig protestó, pero, como de costumbre, las protestas fueron rechazadas.

Por otra parte, la actuación de grupos de presión polacos mantenían un clima de agitación permanente, apoyado por campañas en la prensa. De este modo persistía entre la Ciudad Libre y Polonia una peligrosa atmósfera, que no mejoraba a pesar de los esfuerzos de Berlín. Jósef Beck contribuyó a mantener la tensión con el nombramiento del coronel Marjan Chodaki como Alto Comisionado polaco en Danzig. Chodaki, amigo personal de Beck que ejercía la representación diplomática en Praga, fue llamado a Varsovia en diciembre de 1936 y recibió instrucciones directas del ministro de Asuntos Exteriores para que endureciera la posición polaca, pero sin arriesgarse a provocar un conflicto hasta que se tuviera el apoyo de Francia y Gran Bretaña. Chodaki adoptó una actitud provocativa y beligerante, como se verá más adelante.

Otro nombramiento, por contra, contribuyó a mejorar las expectativas en Danzig. El Alto Comisionado de la Sociedad de Naciones, el británico Sean Lester, había irritado en más de una ocasión a los ciudadanos alemanes de la ciudad, por lo que habían solicitado su sustitución. Sus quejas fueron por fin atendidas y Lester fue relevado por Carl Jacob Burckhardt, un eminente historiador suizo experto en el cardenal Richelieu y en la tradición diplomática europea. El 18 de febrero de 1937 Burckhardt recibió el nombramiento del Consejo de Seguridad de la Sociedad de Naciones. Un segundo nombramiento en favor de Alemania fue el de Neville Henderson como embajador extraordinario y plenipotenciario en Berlín. Henderson, hombre de confianza de Chamberlain, era un partidario convencido de la política de apaciguamiento ("appeasement") con Alemania. Frente a los conspiradores que seguían la línea marcada por Lord Milner, el agente de la confederación Morgan-Rothschild-Rhodes, el masón del grado 33 y Gran Vigilante de la Gran Logia Unida de Inglaterra que había financiado la revolución en Rusia y fundado la Round Table, existía entre los conservadores una corriente de pensamiento que veía en la Alemania nazi una barrera de contención contra el comunismo. En los orígenes del apaciguamiento estaba el temor de la expansión del comunismo en Europa a través de una guerra que sólo beneficiaría a la Unión Soviética, un temor que los hechos se encargaron de confirmar cuando en 1945 media Europa quedó en manos del totalitarismo comunista. El 10 de mayo de 1937, poco antes de viajar a la capital alemana, Henderson presentó un memorándum al Foreign Office en el que afirmaba lo siguiente:

> "La cuestión de Europa del Este no está establecida definitivamente ni es vital para los intereses británicos, desde luego, los alemanes son más civilizados que los eslavos y, en último término, si se los sabe manejar, también son potencialmente menos peligrosos para los intereses británicos -incluso se podría decir que ni siquiera es justo tratar de impedir a Alemania que lleve a cabo su unidad o que prepare una guerra contra los eslavos, siempre que se garantice al Imperio británico que tales preparativos no van dirigidos simultáneamente contra él."

Casualmente o no, en la misma fecha del 10 de mayo de 1937 *The Daily Telegraph* anunció que Joseph Göbbels había expresado la intención de Alemania de anexionarse Danzig en un futuro próximo. Las supuestas declaraciones de Göbbels eran falsas, pero la noticia contribuyó a generar alarma y nerviosismo.

En septiembre de 1937 Józef Beck dio instrucciones a su embajador en Berlín, Józef Lipski, para que propusiera a Alemania una declaración germano-polaca sobre Danzig. Se pretendía que los alemanes reconocieran por escrito el estatuto que designaba a Danzig como Ciudad Libre. Konstantin von Neurath, ministro de Exteriores de Alemania desde 1932, más inflexible que Hitler en relación a Polonia, ordenó al embajador alemán en Varsovia, Hans-Adolf von Moltke, que le dijera otra vez a Beck "que Alemania no reconocería los tratados de paz de 1919." Von Neurath rechazó la propuesta de Beck sin consultar siquiera al Führer porque asumía que no había otra respuesta posible.

El 18 de septiembre Carl Jacob Burdhardt, el Alto Comisionado, le dijo a Hitler que esperaba que el papel de la Sociedad de Naciones fuera temporal y que confiaba que el destino definitivo de Danzig surgiría de un acuerdo directo entre Alemania y Polonia. Hoggan aclara que Hitler escuchó el punto de vista de Burckhardt sin ofrecer ningún plan o solución y añade: "Burckhardt conjeturó que Hitler no osaba plantear el tema de Danzig porque temía que pudiera afectar las cuestiones del Corredor, Checoslovaquia y Austria." Lipski, que conocía los deseos de Hitler de llegar a un entendimiento, trató de flexibilizar la posición del ministro de Exteriores alemán y en varias ocasiones conversó con él. El 18 de octubre de 1937, Neurath le dijo directamente: "Algún día habrá que llegar a un acuerdo sobre la cuestión de Danzig entre Polonia y nosotros, pues de otro modo impediría permanentemente las relaciones germano-polacas." Von Neurath añadió que la restauración de las conexiones de Danzig con el Reich podía hacerse teniendo en cuenta los intereses económicos polacos.

Asociado a Danzig estaba el problema del acceso por tierra a Prusia Oriental, cuya conexión había quedado rota. En 1935, cuando Alemania estaba inmersa en el proyecto de construcción de autopistas, Hans-Adolf von Moltke se entrevistó con Beck en Varsovia y le informó que Alemania estaba interesada en construir una autopista a través del Corredor polaco para unir la Prusia Oriental con el Reich. Beck le dijo que lo estudiaría, lo cual fue la excusa para una prolongada evasiva. Después de más de dos años a la espera de una respuesta, Moltke llegó a la conclusión de que la actitud del Gobierno polaco era negativa. El plan, que preveía la utilización de hierro polaco para las obras, hubiera mejorado las perspectivas de un acuerdo integral para el conjunto de los intereses mutuos. Von Moltke, que no se resignaba a dar por perdida la idea, en octubre de 1937 propuso al Ministerio de Exteriores que se pusiera en marcha el proyecto desde Pomerania y desde Prusia Oriental hasta los límites del Corredor sin esperar al permiso para proceder a la conexión.

Danzig se estaba convirtiendo en uno de los centros de la atención internacional. El 19 de noviembre de 1937, Edward Frederick Lindley Wood, Lord Halifax, que iba a ser el principal impulsor de la guerra, visitó a Hitler y a los líderes nazis en Berchtesgaden por encargo de Chamberlain. Según David L. Hoggan, cuya fuente son las actas del encuentro, guardadas en los archivos del Ministerio de Exteriores alemán, Lord Halifax preguntó a Hitler si tenía planes con respecto a Danzig, a lo que el Führer, comprensiblemente, respondió con evasivas. Sin embargo, escribe Hoggan, "Halifax no ocultó el hecho de que él esperaba una acción alemana para recuperar Danzig." Además, Lord Halifax afirmó en Berchtesgaden que Gran Bretaña reconocía que había errores en los tratados de París de 1919 que debían ser rectificados.

Aunque los propósitos ocultos de Halifax no son descartables: algunos investigadores piensan que la política de apaciguamiento fue un cebo para engañar a Hitler, la declaración de Berchtesgaden implicaría que en 1937 Lord Halifax apoyaba las reivindicaciones alemanas y alentaba a los nazis a tomar la iniciativa en Danzig. En cualquier caso sus verdaderas intenciones fueron desvelándose más tarde. El 21 de febrero de 1938 Chamberlain lo nombró secretario de Estado del Foreign Office en sustitución de Anthony Eden, con lo que se convirtió en el brazo derecho del primer ministro. Charles Wood, el heredero de Lord Halifax, se había casado el 25 de abril de 1936 con Ruth Alice Hannah Mary Primrose, una nieta de Lord Rothschild, por lo que Lord Halifax, emparentado de este modo con la dinastía de banqueros judíos, pasó a ser consejero del banco y abogado de la familia. El historiador Joaquín Bochaca considera en *Los crímenes de los "buenos"* que su alianza con los Rothschild explica las maniobras insidiosas de este personaje, el cual, tras proponer a Hitler ofertas de apaciguamiento, se pasó al clan belicista. Más adelante su actuación será estudiada con detalle y el lector podrá juzgar cuál fue su responsabilidad en el estallido de la guerra.

## Checoslovaquia o el Estado imposible

Tres destacados masones rusófilos y germanófobos, Masaryk, Benes y Stefanik fueron los impulsores de Checoslovaquia, un cóctel explosivo de pueblos de origen diverso e históricamente antagónicos que habían formado parte del imperio Austro-Húngaro. Otro masón, el ministro francés de Exteriores, Stephen Pichon, apoyó las pretensiones de sus hermanos y aludió "a las aspiraciones del pueblo checoslovaco a la independencia en sus fronteras históricas", lo cual era un disparate colosal, puesto que nunca antes de 1919 se había oído hablar de Checoslovaquia y mucho menos de sus fronteras históricas. En 1921 convivían en el nuevo Estado 6.727.038 checos, 3.122.390 alemanes, 2.010.295 eslovacos 745.935 húngaros, 459.346 rutenos, 75.656 polacos, 180.332 judíos y 238.727 residentes extranjeros. Este puzzle de minorías diseminadas en un mosaico de territorios reivindicados por los países vecinos constituían Checoslovaquia. Si se considera que los alemanes eran el segundo grupo étnico del nuevo Estado, el país podría haberse llamado República de Checogermania.

Tras la firma del pacto germano-polaco en 1934, comenzó una campaña de prensa en Polonia que, mucho antes de que lo hiciera Alemania, pedía la disolución de Checoslovaquia. En esto sí estaban de acuerdo los líderes de ambos países. El principal conflicto entre checos y polacos era la rica región industrial de Teschen, en manos de la comunidad polaca cuando Austria-Hungría concluyó el armisticio con los aliados. Con el apoyo de Francia, Tomás Masaryk, presidente checo que seguía una política prorrusa, había logrado que el territorio quedara incorporado dentro de las fronteras de la nueva Checoslovaquia. El 26 de enero de 1919 los checos atacaron por sorpresa a los polacos que vivían en el área de Teschen en un intento de solucionar el asunto por la fuerza. Concluida la ofensiva militar, se produjo el 1 de febrero una intervención de los aliados occidentales, que forzaron un alto el fuego y remitieron a las partes a la solución adoptada en la Conferencia de Paz. Se propuso un plebiscito, pero los checos, que apoyaban a la URSS en la guerra que los polacos libraban contra los soviéticos en 1920, lo cancelaron gracias de nuevo al apoyo francés. Finalmente, el 28 de julio de 1920 se asignó la región a Checoslovaquia en la Conferencia de Spa. Desde entonces, los polacos colocaron entre sus principales objetivos la recuperación de Teschen por las buenas o por las malas.

En alusión al rompecabezas nacional de Checoslovaquia, Mussolini se había referido en una ocasión al nuevo Estado como checo-germano-polaco-magyar-ruteno-rumano-eslovaco. Cuando en 1937 el ministro sueco de Exteriores, Rickard Sandler, pidió a Józef Beck por qué no podía lograrse un acuerdo entre Varsovia y Praga, Beck le respondió que para él Checoslovaquia era una creación artificial que violaba la libertad de naciones como Eslovaquia y Hungría. Beck hizo hincapié en que los checos eran una minoría en su propio Estado y que ni una sola de las otras nacionalidades que conformaban Checoslovaquia querían estar gobernadas por los checos. El ministro sueco admitió a su colega que los checos carecían, obviamente, de capacidad para desarrollar buenas relaciones con sus vecinos, pues el país había sido creado con retazos territoriales de todos ellos.

Hitler tenía más motivos que nadie para mantener una actitud muy seria y apremiante hacia los checos. Ya antes de la guerra mundial, los alemanes de Bohemia habían tenido que aceptar que los Habsburgo concedieran privilegios a los checos de Bohemia con el fin de amortiguar su nacionalismo y mantenerlos apaciguados dentro de la monarquía. Tras la creación de Checoslovaquia, los alemanes habían tenido que resignarse a quedar integrados dentro de un Estado con el que no se sentían identificados en absoluto. En Bohemia los alemanes constituían un tercio de la población, pese a lo cual los checos no consideraban la conveniencia de concecerles alguna autonomía, sino todo lo contrario. En Eslovaquia, por otra parte, había más alemanes que checos. Desde el punto de vista lingüístico, los sudetes alemanes estaban divididos en cuatro grupos dialectales: bávaros, francones, sajones y silesios. Ello se explica por el hecho de que el nombre de sudetes procede de una cadena montañosa que se extiende desde los Cárpatos a las orillas del Elba.

En las elecciones de 1935 en Checoslovaquia, el SdP (Partido de los Sudetes Alemanes), identificado con las políticas del nacionalsocialismo, obtuvo la mayoría de los votos de la población alemana y se convirtió en el primer partido en el país. Medio millón de los ochocientos mil desempleados en Checoslovaquia eran sudetes alemanes y, lógicamente, lo esperaban todo de un partido que reivindicaba las políticas que estaban acabando con el desempleo en Alemania. En las elecciones de marzo de 1938 el SdP dirigido por Konrad Heinlein se convirtió en el grupo parlamentario más numeroso, con 55 diputados y 37 senadores. El Partido Agrario, de mayoría eslovaca, que como los sudetes reivindicaba la autonomía interna de las distintas nacionalidades, consiguió 43 diputados y 33 senadores, por lo que fue el segunda fuerza en el Parlamento. Su presidente era el eslovaco Milan Hodza.

El hecho de que Polonia y Alemania mantuvieran reivindicaciones territoriales en Checoslovaquia podía suponer un punto de encuentro si se producía una crisis internacional en torno a este Estado, pues había múltiples interrelaciones en el complejo panorama surgido como consecuencia de la calamitosa Conferencia de Paz. Irremisiblemente conectado con la cuestión de los sudetes se presentó a principios de 1938 el problema austríaco. "El amortiguador checo" es la metáfora utilizada por David L. Hoggan para referirse a la importancia que tenía para Checoslovaquia el status de Austria. Durante el invierno de 1937-1938, escribe Hoggan, se hizo evidente que "la existencia de 3.500.000 de desdichados sudetes alemanes no podría ser ignorada ni por los checos, ni por Hitler, ni por el mundo si los alemanes de Austria se unían con Alemania." Consciente de la situación y de la hostilidad de todos sus vecinos, el ministro de Exteriores checo, Kamil Krofta, preparó en febrero de 1938 un memorándum que explicaba por qué su país se mostraba dispuesto a una acción preventiva que evitase la unión de Austria y Alemania.

## El Anschluss

En 1938 una serie de éxitos en política exterior permitieron a Hitler la liberación de diez millones de alemanes a quienes se había negado el derecho de autodeterminación en 1919. Alan John Percival Taylor, historiador inglés autor de *The Origins of the Second World War,* coincide con Hoggan en que la política de revisión territorial pacífica adoptada por Hitler en 1938 era posible y si no tuvo éxito fue debido al radicalismo de sus oponentes. El primero de estos éxitos fue el Anschluss (unión, conexión) con Austria. Los detractores de esta unión omiten que ya el 4 de marzo de 1919 la Asamblea Constituyente austríaca se había declarado por amplísima mayoría partidaria del Anschluss y que el artículo tercero de la Constitución reconocía que "Austria era un Estado alemán".

Desde el 29 de junio de 1934 Kurt Schuschnigg era el canciller-dictador de Austria. Su dictadura nacionalista impedía cualquier acción que propugnase la unión con Alemania. No en vano el 29 de noviembre de 1936 había declarado: "El frente nacional tiene tres enemigos: el comunismo, el derrotismo y el nacionalsocialismo. En consecuencia, hay que considerar a los nazis austríacos como los enemigos jurados del Gobierno y del pueblo." A principios de 1938 la situación era de extrema tensión y la guerra civil asomaba en el escenario. En febrero de 1938 Franz von Papen, embajador alemán en Viena, concertó una entrevista entre Hitler y Schuschnigg en Berchtesgaden. Siguiendo instrucciones del Führer, Papen informó al canciller austríaco que militares alemanes asistirían al encuentro, por lo que el 12 de febrero de 1938 Schuschnigg se presentó acompañado por el ministro de exteriores, Guido Schmidt, y por oficiales austríacos.

Durante la entrevista Schuschnigg se comprometió a dejar de acosar a los nacionalsocialistas austríacos y a constituir un gobierno favorable a Alemania, del que el nazi Arthur Seyss-Inquart sería su ministro del Interior.

Asimismo, accedió a que Hitler pudiera emitir un mensaje por radio a los austríacos a cambio de que también él pudiera dirigirse a los alemanes. Apenas regresó a Austria, Schuschnigg se arrepintió de haber pactado con Hitler y comenzó a buscar el modo de incumplir lo acordado. Finalmente, el 9 de marzo anunció en Innsbruck que en cuatro días, i. e. el 13 de marzo, iba a celebrar un plebiscito para averiguar si el pueblo deseaba la independencia de Austria o el Anschluss. Las irregularidades del referéndum, aparte de los pocos días entre la convocatoria y la celebración, eran clamorosas: el anonimato de los votantes no se respetaba; las papeletas a favor de la unión con Alemania no serían facilitadas por el Gobierno, sino que debían ser aportadas por los propios ciudadanos y podían ser invalidadas si no cumplían con unos requisitos rigurosos; en los colegios electorales sólo habría miembros del Frente Patriótico de Schuschnigg; el recuento, la anulación y la validación de los votos no ofrecía garantías de imparcialidad; la prensa gubernamental, para coaccionar aún más a la población, advirtió de que un voto favorable al Anschluss sería considerado una traición.

Mussolini, que había sostenido hasta entonces a Schuschnigg, advirtió al canciller austríaco sobre los riesgos del plan. Hitler se dirigió a la Sociedad de Naciones y solicitó que controlase el referéndum. Tras veinte años de intervenciones en los asuntos de todo el mundo, la Sociedad de Naciones respondió que no podía inmiscuirse en los asuntos internos de Austria. A las 10:00 de la mañana del 11 de marzo Seyss-Inquart informó a Schuschnigg que debía renunciar de inmediato al plebiscito fraudulento y convocar otro legal con voto secreto y un padrón actualizado dentro de tres o cuatro semanas. El líder nacionalsocialista advirtió seriamente al canciller de que el ejército alemán ocuparía Austria si no accedía a la petición. Ante la falta de respuesta, se produjo un nuevo ultimátum: Schuschnigg debía ceder la cancillería a Seyss-Inquart. La crisis estaba en su punto álgido. El principal peligro para Alemania era que Italia, el único gran poder europeo fronterizo con Austria, interviniera. Los diplomáticos británicos en Viena apoyaron a Schuschnigg y Lord Halifax, que el 21 de febrero había sido nombrado secretario del Foreign Office, hizo cuanto pudo para lanzar a Italia contra Alemania. El 10 de marzo Lord Halifax había advertido en Londres a Joachim von Ribbentrop, quien desde el 4 de febrero era el nuevo ministro de Exteriores alemán, sobre "posibles consecuencias" si Hitler utilizaba la fuerza en Europa central. El hecho determinate ocurrió, sin embargo, a las 10:25 de la mañana del 11 de marzo: mientras se estaba en espera de una respuesta de Schuschnigg al requerimiento de Alemania, Mussolini contactó con Hitler y le anunció que aceptaba el Anschluss.

Convencido de que tras el apoyo italiano no habría intervención extranjera, Hitler dio la orden. A las seis de la mañana del 12 de marzo las tropas alemanas al mando del general Fedor von Bock cruzaron la frontera. El pueblo austríaco, emocionado, recibió con flores a los soldados. Quienes se manifestaban en contra de la unión quedaron sin argumentos ante el entusiasmo y la alegría de la población. Hitler entró en su tierra natal entre aclamaciones de la muchedumbre. Este triunfo nunca hubiera sido posible sin que Mussolini hubiera renunciado a intervenir en su antigua esfera de influencia. El Führer así lo reconoció y el 13 de marzo de 1938 envió desde Austria un telegrama al Duce con estas palabras: "Mussolini, ¡Nunca olvidaré esto de usted!" Por su parte Halifax, que tres días antes había tratado de intimidar a Ribbentrop, ante la evidencia de que Francia permanecía inmóvil con una crisis interna y de que Italia había renunciado a cualquier actuación, optó por mantener una actitud amistosa, lo cual fue acogido con alborozo por los líderes nazis, que una y otra vez declaraban su deseo de entendimiento con Gran Bretaña. El doble juego de Halifax comenzaba ya a vislumbrarse, pero los líderes nazis preferían no verlo. Ribbentrop le comentó entonces a Göring: "Chamberlain contempla seriamente un entendimiento." El segundo replicó: "Estoy convencido de que también Halifax es un hombre razonable."

A través de un referéndum simultáneo celebrado el 10 de abril de 1938, austríacos y alemanes fueron consultados por Hitler sobre si deseaban o no el Anschluss. Alemania comunicó a la Sociedad de Naciones, a Francia, Gran Bretaña e Italia la celebración de los plebiscitos e invitó a desplazar observadores para que se controlase la legitimidad democrática del proceso; pero no se aceptó el ofrecimiento. Sin embargo, las más importantes agencias internacionales enviaron a sus corresponsales para informar sobre los acontecimientos. El resultado final en Austria fue 4.443.208 votos favorables a la unión con Alemania y 11.807, en contra. Es decir, el 99,73% de la población votó a favor de la conexión de ambas naciones. El índice de participación fue del 99,71%. En Alemania los resultados fueron muy similares: el 99,55% de los ciudadanos acudieron a las urnas y de ellos el 99,02% fueron partidarios de la unión de su país con Austria. En cuanto a participación y consenso político, estas cifras demuestran que el Anschluss de Alemania y Austria constituye un hecho sin igual en la historia.

Las consecuencias del Anschluss en la política europea eran previsibles y no se hicieron esperar. Curiosamente, el mismo 10 de abril de 1938 Edouard Daladier se convirtió en primer ministro de Francia. La caída de Léon Blum y del Frente Popular se produjo pese a los esfuerzos de Winston Churchill y Henry Morgenthau, contrarios a la política de apaciguamiento de Chamberlain. Ambos pretendían apoyarse en Francia para provocar un cambio en la política de Londres; pero con Daladier ello sería más difícil, pues el nuevo primer ministro era partidario de contemporizar con Alemania. El nuevo ministro de Asuntos Exteriores, Georges Bonnet, había ejercido hasta 1937 como embajador en Estados Unidos y era uno de los principales defensores de la tendencia moderada, por lo que se mostraba partidario de buscar la paz mediante una permanente política de apaciguamiento con Hitler. Bonnet, que contaba con el apoyo de buena parte de los ministros del Gabinete y era alentado por importantes grupos económicos franceses, ejercía gran influencia sobre Daladier.

Bonnet salió de Francia hacia el final de la guerra y se estableció en Ginebra. El hecho de que muchos políticos prominentes fueran detenidos y encarcelados en su patria sin motivos aparentes aconsejó a Bonnet no regresar a Francia, donde los comunistas procedieron a una purga severa que liquidó a cien mil ciudadanos franceses. Un Comité Parlamentario se creó en Francia en 1946 para investigar las causas y los acontecimientos de la Segunda Guerra Mundial. Bonnet no volvió hasta que no recibió garantías de que no sería detenido. El antiguo ministro de Exteriores declaró en 1951 ante el Comité y tuvo que defenderse de acusaciones que lo calificaban como un partidario fanático de los alemanes. Antes de prestar testimonio ante el Comité Parlamentario, Bonnet escribió unas memorias en las que abundaban puntos de vista de gran interés. Entre otras cosas, mostró su convencimiento de que un acuerdo duradero anglo-germano era posible si los ingleses hubieran sido sinceros y lo hubieran deseado de veras. Opinión compartida con Hugh Wilson, embajador de Estados Unidos en Berlín, quien en febrero de 1938 envió a Washington un informe elaborado por un experto de la Embajada, en el que se concluía: "Un entendimiento anglo-germano es el primer objetivo de la diplomacia de Hitler en 1938, como lo fue en 1934, o en 1924, cuando escribió *Mein Kampf*."

Tras el Anschluss, naturalmente, la agitación y el alborozo se desataron en los sudetes, que pasaron al primer plano del escenario político. Los checos enviaron a Londres a Jan Masaryk, quien regresó a Praga el 16 de marzo de 1938. David L. Hoggan escribe que en su informe Masaryk aseguró "que los británicos tendían a considerar que una guerra anglo-alemana era inevitable, pero que era evidente que no contemplaban tal conflicto en 1938." El 31 de marzo la legación alemana en Praga informó a Berlín que Konrad Heinlein, el líder del Partido de los Sudetes Alemanes (SdP), suplicaba que se redujera la propaganda para animar a los sudetes porque ya estaban suficientemente excitados. En colaboración con Ribbentrop y con Ernst Eisenlohr, ministro alemán para Checoslovaquia, Heinlein colaboró en la redacción del famoso Decreto de Karlsbad, en el que se plasmaban las demandas para la autonomía de los sudetes.

En un discurso pronunciado por Heinlein el 24 de abril, se hicieron públicas las exigencias del documento. El ministro de Exteriores checo, Kamille Krofta, envió de nuevo a Jan Masaryk a Londres con el encargo de pedir ayuda militar para hacer frente a los alemanes. El 3 de mayo de 1938 Masaryk informó otra vez por escrito que Lord Halifax no le había garantizado la intervención británica. Sin embargo, el 21 de mayo el secretario del Foreign Office envió instrucciones a Sir Neville Henderson, embajador británico en Berlín, para que insinuara a los alemanes que los británicos "podían" luchar si los alemanes entraban en Checoslovaquia. Se ordenaba a Henderson que añadiera que existía la posibilidad de una intervención de Francia y que "el Gobierno de Su Majestad no podía garantizar que no se vería forzado por las circunstancias a verse también envuelto." Henderson informó días después que militares británicos habían inspeccionado la frontera checo-germana y no habían detectado concentraciones de tropas alemanas.

## Los sionistas y la Conferencia de Evian

En plena efervescencia en Europa por la unión de Austria y Alemania y tras el éxito electoral del Partido de los Sudetes (SdP) en Checoslovaquia, el 6 al 15 de julio de 1938 se celebró la Conferencia de Evian (Francia). Su impulsor fue el presidente Roosevelt, preocupado porque los judíos que emigraban de su patria natal pudieran transferir sus pertenencias a los países de acogida. La idea era que se pudiera extender a otros países el acuerdo Haavara, firmado el 6 de agosto de 1933 entre los nazis y los sionistas. Delegados de treinta y un países asistieron a la Conferencia. Alemania mandó un observador que confirmó que su país quería impulsar la emigración de judíos alemanes y estaba dispuesto a transferir sus bienes globalmente evaluados. Alemania ofreció 3.000 millones de marcos, que podrían ser cedidos a la Cruz Roja o a la Sociedad de Naciones, organismos que repartirían la suma entre los países interesados en recibirlos.

Se ha visto anteriormente que mientras judíos talmudistas de todo el mundo habían declarado en 1933 la guerra a Alemania, los sionistas colaboraban estrechamente con los nazis. Es comprensible, pues, que la Organización Sionista Mundial rechazara participar en la Conferencia, toda vez que no estaba en absoluto preocupada por el posible sufrimiento de los judíos europeos, sino todo lo contrario: para sus propósitos el peligro era que se reasentasen cómodamente en Europa o en Estados Unidos y no emigrasen a Palestina. Douglas Reed cita en *The Controversy of Zion* algunas frases de Stephen Wise, las cuales evidencian que el rabino nadaba entre dos aguas. En 1949 Wise reconoció que antes de la guerra temían "que sus hermanos judíos de Alemania pudieran sentirse inclinados a aceptar un acuerdo de paz que mitigara o mejorara sus males..., que los nazis decidieran evitar algunas de las malvadas consecuencias de su régimen con medidas paliativas que pudieran desarmar la protesta mundial." Es decir, en lugar de dar la bienvenida a políticas que evitasen aflicciones a sus correligionarios, los líderes talmudistas y sionistas deseaban que la persecución continuase. En 1934, en el contexto de la Conferencia Judía mundial, el rabino Wise dijo textualmente: "Morir en manos de los nazis es cruel; sobrevivir merced a su gracia sería diez veces peor. Sobreviviremos al nazismo a menos que cometamos el pecado inexplicable de hacer pactos con él a fin de salvar algunas víctimas judías." En 1936 Wise insistía en las mismas ideas: "Sin pensarlo dos veces, rechazamos con desprecio cualquier propuesta que garantizaría la seguridad de algunos judíos a cambio de la vergüenza de todos los judíos."

En realidad lo que de veras rechazaban Wise, Baruch, Brandeis, Untermayer y compañía era todo lo contrario, i. e. la seguridad de la mayoría de los judíos a cambio de renunciar a los intereses de unos pocos. En *The Hidden History of Zionism*, el autor judío antisionista Ralph Schönman denuncia al rabino Wise, quien, como líder del "American Jewish Congress", escribió en 1938 una carta en la que se oponía a cualquier cambio en las leyes de inmigración de Estados Unidos que pudiera facilitar un refugio para los judíos: "Puede interesarle saber -se decía en el texto citado por Schönman- que hace unas semanas representantes de las principales organizaciones judías se reunieron en una conferencia... Se decidió que ninguna organización judía patrocinaría, en este momento, una ley que modificara de algún modo las leyes de inmigración".

A principios de 1938, desmintiendo todas las campañas que describían Alemania como un infierno para los judíos como consecuencia de las Leyes de Núremberg, doctores y dentistas de origen judío participaban en un programa obligatorio de seguridad sanitaria (Ortskranken-kassen), que les garantizaba un buen número de pacientes. Hugh Wilson, embajador estadounidense en Berlín, informó al secretario de Estado Cordell Hull que en 1938 el diez por ciento de los abogados en Alemania eran judíos, pese a que sólo un uno por ciento de la población pertenecía a esta etnia. Roosevelt, en su afán por defender los intereses de los judíos, se opuso a una ley alemana de 30 de marzo de 1938 que privaba a la iglesia judía del derecho a la percepción de impuestos pagados por los ciudadanos, prerrogativa que hasta entonces había compartido con las iglesias protestante y católica. En la práctica, la situación creada con la nueva ley alemana era similar a la de Gran Bretaña, donde los impuestos eran para la Iglesia anglicana y las sinagogas judías no recibían nada. El 10 de mayo de 1938 el embajador Wilson advirtió de que las continuas protestas y acusaciones del Departamento de Estado en contra de Alemania no hacían ningún bien.

Objetivamente considerado, es incomprensible que el presidente de un país cristiano presentase objeciones porque una nación soberana privase al judaísmo de la percepción de impuestos ciudadanos. Roosevelt, tan exigente con el respeto a los derechos de los judíos en Alemania, no había tenido en 1933 ningún problema en reconocer a la URSS, país donde los comunistas ateos se habían ensañado con los cristianos rusos y habían dinamitado iglesias y catedrales. En el momento en que Roosevelt se preocupaba por los ingresos de las sinagogas alemanas, la persecución religiosa en España llevaba años siendo una constante: cerca de ocho mil religiosos católicos habían sido asesinados y se habían incendiado o destruido miles de edificios eclesiásticos sin que Roosevelt expresara la más mínima condena.

Mientras un bombardeo de acusaciones públicas seguía cayendo sobre Alemania, no se oía una palabra sobre la hostilidad de Polonia hacia sus judíos, país que en diciembre de 1937 había pedido a Yvon Delbos, ministro francés de Exteriores, "si estaría de acuerdo en que todos los judíos polacos emigrasen a Madagascar." El 14 de marzo de 1938 Summer Welles, subsecretario de Estado norteamericano, se quejaba en privado al embajador polaco en Estados Unidos, Jerzy Potocki, por el trato que recibían los judíos en Polonia. Potocki sabía que las políticas contra los judíos en su país eran más severas que las que aplicaba Alemania, pese a lo cual respondió sin achicarse que "la cuesión judía en Polonia era un auténtico problema." En abril de 1938 el coronel Beck, ministro de Exteriores, decidió retirar la nacionalidad polaca y no renovar el pasaporte a todos los judíos polacos que vivían en el extranjero. Muchos de ellos estaban en Alemania, por lo que las autoridades germanas se apresuraron a anunciar que no tolerarían la permanencia en su territorio de judíos sin pasaporte en regla. Lo cierto era que mientras no hubiera expirado su documento polaco, estos judíos estaban protegidos de las leyes raciales de Hitler, por lo que podían abandonar legalmente Alemania e ir a otro país que no fuera Polonia. Tras la decisión del coronel Beck un aluvión de judíos polacos entraron en Francia desde Alemania antes de que les caducase el pasaporte.

La Conferencia de Evian fue ciertamente un espectáculo desolador, puesto que no sólo puso en evidencia una vez más que la única preocupación de los sionistas era lograr su Estado en Palestina, sino que demostró la hipocresía de países como Gran Bretaña, que pretendió cobrar mil libras esterlinas pagadas al contado por cada judío expulsado de Alemania. Los 3.000 millones de marcos ofrecidos por Alemania para que se llevasen a los judíos equivalían a unos mil dólares de la época por cabeza, lo cual era una cantidad considerable. En caso de que Alemania hubiera aceptado la cantidad solicitada por los británicos, la cifra total hubiera ascendido a 17.000 millones de marcos. En ausencia de la Organización Sionista Mundial, los sionistas estuvieron representados en la Conferencia por la Organización Sionista Revisionista, que exigió como única solución posible la de admitir a doscientos mil judíos en Palestina, lo cual era inaceptable para el Gobierno conservador de Chamberlain, que desde la Gran Revuelta Árabe de 1936 soportaba una presión continuada de los palestinos en protesta por la inmigración ilegal judía. Después de nueve días de discusiones estériles se comprobó que, salvo la República Dominicana, ningún país estaba dispuesto a ampliar sus cuotas de inmigración para refugiados judíos, lo cual, aparte de complacer a los sionistas, permitió a Chaim Weizmann, futuro primer presidente de Israel, hacer unas declaraciones doloridas en las que presentaba una vez más a los judíos como pobres víctimas y damnificados eternos: "El mundo parece estar dividido en dos partes -sentenció ante el periodista de *The Guardian*-. Una donde los judíos no pueden vivir y la otra donde no pueden entrar."

Antes de que acabara el año, el 7 de diciembre de 1938, David Ben Gurion, primer ministro del Estado sionista en 1948, habló mucho más claro y con menos hipocresía ante los dirigentes sionitas del Mapai (Partido Laborista). Todo el fanatismo del movimiento sionista queda reflejado en esta frase: "Si supiera que era posible salvar a todos los niños de Alemania trayéndolos a Inglaterra y sólo a la mitad de ellos transportándolos a Israel, escogería la segunda solución." Son palabras que no dejan lugar a dudas: un año antes del inicio de la guerra, el sionismo estaba dispuesto a sacrificar a parte de su propio pueblo para conseguir el objetivo de un Estado racista judío en Palestina.

Como se verá a lo largo de estas páginas, el promotor de la Conferencia de Evian, Franklin D. Roosevelt, Gran Maestre Honorario de la Orden Internacional de Molay, fue el catalizador de la guerra anhelada por el sionismo. Él y Lord Halifax, que también era masón, fueron los dos motores esenciales utilizados por el Poder Oculto para poner en marcha el desastre. El 3 de enero de 1936 Roosevelt ya había acusado de militarismo a Japón, Alemania e Italia en una intervención ante el Congreso. El 25 de noviembre del mismo año Japón replicó firmando el Pacto Antikomintern con Alemania. El 5 de octubre de 1937 el presidente de Estados Unidos pronunció el famoso "Discurso de la Cuarentena", en el cual amenazó a las tres naciones con represalias económicas. Se trataba de poner en cuarentena a estos tres países y "preservar de contagio a la colectividad humana". Según Roosevelt, Alemania, Japón e Italia estaban "destrozando todo el orden internacional y toda equidad para el 88% de ciudadanos del mundo amantes de la paz, la seguridad y la libertad." Italia, que sin motivo aparente era incluida entre los Estados apestados, se adhirió el 6 de noviembre de 1937 al Pacto Antikomintern, lo que dio origen al "Eje" Berlín, Roma, Tokio. Autoinvestido, pues, de esta superioridad moral, Roosevelt convocó en Evian a los países supuestamente partidarios de la justicia y la paz en el mundo.

## El camino hacia Múnich

Tan pronto concluyó la Conferencia de Evian, en la que, según se ha visto, los sionistas combatieron por todos los medios que se pudiera ofrecer el derecho de asilo a los judíos, los sudetes de Checoslovaquia ocuparon nuevamente el primer plano de la atención internacional. El 20 de julio de 1938 Lord Halifax informó al Gobierno francés que una misión encabezada por Lord Runciman viajaría a Checoslovaquia. El anuncio se hizo oficial el 26 de julio. Tras la victoria electoral de los sudetes en las elecciones de marzo, Edvard Benes había mostrado completa intransigencia a las peticiones de autonomía interna exigidas por Konrad Heinlein, por lo que la situación había empeorado rápidamente. Ante las amenazas de Benes de arrestar al líder de los sudetes, los disturbios continuados se convirtieron en un auténtico motín. Fue en este contexto cuando el Gobierno británico impuso, "nolens volens", el envío de una misión de investigación y, eventualmente, de arbitraje que no era en absoluto del agrado de Benes.

El 3 de agosto Walter Runciman llegó a Praga, pero la mala voluntad del presidente de la República le obligó a interrumpir su trabajo y a abandobar el país el 10 de septiembre. Ya entonces, los sudetes alemanes habían pasado de reclamar autonomía a exigir su incorporación al Reich. El 21 de septiembre Lord Runciman entregó en Downing Street el informe de su misión. En *Les causes cachées de la 2éme Guerre Mondial*, un número especial de *Lectures Françaises* dirigido por Henry Coston, Jacques Bordiot reproduce en un extenso artículo algunos pasajes del informe, en el que Runciman consideraba justificadas las quejas de los sudetes y denunciaba la actitud absurda del Gobierno checo por no adoptar ninguna medida:

> "Para mí ha quedado absolutamente claro que estos distritos fronterizos entre Checoslovaquia y Alemania, donde la población sudete es ampliamente mayoritaria, deben obtener inmediatamente el derecho de autonomía. Si una concesión es inevitable, y yo creo que esta lo es, es mejor que se produzca rápidamente y sin demora. Hay un peligro real, e incluso un peligro de guerra civil, en la continuación de un estado de incertidumbre. En consecuencia, hay razones muy poderosas para una política de acción inmediata y enérgica. Cualquier plebiscito o referéndum sería, creo, una simple formalidad en lo que concierne a estas zonas donde los alemanes predominan. Una gran mayoría de sus habitantes desean fusionarse con Alemania. Los retrasos inevitables que implicaría un plebiscito no harían más que excitar los sentimientos populares, con consecuencias muy peligrosas.
> Por esto considero que estos distritos fronterizos deben ser traspasados inmediatamente de Checoslovaquia a Alemania, y, además, que medidas para una transferencia pacífica, incluidas las prescripciones para la protección de la población durante el periodo de traspaso, deben ser tomadas enseguida mediante un acuerdo entre los dos gobiernos..."

Cuando Lord Runciman presentó este informe, la crisis estaba ya en su apogeo. El 12 de septiembre Hitler, en respuesta a un discurso desafiante de Benes pronunciado dos días antes, denunció en Núremberg las políticas del Gobierno checo y prometió a los sudetes que estaba dispuesto a tomar las armas para ayudarlos. En cuanto a Francia, país que debido a su compromiso con Checoslovaquia podía tener la tentación de intervenir, Hitler recordó que en aras de la amistad franco-germánica había renunciado a Alsacia y Lorena, incluida la antigua ciudad alemana de Estrasburgo, por lo que no había contenciosos entre los dos países. Algunas horas después del discurso del Führer, todos los territorios de los sudetes se hallaban en rebelión contra el Gobierno de Praga. El día 13 se supo que violentos enfrentamientos entre checos y alemanes se habían producido durante la noche, con un saldo de veinticinco muertos y un centenar de heridos. El 14 de septiembre el premier británico solicitó una entrevista con Hitler, quien lo recibió en Berchtesgaden el día siguiente. Chamberlain ofreció entonces la celebración de un plebiscito. Posición que fue apoyada por Mussolini el día 17 en un discurso en el que dijo: "En consideración al problema que agita en este momento a Europa, la solución consta de una sola palabra: un plebiscito para todas las nacionalidades que lo piden, para las nacionalidades que fueron coaccionadas en lo que pretendía ser la Gran Checoslovaquia."

Ni Hungría ni Polonia podían desaprovechar la oportunidad de sacar a la luz sus reivindicaciones territoriales en Checoslovquia. Tan pronto tuvieron noticia del encuentro entre Chamberlain y Hitler en Berchtesgaden, intuyeron la posible complicidad británica en una futura partición del país, por lo que unos y otros se dirigieron a los británicos el 16 de septiembre con el fin de solicitar el apoyo de Gran Bretaña a sus aspiraciones. El embajador británico en Varsovia, Sir Howard Kennard, comunicó a Londres que el Gobierno polaco estaba preparando una nota en la que pedía la autodeterminación para la minoría polaca de Teschen en Checoslovaquia. Evidentemente, la aceptación de un plebiscito en la región de los sudetes conduciría a tener que aceptar otros: Benes temía principalmente que eslovacos y rutenos aprovecharan para separarse, lo que implicaría la descomposición definitiva del Estado artificial.

El Congreso Mundial Judío, tan pronto tuvo conocimiento de la entrevista del día 15 en Berchtesgaden entre Hitler y Chamberlain, se apresuró a enviar al primer ministro británico una resolución votada el día 18, que fue publicada el 19 de septiembre de 1938 en el *Jewish Chronicle* de Londres. Su texto era el siguiente:

> "Es nuestro deber hacerle partícipe de la creciente ansiedad experimentada por millones de judíos ante las tentativas de Alemania de adquirir nuevos territorios habitados por judíos. Los judíos del mundo entero no han olvidado el trato inhumano infligido a los judíos del Sarre y de Austria. El Consejo Ejecutivo del Congreso Mundial Judío le ruega, en consecuencia, no aceptar ningún acuerdo que no salvaguarde totalmente los derechos de los judíos."

El mismo día 18 de septiembre el jefe del Gobierno frances, Édouard Daladier, y Georges Bonnet, su ministro de Exteriores, viajaron juntos a Londres y llegaron al siguiente acuerdo con los británicos:

> "Todos los distritos del territorio de los sudetes con una mayoría de población alemana de más de 50% regresarán al Reich sin consulta popular. Una comisión internacional en la que habrá un representante del Estado checoslovaco verificará todas las fronteras y se encargará de la evacuación y el transfer de las poblaciones. El Gobierno británico

aceptaría, como Francia, dar su garantía a las nuevas fronteras checoslovacas."

También el día 18 de septiembre Julius Lukasiewicz, el embajador de Polonia en París, había presentado una nota a Bonnet "reclamando categóricamente que si se organizaba un plebiscito para la minoría alemana de Checoslovaquia, fuese acordado simultáneamente otro para la minoría polaca." Una vez conocido el acuerdo franco-británico, el embajador polaco reclamó directamente el día 20 la devolución a Polonia del distrito de Teschen. El mismo día Hungría informó a Francia que se adhería a las actuaciones de Polonia y que formulaba las mismas reclamaciones para Rutenia. En estas circunstancias, el 21 de septiembre Praga dio su asentimiento al acuerdo franco-británico; pero a las 22.30 horas del día 23 Benes, aconsejado por Georges Mandel[1], ministro francés de Colonias cuyo verdadero nombre era Jeroboam Rothschild y era hijo natural de una Rothschild, decretó la movilización general en Checoslovaquia.

El jueves 22 Chamberlain viajó a Godesberg para presentar a los alemanes el plan franco-británico. La idea de una comisión internacional tal como había sido planteada en Londres por franceses y británicos no gustó a Hitler, pues creía que apoyaría a los checos en la fijación de las nuevas fronteras. Hitler propuso la ocupación inmediata del territorio de los sudetes y sólo aceptó un plebiscito en los distritos donde existía duda sobre el sentimiento de la población. En su artículo "De l'Affaire des Sudetes aux Accords de Munich", publicado en el número especial de *Lectures Françaises* mencionado más arriba, Jacques Bordiot escribe que Chamberlain protestó enérgicamente y se retiró a su hotel, donde pasó todo el día 23 y rechazó volver entrevistarse con Hitler. El día 24, tras una discusión apasionada, Hitler presentó al premier británico un Memorándum acompañado de una carta en la que precisaba las regiones que debían ser abandonadas por los checos en cuarenta y ocho horas y aquellas que debían someterse a un plebiscito.

Estando reunidos, llegó a Godesberg un telegrama que anunciaba que el Gobierno checo había decretado la movilización general. Aunque ambos simularon asombro, en realidad la noticia no los sorprendió, toda vez que

---

[1] Supuestamente, el verdadero nombre de Georges Mandel era Jeroboam Rothschild, aunque algunas fuentes dan el nombre de Louis George Rothschild. Mandel sería nombrado ministro del Interior por Paul Reynaud, quien sustituyó a Daladier como primer ministro el 21 de marzo de 1940. Ambos trabajaron febrilmente para que estallase la guerra. Cuando Winston Churchill, representante del clan belicista en Londres, conoció el plan franco-británico, se apresuró a viajar a París para entrevistarse con Mandel y Reynaud con el fin de trazar un plan alternativo. Todo indica que, aunque no se le considera oficialmente emparentado con los banqueros, Georges Mandel, apodado "el judío despiadado" por sus detractores, trabajó para ellos y estuvo en su órbita, pues vivió siempre lujosamente y con ostentación indisimulada.

Chamberlain la conocía y había dado su aprobación la víspera, mientras que Hitler también estaba al corriente a través de sus servicios de espionaje y sabía, además, que el Consejo de Ministros francés había decidido llamar a un millón de reservistas. En *Les responsables de la Seconde Guerre Mondiale*, Paul Rassinier transcribe las palabras del Führer a Chamberlain: "A pesar de esta provocación inaudita, mantengo mi propuesta de no emprender ninguna acción contra Checoslovaquia mientras duren las negociaciones, o por lo menos, señor Chamberlain, durante el tiempo en que usted se encuentre en territorio alemán." Ambos recobraron entonces la atmósfera de cordialidad: Chamberlain se comprometió a entregar el Memorándum a Benes y Hitler alargó el plazo para la evacuación hasta el 1 de octubre.

Entretanto, la deslealtad de Lord Halifax con su primer ministro comenzó a ponerse de manifiesto. Andrew Roberts, autor de *"The Holy Fox". A Life of Lord Halifax* (*"El zorro sagrado". Una vida de Lord Halifax*), una biografía que se asemeja a un panegírico, pues en ella la vileza se convierte en virtud y la doblez en sagacidad, escribe que mientras Chamberlain buscaba el acuerdo, Halifax, que se había quedado en Londres, recibió una avalancha de "cartas, llamadas y visitas de viejos amigos cuyas opiniones respetaba, tales como George Lloyd, Leo Amery, Oliver Stanley". Los nombres son suficientemente significativos: Lloyd George había sido ya utilizado por el sionismo durante la primera guerra mundial; Leo Amery era el judío sionista secreto que había redactado el borrador de la Declaración Balfour; Oliver Stanley sería nombrado secretario de Guerra en enero de 1940. Todos le pedían que no hiciera más concesiones a Alemania. Es decir, Halifax se había convertido en el político en quien los belicistas tenían puestas sus esperanzas.

Tras la recepción del Memorándum de Hitler, el primer ministro Chamberlain regresó a Londres el mismo día 24 de septiembre. En la reunión del Gabinete del día 25, Chamberlain pudo comprobar por sí mismo que su ministro de Exteriores no sólo no lo respaldaba, sino que se mostraba abiertamente partidario de la guerra como instrumento para derrocar a Hitler. De la noche a la mañana Halifax había cambiado de opinión. Chamberlain le hizo llegar una nota escrita a lápiz que equivalía casi a una amenaza de dimisión. La reproducimos a continuación extraída de la obra de Roberts:

> "Su cambio completo de punto de vista desde que lo vi la pasada noche significa un terrible golpe para mí, pero por supuesto debe formarse usted mismo su opinión.
> Queda por ver qué dicen los franceses.
> Si ellos dicen que están por la guerra ('they will go in'), No creo que yo pudiera aceptar la responsabilidad de la decisión.
> Pero no quiero anticipar lo que todavía no ha surgido. N. C. (Neville Chamberlain)

Halifax respondió a estas palabras con otra nota de replica en la que escribió lo siguiente: "Me siento una bestia ('a brute') -pero estuve desvelado toda la noche, atormentándome, y no fui capaz de llegar a otra conclusión en este momento sobre el asunto de coaccionar a Checoslovaquia. E. (Edward)". Chamberlain replicó con otra nota desabrida no exenta de cierta amargura: "Las conclusiones nocturnas raras veces se adoptan con la perspectiva adecuada. N. C.".

La alusión a la posición que adoptara Francia en la nota de Chamberlain venía a cuento porque durante las deliberaciones del Gobierno Halifax había sentenciado que si Francia decidía sostener al Gobierno de Benes, Gran Bretaña debería respaldarla. Halifax, mantenía esta postura pese a que sólo uno o dos días antes había recibido un telegrama de su embajador en París, Eric Phipps, en el cual Phipps urgía al ministro del Foreign Office a no apoyar al "pequeño pero ruidoso y corrupto grupo de la guerra" en Francia. En el mismo telegrama, citado también por Andrew Roberts, el embajador decía textualmente: "Lo mejor de Francia está contra la guerra casi a cualquier precio".

El 26 de septiembre Chamberlain comunicó a Hitler mediante una carta personal entregada en mano en Berlín por Sir Horace Wilson que el Gobierno checo rechazaba el Memorándum. Chamberlain lo invitaba a que aceptase proseguir las negociaciones sin recurrir a la fuerza y precisaba lo siguiente: "En caso de que, en ejecución de las obligaciones que se derivan de los decretos, Francia fuese arrastrada a las hostilidades con Alemania, el Reino Unido se sentiría obligado a acudir en su ayuda."

Simultáneamente, los polacos estaban jugando las cartas de su propia partida. El 21 de septiembre Polonia anunció que tomaría medidas para asegurar el bienestar de los polacos de Checoslovaquia. Bonnet, el ministro de Exteriores francés, sospechó entonces que Beck había llegado a un acuerdo con Hitler y quiso aclarar este extremo. El 24 de septiembre el embajador de Francia en Polonia, Léon Noël, fue recibido en Varsovia por el mariscal Edward Smigly-Rydz, quien por encargo de Beck le aseguró que Polonia no tenía ningún acuerdo con Alemania sobre Checoslovaquia, le ratificó que sus aspiraciones se limitaban al área de Teschen y le anunció que sus tropas entrarían en Teschen si los checos no aceptaban las reclamaciones polacas. Bonnet se apresuró a presionar al presidente Benes para que hiciera concesiones a los polacos.

David L. Hoggan da noticia del envío de una carta de Benes a Beck, entregada en Varsovia el 26 de septiembre de 1938, en la cual se muestra "de acuerdo en principio" a ceder Teschen a Polonia si los polacos apoyan a Checoslovaquia en una guerra contra Alemania. Según Hoggan, el ministro de Exteriores polaco declaró indignado que un "acuerdo en principio" de Benes no valía ni el papel en que estaba escrito; sin embargo, puesto que Polonia actuaba en contacto con los franceses, decidió hacer un esfuerzo para lograr el acuerdo con los checos en la línea propuesta por Bonnet. Beck comunicó a Benes que si devolvían Teschen a Polonia sin demora, podían contar con la asistencia polaca contra Alemania, siempre que Francia mantuviera sus obligaciones con los checos. El presidente Benes, que no era sincero en su oferta a Polonia, puso la débil excusa de que la red ferroviaria en el territorio de Teschen era fundamental en sus planes operativos contra Alemania e insistió en que no era posible entregar Teschen hasta que Alemania hubiera sido derrotada en la guerra. Beck rompió de inmediato las negociaciones.

En el capítulo octavo se ha presentado ya a William C. Bullit, embajador de Estados Unidos en París, cuyo abuelo materno era el judío Jonathan Horowitz. Se verá en adelante que Bullit, amigo íntimo de Roosevelt, con el que conversaba diariamente, fue un instrumento de quienes impulsaban la guerra detrás del telón. Interesa ahora reseñar una entrevista que mantuvo el día 25 de septiembre de 1938 con el embajador de Polonia en París. Lukasiewicz le dijo que el Gobierno polaco había cambiado de opinión en relación a la crisis y que la guerra tendría lugar. El embajador polaco le reveló a Bullit que si Alemania se movía contra los checos, Polonia, además de Teschen, invadiría Eslovaquia. La conversación con Bullit demuestra cuán equivocados estaban los dirigentes polacos en su análisis y previsión de los acontecimientos. Lukasiewicz planteó el conflicto como una guerra de religión entre fascismo y bolchevismo y señaló a Benes como un agente de Moscú. Apuntó que el primer objetivo sería establecer un frente común con la amistosa Hungría. Hoggan escribe al respecto: "El diplomático polaco creía que un ataque ruso sobre Polonia seguiría a este movimiento, pero aseguró que Polonia no tenía miedo. Predijo que en tres meses Rusia sería derrotada por Alemania y Polonia e insistió en que la Unión Soviética era un infierno de facciones enfrentadas. Bullit acusó a Polonia de traicionar a Francia, pero Lukasiewicz lo negó. Dijo que Polonia no haría la guerra a Francia, pero que si Francia, Gran Bretaña, y Estados Unidos apoyaban a los checos, los poderes occidentales serían las herramientas del bolchevismo." Debe considerarse que tanto los líderes de Polonia como los de Alemania odiaban el sistema comunista y lo que significaba. Si Gran Bretaña no hubiera torpedeado los intentos alemanes de establecer con los polacos un frente común contra los bolcheviques, se habría llegado a una solución que comportaba la paz entre ambas naciones y una oposición común a la Unión Soviética, tal y como preveía Lukasiewicz.

Los esfuerzos de Bonnet para lograr un acuerdo entre checos y polacos fracasaron. Benes, que el 21 de septiembre se había mostrado resignado a ceder territorio a Alemania, no estaba dispuesto a entregar Teschen a los polacos. El día 28 de septiembre los pronósticos más pesimistas estaban a punto de cumplirse. A las 11.30 de la mañana Chamberlain contactó com Mussolini y le pidió que tratara de hacer algo. Mientras François-Poncet, embajador de Francia en Berlín, realizaba una nueva tentativa y mantenía una entrevista con Hitler, el canciller alemán interrumpió la conversación con el diplomático francés para recibir un comunicado urgente del embajador italiano, Attolico, quien le pedía en nombre del Duce que aplazara veinticuatro horas la movilización general. A las 15.15 Neville Henderson, el embajador británico, telefoneó a Londres para anunciar que Hitler deseaba invitar a Chamberlain, Daladier y Mussolini a Múnich el día siguiente, con el fin de discutir sobre una solución pacífica al problema checo. El primer ministro británico recibió la noticia en la Cámara de los Comunes, donde había pronunciado un discurso cargado de tensión sobre el peligro inminente de guerra. Al anunciar la invitación de Hitler y su decisión de aceptarla, recibió una de las ovaciones más grandes en la historia del Parlamento británico. El mundo entero recibió la noticia con un sentimiento de alivio y de esperanza. Nadie, salvo los habituales de siempre, quería la guerra. Los ciudadanos de Múnich, entusiasmados por el deseo de paz, acogieron con euforia a los líderes europeos cuando llegaron a negociar el 29 de septiembre.

Los cuatro protagonistas del encuentro de Múnich buscaban evitar la guerra y lograron una paz temporal. La Conferencia comenzó a las 13.00 y concluyó a la 1.30 de la madrugada. Los representantes checos en Múnich fueron informados del desarrollo de las conversaciones, pero no se les permitió participar en las deliberaciones. Ni polacos ni húngaros estuvieron presentes en Baviera. El papel moderador de Mussolini fue fundamental y finalmente se logró la firma de un acuerdo sobre la base de un proyecto presentado por los delegados italianos. En algunos puntos se mejoraban las condiciones exigidas por Hitler en Godesberg. La fecha fijada para la ocupación de los territorios habitados por los sudetes alemanes fue el 10 de octubre. En algunas comarcas (donde los alemanes obtendrían la mayoría) se estableció la celebración de un plebiscito. La nueva frontera sería fijada por una comisión internacional en la que figurarían un representante checo y otro alemán. Francia y Gran Bretaña se ofrecieron a garantizar las nuevas fronteras contra cualquier agresión no provocada. Las mismas potencias garantizaban a Checoslovaquia un arreglo para el problema de las minorías polaca y húngara. El acuerdo contemplaba que si en el plazo de tres meses no se había hallado una solución para estas regiones, se celebraría una nueva reunión de jefes de Gobierno.

Ya el día siguiente, 30 de septiembre, se produjeron una serie de consecuencias políticas. Chamberlain propuso a Hitler una entrevista privada. Tuvo lugar en el apartamento del canciller en Prinzregentenstrasse. Sólo Paul Schmidt, el intérprete de Hitler, estuvo con los dos mandatarios, que conversaron sobre la situación general en Europa. En su libro *Temoin sur la scène diplomatique* (*Testigo en el escenario diplomático*) Schmidt recoge pasajes de esta entrevista, algunos de los cuales son comentados por David L. Hoggan. Chamberlain dijo que esperaba que no habría ataques aéreos sobre mujeres y niños si los checos se resistían. Hoggan, no puede evitar comentar lo siguiente sobre esta preocupación de Chamberlain: "Esto era una ironía si se considera que Chamberlain sabía que la Fuerza Aérea

Británica, en contraste con la estrategia alemana de soporte aéreo táctico a las fuerzas terrestres, estaba basando su estrategia en una futura guerra en ataques aéreos concentrados contra centros civiles." Hitler aseguró que se oponía por completo a este tipo de ataques y que Alemania nunca los emplearía salvo en caso de represalia. Cuando la conversación finalizaba, Chamberlain preguntó a Hitler si firmaría una declaración de amistad anglo-alemana, que le fue presentada en inglés. Este es el texto del acuerdo:

> "Nosotros, el Führer y canciller alemán y el primer ministro británico, hemos mantenido hoy una reunión adicional y estamos de acuerdo en reconocer que la cuestión de las relaciones anglo-alemanas es de la mayor importancia para los dos países y para Europa.
> Contemplamos el acuerdo firmado anoche y el acuerdo naval anglo-germano como un símbolo del deseo de nuestros dos pueblos de no ir nunca más a la guerra el uno contra el otro.
> Estamos resueltos a que el método de consulta será el método adoptado para tratar sobre los asuntos que puedan concernir a nuestros dos pueblos, y estamos determinados a proseguir nuestros esfuerzos para solventar posibles causas de diferencias y contribuir de esta manera a asegurar la paz en Europa."

Este importante acuerdo que fue aceptado por Hitler sin reservas, debería haberse convertido en el pilar para la conservación de la paz en Europa y para la defensa del Continente contra el comunismo.

Otra consecuencia del pacto de Múnich que se produjo también el día 30 fue el ultimátum de Polonia a Checoslovaquia. Al anochecer Józef Beck convocó al embajador alemán en Varsovia, Hans-Adolf von Moltke, para comunicarle que acababa de enviar un ultimátum a los checos. Quería saber si Alemania mantendría una actitud benevolente en caso de una guerra checo-polaca. Añadió que deseaba el apoyo alemán en caso de que la Unión Soviética atacase a Polonia. Beck exigió a Praga la entrega de la ciudad de Teschen y de su distrito antes del mediodía del domingo 2 de octubre. Pedía asimismo la rendición en un plazo de diez días del resto del territorio reclamado por Polonia. Beck advertía que si la nota de conformidad checa no era recibida antes del mediodía del 1 de octubre, "Polonia no sería responsable de las consecuencias". Los checos, cuyo presidente Benes iba a dimitir el 5 de octubre para exiliarse en Londres, se apresuraron a capitular antes del tiempo impuesto. El nuevo presidente de la República, Emil Hácha, se limitó a constatar que las potencias signatarias de Múnich no intervendrían pese a la brutalidad del planteamiento y a que los polacos prescindieron de buscar su cobertura. Sólo Francia hizo llegar una diligencia a Varsovia en la que protestaba por el ultimátum polaco. Alemania, por su parte, ofreció a Polonia la protección que deseaba en caso de un ataque soviético. La inviabilidad de Checoslovaquia era cada vez más evidente y quedaba claro para todos que sólo subsistiría mientras los eslovacos no decidieran separarse de los checos.

El 30 de septiembre Daladier y Bonnet aterrizaron en el aeropuerto de Le Bourget, donde una multitud enfervorizada les dio la bienvenida. La muchedumbre, espontáneamente engalanada y en sintonía con la mayoría de pueblos europeos que rechazaban otra guerra, ocupó las calles a lo largo del trayecto a París y demostró su alegría y agradecimiento a los políticos que habían preservado la paz para Francia. En sus *Memorias* Winston Churchill califica de "turbas vociferantes" a quienes aplaudieron a Chamberlain y a Daladier. Quizá hubiera preferido una reacción como la que se produjo en la URSS, donde Chamberlain fue quemado en efigie en la Plaza Roja, un ritual que contó con la presencia oficial del comisario de Asuntos Exteriores, el judío Maksim Litvínov (Meyer Hennokh Moisevitch Wallack), pese a lo cual no hubo nota de protesta. No es difícil imaginar la bronca internacional que se hubiera montado si Ribbentrop hubiera apoyado públicamente en Alemania la quema en efigie del presidente Roosevelt.

Unos días más tarde, el 5 de octubre, la Cámara de Diputados francesa ratificó el acuerdo de Múnich por 535 votos contra 75 (73 comunistas). El tándem Mandel-Reynaud y su equipo así como Léon Blum y sus seguidores, aunque contrariados, consideraron políticamente inoportuno enfrentarse a la opinión pública. Entre quienes siguieron el juego a los comunistas y rechazaron los acuerdos de Múnich había dos pintores de fama, el judío Marc Chagall y Pablo Picasso. El segundo, que se declaraba pacifista y comunista, llevaba ya treinta años en manos de marchantes judíos como Daniel-Henry Kahnweiler o los hermanos Rosenberg[2]. Ambos artistas devolvieron sus condecoraciones al Estado francés en señal de protesta. No deja de ser un sarcasmo lamentable que Picasso, cuyo Guernika pasa por ser un alegato contra la guerra, protestase contra la paz en Europa a causa de su servidumbre política.

---

[2] Picasso fue descubierto en 1905 por los Stein, una rica familia judía. Leo y Gertrude Stein eran los encargados de buscar obras de arte y Michael Stein era el financiero. En 1907 Daniel-Henry Kahnweiler, que era miembro de una familia de financieros judíos, conoció a los cubistas y al grupo de los "fauves". En 1909 Picaso se comprometió con Kahnweiler, a quien vendía toda su producción. Un segundo contrato más formal se firmó por tres años el 18 de diciembre de 1912. Otros dos hermanos judíos, Léonce Rosenberg y Paul Rosenberg, aparecieron durante la guerra y ocuparon el lugar de Kahnweiler. Léonce Rosenberg se dispuso en 1916 al lanzamiento internacional de Picasso. "Juntos seremos invencibles -le dijo-. Tú serás el creador y yo seré la acción." Paul Rosenberg tomó el relevo de su hermano en 1919. A través de los Rosenberg, Picasso entró el círculo cerrado de los grandes marchantes, por lo general miembros de poderosas familias judías relacionadas con la banca, y sus obras pasaron a los museos y a las colecciones americanas. En la década de los años 20 el acuerdo con los Rosenberg fue únicamente verbal y Picasso trabajó también con otros representantes judíos como Wildenstein, Loeb y nuevamente Kahnweiler.

También en la Cámara de los Comunes hubo sesión el 5 de octubre de 1938. Paul Rassinier considera en *Les responsables de la Seconde Guerre Mondiale* que durante el debate Chamberlain "cometió una torpeza que iba a repercutir en el comportamiento posterior de Hitler". Fuera una torpeza o una concesión obligada para engatusar a quienes se oponían a su política, lo cierto es que el primer ministro ligó los acuerdos de Múnich a un programa masivo de armamento para los tres ejércitos. Destacaba la inversión para la Fuerza Aérea, que preveía la construcción de tres mil aviones antes de fin de año y de otros ocho mil durante 1939. El programa fue aceptado por unanimidad; pero cuando Chamberlain se dispuso a explicar su posición en Múnich, Churchill tomó la palabra para denostar su política y los acuerdos, que calificó como "un desastre de primera magnitud". Churchill, abiertamente, apuntó cuáles eran las aspiraciones de los poderes internacionales que querían la guerra y se refirió a la necesidad de acabar con el poder nazi mediante una alianza que englobaría a Francia, Inglaterra, la Unión Soviética y Estados Unidos. El hecho de que para liquidar a Alemania Churchill y Roosevelt quisieran aliarse con una feroz dictadura comunista que había matado de hambre (Holodomor) a siete millones de ucranianos y que desde 1917 había provocado la muerte de veinte millones de personas sólo se explica por las razones que venimos exponiendo a lo largo de esta obra. El discurso de Churchill fue aplaudido por los 137 parlamentarios laboristas y por destacados partidarios de la guerra, entre los que estaban Sir Vansittart, Hore Belisha, Anthony Eden entre otros otros. El acuerdo de Múnich se aprobó en la votación por 369 votos a favor y 150 en contra, uno de los cuales era el del Primer Lord del Almirantazgo, Alfred Duff Cooper, miembro del Gobierno que presentó su dimisión. Al dimitir pronunció la siguiente disyuntiva: "Guerra con honor o paz con deshonor". Una vez más, se trataba de todo lo contrario, especialmente si se considera que sesenta millones de seres humanos iban a ser víctimas de una guerra con tanto honor.

Lo ocurrido en la Cámara de los Comunes puso a Hitler en guardia. Después de la declaración de amistad firmada unos días antes, era de esperar, por lo menos, mayor contención en los líderes británicos. El 9 de octubre pronunció un discurso en Sarrebrück en el que dijo lo siguiente: "Los jefes de Gobierno que tenemos enfrente afirman que quieren la paz y nosotros debemos creerlos. Pero ellos gobiernan países cuya estructura permite en cualquier momento reemplazar a unos que la quieren por otros que no la quieren. Sería suficiente que un Duff Cooper, un Eden o un Churchill ocupase el puesto de Chamberlain para que provocasen enseguida una segunda guerra mundial, pues ésta es su intención. Ellos no lo esconden: lo proclaman abiertamente." La prensa alemana denunció con indignación que era inexcusable que miembros del Gobierno de Chamberlain hicieran propaganda a favor del rearme basándose en el peligro alemán.

## La ficción de Checoslovaquia, en evidencia

Tras el acuerdo de Múnich, el últimátum polaco, la ocupación de Teschen y la dimisión de Benes como presidente de la República, el caos político fue generándose día tras día en Checoslovaquia. La propaganda antialemana ha venido culpando de todo a Hitler, presentado por lo general como un expansionista insaciable. Los hechos, sin embargo, demuestran que los propuestas y exigencias de Polonia fueron menos moderadas y más agresivas, pese a lo cual el canciller alemán trató hasta el último momento de acordar con los polacos una política de cooperación en todos los litigios que fueron planteándose. Las aspiraciones de Polonia con respecto a Checoslovaquia no se limitaban a Teschen, sino que tenía otros objetivos, uno de los cuales era la ruptura entre checos y eslovacos. Aunque el movimiento nacionalista eslovaco había sido suprimido sin compasión por el presidente Thomas Masaryk desde el nacimiento mismo de Checoslovaquia, los polacos no ocultaban su apuesta por un Estado eslovaco independiente.

En 1938 monseñor Józef Tiso, un sacerdote católico que sería el primer presidente del Estado eslovaco en 1939, y Karol Sidor, un político también católico partidario de los polacos, eran los dos principales líderes del nacionalismo eslovaco. La mayoría de los eslovacos se oponían al dominio checo y eran partidarios de acabar con él; sin embargo estaban políticamente divididos en varios grupos conflictivos. El más influyente pretendía el regreso de Eslovaquia a Hungría, pero Budapest no quería comprometerse y no les ofrecía apoyo efectivo. Otro grupo era el de Sidor, partidario de asociarse con Polonia, por lo que contemplaba incluso un protectorado polaco para Eslovaquia. Debe considerarse que las costumbres, el temperamento y las relaciones culturales eran nexos que aproximaban de manera natural a polacos y eslovacos. Monseñor Tiso era el líder destacado de la tercera agrupación, que planteaba la independencia total para los eslovacos, aunque inicialmente tuvieran que apoyarse para lograrla en alguno de sus poderosos vecinos. Existía, por último, un movimiento procheco. Con estos ingredientes la mayoría de observadores internacionales pronosticaban la inminencia de una crisis eslovaca. Si Hungria no se atrevía a apoyar a sus partidarios, Jozef Beck, el ministro de Exteriores polaco, se mostraba dispuesto a promover la independencia de Eslovaquia. Monseñor Tiso propugnaba una protección fuerte para Eslovaquia y Alemania era la única alternativa si Hungría y Polonia rechazaban la responsabilidad.

Polonia tenía otros dos objetivos en Checoslovaquia: uno era Zips-Orawy, una región de los Cárpatos fronteriza con Eslovaquia que Polonia y Hungría se habían disputado desde la Edad Media. Beck estaba tentado a aprovechar la debilidad checa para apoderarse de este territorio en disputa. Otro era la eliminación del control checo en Rutenia, una región del sur de los Cárpatos habitada por un millón de personas que había sido adjudicada a

Checoslovaquia en 1919. Si se producía la ruptura entre checos y eslovacos, era impensable que los primeros pudiera seguir manteniendo este territorio. La tesis de los líderes polacos era que Rutenia había pertenecido durante cientos de años a Hungría y debía volver a Hungría, un país mutilado en la Conferencia de París, que había perdido dos tercios de su población y tres cuartas partes de su territorio. Uno de los temores de los polacos era que una hipotética Rutenia independiente pudiera caer en manos de los comunistas.

Los checos no tardaron en acusar a los polacos de pretender el caos en Checoslovaquia. El día 3 de octubre el ministro checo de Exteriores, Kamille Krofta, informó a los británicos de que los checos se retiraban con fluidez del territorio de los sudetes, pero se quejó enérgicamente de los polacos, a los que acusó de montar intrigas y organizar propaganda en Eslovaquia. Krofta expresó a los ingleses su temor de que la debilidad checa podía ser aprovechada "para difundir sugerencias de que Eslovaquia estaría mejor si se asociase con Polonia." En opinión de David L. Hoggan, Krofta albergaba tales temores porque era consciente de "cuán profundo era el odio hacia los checos en Eslovaquia, tanto que los eslovacos preferían casi cualquier asociación a la de los checos." Krofta añadió que "deseaba sobre todo" ayuda francesa y británica contra los polacos, pero que también esperaba que "Hitler podría quizá ayudar a oponer resistencia a las ambiciones polacas."

En Múnich se había estipulado que algunas áreas serían entregadas a Alemania antes de diez días y que otras serían ocupadas por una fuerza internacional de policía, en espera de un plebiscito. El embajador británico en Alemania, Neville Henderson, partidario convencido de la bondad de la política de apaciguamiento, colaboró estrechamente con el ministro francés Bonnet a fin de facilitar la aplicación de los acuerdos y evitar disputas. Henderson, según Hoggan, "estaba considerado el más prometedor de los jóvenes diplomáticos británicos cuando en 1937 fue enviado a Berlín; pero debido a su dedicación a esos principios, mantenidos sin convicción por sus jefes en Londres, pronto quedó aislado y en una posición nada envidiable en el servicio diplomático británico." Henderson comprobó que los checos pretendían obstruir inútilmente la aplicación de lo acordado en Múnich, donde se había pactado que se entregarían sin plebiscito a Alemania aquellas áreas donde hubiera más de un 50% de población alemana. Los checos pretendieron elevar el porcentaje al 75%. Halifax apoyó hasta el último minuto la modificación del acuerdo en favor de los checos; pero tuvo que claudicar ante la actitud de franceses e italianos, que se opusieron e insistieron en la necesidad de "respetar el espíritu del protocolo". Halifax pensó que se podría ayudar a los checos en las zonas donde se celebrase un plebiscito, pero el presidente Benes, convencido de que no había ya manera de oponerse a Alemania, dimitió indignado el 5 de octubre.

El Partido Comunista checo había forzado la dimisión del Gobierno de Milan Hodza el 22 de septiembre, por lo que un Gobierno provisional presidido por el general Jan Syrovy lo había sucedido. Tras la dimisión de Benes, Syrovy ejerció interinamente como primer ministro y presidente de la República, hasta que fue nombrado Emil Hácha para el segundo cargo. El ministro de Exteriores, Krofta, fue sustituido por Frantisek Chvalkovsky. El entusiamo de las potencias occidentales hacia el nuevo Gobierno no era excesivo y la idea de enviar tropas para supervisar el plebiscito comenzó a ser cuestionada. Roger Makins, experto del Foreign Office que trabajaba en la Comisión Internacional para delimitar la frontera checa, anunció el 6 de octubre que compartía con sus colegas italianos la opinión de que los checos no ganarían nada con un referéndum. Los propios checos comprendieron que una votación no favorecería en nada su causa y podía, por el contrario, demostrar su alarmante debilidad, por lo que el delegado checo en la Comisión informó el día 7 a los alemanes que su Gobierno preferiría olvidar el plebiscito. Alemania, que tenía derecho a exigir el plebiscito de acuerdo con lo establecido en Múnich, aplazó unos días su decisión.

El 11 de octubre Neville Henderson le confió a Halifax que se estaba produciendo una gran corriente partidaria de Alemania en Bohemia-Moravia y que los checos podían perder Brno (Bruen), la capital de Moravia, si se celebraba el referéndum. Esta posibilidad era alarmante para los checos, pues virtualmente quedarían separados de Eslovaquia. Por su parte el embajador británico en Varsovia, Howard Kennard, explicó a Halifax que los polacos eran partidarios de las expulsión de los checos de Eslovaquia. Finalmente el 13 de octubre Hitler aceptó la anulación del plebiscito y mantenerse en la zona ocupada por sus tropas. Hoggan escribe lo siguiente: "La discusión sobre el plebiscito empezó con la idea de Halifax de que podía ser utilizado como un instrumento contra los alemanes. Acabó con una señal de alivio en Londres cuando los alemanes abandonaron la idea."

Simultáneamente, húngaros y checos comenzaron a negociar un acuerdo sobre las reclamaciones étnicas de los húngaros en Eslovaquia. El ministro de Exteriores polaco, Józef Beck, temía que los húngaros no ejercieran la suficiente presión, por lo que pidió tratar sobre el asunto. El 7 de octubre Budapest envió a Varsovia al ministro de Exteriores, conde Istvan Csaky. La prensa polaca había lanzado una fuerte campaña en favor de la anexión de Rutenia a Hungría y Beck propuso al ministro que reclamase toda la provincia; pero en Rutenia había catorce mil rumanos y Csaky expresó su temor a un ataque de Rumanía si lo hacía. El embajador alemán en Polonia, Moltke, informó el día 8 a Ribbentrop que los temores húngaros sobre Rumanía preocupaban a Beck. Para acabar de enredar el galimatías territorial, los italianos no veían con buenos ojos el papel de patrocinador que pretendía jugar Polonia. Italia entendía que los polacos pretendían crear un bloque de países independientes entre el Eje y la Unión Soviética y por ello apoyaban la independencia de Eslovaquia. Las negociaciones entre Hungría y Checoslovaquia fueron interrumpidas sin acuerdo el 13 de octubre.

Mientras, la situación en Eslovaquia era cada vez más confusa: los prochecos habían prácticamente desaparecido de la escena y los demás grupos exigían, por lo menos, autonomía. El 8 de octubre se había formado un Gobierno local eslovaco y el 22 de octubre una enmienda constitucional permitió la aprobación de la Ley de Autonomía Eslovaca. La autonomía iba a ser efímera, pues a partir de este momento la opinión pública comenzó a moverse inequívocamente hacia la independencia, lo cual era contemplado con satisfacción por los polacos, que seguían empeñados en que Hungría se anexionase Rutenia. El 11 de noviembre de 1938 todos los partidos consiguieron unirse en el Partido de la Unidad Nacional de Eslovaquia.

La Rutenia subcarpática o transcarpática, pese a que había sido administrada por Hungría durante siglos, era una región étnicamente diversa habitada por ucranianos, húngaros, rumanos, búlgaros, rusos y otras minorías. En 1945 pasó a formar parte de la República Soviética de Ucrania. Beck temía especialmente la política que Alemania pudiera adoptar en la cuestión de Rutenia, por ello les previno a través del embajador polaco en Berlín, Józef Lipski, para que no alentasen las ambiciones nacionalistas de los ucranianos. Hay que tener en consideración que en el este de Polonia millones de ucranianos habían quedado bajo control polaco. El 18 de octubre Lipski expresó al secretario de Estado alemán, Ernst von Weizsäcker, el deseo de una política de colaboración amistosa en el asunto de Hungría y Eslovaquia. Weizsäcker informó a Ribbentrop que una política de concesiones en este tema podía ser útil para una política de entendimiento con Polonia. El 19 de octubre el embajador Moltke informó a Berlín que los polacos temían que Rutenia pudiera poner en peligro el control que ejercían sobre los ucranianos que vivían en su territorio, los cuales, animados por los procesos de autodeterminación en Checoslovaquia, habían provocado disturbios en Lwow.

Después de un viaje a Bucarest para tratar de influir en los rumanos sobre la cuestión rutena, el 22 de octubre Józef Beck ordenó al embajador Lipski que comunicase a los alemanes que Polonia deseaba su apoyo para colocar toda la provincia de Rutenia bajo control de Hungría. Lipski solicitó que se mantuviera informado al Gobierno polaco sobre los planes de Alemania en relación a la cuestión de la frontera húngara. Hitler consideró entonces que podía ser el momento adecuado para plantear las reivindicaciones alemanas con respecto a Danzig y dio instrucciones a su ministro de Exteriores para que hiciera saber a los polacos que el apoyo alemán dependería del grado de cooperación entre ambos países en relación a las cuestiones propuestas sobre la conexión con Prusia Oriental a través de Danzig.

El 24 de octubre el embajador Lipski almorzó con Ribbentrop en Berchtesgaden. Esta fecha marcó el inicio de los intentos alemanes para conseguir un acuerdo sobre Danzig a través de negociaciones bilaterales. Lipski admitió que las gestiones de Beck en Rumania habían fracasado.

Ribbentrop le hizo ver que los planes de Polonia sobre Rutenia entrañaban algunas dificultades, toda vez que no era probable que los rutenos votasen a favor de la unión con Hungría en un plebiscito. Asimismo había que considerar la actitud de Rumanía, país con el que Alemania quería mejorar las relaciones comerciales mediante el sistema del barter. Ribbentrop, en cualquier caso, aseguró que no se trataba de una negativa y ofreció algunas ideas. Durante el almuerzo Ribbentrop pidió a Lipski que transmitiera una invitación al ministro Beck para que visitase Alemania en noviembre de 1938. Enseguida surgió en la conversación el plan de Hitler sobre Danzig. Alemania iba a pedir a Polonia que permitiera la anexión de la ciudad y pensaba pedir permiso para la construcción de una autopista y de una línea de ferrocarril para conectar con Prusia Oriental a través de la ciudad. Evidentemente, tendría que haber un "quid pro quo" y Alemania estaba dispuesta a hacer muchas concesiones: se garantizaría a Polonia un puerto libre permanente en Danzig y el derecho a construir su propia autopista y su conexión ferroviaria con el puerto, cuya área sería un mercado libre permanente para las mercancías polacas. Asimismo, Alemania ofrecía el reconocimiento de las fronteras existentes, incluyendo los límites establecidos en 1922 en la Alta Silesia. Ribbentrop aseguró que Alemania tenía más ideas y más propuestas y sugirió un nuevo tratado entre ambos países que recogiera un acuerdo general y un pacto de no agresión por no menos de veinticinco años.

Filtraciones sobre esta conversación se expandieron con rapidez por Europa. Ya el día siguiente el embajador Kennard, que aseguraba haber obtenido la información de diversas fuentes, comunicó a Halifax que Alemania y Polonia negociaban un acuerdo general en contrapartida a la frontera común húngaro-polaca. Sin embargo, Beck entendió que no recibiría el apoyo alemán a sus planes sobre Rutenia a menos que adoptase una actitud positiva con respecto a las propuestas alemanas de colaboración. Sabía que Gran Bretaña deseaba apoyar a Polonia contra Alemania, pero a la vez se daba perfecta cuenta de que los británicos jugaban a ganar tiempo. "Su convicción de que Gran Bretaña se opondría a Alemania -escribe Hoggan en *Der Erzwungene Krieg*- le impidió considerar seriamente la oferta alemana. Su comprensión de que los británicos necesitaban tiempo para preparar su guerra le indujo a adoptar una táctica dilatoria en sus negociaciones con Alemania." Beck había ya decidido que prefería arriesgar el futuro de Polonia al resultado de una guerra preventiva de Gran Bretaña contra Alemania, en lugar de buscar un acuerdo con Hitler, por lo que renunció a solicitar su cooperación en Rutenia. El atractivo de una alianza anglo-polaca impidió que los líderes polacos vieran las ventajas prácticas de un entendimiento con los alemanes. Hoggan lo razona así: "La alianza con Gran Bretaña haría inevitable la hostilidad tanto de la Unión Soviética como de Alemania, sin conceder a Polonia la más mínima ventaja militar. Una alianza con Gran Bretaña sería equivalente a una sentencia de muerte para el nuevo Estado polaco... Polonia no tenía ninguna posibilidad de establecer relaciones cordiales con la Unión Soviética. Su única esperanza de conseguir seguridad nacional radicaba en un pacto con Alemania, y Polonia estaba perdida a menos que comprendiese la necesidad de tal avenencia."

## La política errática de Polonia contra Alemania en 1938

Convencidos de que la derrota de Alemania en una nueva guerra servía a los intereses de Polonia, los líderes polacos rechazaron la paz que tuvieron una y otra vez al alcance de sus manos. En marzo de 1938 el ministerio de Exteriores polaco contemplaba el terror desatado en la URSS con las purgas de Stalin como una señal de declive y debilidad interna. Los hechos demostraron pronto que la estupidez de sus plateamientos propició que su país fuera la pieza utilizada por los peones del Poder Oculto que impulsaba la guerra. En sus *Memorias,* el propio Winston Churchill declaró con su cinismo habitual lo siguiente: "No existió jamás una guerra más fácil de evitar que la que acaba de asolar lo que quedaba del mundo después del conflicto precedente." Puesto que la tozudez sobre el tema de Danzig fue el detonante del conflicto, antes de seguir narrando los hechos cronológicamente es conveniente una breve reseña sobre las fricciones germano-polacas durante el año de 1938.

Entre las políticas más indignantes e intolerables para Alemania destacó la persecución de la minoría alemana en Polonia. Pese a que las autoridades alemanas trataron de coordinarse para solventar los problemas relacionados con las minorías, los polacos consideraron innecesaria la colaboración. La *Gazeta Polska* argumentaba en un editorial del mes de junio que lo concerniente a las minorías era un asunto interno que competía exclusivamente a cada Gobierno. El hecho de que la minoría polaca en Alemania fuese insignificante en comparación con la alemana en Polonia llevó a los líderes polacos a desentenderse de los polacos que vivían en el Reich. El 8 de julio Alemania redactó un memorándum que contenía las principales reclamaciones sobre el maltrato de que eran objeto los alemanes en Polonia. Una ley de reforma agraria para 1938 perjudicaba gravemente los intereses alemanes: más de dos tercios de las tierras que según la ley iban a ser confiscadas en Posen y Prusia occidental debían ser entregadas por los agricultores alemanes que tuvieran propiedades en estas provincias. El memorándum acusaba a las autoridades polacas de tolerar y alentar un boicot a empresas industriales que contrataban alemanes. El ochenta por ciento de los trabajadores alemanes en el este de Alta Silesia estaban desempleados y se negaba a los jovenes alemanes el aprendizaje profesional que les podría permitir encontrar empleo. Los polacos habían intensificado su programa de cerrar escuelas elamanas. El memorándum, que resumía la situación general, concluía con la sugerencia de que futuras concesiones a los polacos en Alemania dependerían de la mejora de las condiciones en Polonia.

En un informe de 2 de septiembre de 1938, el embajador Moltke explicaba la cada vez más desfavorable situación de la minoría alemana. Moltke señalaba al grupo OZON (Grupo de Unidad Nacional), fundado por el coronel Adam Koc. Se trataba de un grupo con financiación oficial concebido para favorecer el auge del sentimiento antigermano y asegurar una base amplia de apoyo popular a las políticas del Gobierno. Tras los éxitos alemanes en Austria y en Checoslovaquia, los polacos adoptaron una política de intimidación. Moltke informaba que un número cada vez mayor de alemanes eran condenados con penas de cárcel por tribunales polacos por hacer comentarios del tipo: "El Führer tendrá que poner orden aquí." o "Pronto le tocará el turno a Polonia". El embajador Moltke mostraba su preocupación por la indiferencia con que el Gobierno polaco contemplaba el creciente número de manifestaciones contra Alemania y los alemanes. Sin intervención de la policía, los consulados alemanes eran acosados por grupos de polacos, que cantaban una canción popular antialemana en que se decía que Dios recompensaría a los polacos que ahorcasen alemanes.

Tan pronto Teschen fue ocupado por tropas polacas en octubre de 1938, la persecución de los alemanes fue una constante. A pesar de que Hitler había dado apoyo pleno a Polonia en su reivindicación de este territorio a los checos, los polacos procedieron a tratar a los alemanes y proalemanes como enemigos. Las medidas empezaron ya con la ocupación militar del área. Todas las escuelas alemanas fueron cerradas enseguida. El siguiente paso se dirigió hacia los padres de los niños, a los que se amenazó con quedar sin trabajo si no enviaban a sus hijos a escuelas polacas. Los profesores alemanes fueron despedidos y se anunció que el polaco era la única lengua oficial. A los abogados y doctores se les dijo que no podrían ejercer si no aprendían polaco en tres meses. Los depósitos bancarios quedaron congelados durante largo tiempo y las pensiones y nóminas de los alemanes sufrieron reducciones. Durante el primer mes el 20% de la población alemana del distrito huyó y fue necesario habilitar alojamiento para cinco mil refugiados en campos del oeste de Alta Silesia. Las notas de protesta de las autoridades alemanas no sirvieron para nada. A finales de año Moltke se entrevistó con Beck en Varsovia y se quejó amargamente de la situación en Teschen. El embajador le expresó al ministro la desesperanza de los alemanes del territorio, que habían llegado a considerar los veinte años bajo dominio checo como un paraíso en comparación con la opresión polaca. En su respuesta Beck insistió en que se trataba de un fenómeno local.

En Prusia Occidental se adoptaron también nuevas medidas de censura en las escuelas, donde se amplió el índice de libros prohibidos: el poema heróico *Nibelungenlied*, libros de poemas de Goethe, *Robinson Crusoe*, de Defoe, y otros fueron censurados. La principal organización de caridad de la ciudad de Graudenz fue cerrada y sus propiedades confiscadas. En la pequeña ciudad de Neustadt se prohibió incluso la celebración de su habitual representación en Navidad. La Asociación de Jóvenes Polacos puso en marcha una campaña de boicot contra empresas alemanas en la Pusia Occidental polaca y en enero de 1939 comenzaron a organizar piquetes sin que las autoridades polacas intervinieran. Pese a todo, fuentes polacas se negaban a reconocer los hechos e insitían en que la persecución de alemanes era completamente "imaginaria".

En el apartado sobre la Conferencia de Evian hemos apuntado ya que el ministro de Exteriores polaco decidió en abril de 1938 retirar la nacionalidad a los judíos polacos que vivían en el extranjero. Ello provocó una crisis con Alemania que explicaremos ahora con más detalle. Supuestamente, Alemania era el país malévolo que no quería judíos en su territorio, por lo que organizaciones judías en todo el mundo habían organizado un boicot internacional en su contra y pedían abiertamente la guerra contra Hitler. Sin embargo, y de ello no dicen nada los historiadores oficiales, muchos más judíos habían emigrado de Polonia que de Alemania entre 1933 y 1938. Un Informe del Instituto de Historia Contemporánea de Múnich citado por Hoggan demuestra que durante estos años un promedio de 100.000 judíos emigraban anualmente de Polonia, mientras que sólo entre 25.000 y 28.000 lo hacían de Alemania. Además, como sabemos, la mayoría de estos judíos alemanes marchaban voluntariamente a Palestina con sus activos gracias al Acuerdo Haavara alcanzado con los sionistas. El 9 de noviembre de 1938, 170.000 judíos alemanes habían abandonado el país; pero en el mismo periodo de tiempo 575.000 judíos polacos habían emigrado de Polonia. Además, miles de judíos que habían salido de Alemania en 1933 había regresado en 1934, mientras que apenas ningún judío había vuelto a Polonia. Jerzy Potocki, embajador polaco en Estados Unidos, en marzo de 1938 le dijo con claridad a Summer Welles, subsecretario de Estado norteamericano, que Polonia deseaba incrementar la emigración de judíos polacos y Welles le ofreció ayuda para asentarlos en Venezuela y otros países iberoamericanos. Una misión especial polaca encabezada por Michal Lepecki había sido enviada en 1937 a Madagascar para estudiar las posibilidades de despachar judíos polacos a esta rica y poco poblada isla francesa del océano Índico.

El 28 de marzo de 1938 el embajador americano en Varsovia, Angier Biddle, informó que muchos judíos polacos darían la bienvenida a una nueva guerra en Europa. Según Biddle, la destrucción del nuevo Estado polaco podría mejorar la condición de los judíos y muchos de ellos creían que la Unión Soviética era un verdadero paraíso en comparación con Polonia. El embajador añadía que la situación de los judíos en Polonia era cada vez más desfavorable, lo cual incrementaba la deslealtad judía hacia Polonia. El 29 de marzo Biddle anunció que el Parlamento polaco (Sejm) estaba aprobando una gran cantidad de nuevas leyes antijudías. Una ley aprobada en el Sejm en marzo de 1938 declaró ilegal la comida "kosher" (apta para los judíos), a pesar de que dos millones de judíos polacos sólo comían carne kosher. Otra ley aprobada también en marzo permitió a las autoridades polacas retirar la nacionalidad a los judíos que habían estado cinco años fuera del país mediante la no renovación del pasaporte. Muchos de estos judíos estaban en Alemania: aproximadamente 70.000 judíos polacos vivían en el Reich desde el fin de la guerra mundial. El 15 de octubre de 1938 un nuevo decreto implementó la ley, por lo que el conflicto con las autoridades alemanas fue inevitable.

El Ministerio de Exteriores alemán intentó en vano persuadir a las autoridades de Varsovia de la necesidad de cancelar el decreto, cuyo objetivo era librarse de todos los judíos polacos que no vivían en Polonia. El embajador Moltke hizo un último intento el 26 de octubre, tres días antes de que entrase automáticamente en vigor la norma que invalidaba los pasaportes judíos. Finalmente, ante la inutilidad de las gestiones, Moltke advirtió a Jan Szembek, del Ministerio de Exteriores polaco, que Alemania expulsaría a todos los judíos polacos que pretendían endosarles a menos que recibieran una respuesta satisfactoria. Ante el anuncio de esta medida, Szembek expresó su asombro y Moltke le explicó que el asunto podía arreglarse fácilmente si el Gobierno polaco aceptaba que el decreto no se aplicase en el territorio del Reich. Moltke ofreció una segunda solución: que se permitiera el regreso a los ciudadanos polacos en Alemania sin el sello especial que validaba los pasaportes. Józef Beck se encargó personalmente de aclarar de manera inequívoca que no había nada que negociar sobre el asunto.

Tras esta negativa los alemanes pusieron manos a la obra. El 28 de octubre, dos días antes de la fecha límite, entre 15.000 y 17.000 judíos polacos, la mayoría hombres, fueron trasladados a la frontera. Años más tarde, el periodista norteamericano William Shirer escribió un historia de ficción, según la cual el transporte se hizo en vagones de ganado y bajo condiciones inhumanas. En realidad, las autoridades alemanas pusieron mucho cuidado en asegurar el buen tratro de los viajeros, que dispusieron de amplio espacio, buena comida y atención médica, pues personal de la Cruz Roja viajó en los trenes. Los primeros convoyes pasaron la frontera sin que los polacos se enteraran y pudieran detenerlos. Cuando se dieron cuenta de lo que ocurría, la policía trató de impedir la entrada, a pesar de que hasta el 30 de octubre no se podía aplicar el decreto. Pronto miles de judíos polacos quedaron retenidos en pequeñas ciudades cercanas a la frontera de la Alta Silesia, por lo que comenzaron los problemas. La policía alemana decidió entonces pasar el mayor número de judíos a través de los bosques y de sendas no vigiladas. Los polacos contraatacaron y expulsaron a Alemania a unos pocos judíos del oeste del país que habían retenido la ciudadanía alemana desde el final de la Primera Guerra Mundial. El mismo día 30 de octubre las autoridades de ambos países acordaron de repente detener las deportaciones. Hay que puntualizar que las autoridades alemanas explicitaron a los expulsados que no habría inconveniente en que regresaran tan pronto hubieran conseguido nuevos pasaportes en regla. Curiosamente, tras el Anschluss entre Alemania y Austria habían entrado en Alemania más judíos de los que la habían abandonado en cinco años: sólo en Berlín habían entrado en el mes de mayo de 1938 tres mil judíos, según un informe del embajador Hugh Wilson.

## Un terrorista judío asesina a Ernst von Rath: la "Kristallnacht"

Fue en este contexto cuando el 7 de noviembre de 1938 un joven judío de diecisiete años, Herschel Grynszpan, asesinó al tercer secretario de la embajada de Alemania en París, Ernst von Rath. Una vez más, como de costumbre, un terrorista judío cometió un crimen de amplia repercusión histórica. Hay quien ha querido ver en este atentado la misma trascendencia que tuvo el asesinato de Sarajevo, perpetrado por el judío masón Gavrilo Princip. Joaquín Bochaca recuerda en *Los crímenes de los buenos* que von Rath fue uno más de los funcionarios nazis asesinados por terroristas judíos. Mencionaremos sólo el caso de Wilhelm Gustloff, fundador del NSDAP en Suiza y distribuidor del libro *Los Protocolos de los Sabios de Sión*, quien el 4 de febrero de 1936 fue asesinado en su domicilio de Davos por el judío David Frankfurter, quien le disparó a quemarropa. En el libro *Les vengeurs*, de Michel Bar-Zohar, el terrorista relata en primera persona cómo asesinó a Gustloff: "Disparé... una vez, dos veces, tres veces, cuatro veces... Todas las balas hicieron diana, en la cabeza, en el cuello, en el pecho... Se desmoronó." En los años sesenta Bar-Zohar, entrevistó en Israel a Frankfurter, al que presenta como un vengador justiciero. Allí trabajaba como empleado del Ministerio de Defensa. Condenado el 12 de diciembre de 1936 a dieciocho años de cárcel, este criminal fue liberado en 1945.

La familia de Grynszpan era una de las que habían sido deportadas, por lo que se ha querido explicar su atentado criminal como un acto de venganza furiosa. Una de las versiones más difundidas alude a que la intención de Grynszpan era asesinar al embajador Welczeck, pero como no lo supo identificar disparó contra von Rath. Se ha escrito también que el joven quería matarse a sí mismo ante un retrato de Hitler para converstirse en un símbolo del pueblo judío. Ingrid Weckert publicó en 1981 en Alemania el libro *Feuerzeichen*, cuya versión en inglés apareció en Estados Unidos en 1991 con el título *Flashpoint: Kristallnacht 1938: Instigators, Víctims and Beneficiaries*. Esta obra ofrece una investigación detallada sobre la "Kristallnacht" (la noche de los cristales rotos). Sobre Herschel Grynszpan, que a los catorce años había abandonado a su familia en Hannover, ofrece algunos datos de sumo interés. Su padre era un judío polaco que había pasado a Alemania después de la guerra mundial. El joven Herschel, que no gustaba de trabajar, estuvo viviendo con sus tíos en Bruselas y en París, donde las autoridades francesas rehusaron renovarle el permiso de residencia por tener caducado el pasaporte. Su tío parisino le pidió que se fuera porque no quería problemas legales. A pesar de que no tenía ni trabajo ni dinero, Herschel se trasladó a un hotel. Los datos que aporta Ingrid Weckert a partir de este momento son muy significativos. El hotel donde se instaló Grynszpan estaba ubicado junto a la sede de una influyente organización judía francesa, la Liga Internacional Contra el Antisemitismo (LICA). Weckert se pregunta: "¿Quién lo mantuvo desde febrero de 1938 y quien pagó por el alojamiento en el hotel?". Otra pregunta que cabría formular es ¿por qué el hotel permitió su prolongada estancia si sus papeles no estaban en regla? Aunque no tenía dinero y vivía con pasaporte caducado, Grynszpan fue capaz de comprar una pistola que costaba 250 francos en la mañana del 7 de noviembre de 1938, con la que una hora más tarde mató a von Rath.

Arrestado en el lugar del crimen, el asesino fue trasladado a una comisaría de policía. Aunque ha prevalecido la tesis de que Grynszpan era un oscuro judío polaco que actuaba sólo y por iniciativa propia, pocas horas después de su detención se presentó en la comisaría uno de los más famosos criminalistas de Francia, Vincent de Moro-Giafferi, quien dijo a la policía que era su abogado. Weckert se pregunta de nuevo: "¿Por qué tenía tanto interés en defender a un joven extranjero? ¿Quién iba a hacerse cargo de sus honorarios?" Moro-Giafferi cuidó de Grynszpan durante los años siguientes. Antes de que pudiera ser juzgado estalló la guerra. Las autoridades francesas entregaron al criminal a los alemanes, que lo trasladaron a Alemania y lo interrogaron, pero nunca llegaron a juzgarlo, pues Moro-Giafferi siguió siendo su abogado desde Suiza, donde vivió durante la ocupación alemana de Francia.

Años después de la guerra se tuvo acceso al archivo del caso y entre cientos de páginas apareció una nota que explicaba que no se celebraría el juicio por "razones que no eran oficiales". Es decir, el régimen que supuestamente había cometido los mayores crímenes contra los judíos fue incapaz de ajusticiar al asesino de von Rath. Acabada la guerra, Grynszpan regresó a París, donde recibió papeles de identidad que le concedían un nuevo nombre. También la familia Grynspan sobrevivió a la guerra. Tras ser deportados a Polonia, lograron emigrar a Palestina, donde el padre testificó en Jerusalén en el juicio contra Adolf Eichmann. Weckert considera que la respuesta al misterio de Grynszpan es Moro-Giafferi, el cual era consejero legal de la LICA, fundada con financiación de los Rothschild en 1933 por el judío y masón Bernard Lecache, un belicista que en 1938 proclamaba la necesidad de una guerra sin piedad contra Alemania.

Se da la circunstancia de que Moro-Giafferi también se había presentado en febrero de 1936 en Davos (Suiza) para defender a David Frankfurter, el criminal judío que, como se ha dicho más arriba, asesinó a Wilhelm Gustloff. Durante el juicio, que comenzó el 8 de diciembre, quedó demostrado que Frankfurter había sido contratado por una organización influyente para cometer el atentado. Todas las pistas apuntaron a la LICA; pero Moro-Giafferi no permitió que el nombre de la Liga Internacional Contra el Antisemitismo fuera pronunciado por su defendido. El patrón o modelo de las respuestas de Frankfurter, que declaró ante el tribunal que había actuado por iniciativa propia, fue exactamente el mismo utilizado por Grynszpan.

Ernst von Rath no murió en el acto, sino que lo hizo el 9 de noviembre, día que concluyó con "la noche de los cristales rotos", cuyas imágenes han sido mostradas regularmente a lo largo de ochenta años para recordar al mundo el infierno en que vivían los judíos en Alemania. En la noche del 9 al 10 de noviembre tuvieron lugar en las grandes ciudades alemanas y en algunas más pequeñas una serie de disturbios violentos contra los judíos: Los escaparates de sus establecimientos comerciales fueron destrozados, buen número de sus casas fueron asaltadas o destruidas y algunas sinagogas, demolidas e incediadas. Muchos judíos fueron agredidos y se produjeron varios asesinatos. De las mil cuatrocientas sinagogas existentes en Alemania, ciento ochenta fueron arrasadas o resultaron dañadas. No es cierto, por tanto, que "todas las sinagogas" fueran atacadas, como se ha pretendido. Tampoco lo es que todas las tiendas fueron asaltadas: siete mil quinientos comercios de los cien mil negocios de propiedad judía acabaron con sus escaparates destrozados. Hermann Graml, del Instituto de Historia Contemporánea de Múnich, constituye un ejemplo del uso que la propaganda ha venido haciendo de la "Kristallnacht". Este prominente historiador escribió: "Cada judío fue golpeado, perseguido, robado, insultado y humillado. Los SA arrancaron a los judíos de sus camas, los golpearon sin piedad en sus casas y luego los persiguieron casi hasta la muerte... La sangre fluía por todas partes."

El mismo día 9, tras conocerse el fallecimiento de von Rath, Goebbels pronunció un discurso antijudío en Múnich que ha sido considerado el detonante de la "Kristallnacht". Sin embargo, está totalmente demostrado que ninguno de los líderes del NSDAP ordenó que se procediera con violencia contra los judíos. De hecho, los disturbios generalizados los sorprendieron a todos reunidos en Múnich conmemorando el "putsch" de 1923. Allí Goebbels fue informado telefónicamente de las graves demostraciones antijudías que se estaban sucediendo en las grandes urbes alemanas. Después de la cena, Hitler abandonó el local alrededor de las ocho de la noche y se retiró a su apartamento. Poco después, sobre las nueve, Göbbels se levantó para dirigir unas palabras a los asistentes. Entre otras cosas, declaró que se habían acabado los tiempos en que los judíos podían matar alemanes impunemente y que en adelante se dispondría de medidas legales. No obstante, puntualizó que la muerte de von Rath no debería servir de excusa para actuar privadamente contra los judíos. Ingrid Weckert considera imposible que las supuestas palabras incendiarias de Goebbels pudieran ser las que incitaron el pogromo, puesto que las acciones contra los judíos habían ya comenzado y Göbbels, por tanto, las pronunció a toro pasado.

El hecho de que los disturbios acontecieran simultáneamente en todos los lugares indica, obviamente, que no fue una reacción espontánea, sino que se trató de algo convenientemente preparado. Las sociedades secretas demostraron ya en la Revolución Francesa, que estalló en numerosas ciudades al mismo tiempo, su maestría en la ejecución de este tipo de acciones. Recordemos que agentes de la masonería iluminada esparcieron el "Gran Temor" en toda Francia tras la toma de la Bastilla. Ingrid Weckert sostiene que algo similar sucedió en la Kristallnacht. Con el fin de dilucidar responsabilidades por lo ocurrido, el NSDAP encargó a la Corte Suprema del Partido una investigación. En febrero de 1939 el juez principal de este Tribunal interno, Walter Buch, remitió el resultado de sus investigaciones a Hermann Göring. A partir del estudio de este informe del juez Buch, del examen de documentos de algunos juicios de postguerra contra los supuestos criminales nazis, y del testimonio de miles de acusados y testigos, Weckert elabora su tesis sobre lo ocurrido.

Según estas fuentes, el 8 de noviembre, un día antes del pogromo, personas extrañas que no habían sido vistas con anterioridad aparecieron de repente en varias ciudades de Hesse, cerca de la frontera francesa. Se dirigieron a los alcaldes, a los líderes de distrito del partido (Kreisleiters) y a otras personas destacadas en estas ciudades. Preguntaron qué acciones se estaban preparando contra los judíos. Sorprendidos por estas preguntas, los funcionarios replicaron que no sabían nada de tales planes. Los desconocidos simularon asombro cuando oyeron las respuestas y reclamaron con gritos alguna reacción contra los judíos. Esta misma estratagema fue utilizada en 1789 en Francia: entonces supuestos emisarios del monarca recorrieron pueblos y ciudades con un falso edicto que invitaba a la destrucción de castillos que no fueran del rey. Algunas personas abordadas por estos individuos denunciaron los hechos a la policía o los comentaron con amigos. En general se pensó que se trataba de antisemitas alterados. En un caso, dos hombres vestidos con uniformes de las SS se presentaron ante un coronel de las SA y le ordenaron que destruyera una sinagoga cercana. Weckert considera que este hecho absurdo e impensable demuestra que los extraños personajes eran extranjeros que no sabían distinguir cómo funcionaban estas entidades alemanas, toda vez que las SA y las SS eran organizaciones completamente separadas, por lo que un auténtico SS jamás hubiera tratado de dar órdenes a una unidad de las SA. Por ello, el coronel (Standartenführer) rechazó la orden e informó sobre el incidente a sus superiores.

Puesto que las provocaciones con funcionarios locales no daban los resultados esperados, se utilizó la táctica de envalentonar al pueblo directamente en las calles. En un mercado aparecieron dos hombres que comenzaron discursos que pretendían incitar a la gente contra los judíos. Cuando finalmente algunos exaltados atacaron la sinagoga, los provocadores desaparecieron. Similares incidentes se dieron en varias ciudades: personas desconocidas aparecían de repente, pronunciaban discursos, empezaban a lanzar piedras contra los escaparates, iniciaban ataques contra edificios judíos: escuelas, hospitales o sinagogas, y desaparecían. Estos hechos tuvieron lugar el 8 de noviembre, antes de que se anunciara la muerte de von Rath, y fueron sólo el principio. Los incidentes bien organizados y generalizados comenzaron al anochecer del 9 de noviembre. Las demostraciones antijudías fueron especialmente significativas en Hesse y en la zona de Magdeburgo, aunque se produjeron también en ciudades grandes y pequeñas de toda Alemania. Grupos de cinco o seis hombres jóvenes armados con barras y porras, sin exteriorizar la más mínima emoción o rabia por el asesinato del diplomático alemán, recorrieron las calles de las ciudades destrozando metódicamente los escaparates de las tiendas. Sin embargo, puesto que la violencia engendra violencia, cierto número de individuos encorajinados por la destrucción se sumaron a los disturbios: de este modo fueron formándose grupos numerosos de personas que participaron en los disturbios.

Durante los juicios celebrados ante la Corte Suprema del Partido, se constató que llamadas telefónicas despertaron en mitad de la noche a líderes locales o regionales del NSDAP. Alguien que pretendía hablar desde cuarteles u oficinas regionales del partido preguntaba qué estaba pasando en la ciudad. Si el oficial respondía que todo estaba en calma, entonces se le decía en un lenguaje de jerga que habían recibido la orden de dar aquella noche su merecido a los judíos. Unos pensaron que se trataba de una broma y regresaron a la cama; otros, medio dormidos, ni siquiera comprendieron lo que pasaba; algunos buscaron confirmación de la orden y contactaron con la oficina desde donde la voz había dicho que llamaba. El presidente del tribunal concluyó que se había generado una confusión en la cadena de mando.

Las autoridades alemanas comprendieron que cuanto estaba sucediendo sólo podía perjudicar a Alemania, por lo que se trató enseguida de restaurar el orden. Ya en Múnich, apenas Goebbels hubo finalizado su "discurso incendiario", los jefes de distrito (Gauleiters) y el jefe de las SA telefonearon a sus subordinados y ordenaron la adopción de medidas para detener la violencia y restablecer la paz. Se puso especial énfasis en que bajo ninguna circunstancia debían tolerarse las manifestaciones. Estas instrucciones telefónicas fueron anotadas por escrito por quienes estaban de guardia en las sedes del partido y se enviaron por télex a las distintas oficinas de los distritos, por lo que quedaron archivadas y pueden ser examinadas. El jefe de las SA, Viktor Lutze, ordenó a sus subordinados (Gruppenführers) presentes en Múnich que contactasen con los acuartelamientos y advirtieran que en ninguna circunstancia miembros de las SA debían participar en demostraciones antijudías, sino que, por el contrario, debían intervenir para detener los disturbios que estaban en marcha. También la policía y las SS recibieron órdenes en el mismo sentido. Existe todavía en los archivos del Tribunal Militar Internacional de Núremberg el télex enviado por Himmler a Heydrich, en el que le ordenaba proteger a los judíos y evitar la destrucción de sus propiedades.

Hitler supo sobre la una de la madrugada que habían tenido lugar en Múnich violentos actos antijudíos, que incluían el incendio de una sinagoga. De inmediato llamó enrabietado al jefe de la policía de Múnich. Le ordenó que apagase enseguida el incendio y que se asegurase que no hubiera más desmanes en la ciudad. A continuación contactó con jefes de policía y funcionarios del partido de toda Alemania para conocer con exactitud el alcance de los disturbios. Finalmente, se redactó el siguiente mensaje para todos los Gauleiters: "Por orden expresa de la más alta autoridad, incendios contra comercios u otras propiedades de judíos no deben producirse en ningún caso y bajo ninguna circunstancia."

Ingrid Weckert se pregunta: "Pese a estas órdenes tan rotundas, ¿cómo es posible que pudiera hacerse tanto daño y tanta destrucción con la participación de miembros de las SA?". Según los registros escritos, por lo menos tres grupos de las SA no obedecieron las órdenes de Lutze y enviaron a sus hombres a destruir sinagogas y otros edificios. En los juicios celebrados entre 1946 y 1952, se leyó el informe que a las 8.00 de la mañana del 10 de noviembre redactó Karl Lucke, jefe de la brigada 50. Lucke hizo constar en él que a las 3.00 de la madrugada recibió la orden de incendiar todas las sinagogas de su distrito. En su extensa relación, presentada por la acusación en Núremberg, incluía el listado de sinagogas destruidas por miembros de su brigada. La supuesta orden de incendiar las sinagogas tendría que haber emanado de Herbert Fust, el jefe del grupo de las SA de Mannheim, quien se hallaba en Múnich con los otros líderes de las SA y, como los demás, transmitió correctamente las órdenes de su jefe, Viktor Lutze. El telefonista de guardia en el acuartelamiento de Mannheim confirmó que había entendido el mensaje y colgó; sin embargo, en lugar de hacer llegar la orden al jefe del grupo, que estaba en la cercana ciudad de Darmstadt, llamó al Oberführer Fritsch y le enseñó un papel con unas anotaciones donde se leía que todas las sinagogas del distrito de Mannheim debían ser destruidas. A las 3.00, cuando el trabajo estaba ya finalizando, el hombre del teléfono llamó a Karl Lucke y le transmitió la falsa orden. A la vez le comunicó que la acción se estaba llevando a cabo desde hacía varias horas. Lucke ordenó entonces al coronel de su brigada que procediera a la destrucción en el distrito de Darmstadt. Ningún juez se interesó por la identidad del telefonista de guardia, el cual, en opinión de Weckert, era un agente de quienes estaban detrás de toda la tramoya de la Kristallnacht.

A primera hora de la mañana del 10 de noviembre el ministro de Propaganda, Joseph Göbbels, anunció por radio que estaban estrictamente prohibidas las acciones contra los judíos y advirtió que serían severamente castigados quienes no obedecieran esta orden. Explicó también que la cuestión judía sería resuelta sólo a través de medidas legales. Pese a todo, Hermann Graml, el historiador citado más arriba, acusa al Dr. Goebbels de haber dirigido a los agentes provocadores sin presentar ninguna evidencia. Ciertamente, cuando se le pidieron explicaciones a Göbbels, argumentó que el pueblo alemán se había enojado tanto por el asesinato de Ernst von Rath que quiso castigar a los judíos. Ingrid Weckert considera que no creía en lo que decía y añade que Göbbels expresó a varias personas su sospecha de que una organización secreta debía estar detrás de todo, puesto que no podía ser que algo tan bien organizado hubiera podido ser un estallido popular espontáneo.

Los líderes del NSDAP no supieron explicar inicialmente qué había sucedido. Lo primero que hicieron fue buscar responsables dentro de su propia organización y comenzaron a señalarse posibles culpables. El propio Hitler llegó a pensar que Göbbels había sido el instigador. Los miembros de las SA que participaron en el pogromo fueron denunciados ante los tribunales de justicia por diversos testigos judíos y alemanes. Algunos de ellos fueron acusados de asesinato, otros de pillaje, asalto y otras acciones criminales. Sin embargo, Hitler quiso que el partido realizara su propia investigación y pospuso la celebración de los juicios hasta que los acusados hubieran comparecido ante el Tribunal Supremo del Partido. Buen número de ellos fueron expulsados, por lo que al ser juzgados por los tribunales de justicia ordinarios no eran ya miembros del NSDAP. En *Les responsables de la Seconde Guerre Mondiale* Paul Rassinier cuantifica en ciento setenta y cuatro el número de personas que fueron juzgadas y condenadas por haber participado en los hechos.

El día 12 Göring, por orden de Hitler, convocó a los principales ministros implicados para hablar sobre lo ocurrido. "Señores -les dijo el Führer- ya basta de demostraciones que no hacen daño a los judíos, sino a mí, la más alta autoridad para la economía de Alemania. Si hoy un comercio judío es destruido, si sus bienes son arrojados a la calle, la compañía de seguros pagará el daño al judío, de manera que no sufrirá ningún perjuicio..." Puesto que los bienes destruidos estaban fuertemente asegurados, con el fin de resarcirse de las cantidades que las aseguradoras alemanas tendrían que pagar, se decidió imponer una multa muy elevada a los judíos que tuvieran activos de más de 5.000 marcos. Esta medida ha sido unánimemente criticada; pero los nazis argumentaron entre otros motivos que, debido al boicot y a la declaración de guerra de los judíos, el Reich tenía escasez de divisas, por lo que ahora los judíos que habían impulsado el boicot podrían ayudar a sus correligionarios a pagar. Se ordenó a las compañías que abonasen sin demora las cantidades exigidas por los daños y luego se permitió que parte de este dinero fuera usado para el pago de la multa, que debía abonarse en cuatro plazos: 15 de diciembre de 1938, 15 de febrero, 15 de mayo, y 15 de agosto de 1939.

De todos modos, este asunto tuvo segunda parte. Nahum Goldmann, presidente del Congreso Mundial Judío, apelando a lo que él llamó "verdad histórica" sobre la Kristallnacht, reclamó en 1952 al canciller Konrad

Adenauer 500 millones de dólares en concepto de reparación por los daños causados aquella noche. Adenauer pidió una justificación para la exigencia de una suma tan considerable. El propio Goldman escribe en *La paradoja judía* que su respuesta fue: "Busque usted mismo la justificación. Lo que yo quiero no es la justificación, sino el dinero." Naturalmente, Goldmann recibió el dinero que pedía.

## Las consecuencias de la Kristallnacht

Es razonable pensar que la LICA y quienes prepararon en la sombra el asesinato de Ernst von Rath tuvieron mucho que ver en la Kristallnacht. Ya antes de la Revolución Bolchevique, algunos pogromos habían sido organizados en Rusia por grupos judíos que aspiraban a sacar provecho de ellos. Un hecho a tener en cuenta es que en 1938 el número de judíos que entraban en Palestina había caído al nivel más bajo desde que comenzara a principios de siglo la migración de sionistas de todo el mundo a Tierra Santa. Un revulsivo era imprescindible y la Kristallnacht lo fue. Se ha comentado ya que, pese a las Leyes de Núremberg, los judíos europeos que debían abandonar Polonia u otros países preferían Alemania como lugar para vivir y trabajar. Lo ocurrido en la noche del 9 de noviembre fue algo excepcional que nada tenía que ver con el comportamiento diario habitual. El pogromo antijudío fue rechazado por la opinión pública alemana, que mayoritariamente se mostró horrorizada ante unos hechos que iban contra su sentido de la decencia y del orden.

Inevitablemente, una campaña de prensa internacional se encargó de presentar la situación de los judíos en Alemania con un infierno cotidiano. En Estados Unidos se aprovechó para proclamar a los cuatro vientos que en ningún lugar de Europa las condiciones de los judíos eran peores que en Alemania. El 14 de noviembre Cordell Hull ordenó al embajador Wilson que abandonase el país y le prohibió hacerlo en un barco alemán. El 15 de noviembre era el embajador alemán en Washington, Dieckhoff, quien escribía al secretario de Estado alemán para hacerle saber hasta qué punto se había desatado la hostilidad hacia Alemania en la opinión pública norteamericana. Más preocupante era aún la animadversión del propio presidente Roosevelt, el cual pidió a sus compatriotas el boicot para todos los productos alemanes. Roosevelt anunció que iba a estudiar la puesta en marcha inmediata de un proyecto para la construcción de diez mil aviones y, además, presionó a Gran Bretaña para que renunciase a su política de conciliación con Alemania. Paul Rassinier cita un texto del embajador de Polonia en Washington, enviado a Beck el 12 de enero de 1939, en el cual Potocki explica hasta qué punto la Kristallnacht sirvió de pretexto en Estados Unidos para atacar a Alemania:

"Los excesos antisemitas que han tenido lugar recientememte en Alemania han desencadenado aquí una campaña antialemana de una rara violencia. Han participado en ella diversos intelectuales y financierons judíos, Bernard Baruch, el juez de la Corte Suprema, Frankfurter, el secretario de Estado del Tesoro Morgenthau, y otros que que gozan de la amistad personal de Roosevelt. Este grupo de personas que ocupan los más altos cargos en el Gobierno americano está indisolublemente relacionado con la Internacional judía."

A pesar de que ni el Gobierno alemán ni el NSDAP instigaron los disturbios, tampoco en Alemania las cosas iban a ser iguales. La idea de sacar del país a los judíos se acentuó sobremanera como consecuencia de lo ocurrido. Hitler ordenó la creación de una agencia central para organizar la emigración de los judíos de Alemania con la mayor rapidez posible. Göring creó entonces la Oficina Central del Reich para la Emigración Judía (Reichszentrale für die Jüdische Auswanderung), cuyo director fue Reinhard Heydrich. Aunque las condiciones del Acuerdo Haavara eran muy favorables, el número de judíos que emigraban a Palestina era menor del deseado por los nazis y los sionistas. En el verano de 1938 se había fundado un Comité Intergubernamental para Refugiados, dirigido por el abogado norteamericano George Rublee. Este Comité y el Gobierno alemán firmaron en enero de 1939 un acuerdo por el cual todos los judíos alemanes podrían emigrar al país que eligieran. Gracias a este "sensacional acuerdo", según lo calificó el propio Rublee, diferentes gobiernos establecieron campos de acogida para dar formación laboral a los emigrantes judíos con el fin de facilitarles trabajo en sus nuevos países. Los judíos alemanes de más de 45 años podían así emigrar o permanecer en Alemania. Debe considerarse que aquellos que decidieran permanecer en el Reich podían vivir donde quisieran con seguridad social garantizada, como cualesquiera otros ciudadanos. Las cláusulas o disposiciones del plan Rublee sirvieron de base a la Oficina Central del Reich. Surgió, además, una organización judía paralela, la Unión de Judíos del Reich en Alemania (Reichsvereinigung der Juden in Deutschland), que fue creada con el fin de aconsejar a los judíos. Ambas agencias trabajaron conjuntamente para facilitar la emigración. Por otra parte, las SS y otras organizaciones nacionalsocialistas colaboraron con los grupos sionistas para favorecer al máximo la salida de judíos de Alemania. Con la ayuda del Plan Rublee y el Acuerdo Haavara cientos de miles de judíos emigraron de Europa a Palestina. En septiembre de 1940 "Palcor", la agencia de noticias judía en Palestina, informó que medio millón de emigrantes judíos habían llegado desde el Reich alemán y desde la Polonia ocupada.

## Alemania busca el acuerdo y la paz con Polonia

La incapacidad de Polonia para adoptar una actitud positiva hacia Alemania provocó un aumento de las fricciones a finales de 1938. La proyectada autopista de setenta y cinco kilómetros desde Buetow (Pomerania) hasta Elbing (Prusia Oriental) a través de Danzig sólo iba a recorrer cuarenta kilómetros de territorio polaco. Alemania, que había ofrecido compensaciones y renuncias territoriales de sumo interés para Polonia a cambio de recuperar Danzig, esperaba una respuesta desde el 24 de octubre, fecha de la entrevista entre Lipski y Ribbentrop. Los alemanes mantenían la esperanza de que el acuerdo era posible. No obstante, la falta de respuesta de Beck era una mala señal, por lo que Ribbentrop decidió convocar al embajador el 19 de noviembre de 1938 con el fin exclusivo de preguntarle si había recibido instrucciones de Beck sobre la oferta alemana. Lipski respondió afirmativamente y aseguró sin entusiasmo que era posible un acuerdo para una autopista y una línea de ferrocarril a través del Corredor. Sin embargo, recordó que el mantenimiento de la Ciudad Libre era vital para los intereses de Polonia y anunció que Beck le había dado instrucciones para hacer una contraoferta cuyo principal punto era un tratado que reconociera la independencia permanente de Danzig. Ribbentrop no ocultó su decepción, aunque aseguró que consultaría con Hitler. Tres días más tarde, el 22 de noviembre, el embajador Lipski regresó a Varsovia para discutir el tema de Danzig. Quedó entonces claro que la insinuación de un posible acuerdo sobre la autopista y la línea ferroviara había sido un simple ardid para apaciguar a los alemanes. Los líderes polacos convinieron en que no harían concesiones ni sobre Danzig ni sobre las líneas de tránsito en el Corredor.

Una explicación para entender esta posición de intransigencia la ofrece una vez más David L. Hoggan, quien da noticia de un informe muy elocuente telegrafiado el día anterior, 21 de noviembre, por el conde Jerzy Potocki, embajador polaco en Estados Unidos. Dado el interés de este documento revelador, reproducimos el texto:

> "El embajador polaco fue informado por William C. Bullitt, el embajador norteamericano en Francia que estaba de visita en Estados Unidos, de que el presidente Roosevelt estaba decidido a involucrar a América en la próxima guerra europea. Bullit explicó a Potocki que gozaba de la confianza especial del presidente Roosevelt. Bullitt predijo que pronto estallaría una larga guerra en Europa. De Alemania y de su canciller, Adolf Hitler, habló con extremada vehemencia y con odio resentido. Sugirió que la guerra podría durar seis años, y propugnó que debería ser librada hasta el punto de que Alemania no pudiera reponerse nunca."

Potocki, sigue escribiendo Hoggan, no compartía el entusiasmo de Bullitt y Roosevelt por la guerra y la destrucción:

"Preguntó cómo podría surgir esta guerra, puesto que parecía sumamente improbable que Alemania atacase a Gran Bretaña o a Francia. Bullitt sugirió que una guerra estallaría entre Alemania y alguna otra potencia, y que los poderes occidentales intervendrían en ella. Bullitt consideró inevitable una guerra entre la Unión Soviética y Alemania y predijo que Alemania, después de una guerra enervante en Rusia, capitularía ante los poderes occidentales. Aseguró a Potocki que Estados Unidos participaría en esta guerra si Gran Bretaña y Francia daban el primer paso. Bullitt inquirió sobre la política polaca, y Potocki respondió que Polonia lucharía antes que permitir que Alemania modificase la frontera occidental. Bullitt, que era fuertemente partidario de Polonia, se mostró convencido de sería posible confiar en que Polonia se mantendría firme contra Alemania."

Es asombroso comprobar que Bullitt, el embajador itinerante del partido de la guerra y agente de la conspiración internacional, sabía perfectamente cómo iban a producirse los acontecimientos, puesto que las cosas sucedieron como se las había anunciado al embajador polaco.

La fuente del historiador revisionista estadounidense son *Documentos polacos sobre las causas de la guerra*. En una extensa nota, Hoggan explica que tanto Bullitt como el Departamento de Estado norteamericano negaron inicialmente la legitimidad de dichos documentos. Sin embargo, la autenticidad de los mismos fue confirmada por el diplomático y profesor Waclaw Jedrzejewicz, del Instituto Józef Pilsudski de Nueva York, autor de la obra *Polonia en el Parlamento británico, 1939-1945*. La polémica sobre la autenticidad de los llamados "Documentos Secretos Polacos" merece una aclaración más amplia, que ofrecemos a continuación tomando como fuente a Mark Weber, del "Institute for Historical Review".

Dichos documentos fueron capturados por los alemanes cuando tomaron Varsovia en septiembre de 1939. Una brigada de las SS comandada por el barón von Künsberg atacó por sorpresa el Ministerio de Exteriores cuando se disponían a incinerar los documentos incriminatorios. El viernes 29 de marzo de 1940, dieciséis documentos fueron publicados por los nazis bajo el título *Polnische Dokumente zur Vorgeschichte des Krieges* (*Documentos polacos sobre los antecedentes de la guerra*). En Berlín periodistas de todo el mundo, despúes de tener acceso a los originales, que se les permitió examinar, recibieron copias en facsímil de los documentos así como traducciones al alemán. La edición del Foreign Office fue titulada *German White Book Nº 3*. El libro apareció en varias lenguas en Berlín y en otras capitales. Una edición fue publicada en Nueva York por Howell, Soskin and Company con el título *The German White Paper*. Naturalmente, los embajadores implicados, principalmente Bullitt y Potocki, negaron la autenticidad de los documentos. Sin embargo, Edward Raczynski, el embajador polaco en Londres, confirmó en 1963 en su diario, que apareció con el título de *In Allied London*, que los documentos eran genuinos. En su entrada de 20 de junio de 1940 escribió: "los alemanes publicaron en abril un Libro Blanco conteniendo documentos de los archivos de nuestro Ministerio de Asuntos Exteriores, los cuales contenían informes de Potocki en Washington, de Lukasiewicz en París y míos. No sé dónde los obtuvieron, puesto que se nos dijo que los archivos habían sido destruidos. Los documentos son ciertamente auténticos, y los facsímiles demuestran que los alemanes tenían los originales y no meras copias."

El embajador Jerzy Potocki estaba convencido de que la actitud beligerante de Roosevelt era consecuencia del entorno judío que lo rodeaba. Potocki informó repetidas veces a su Gobierno de que la opinión pública norteamericana era simplemente el producto de las maquinaciones judías. En opinión de Potocki, la influencia judía en la cultura y en la opinión publica de Estados Unidos era absolutamente preponderante. El 9 de febrero de 1938 Potocki informó al Ministerio de Exteriores polaco de que la presión de los judíos sobre el presidente Roosevelt era cada vez más intensa: "Los judíos son ahora mismo los líderes en la creación de una psicosis de guerra que sumergiría al mundo entero en una guerra y provocaría una catástrofe general. Este sentimiento es cada vez más evidente."

De todos los *Documentos polacos sobre los antecedentes de la guerra* uno de los más reveladores es el informe secreto de Potocki fechado el 12 de enero de 1939, que describe la situación en Estados Unidos y la campaña contra Alemania. "La propaganda -escribía Potocki- está mayoritariamente en manos de los judíos, que controlan el cien por cien de la radio, el cine y la prensa diaria y periódica." Muy revelador es asimismo un fragmento que alude al trato que se otorga a la URSS: "Es interesante comprobar que en esta extremadamente bien planeada campaña dirigida sobre todo contra el nacionalsocialismo la Unión Soviética está por completo excluida. Si es mencionada, lo es siempre de manera amistosa y se presentan las cosas como si la Rusia soviética estuviese trabajando en el bloque de los países democráticos." Todo ello confirma por enésima vez que los gobiernos de Franklin Delano Roosevelt estaban controlados por agentes judíos. El mismo Roosevelt, como sabemos, era judío, puesto que su madre Sara Delano procedía por séptima generación de una familia de origen sefardí. Además, F. D. R. estaba casado con su prima Eleanor, otra judía seriamente comprometida con el sionismo.

El otro personaje que, como Bullitt, estaba asimismo decidido a impedir cualquier acuerdo entre Alemania y Polonia era el inefable Lord Halifax, el secretario del Foreign Office, cuyo embajador en Varsovia, Kennard, se entrevistó en noviembre de 1938 con Jacob Burckhardt, el diplomático suizo que actuaba como Alto Comisionado de la Sociedad de Naciones en Danzig. El Alto Comisionado le expresó su convencimiento de que los polacos estarían dispuestos a ceder Danzig a Alemania. Cuando discutió la situación con Burckhardt, Kennard no ocultó su odio hacia

Alemania. La actitud altanera del embajador disgustó al Alto Comisionado, que creyó conveniente informar a los alemanes de la mala predisposición del diplomático británico. Desde este momento Hitler y Ribbentrop supieron que el hombre que gozaba de la confianza de Halifax en Varsovia era un enemigo de la política de apaciguamiento. Puesto al corriente del contenido de la conversación entre Kennard y Burckhardt, Lord Halifax temió que los polacos pudieran estar ocultando sus verdaderas intenciones y contempló la posibilidad de que el Alto Comisionado pudiera sentirse identificado con la posición de Alemania. Halifax advirtió a Kennard de que Burckhardt poseía "excepcionales habilidades diplomáticas y políticas", por lo que no podía ser tomado a la ligera.

Temeroso de que polacos y alemanes pudieran llegar a entenderse a sus espaldas, el 4 de diciembre Halifax se entrevistó en Londres con el embajador polaco, Edward Raczynski, con el fin de aclarar cuáles eran las verdaderas intenciones de Polonia. El secretario del Foreign Office le preguntó sin rodeos si Hitler había planteado recientemente el asunto de las reclamaciones alemanas sobre Danzig. El embajador respondió con evasivas y declaró que el mayor problema de Polonia en aquellos momentos era obtener ayuda internacional para quitarse de encima a la población judía. Raczynski aseguró a Halifax que los judíos constituían "un problema enorme" en Polonia. Halifax, molesto, entendió que Beck no había autorizado al embajador a facilitar mayor información sobre las negociaciones germano-polacas, por lo que ordenó a Kennard que emplease todos los medios para averiguar las intenciones reales de Beck.

## Edward Frederick Lindley Wood, conde de Halifax

Llegados a este punto, antes de seguir adelante, es preciso dedicar unas líneas al conde de Halifax, Lord Halifax, un hombre de los Rothschild cuyas actuaciones descaradas propiciaron el estallido de la guerra. Edward Frederick Lindley Wood nació sin mano izquierda y con el brazo izquierdo atrofiado el 16 de abril de 1881 y murió el 23 de diciembre de 1959. Entró en la Cámara de los Comunes como parlamentario conservador en 1910. En su discurso inaugural negó enfáticamente que que todos los hombres son creados iguales y convocó al pueblo inglés a permancer fiel a su vocación de "raza superior" dentro del Imperio británico. Virrey y gobernador general de India entre 1926 y 1931 y secretario de Estado para la Guerra durante cinco meses en 1935, el primer conde de Halifax fue secretario de Estado del Foreign Office (Asuntos Exteriores) entre el 21 de febrero de 1938 y el 22 de diciembre de 1940. Cuando abandonó el cargo, fue para marchar como embajador a Estados Unidos, donde permaneció hasta 1946.

Como jefe de la diplomacia británica practicó un doble juego que invita a considerarlo un hombre deshonesto e hipócrita. Tan pronto fue nombrado secretario del Foreign Office, la figura de Chamberlain comenzó a empequeñecerse debido a la personalidad de su ministro, al que Hoggan describe como un diplomático "pagado de sí mismo, despiadado, inteligente, santurrón farisaico y mojigato." Su perfidia política le valió el apodo de "The Holy Fox" ("El Zorro Sagrado"), un apelativo que le otorgó Winston Churchill. Su biógrafo Andrew Roberts escogió este epíteto como título de su libro: *"The Holy Fox". A Life of Lord Halifax* (1991). Se trata, lo hemos insinuado ya más arriba, de una biografía exenta de sentido crítico en la que se presenta a Hitler como el malo malísimo de siempre que quiere expandir el Reich y dominar el mundo, mientras que la figura de Halifax aparece aureolada con un nimbo de superioridad moral e intelectual, que supuestamente antepone el "honor" de Gran Bretaña a cualquier otra consideración.

Siendo un político de poco peso dentro del Partido Conservador, Halifax recibió el encargo de Chamberlain de visitar al Führer. Su puesta en escena ante los líderes alemanes tuvo lugar el 19 de noviembre de 1937, cuando antes de ser nombrado ministro visitó a Hitler en Berchtesgaden. Entonces su hijo Charles ya se había casado con la nieta de Lord Rothschild. Como tarjeta de presentación, Halifax les dijo con desparpajo a los líderes nazis que "esperaba una acción alemana para recuperar Danzig". Tres meses más tarde, Lord Halifax, Edward Wood, sustituyó a Anthony Eden como secretario de Estado de Asuntos Exteriores y en pocos meses su visión sobre la cuestión de Danzig dio un giro de ciento ochenta grados.

No obstante, el 21 de mayo de 1938 Burckhardt, el Alto Comisionado para Danzig, informó aún a los alemanes sobre la buena disposición del secretario del Foreign Office, expresada en una entrevista mantenida días antes. "Lord Halifax -les dijo textualmente Burckhardt- ha calificado Danzig y el Corredor como un absurdo". Durante la conversación el jefe de la diplomacia británica reconoció al Alto Comisionado que se trataba probablemente de la mayor estupidez de los acuerdos de Versalles y le expresó su esperanza de que un cambio en el "status quo" podría ser alcanzado a través de negociaciones bilaterales entre Polonia y Alemania. Para acabar de rematar la faena, Lord Halifax sugirió al diplomático suizo que Gran Bretaña estaría dispuesta a mediar entre Alemania y Polonia si se producía un "impasse" en las negociaciones bilaterales. Naturalmente, estas noticias fueron acogidas con el mayor interés en Alemania.

Y todavía en julio de 1938 Halifax seguía mostrándose en apariencia partidario de la política de apaciguamiento. A las diez en punto de la mañana del día 18, recibió en su residencia de Eaton Square a Fritz Wiedemann, enviado personal de Hitler a Londres. Alexander Cadogan estuvo presente en la entrevista y actuó como traductor. Wiedemann, autor de una obra sobre Hitler, *Der Mann der Feldherr werden wollte* (*El hombre que quería ser general*) (1964), recibió del secretario del Foreign Office el siguiente mensaje: "Dígale a su Führer que espero asistir, antes de mi muerte, a la realización de la finalidad de todos mis esfuerzos: ver a Hitler recibido por el rey de Inglaterra y aclamado por la multitud londinense en el balcón del palacio de Buckingham." Es comprensible que, a la luz de estas palabras, algunos autores consideren que Halifax estaba simplemente tratando de engañar a Hitler para que mordiese el anzuelo de la política de apaciguamiento ("appeasement")

Después de la Conferencia de Múnich, todo el mundo entendió que las relaciones anglo-germanas eran la base sobre la que podían sustentarse la paz y la seguridad en Europa. La declaración de amistad anglo-germánica firmada el 30 de septiembre de 1938 en el apartamento de Hitler en Múnich constituía un documento para la esperanza. Sin embargo, como se ha visto, el 5 de octubre Churchill y Duff Cooper se encargaron de rebajar de inmediato las expectativas en la Cámara de los Comunes. Pese a todo, días después, el 12 de octubre, Lord Halifax tomó el té con Kennedy, embajador de Estados Unidos, y le presentó un cuadro satisfactorio de la política europea. Según consta en *Relaciones Exteriores de Estados Unidos*, documentos de 1938 citados por Hoggan, el secretario del Foreig Office le admitió al embajador que cualquiera que tuviera cierta influencia sabía que Hitler no deseaba una guerra contra Inglaterra y añadió que el hecho de que Inglaterra incrementara su poderío aéreo no significaba necesariamente que planeara interferir en el Continente. Halifax le dijo a Kennedy que esperaba que Hitler haría una propuesta para la anexión de Danzig y de Memel y sugirió que Gran Bretaña no intervendría.

Cuando dos semanas más tarde, el 28 de octubre, Kennedy y Halifax vovieron a entrevistarse, algo había ya cambiado. Lord Halifax le dijo al embajador que, tal como él había predicho, Hitler había solicitado obtener Danzig. En esta segunda conversación, Halifax ofreció un relato sombrío sobre la actitud del canciller alemán con respecto a Gran Bretaña y ofreció también a Kennedy gran cantidad de información poco fiable sobre las supuestas actitudes de Hitler en relación a cuestiones de actualidad en el Continente. Pocas semanas después le aseguró a Kennedy que Hitler estaba consumido por un odio enardecido hacia Inglaterra y que planeaba romper la Unión Soviética en pedazos en la primavera de 1939. Según Hoggan, el motivo de estas tácticas falaces era preparar un posible ataque británico. Puede decirse que a partir de este momento las riendas de la política británica pasaron progresivamente a manos de Lord Halifax y el primer ministro Chamberlain iba a convertirse en un títere manejado por su Ministro de Asuntos Exteriores.

Un asunto que peocupaba a Halifax tras la Conferencia de Múnich era la mejora de relaciones entre Alemania y Francia. Ante la perspectiva de que Francia pudiera sacudirse su vinculación con Gran Bretaña y llegara a un entendimiento independiente con los alemanes, Halifax dio instrucciones concretas de actuación a su embajador en París, Sir Eric Phipps. El 1 de noviembre de 1938 le advirtió de que "el Gobierno francés podía verse tentado de ditanciarse del Gobierno de Su Majestad a causa de la intriga alemana." El 7 de noviembre, informado de las negociaciones en curso para un pacto de amistad franco-alemán, similar al que habían firmado Hitler y Chamberlain en Múnich, Halifax dio nuevas instrucciones a Phipps. El Foreign Office temía que este acercamiento podía destruir el sistema británico de "divide et impera" en que se basaba su teoría de la balanza de poder. "Los líderes británicos -opina Hoggan- pensaban que su posición en el mundo dependía de la perdurabilidad de las rivalidades y divisiones en el Continente."

El 21 de noviembre, dos días antes de la aprobación del acuerdo franco-alemán, el embajador Robert Coulondre sustituyó en Berlín a François-Poncet, quien había sido muy estimado por Hitler. El texto definitivo de la declaración fue ratificado por el Consejo de Ministros francés el 23 de noviembre, día en que Chamberlain y Halifax se presentaron en París para mantener conversaciones con la idea de recibir garantías que redujeran la importancia del tratado. Una manifestación antibritánica recibió a los políticos ingleses con abucheos. Finalmente, el 6 de diciembre una amplia delegación alemana encabezada por Ribbentrop se desplazó a la capital francesa para firmar el Pacto de Amistad Franco-Alemán, que contenía una declaración de no agresión y reconocía como definitivas las fronteras fijadas en el Tratado de Versalles. Lord Halifax recibió garantías de su colega Bonnet de que no había acuerdos secretos en el tratado, que fue rechazado tanto por Roosevelt como por Stalin.

## Checoslovaquia se desintegra

Una tras otra, las minorías alemana, polaca y húngara fueron liberándose del control que los checos ejercían sobre ellas. El 9 de octubre de 1938, el reino de Hungría inició conversaciones con el Estado checo-eslovaco sobre las regiones habitadas por húngaros en el sur de Eslovaquia, las cuales desembocaron en enfrentamientos armados entre paramilitares húngaros y tropas checoslovacas. Finalmente los dos países solicitaron el arbitraje de Italia y Alemania, que contó con la aprobación tácita de Francia y Gran Bretaña. Lord Halifax informó confidencialmente a Budapest que podía proponerse sin problemas un arbitraje sin Gran Bretaña y Francia, que de este modo se desentendieron de la disputa territorial.

Aprovechándose de las discordias checo-magiares y de la debilidad de Praga, el Gobierno de Polonia presentó nuevas reclamaciones territoriales. Los polacos pedían seis distritos en los Cárpatos fronterizos con Eslovaquia. El 31 de octubre enviaron un nuevo ultimátum en el que amenazaban a los checos con un ataque si no recibían una respuesta afirmativa el mismo día. Tras comprobar que los británicos no iban a hacer nada contra Polonia, capitularon a las cinco de la tarde en nombre de Eslovaquia, pese al enfado monumental del monseñor Tiso, líder de la coalición nacionalista eslovaca, quien pidió por primera vez la protección de

Alemania, pues consideraba que las reclamaciones polacas no se apoyaban en bases étnicas. Todo el episodio sirvió a Tiso para reafirmarse en su tesis de que Eslovaquia necesitaba la protección de un vecino poderoso para poder independizarse de Praga. Lo ocurrido contribuyó también a que Polonia viera socavada su estima entre los eslovacos.

El 2 de noviembre de 1938 el primer arbitraje de Viena transfirió a Hungría un territorio de 10.000 km2 del sur de Eslovaquia, cuya población de un millón de personas era casi exclusivamente magiar. De este modo quedaron aún tres grandes grupos étnicos dentro del Estado Checoslovaco: los checos, que eran unos seis milllones y medio; los eslovacos, unos dos millones; y los rutenos, que se acercaban al medio millón. Las pretensiones de Polonia de que Rutenia pasara también a Hungría eran bien vistas por Halifax, quien consideraba que una frontera común entre Hungría y Polonia incrementaría la oposición de ambos países a Alemania. A pesar de que en Múnich Gran Bretaña se había comprometido a ser garante de los acuerdos, la política del Foreign Office prescindía cada vez más de los intereses de los checos, de ahí que Halifax se desentendiera del arbitraje, a pesar de que posteriormente se sorprendió del éxito obtenido por Italia y Alemania.

Józef Beck, por su parte, se sintió decepcionado al comprobar que en el arbitraje de Viena Ribbentrop y Ciano no habían resuelto la cuestión rutena. El 22 de noviembre de 1938 Moltke, el embajador alemán en Varsovia, recibió instrucciones de Ribbentrop para que le hiciera saber a Beck que Alemania no apoyaría una revisión del acuerdo sobre Rutenia a menos que se alcanzara un pacto germano-polaco. Moltke hizo saber a Beck que Ribbentrop había pedido a los húngaros que no pusieran objeciones por el momento a lo concedido en Viena. Moltke, por otra parte, dejó caer que Ribbentrop le había comentado que Alemania no contemplaba que la cuestión ucraniana pudiera enturbiar las relaciones germano-polacas y que no había la menor intención de avivar el nacionalismo ucraniano. Parece evidente que se trataba de una insinuación que, sin duda, Beck supo entender.

Además de Gran Bretaña, también la Unión Soviética había perdido interés en Checoslovaquia, ya que no veía ninguna posibilidad de que pudiera actuar como barrera contra Alemania. Sir Basil Newton, embajador británico en Praga que era muy crítico con la política de Polonia en relación a Checoslovaquia, expresó a Halifax su opinión de que el Estado checoslovaco no duraría mucho. Newton pensaba que, teniendo en Karol Sidor a un partidario de la asociación con Polonia, Beck había desperdiciado la posibilidad de jugar un papel influyente en Eslovaquia. Además, Newton condenaba a los polacos por "la política totalmente despiadada hacia la población checa" en las regiones que habían obtenido. El embajador denunciaba que "los checos no eran las únicas víctimas, puesto que los alemanes eran también con frecuencia maltratados." Los polacos, por contra, tenían en el embajador Kennard a su defennsor más incondicional y, por supuesto, más en sintonía con el secretario del Foreign Office.

Viendo que la desintegración del Estado era cada vez más probable, el 11 de diciembre de 1938 los checos mostraron al embajador Newton su irritación y su desconcierto por el callejón sin salida en que se encontraba el asunto de la garantía establecido en Múnich. El ministro de Exteriores, Chvalkovsky, admitió ante el embajador británico que la situación interna era muy delicada y que agradecerían cualquier tipo de garantía. Chvalkovsky se daba cuenta de que Gran Bretaña y Francia eran reacios a tomar la iniciativa. Hoggan desvela por qué tampoco Francia intervenía para evitar el desmoronamiento de Checoslovaquia. Según este historiador, cuando el 24 de noviembre Chamberlain y Halifax viajaron a París antes de la firma del Pacto de Amistad Franco-Alemán, discutieron con los líderes franceses sobre la garantía comprometida en Múnich en relación a las nuevas fronteras y a las minorías étnicas. Daladier y Bonnet no veían razón para no poner en marcha el proceso de garantías si Alemania e Italia no ponían objeciones. Los franceses comprobaron atónitos que los ingleses no compartían su punto de vista. Halifax propuso que la garantía no fuera operativa en caso de una violación alemana, a menos que Mussolini estuviera dispuesto a apoyar a Francia y Gran Bretaña contra Alemania. A Bonnet le pareció un chiste, por lo que los franceses objetaron que esta garantía sería estéril y fútil, pues no era razonable pensar que Mussolini se opondría a Hitler en nombre de los checos. Si las cuatro potencias no aceptaban esta fórmula, respondió impertérrito Halifax, no habría garantía. Los líderes franceses nunca supieron por qué Halifax no quería comprometerse, por lo que concluyeron que los británicos deseaban evitar cualquier garantía a los checos. Newton preguntó desde Praga sobre el asunto y Halifax le respondió que los franceses habían rechazado la propuesta británica.

El 22 de diciembre de 1938 Henderson y Coulondre, embajadores en Berlín de Gran Bretaña y Francia, anunciaron que Londres y París aprobarían una garantía separada de Alemania a los checos. Lógicamente, los alemanes no veían por qué debían ellos tomar la iniciativa en garantizar un Estado que había actuado repetidamente en su contra si Francia, el aliado de los checos, no mostraba disposición a hacerlo. Inicialmente, conjeturaron que británicos y franceses retomarían la iniciativa y propondrían alguna solución en la línea del acuerdo de Múnich, pero no fue así. El 21 de enero de 1939 Chvalkovsky viajó a Berlín para mantener conversaciones con Ribbentrop, quien le planteó su objeción a la alianza checo-soviética y al excesivo tamaño del ejército checo. Chvalkovsky exigió que Alemania tomara la iniciativa para una garantía territorial del territorio checo antes de pretender la reducción de su ejército. Mientras estas conversaciones se desarrollaban, el 24 de enero de 1939 Lord Halifax envió un mensaje al presidente Roosevelt en el que denunciaba las inquietantes intenciones de Hitler. Halifax decía textualmente que Hitler había adivinado que "Gran Bretaña era ahora el principal obstáculo para la ejecución de sus nuevas ambiciones." Finalmente, el comunicado germano-checo emitido el 28 de enero de 1939 puso en evidencia que la negociación en Berlín no había dado frutos. Alemania no aceptaba que se le exigiera una acción unilateral en el asunto de la garantía.

Mientras persistía el desacuerdo franco-británico en la cuestión de la garantía, el 8 de febrero de 1939 el embajador Coulondre hizo saber a los alemanes que Francia estaba dispuesta a atender cualquier sugerencia alemana. Ribbentrop discutió el asunto con los embajadores occidentales y pidió tiempo para estudiar el tema antes de hacer una propuesta. Tanto él como Hitler llegaron a la conclusión de que Francia y Gran Bretaña se desmarcaban porque no estaban en realidad interesados en el problema. En febrero aumentaron las informaciones de que Eslovaquia deseaba poner fin a su sometimiento a los checos y Ribbentrop recibió la confirmación de que los eslovacos querían la independencia.

El 12 de febrero se produjo un encuentro entre Hitler y Adalbert Tuka, un líder veterano del movimiento independentista, quien le dijo al Führer que la unión de checos y eslovacos era ya imposible por razones económicas y morales. Tuka confirmó a Hitler que el resto de líderes del país estaban decididos a lograr la independencia. La situación de los checos no podía ser más insegura, puesto que no recibían apoyo de nadie y eran incapaces por sí mismos de controlar la situación interna. La respuesta de Hitler fue lógica: decidió que no estaba dispuesto a apoyar el Estado checo-eslovaco y que ayudaría a los eslovacos. El 22 de febrero los checos presentaron a las cuatro potencias de Múnich un "aide-memoire", especie de memorándum, pero más breve, que contenía una reclamación de garantías territoriales. Los checos renunciarían a sus alianzas y se declararían neutrales a cambio de dichas garantías. El día 26 diplomáticos británicos informaron desde Bratislava a su Gobierno que el descontento de los eslovacos con los checos estaba en un punto álgido y que la influencia alemana en Eslovaquia iba en aumento. El día siguiente, 27 de febrero, Halifax se apresuró a comunicar al embajador británico en Washington, Sir Ronald Lindsay, que había recibido información que "apuntaba la posibilidad de una ocupación militar de Checoslovaquia." El 28 de febrero Alemania envió sendas notas a los gobiernos británico y francés, en las que les anunciaba su posición contraria a la garantía.

Así estaban las cosas cuando el 1 de marzo de 1939 Hitler recibió al cuerpo diplomático acreditado en Berlín con ocasión de la comida anual. El canciller alemán se entrevistó con Henderson, el embajador británico, en presencia de otros diplomáticos. Le expresó públicamente que "admiraba el Imperio Británico" y puso énfasis en resaltar que no había puntos importantes de conflicto en las relaciones entre ambos países. Henderson no tenía instrucciones de plantear la cuestión checa y el asunto no se trató, lo cual indica que Halifax seguía su táctica de mostrar desinterés. A nadie escapaba, sin embargo, que la situación sobre el terreno era muy tensa. Durante la primera semana de marzo, checos y eslovacos mantenían importantes negociaciones sobre el tema económico y llegaron a un punto muerto. El 6 de marzo las autoridades checas reforzaron su presencia militar en Rutenia y disolvieron el gobierno autónomo. Newton informó de inmediato a Halifax y le aseguró que la crisis estaba servida. Otro embajador británico, Kennard, informó el día 7 desde Varsovia que se esperaba la llegada inminente de una delegación eslovaca con la misión de averiguar cuál sería la posición polaca en caso de una declaración de independencia. Kennard expresaba su opinión de que la posición favorable de Polonia a la independencia de Eslovaquia obedecía a su interés en solventar la cuestión rutena.

El 9 de marzo se produjo el hecho que desencadenó por fin la crisis entre checos y eslovacos. El Gobierno de Praga destituyó a los cuatro ministros principales del Gobierno local en Bratislava. El editor de *The Times* de Londres, Geoffery Dawson, que había sido un hombre de Lord Milner en Sudáfrica y estaba en sintonía con Lord Halifax, a pesar de que el día 12 anotó en su diario privado que checos y eslovacos luchaban en las calles de Bratislava, siguió una línea informativa que presentaba una situación de calma en Europa. El embajador Henderson, por contra, informó el 11 de marzo desde Berlín que la prensa estaba volcada en la disputa checoeslovaca. Los periódicos alemanes informaban que monseñor Tiso había pedido ayuda al Gobierno alemán. Polonia, que concentraba toda su atención en Rutenia con el objetivo de que fuese anexionada por Hungría, supo el 13 de marzo que Hitler no se opondría a la invasión de Rutenia por tropas húngaras. Miklós Horthy, regente de Hungría, envío el mismo día un mensaje de agradecimiento al canciller alemán. También el día 13 llegó a Berlín monseñor Tiso, quien obtuvo el compromiso alemán de apoyar la independencia de Eslovaquia. Los acontecimientos se precipitaron y el 14 de marzo la Dieta eslovaca aprobó la secesión y proclamó la independencia, que contaba con la protección del Reich. El mismo día 14 Hungría presentó un ultimátum de doce horas a los checos, que se sometieron. El ejército húngaro comenzó el mismo día la ocupación de Rutenia.

Sin instrucciones del Foreign Office, por iniciativa propia, los embajadores británicos en Berlín y Praga emprendieron el mismo día importantes gestiones. Neville Henderson contactó con los checos y sugirió que el ministro de Exteriores, Chvalkovsky, viajase a Alemania para tratar la situación con Hitler. Los checos respondieron favorablemente a la sugerencia de Henderson. Newton, que trabajaba estrechamente con su colega, comunicó poco después desde Praga que el presidente Hacha y Chvalkovsky eran esperados en Berlín. Los líderes checos partieron en tren a las cuatro de la tarde del 14 de marzo de 1939. Recibidos a la llegada con honores militares, puesto que se trataba de la visita de un jefe de Estado, Hitler ofreció a la hija de Hacha, que viajaba en el tren, flores y chocolates. El encuentro comenzó a 1:15 de la madrugada del 15 de marzo y finalizó una hora más tarde. Acompañaron a Hitler Ribbentrop, Göring, y el general Keitel. El presidente Hacha hizo un llamamiento a la continuación de un

Estado checo independiente y ofreció la reducción del ejército; pero Hitler rechazó la solicitud y anunció que las tropas alemanas entrarían el mismo día en Bohemia-Moravia y que estaban preparadas para aplastar cualquier resistencia. Hacha, que tenía problemas de corazón, tuvo un ataque leve durante la sesión, del que se recuperó rápidamente tras ser atendido por médicos alemanes. Todos respiraron aliviados, pues pensaron con pavor lo que hubiera dicho la prensa internacional si Hacha hubiera muerto en Berlín. Los checos estuvieron de acuerdo en telefonear a Praga para ordenar que se evitase cualquier resistencia.

Los alemanes y los checos que vivían en el centro industrial de Morava-Ostrava habían temido desde octubre de 1938 que los polacos pudieran ocupar este enclave esencial de Moravia. Para prevenir esta eventualidad, Hitler había ordenado al anochecer del día 14 que unidades alemanas entraran en el área. La población checa comprendió el movimiento y no hubo violencia. Fue esta una medida excepcional, puesto que el avance alemán no se produjo hasta que la negociación de los detalles del acuerdo, que se prolongó hasta el día 16, hubo concluido. En lugar de asumir sus compromisos, la política británica sobre la cuestión checa había sido desde Múnich tan turbia y equívoca que difícilmente podían presentarse quejas o reclamaciones a Alemania por la solución que Hitler había dado al problema checo. Halifax había eludido sus responsabilidades tanto en la crisis checo-eslovaca como en la cuestión checo-magiar. De hecho, al desinteresarse de la suerte de Checoslovaquia e inhibirse durante las frenéticas semanas finales, Halifax había estimulado a Alemania a buscar una solución unilateral. El embajador Henderson, que conocía las intenciones alemanas, había informado a Londres antes de la llegada a Berlín de los políticos checos. Halifax le dio a entender de manera ambigua que Gran Bretaña no tenía intención de interferir en asuntos en los que otros países estaban más directamente concernidos. Por ello Henderson pensó que la reacción de su Gobierno sería suave, pero no fue así: la entrada de Hitler en Praga iba a ser la señal para que los británicos dejaran definitivamente de lado la política de apaciguamiento, como venían exigiendo los belicistas.

Otro episodio acontecido también durante el mes de marzo de 1939 iba a dejar meridianamente claro que la conducta de Halifax pretendía desatar una campaña pública encaminada a la destrucción de Alemania. A pesar de que no existía ningún desafío en contra de los intereses británicos y de que Hitler era absolutamente probritánico, los ingleses dieron una serie de pasos que tenían como objetivo hacer inevitable la guerra. Halifax y sus colegas, además, habían planeado una conspiración para endosar toda la culpa a Alemania.

## La farsa de Tilea

El 15 de marzo Halifax declaró en la Cámara de los Lores que había realizado sin éxito una serie de esfuerzos ante las potencias de Múnich para que apoyasen a los británicos en la garantía del Estado checo. Admitió que los sucesos de Praga habían contado con la aprobación del Gobierno checo, pero lamentó que se hubiera violado el espíritu de Múnich. Entre el 15 y el 20 de marzo de 1939 los británicos dieron tres pasos carentes de cualquier escrúpulo que transformaron la política de apaciguamiento en una política de guerra: pidieron a la URSS que firmara una alianza contra Alemania, un paso ominoso y peligroso que podía suponer la hegemonía del bolchevismo en Europa; ofrecieron a Polonia protección militar si rechazaba el acuerdo con Alemania; y perpetraron una mentira descarada sobre las intenciones de Alemania de ocupar Rumanía. Todo ello fue acompañado de una campaña de desinformación para convencer al público británico de que Hitler era un fanático que pretendía el dominio mundial. Alan Campbell Johnson, un admirador incondicional de Lord Halifax, se refiere a estos pasos como la "revolución diplomática de Halifax".

El 17 de marzo de 1939 Chamberlain, pese a su desconfianza sobre el juego de Stalin en Europa, pronunció en Birmingham un discurso histórico, preparado por su ministro de Asuntos Exteriores. El primer ministro se presentó como una persona ingenua e inocente que había sido víctima de la doblez de Alemania. Declaró que no volvería a creer en Hitler. Admitió que Gran Bretaña debería haber asumido su obligación con respecto a las garantías dadas a Checoslovaquia, pero que había sido imposible por el colapso del Estado. Luego advirtió que Alemania trataba de conquistar el mundo y expresó su fe en el poder militar de Gran Bretaña y en la habilidad de sus líderes para maniobrar en el ámbito diplomático. Chamberlain anunció que no esperarían al próximo movimiento de Hitler, sino que su Gobierno se disponía a poner en práctica de inmediato una serie de medidas en su contra.

Entre quienes celebraron como una victoria el cambio en la política británica destacan Sir Robert Vansittart, subsecretario permanente en el Foreign Office, y Sir Alexander Cadogan, que fue su sucesor en 1938. Ambos odiaban a Alemania. También el sionista Leopold Amery, redactor la Declaración Balfour, seguía en el Ministerio. Otro personaje que recibió con entusiasmo el giro dado por Halifax en marzo fue William C. Bullitt, el embajador itinerante de Roosevelt. El 17 de marzo Bullitt envió un informe al presidente norteamericano en el que anunciaba que no había ya posibilidad de un arreglo diplomático en Europa. Halifax pidió al presidente Roosevelt que se uniera a Gran Bretaña en demostrar "hasta que punto los actuales gobernantes alemanes ofendían el sentido moral de civilización." Halifax recibió la promesa de que el secretario de Estado del Tesoro, el judío sionista

Henry Morgenthau, profundizaría su política económica de discriminación contra Alemania.

Con todos estos apoyos, Halifax puso en marcha su política de guerra con una de las intrigas más descaradas de la diplomacia moderna: la farsa de Tilea. Los alemanes estaban negociando un tratado comercial con Rumania que amenazaba los intereses de la City en el petróleo rumano y en otras industrias cuando Halifax los acusó de tratar de hacerse con el control de toda la economía rumana. Pese a que Alemania no tiene frontera común con Rumanía, el Foreign Office se inventó un inexistente amenaza militar de Alemania a Rumanía. La herramienta fue un enviado plenipotenciario que Rumanía tenía desplazado en Londres, Viorel Tilea. Robert Vansittart fue el encargado de aleccionarlo. Antes de que Hitler marchase sobre Praga, se le hizo creer que Gran Bretaña se opondría a Alemania. En noviembre de 1938 el rey Carol de Rumanía había viajado a Londres para negociar un préstamo para comprar armas, pero había fracasado. Halifax, a cambio de cooperación en su plan antialemán, le ofreció a Tilea la concesión del préstamo y elevar la Legación rumana en Londres al rango de Embajada. El 17 de marzo de 1939, Tilea hizo público un informe convenientemente preparado, en el que se decía que Alemania había presentado un ultimátum a Rumanía. Vansittart se apresuró a entregar esta "gran noticia" a *The Times* y a *The Daily Telegraph* antes de que Chamberlain pronunciase su discurso en Bimingham. Millones de lectores quedaron impactados al comprobar que la rapacidad de Hitler no tenía límites, por lo que la hostilidad hacia Alemania se disparó.

Tanta fue la desfachatez de Lord Halifax, que desestimó las repercusiones que el asunto podía tener en Bucarest. El 18 de marzo Reginald Hoare, enviado extraordinario y ministro plenipotenciario para Rumanía, suplicó a Halifax que detuviera la radiodifusión de las declaraciones irresponsables de Tilea y que dejara de aludir a elllas en comunicaciones oficiales. Esta petición urgente no surtió el menor efecto en Londres, por lo que Hoare, que temía que todo el asunto podía dañar seriamente el prestigio británico, procedió a contactar con el ministro de Asuntos Exteriores rumano, Grigore Gafencu, con el fin de poder explicar en detalle al Foreign Office la absurdidad de las afirmaciones de Tilea. Gafencu le hizo saber que le llovían de todos lados preguntas sobre el ultimátum alemán, difundido por *The Times* y por *The Daily Telegraph*, y le expresó su desconcierto, puesto que las negociaciones con Alemania estaban siendo conducidas "bajo los parámetros de absoluta normalidad entre iguales."

David L. Hoogan se expresa en estos términos: "Hoare supuso que su informe induciría a Halifax a repudiar el engaño de Tilea. Nada de ello ocurrió. Hoare, que se había sorprendido cuando Halifax aceptó la historia de Tilea sin consultar a la Delegación Británica en Bucarest, quedó atónito cuando Halifax siguió expresando su fe en la autenticidad de la historia después de que su falsedad había quedado demostrada." Por su parte, el ministro de Exteriores francés, Georges Bonnet, convocó al embajador rumano en París, M. Tataresco, para pedirle aclaraciones. En su obra *La Défense de la Paix* Bonnet reproduce lo que le dijo Tataresco: "Las conversaciones germano-rumanas han dado como resultado un acuerdo comercial cuya firma es inminente". Tataresco aseguró a Bonnet que el pretendido ultimátum no había existido nunca.

Lógicamente, también los alemanes contemplaban perplejos la conspiración urdida en Londres, por lo que quisieron asegurarse por sí mismos de que las autoridades rumanas desaprobaban las calumnias de Tilea. Gafencu les aseguró que las acusaciones de su funcionario en relación a las pretensiones alemanas sobre Rumanía carecían absolutamente de fundamento y eran desaprobadas por el Gobierno. El ministro de Exteriores tuvo que dar también explicaciones a los diplomáticos norteamericanos en Rumanía, a los que aseguró que las negociaciones con Alemania se estaban desarrollando con plena normalidad. Gafencu se quejó de que el falso informe de Tilea "había sido aprovechado por los medios de prensa occidental controlados por los judíos." Pese a estar indignado con Tilea, el ministro de Exteriores no se atrevió a retirarlo de Londres por temor a ofender a Halifax.

El ministro del Foreign Office británico no se había olvidado ni de los polacos, que entraban en todos los supuestos que manejaba para precipitar la guerra en Europa, ni de los soviéticos. Halifax contactó el 17 de marzo con el embajador Kennard en Varsovia. Deseaba saber cuanto antes la posición de Beck en relación a su plan de transformar la alianza antisoviética rumano-polaca en una alianza anti-alemana. Le pidió que dijera a Beck que estaba discutiendo esta posibilidad con Tilea. Józef Beck se entrevistó con Kennard el día 18 y entonces tenía ya sus propios informes, recibidos desde Londres y Bucarest. El rey Carol en persona había asegurado a los diplomáticos polacos que no había amenaza de Alemania. A pesar de que la historia había sido lanzada por el Foreign Office, Beck apenas podía creer que Tilea hubiera realizado las declaraciones que se le atribuían. Le dijo a Kennard que rechazaba la idea de que existiese ninguna amenaza de Alemania hacia Rumania y no mostró ningún interés por el plan de Halifax.

Aunque Rumanía nunca lo hubiera pedido, Lord Halifax, sin hacer la menor consulta con los rumanos, informó a la Unión Soviética que los alemanes pretendían el control de Rumanía y les pidió que la defendieran en caso de agresión de Alemania. A Halifax le preocupaba poco el escepticismo de Moscú, puesto que en última instancia siempre podía alegar que había sido mal informado por el plenipotenciario rumano en Londres. En el fondo, su petición a la URSS de protección para Rumanía era un tema secundario, puesto que lo que perseguía era una alianza anglo-soviética. La historia fraudulenta de Tilea le sirvió de pretexto para aproximarse a la Unión Soviética.

## El trato de Hitler a los checos

Hacha, el presidente checo, y Chvalkovsky, su ministro de Exteriores, firmaron el 15 de marzo un documento según el cual ponían "en manos del Führer de Alemania el destino de la nación y del pueblo checo." Hitler se comprometía a "acoger al pueblo checo bajo la protección del Reich y a garantizar un desarrollo autónomo inherente a sus peculiaridades nacionales." El 16 de marzo de 1939 fue proclamado el Protectorado de Bohemia-Moravia. El barón Konstantin von Neurath, anterior ministro de Exteriores alemán, fue nombrado "Reichsprotektor". El peligro evidente de guerra entre checos y eslovacos y el subsiguiente derramamiento de sangre se habían evitado mediante esta solución. En *The Gathering Storm* (1948), obra de Winston Churchill, el expremier británico confiesa que el 15 de marzo Halifax se entrevistó con Herbert von Dirksen, embajador alemán en Londres. Apoyándose en esta fuente, Hoggan escribe que Halifax le dijo a Dirksen "que podía comprender el gusto de Hitler por las victorias sin efusión de sangre, pero prometió al diplomático alemán que Hitler se vería obligado a verter sangre la próxima vez."

El 15 de marzo Ribbentrop dirigió una carta al ministro de Exteriores francés, Bonnet, en la que justificaba la política alemana en Praga como un paso necesario para preservar el orden y evitar el derramamiento de sangre. El día 16 Bonnet trató de tomar la iniciativa mediante la propuesta de una suave protesta anglo-francesa para evitar una reacción violenta de los británicos. Finalmente, el día 18 los embajadores de Francia y Gran Bretaña entregaron en Berlín su protesta formal al secretario de Estado, Ernst von Weizsäcker, quien evitó cualquier muestra de turbación por las palabras de Lord Halifax al embajador Dirksen y se limitó a defender con entereza y convicción la política de Alemania en relación a la crisis del Estado checoslovaco. En Berlín se supo que Halifax tenía intención de retirar al embajador por un periodo indefinido. El día 17 Weizsäcker se había entrevistado con Henderson y el británico había pedido al secretario de Estado alemán que le facilitara todos los argumentos e información posibles para poderlos utilizar en Londres contra los enemigos de la política de apaciguamiento. Weizsäcker sabía que en privado Henderson se había mostrado de acuerdo con el análisis de la situación. El secretario de Estado alemán informó a Henderson y a Coulondre que rechazaba aceptar sus notas de protesta porque el Gobierno alemán consideraba que el acuerdo de Múnich había quedado superado por los hechos. El 19 de marzo ambos embajadores fueron llamados a consultas y abandonaron Berlín.

Pese a todo, Alemania se dispuso a encarar la nueva situación con la adopción de una serie de medidas que facilitaran las cosas. Pocos días después, el 24 de marzo, Bohemia-Moravia se constituyó como una área con aduanas propias. El día 27 se anunció que el checo continuaría siendo la lengua oficial en Bohemia-Moravia. El día 16 de abril, después de un mes de mandato alemán, se decidió arriar la bandera alemana que ondeaba en el castillo Hradschin de Praga. El general Walther von Brauchitsch ordenó a las guarniciones alemanas que se concentraran en las áreas pobladas por la minoría alemana a fin de evitar fricciones entre los soldados y los civiles checos. El presidente Hacha constituyó un nuevo Gobierno checo el 27 de abril de 1939. La nueva administración checa retuvo los Departamentos de Transportes, Justicia, Interior, Educación, Agricultura, Economía Nacional, Trabajos Públicos y Servicio Social. Los Ministerios de Asuntos Exteriores y Defensa se disolvieron. Ya en el mismo mes de abril Hitler tuvo interés en hacer saber a los ingleses que los artículos que habían establecido el Protectorado no tenían que aplicarse necesariamente y que Alemania estaba dispuesta a negociar la cuestión checa y el futuro de los checos a través de los canales de la diplomacia convencional.

El 1 de junio de 1939 el "Reichsprotektor", von Neurath, elaboró un informe en el que se presentaban unas condiciones favorables en Bohemia-Moravia, por lo que Hitler concedió el 7 de junio una amnistía para todos los checos encarcelados por razones políticas, tanto en la regiones de los sudetes como en el Protectorado. El Gobierno checo de Praga negociaba durante el mismo mes una serie de tratados comerciales con delegaciones de países extranjeros. El 23 de junio se firmó un acuerdo comercial checo-noruego y el día siguiente se consiguió otro acuerdo con Holanda. La actitud de cooperación de los líderes checos y de la población predispuso a Hitler a realizar más concesiones, por lo que en julio permitió que el Gobierno checo dispusiera de una fuerza militar de siete mil soldados y unos trescientos oficiales procedentes del antiguo ejército checo. Se acordó que sólo podían servir en esta fuerza personas de nacionalidad checa.

## La utilización de Polonia contra Alemania: el cheque en blanco británico

El embajador polaco en París, Julius Lukasiewicz, era objeto de especial atención por parte de William C. Bullitt. Documentos del embajador Lukasiewicz citados por Hoggan revelan que el 19 de marzo de 1939 estos dos diplomáticos aseguraron al ministro de Exteriores polaco, Józef Beck, que el presidente Roosevelt estaba dispuesto a hacer todo lo posible para promover una guerra entre Alemania y el frente anglo-francés. Bullitt admitía que seguía sospechando sobre la política de Chamberlain y temía todavía que el Gobierno británico pudiera tratar de resolver sus diferencias con Hitler. Bullitt prometió a Lukasiewicz que Roosevelt opondría una resistencia enérgica a cualquier veleidad británica en este sentido.

Desde que Chamberlain había claudicado ante Lord Halifax, poco o nada había que temer sobre las intenciones políticas del Reino Unido. Halifax informó el 20 de marzo a París, Moscú y Varsovia que deseaba un pacto blindado de Gran Bretaña, Francia, Rusia y Polonia contra Alemania.

Esta oferta de alianza era la culminación de cinco días de frenética actividad que transformaron la política de apaciguamiento en una política de guerra. A partir de este momento los polacos tomaron la decisión de desafiar a Alemania, cuya política exterior seguía cosechando frutos sin derramamiento de sangre: en aquel vertiginoso marzo de 1939, Lituania accedió a la devolución del territorio alemán de Memel, que pasó a formar parte de Prusia Oriental sin que los polacos se opusieran.

Polonia estaba dispuesta a enfrentarse a Alemania, pero no quería saber nada de alianzas con los soviéticos. El 21 de marzo Kennard, el embajador británico, fue informado de que Varsovia rechazaba entrar en cualquier alianza que incluyera a la URSS, lo cual disgustó mucho al secretario del Foreign Office. Lord Halifax discutió el 22 de marzo su proyecto de Alianza con el embajador Kennedy y se quejó amargamente de la actidud de los polacos con respecto a su proyectada alianza. En cualquier caso, le hizo saber a Kennedy que estaba decidido a continuar con su política antialemana y que las hostilidades en Europa podían desencadenarse pronto. Halifax Le pidió que aconsejase a Roosevelt la concentración de la flota norteamericana en Pearl Harbour, como medida de protección de Australia y Singapur ante un posible ataque japonés.

Sin embargo, el embajador polaco en Berlín, Józef Lipski, comprendió que lo mejor para su país era una política de cooperación con Alemania. De hecho, Ribbentrop supo ganárselo mediante sus propuestas. El 21 de marzo ambos diplomáticos se entrevistaron en Berlín. El ministro alemán estaba informado de la oferta que Halifax había hecho a Polonia el día anterior, por lo que advirtió al embajador polaco de los peligros que comportaba esta alianza. Lipski mostró a Ribbentrop el interés de su país en Eslovaquia y le confesó que esperaban que los acuerdos con los eslovacos no comportarían una ocupación militar del país. El ministro de Exteriores alemán le hizo ver al embajador polaco que los eslovacos habían pedido la protección de ambos países y que las negociaciones entre Alemania y Eslovaquia no iban dirigidas contra Polonia. Ribbentrop aseguró a Lipski que Alemania estaba dispuesta a discutir la manera de que Polonia tuviera en Eslovaquia la misma influencia que Alemania, para lo cual era preciso establecer un clima de confianza y cooperación entre los dos países. Una vez más Joachim von Ribbentrop recalcó la necesidad de un acuerdo entre Alemania y Polonia y deploró el trato que recibían las minorías alemanas. El ministro de Exteriores alemán volvió a presentar un plan cuidadosamente preparado con argumentos convincentes que incluían la renuncia a las posesiones alemanas en el Corredor. Ribbentrop recordó a Lipski los términos del acuerdo presentado el 24 de octubre de 1938, en el que sólo pretendían la unión de los nacionalsocialistas de Danzig con los de Alemania y la conexión con Prusia Oriental. Ribbentrop tuvo la sensación de que había convencido a Lipski de las ventajas de la colaboración y el acuerdo. Por su parte el embajador prometió que viajaría a Varsovia para tratar de convencer a su ministro.

El 22 de marzo el embajador polaco se hallaba ya en Varsovia y participó en las reuniones mantenidas en el Ministerio de Exteriores con el fin de reconsiderar la posición polaca. Lipski presentó un informe personal sobre la oferta de Alemania, que fue acogida con hostilidad por Beck. Se acusó a Alemania de estar envolviendo a Polonia y Lipski aceptó que la propuesta de Ribbentrop podía ser entendida como un ultimátum. Se decidió retener al embajador en Polonia hasta que se hubiera preparado una respuesta detallada a los alemanes. Debido a su posición favorable a un pacto con Hitler, la fiabilidad de Lipski como negociador ante los alemanes fue cuestionada. Jean Szembek, secretario de Estado polaco para Asuntos Extranjeros, escribe en su *Journal, 1933-1939* que Beck decidió no volver a permitir que Lipski se reuniera con Ribbentrop para hablar de un acuerdo. El conde Michal Lubienski llegó a acusar a Ribbentrop de haber conseguido desmoralizar a Lipski. El embajador polaco supo que su llamamiento a un acuerdo había sido desestimado y que no gozaba ya de la confianza de Beck, por lo que expresó su deseo de dimitir de su puesto.

En las deliberaciones en el Ministerio de Exteriores se rechazó tajantemente la propuesta de Halifax de un pacto con la URSS, pese a lo cual Beck se mostró confiado en que podía optar a una alianza anglo-polaca. Tan convencidos estaban los líderes polacos de que la propuesta de Alemania era un ultimátum, que el día 23 de marzo, de acuerdo con los jefes militares, Polonia decidió una movilización parcial. La fuerza del ejercito polaco se duplicó con la llamada a filas de 334.000 soldados reservistas. Junto a esta medida se distribuyó a los principales comandantes el plan para librar una guerra contra Alemania. Tras conocer la sorprendente movilización parcial de los polacos, Hitler consultó al comandante en jefe del Ejército, general Walther von Brauchitsch, al que explicó que importantes negociaciones con Polonia estaban en curso, por lo que no deseaba ver a Alemania envuelta en un conflicto.

Mucho más alarmado se mostró el embajador alemán en Varsovia. Cada vez más es escéptico con respecto a las intenciones de los polacos, Moltke concedió especial importancia al arresto de Stanislav Mackiewicz, un prominente periodista polaco, editor de *Slowo* (*La Palabra*), que durante largo tiempo se había mostrado favorable a un acuerdo germano-polaco. Finalmente, Moltke informó que Lipski regresaría a Berlín el día 26 de marzo, por lo que tanto Hitler como Ribbentrop se mostraron esperanzados en que había todavía posibilidades. Antes de que Lipski cerrara en Berlín las puertas al acuerdo germano-polaco, Lukasiewicz informó el día 24 a Bullitt que su país rechazaría formalmente aquel mismo día una alianza que integrara a la Unión Soviética. El embajador polaco anunció a su colega que Polonia preferiría una alianza unilateral con Gran Bretaña. El embajador norteamericano se mostró convencido de que los británicos aceptarían la propuesta.

Cuando el embajador polaco en Londres, Edward Raczynski, se presentó ante Halifax para rechazar la cuadruple alianza, le expresó que el Gobierno polaco creía que un pacto con la URSS podía "provocar una catástrofe". Raczynski desarrolló la tesis de Beck, quien pensaba que una alianza con la Unión Soviética amenazaría excesivamente la paz. El embajador añadió que estaba autorizado a proponer una alianza anglo-polaca. Halifax admitió enseguida su interés en la proposición. "Con una hipocresía sin límites -escribe el profesor Hoggan- declaró que no pondría objeciones si Polonia y Alemania podían negociar satisfactoriamente sobre la cuestión de Danzig." Según Hoggan, "el hecho de que Halifax creyera necesaria hacer esta puntualización demuestra su habilidad táctica como diplomático. No deseaba dar a los polacos la impresión de que los estaba empujando a la guerra." El día siguiente, 25 de marzo, Bullitt comunicó a Lukasiewicz que había pedido al embajador Kennedy que hiciera saber a Chamberlain que Estados Unidos veía con buenos ojos la posición de Polonia en relación a la alianza. El día 26 Bullitt contactó de nuevo con Kennedy: quería que comunicara a Chamberlain que Estados Unidos esperaba que Gran Bretaña entraría en guerra con Alemania si la cuestión de Danzig producía una explosión entre polacos y alemanes. Bullitt se entrevistó otra vez con el embajador polaco y le expresó su convencimiento de que la respuesta británica a la propuesta polaca sería afirmativa. Por su parte, Lukasiewicz le confió que Lipski rechazaría aquel mismo día la propuesta alemana.

Cuando el embajador polaco comunicó que su país rechazaba categóricamente las propuestas de negociación, los alemanes quedaron conmocionados. Las contrapropuestas polacas ignoraban la petición alemana de la devolución de Danzig y la conexión con Prusia Oriental. Se pasaba asimismo por alto la oferta de Alemania de garantizar las fronteras. El embajador Lipski presentó por escrito un memorándum a Ribbentrop que el ministro alemán leyó atónito. No trató de ocultar su sorpresa y lamentó que la negativa de Polonia a permitir la anexión de Danzig arruinase cualquier posibilidad de un acuerdo germano-polaco. Lipski replicó que "era para él una obligación penosa llamar la atención sobre el hecho de que cualquier intento de Alemania de llevar a la práctica estos planes, especialmente en lo que concernía al regreso de Danzig al Reich, significaba guerra con Polonia." Ribbentrop, incapaz de mantener su habitual compostura en esta ocasión histórica, no supo contener un sentimiento de desesperación. Trató inútilmente de anular las consecuencias del comunicado polaco y dijo a Lipski que Alemania no tenía prisa para solventar el problema de Danzig y que quizá Polonia podría reconsiderar todo el asunto cuando la situación general estuviera más calmada. El embajador polaco aludió a la nota escrita de su Gobierno y preguntó si, después de todo, no podía Alemania renunciar a sus aspiraciones sobre Danzig. Lipski le aseguró a Ribbentrop que Beck visitaría otra vez Berlín contento en respuesta a esta concesión alemana. El ministro de Exteriores alemán hubiera abandonado los esfuerzos con los polacos si no hubiera sido por Hitler, quien tozudamente se mostró convencido de que un acuerdo germano-polaco merecía todos los esfuerzos posibles.

Lord Halifax se reunió con sus diplomáticos el 27 de marzo y les comunicó su decisión de priorizar la alianza con Polonia. El mismo día envió un telegrama a Kennard, en el que le anunciaba la decisión y expresaba su confianza en que más tarde se podría presentar una nueva propuesta de alianza a la Unión Soviética. El 30 de marzo le comunicó a Kennard que el día siguiente sería presentada ante el Parlamento la garantía concedida por el Gobierno de Su Majestad a Polonia. Halifax informó irónicamente al embajador británico en Varsovia que la Embajada norteamericana lo había bombardeado con aseveraciones de que Ribbentrop presionaba a Hitler para que invadiese Polonia antes de que los británicos asumieran algún compromiso. Halifax le hizo saber a Kennard que había decidido que el compromiso no estaría restringido a casos de agresión no provocada. Hoogan, que maneja abundantes documentos diplomáticos sobre este asunto, escribe: "Le dijo a Kennard que había decidido ignorar la cuestión del agresor. No quería permanecer neutral en caso de que los polacos forzaran a Alemania a la guerra." Los británicos telefonearon al presidente de Polonia, Ignacy Moscicki, y al mariscal Smigly-Rydz para anunciarles su decisión, a la que estos dieron su consentimiento.

Conservadores, liberales y laboristas aceptaron sin problemas la garantía unilateral a Polonia cuando fue presentada el 31 de marzo en el Parlamento. En su discurso en la Cámara de los Comunes, Chamberlain explicó el compromiso con estas palabras: "...en la circunstancia de cualquier acción que amenazase claramente la independencia polaca, y que, en consecuencia, el Gobierno polaco considerase vital la resistencia con sus propias fuerzas nacionales, el Gobierno de Su Majestad se consideraría obligado enseguida a prestar al Gobierno polaco la máxima ayuda posible. Se ha dado al Gobierno polaco una garantía en este sentido." El discurso de Chamberlain fue emitido por radio al Continente a las cuatro de la tarde del día 31 de marzo. Cuando el vizconde Jacques Davignon, embajador de Bélgica en Berlín, conoció el texto, exclamó alarmado que el compromiso británico equivalía a un "cheque en blanco". Él es, pues, el autor de la metáfora.

El 2 de abril de 1939 Józef Beck salió en tren de Varsovia con destino a Londres. Lo acompañaban Józef Lipski y el coronel Szymánski, agregado militar en Berlín cuya esposa, Halina Szymánska, era una espía polaca que durante la guerra actuó como contacto con Wilhelm Canaris y fue una de las agentes más eficientes del MI6 británico. Un jefe de protocolo del Ministerio de Exteriores alemán le dio la bienvenida en la estación de Berlín en la mañana del día 3. A pesar de los acontecimientos de los últimos días, Beck había esperado a Ribbentrop; pero el ministro de Exteriores alemán no se presentó, lo cual era prueba evidente de que la actitud de Alemania hacia Polonia estaba cambiando.

La delegación polaca llegó a Londres ya de noche, por lo que las conversaciones formales se celebraron en la mañana del día 4. Beck prometió a Halifax que en caso de conflicto directo entre Gran Bretaña y Alemania, Polonia lucharía contra los alemanes. Ello equivalía al ofrecimiento de una garantía recíproca. Halifax aceptó la oferta, pero añadió que era insuficiente para sus necesidades, puesto que deseaba obtener más compromisos de Polonia. Beck quedó sorprendido y preguntó al secretario del Foreign Office qué tenía en mente. Halifax dijo tranquilamente que quería que Polonia aceptase ir a la guerra si Alemania atacaba Holanda, Bélgica, Suiza o Dinamarca. Sorprendido por el gran alcance del requerimiento, Beck replicó que necesitaría algún tiempo para meditarlo. El segundo gran asunto del encuentro fue la negativa polaca a formar parte de la cuadruple alianza. Lord Halifax solicitó una explicación sobre los motivos del rechazo. Una vez más, el ministro de Exteriores polaco argumentó que dicha alianza podía ser peligrosa e incluso fatal para Polonia. Las razones de Beck no satisficieron a Halifax, quien le dejó bien claro que estaba enormemente decepcionado por la posición polaca a su plan de alianza. "El futuro de Polonia -escribe Hoggan- le era indiferente. El nuevo Estado polaco era simplemente un peón en su juego." Sin embargo, para asombro de la opinión pública británica y europea, al entregar el "cheque en blanco" a Polonia, Gran Bretaña, por primera vez en su historia, dejaba en manos de otro poder la decisión de ir o no a luchar fuera de su país.

El embajador itinerante de Roosevelt, William C. Bullitt, se apresuró a ir al encuentro de Beck, con el que mantenía relaciones amistosas. Lo esperaba en Lille. El ministro de Exteriores polaco le confirmó que estaba satisfecho con la atmósfera encontrada en Londres y le confió a Bullitt que Halifax había buscado obligar a Polonia en caso de que Alemania atacara a otros países vecinos. No obstante, el máximo interés de Beck era conocer la reacción de Alemania, por lo que especuló con el embajador norteamericano sobre las posibles reacciones de Hitler en respuesta a su viaje a Londres y a la garantía obtenida de los británicos. Beck pensaba que Alemania podía romper relaciones diplomáticas con Polonia.

A las once de la mañana del 7 de abril, apenas se hubo despedido de Beck, Bullit envió un mensaje al presidente Roosevelt, en el que confirmaba que Beck regresaba muy complacido por el entendimiento y el grado de compromiso alcanzados en Inglaterra. En el informe figuraban alusiones del ministro polaco sobre Hitler y Ribbentrop, al que Beck describió como un "imbécil peligroso". Como suponían Beck y Bullitt, la decepción de los líderes alemanes por la imposibilidad de llegar a un acuerdo con los polacos fue muy evidente. La confirmación de que Gran Bretaña había ofrecido apoyo militar ilimitado a Polonia fue acogida en Alemania con gran preocupación y provocó la reacción de Hitler, quien procedió a ordenar el diseño de planes para un eventual conflicto con Polonia. Comenzó a gestarse entonces la "Fall Weiss" (Operación Blanco), nombre del código militar que se dio a los preparativos de una posible guerra germano-polaca.

## El deterioro de las relaciones germano-polacas

A pesar de que desde el 26 de enero de 1934 existía un pacto de no agresión germano-polaco, Józef Beck, que conocía perfectamente que en los planes de Halifax figuraba la destrucción de Alemania, aceptó situar a su país en el centro de la política belicista británica y estadounidense, lo cual equivalía a romper el pacto. Por mucho que Halifax dijera que no se opondría a un acuerdo sobre Danzig, Beck sabía que hubiera sido la mayor decepción del secretario de Estado del Foreign Office. Ahora bien, los británicos necesitaban a Francia y contaban con ella en sus planes de guerra contra Hitler. También los polacos sabían cuán importante era tener a su lado a los franceses, por lo que a su regreso de Londres Beck trató de mejorar las relaciones con París. Polonia esperaba que Francia apoyara el cheque en blanco sin condiciones, pero Bonnet, que tenía también interés en la cuadruple alianza propuesta por Halifax, demoró inicialmente una entrevista directa con su colega polaco. Mientras, Bullitt continuaba en París su trabajo en favor de la guerra: el embajador norteamericano, tenaz, seguía en contacto permanente con el polaco Lukasiewicz y el 9 de abril de 1939 le dijo que esperaba que Francia atacaría a Alemania desde Bélgica en caso de conflicto.

El 7 de abril de 1939 los italianos ocuparon Albania, por lo que, momentáneamente, las diplomacias europeas se centraron en la situación en los Balcanes. El presidente Roosevelt aprovechó las circunstancias para enviar sendas cartas a Hitler y a Mussolini, que el 14 de abril fueron divulgadas a la opinión pública norteamericana y el día 15 fueron recibidas por sus destinatarios. Roosevelt, al servicio del lobby judío que lo había aupado a la Presidencia, era uno de los que más trabajaba para la guerra; sin embargo, aparecía ante la opinión pública internacional como un pacificador generoso y desinteresado que trabajaba con todas sus energía en favor de la paz. En estos mensajes se hacía exclusivamente responsables a Italia y Alemania de todas las amenazas a la paz en Europa. Pedía a Hitler y a Mussolini que declarasen que se abstendrían de la guerra en todas las circunstancias durante veinticinco años. "¿Está usted dispuesto -preguntaba Roosevelt- a garantizar que sus fuerzas armadas no atacarán o invadirán el territorio o posiciones de los siguientes países independientes?" A continuación enumeraba a veintinueve países, entre los que incluía a Rusia. Curiosamente, exigía a Italia y Alemania que firmasen pactos de no agresión con Siria y Palestina, que no eran independientes y estaban bajo mandato de

Francia y Gran Bretaña. Las referencias a Palestina debían de ser una exigencia de los sionistas que conformaban el "Brain Trust".

En estas circunstancias, el ministro de Exteriores rumano, Gafencu, llegó a Berlín el 18 de abril después de haber detenido su tren en la frontera polaca para entrevistarse con Beck. El 19 de abril se entrevistó con Hitler e inició la conversación con una extensa recapitulación sobre su reciente encuentro con el ministro de Exteriores polaco. El canciller alemán criticó a Beck por aceptar la garantía británica y se quejó de que nunca podría entender el cambio que se había producido en la actitud de Polonia. Le confió a Gafencu que había pensado denunciar la política polaca con Gran Bretaña como una violación intolerable del Pacto de 1934, que consideró roto. Hitler lamentó ante Gafencu que los líderes polacos no apreciaran sus propósitos de respetar la Polonia de Pilsudski, con sus fronteras y los absurdos acuerdos de Versalles. "He frenado a la prensa -le dijo textualmente Hitler- para que no se manifestase en contra del trato escandaloso a que está sometido la minoría alemana." Contrastó esta actitud con los permanentes ataques contra Alemania en la prensa polaca. Sobre la posibilidad de una guerra con el Reino Unido, Hitler pronosticó: "Al final acabaríamos todos, vencedores y vencidos, bajo las mismas ruinas; y el único que sacaría provecho sería Moscú." El Führer admitió al ministro Gafencu que en Alemania se le acusaba de ser un impenitente admirador del imperio británico y le confesó que era verdad. Le aseguró que sólo un destino inhumano le obligaría a concebir un conflicto con los británicos y añadió que "había sido un gran anglófilo desde su primera juventud."

Días después el diplomático rumano, que a lo largo del mes de abril había viajado por Europa tratando de buscar la conciliación y evitar la guerra, llegó a Londres. Se le había hecho saber por adelantado que el asunto de Tilea no sería aceptado como tema de discusión. El primer encuentro con los diplomáticos británicos tuvo lugar el 24 de abril. El secretario del Foreign Office quedó sorprendido al comprobar que Gafencu evitó tratar sobre el tema de la URSS y, por contra, tomó la iniciativa con un plan propio para solucionar las diferencias europeas. Convencido de que los principales obstáculos para solventar los problemas radicaban en Gran Bretaña y Polonia, Gafencu había recibido el apoyo de Alemania a su plan de paz y estaba decidido a presentárselo a Halifax con el máximo vigor. El diplomático rumano explicó su conversación con Hitler, al que describió "como una fuerza de la naturaleza". Gafencu les dijo a los británicos que, evidentemente, el canciller alemán había conversado con él teniendo en mente que viajaba a Londres. Después de admitir que, tras sus entrevistas con Beck y Hitler, estaba convencido de la que la situación germano-polaca era desesperada, el ministro de Exteriores rumano anunció con entusiasmo que tenía un plan que los líderes alemanes aceptaban por completo.

Dicho plan preveía un nuevo acuerdo para Bohemia-Moravia, que podía ser pergeñado de tal manera que sirviera para reducir la tensión en los otros temas y para alumbrar un acuerdo general. Lógicamente, el plan no gustó en absoluto a los británicos, que habían hecho de los sucesos de Praga el principal pretexto para actuar contra Alemania. Halifax preguntó enseguida si los alemanes restaurarían el Estado checo y Gafencu respondió que sí, puesto que Alemania aprobaba el plan. Sir Alexander Cadogan replicó entonces que "la restauración de Praga difícilmente sería una compensación para Polonia." Gafencu lo admitió, pero rechazó tajantemente que Hitler quisiera la guerra y añadió que el mundo esperaba una alternativa, la cual podía generarse si se ofrecía a Alemania alguna proposición sobre la que negociar. Al finalizar las conversaciones, el ministro rumano tuvo la impresión de que no había logrado convencer a sus anfitriones.

Mientras Gafencu se esforzaba en Londres para buscar un camino para la paz, se había ya decidido con cuatro meses de antelación que la guerra tendría lugar. En un extenso artículo titulado "La campaña del presidente Roosevelt para incitar la guerra en Europa: Los documentos secretos polacos", Mark Weber, director del "Institute for Historical Review", explica que el 25 de abril de 1939 el embajador Bullitt llamó al periodista Karl von Wiegand, principal corresponsal en Europa de "International News Service", quien se presentó en la embajada. Las palabras que le dijo fueron reproducidas el 8 de octubre de 1944 en el *Chicago Herald American*, en un artículo titulado "Von Wiegand says" (Dice von Wiegand). Son estas: "Ya se ha tomado la decisión sobre la guerra en Europa. Polonia tiene garantizado el respaldo de Gran Bretaña y Francia y no cederá a ninguna de las pretensiones de Alemania. América estará en la guerra poco después de que Gran Bretaña y Francia entren en ella". Sólo cabe preguntarse: ¿Quiénes habían tomado la decisión?

Sir Neville Henderson, después de estar retenido en Londres durante cuarenta días, fue autorizado a regresar a Berlín. El 20 de abril Halifax anunció ante la Cámara de los Lores que el embajador regresaría en breve a Alemania, hecho que se produjo el 26 de abril. Henderson visitó el día 27 el Ministerio de Asuntos Exteriores y se entrevistó con el secretario de Estado, Ernst von Weizsäcker, al que reconoció que había sufrido una gran perdida de prestigio en el Foreign Office. Henderson, que sabía que la disposición de Hitler a negociar sobre el status de Praga había sido desestimada, fue informado de que el Führer se disponía a pronunciar un discurso ante el Reichstag en respuesta a las acusaciones de Roosevelt. El Ministerio de Asuntos Exteriores emitió el mismo día 27 dos notas que anunciaban la abrogación del pacto de no agresión de 1934 con Polonia y del pacto naval anglo-alemán de 1935. En Berlín el ambiente iba caldeándose y las reuniones y entrevistas entre diplomáticos se sucedían. Coulondre discutió la situación con el polaco Lipski. El embajador francés lamentó que el escenario europeo fuera tan confuso y admitió que en buena medida se debía al hecho de que la diplomacia británica se moviera abruptamente de un extremo al otro. Lipski le explicó en detalle el contenido de la oferta alemana que había sido rechazada por su país. Los dos embajadores estuvieron de acuerdo en que la propuesta era notablemente generosa.

El Reichstag alemán se reunió en la mañana del día 28 de abril para escuchar al Führer, quien cuidadosamente procuró dejar abierta la puerta de la negociación con Polonia y Gran Bretaña. En su intervención analizó la política alemana desde su llegada al poder en 1933 hasta la ocupación de Praga en marzo de 1939. Recordó que checos y húngaros habían acudido sólo a Alemania e Italia para mediar en la disputa, aunque en Múnich se había decidido que la mediación era obligación de los cuatro poderes. Fue en la segunda parte del discurso cuando se refirió a la política del presidente Roosevelt. Ridiculizó la llamada de Roosevelt a suscribir pactos de no agresión con países de otros continentes y con países que ni siquiera gozaban de independencia. Se refirió a los constantes esfuerzos de Roosevelt para provocarlo. En referencia a sus alegaciones sobre pretendidas intervenciones de Alemania en el exterior, concluyó que "desde el punto de vista militar sólo podían generarse en la imaginación de un loco"[3]. En su discurso, el canciller alemán rindió, como de costumbre, tributo de admiración al Imperio Británico e insistió en su deseo de una permanente amistad anglo-alemana. Sobre Polonia, dijo que respetaba sus intereses marítimos, alabó la figura del mariscal Pilsudski por su deseo de mejorar las relaciones germano-polacas y describió con detalle los puntos de la oferta que había hecho a Polonia. Deploró la aceptación de la garantía británica y anunció que Alemania no estaba ya dispuesta a mantener la propuesta presentada en octubre de 1938 como base para un acuerdo con Polonia, lo cual significaba un claro retroceso. Elevando el tono, explicó que había abrogado el pacto de 1934 con Varsovia, que antes había ofrecido ampliar a veinticinco años, porque los polacos lo habían violado buscando la garantía británica, lo cual, dijo, no significaba que Alemania no estuviera dispuesta a asumir nuevas obligaciones contractuales con Polonia.

En toda Europa se siguió con expectación el discurso del canciller alemán. En Polonia, naturalmente, se produjo una reacción hostil en el Gobierno y en la prensa. Göbbels se sintió obligado a responder desde la prensa alemana y en un artículo publicado en *Der Angriff* (*La Ofensiva*) preguntaba: "¿Saben lo que están haciendo?". En Francia, sin embargo, el talante moderado del discurso tranquilizó a los líderes franceses y también en Londres se valoró el tono conciliador de las palabras de Hitler. Asimismo en Hungría se dio la bienvenida a las intenciones pacíficas expresadas en la intervención del Führer. Por otra parte, el embajador italiano en Berlín,

---

[3] Hitler estaba en cierrto modo acostumbrado a provocaciones e insultos gravísimos procedentes de Estados Unidos. Fiorello La Guardia, judío sionista que fue alcalde de Nueva York entre 1934 a 1945, solía insultar al Führer alemán: "salvaje asesino", "depravado", "borracho", "sodomita", "demente", "conductor de un rebaño de borregos" son algunos de los calificativos escogidos por La Guardia en su intervención pública en un mitin celebrado en 1937.

Bernardo Attolico, informó el día siguiente a los diplomáticos alemanes que su país estaba dispuesto a ejercer presión sobre Polonia para que aceptara un acuerdo razonable que resolviera las diferencias entre ambos países. Weizsäcker acogió el ofrecimiento con gratitud, pero expresó su temor de que cualquier gestión fuera inútil. Otra cosa fue la reacción en Estados Unidos, donde el presidente Roosevelt se mostró enrabietado tras leer la traducción al inglés del discurso, donde Hitler ridiculizaba su política. A partir de este momento Roosevelt odió personalmente a Hitler: "Este factor personal -escribe Hoggan- se añadió a otros motivos que provocaban en Roosevelt el deseo de destruir Alemania."

En Polonia, Lipski presentó formalmente su dimisión el 1 de mayo de 1939. El embajador polaco informó a Beck que era imposible para él seguir en Berlín en las actuales circunstancias. Pese a todo, el ministro de Exteriores no aceptó su renuncia y le ordenó regresar a Alemania. También Moltke, el embajador alemán, volvió a Varsovia el 4 de mayo después de pasar unos días en Berlín. En el trasiego de idas y venidas de los diplomáticos, hay que mencionar un cambio significativo al frente del Comisariado de Asuntos Exteriores de la URSS: el 3 de mayo de 1939 Maksim Litvínov fue cesado como comisario. El hecho de que este judío polaco fuera sustituido por Vyacheslav Mólotov no desagradó al Ministerio de Asuntos Exteriores polaco. Se sabía en Varsovia que Mólotov era un hombre muy próximo a Stalin y que ambos estaban casados con mujeres judías.

Para responder al discurso de Hitler, Józef Beck compareció el 5 de mayo de 1939 ante el Sejm. Antes de su intervención, las embajadas habían recibido instrucciones de que criticasen la alocución del Hitler. El objetivo de Beck era convencer a la opinión pública de que era capaz y estaba dispuesto a desafiar a Hitler. Beck preparó su intervención sabiendo que Londres apoyaría sin limitaciones sus palabras, lo cual le permitía llegar tan lejos como quisiera. Tras empezar reconociendo que se vivía un momento decisivo, analizó los pasos de su política exterior. Al mencionar el acuerdo con Inglaterra, confirmó que ésta había aceptado luchar por Polonia y que, en contrapartida, Polonia se había comprometido a apoyar a los británicos en cualquier conflicto. Pese a saber que él actuaba como cómplice de Gran Bretaña, que buscaba un pretexto para la guerra, Beck aseguró que los intereses anglo-polacos se basaban en la carencia absoluta de intenciones agresivas y acusó a Hitler de haber aprovechado sin justificación la garantía británica a Polonia para desechar el pacto de 1934. Sorprendentemente, a pesar de que Sir Alexander Cadogan había confesado a Joseph Kennedy que la garantía concedida a Polonia no tenía precedente en la historia de la política exterior británica, Beck declaró que no había nada extraordinario en la garantía británica, que calificó como un paso normal en la búsqueda de relaciones amistosas con un país vecino. Desdeñando cualquier rigor histórico, pues Prusia Occidental había sido colonizada por alemanes y antes de la guerra casi el 70% de los habitantes eran alemanes, calificó la palabra

"Corredor" como "una invención artificial, puesto que era una antigua tierra polaca con un número insignificante de colonos alemanes". Estas palabras equivalían, una vez más, a un menosprecio de la generosidad de Hitler, que estaba dispuesto a aceptar el dominio permanente de Polonia sobre este antiguo territorio alemán. Aunque Lipski había reconocido que sólo Hitler podía haber hecho una oferta tan generosa, Beck aseguró que Alemania no había ofrecido ninguna concesión y sólo presentaba demandas. El discurso del ministro polaco, que tachó a Hitler de mentiroso, estuvo salpicado de mentiras insolentes de principio a fin. Llegó a admitir que el canciller alemán había ofrecido reconocer la actual frontera con Polonia; pero, y aquí citamos al profesor Hoggan, "adoptó una posición sin precedentes en los anales de la diplomacia europea alegando que tal promesa carecía por completo de valor." Vergonzosamente, Beck insistió en que Hitler había agredido el honor de Polonia con sus propuestas y rechazó a quienes preferían la paz al honor nacional. En este momento culminante del discurso una voz bronca gritó: "No necesitamos la paz". Al abandonar la tribuna, Beck recibió una estruendosa ovación.

La intervención parlamentaria del ministro polaco de Exteriores supuso un duro golpe a las expectativas de paz en Europa y así fue ampliamente reconocido. Naturalmente, las palabras intransigentes de Beck fueron respaldadas por Halifax, por lo que el rey Carol de Rumanía sacó la conclusión de que el discurso de Beck hacía inevitable la guerra. Weizsäcker, secretario de Estado del Ministerio de Exteriores, trató de evitar una actitud alarmista mediante una carta circular a las embajadas alemanas, en la que rechazaba el discurso de Beck como "un dictamen insignificante de un gobierno débil". En Francia, no obstante, el ministro de Exteriores, Georges Bonnet no acogió el discurso de Beck con el entusiasmo deseado por los belicistas, que se mostraban exultantes. Bullitt y los embajadores polacos en Francia y Gran Bretaña, Lukasiewicz y Raczynski, convinieron en que Bonnet era el líder de la lucha por la paz en Francia. Bullitt prometió hacer cuanto estuviera en sus manos para desacreditarlo ante Daladier.

El 6 de mayo el embajador estadounidense en París comunicó con satisfacción a su amigo Roosevelt que el primer ministro Daladier confiaba cada vez menos en Bonnet. Bullitt apostaba por Champetier de Ribes, que propugnaba la guerra, como sustituto de Bonnet. Recordemos que la madre de William C. Bullit era hija de Jonathan Horowitz, un judío alemán que había emigrado a Estados Unidos. El embajador norteamericano pertenecía a una familia de importantes banqueros de Filadelfia. Bullitt, que había asistido al presidente Wilson en la Conferencia de Paz de Versalles y había urgido desde el primer momento el reconocimiento del régimen comunista en Rusia, era la voz del presidente Roosevelt en Europa, de ahí que viajara a Estados Unidos varias veces al año para participar en los Consejos de la Casa Blanca.

## La situación insostenible de los alemanes en Polonia

Siguiendo las instrucciones de Lord Halifax, el 15 de mayo de 1939 el embajador Henderson hizo entrega en Berlín de una amenaza vergonzosa a Alemania. El Foreign Office, tras el discurso de Beck, advirtió oficialmente que el Imperio Británico lucharía con el objetivo de destruir el tercer Reich en caso de que Hitler tratase de recuperar Danzig. Mientras, la situación de los alemanes que vivían en Polonia no cesaba de empeorar. Desde finales de marzo, no sólo recibieron amenazas, sino que también comenzaron a ser víctimas de la persecución y el terror desencadenado por supuestos patriotas polacos. Las propias autoridades polacas actuaron en contra de la minoría alemana, muchos de cuyos miembros eran arrestados sin motivo aparente. Las quejas de los líderes alemanes por el trato que recibían no sirvieron de nada.

Ya antes de la obtención del cheque en blanco, los actos violentos contra la minoría alemana se habían desencadenado en diversas regiones sin que las autoridades polacas atendieran las protestas de los cónsules. Los incidentes acaecidos el 30 de marzo en Bromberg, en la región de Pomerania, provocaron que el propio embajador Moltke protestase ante el viceministro polaco Szembeck. El mismo día 30, un ciudadano alemán que poseía un restaurante en Jablonowo fue apaleado y su negocio, destruido. La policía había sido avisada, pero no se presentó. En Posen (Poznan) los establecimientos alemanes eran regularmente apedreados y las compañías aseguradoras se negaban a indemnizar, por lo que el cónsul Walther envío una nota diplomática a Ribbentrop en la que denunciaba agresiones a ciudadanos alemanes en una decena de ciudades y pueblos. El 4 de abril Moltke remitió un comunicado a Ribbentrop en el que denunciaba que diez asociaciones paramilitares habían difundido un llamamiento público en el que se exigía el boicot al comercio y al artesanado alemanes. Se pedía asimismo la prohibición de películas en alemán y que se limitase el número de escuelas y la edición de prensa y libros. El 18 de abril el encargado de negocios alemán en Varsovia, Krümmer, se quejó oficialmente porque durante las elecciones municipales se había privado del derecho de ciudadanía a los alemanes, a los que se impidió que pudieran presentarse como candidatos y se les negó su derecho al sufragio. Durante todo el mes de abril las agresiones y excesos de todo tipo prosiguieron sin que la policía polaca interviniera. En mayo, mientras continuaban los apedreamientos a comercios y casas particulares, las autoridades polacas comenzaron actuar contras las escuelas alemanas y a incautar periódicos y publicaciones.

Una ola de disturbios comenzó el 13 de mayo en la región de Lodz. Tomaszow Mazowiecki, una ciudad de cuarenta mil habitantes de los que unos tres mil eran alemanes, fue el epicentro del vandalismo. Muchos alemanes resultaron heridos y una mujer murió. Durante los dos días que duró la revuelta, la mayoría de las propiedades alemanas en el área fueron dañadas o destruidas. Los propietarios de fábricas polacas fueron obligados a despedir a sus empleados alemanes. Otros incidentes violentos tuvieron lugar en la provincia de Poznan y en la Alta Silesia Oriental. El 15 de mayo el Ministerio de Asuntos Exteriores alemán discutió sobre la posibilidad de tomar represalias contra la minoría polaca en Alemania; pero se decidió rechazar esta idea por perjudicial, inútil e insensata. Las autoridades polacas prohibieron a la prensa de lengua alemana que informara sobre los incidentes contra la minoría alemana y cuando los periódicos alemanes comenzaron a denunciar lo que ocurría, se restringió la entrada de periodistas alemanes en Polonia. Las autoridades alemanas llegaron a la conclusión de que la mejor fuente de información sobre los incidentes antialemanes eran sus representaciones consulares, por lo que en los meses que siguieron muchos cónsules comenzaron a ser arrestados. En Berlín, Weizsäcker apeló inútilmente a Henderson y a Coulondre para que sus gobiernos ejercieran presión ante el Gobierno polaco para evitar la repetición de estos ultrajes.

El 21 de mayo ocurrió un grave incidente en Kalthof, en el territorio de la Ciudad Libre de Danzig, cerca de la frontera de Prusia Oriental. El 20 de mayo los habitantes locales alemanes se manifestaron para demostrar su indignación ante la postura arrogante de los inspectores de aduana polacos en Kalthof. El Alto Comisionado polaco, Chodacki, se encontraba en Gdynia cuando las autoridades aduaneras lo llamaron para decir que temían un asalto a las instalaciones polacas. El consejero Perkovski estaba al frente de la Oficina del Alto Comisionado en ausencia de Chodacki, por lo que ordenó a la policía de Danzig que interviniera. Horas más tarde, Perkovski, un asistente y su chófer, un antiguo soldado llamado Zygmunt Morawski, se acercaron a Kalthof y comprobaron que había calma y que los oficiales de aduanas se habían ido a sus casas. Perkovski ordenó a Morawski que se quedara en el coche, aparcado a unos cien metros del edificio de aduanas. Eran las 12:50 de la mañana, pese a lo cual Morawski dejó las luces largas encendidas. Pronto se acercó en dirección contraria un automóvil que regresaba a Danzig desde Prusia Oriental. Su conductor, Grübnau, se detuvo para pedirle al chófer polaco que apagase las luces. La respuesta de Morawski fue un disparo de pistola que acabó con la vida de Grübnau. Después de cometer el asesinato, Morawski abandonó el vehículo y, con el fin de salir del territorio de la Ciudad Libre, se apresuró a pie hacia la frontera polaca.

El Alto Comisionado estaba regresando a Danzig cuando Perkovski le anunció por teléfono lo ocurrido. Apenas llegó, Chodacki ordenó a todos los polacos que se dirigieran a Dirschau (Tscew), en territorio polaco. Perkovski, que era el presidente de la compañía ferroviaria polaca en Danzig, fue con su asistente a la estación, que estaba cerca de la aduana, y regresó en tren a Polonia. El mismo día 21 Chodacki presentó una nota al presidente del senado de Danzig, Greiser, en la que protestaba por la manifestación en Kalthof y se refería al asesinato de Grübnau sin pedir disculpas. Greiser recordó a Chodacki que el poder soberano en Danzig era la Sociedad de Naciones y no Polonia, por lo que exigió que Perkovski, su asistente y el chófer polaco regresaran a Danzig para ser juzgados. Chodacki rechazó con soberbia la exigencia y, en una demostración de que los polacos se consideraban en Danzig por encima de la ley y despreciaban la jurisdicción de las autoridades de la Ciudad Libre, el propio Józef Beck defenció la actitud prepotente de Chodaki.

El hecho de que un ciudadano alemán inocente fuera asesinado en el territorio de Danzig sin que las autoridades polacas pidieran ningún tipo de disculpas enfureció a Hitler, que envió al funeral de Grübnau una corona funeraria personal. Göring advirtió al embajador Henderson que Alemania intervendría en Danzig a pesar de la oposición de Polonia y Gran Bretaña. Henderson replicó con tristeza que los polacos considerarían cualquier intervención en Danzig como una amenaza contra su soberanía y que Gran Bretaña acudiría de inmediato en ayuda de Polonia con todo el potencial de sus fuerzas armadas. Burckhardt, el Alto Comisionado de la Sociedad de Naciones, informó a los alemanes que el mismo día 21 Halifax había dicho en Ginebra que los británicos lucharían por Polonia contra Alemania sin considerar los orígenes del conflicto. El 24 de mayo el Parlamento británico discutió el incidente de Kalthof, pero Chamberlain se limitó a comentar que se había matado a un ciudadano de Danzig y que se investigaba lo ocurrido.

La tensión en Danzig fue en aumento tras el incidente de Kalthof, agravado por la respuesta despreciativa e inadmisible de las autoridades polacas. El presidente del Senado de la Ciudad Libre, Arthur Greiser, presentó dos notas de protesta el 3 de junio: la primera sobre el rechazo a permitir que el asesino de Grübnau fuera enjuiciado, la segunda era una protesta por el aumento constante de inspectores de aduana polacos en territorio de Danzig. El Alto Comisionado polaco, el coronel Marjan Chodacki, ignoró ambas protestas. El 6 de junio Burckhardt, el Alto Comisionado de la Sociedad de Naciones se entrevistó con Greiser y le informó sobre una reciente entrevista con Ribbentrop, quien le había dicho que Alemania seguía apostando por un acuerdo con Polonia; pero que aceptaría el riesgo de una guerra para liberar Danzig si los polacos se negaban. Burckhardt le confesó a Greiser su convencimiento de que los soviéticos estaban encantados con la perspectiva de un conflicto interno suicida en Europa occidental. El 11 de junio las autoridades polacas, una vez más en tono intransigente, anunciaron que no aceptarían más quejas sobre sus inspectores de aduanas y avisaron de que planeaban incrementar el número de funcionarios.

En Berlín Weizsäcker se reunió el día 13 de junio con el embajador británico para discutir la crisis en Danzig. Henderson le confirmó que la línea oficial de Halifax, que preconizaba la necesidad de cercar a Alemania, seguía sin cambios. Neville Henderson expresó confidencialmente su desacuerdo personal con la política de Halifax. Consideró muy nocivo el cheque en blanco a Polonia y expresó también su oposición a una alianza militar entre Gran Bretaña y la URSS. "Henderson sabía -escribe Hoggan- que estaba sobrepasando su autoridad al hacer estos comentarios al secretario de Estado alemán, pero no podía tolerar que los alemanes pudieran pensar que él estaba de acuerdo con la política de guerra de Halifax. Era evidente que él no era el hombre idóneo para representar a Halifax en Berlín." Por si la situación no era suficientemente tensa, el 17 de junio Joseph Göbbels se presentó en Danzig con el pretexto de asistir a la Exposición Cultural de Danzig, que conmemoraba el papel histórico del puerto báltico. En un teatro de la ciudad pronunció un discurso provocador en el que anunció que Danzig volvería al Reich. Días después, el 20 de junio, la gaceta *Poiska* replicó desafiante que Polonia nunca se plegaría a las presiones alemanas.

El principal responsable de la seguridad de la minoría alemana era el director del Departamento de Interior, Waclav Zyborski, que el 23 de junio de 1939 aceptó discutir la situación con Walter Kohnert, uno de los líderes de la minoría alemana en Bromberg. Zyborski admitió que los alemanes en Polonia se hallaban en una situación nada envidiable, pero recomendó que se quejaran a Hitler por sus aprietos. Aseguró que los alemanes eran desleales y añadió que también los polacos en Alemania estaban siendo maltratados. Zyborski acusó a Kohnert y a sus amigos de estar bajo la influencia del nacionalsocialismo y advirtió que había llegado el momento de la lucha que venía preparándose desde hacía tiempo. Acabó diciendo francamente a su interlocutor que su política requería un trato severo a la minoría alemana y le dejó claro que no había posibilidad de que los alemanes de Polonia pudieran aliviar su duro destino. De hecho, las autoridades estaban cerrando empresas y negocios alemanes y confiscando edificios de la comunidad alemana.

El 6 de julio Rudolf Wiesner, líder de uno de los partidos alemanes en Danzig, hizo un llamamiento al primer ministro polaco, Slawoj-Skladkowski, en el que citaba los ataques violentos contra los alemanes en distintas ciudades. Se refería concretamente a la ola de ataques perpetrados entre el 13 y el 15 de mayo en Tomaszow, cerca de Lodz, a otro pogromo antialemán llevado a cabo el 21 y el 22 de mayo por turbas incontroladas en la región de Lodz, concretamente en Konstantynow, y a una tercera oleada de violencia en Pabianice entre el 22 y el 23 de junio, donde se había asaltado el Instituto, un sindicato de cristianos alemanes, librerías y otros edificios. Los cónsules denunciaban que algunos alemanes, amedrentados por las amenazas de muerte, el envenenamiento de perros, talas de árboles frutales, robos de madera, incendios y otros actos intimidatorios, abandonaban sus domicilios y trataban de cruzar la frontera alemana. Muchos de ellos eran detenidos y encarcelados acusados de emigración ilegal por intentar pasar a Alemania sin permiso. La protesta de Wiesner no produjo ningún resultado, por lo que los líderes de los grupos alemanes tuvieron que reconocer que no tenían ninguna posibilidad de influir en las autoridades polacas para recibir protección.

Casualmente, el mismo día 6 de julio Józef Beck mantuvo una reunión en la sede del Ministerio de Exteriores con Jerzy Potocki, el embajador polaco en Estados Unidos, que estaba en Varsovia. Ambos discutieron la crítica situación y Potocki le dijo que había regresado a Polonia con el propósito de proponerle un cambio en la política polaca. Denunció ante su superior que tanto Estados Unidos como Inglaterra tenían una psicosis de guerra. Insistió en denunciar el papel que desempeñaban los banqueros y capitalistas judíos y advirtió que las fábricas de armamento occidentales estaban unidas en un frente sólido para la guerra. El embajador trató de hacerle ver a Beck que unos y otros estaban encantados por haber encontrado su pretexto en el tema de Danzig y en la actitud desafiante de Polonia. Potocki denunció sin rodeos que para los usureros y especuladores occidentales los polacos eran meramente esclavos negros a los que se exigía trabajar a cambio de nada. Advirtió asimismo a Beck que era una ilusión esperar que los norteamericanos intervendrían en Europa para defender a Polonia.

Estos argumentos, cuya pertinencia era evidente, no produjeron ningún efecto. Sin embargo, Potocki no era el único diplomático que desaprobaba la línea de Józef Beck: el embajador polaco en Ankara, Sokolnicki, amigo íntimo de Jan Szembek, secretario de Estado para Asuntos Extranjeros, apoyó los esfuerzos de Potocki. Ambos estaban seguros de que Szembek hubiera aceptado su posición si hubiera estado al frente del Ministerio. El 14 de julio Sokolnicki se entrevistó en Ankara con Franz von Papen, embajador alemán en Turquía. Según escribe Hoggan, que cita una vez más archivos diplomáticos, "Sokolnicki le confesó que le gustaría un acuerdo negociado entre Alemania y Polonia antes de que los judíos y los masones hubieran convencido al mundo de que un conflicto catastrófico era inevitable." Potocki regresó a Estados Unidos tras el fracaso de su gestión ante Beck. *The New York Times* recogió el 8 de agosto el siguiente comentario del diplomático: "Polonia prefiere Danzig a la paz".

Entre estos masones estaba Bullitt, que seguía avisando al hermano masón de la Casa Blanca que el ministro francés de Exteriores trabajaba para la paz. Bullitt no lograba que Bonnet concediera también un cheque en blanco a Polonia. Esta falta de convicción del ministro de Exteriores francés en apoyar la guerra constituía un contratiempo. En julio, en plena escalada de la tensión entre Polonia y Alemania, Bonnet recibió en París a Neville Henderson, el embajador británico en Alemania. Ambos estuvieron de acuerdo en condenar la política de guerra de Halifax. Bonnet pensaba que una guerra anglo-francesa contra Alemania era absolutamente innecesaria y le dijo a Daladier que prefería dimitir antes que tener ninguna responsabilidad en un conflicto tan desastroso. Daladier le expresó que comprendía su actitud y le rogó que continuara en su puesto y siguiera luchando por la paz.

Un nuevo incidente en Danzig estuvo a punto de adelantar el estallido de la guerra. El 25 de julio un soldado polaco, Budziewicz, fue asesinado en extrañas circunstancias en el territorio de Danzig. El homicida, un oficial de aduanas llamado Stein, juró que había actuado en legítima defensa, lo cual no evitó su detención y la acusación de homicidio imprudente. Las autoridades de Danzig presentaron disculpas a Chodacki y prometieron pagar una indemnización. El contraste entre esta actitud y la mantenida por los polacos en el caso del asesinato de Grübnau es obvio, pero la prensa polaca ocultó estos hechos a la opinión pública y se dedicó a propagar que el personal polaco en Danzig estaba siendo atacado indiscriminadamente y que Budziewicz había sido asesinado sin provocación en territorio polaco.

Cuatro días más tarde, el 29 de julio, el Gobierno de la Ciudad Libre presentó dos notas de protesta en relación a actividades ilegales y medidas económicas hostiles de los inspectores de aduanas polacos y de los oficiales de fronteras. En la protesta se amenazaba con adoptar medidas de represalia. El Gobierno polaco hizo oídos sordos y el 1 de agosto suprimió la exportación a Polonia de arenque y margarina, dos productos libres de impuestos que constituían el 10% del comercio de Danzig. El peródico *Danziger Vorposten* (*El centinela de Danzig*) informó que en diez años el número de inspectores polacos había sido incrementado en un 400%, a pesar de que el nivel de comercio de Danzig en 1939 había incluso disminuido en relación al de 1929. El coste de este aumento de personal recaía en la empobrecida comunidad de Danzig, por lo que el periódico propuso en su artículo editorial represalias contra los inspectores de aduanas polacos. Esta sugerencia fue utilizada por Chodacki para humillar a la Ciudad Libre: con el permiso de Beck presentó el 4 de agosto un ultimátum ultrajante a Greiser, el presidente del Senado, quien recibió una notificación oficial en la que se advertía que a primeras horas del 5 de agosto las fronteras de Danzig se cerrarían para la importación de todos los productos extranjeros a menos que el Gobierno de la Ciudad Libre prometiera antes de las seis de la tarde que nunca más volvería a interferir en las actividades de los inspectores de aduana polacos. Se trataba de una amenaza definitiva, toda vez que Danzig apenas producía alimentos y su subsistencia hubiera quedado estrangulada. El Alto Comisionado de la Sociedad de Naciones, Jacob Burckhardt, ni siquiera fue consultado, y sólo el día 6 recibió una notificación oficial de las autoridades polacas, lo cual significaba un menosprecio hacia su autoridad.

El 7 de agosto una soprendente información apareció en el *Illustrowany Kurjer* de Krakov. Los censores polacos permitieron la publicación de un artículo extraordinariamente imprudente, en el que se admitía que unidades polacas cruzaban constantemente la frontera alemana para destruir instalaciones militares alemanas y confiscar equipamiento militar alemán. El Gobierno polaco fue incapaz de evitar que el periódico de más circulación en Polonia anunciara al mundo que Alemania sufría violaciones de su frontera con Polonia. Los líderes polacos marchaban ciegamente hacia un conflicto forzado y totalmente innecesario que iba a significar su ruina y no eran capaces de comprender que estaban siendo utilizados por Halifax y por quienes trabajaban para desencadenar una guerra contra Alemania.

En Berlín Hitler y Ribbentrop llegaron a la conclusión de que Polonia trataba de precipitar el conflicto, por lo que aconsejaron a Greiser que aceptase enseguida las condiciones del ultimátum: en la mañana del 5 de agosto Greiser llamó a Chodacki para anunciarle que capitulaban ante sus exigencias. El 9 de agosto Weizsäcker le leyó una nota verbal al encargado de negocios polaco, príncipe Lubomirski, que contenía el aviso de que Alemania rechazaba toda responsabilidad por las consecuencias de posteriores acciones contra los habitantes de Danzig. Lubomirski pidió una copia escrita de la nota. Weizsäcker le explicó que no estaba autorizado a presentar una nota por escrito, aunque le dio permiso para hacer su propia copia del texto original. Józéf Beck, quien el mismo día 4 había informado al embajador Kennard que el Gobierno polaco estaba preparado para adoptar medidas militares contra Danzig si no se aceptaban los términos del ultimátum, consideró un insulto a Polonia la nota verbal, por lo que respondió el día 10 con otra nota verbal en la que se advertía que el Gobierno polaco recusaba toda responsabilidad por las consecuencias si Alemania persistía en proteger Danzig. Se añadía que se consideraría un acto de agresión cualquier intervención contra los intereses polacos en la Ciudad Libre.

Los preparativos de Alemania para una posible guerra con Polonia, iniciados tras conocer la entrega del cheque en blanco de Gran Bretaña, estaban prácticamente concluidos. La máxima preocupación en Berlín era prevenir la intervención de los poderes occidentales a través de la diplomacia. Económicamente y militarmente Polonia era un país pobre y débil que no podía sostener la política arrogante y prepotente adoptada por sus mandatarios. El cuarenta por ciento de su población no eran polacos. La numerosa minoría judía estaba peor tratada que en Alemania; pero la judería internacional estaba dispuesta a ignorarlo y a "defender" el país que más los rechazaba. Por otra parte, además de la minoría alemana, estaban los ucranianos, cuya predisposición a alzarse contra los polacos en caso de guerra era tenida muy en cuenta por Hitler. El país escogido como "casus belli" era en realidad odiado por casi todos y muy especialmente por su vecino oriental, la Unión Soviética, cuya alianza era pretendida por Gran Bretaña y Francia.

## La situación vista desde la Unión Soviética

Como se ha visto al estudiar las purgas stalinistas, entre 1934 y 1938 Stalin estuvo convencido de que los poderosos amigos de Trotsky y determinados poderes occidentales trataban de utilizar a Alemania para desencadenar una guerra contra la URSS, que debía servir para sustituir el nacionalcomunismo por el comunismo internacionalista que progugnaban los trotskystas. De hecho, Hitler había sido financiado con esta finalidad por los banqueros de Wall Street. Si lo que se pretendía era acabar a la vez con el comunismo y con el fascismo, una guerra entre ambos hubiera tenido cierta lógica. Sin embargo, no se quería acabar con el comunismo, sino con Stalin. A pesar de ello, los hechos iban a demostrar que puestos a elegir entre Stalin y Hitler, los conspiradores que impulsaban la guerra preferían a Stalin. No en vano el comunismo había sido instaurado y sostenido con el apoyo del capital judío internacional. El Poder Oculto confiaba en que, acabada la guerra, Stalin podría ser sustituido por uno de sus agentes, el judío georgiano Lavrenti Beria, uno de los grandes criminales de la historia, un tapado que había permanecido en la sombra hasta que el 25 de noviembre de 1938 sustituyó a Yezhov al frente del Comisariado del Pueblo para Asuntos Internos (NKVD).

A lo largo de esta obra se han aportado pruebas suficientes para comprender que el comunismo era una herramienta concebida para apoderarse de una manera rápida de los recursos de Rusia y de otros países que cayeran bajo su férula. Sin la ayuda masiva de los banqueros capitalistas judíos que lo implantaron en Rusia nunca hubiera podido subsistir. El hecho de que, liberada del patrón oro y mediante la puesta en práctica del "barter", la orientación de la política alemana hacia el este, "Drang nach Osten" (empuje hacia el este), fuera haciéndose realidad constituía un motivo de alarma. Países como Hungría, Yugoslavia, Bulgaria, Rumanía, Turquía podían conformar un eje político y económico que, además de suponer una barrera a la URSS, desafiaba los intereses de la City, cuyos intereses defendía Gran Bretaña. Si Polonia hubiera tenido la capacidad de entender adecuadamente las ventajas de incorporarse a este grupo de naciones, la presión sobre la Unión Soviética hubiera sido completa. Por todo ello Francia, Estados Unidos y Gran Bretaña, país cuya política tradicional se basaba en el equilibrio de poderes en el Continente, iban a ser utilizados como instrumentos de oposición a una Alemania que cuestionaba el orden económico de los banqueros internacionales impuesto a través del liberalismo.

Los líderes soviéticos contemplaban encantados la determinación de Halifax de fomentar una guerra contra Alemania con o sin la participación de la URSS, toda vez que era la mayor contribución imaginable a su posible expansión hacia el oeste en el futuro. En abril de 1939 la Unión Soviética no tenía obligación alguna de participar en un conflicto anglo-francés contra

Alemania en beneficio de Polonia, cosa que era sabida por Bonnet, el jefe de la diplomacia de Francia. La Unión Soviética tenía un acuerdo con Francia que la obligaba a ayudarla en caso de una agresión alemana, pero podían permanecer al margen en caso de que Francia atacase a Alemania por un conflicto entre ésta y cualquier otro país. Esta situación produjo un agudo enfrentamiento entre Bonnet y Halifax. El francés desaprobaba la perspectiva de un Stalin contemplando la guerra en Europa con los brazos cruzados y no compartía la idea del británico de ir a la guerra en estas circunstancias. Los soviéticos sabían que Gran Bretaña había debilitado su posición militar y política al ofrecer la garantía a Polonia.

Otro hecho que demuestra el doble rasero con que las llamadas democracias actuaban en Europa es la indiferencia con que contemplaban las pretensiones expansionistas de la URSS, que aspiraba a anexionarse importantes territorios europeos. Mientras cualquier reivindicación de Alemania era considerada inaceptable por justificada que fuera, la diplomacia británica buscaba con ahínco la alianza con los soviéticos, a pesar de que países como Rumanía, Finlandia, los países bálticos y la propia Polonia temían que una alianza de la Unión Soviética con los países occidentales contra Alemania permitiría al Ejército Rojo penetrar hasta el corazón de Europa, como acabó sucediendo durante la guerra mundial. Ya en abril de 1938 los diplomáticos soviéticos habían comenzado a discutir con los finlandeses sus aspiraciones territoriales en el país de los mil lagos. Finlandia se negó a la colaboración militar que exigía la URSS, lo que desató una campaña en su contra en la prensa soviética. El 5 de marzo de 1939 los finlandeses volvieron a rechazar una petición de Litvínov, el comisario judío de Exteriores, que pretendía instalar bases soviéticas en Finlandia. Los líderes fineses sabían muy bien que la Unión Soviética estaba decidida a restablecer la dominación rusa sobre su país; pero a ellos nadie les ofrecía protección y mucho menos cheques en blanco.

El 10 de marzo de 1939 comenzó en Moscú el XVIII Congreso del Partido Comunista. En su discurso de apertura Stalin predijo el estallido de una nueva guerra imperialista entre el fascismo y una alianza anglo-franco-americana. Fiel al planteamiento utilizado en los juicios de Moscú, Stalin aseguró que Francia y Gran Bretaña buscaban enfrentar a la Unión Soviética y a Alemania en una guerra y acusó a la prensa occidental de tratar de envenenar las relaciones germano-soviéticas desde la conferencia de Múnich. Stalin dijo textualmente: "No permitiremos que nuestro país sea arrastrado a conflictos por belicistas que están acostumbrados a utilizar a otros para que les saquen las castañas del fuego." Joseph E. Davies, un sionista amigo de Roosevelt que había sustituido a Bullitt como embajador en Moscu, cargo que ocupó hasta junio de 1938, escribió en su diario el 11 de marzo de 1939: "Conociendo Rusia como yo la conozco, siento que esto es desalentador y realmente de mal agüero para las negociaciones que se llevan a cabo entre el Foreign Office británico y la Unión Soviética en conexión con las garantías a Polonia." Friedrich Werner conde von der Schulenburg, que representaba a Alemania en Moscú desde 1934, comprendió también como su colega norteamericano que el discurso de Stalin marcaba un rumbo nuevo en la política exterior soviética, y así lo informó a Berlín el 13 de marzo. El embajador alemán anunció que la animosidad de Stalin iba ahora dirigida contra Gran Bretaña e hizo hincapié en que por vez primera había ridiculizado el alegato de que el Reich alemán tenía aspiraciones en la Ucrania soviética. Las implicaciones del discurso de Stalin tampoco pasaron desapercibidas para Ribbentrop.

Comenzadas ya las negociaciones con Francia y Gran Bretaña se produjo la sustitución de Litvínov como comisario de Asuntos Exteriores. Maksim Litvínov (Meyer Hennokh Moisevitch Wallach-Finkelstein) había sido en 1917 embajador extraoficial de los bolcheviques en Londres y, como se recordará, fue detenido e intercambiado por Bruce Lockhart, el hombre de Alfred Milner, tras el intento de asesinato de Lenin. El judío Litvínov se había esforzado por cercar a Alemania mediante una coalición aplastante. Stalin debió de considerar que compartía demasiadas afinidades con los británicos y el 3 de mayo fue reemplazado por Vyacheslav Mólotov, a quien Stalin ordenó la purga de judíos del Comisariado de Exteriores, donde eran mayoritarios en los puestos de dirección así como entre los embajadores. El cese de Litvínov, quien entre 1941-43 desempeñó el importantísmo cargo de embajador en Estados Unidos, produjo gran sensación entre el Cuerpo Diplomático, pues nadie pensaba que sería cesado en pleno proceso de conversaciones. Se interpretó que Stalin había decidido definitivamente mejorar sus relaciones con Alemania. En *Mission to Moscow* Davies resume varias opiniones de dos diplomáticos expertos en Rusia, cuyo nombre no menciona. Según estas interpretaciones, Stalin no confiaba ni en Francia ni en Gran Bretaña y sospechaba que se le quería involucrar en una guerra europea para dejarlo en la estacada. Esta interpretación confirmaría una vez más que Stalin seguía teniendo en mente el plan para quitarlo de en medio a través de una guerra con Alemania, expuesto en los procesos de Moscú.

El 16 de mayo Moltke informó a Berlín desde Varsovia que Beck se oponía firmemente a un acuerdo con la Unión Soviética, lo cual significaba que era muy improbable el acuerdo anglo-francés con la URSS sobre Polonia; sin embargo se temía que pudiera fraguarse un acuerdo anglo-soviético. Ribbentrop dio instrucciones al embajador von Schulenburg para que discutiera la situación con Mólotov en Moscú, pero todos sus intentos de aproximación fueron infructuosos, lo cual fue interpretado en Berlín como una falta de confianza de los diplomáticos soviéticos en el aristócrata alemán. El hombre escogido por Mólotov para transmitir la actitud de la URSS fue el representante búlgaro en Berlín, Parvan Draganov, quien el 15 de junio informó a Ribbentrop que los rusos estaban indecisos, pero añadió que preferían relaciones pacíficas con Alemania antes que una alianza con Gran Bretaña. Draganov dio a entender que la Unión Soviética requería ciertas garantías para poder precisar su postura. Los líderes alemanes entendieron de este modo que sería necesario lograr un acuerdo específico con Stalin para conseguir la neutralidad de la Unión Soviética en caso de guerra con Polonia.

Hitler estuvo rumiando el asunto durante varias semanas antes de encargar a Joachim von Ribbentrop que diera los pasos necesarios para lograr un entendimiento. Naturalmente, sabía que un pacto con Stalin permitiría la expansión de la URSS, lo cual repugnaba al Führer; pero en julio de 1939 concluyó que dicho acuerdo sería determinante para evitar el estallido de una guerra europea a gran escala. El Gobierno alemán no tenía ninguna duda de que la Unión Soviética ajustaría cuentas con Polonia en caso de una guerra germano-polaca. A diferencia de Hitler, que había ofrecido respetar las fronteras de Polonia, Stalin nunca había mostrado ninguna inclinación a aceptar las fronteras existentes entre Rusia y Polonia. Los alemanes tampoco ignoraban que Moscú tenía otras ambiciones territoriales, una de las cuales era Finlandia. Los diplomáticos finlandeses comprobaron con espanto que unos y otros buscaban el acuerdo con los soviéticos a expensas de los países vecinos.

Simultáneamente, mientras Draganov confirmaba en el Ministerio de Exteriores alemán el interés de la URSS en un acuerdo con Alemania, Lord Halifax decidió buscar de manera decidida el pacto con Stalin, por lo que envió a Moscú a William Strang, jefe de la División Central del Foreign Office, quien llegó el 14 de junio a la capital soviética. Strang descubrió que el embajador francés, Paul-Emile Naggiar, buscaba asimismo con empeño un principio de acuerdo con los comunistas. Ambos diplomáticos concluyeron que la aceptación de los términos que presentaban los soviéticos les comprometía a apoyar una intervención soviética en Rumanía en los Estados bálticos o en la misma Polonia que querían proteger.

David L. Hoggan explica en *Der Erzwungene Krieg* (*La guerra forzada*) de qué manera conducía Mólotov las negociaciones con los representantes británico y francés: "Estaba sentado ante un escritorio colocado sobre una tarima; los negociadores occidentales fueron colocados en semicírculo sin mesas en un nivel inferior. La nueva actitud rusa de arrogancia despreciativa era la inevitable consecuencia de la garantía británica a Polonia. Mólotov sabía que la Unión Soviética tenía ahora en la negociación una posición mucho más fuerte que la del Gobierno británico." A pesar de que Halifax dio instrucciones a Strang para que se aproximara a las posiciones soviéticas en las cuestiones decisivas, la posición de la URSS se mantuvo inalterable durante las semanas siguientes. El 20 de julio de 1939 Strang se quejó a Halifax sobre las "negociaciones humillantes". Finalmente, las partes aceptaron la sugerencia de Mólotov y decidieron el 23 de julio que, aunque había un acuerdo político virtual, había que esperar el resultado de las conversaciones de los militares antes de proceder a la firma.

El presidente Roosevelt intervino en las negociaciones entre la Unión Soviética y los poderes occidentales a través del nuevo embajador en Moscú,

Lawrence Steinhardt, un judío sionista hasta la médula que era sobrino del multimillonario Samuel Untermayer, el partidario de la destrucción de Alemania que en 1933 había pedido a los judíos de todo el mundo que declarasen la guerra santa a los alemanes. Steinhardt, que había sustituido a Davies, recibió el día 15 de agosto una carta confidencial para Mólotov que llevaba fecha de 4 de agosto de 1939. La misiva había sido enviada a través de Bullitt y por este motivo llegó con retraso de once días a Moscú. En ella se recordaba que los intereses de Estados Unidos y de la Unión Soviética eran idénticos en cuanto a promover la derrota de Alemania y de Italia en una guerra europea. Roosevelt, ansioso por desatar la guerra, instaba a la URSS a concertar una alianza con Gran Bretaña y Francia y daba a entender que finalmente Estados Unidos se sumaría a esta coalición. Steinhardt presentó a Mólotov la carta de Roosevelt el 16 de agosto, cuando las delegaciones militares de los tres países estaban reunidas.

Casi dos semanas antes, cuando la tensión entre Berlín y Varsovia estaba alcanzado la cima a causa del trato a la minoría alemana y de la actitud fachendosa de los polacos en Danzig, los alemanes tomaron la decisión de tolerar las aspiraciones soviéticas en el área del Báltico a cambio de su neutralidad en una posible guerra con Polonia. El 3 de agosto de 1939 Ribbentrop informó a Schulenburg que había comunicado al representante ruso en Berlín, Astakhov, que Alemania deseaba alcanzar un acuerdo con Rusia sobre todos los temas de interés, por lo que le pedía que reiterase personalmente el ofrecimiento a Mólotov. De este modo, cuando las misiones militares de Gran Bretaña y Francia llegaron el 10 de agosto a Moscú para estudiar los aspectos militares del acuerdo con la URSS, fueron recibidas con poco entusiasmo, lo cual no evitó que los alemanes exigieran aclaraciones sobre el significado de estas delegaciones. Se les aseguró que los contactos que se mantenían con Alemania habían modificado la actitud rusa hacia Gran Bretaña y Francia, pero que se había decidido continuar las negociaciones porque no podían romperse sin explicaciones razonables.

La delegación militar soviética encabezada por el mariscal Voroshílov mantuvo su primer encuentro con los equipos militares franceses y británicos el 12 de agosto. Los soviéticos mostraron su indignación por el hecho de que los británicos pretendieran que Rusia y Francia cargasen con la peor parte de la guerra que Halifax buscaba provocar contra Alemania. Voroshílov insistió en las promesas específicas de respaldo en caso de posibles operaciones soviéticas en Estonia, Letonia y Lituania. El 14 de agosto los comunistas introdujeron la cuestión fundamental de las operaciones militares en Polonia y Rumanía. Voroshílov alegó que ambos países serían derrotados por Alemania en poco tiempo si no aceptaban la colaboración militar de la Unión Soviética. En lo concerniente a Rumanía esta aserción era absurda, puesto que no existía la más mínima posibilidad de conflicto entre Alemania y Rumanía. En cuanto a Polonia, Gran Bretaña y Francia estaban dispuestas a aceptar su ocupación por tropas rusas; pero el problema radicaba en obtener el consentimiento polaco. Voroshílov argumentó que en el supuesto de que Alemania atacase a Francia, la URSS no podría contratacar a menos que se hubiera acordado la ofensiva soviética a través de territorio polaco y rumano.

Sir William Seeds, el embajador británico en Moscú, advirtió el 15 de agosto a Halifax que las conversaciones fracasarían a menos que Gran Bretaña y Francia lograran el consentimiento polaco. Seeds confiaba en que se podría convencer a Beck y a los militares polacos para que aceptasen un pacto secreto y llegó incluso a presentar su tesis a la delegación militar francesa. Daladier y Bonnet fueron informados del callejón sin salida a que se había llegado. Voroshílov exigía cuanto antes una respuesta definitiva sobre esta cuestión fundamental. Bonnet decidió contactar con Lukasiewicz, que se presentó en el Quai d'Orsay el mismo día 15 por la tarde. Le planteó bruscamente las dos alternativas: si los rusos no recibían permiso para operar en el territorio de sus países vecinos merced al pacto militar con Gran Bretaña y Francia, firmarían un acuerdo con Alemania. El embajador polaco respondió que Beck nunca permitiría que fuerzas rusas entrasen en territorio polaco. Bonnet se atrevió a recordarle que Hitler había anunciado que derrotaría a Polonia en tres semanas y llegó incluso a añadir que él compartía esta opinión. Lukasiewicz se indignó y enfurecido declaró: "Todo lo contrario, es el ejército polaco el que invadirá Alemania desde el primer día." El ministro francés se dio cuenta de que la fatuidad de los polacos era contumaz y renunció a tratar de enmendar los delirios del embajador con argumentos de naturaleza militar.

Evidentemente, Francia corría más riesgos que Gran Bretaña en el caso de una guerra con Alemania sin el apoyo de la URSS. El 16 de agosto el ministro de Exteriores francés informó a su colega británico sobre la entrevista con el embajador polaco y le pidió su colaboración para hacer entender a los polacos que el derecho de intervención en Polonia y en Rumanía era la condición "sine qua non" para la participación de Rusia en cualquier guerra que pudiera desatarse tras el estallido de un conflicto germano-polaco. El mismo día 16 Mólotov recibió de manos del embajador Steinhardt la carta de Roosevelt y ambos procedieron a estudiar su contenido. El diplomático estadounidense tuvo que escuchar de boca del comisario de Exteriores soviético que las misiones militares británicas y francesas habían llegado a Rusia para discutir sobre colaboración militar en términos que Mólotov calificó de "generalidades imprecisas". A continuación lamentó que estas delegaciones fueran incapaces de dar respuesta a los puntos específicos que Rusia había planteado.

El 17 de agosto Halifax encargó a Kennard que reprendiera a los polacos por su negativa a cooperar con la Unión Soviética y que les explicase que consideraciones de tipo militar hacían inevitable el uso del territorio polaco por parte de las fuerzas soviéticas. Halifax se negaba a aceptar que la URSS era una amenaza mayor para Polonia que para Alemania. En opinión de Hoggan, los líderes británicos eran incapaces de comprender que su política "más que el imperialismo británico promovía la expansión del comunismo." Aunque quizá sí lo comprendían y no les importaba, puesto que actuaban descaradamente como agentes de las fuerzas encubiertas que habían implantado el comunismo en Rusia y deseaban una segunda guerra en Europa para acabar de completar su diseño de dominación global.

Consta en los documentos sobre las Relaciones Exteriores de Estados Unidos en 1939 que el primer ministro Daladier se entrevistó con Bullitt el 18 de agosto y le repitió hasta tres veces, indignado por la postura de Varsovia, que no enviaría un solo campesino francés a dar su vida por Polonia si los polacos rechazaban la ayuda soviética. Bullitt quedó muy alarmado por esta reacción violenta, que él consideró antipolaca, pues indicaba que Francia no apoyaría una guerra contra Alemania si fracasaban las negociaciones de Moscú[4]. Roosevelt fue informado de la actitud de Daladier y temió que Halifax estuviera dispuesto a abandonar su proyecto de guerra contra Alemania si no conseguía el apoyo de la Unión Soviética o de Francia. El Foreign Office, de todos modos, jugaba con cierta ventaja, pues supo con antelación que iba a firmarse el pacto germano-soviético gracias a dos traidores, los hermanos Theo y Eric Kordt. Theo era encargado de negocios de la embajada alemana en Londres; Eric, hombre de confianza de Weizsäcker en el Ministerio de Exteriores en Berlín. A finales de junio Eric Kordt había avisado a Robert Vansittart sobre los contactos entre Alemania y la URSS. Halifax previó gracias a estos espías que las negociaciones anglo-francesas con Mólotov acabarían fracasando porque los rusos preferían el acuerdo con Hitler. Ello le permitió ir preparando su estrategia para arrastrar a Francia en la guerra. El profesor Friedrich Lenz, en el artículo "Worm in the Apple" (Gusano en la manzana) cita estas palabras de Vansittart a Theo Kordt pronunciadas el 31 de agosto, un día antes de la invasión de Polonia: "Inglaterra librará esta guerra hasta el final y como Sansón en la Biblia derribará las columnas del templo y sepultará todo bajo los escombros."

---

[4] El jefe de la inteligencia militar francesa, coronel Maurice Gauché, había mostrado repetidamente su irritación por la posición polaca a Daladier y a Bonnet. Consideraba que los polacos eran en extremo jactanciosos sobre la capacidad de su ejército y expuso al primer ministro su opinión de que, si fracasaban las negociaciones en Moscú, Francia debería dejar que Hitler arreglase las cuentas con Polonia. Gauché pensaba que no tenían por qué sentirse obligados con Varsovia, ya que los polacos habían firmado en 1934 el pacto con Alemania sin consultar a Francia. Consideraba, además, que el ultimátum polaco a Checoslovaquia en octubre de 1938 había ignorado los intereses franceses. Denunciaba también que en marzo de 1939 los polacos habían reconocido el protectorado alemán sobre Bohemia-Moravia sin consultar al Gobierno francés. En cuanto a la política de Halifax, el coronel Gauché era también muy crítico. Avisó a sus superiores de que, aunque no quería la guerra, Hitler no iba de faroles y que se arriesgaría a una guerra antes de capitular ante las extravagancias de los polacos. Al jefe del contraespionaje francés le parecía obvio que su país debería abandonar los planes de guerra en el supuesto de que los rusos rehusaran formar parte del frente anglo-francés. Estos puntos de vista eran compartidos por Bonnet, quien proponía actuar en consecuencia.

El último encuentro entre las delegaciones militares en Moscú tuvo lugar en la tarde del 21 de agosto. Voroshílov anunció que era el responsable de las maniobras militares de otoño del Ejército Rojo, por lo que iba a solicitar una suspensión de las reuniones con el fin de poder dedicar su tiempo a esta tarea. Una vez más el mariscal soviético expresó ante las delegaciones occidentales su asombro por el hecho de que pretendieran negociar un acuerdo sin tener un compromiso claro sobre la importante cuestión del derecho a maniobrar en territorio polaco y rumano. Apenas hubo finalizado la sesión, los militares británicos y franceses supieron a través de la prensa que se había previsto la firma de un pacto de no agresión entre la URSS y Alemania. El hecho de que la opinión pública conociera la noticia antes de que se hubiera informado a las delegaciones franco-británicas fue una afrenta deliberada que no pasó desapercibida en círculos diplomáticos. El embajador Henderson expresó su indignación a través de un cable enviado a Halifax el 22 de agosto: "El cinismo traicionero de Stalin y compañía con nuestras misiones militares que negociaban en Moscú es increíble." Henderson, que siempre se había opuesto a una alianza con la Unión Soviética, comprendió enseguida que Stalin había jugado con las circunstancias para infligir el máximo daño al prestigio británico.

Sin embargo, Henderson imaginaba hasta qué punto estaban dispuestos a llegar británicos y franceses en sus negociaciones y lo poco que en realidad les importaba Polonia. A primeras horas de la mañana del día 22 el general Doumenc informó al mariscal Voroshílov que había recibido autorización para apoyar las operaciones militares soviéticas en Polonia. Doumenc aseguró que tenía plenos poderes de Daladier para firmar sin reservas un pacto que incluyera otros intereses y deseos rusos. Es decir, británicos y franceses estaban dispuestos a promover la expansión hacia el oeste de los comunistas siempre que se apuntaran a la guerra contra Alemania. Voroshílov replicó que Polonia era un país soberano y que no se podían decidir planes para operaciones militares soviéticas en su territorio sin su consentimiento. Ya por la tarde del mismo día 22, el embajador británico en Moscú, William Seeds, acusó a Mólotov de "mala fe" durante las negociaciones. El comisario soviético le dijo fríamente que la "insinceridad" de los líderes británicos les privaba de cualquier base válida para presentar tal acusación. El día 23 Seeds pidió por cable a Halifax que mantuviera la misión en Moscú por si fracasaban las negociaciones con Ribbentrop. Incluso después de la firma del pacto, Halifax dio intsrucciones a Seeds para que asegurase a los soviéticos que él compartía plenamente que sus operaciones militares en Polonia eran indispensables y que estaba preparado para apoyarlas plenamente, lo cual equivalía a comprometer el apoyo británico a la invasión comunista de Polonia al mismo tiempo que se insistía en declarar la guerra a Alemania por Danzig, que ni siquiera pertenecía a Polonia.

## ¿Guerra general o guerra localizada?

Hitler contemplaba la posibilidad de que el revés en Rusia pudiera modificar la política belicista anglo-francesa, por lo que trató de contribuir a ello a través de medidas diplomáticas y nuevas propuestas. A pesar de su anglofilia, comprendió que eran los franceses quienes mostraban una actitud más razonable, en contraste con el exagerado deseo de guerra de Gran Bretaña. Si se considera que los dirigentes franceses no concebían enfrentarse con su vecino alemán sin que se abriera un frente oriental, debe admitirse que la firma de un pacto de neutralidad de la URSS con Alemania hacía más improbable el conflicto en Europa que si los soviéticos hubieran contraído una alianza con los poderes occidentales. De hecho, si se quería librar a Europa de la catástrofe, bastaba presionar a los dirigentes polacos para que negociaran, en lugar de apoyarlos para que no lo hicieran.

El día 11 de agosto Hitler se entrevistó con Jacob Burckhardt, al que confesó que le era imposible tener más paciencia con los polacos, por lo que pidió al Alto Comisionado que explicase la situación a franceses y británicos y les recordase que Alemania no deseaba un conflicto con los poderes occidentales bajo ninguna circunstancia. Burckhardt prometió cumplir el encargo. Beck declaró a Szembek que estaba indignado con Burckhardt por haber aceptado el encuentro con Hitler en las actuales circunstancias. Este político fatídico para su país y para Europa temía que el diplomático suizo pudiera hacer un esfuerzo desesperado para lograr un acuerdo. El Alto Comisionado informó en Basilea a representantes de Francia e Inglaterra sobre las humillaciones y abusos que sufría la minoría alemana y les pidió que trabajasen para una solución negociada; pero Halifax se limitó a dar instrucciones a Kennard para que dijera a los polacos que debían mejorar sus tácticas si querían evitar que se tuviera la impresión de que eran culpables de provocar la guerra. Halifax aconsejó asimismo a los polacos que cesaran en sus provocaciones en Danzig y que sujetasen a la prensa.

Quienes también deseaban la paz en Europa eran los italianos. Su ministro de Asuntos Exteriores, conde Galeazzo Ciano, llegó a Salzburgo el 11 de agosto con el fin de encontrarse el día siguiente con Hitler y Ribbentrop en la residencia del Führer en los Alpes bávaros. Durante la mañana del día 12 Ciano mantuvo conversaciones preliminares con Ribbentrop, quien con actitud extremadamente seria le puso al corriente sobre las recientes atrocidades contra la minoría alemana y le dio a entender que la guerra entre Polonia y Alemania sería inevitable, aunque le expresó su convicción de que era posible restringir el conflicto a través de actuaciones diplomáticas. Ciano se sorprendió cuando descubrió que Ribbentrop confiaba en la neutralidad rusa en caso de un conflicto germano-polaco. El ministro de Exteriores alemán le dijo a su colega italiano que esperaba que la neutralidad rusa sería decisiva para disuadir a Gran Bretaña y Francia. Mussolini había encargado a Ciano que tratara de convencer a los alemanes de que era preciso evitar una guerra general en Europa, pues sería catastrófica para Italia y Alemania. El ministro de Exteriores italiano discrepó del análisis de Ribbentrop y declaró que tanto el Duce como él mismo estaban convencidos de que británicos y franceses aprovecharían cualquier pretexto para desencadenar operaciones militares contra Alemania, razón por la cual era preciso evitar el conflicto con Polonia a toda costa. Ciano le dijo a Ribbentrop que si Alemania era atacada por Francia y Gran Bretaña, Italia no entraría en la guerra.

Por la tarde llegó Hitler y se reunieron con él para mantener una intensa conferencia que se prolongó durante más de tres horas. Ciano repitió ante el Führer que la guerra con Polonia tenía que evitarse y sugirió que los países del Eje debían hacer un llamamiento para la celebración de una conferencia internacional. El canciller alemán consideró detenidamente los argumentos y los puntos de vista del diplomático italiano, pero no los compartió. Se acordó, en consecuencia, mantener una nueva reunión el día siguiente. El día 13 Ciano expresó su temor de que Gran Bretaña y Francia atacasen a Alemania aunque se lograse un acuerdo ruso-germano y constató que ambos países habían avanzado mucho en sus preparativos militares, por lo que una guerra en las actuales circunstancias sería ventajosa para ellos. Predijo que una guerra en 1939 destrozaría las relaciones de Alemania e Italia con Estados Unidos y permitiría a Roosevelt obtener su tercer mandato presidencial. Ciano insistió en que Italia no estaba preparada para la guerra. Pese a su posición inicial, sin embargo, Ciano comprendió que el planteamiento de Hitler tenía mucha lógica y cuando regresó a Italia se lo explicó a Mussolini pensando que el Duce podría, quizá, compartirlo.

En resumen, lo que le había dicho el canciller alemán era lo siguiente: 1. Los rusos parecían dispuestos a cooperar con Alemania porque confiaban en que una guerra germano-polaca les permitiría obtener el este de Polonia. 2. Stalin no apoyaría a Alemania en la conferencia internacional sobre Danzig que proponía Italia, puesto que sólo serviría a Alemania, no convenía a sus intenciones expansionistas y únicamente podría conducir a un acuerdo duradero anglo-alemán, lo cual era anatema para los soviéticos. 3. Alemania e Italia podían tratar de convencer a Francia y a Gran Bretaña de que se admitiese a España en las discusiones con el fin de conseguir mayor apoyo, pero seguirían estando en minoría contra una mayoría anglo-franco-ruso-polaca. 4. No se conseguiría ningún objetivo en dicha conferencia precisamente a causa de la influencia soviética. 5. El Führer pedía al Duce que reconsiderase su posición de no apoyar a Alemania, toda vez que la deserción de Italia incrementaba enormemente el peligro de guerra. 6. Hitler estaba convencido de que un frente sólido germano-italiano, unido a un pacto ruso-alemán rompería la unidad de pensamiento en Francia y en Gran Bretaña.

Parece ser que Ciano salió bastante convencido de la lógica de los argumentos del Führer y llegó incluso a comprometer su palabra sobre el mantenimiento de la solidaridad italo-germana. En el libro *Profesora*

*Mercedes Vilanona: a contracorriente,* obra de varios autores editada por la Universidad de Barcelona, se hace hincapié en que, a pesar de que el embajador Attolico y el propio Ciano habían pedido a Hitler que no se publicara nada hasta que se hubiera informado al Duce, los alemanes quisieron aprovechar la oportunidad para reforzar su posición, por lo que el mismo día 13, dos horas después de la salida de Salzburgo del diplomático italiano, La D.N.B. (Deutsches Nachrichtenbüro) anunció: "Las conversaciones italo-germanas han cubierto todos los problemas actuales, en particular la cuestión de Danzig. El resultado ha sido una total identidad de puntos de vista entre la política exterior alemana e italiana. No se ha dejado un solo problema en suspenso." Este comunicado no gustó nada a Attolico, que pidió permiso para viajar a Roma, a donde llegó el 15 de agosto. Expresó a Mussolini su opinión de que Italia no debía apoyar a Alemania en el supuesto de que estallase una guerra en Europa. A pesar de que el encargado de negocios en la embajada en Berlín, conde Massimo Magistrate, contactó el mismo día 15 con Roma para informar que los alemanes le habían comunicado que estaba muy próxima la confirmación de un pacto con la URSS, Attolico convenció tanto a Ciano como a Mussolini de que era desaconsejable apoyar a Alemania en caso de guerra general. Weizsäcker supo que Attolico había ido a Roma con el propósito expreso de convencer al Duce sobre la necesidad de no comprometerse con Alemania, por lo que los líderes alemanes se sintieron extremadamente preocupados.

Ciano conversó el día 18 dos veces con el embajador británico en Italia, Sir Percy Loraine, con quien aceptó conversar sobre el encuentro mantenido con los líderes nazis. La primera vez, Ciano denunció ante Loraine que disponía de contrastadas informaciones sobre las imprudentes violaciones polacas de la frontera alemana, lo cual, como era natural, producía enorme indignación en Berlín. El embajador sacó la conclusión de que Italia se situaría junto a Alemania. Sin embargo, en el segundo encuentro el ministro de Exteriores italiano le confesó al embajador británico que Italia no había acordado apoyar a Alemania en caso de guerra y añadió que no tenía intención de hacerlo. Esta indiscreción de Ciano produjo un efecto muy perjudicial para Alemania, pues debilitó el impacto que Hitler quería provocar con el anuncio del pacto con Rusia. Hoggan escribe al respecto lo siguiente: "Los líderes militares franceses afirmaron más tarde que nunca hubieran arriesgado con una guerra franco-alemana si no hubiera sido por la promesa de neutralidad italiana." Esta confesión de los militares galos avala la pertinencia de la exposición de Hitler a Ciano el 13 de agosto: una actitud firme de Italia junto a Alemania hubiera hecho más por la paz en Europa y por los intereses de Italia que la indecisión y debilidad mostradas por Ciano ante Percy Loraine.

Aquel mismo día 18 de agosto Attolico se entrevistó con Ribbentrop en Salzburgo por encargo de Mussolini y le expuso con rotundidad que Italia sabía que la guerra con Polonia no sería localizada porque Francia y Gran

Bretaña intervendrían. El embajador insistió en que su país no podría aceptar una guerra antes de finales de 1940. Ante las noticias que llegaban de Roma, Halifax se apresuró a aprovechar la coyuntura para intimidar a los italianos: el 20 de agosto envió un mensaje al embajador Loraine para que se lo entregase a Ciano. En él se advertía a Italia de que Gran Bretaña la atacaría de inmediato si se unía a Alemania como aliado en una futura guerra. Esta amenaza produjo un enorme impacto en el Duce, quien se reafirmó en su proyecto de una conferencia internacional. Los alemanes no fueron informados del ultimátum británico.

La decisión de buscar el pacto con la URSS se tomó durante los días en que se había desmadrado el terror contra la minoría alemana y Beck había presentado un ultimátum ultrajante a la Ciudad Libre de Danzig. En lugar de disminuir, las medidas antialemanas aumentaban día tras día. El 14 de agosto las autoridades de la Alta Silesia Oriental lanzaron una campaña de arrestos masivos contra los alemanes, que fue acompañada de la confiscación o la clausura de instalaciones sociales y negocios que permanecían abiertos. Durante la primera fase de las detenciones un joven alemán hirió con un disparo a un oficial de policía, Viktor Szwagiel, lo cual sólo sirvió para enfurecer aún más a los polacos. Los alemanes arrestados no eran internados en el área, sino que eran obligados a marchar hacia el interior de Polonia en columnas de prisioneros. Miles de alemanes trataban de evitar el arresto cruzando la frontera con Alemania. Traficantes de personas se aprovecharon de la situación y, a cambio de dinero, ayudaban a los fugitivos a escapar a través de pasos alejados del control policial. La agitación y el temor de los alemanes en aquellos días les llevaba a pensar que en caso de guerra los polacos los asesinarían en masa. El 16 de agosto el senador Rudolf Wiesner, uno de los más destacados políticos de la minoría alemana y líder del "Jungdeutsche Partei" (Partido de los Jóvenes Alemanes), fue también arrestado. El mismo día Chodacki se había entrevistado con Greiser, el presidente del Senado, y le había anunciado que el boicot a los productos alemanes continuaría hasta que Danzig reconociera el derecho sin restricciones de los inspectores polacos a ejercer sus funciones en territorio de la Ciudad Libre. Poco después Chodacki regresó en avión a Varsovia para discutir la situación con Beck y recibir instrucciones.

El deterioro de la situación de la minoría alemana en Polonia no dejaba de agravarse. El 17 de agosto los cónsules alemanes en Teschen y Kattowice (Alta Silesia) comunicaron al Ministerio de Asuntos Exteriores que cientos de ciudadanos alemanes estaban siendo detenidos. El cónsul de Teschen aseguraba que la ola de detenciones tenía como objetivo hacer rehenes. El 18 de agosto fue el propio encargado de negocios alemán en Varsovia, Wühlisch, quien avisó al Ministerio de Exteriores de que los polacos habían lanzado una campaña masiva de arrestos contra la minoría alemana en las áreas de Posen, Prusia Occidental, Polonia Central y la Alta Silesia Oriental. El Departamento Político del Ministerio de Exteriores alemán publicó el 20 de agosto una relación de treinta y ocho alemanes que habían sido heridos, maltratados o asesinados. La lista incluía algunas mujeres que habían sido violadas.

El 21 de agosto se produjo un hecho sorprendente: Rudolf Wiesner, arrestado cinco días antes, se presentó en Danzig después de haber conseguido escapar de Polonia. El día 22 se reunió en Danzig con representantes del Reich y les ofreció un infome de los hechos. Wiesner aseguró que era imposible establecer relaciones leales con los polacos porque para ellos eran incompatibles con el hecho de tener conciencia étnica. Wiesner aseguró que desde la primavera de 1939 la minoría alemana vivía un desastre de "magnitud inconcebible". Denunció que los alemanes habían sido despedidos de sus trabajos sin justificación y se les había privado de ayuda al desempleo, por lo que sufrían hambre y privaciones de todo tipo. Instituciones de bienestar social, cooperativas y asociaciones de comercio habían sido destruidas. Durante las últimas semanas, los arrestos masivos, deportaciones, mutilaciones, palizas y otros actos violentos habían alcanzado niveles sin precedentes. Pese a todo Wiesner insistió en que los líderes de la minoría alemana seguían esperando una solución pacífica entre Polonia y Alemania que permitiera restaurar la paz, alejar el fantasma de la guerra y preservar el derecho a vivir y trabajar en paz. Los diplomáticos alemanes y las autoridades de Danzig discutieron sobre la conveniencia de publicar la exposición de Wiesner, pero Albert Foster, el líder local del Partido Nacionalsocialista, les convenció de que no serviría de nada y defendió una política de firmeza con los inspectores polacos y con los funcionarios de aduanas, cuyas actuaciones debía quedar circunscritas a las zonas estipuladas en los tratados. Así estaban las cosas en Polonia y en Danzig cuando se hizo público que la firma de un pacto ruso-germano era inminente.

Fue en una sesión secreta del Politburó celebrada el 19 de agosto de 1939 cuando Stalin anunció que la Unión Soviética firmaría definitivamente un pacto de no agresión con Alemania. El mismo día 19 alemanes y soviéticos habían firmado un acuerdo comercial que venían negociando desde 1938. El día siguiente, una información en *Pravda* advertía sobre importantes diferencias en las negociaciones con las misiones militares occidentales. Como es natural, Stalin no contemplaba la posibilidad de que el acuerdo con Alemania sirviera para que Hitler lograra una solución negociada y pacífica con los polacos: sin invasión alemana, Stalin no hubieran podido entrar a su vez en Polonia. Una de las ventajas del pacto era que facilitaría considerablemente la expansión soviética con el consentimiento de Berlín, mientras que el pacto con las potencias occidentales hubiera implicado una lucha desesperada con Alemania. A diferencia de los nazis, los comunistas tampoco esperaban que el pacto con Hitler y el rechazo a la alianza con Gran Bretaña y Francia implicase una guerra localizada. Stalin esperaba que Halifax y compañía no se arredrarían ante Alemania, toda vez que para poder expandirse a costa de sus seis vecinos occidentales debía estallar la guerra general.

El 20 de agosto Schulenburg recibió un telegrama de Hitler para Stalin, que presentó a Mólotov el día 21. En él, el Führer informaba al líder soviético que Alemania aceptaba el boceto ruso para un pacto de no agresión y explicaba: "La tensión entre Alemania y Polonia ha llegado a ser intolerable. El comportamiento polaco hacia una gran potencia es tal que una crisis puede darse en cualquier momento. Ante esta osadía, Alemania está decidida desde ahora a preocuparse en cualquier caso por los intereses del Reich con todos los medios a su alcance." El canciller alemán proponía que Ribbentrop volase a Moscú el día 22, aunque añadía que el 23 sería también una fecha aceptable, e informaba a Stalin que la tensa situación impediría que Ribbentrop permaneciera en Rusia más de uno o dos días. El texto concluía con estas palabras: "Me complacería recibir su pronta respuesta."

El mismo día 21 Stalin respondió cordialmente y propuso que Ribbentrop viajase a Moscú el día 23, a la vez que solicitaba que un comunicado especial anunciando el pacto fuera emitido el día 22. La suerte estaba echada: Alemania dejaba de ser una protección para los Estados fronterizos con la URSS, que quedaban así a merced del expansionismo soviético. Resultaba obvio que Francia y Gran Bretaña no harían nada para proteger el este de Europa contra el comunismo, y los hechos lo demostraron. La propia Polonia tenía en Alemania a su mejor escudo contra los bolcheviques, pero la ceguera de Beck llegó hasta tal extremo que el mismo día 22 le dijo al embajador Kennard que el pacto no cambiaba nada para Polonia porque, a diferencia de Gran Bretaña y Francia, él nunca había contado con la ayuda soviética. Añadió que el comprensible desengaño en París y Londres era el precio que debían pagar por haber tenido falsas esperanzas en la URSS. Parece evidente que el ministro de Exteriores polaco era un incompetente sombrío carente de la menor cordura.

Por contra, Kennedy se dio cuenta enseguida de la situación delicadísima en que quedaba Polonia y discutió el asunto con Chamberlain, quien se mostró fatalista e incapaz de pedir moderación a Halifax. El primer ministro británico le admitió al embajador norteamericano que no animarían a los polacos a hacer concesiones a Alemania. Kennedy creía personalmente que, ante el nuevo escenario, Polonia aceptaría finalmente retomar las negociaciones con los alemanes y mostró su decepción al descubrir que ni Chamberlain ni Halifax estaban dispuestos a urgir a Polonia a cambiar de rumbo. He aquí su sugerencia al Departamento de Estado, que figura en los documentos de Relaciones Exteriores de Estados Unidos del año 1939 manejados por Hoggan: "Si el presidente Roosevelt contempla alguna acción en favor de la paz, me parece que el lugar para trabajar es sobre Beck en Polonia, y para que sea efectiva debe producirse rápidamente. No veo otra posibilidad."

## El Pacto Ribbentrop-Mólotov; algunas reacciones

Joachim von Ribbentropp voló a Moscú el día 23 en un avión Cóndor de transporte acompañado de treinta y dos expertos. La recepción fue extremadamente hospitalaria. Las conversaciones comenzaron el mismo día por la tarde. Enseguida los soviéticos solicitaron a los alemanes que tolerasen sus planes de establecer bases militares en Estonia y en Letonia. En cuanto a Finlandia, insistieron en que querían tener mano libre. Pidieron asimismo la neutralidad de Alemania en el conflicto que pensaban iniciar con Rumanía a fin de recuperar Besarabia para la URSS. A pesar de que el Führer le había otorgado plenos poderes, a las 20:05 Ribbentrop telefoneó a Berlín para asegurarse de que Hitler aceptaba los planes agresivos de Stalin para estos países, que iban a ser las víctimas desgraciadas de la desastrosa política belicista orquestada por Halifax con el respaldo de Roosevelt. A las 23:00 el canciller alemán dio una respuesta afirmativa. El Reich no se opondría al avance del comunismo hacia el oeste. Hoggan escribe lo siguiente: "Para ser exactos, Alemania no estaba entregando naciones a Rusia, puesto que no tenía ninguna obligación contractual con estos países, salvo la promesa de que ella misma no los atacaría... El acuerdo ruso-germano de 23/24 de agosto de 1939 concernía a la delimitación de intereses más que a una activa colaboración entre ambos países. Estos hechos fueron ignorados por los irresponsables propagandistas occidentales, que sin la más mínima base insistían en que se había cerrado una alianza entre Alemania y la Unión Soviética."

El pacto contenía un protocolo secreto que reconocía una esfera de interés soviética en el este de Europa; pero dicho reconocimiento quedaba supeditado al estallido de la guerra entre Polonia y Alemania. Ribbentrop informó a los soviéticos el mismo día 23 que la decisión de responder a las provocaciones polacas con una campaña militar no era irrevocable. Hitler y Ribbentrop dejaron claro que Alemania no se vería obligada a reconocer estas aspiraciones en el supuesto de que se lograse un acuerdo en la disputa germano-polaca. Por su parte, los soviéticos anunciaron su intención de intervenir en Polonia en caso de guerra. Se trazó la línea formada por el río Vistula y sus afluentes Narew y San, que iba a delimitar las zonas de ocupación militar por ambas partes.

Este pacto contra natura dejó estupefactos a millones de personas de ambos bandos en todo el mundo. Hitler, financiado por Wall Street para que se enfrentase a Stalin con el fin de volver a situar a Trotsky al frente de la URSS, acababa de destrozar toda su línea de conducta mediante un pacto desesperado que él mismo calificaría posteriormente como "un crimen atroz". El Führer, campeón del anticomunismo, dinamitaba de este modo el pacto Anti-Kommintern de 1936 en el momento en que Japón tenía a su ejército en Manchuria. Se trataba de una apuesta de alto riesgo que hubiera podido servir para evitar la guerra en Europa. Si Italia hubiera jugado sus cartas como esperaba Hitler, es muy probable que Francia se hubiera echado atrás en lugar de seguir el juego a Gran Bretaña. También Stalin había calculado sus expectativas. Sobrestimando el potencial militar de Francia, pensaba que podía repetirse la situación de la Primera Guerra Mundial. Su idea era intervenir militarmente contra Alemania cuando todos los combatientes estuvieran exhaustos, lo cual le permitiría completar su expansión hacia el oeste.

Durante la etapa crucial de las negociaciones entre la URSS y Alemania, el embajador británico en Berlín, cada vez más alarmado por la previsible hecatombe que se cernía sobre Europa, trabajaba con empeño por la paz. Plenamente consciente del papel que jugaba la prensa, denunció que estaba siendo un instrumento en manos de las fuerzas que exigían la guerra y le aseguró a Lord Halifax que Hitler deseaba sinceramente un acuerdo anglo-germánico. Neville Henderson lamentó la actitud de Kennard, el embajador en Varsovia, quien deliberadamente se negaba a reconocer la situación desesperada de la minoría alemana en Polonia. Henderson llegó incluso a pedir a Halifax que reconsiderase el plan que Gafencu, el ministro de Exteriores de Rumanía, había presentado en Londres. Puesto que sus demandas a Lord Halifax para que buscase la reconciliación con Hitler antes de que fuera demasiado tarde no daban ningún resultado, Henderson realizó gestiones por iniciativa propia con los embajadores de Polonia e Italia, Lipski y Attolico. Henderson esperaba que los italianos presentarían propuestas para buscar un acuerdo diplomático.

Otro diplomático consciente del cambio operado en la situación europea tras el pacto Ribbentrop-Mólotov era Bonnet. El ministro de Exteriores francés no veía por qué razón Francia no podía llegar a un acuerdo separado con Alemania si lo había hecho la URSS, su principal aliado en el este. A partir del mismo día 23 Bonnet comenzó a buscar la manera de liberar la política exterior francesa de la tutela británica. Pero si Henderson denunciaba la utilización de la prensa por los belicistas, otro tanto hubiera podido hacer Bonnet en relación a los medios franceses, en los que se orquestó una campaña vergonzosa en favor de la guerra. En el tomo tercero de *La cara oculta de la Historia Moderna* Jean Lombard ofrece datos precisos sobre la propiedad y financiación de las principales agencias y publicaciones en Francia, mayoritariamente controladas por agentes judíos. En los *Protocolos de los Sabios de Sión* se había analizado con todo detalle la importancia de controlar prensa y literatura. En el protocolo XII se lee:

> "Nuestra prensa representará tendencias aristocráticas, republicanas, revolucionarias, conservadoras e incluso anarquistas. Como el dios hindú Vishnú, nosotros tendremos también cien manos, cada una de las cuales tomará el pulso cambiante de la opinión pública en la dirección que nos convenga, porque una persona excitada pierde fácilmente su capacidad de juicio y queda sometida a toda clase de influencias. Estos necios, que creen sostener la opinión de su diario, en realidad sólo sostendrán nuestra

opinión o una que nos resulte conveniente. Van a creer que siguen a su publicación partidaria, y en realidad sólo seguirán la bandera que enarbolaremos ante ellos. Para dirigir nuestro ejército de periodistas en este sentido, habremos de realizar la organización con un cuidado muy especial. Bajo la denominación de Asociación Central de Prensa reuniremos las asociaciones de escritores, en las que nuestros representantes emitirán inadvertidamente la consigna y el grito de batalla."

En Francia, el abanico iba desde el periódico comunista *L'Humanité*, plagado de redactores judíos, que era fiel al Partido Comunista y defendía el pacto germano-ruso (motivo por el que fue prohibido por Daladier), hasta las agencias de información. En enero de 1939, por citar sólo un ejemplo, el periodista judío Emmanuel Berl acusó al también judío Robert Bollack, director de la Agencia Fournier, de corromper a periodistas franceses para que incitaran a la guerra contra Alemania. En abril de 1939 Charles Maurras confirmó que judíos americanos habían enviado tres millones de dólares a Bollack para financiar la campaña belicista.

Con o sin el apoyo de la prensa, Bonnet estaba convencido de que era preciso evitar la guerra a Francia y a Europa, por lo que pidió a Daladier que convocase una reunión de urgencia del Consejo de Defensa, integrado por los jefes militares y los ministros de más peso en el Gobierno. Su plan era lograr que los militares corroborasen que las expectativas francesas en una guerra contra los alemanes eran dudosas sin el apoyo de la Unión Soviética. El jefe de la diplomacia gala sabía que los británicos no mantendrían su oposición a Hitler sin el apoyo de Francia. La reunión comenzó a las 18:00 en el despacho de Daladier y los asistentes se sentaron en semicírculo alrededor del escritorio del primer ministro. Pronto se hizo patente que la indiscreción del conde Ciano sobre la neutralidad italiana tuvo su peso en la conferencia. Tanto el general Gamelin, comandante en jefe del Ejército, como el almirante Darlan, quien aseguró que la Marina se encontraba a punto, recalcaron que casi con seguridad Italia sería neutral en el caso de guerra general en Europa. Gamelin explicó que la neutralidad italiana aliviaría el trabajo del ejército en los Alpes. Guy La Chambre declaró que la aviación estaba en franco proceso. Bonnet se mostraba molesto por la excesiva importancia que estos jefes militares otorgaban a la actitud de Italia. Impaciente, preguntó al general Gamelin cuánto tiempo calculaba que los polacos resistirían ante los alemanes. Solemnemente, Gamelin aseguró que los alemanes serían incapaces de derrotar a los polacos antes de la llegada de la estación lluviosa y predijo que en la primavera de 1940 la lucha en Polonia estaría en pleno desarrollo. En función de estos cáculos, el jefe del Ejército declaró que sería tiempo necesario para que el ejército francés, reforzado por tropas británicas y, posiblemente, con una treintena de divisiones belgas y holandesas, rompiera la línea Siegfrido. Curiosamente, un año antes Gamelin había asegurado que esta línea defensiva resistiría dos años el asalto francés.

Bonnet quedó anonadado cuando oyó que los preparativos franceses para una guerra contra Alemania eran ya los adecuados. El principal argumento de Bonnet para sugerir un cambio en la política hacia Polonia, la peligrosa situación militar de Francia, fue socavado de este modo por los militares franceses.

Por su parte, los polacos reaccionaron al anuncio del pacto ruso-germano intensificando su campaña de propaganda contra Alemania y alentando los abusos y malostratos contra la minoría alemana con el falso pretexto de que cientos de actos en contra de la minoría polaca ocurrían a diario en el Reich. La *Gazeta Polska*, un periódico oficial, alegaba el 24 de agosto que el pacto era un farol fracasado porque no había producido ningún efecto en los nervios de polacos, franceses o ingleses. Para el conservador *Czas*, se trataba de un engaño perpetrado por "la nueva comedia de Berlín". El *Kurier Warszawski* anunciaba de manera triunfal que el nuevo pacto era la prueba de la debilidad de ambos socios. Un periodista polaco declaró a *The New York Times* que el pacto carecía de valor militar para Alemania. Para acabar de rematar tanta prepotencia, en evidente deseo de provocar la guerra, las baterías polacas abrieron fuego el día 24 de agosto contra aviones alemanes de pasajeros que volaban sobre el Báltico, agresión que fue objeto de una protesta formal de Alemania el día 25. Los polacos sólo admitieron haber disparado contra un avión alemán que había sido visto sobre territorio polaco. Mientras, eran ya cerca de ochenta mil los refugiados alemanes que habían conseguido cruzar la frontera.

## Alemania sigue intentanto el acuerdo con Gran Bretaña

Tras el fracaso de Halifax en su empeño por construir la gran alianza contra Alemania y la firma del pacto germano-soviético, Hitler trató de recuperar la iniciativa diplomática desde una posición más ventajosa. El canciller alemán confiaba aún en la posibilidad de que Londres y París retiraran el apoyo a Polonia. La oportunidad para buscar el acuerdo con los británicos surgió ya el día 23 de agosto, fecha en que Henderson viajó al Berghof de Hitler en el Obersalzberg para entregarle una carta escrita por el primer ministro Chamberlain, en la que advertía que el Reino Unido intervendría en caso de guerra a pesar del pacto con la URSS. El Führer no desaprovechó la oportunidad y a su vez escribió el mismo día 23 una carta de respuesta, donde ponía especial énfasis en el sufrimiento de la población alemana. Recordaba que prominentes personalidades británicas habían reconocido el problema de Danzig en los últimos años y que los polacos habían cerrado la puerta a la negociación a causa del cheque en blanco británico. El día acabó con una conferencia nocturna en el Berghof con los principales líderes nazis. Aunque el día 18 Herbert von Dirksen, el embajador en Londres, había volado a Berlín para advertir que los británicos apoyarían a los polacos incluso en el supuesto de que iniciaran ellos las hostilidades sin provocación de Alemania, Hitler expresó en la conferencia su confianza en una política racional por parte Gran Bretaña, que "no tenía necesidad de declarar la guerra y consecuentemente no la declararía."

Göring, sin embargo, no compartía el punto de vista de Hitler, por lo que, con permiso del Führer, había acudido al ingeniero Birger Dahlerus, un importante hombre de negocios sueco con buenos contactos en Inglaterra y en Alemania, que ya desde el mes de julio venía realizando gestiones como negociador extraoficial. El día 23 de agosto Dahlerus estaba en París y recibió por la noche una llamada de Göring, quien le pidió que regresara a Berlín de inmediato. En la mañana del día 24 el sueco llegó a la capital alemana, donde aseguró a Göring que estaba dispuesto a entregarse con total dedicación a la tarea de lograr un acuerdo anglo-germano que preservase la paz. Dahlerus recibió el encargo de viajar a Londres cuanto antes con el fin de transmitir a los líderes ingleses una importante promesa personal de Hitler. Desde la embajada británica en Berlín se produjo el contacto con el Foreign Office y Dahlerus obtuvo permiso para presentarse en Londres, a donde llegó el día 25 por la mañana. Allí comenzó unas negociaciones que iban a prolongarse durante una semana, hasta que sus servicios fueron bruscamente rechazados por los británicos. Durante aquellos siete días hubo idas y venidas, vueltas y revueltas de Londres a Berlín y de Berlín a Londres. Halifax admitió ante el tribunal de Núremberg que condenó a muerte a Göring que el negociador sueco había hecho todo lo posible para mantener la paz durante la crisis final que precedió el estallido de la II Guerra Mundial.

El 24 de agosto múltiples reacciones se producían en los distintos escenarios. En Francia, por ejemplo, destacadas personalidades urgían al Gobierno de Daladier a presionar a los polacos en interés de la paz. Bonnet, partidario de aprovechar la primera oportunidad que se presentara para liberar a Francia de sus obligaciones militares con Polonia, informó que Beck había aceptado que su embajador en Berlín realizara gestiones con los líderes alemanes. Göring le rogó a Lipski que pidiera a su superior que tratase de rebajar la tensión. Sin embargo, el mismo día y a la misma hora la tensión en Danzig continuaba aumentando. Chodacki amenazó a las autoridades de Danzig con represalias inmediatas si Albert Forster, el líder nacionalsocialista, era nombrado jefe del Estado de la Ciudad Libre, decisión adoptada unánimemente por el Senado que Greiser había comunicado a Burckhardt. El diplomático suizo, cada vez más preocupado, advirtió que el nombramiento sólo podía exacerbar los ánimos. Forster era partidario de una línea dura con los polacos después de la ruptura de negociaciones con los inspectores de aduana. Su intención era confiscar las armas de los polacos en Danzig y proceder a arrestarlos, medidas que fueron rechazadas por Hitler con el argumento de podían ser la excusa para precipitar el conflicto.

A las 15:00 del día 24 Chamberlain tomó la palabra en una sesión especial en la Cámara de los Comunes. Tras constatar que la situación empeoraba progresivamente, advirtió a los parlamentarios que existía el peligro de guerra inminente con Alemania. Chamberlain admitió que no estaba en condiciones de juzgar adecuadamente las alegaciones de agresiones a los alemanes en Polonia. "En Berlín -dijo- el anuncio del pacto fue aclamado con extraordinario cinismo como una gran victoria diplomática que aleja cualquier peligro de guerra, puesto que nosotros y Francia ya no podremos cumplir probablemente nuestras obligaciones con Polonia. Sentimos que nuestra primera obligación es rechazar esta peligrosa ilusión." A continuación añadió con descaro : "Nada de lo que hemos hecho o propuesto hacer amenaza los legítimos intereses de Alemania. No es una acto de amenaza prepararse para ayudar a amigos a defenderse contra la fuerza." Lógicamente, Chamberlain sabía que sólo un día antes su Gobierno había ofrecido a la Unión Soviética la entrada en Polonia sin el consentimiento del Gobierno polaco y que para nada estaba dispuesto a defender a sus "amigos" contra la invasión comunista. Como es natural, Chamberlain jamás podía admitir que Danzig y Polonia eran sólo un pretexto para destruir Alemania. Para rematar tanta palabrería insulsa, el primer ministro declaró que el principal objetivo de la política exterior británica era evitar el derramamiento inútil de sangre en países extranjeros.

El mismo día 24 Ribbentrop, recién llegado de Moscú, recibió instrucciones de Hitler para que tratara de reforzar la posición de Alemania mediante la obtención de una declaración de apoyo de Italia. Con esta finalidad, el ministro de Exteriores alemán telefoneó por la noche a Ciano, al que solicitó una declaración decisiva y concluyente sobre la posición italiana. El conde Ciano no quiso decir entonces que la respuesta italiana sería negativa y le prometió que Alemania recibiría una respuesta el día siguiente. Sin embargo, Percy Loraine, el embajador británico en Roma, supo que tras la sesión en el Parlamento Halifax estaba recibiendo presiones para que modificase la posición comprometida en Danzig. Hay constancia documental de que el secretario del Foreign Office le confió a Loraine que en última instancia habría quizá que considerar la cesión de Danzig a Alemania como parte de un acuerdo internacional. El embajador, que aquel mismo día había recibido una nueva llamada del Duce para un arreglo diplomático, quedó perplejo ante esta información y se planteó si Halifax trataba de animar a Mussolini para que tomase la iniciativa de una conferencia internacional que permitiera a Gran Bretaña solucionar sus dificultades. También Henderson decidió contactar con Halifax el día 24, a quien advirtió francamente que las quejas alemanas sobre los abusos contra la minoría en Polonia estaban plenamente confirmadas. El mismo día Halifax transmitió la queja a Kennard y le pidió que pidiera precaución a los polacos, pero el embajador británico, que apoyaba plenamente la intransigencia polaca, desestimó las denuncias de Henderson.

Por fin el día 25 Hitler convocó a Henderson con el fin de ofrecer una alianza a Gran Bretaña. El canciller alemán le dijo al embajador británico que la cuestión de Danzig se arreglaría y que su pacto con la URSS descartaba el peligro de una guerra germano-soviética. En presencia de Ribbentrop, le recordó a Henderson que Alemania no tenía aspiraciones en el oeste de Europa y que deseaba que el Imperio británico se mantuviera próspero y fuerte. En cuanto al problema de las colonias perdidas veinte años antes, propuso relegarlo para un futuro lejano y argumentó que era una insensatez discutir sobre estos temas antes de que Gran Bretaña y Alemania hubieran alcanzado un acuerdo sobre la reducción de armamentos. Enseguida el Führer comunicó al diplomático británico que iba a entregarle una oferta formal para un acuerdo anglo-germano. Alemania deseaba complementar su pacto con la Unión Soviética con la firma de un tratado de amistad con Gran Bretaña. Hitler aseguró a Henderson que estaba dispuesto a dar los pasos precisos para evitar la catástrofe de la guerra. El deseo de paz con Gran Bretaña llevó a Hitler a asumir un compromiso inédito, nunca antes ofrecido por un líder político: Alemania, a demanda del Gobierno inglés, estaba dispuesta a colocar todo el poder del Reich al servicio de la defensa del Imperio británico en cualquier lugar y en cualquier momento. Alemania, como ya había ofrecido, garantizaba las nuevas fronteras de Polonia en el oeste. Todo ello a cambio sólo de que Londres convenciera a Varsovia del retorno de la Ciudad Libre al Reich tras un plebiscito, de la construcción de una autovía y de una línea de ferrocarril a través del Corredor. Por supuesto, el respeto a las minorías alemanas en Polonia debía ser garantizado. El encuentro con Hitler y Ribbentrop conmovió a Neville Henderson, que deseaba profundamente el acuerdo anglo-alemán. El embajador británico se preparó para viajar el día siguiente a Inglaterra con el fin de transmitir la oferta a sus superiores.

El plan para invadir Polonia estaba preparado para el 26 de agosto y todo dependía ya del resultado de estos últimos esfuerzos diplomáticos. Poco antes de las 15:00 las comunicaciones telefónicas polacas a través de Alemania fueron interrumpidas por orden de las autoridades militares, lo cual alarmó el ministro de Exteriores Beck, quien, en lugar de pensar en un ataque, concluyó que el hecho formaba parte de una guerra de nervios. A media tarde se produjo un golpe de efecto: la radio inglesa anunció la firma de una alianza formal anglo-polaca. Dicho tratado de alianza contenía un protocolo secreto que estipulaba que se aplicaría exclusivamente contra Alemania, es decir, los británicos se desentendían de la defensa de Polonia contra la URSS.

Este hecho se supo por primera vez casi dos meses después, el 19 de octubre, cuando el parlamentario Rab Butler lo hizo público en la Cámara de los Comunes. Los británicos se habían comprometido únicamente a consultar con los polacos en el supuesto de una agresión soviética a Polonia. Se había estipulado en el tratado que Gran Bretaña no reconocería la anexión de territorio polaco por una tercera potencia sin obtener el consentimiento de los líderes polacos. Esta cláusula propició durante la II Guerra Mundial la presión tremenda de Gran Bretaña a los líderes polacos para que aceptasen la anexión del este de Polonia por la Unión Soviética. Poco después de esta noticia, llegó la respuesta de Mussolini prometida el día anterior a Ribentropp: Italia no se hallaba preparada para la guerra y sólo lo estaría en 1943. Italia se mantendría neutral, pues le faltaban armas y materias primas. En una carta, Hitler pidió a los italianos una lista de las necesidades más urgentes.

Antes de que se firmase el tratado con Polonia, Halifax recibió dos llamadas urgentes de Henderson. En su primer contacto, el embajador se mostraba absolutamente partidario de aceptar la oferta de Hitler para un acuerdo y urgía al secretario del Foreign Office a considerarla seriamente. El segundo contacto fue para informar sobre nuevas atrocidades perpetradas contra los alemanes en Polonia. Henderson, asegurando que su fuente era de absoluta fiabilidad, denunció que en Bielitz, en la Alta Silesia Oriental, los polacos deportaban a los alemanes de la zona y les obligaban a marchar hacia el interior del país. Ocho alemanes habían sido asesinados y muchos otros, heridos durante estas acciones del 25 de agosto de 1939. Henderson, que deploraba la pasividad de su Gobierno, temía que Bielitz fuera la gota que colmase el vaso de la paciencia y que Hitler ordenase la invasión. Mayor hubiera sido su preocupación de haber sabido que los polacos habían cometido una nueva masacre en Lodz, donde habían fusilado aquel mismo día a veinticuatro alemanes. Pese a todo, a las 18:30 el Führer ordenó al general Keitel que se suspendieran los preparativos contra Polonia y todo quedó pendiente de la respuesta a la oferta que había realizado el embajador Henderson.

## La farsa de Halifax y Kennard: los polacos se niegan a negociar

El 25 de agosto de 1939 el presidente Roosevelt recibió un comunicado del presidente de Polonia, Ignacy Moscicki, que reenvió a Hitler. Roosevelt le aseguraba al canciller alemán que Moscicki le había prometido que entablaría negociaciones directas con Alemania. Con un dramatismo teatral cargado de hipocresía, Roosevelt añadía: "todo el mundo reza para que Alemania también lo acepte." Los líderes nazis, acostumbrados a gestos de Roosevelt de cara a la galería, sabían que se trataba de mera propaganda para acusar a Alemania de rechazar la paz con el fin de desacreditarla, por lo que siguieron basando sus esperanzas en la respuesta británica. Una prueba de la deshonestidad del presidente norteamericano es ofrecida por Eric Phipps, embajador británico en París, quien informó a Londres que Bullitt había recibido instrucciones de Roosevelt para que se procurase mayor coordinación contra Alemania. Proponía intensificar la propaganda contra el régimen nacionalsocialista con el fin de presentar a Hitler como único responsable de la guerra. Antes de la medianoche de aquel viernes 25 de agosto, el coronel Beck le aseguró al embajador norteamericano en Varsovia, Biddle, que la guerra era inevitable y que su país tenía una base legal para declarar la guerra a Alemania en caso de que ésta no tomase la iniciativa contra Polonia en los próximos días. Por increíble que pueda parecer, Beck estaba ansioso porque comenzara la guerra. Informes de Noël, el embajador francés en Varsovia, confirman que Beck estaba muy enfermo aquellos días a causa de la fatiga que le provocaba la tuberculosis y su adicción a los estimulantes. Noël, que detestaba a Beck, no se abstuvo de expresar su opinión de que moral y físicamente Beck era decadente. En 1944 Beck moriría de tuberculosis en Rumanía después de que las autoridades británicas le denegasen el permiso para entrar en Gran Bretaña.

A las 19.40 del día 25 Hitler, profundamente decepcionado por la posición de Italia, telefoneó personalmente Hans Georg von Mackensen, el embajador alemán en Roma, a quien pidió que se informase de cuáles eran las necesidades específicas en relación a armamento y otros materiales. Cuatro horas más tarde, a las 23.30, Mackensen informó que el próximo día Mussolini le haría llegar al Führer una lista precisa, que fue, en efecto, recibida en Berlín a las 12:10 del día 26. Entre las peticiones italianas figuraban: seis millones de toneladas de carbón, dos millones de toneladas de hierro, siete millones de toneladas de petróleo, un millón de toneladas de madera y muchas toneladas de cobre, nitrato sódico, sales potásicas, caucho, aguarrás, plomo, niquel, tungsteno, circonio y titanio. Los italianos pedían asimismo ciento cincuenta baterías antiaéreas y munición. Hitler respondió pocas horas más tarde que Alemania podía abastecer a Italia de carbón y hierro, pero no podía suministrarle petróleo, cobre y otros materiales de los que también ella era deficitaria. En cuanto a las baterías antiaéreas, tampoco podía entregar inmediatamente todas las solicitadas. A las 18:42 Mussolini insistió a Hitler en que una solución pacífica era esencial para los pueblos de Italia y Alemania.

Antes de volar hacia Inglaterra, Henderson escribió a las 7:30 de la mañana del sábado 26 de agosto una carta personal a Ribbentrop. Le decía que estaba a punto de salir hacia Londres para explicar la "gran propuesta" de un acuerdo anglo-alemán que Hitler le había hecho el día anterior. Expresaba una vez más su convencimiento de la necesidad del acuerdo para solventar pacíficamente la cuestión polaca. Destacaba a Ribbentrop que "durante cuatro meses Herr Hitler había demostrado una gran fortaleza en su paciencia" y esperaba que pudiera mantenerla debido al enorme riesgo que se corría. Le pedía asimismo que comunicara a Hitler que sería una indignidad del embajador si no regresaba a Berlín el mismo día o el siguiente y le rogaba que confiara en su buena fe. La carta concluía con la afirmación de que una nueva guerra anglo-alemana sería la mayor catástrofe que podía ocurrir en el mundo. Halifax no autorizó el regreso del embajador hasta la tarde del día 28.

Mientras Henderson viajaba a su país con ánimo renovado, Halifax contactó por la mañana con el embajador en Varsovia, Kennard, quien rechazaba la posibilidad de reabrir las negociaciones entre alemanes y polacos. El secretario del Foreign Office le sugirió que los líderes polacos deberían ser inteligentes y solicitar al Gobierno alemán que aprobase la expulsión de toda la minoría alemana de Polonia. Halifax pensaba que de este modo se privaría a Hitler de las constantes quejas sobre el maltrato de los polacos a los alemanes. Cabría preguntarse si Halifax proponía expulsar también a la población de Danzig, ciudad que no pertenecía a Polonia y estaba habitada casi integramente por ciudadanos alemanes. De todos modos, los polacos no estaban dispuestos en principio a considerar esta solución, toda vez que temían que el Gobierno alemán pudiera adoptar una medida similar con la minoría polaca. *The Times* de Londres informó en su edición del día 26 sobre los esfuerzos de Henderson por la paz y reseñaba la conversación que el embajador había mantenido con Hitler el día anterior. Frente al interés suscitado, Kennard y los polacos contemplaban alarmados los contactos entre Londres y Berlín.

El embajador británico llegó al aeródromo de Croydon y se trasladó de inmediato a Londres. El texto con la oferta de paz que llevaba en su cartera había sido telegrafiado la noche anterior, por lo que el Gabinete había tenido tiempo de examinarlo. En el 10 de Downing Street lo estaban esperando Chamberlain y Halifax. Henderson trató de convencerlos durante tres horas de la trascendencia del momento para Gran Bretaña y para Europa. Cuando el embajador abandonó la reunión para dirigirse al palacio de Buckingham, Chamberlain y Halifax permanecieron juntos una hora más. El rey Jorge VI conversó con su embajador largo rato y una vez finalizada la entrevista se convocó un Consejo de Gobierno, en el que participó Henderson. El Gabinete británico permaneció reunido hasta pasada la medianoche, momento en que se levantó la sesión después de que los ministros decidieran volverse a reunir el día siguiente. En la Cancillería alemana la expectación era máxima en espera de novedades de Henderson. Por fin llegó la noticia de que el Gobierno de Chamberlain había suspendido sus deliberaciones hasta el día siguiente. Había que tener más paciencia, a pesar de que durante el día se había producido otra grave provocación: Un barco de guerra polaco había disparado contra un avión civil de transporte alemán en el que volaba de Danzig a Berlín el secretario de Estado del Ministerio del Interior del Reich, Wilhelm Stuckart, desplazado a la Ciudad Libre para tratar sobre los problemas legales que conllevaría el proyecto de retorno de Danzig al Reich.

Simultaneamente, Birger Dahlerus seguía trabajando para lograr que los británicos fueran razonables y forzaran a los polacos a negociar. Después de la llegada de Henderson a Londres, el ingeniero sueco había sido recibido por Halifax a las 11:00 de la mañana del día 26. El secretario del Foreign Office le entregó una carta personal para el mariscal Göring, en la que recomendaba negociaciones directas entre Polonia y Alemania. Dahlerus decidió volar inmediatamente a Berlín, a donde llegó a las 17:30, con objeto de entregar la carta. Durante la noche del día 26 el empresario sueco mantuvo por primera vez una entrevista con el Führer antes de conversar largamente con Göring. El día 27 Dahlerus regresó a Londres, donde los líderes británicos le aseguraron que a lo largo del día se daría respuesta a la propuesta de Hitler presentada por el embajador Henderson; pero no ocurrió así y la respuesta formal se demoró hasta la tarde del 28 de agosto. Sin embargo, a través de conversaciones con Chamberlain y con altos funcionarios del Foreign Office, el negociador sueco llegó a la conclusión de que Gran Bretaña favorecería cualquier nuevo intento de Alemania para solventar las diferencias con Polonia a través de negociaciones. Una vez conseguido superar este obstáculo, el camino para el acuerdo anglo-alemán quedaría expedito. Con esta información, Dahlerus decidió regresar de nuevo a Alemania.

Hitler oyó complacido el mensaje, pero inmediatamente surgió la cuestión crucial: los britanicos tenían que persuadir a los polacos para que negociaran, puesto que sin negociación nada podría lograrse, la guerra sería inevitable y se perdería una ocasión inmejorable para el entendimiento entre Gran Bretaña y Alemania. Dahlerus contactó con los diplomáticos británicos de la embajada en Berlín, cuyo máximo representante en ausencia del embajador era el encargado de negocios, Sir George Ogilvie-Forbes, al que informó que Hitler estaba dispuesto a denegar ayuda contra Gran Bretaña a cualquier potencia, incluidas Italia, Japón y Rusia. El canciller alemán creía que tenía derecho a realizar este ofrecimiento porque su único aliado, Italia, había rechazado apoyar a Alemania contra Gran Bretaña y Francia. Sin embargo, pese a la decepción que su posición había suscitado en Hitler, el día 27 el conde Ciano llamó personalmente a Halifax para tratar de influir en su decisión. El ministro de Exteriores italiano, en base a las amistosas relaciones existentes entre el Reino Unido e Italia, rogó que el Gobierno británico concediera la mayor consideración a la oferta de Hitler para un acuerdo anglo-alemán. Ciano pidió a Halifax que alentara a los polacos a negociar con Alemania.

Despúes de tantos esfuerzos, todo seguía dependiendo de que Polonia aceptara un proceso de negociación razonable, lo cual, a su vez, seguía dependiendo de que el Reino Unido se lo exigiera seriamente. Pero mientras el embajador Henderson no compartía la línea belicista de Halifax y buscaba una salida pacífica, su colega en Varsovia, Kennard, trabajaba para la guerra en perfecta sintonía con el secretario del Foreign Office. El embajador británico en Varsovia tenía detallados informes sobre la insoportable situación de los alemanes en Polonia y sabía que eran maltratados, pero prefería ignorarlo y mentir cínicamente: "Hasta donde yo puedo juzgar, las alegaciones alemanas sobre malos tratos masivos a la minoría alemana son grandes exageraciones, si no falsificaciones completas."

Por fin, antes de que el Henderson regresara a Berlín con la respuesta oficial de su Gobierno a la oferta de Hitler, el secretario del Foreign Office, urgido por Dahlerus, que había regresado a Londres, y por el propio Henderson, contactó por cable con Kennard a las 14:00 del 28 de agosto. Halifax aludió al reciente comunicado a Roosevelt del presidente de Polonia, Moscicki, en el que se indicaba que los polacos estaban dispuestos a negociar directamente con Alemania. Halifax le dijo a Kennard que Gran Bretaña esperaba, naturalmente, que los polacos actuasen en consecuencia. El embajador británico, que se oponía a nuevas conversaciones, decidió no ejercer presión sobre Polonia y la misma tarde respondió con indiferencia y despreocupación que Beck estaba preparado para entablar enseguida negociaciones directas con los alemanes. La ausencia de detalles o alguna propuesta específica indicó claramente a Halifax que no se había llevado a cabo ninguna gestión británica seria en Varsovia. Halifax no hizo el menor esfuerzo para exigir a su embajador que emprendiera una "démarche" (gestión directa) genuina en favor de las negociaciones. Sin embargo, el secretario del Foreign Office informó a las embajadas británicas sobre su diálogo con Kennard y se creó un estado de confusión, ya que se esparció la patraña de que Londres estaba ejerciendo presión sobre los polacos. Un hecho significativo de la falta de rigor y seriedad en las actuaciones de Halifax y Kennard es que el Foreign Office ni siquiera cursó instrucciones al Sir Eric Phipps para que informara a Bonnet sobre la "demarche" británica en Varsovia. De haberlo hecho, el ministro de Exteriores francés hubiera, sin duda, aprovechado la ocasión para exigirle a Halifax que presionara a los polacos.

Por contra, el negociador sueco Dahlerus, como prueba de cuán seriamente se tomaban los alemanes la posibilidad de negociar por fin un acuerdo con los polacos, informó el día 28 por la tarde a los británicos sobre las líneas básicas de la oferta que iban a presentar a Polonia (pasaría a la historia con el nombre de las propuestas "Marienwerder"). Göring pensó que el hecho de que los británicos supieran que Alemania mantenía una posición moderada ayudaría a las negociaciones. Göring había buscado incluso el escenario donde se celebraría la negociación. Pidió a Dahlerus que dijera a los ingleses que, con el fin de evitar que los polacos pudieran poner reparos en acudir a Alemania, había pensado celebrar tan importante conferencia en el mar Báltico, a cierta distancia de la costa polaca, en el lujoso yate del industrial sueco Wenner-Gren, presidente de la corporación Electrolux, que lo había ofrecido para la ocasión. Göring confiaba en que esta información sobre un lugar neutral para las conversaciones sería transmitida a los polacos; pero Halifax no lo consideró de interés y lo único que transmitió a Kennard fue que el SIS (Servicio de Inteligencia) había informado sobre los preparativos militares del Ejército alemán. Sobre esta actitud de Halifax, Hoggan escribe lo siguiente: "Halifax sabía que el énfasis en los preparativos militares, sin mencionar el deseo de Alemania de negociar con Polonia, sería el mayor estímulo posible para la toma de nuevas medidas drásticas para incrementar el peligro de guerra y reducir las posibilidades de un acuerdo negociado."

A las 17:00 del día 28 Henderson voló por fin hacia Berlín con la respuesta oficial británica a la oferta de Hitler. Antes de salir envió un cable solicitando una entrevista con el canciller alemán tan pronto fuera posible. Previendo que Hitler lo convocaría sin demora, advirtió que necesitaría un tiempo para traducir el texto al alemán en la embajada británica. En la nota oficial se decía que el Gobierno británico tomaba nota de que la oferta de Hitler estaba condicionada al hecho de que se lograse un acuerdo en la disputa germano-polaca. Los británicos insistían en que cualquier acuerdo tendría que estar sujeto a la garantía internacional de un número de potencias, Alemania y Polonia incluidas. Halifax decía a Hitler que el Gobierno polaco había declarado su disposición a negociar directamente con el Gobierno alemán. En el documento se recordaba a Hitler que un conflicto anglo-alemán como consecuencia del fracaso en alcanzar un acuerdo "podría sumergir a todo el mundo en una guerra. Tal resultado sería una calamidad sin igual en la historia." Es decir, los británicos admitían que buscarían involucrar al resto del mundo en el conflicto, a pesar de reconocer que sería el mayor desastre de la historia. Es absolutamente desconcertante comprobar que Halifax podía evitar el apocalipsis que anunciaba ejerciendo una presión efectiva sobre el Gobierno polaco.

A las 22:30 Henderson llamó a Hitler para anunciarle que tenía el texto traducido. El encuentro se produjo durante la noche del 28/29 de agosto y la atmósfrera entre ambos fue muy amistosa. El canciller alemán, con la esperanza de que los británicos no desearían la tragedia que ellos mismos preveían, expuso al embajador las nuevas propuestas que presentaría a los polacos, sobre las cuales los líderes británicos habían recibido cumplida información a través de Dahlerus. Hitler anunció que el mismo día 29 el documento de negociación quedaría redactado y que también el mismo día contestaría a la nota oficial británica. Henderson, temiendo que había dado la impresión de que esperaba su respuesta sin demora, le dijo al canciller que no había por qué apresurarse: "Nos tomamos dos días -dijo- para redactar la nota. No tengo prisa." Entonces Hitler replicó con extrema seriedad: "Pero yo sí." Tras la recepción de la nota británica y la conversación con Henderson se produjo un interludio de optimismo y esperanza, que parecían plenamente justificados por el hecho de que los británicos anunciaban que habían inducido a los polacos a que aceptasen nuevas negociaciones directas, lo cual, como se ha visto, no era cierto. "Se podrá argumentar -escribe Hoggan, a quien acudimos una vez más- que Hitler y su entorno eran extremadamente ingenuos por creer en promesas que venían de Londres. Esto era indudablemente cierto, pero Hitler simplemente no veía con claridad que los británicos tuvieran nada que ganar dando una imagen falsa de la posición polaca. Hitler, en su entusiasmo por el Imperio británico, estaba inclinado a conceder a los líderes británicos más crédito por inteligencia e integridad de la que en realidad merecían."

En realidad, el día 29 de agosto de 1939 permitió un intervalo de optimismo en todos los países. Ribbentrop contactó con Attolico y le expresó que tras la entrevista de Hitler y Henderson creían en la posibilidad del acuerdo. También el ministro de Exteriores Bonnet, a pesar de que Francia, como Polonia, había prácticamente completado su movilización, recibió animado las noticias que llegaban de Berlín, pues abrían expectativas para conservar la paz. Después de una conversación telefónica entre Ciano y Halifax la esperanza llegó también a Roma. Mussolini envió a las 16:40 un mensaje a Hitler en el que consideraba la nota británica del día anterior como una base adecuada para lograr un acuerdo satisfactorio. También Henderson era optimista cuando transmitió poco después del mediodía información adicional a Halifax sobre las nuevas propuestas a los polacos y anunció que la respuesta oficial alemana se produciría aquel mismo día. Henderson añadió que Göring esperaba con ansiedad alguna indicación sobre la actitud de Polonia hacia las nuevas negociaciones y advirtió a Londres que Göring desconfiaba de la tozudez de Varsovia.

A medida que avanzaba la jornada el optimismo comenzó a decrecer, puesto que no se producía la noticia que todos aguardaban. El primero en sospechar que algo no iba bien fue el propio Henderson, quien había esperado durante el día alguna indicación de su Gobierno en el sentido de que se había apremiado a los polacos para que negociaran. El embajador británico sabía que si Halifax no había tomado medidas en Varsovia la decepción sería mayúscula. Ya por la tarde del día 29 decidió contactar con Londres para suplicar que se insistiera a los polacos que debían negociar con Alemania. Recalcó una vez más al secretario de Estado del Foreign Office que Hitler prefería un acuerdo negociado a cualquier guerra, incluida una guerra local. Henderson realizó una segunda llamada minutos más tarde para hacer hincapié en que había que pedir a los franceses que se unieran a Gran Bretaña en la aplicación de una fuerte presión a Polonia. Henderson sospechaba con razón que Halifax no había hecho el menor esfuerzo para obtener el apoyo de Francia, que se hubiera apresurado a ofrecerlo.

Poco después de la segunda llamada de Henderson, cuyas peticiones, obviamente, fueron ignoradas por Halifax, llegó a Londres un telegrama de Kennard. El embajador deseaba informar a Halifax que el Gobierno polaco había decidido la movilización general, la cual, según estipulaban los planes militares, sólo debía ordenarse en caso de guerra. Evidentemente, el artífice de esta decisión polaca que practicamente hacía inevitable la guerra era Halifax, quien, en lugar de comunicar los deseos de negociación y de paz de Hitler, había informado a los polacos que las fuerzas alemanas estarían en sus posiciones para operaciones contra Polonia en la noche del 30/31 de agosto. Halifax, en lugar de presionar a Varsovia para que aceptara la negociación, había insinuado que se preparase para la invasión. También

Kennard realizó una segunda llamada a Londres, que eclipsó en cierto modo la perspectiva de la movilización: rumores de que se iba a solicitar a Polonia que negociara con Alemania habían llegado hasta Beck, quien había decidido anunciar de antemano que rechazaban hacerlo. Beck declaró rotundamente a Kennard que no estaba preparado para hacer ninguna concesión, por lo que no veía razón para negociar. Explicó a Kennard que no aceptaba ninguna de las propuestas que ya había rechazado en marzo de 1939. Halifax recibió este comunicado con satisfacción y, en lugar desempeñar el papel que se esperaba de él, renunció a cualquier gestión con Varsovia durante un periodo prolongado. El secretario del Foreign Office sabía que Kennard apoyaría resueltamente la intransigencia de Beck. Estos hechos eran ignorados en las capitales europeas, donde seguía existiendo un moderado optimismo. Halifax, pese a saber que los polacos estaban condenados de antemano en caso de guerra, ignoró una tercera tentativa Henderson en forma de telegrama, en el que insistía en que era vital que Polonia aceptara sin demora la invitación de Alemania a negociar.

Por su parte, Hitler había dado ya los últimos retoques al texto de respuesta a Gran Bretaña. A últimas horas de la tarde del martes 29 de agosto Henderson fue recibido por Hitler, quien a las 19:15 le presentó la nota oficial. En ella Alemania aceptaba que la disputa con Polonia se había convertido en crucial para las relaciones anglo-alemanas y confirmaba su deseo de un acuerdo pacífico y su disposición a la negociación. Hitler pedía al Gobierno británico que aconsejase a Polonia el envío de un emisario el próximo día, miércoles 30 de agosto. Se ponía énfasis en la urgencia debido a la presión de los acontecimientos y se informaba que Alemania esperaba la llegada del representante polaco no más tarde de la medianoche del 30 de agosto.

Unos minutos después de la entrega de la nota a Henderson, Dahlerus telefoneó al Foreign Office desde Berlín para reiterar que Hitler y Göring valoraban positivamente la actitud británica hacia Alemania, que se desprendía de la nota del 28 de agosto. Poco después de este contacto, Kennard remitió a Londres un nuevo comunicado: a pesar de que Bonnet había dado instrucciones a su embajador Noël para que protestase enérgicamente por la movilización general, los polacos pensaban anunciarla públicamente el día siguiente, pues estos hechos no podían guardarse en secreto. Kennard le dijo sin rodeos a Halifax que difícilmente podía pedir ahora contención a los polacos cuando él mismo había dado pie a la decisión de movilización al facilitar la información sobre los planes de Alemania. Beck, ya en su papel de gallo de pelea, informaba a Halifax a través de Kennard que sólo una declaración explícita de Hitler anunciando que Alemania abandonaba Danzig de una vez por todas y que nunca más insistiría en mejorar sus comunicaciones con Prusia Oriental a través del Corredor podía impedir la movilización general, programada para las 8:00 del día siguiente. Aun así, Beck se mostraba dispuesto a recibir y estudiar el texto completo de la respuesta de Hitler a Gran Bretaña, a pesar de su anuncio de que no negociaría con Alemania.

Después de su entrevista con Hitler, que fue tempestuosa puesto que el canciller se mostró indignado con las noticias de las últimas atrocidades de las masas contra la minoría alemana, Henderson contactó de inmediato con Londres y solicitó otra vez a Halifax que no regateara esfuerzos para convencer a los polacos que aceptasen la negociación en los términos presentados por Alemania. A las 21:15 del 29 de agosto el Foreign Office recibió el texto de respuesta de Hitler. Había, pues, tiempo para que el Gobierno británico contactase con Varsovia y para que los polacos enviasen a un plenipotenciario a Berlín. Henderson no trató de negar que la nota alemana olía a ultimátum, pero informó que Hitler le había expresado su disposición a consultar a Stalin sobre la posibilidad de una garantía internacional para Polonia. Como prueba de estas intenciones, Ribbentrop contactó antes de la medianoche del día 29 con el encargado de negocios soviético, Ivanov, al que informó que Alemania favorecería la participación de la URSS en un arreglo internacional sobre Polonia.

Henderson se dispuso a dar cuantos pasos estuvieran a su alcance para evitar el desenlace terrible que tanto temía. Se apresuró en primer lugar a contactar con su colega francés en Berlín, Coulondre, al que convenció enseguida de que el plan de Hitler merecía ser apoyado. Coulondre se puso en contacto con sus superiores en París y urgió a que se hiciera la máxima presión sobre Polonia para que enviara a tiempo a un emisario a Berlín. Pasada ya la medianoche del 29 de agosto, también por cuenta propia, sin esperar instrucciones de Londres, el embajador británico se entrevistó con Lipski, su colega polaco en Berlín, al que expresó su convencimiento de que Polonia podía y debía despachar un plenipotenciario a Alemania. El embajador polaco se apresuró a informar a Beck sobre la gestión de Henderson y el ministro de Exteriores polaco, a su vez, llamó enseguida a Kennard. Asimismo, poco después de la medianoche del día 29 Halifax remitió a su embajador en Varsovia el texto completo de la respuesta de Hitler y se limitó a comentar que "no parecía cerrar todas las puertas", por lo que Kennard dijo a Beck que no había recibido nuevas instrucciones de Londres y propuso dejar pasar la noche en espera de que el día siguiente se produjera algún contacto adicional de Halifax.

En la madrugada del día 30 de agosto Neville Henderson transmitió a Lord Halifax valiosa información, que, previsiblemente, debía ser utilizada para convencer a los polacos sobre la necesidad de negociar. El embajador insistió en que Birger Dahlerus estaba listo para volar a Londres en todo momento. El mediador sueco tenía instrucciones de decir a los británicos que la medianoche del 30 de agosto no era una fecha límite para la llegada del plenipotenciario polaco y que Berlín no era necesariamente el lugar para el encuentro. Henderson recordó a Halifax que seguía abierta la posibilidad de celebrar la conferencia en el yate del industrial sueco cerca de la costa de

Polonia. En la madrugada del día 30, por tanto, la paz seguía siendo posible, puesto que los alemanes suponían que Gran Bretaña presionaba a Polonia. Sin embargo, los líders nazis ignoraban que Halifax en ningún momento había pedido seriamente la negociación a los polacos, por lo que éstos seguían inamovibles en su negativa a aceptarla. Ignoraban también que el secretario del Foreign Office había apoyado la movilización general decretada en Polonia y que el embajador británico en Varsovia había aconsejado a los polacos que no negociaran con Alemania. Durante varios días el Gobierno británico había fomentado la falsa impresión de que favorecía negociaciones directas entre Polonia y Alemania cuando en realidad estaba aplicando la estratagema favorita de su tradición diplomática: la duplicidad descarada.

## Los últimos intentos para evitar la invasión de Polonia

Para el embajador Henderson el fatídico día 30 había comenzado a las cuatro de la madrugada, hora en que recibió un telegrama de Halifax enviado a las 22:25 del día anterior. En él se le decía que la nota alemana estaba siendo estudiada, pero que no cabía esperar que el Gobierno británico pudiera hacer llegar un plenipotenciario polaco a Berlín en veinticuatro horas. Se le pedía que advirtiera a las autoridades del Reich. Una hora más tarde, a las cinco de la madrugada, Dahlerus salió del aeropuerto de Tempelhof hacia Londres, a donde llegó a las 8:30, poco después de que Halifax hubiera recibido la confirmación de que los polacos estaban procediendo a la movilización general. El enviado sueco explicó meticulosamente a Chamberlain y a Halifax las propuestas de Hitler, que, a diferencia de las realizadas el 24 de octubre de 1938, ya no cedían sin más el Corredor a Polonia, sino que contemplaban la celebración de un plebiscito. A las 12:30 Dahlerus telefoneó a Göring para decirle que los británicos consideraban que Hitler ejercía con su plan una presión excesiva sobre los polacos. Dahlerus preguntó a Göring si no sería posible que Lipski recibiera la propuesta y la llevara a Varsovia. Göring no se atrevió a apoyar esta idea sin autorización del Führer, por lo que pidió algo de tiempo para discutirlo con el canciller alemán. A las 13:15 el mariscal Göring contactó otra vez con Dahlerus y le comunicó que Hitler rechazaba el plan de entregar las propuestas a Lipski con el fin de que éste las presentara en Varsovia, toda vez que ello no equivalía a una indicación de que Polonia aceptaba la negociación. No se traba de exigir una aceptación incondicional de las propuestas, sino de utilizarlas como base para la negociación. Hitler estaba dispuesto a aceptar que un enviado especial fuera a buscar las propuestas, siempre que ello implicase la aceptación de las mismas como punto de partida de la negociación. A las 15:00 Dahlerus telefoneó de nuevo para comunicar que a los británicos no les gustaba el nuevo plan de Hitler e insistían en que se permitiera al embajador polaco viajar a Varsovia con las propuestas. Se ignoraba, pues, la idea clave de que los polacos demostrasen por lo menos alguna disposición a negociar. Göring, enfurecido, se negó a repetir la consulta a Hitler e insistió en la propuesta formulada por el Führer.

Ya por la tarde Halifax comunicó a Kennard de manera vaga que se debería animar a los polacos a emprender eventuales negociaciones, pero le informó explícitamente que Gran Bretaña nunca exigiría a Beck que presentase propuestas formales para un acuerdo con Alemania. Hoggan constata el siguiente hecho: "Diez días antes los británicos habían presionado a Polonia para que aceptara la penetración de tropas soviéticas en su territorio; pero se negaban a ejercer presión a los polacos para que reanudaran las negociaciones directas con Alemania. Esto parece especialmente grotesco si se recuerda que los polacos consideraban a la Unión Soviética como su principal enemigo y que Halifax había asegurado a Alemania que Polonia estaba preparada para retomar las negociaciones." La máxima preocupación de Halifax era culpar a Alemania por el eventual conflicto con Polonia, por ello pidió a Kennard que le dijera a Beck que debía aceptar en principio negociaciones directas con los alemanes porque "no debía dárseles ninguna oportunidad de endosar la culpa del conflicto a Polonia." Estas instrucciones evidencian que Halifax nunca contempló seriamente un arreglo pacífico de la crisis.

A las 17:30 del 30 de agosto Henderson comunicó a Ribbentrop que había recibido un mensaje de Chamberlain para Hitler. El primer ministro británico deseaba hacer saber al canciller alemán que la respuesta oficial a la nota alemana del día 29 llegaría a Berlín antes de la medianoche. El embajador Kennedy en un informe a Roosevelt emitido el mismo día 30 de agosto escribió que Chamberlain rechazaba obstinadamente admitir que Gran Bretaña podía aconsejar a los polacos que hicieran algunas concesiones a Alemania. Chamberlain admitió a Kennedy que eran los polacos y no los alemanes quienes no eran razonables. Las palabras textuales de Kennedy fueron estas: "Chamberlain está francamente más preocupado por conseguir que los polacos sean razonables que porque lo sean los alemanes." Hoggan considera patética la demostración de impotencia de Chamberlain.

Por otra parte, la posición de la URSS en estas horas de máxima tensión era de incertidumbre, pues los comunistas temían que los esfuerzos diplomáticos de Alemania dieran resultado, lo cual evitaría la guerra germano-polaca e imposibilitaría sus proyectos de expansión hacia el oeste. La agencia de noticias Tass, la prensa soviética y las emisoras de radio anunciaron en la tarde del 30 de agosto que la Unión Soviética estaba concentrando a sus fuerzas armadas a los largo de la frontera polaca. Este anuncio, realizado antes de que se conociera en Moscú la movilización general en Polonia, pretendía, aparentemente, animar a los alemanes para que adoptasen una línea de mayor dureza con los polacos.

El hecho de que el primer ministro del Reino Unido admitiera en privado que los intransigentes eran los polacos justificaba que Henderson, el embajador nombrado por Chamberlain para apuntalar la política de apaciguamiento, siguiera esforzándose en favor de la paz. Henderson supo a través de Halifax que Dahlerus volaría de Londres a Berlín por la tarde del día 30. El embajador aprovechó la ocasión para denunciar una vez más a su superior que las atrocidades contra los alemanes en Polonia eran cada vez más numerosas y que ello constituía un factor de enorme riesgo en la precaria situación que se atravesaba. Henderson insinuó que Pío XII estaría dispuesto a emplear nuncios especiales en un esfuerzo por interceder en favor de la minoría alemana; pero Halifax desestimó esta sugerencia del embajador, que deploraba profundamente la actitud de Gran Bretaña en relación a las barbaridades de los polacos contra los alemanes. A las 18:50 del mismo día 30 de agosto Halifax envió instrucciones funestas a Henderson. En ellas iba la respuesta a la nota alemana del día anterior: los líderes británicos rechazaban rotundamente la propuesta de Hitler de que aconsejasen a los polacos el envío de un plenipotenciario a Berlín para entablar negociaciones directas. Halifax calificaba la propuesta alemana de "totalmente inaceptable". El embajador Henderson, pues, debía comunicar a las autoridades alemanas que Gran Bretaña no iba a aconsejar al Gobierno polaco que se acogiera al plan de Hitler.

Poco antes de la medianoche del 30 de agosto Ribbentrop recibió a Henderson, quien le hizo entrega de la respuesta británica, que empezaba con estas palabras: "El Gobierno de Su Majestad repite que los deseos del Gobierno alemán de una mejora en las relaciones son recíprocos, pero deberá reconocerse que ellos no pueden sacrificar los intereses de otros amigos para lograr esta mejoría." En la nota no se mostraba ningun interés en relación a persuadir a los polacos a la negociación. Después de leer el texto con detenimiento, el ministro de Exteriores alemán informó consternado a Henderson que habían preparado las propuestas para un acuerdo diplomático que pensaban presentar al plenipotenciario polaco que estaban esperando. Cada vez más tenso, Ribbentrop procedió a leer despacio los dieciséis puntos de las propuestas Marienwerder y a explicar cada uno de ellos con detalle. Se pedía la devolución de Danzig al Reich sobre la base de la autodeterminación y se contemplaba, después de un periodo temporal de doce meses a partir del acuerdo, la celebración de un plebiscito en la región norte del Corredor, desde el oeste de Marienwerder, en Prusia Oriental, a Schönlanke, en Pomerania. Ribbentrop, que hablaba inglés, leyó en alemán, ya que Henderson había pedido al ministro que usara su propia lengua en sus discusiones.

El intérprete Paul Schmidt, que estaba presente con el fin de aclarar cualquier posible malentendido, quedó sorprendido cuando Henderson pidió una copia de las propuestas y Ribbentrop respondió con una débil sonrisa: "No, no puedo darle estas propuestas". Hitler había dado instrucciones al ministro para que entregase las propuestas al embajador sólo en caso de que los británicos ofrecieran alguna indicación de que los polacos negociarían.

Henderson, atónito, creyó no haber entendido bien y repitió la petición: "De todos modos -respondió enrabietado Ribbentrop- todo esto ha quedado atrás, puesto que ya es más de medianoche y no se ha presentado ningún negociador polaco." Indignado, Henderson constató: "Se trata, pues, de un ultimátum." De este modo terminó la conversación y el embajador británico se retiró en silencio, convencido de que la última oportunidad para la paz se había desvanecido

Göring conoció el final abrupto de la entrevista entre Ribbentrop y Henderson estando en compañía de Dahlerus, que acababa de regresar de Londres. Alarmado, acudió a Hitler enseguida con el fin de pedirle que entregase el texto de las propuestas a Henderson. El Führer accedió. A la una de la madrugada del día 31 Dahlerus llamó a la embajada británica y leyó por teléfono las propuestas a Ogilvie-Forbes, pero cuando el encargado de negocios buscó al embajador para entregarle el texto, comprobó que Henderson había salido sin decir nada. Ogilvie-Forbes sólo pudo dejar la nota sobre la mesa de su despacho. El embajador Henderson, a pesar de la tempestuosa reunión con el ministro de Exteriores alemán, se había desplazado a casa del embajador polaco, al que pidió que propusiera a su Gobierno un encuentro entre Göring y Ridz-Smigly, el mariscal que ejercía como jefe del Gobierno. Tras haber experimentado el talante de Ribbentrop, Henderson se permitió añadir que cualquier negociación entablada bajo la égida del ministro de Exteriores alemán tenía escasas posibilidades de llegar a buen término. Henderson pidió a Lipski que reclamase al Gobierno alemán las propuestas para entregarlas a Varsovia; pero el embajador le hizo saber que su gestión no contaba con el favor de Varsovia y que no podía dar el paso sin instrucciones de Beck.

A las 9:15 de la mañana del 31 de agosto, Henderson comunicó por cable a Halifax que si no ocurría nada en las próximas horas, Alemania declararía la guerra a Polonia. Tras este aviso desesperado, se recibió en el Foreign Office un telegrama de Kennard, quien expresaba su satisfacción por el hecho de que Gran Bretaña había rechazado presionar a Polonia para que negociara con Alemania. Beck había hecho saber al embajador británico que iba a celebrar una reunión de consulta con el Gobierno polaco y que sobre el mediodía haría llegar algún tipo de declaración a Londres. Kennard aseguró al secretario del Foreign Office que Beck no haría nada encaminado a alcanzar un acuerdo con los alemanes.

Dahlerus, Henderson y a Ogilvie-Forbes se presentaron a las 10:00 en la Embajada polaca en Berlín. El emisario sueco, a quien había llamado Henderson tras encontrar la nota en su despacho, llevaba una copia de las propuestas y se las leyó a Lipski en alemán. Dahlerus tuvo la impresión de que el embajador polaco no se percataba de su importancia. Mientras, Henderson telefoneó al Ministerio de Exteriores alemán y le hizo saber a Weizsäcker que estaba aconsejando al embajador Lipski que negociaran con Alemania. El embajador Henderson trató una vez más de hacer entender a su colega que las propuestas ofrecían una buena base para comenzar una negociación que permitiera el acuerdo entre Polonia y Alemania. Henderson le dijo que quizá aún era posible encauzar la situación si aceptaba recibirlas. Lipski no albergaba ninguna esperanza, toda vez que había perdido su influencia en Varsovia desde que en marzo de 1939 Ribbentrop lo había convencido de la necesidad de negociar sobre la base de las propuestas de octubre de 1938. Finalmente, Lipski, completamente agitado, le dijo al embajador británico que no tenía motivos para negociar con el Gobierno alemán, ya que si comenzaba la guerra, él sabía que estallaría una revolución en Alemania y que ellos marcharían sobre Berlín. Henderson, entristecido, comprendió entonces que no cabía seguir discutiendo el asunto con el embajador polaco.

También los italianos, que no estaban informados de los acontecimientos que venimos relatando, intentaron nuevamente una gestión ante el Gobierno británico. Attolico llamó a Weizsäcker a las 11:30 del día 31 para comunicar a los líderes alemanes que Mussolini había aconsejado a Londres que presionara a Polonia con el fin de que aceptasen el regreso de Dänzig a Alemania. Tras el contacto con Londres, el Duce había tenido la impresión de que los polacos habían aceptado las negociaciones. Pronto supo a través del embajador alemán, Mackensen, que la situación no era la que él había pensado. Tras conocer las propuestas Marienwerder, que habían sido enviadas a la Embajada alemana en Roma, Mussolini dio instrucciones a Attolico, que visitó a Ribbentrop por la tarde, para que aconsejara a los líderes alemanes que recibieran a Lipski como último medio de conseguir el contacto.

En cuanto a los franceses, pieza clave para Halifax, Bonnet seguía tratando de evitar que Francia se viera arrastrada a una guerra impuesta que veía absolutamente innecesaria. El ministro de Exteriores francés consideraba injustificables e inexplicables las tácticas dilatorias de Polonia. Bonnet presionó a Halifax para que Francia y Gran Bretaña hicieran comprender a los polacos que debían hacer algo para evitar una guerra europea. El secretario del Foreign Office tenía poco interés en preservar la paz en Europa; pero no podía hacer oídos sordos al requerimiento del ministro francés. Consecuentemente, decidió hacer un gesto que le permitiera salvar la cara. Informado con anterioridad por Kennard de que Beck había expresado formalmente su gratitud por la decisión británica de no responder en ningún sentido a las propuestas de Alemania, Halifax decidió dar instrucciones al embajador británico para que, en compañía de su colega francés, el embajador Noël, pidieran a Beck que notificara a los alemanes su disposición a aceptar negociaciones directas. Por la tarde del día 31 ambos embajadores llamaron al ministro de Exteriores polaco y le solicitaron que autorizase a Lipski a recibir las propuestas alemanas y a traerlas a Varsovia.

Con anterioridad Beck había enviado instrucciones precisas al embajador Lipski en el sentido de que no aceptase propuestas y que no entrase en negociaciones con el Gobierno alemán. El telegrama fue interceptado y descodificado por los servicios de desciframiento de telegramas y vigilancia de comunicaciones del Reich. El texto, citado por Dahlerus en su declaración ante el tribunal de Núremberg, es el siguiente: "No se deje arrastrar, en ningún caso, en discusiones técnicas. Si el Gobierno del Reich le hace proposiciones orales o escritas, usted manifestará que no posee en absoluto plenos poderes para recibir o discutir estas proposiciones, que usted está sólo capacitado para transmitirlas a su Gobierno y a solicitar nuevas instrucciones." Ante el tribunal de Núremberg Dahlerus relató que, tras recibir el texto del telegrama, Göring comprendió que no había ya ninguna esperanza a menos que se pudiera lograr un cambio de actitud de los polacos. Dahlerus declaró que, pasando por alto el hecho de que Alemania conocía el código diplomático de Polonia, el mariscal Göring le enseñó el telegrama y llegó incluso a considerar la posibilidad de enseñárselo a los británicos.

La gestión anglo-francesa no alteró en lo más mínimo a Beck, que sabía que los británicos habían aceptado dar el paso junto a Francia como una mera formalidad. Más dificultades le creó la gestión del nuncio papal, Filippo Cortesi, quien en nombre de Pío XII urgió a Beck a aceptar la negociación con Alemania sobre la base de las propuestas Marienwerder, que eran ya conocidas en el Vaticano. El propio Beck reconoció con posterioridad que ningún acontecimiento de la fase final de la crisis le irritó tanto como la insistencia del Papa en sus intentos de persuadirlo para que negociara. Se tiene constancia de que la escena entre Cortesi y Beck alcanzó cotas de extremada tensión. El ministro de Exteriores polaco llegó a acusar al nuncio de trabajar para los alemanes y le advirtió de que Pío XII pretendía que se rindiera a Alemania. Cortesi hizo lo que supuestamente debería haber hecho Gran Bretaña si realmente hubiera tenido intención de presionar al Gobierno polaco para evitar la guerra; sin embargo, el hecho de que Polonia fuera incondicionalmente católica, lo cual otorgaba al país una consideración especial del Vaticano, no coadyuvó al éxito de la misión de Cortesi.

Pío XII tenía como meta salvar a Polonia del desastre al que se encaminaba a causa de las decisiones erráticas de su líderes. Giovani Pacelli había sido elegido Papa por el Colegio de Cardenales en marzo de 1939. Su gran experiencia diplomática había sido determinante en la elección. Como se recordará, Pacelli se hallaba en Munich en 1919, donde fue conducido a punta de pistola ante el judío Max Levien, que dominaba la ciudad. Allí experimentó la dictadura comunista en la República Soviética de Bavaria, impuesta por revolucionarios judíos próximos a Trotsky y a Lenin. Pío XII había comenzado sus esfuerzos en favor de la paz en mayo de 1939, pues comprendió que los británicos pretendían sacrificar a Polonia como peón para desencadenar la guerra contra Alemania. El Papa propuso ya entonces una conferencia internacional, que fue rechazada por Beck. El 24 de agosto Pío XII había hecho un llamamiento al mundo para que no se iniciara una guerra por Danzig. El mismo 31 de agosto, ya a la desesperada, había convocado en audiencia a los representantes de Gran Bretaña, Francia, Italia, Polonia y Alemania. El Dr. Kazimierz Papee, el diplomático polaco en el Vaticano, no fue capaz de asegurar al Papa que Polonia negociaría con Alemania. Ante el temor fundado de que Beck se negaba a negociar, Pío XII decidió encargar al nuncio Cortesi que se presentase ante el ministro de Exteriores polaco.

Entre los últimos esfuerzos por conservar la paz figura asimismo la mediación de Italia, secundada por Bonnet. A las 11:00 de la mañana del día 31 el conde Ciano, alarmado por la gravedad de la situación, telefoneó a Halifax para pedirle que persuadiera a los polacos de la necesidad de negociar y le prometió que Mussolini usaría su influencia ante Hitler para que siguiera teniendo paciencia. François-Poncet, el embajador francés en Italia, contactó al mediodía con el ministro Bonnet para informarle que Mussolini creía que si los polacos aceptaban devolver Danzig a Alemania, todos los demás temas podían arreglarse sin presión con posterioridad. El ministro de Exteriores francés se sintió alentado por las palabras de su embajador en Roma y decidió jugar su última carta por la paz apoyando los esfuerzos italianos, que planteaban una conferencia diplomática.

El embajador de Italia en París, Raffaele Guariglia, que mantenía muy buenas relaciones con Bonnet, informó a Ciano que Francia daba pleno apoyo a la gestión mediadora de Italia. Guariglia, prestigioso diplomático de carrera cuyo nombramiento como embajador en noviembre de 1938 había sido muy bien recibido en París, era un observador sagaz que lamentaba las actividades belicistas del embajador norteamericano, Bullitt. El diplomático italiano estaba convencido de que la campaña de Roosevelt y Bullitt para desencadenar una guerra en Europa iba en interés de la Unión Soviética. El embajador creía que Halifax estaba ciego y, en su intención de destruir Alemania, desatendía los verdaderos intereses de Gran Bretaña. Guariglia sabía que los británicos no podían ofrecer ayuda inmediata a Polonia y deploraba que los delirios sobre su futura grandeza impidieran a los polacos entender la gravedad del pacto Ribbentrop-Mólotov del 23 de agosto de 1939. El embajador Guariglia entendía que Francia tenía dificultades para escapar del cerco británico y confiaba en que Ciano pudiera convencer a los líderes franceses de la necesidad de adoptar una política exterior independiente de Gran Bretaña.

En definitiva, pues, Italia, Francia, el Vaticano y Alemania trataban de que los polacos comprendieran de una vez por todas que Danzig, ciudad habitada por alemanes que ni siquiera pertenecía a Polonia, no merecía una guerra europea. Por desgracia, el Foreign Office ignoraba todos los llamamientos para que Gran Bretaña se uniera al clamor en favor de la paz. Por contra, Halifax y los peones británicos que trabajaban en interés del

Poder Oculto que impulsaba la guerra estaban cada vez más indignados por la tenacidad con que los políticos europeos luchaban por evitar el conflicto. Tal era el deseo de Halifax por evitar la negociación, que llegó incluso a reprender severamente al embajador Henderson por haber cedido a Dahlerus el teléfono de la Embajada en Berlín para presionar a Londres y desautorizó su iniciativa ante el embajador Lipski. Halifax le dijo claramente a Henderson que rechazaba las propuestas alemanas como base para la negociación y le advirtió que él y Dahlerus mantenían "una actitud obstruccionista hacia el Gobierno polaco."

En su ansiedad por precipitar la invasión de Polonia, Halifax llegó incluso a lamentar haber ordenado a Kennard que se uniera a Noël para pedir a Beck que autorizara a Lipski la recepción de las propuestas, lo cual era un gesto menor que no implicaba una negociación. Según David L. Hoggan, Kennard llegó a asegurar en privado al ministro de Exteriores polaco que Gran Bretaña no deseaba que Lipski recibiera las propuestas alemanas y que la gestión anglo-francesa se había producido por la necesidad de ofrecer un gesto de apaciguamiento a Francia. En realidad, Kennard, cuya máxima preocupación era que una gestión de última hora pudiera arruinar todos los esfuerzos en favor de la guerra, no estaba informado de que Beck había recibido horas antes las propuestas Marienweder.

Hitler, que llevaba días soportando enrabietado las provocaciones continuadas a los alemanes en Polonia, había ordenado ya a las 12:40 el ataque para el 1 de septiembre; pero existía aún una posibilidad de cancelar la operación siempre que la orden se produjera antes de las 21:30 del día 31, puesto que la invasión estaba programada para el amanecer. El texto de la orden iba encabezado por estas palabras: "Ahora que se han agotado todas las posibilidades para acabar de manera pacífica con la situación en la frontera oriental, que es intolerable para Alemania, me he decidido por una solución de fuerza." A pesar del peligro evidente de que Gran Bretaña y Francia declarasen la guerra a Alemania, después de meses de agresiones y de persecución salvaje de los alemanes, Hitler, que llevaba días diciendo a sus generales que seguiría esperando si se producía un gesto favorable de las autoridades polacas, decidió intervenir en Polonia.

En la tarde del día 31, el Ministerio de Exteriores alemán recibió de Göring una copia de las instrucciones de Beck a su embajador en Berlín para que no negociara nada. A pesar de ello, Ribbentrop recibió a Lipski a las 18:30 de la tarde del 31 de agosto. Quince minutos antes, a las 18:15, Kennard había comunicado a Halifax que Lipski se reuniría con Ribbentrop, aunque se había prohibido al embajador que entablase conversaciones y, sobre todo, que recibiera ninguna propuesta. Lipski leyó al ministro alemán el contenido de una nota de Beck, en la que informaba que Polonia acababa de tener noticia de conversaciones recientes entre Gran Bretaña y Alemania, que se habían iniciado el 23 de agosto. En la nota se decía que la disposición del Gobierno polaco sobre eventuales negociaciones entre Polonia y

Alemania no se había aún decidido, aunque era favorable en principio. Se comunicaba, en fin, al Gobierno alemán que el Gobierno polaco haría saber pronto al Gobierno británico cuál era su posición con respecto a tales negociaciones. Beck no estaba en condiciones de asegurar que Polonia estaba en efecto dispuesta a restablecer las conversaciones con Alemania. Ribbentrop escuchó entristecido el doble lenguaje y la ambigüedad calculada de la nota polaca. Ribbentrop le dijo entonces a Lipski que había esperado hasta el último momento que acudiría con plenos poderes para negociar. El embajador replicó que sólo había recibido instrucciones para contactar con el Ministerio de Exteriores y presentar la nota. No estaba autorizado a dar ningún tipo de garantía ni a realizar declaraciones. Dadas estas circunstancias, la entrevista finalizó de inmediato. Aún así, mientras despedía a Lipski, Ribbentrop le preguntó si creía personalmente que su Gobierno podía reconsiderar la decisión y le permitiría negociar. El diplomático polaco evadió la pregunta y repitió que no había recibido plenos poderes.

A las 21:00 del día 31 la radio alemana transmitió la noticia de que Polonia había rechazado considerar las propuestas Marienwerder. Entre las 21:00 y las 22:00, Weizsäcker convocó a los representantes diplomáticos de Francia, Gran Bretaña, Japón, Estados Unidos y la URSS con el fin de entregarles los términos de las propuestas, que iban acompañados de una nota diplomática en la que se explicaba la más reciente política alemana y se ponía énfasis en el hecho de que Hitler había esperado en vano durante dos días alguna indicación de que Polonia negociaría con Alemania. Dos horas más tarde la radio polaca ofreció una versión tergiversada de la oferta alemana que concluía así: "Las palabras ya no pueden ocultar los planes agresivos de los nuevos hunos. Alemania pretende la dominación de Europa y anula los derechos de las naciones con un cinismo que no tiene precedentes. Esta propuesta insolente demuestra claramente cuán necesarias eran las órdenes militares emitidas por el Gobierno polaco." El calificativo de "hunos" (pueblo asiático de incierto origen étnico) para los nazis fue acuñado por el judío Léon Blum, quien había aludido a Hitler como un "Atila mecanizado". Posteriormente, en un mensaje radiofónico emitido el 7 de junio de 1940, después de que Hitler permitiera incomprensiblemente la evacuación del cuerpo expedicionario británico en Dunkerque, Churchill echó mano del mismo calificativo y se refirió a la necesidad de "destruir al Atila mecanizado".

## De una guerra local, a la II Guerra Mundial

La operación "White" se puso en marcha: las tropas alemanas comenzaron la invasión poco antes de las cinco de la madrugada del viernes día 1 de septiembre. Cincuenta y tres divisiones de las ciento veinte que poseía Hitler atacaron con un empuje imparable y tres horas más tarde el frente polaco se hundía en todas partes. La aviación comenzó a machacar depósitos de municiones, aerodromos, estaciones, nudos ferroviarios y de comunicaciones, así como otros objetivos de interés militar, entre ellos la aviación polaca, que iba a ser destruida casi por completo en las primeras treinta y seis horas. A las ocho de la mañana, en medio de un entusiasmo indescriptible en la ciudad, el Senado de Danzig proclamó su reincorporación al Reich. A las 10:10 Hitler pronunció un discurso ante el Reichstag, en el que recordó a los diputados que Danzig "era y es alemana". Lo mismo dijo con respecto al Corredor, al que, por la paz y la cooperación, había estado dispuesto a renunciar en favor de Polonia, del mismo modo que había renunciado a Alsacia Lorena y al Tirol del Sur.

Pero es la actividad política y diplomática la que nos interesa, pues a través de ella se comprueba que, salvo Gran Bretaña, los países europeos no querían la guerra. El secretario del Foreign Office, Lord Halifax, tuvo una vez más en sus manos la posibilidad de detener casi enseguida lo que en principio era una guerra localizada; pero, como era previsible, toda su actividad estuvo encaminada a provocar la escalada que iba a desencadenar la II Guerra Mundial. Cuando Neville Henderson escuchó por la radio alemana que las propuestas Marienwerder habían sido rechazadas, se puso en contacto con Halifax para expresarle su convencimiento de que Beck había cometido un error garrafal, puesto que constituían una buena base para iniciar la negociación. El propio Halifax había admitido a Kennard su preocupación por el rechazo de Polonia a la recepción de las propuestas, aunque el motivo de su desazón era bien diferente: temía que pudiera ser "malinterpretado por la opinión mundial." Henderson observó sarcásticamente que para Varsovia las propuestas eran prácticamente idénticas a las de octubre de 1938, toda vez que los polacos habían aseverado con total firmeza que "el 90% del Corredor era polaco desde el principio del mundo", por lo cual tenían asegurada la victoria en el plebiscito.

Henderson rechazó el 1 de septiembre a los propagandistas que, alegando la inmoralidad del régimen nacionalsocialista, justificaban la intervención británica en la guerra: consideraba ridícula una cruzada ideológica contra Alemania en un mundo amenazado por el comunismo. Como se comprueba a través de sus textos en numerosos despachos, Henderson rebatía asimismo el argumento del equilibrio de poder en Europa como coartada de una guerra que él consideraba "completamente injustificable". Obviamente, Henderson no podía ignorar que en marzo de 1933 Judea había declarado abiertamente la "guerra santa" a Alemania. Recordemos que el periódico judío *Natscha Retsch*, citado en el capítulo octavo, había anunciado en 1933 los objetivos del judaísmo internacional con estas palabras: "... la guerra contra Alemania promoverá y avivará ideológicamente nuestros intereses, que requieren que Alemania sea destruida por completo."

El ministro de Exteriores de Francia tampoco podía aceptar las instrucciones que Beck había dado a Lipski antes de ser recibido por Ribbentrop. Bonnet pidió al embajador Lukasiewicz que comunicase a Beck que Francia insistía en la necesidad de negociaciones directas. Bonnet, vista la ambigüedad de la gestión de Gran Bretaña, pensaba, no obstante, que una conferencia general, como había propuesto Italia, podía dar mejores frutos. El embajador francés en Londres, Charles Corbin, le advirtió pocas horas antes del estallido de la guerra germano-polaca que los británicos estaban dispuestos estropear cualquier intento de conferencia exigiendo de antemano la desmovilización alemana. Pese a esta información, Bonnet recomendó a Daladier que Francia debía apoyar una conferencia en la que, sin excluir una negociación directa entre Polonia y Alemania, pudieran ser tratados todos los problemas europeos. Daladier argumentó que siempre se podía suspender la conferencia si Hitler exigía demasiado. El Gobierno francés estaba, pues, dispuesto a apoyar la conferencia, por lo que Bonnet telefoneó a Londres para indicarle a Corbin que informase al Foreign Office de la última decisión de Francia.

Apenas se supo en Londres que Alemania había atacado a Polonia, los ingleses exigieron un ultimátum anglo-francés; pero Bonnet, convencido de que Francia no debía secundar la política belicista de Halifax, respondió que no podía emprender esta acción sin haber consultado al Parlamento. No obstante, Daladier convocó el Consejo de Ministros, que se reunió a las 10:30 del 1 de septiembre y ordenó la movilización general. A las 11:50 Bonnet informó a François-Poncet que el Gobierno le había autorizado a apoyar la iniciativa italiana de convocar una conferencia internacional, por lo que ordenó al embajador que informase a Mussolini sobre la posición de Francia. Halifax comprendió enseguida que, tras la negativa de Bonnet a apoyar el ultimátum, debía centrar sus esfuerzos en desbaratar el esfuerzo de mediación de Italia, que con el apoyo francés constituía la mayor amenaza a sus planes de guerra. El secretario del Foreign Office instruyó a Sir Percy Loraine para que, tras agradecer en nombre de Gran Bretaña los esfuerzos de mediación de Mussolini, insistiese con el máximo vigor en que el estallido de la guerra en Polonia hacía inevitable la intervención militar de Gran Bretaña contra Alemania.

A las 14:00 Kennard envió un cable a Halifax, en el que le transmitió que Beck esperaba protección aérea británica aquella misma tarde. A las 17:00 del 1 de setiembre, mientras estaba reunido el Parlamento británico, Halifax telefoneó a Bonnet para aconsejarle que los embajadores de sus respectivos países exigieran de inmediato la entrega de los pasaportes. Halifax sentenció que sería más eficaz que Gran Bretaña y Francia declarasen la guerra a Alemania aquel mismo día. El ministro de Exteriores francés rehusó con rotundidad entrar en guerra con Alemania de un modo tan apresurado, pero Halifax reiteró su petición de una respuesta urgente. Tras una ardua discusión, Bonnet, demostrando su agilidad diplomática, impuso a su homólogo una solución que se parecía a un ultimátum, pero que no lo era, puesto que no tenía límite. Halifax no tuvo más remedio que aceptar que se presentase en Berlín un "ultimátum" conjunto anglo-francés en el que no figuraba la fecha de expiración. Siempre era mejor que nada. A las 17:45 se apresuró a dar instrucciones a Henderson para que presentase la "démarche" anglo-francesa: ambos embajadores debían avisar a Alemania de que los compromisos con Polonia se implementarían a menos que recibieran garantías satisfactorias sobre la suspensión de "toda acción agresiva contra Polonia." Bonnet lo había redactado cuidadosamente con estas palabras con el fin de omitir el requisito de que los alemanes debían retirarse de Polonia. La ausencia de una fecha tope permitía a Francia disponer de un tiempo para la negociación.

De este modo, el esfuerzo de mediación de Italia iba a ser determinante. En la habilidad del ministro de Exteriores italiano, Galeazzo Ciano, residía la última posibilidad de evitar una guerra general en Europa. A las 13:00 del día 1 de septiembre el embajador en París, Guariglia, informó a Ciano que París deseaba avalar una solución diplomática. Dos horas más tarde, el embajador italiano envió a Mussolini una solicitud de Daladier para que Italia organizara una conferencia. Tanto Paul Rassinier como David L. Hoggan consideran obvia la sinceridad de los esfuerzos de los líderes franceses por evitar la guerra. Ambos estiman evidente que las actitudes de Francia y Gran Bretaña en relación a la crisis eran diferentes. Hoggan opina que Ciano fracasó en su gestión porque no fue capaz de aprovecharse adecuadamente de estas diferencias para presionar a los británicos y obligarlos a aceptar un compromiso.

En la mañana del sábado 2 de septiembre la situación de los polacos era desesperada y las presiones sobre Francia se acentuaban. A las ocho de la mañana la agencia Havas publicó el siguiente comunicado: "El Gobierno francés, como varios otros Gobiernos, fue informado ayer de una propuesta italiana que aspira al arreglo de las dificultades europeas. Después de haberlo discutido, ha dado una respuesta positiva." En el Quai d'Orsay el ministro de Exteriores estaba, pues, a la espera de nuevas indicaciones de Ciano sobre la organización de la conferencia. Ciano y Mussolini habían decidido que, antes de dirigirse nuevamente a británicos y franceses, era imprescindible asegurarse de que Alemania estaba dispuesta a apoyar la conferencia. A las 8:30 el conde Ciano telefoneó a su embajador en París para saber si la nota presentada la noche anterior a Ribbentrop tenía el carácter de ultimátum o no. A las 9:00 el embajador Lukasiewicz llamó a Bonnet y le pidió directamente que Francia entrase en la guerra a favor de Polonia. El ministro francés, que posteriormente se quejó de que el embajador polaco se había mostrado excesivamente "impaciente" durante la conversación, consiguió evadir cualquier tipo de compromiso.

A través del embajador Attolico, a las 10:00 de la mañana Ciano hizo llegar un mensaje a Hitler en el que se informaba que los líderes franceses habían solicitado la mediación italiana en favor de una conferencia diplomática. En *Les responsables de la Seconde Guerre Mondiale* Paul Rassinier reproduce el texto, extraído de Documentos sobre Política Exterior de Alemania:

> "A título de información y dejando la decisión al Führer. Italia hace saber que tendría aún la posibilidad de hacer que Francia, Inglaterra y Polonia aceptasen una conferencia en base a las siguientes proposiciones:
> 1. Un armisticio que dejaría a los ejércitos en las posiciones que ocupan actualmente.
> 2. La convocatoria de una conferencia que se celebraría en el plazo de dos o tres días.
> 3. Una solución del conflicto germano-polaco que sería necesariamente favorable a Alemania, dada la situación actual.
> Francia se ha mostrado particularmente favorable a esta idea del Duce.
> Danzig ha vuelto ya a Alemania y el Reich posee de ahora en adelante garantías suficientes para asegurar la realización de la mayor parte de sus reivindicaciones. Además, ha obtenido ya una satisfacción moral. Si el Führer aceptase el proyecto de conferencia, obtendría la totalidad de sus objetivos, evitando una guerra que sería larga y generalizada.
> Sin querer ejercer la menor presión, el Duce considera de la mayor importancia que el presente comunicado sea presentado inmediatamente al señor von Ribbentrop y al Führer."

Informado de inmediato, Hitler acogió la iniciativa con entusiasmo y ordenó al Ministerio de Asuntos Exteriores que sondease al embajador británico. Henderson admitió de mala gana que los líderes británicos probablemente no aceptarían la solución sin la retirada previa de las tropas alemanas a la frontera, lo cual desalentó a los líderes nazis. Attolico se presentó a las 12:30 en la Wilhelmstrasse, donde Ribbentrop le explicó al embajador italiano que se disponía a responder con una negativa las notas de los embajadores de Francia y Gran Bretaña recibidas el día anterior. Ribbentrop le admitió a Attolico que quería aplazar la respuesta, pero que para ello debía asegurarse de que no eran "ultimata". Attolico informó a Ciano a las 15:15 de que Hitler había decidido que era imposible continuar con los planes para una conferencia mientras franceses y británicos no aclarasen la ambigüedad de sus notas.

Bonnet, que seguía esperando noticias, se alegró cuando recibió la llamada telefónica de Ciano, quien le anunció que había comenzado ya el esfuerzo de mediación. El ministro de Exteriores de Italia le dijo a Bonnet que era preciso asegurar a los alemanes que las notas de la víspera no eran "ultimata". Bonnet, autor de los dos textos, dio a Ciano absolutas garantías de que no lo eran. Sabiendo que los británicos estarían obligados a aceptar su dictamen, el ministro francés añadió que tomaría la precaución de consultar a Daladier y a Halifax. Por su parte, el embajador Loraine reconoció a Ciano en Roma que el Gobierno británico no había todavía presentado un ultimátum a Alemania. Aclarada esta importante cuestión, Hitler acogió favorablemente el plan de mediación de Italia y aceptó suspender las operaciones militares en Polonia. A las 16:00 del 2 de septiembre Attolico envió un cable a Ciano en el que informaba que Alemania estaba a favor de la propuesta italiana. Ribbentropp pidió al embajador Attolico que anunciara a los líderes italianos que Alemania estaba dispuesta a anunciar el plan de acabar la guerra en Polonia antes del mediodía del domingo 3 de septiembre.

Con la aceptación de Alemania del plan italiano, todo dependía de que el ministro Ciano supiera manejar adecuadamente los desacuerdos entre Francia y Gran Bretaña. Poco después de las 16:00 Bonnet y Halifax mantuvieron una conversación que puso en evidencia que el secretario el Foreign Office estaba dispuesto a acabar con el plan de la conferencia antes de que fuera presentado a los polacos. Halifax insistió en que los alemanes debían completar su retirada completa de Polonia y de Danzig antes de que Gran Bretaña y Francia aceptasen considerar la conferencia propuesta por Italia. Bonnet sabía que ninguna potencia podía aceptar tal trato y le replicó a Halifax que su propuesta era inaceptable y poco realista. El ministro francés consideraba que la concesión de los alemanes de detener en el acto su avance era adecuada; pero Halifax rechazó este punto de vista. A pesar de la actitud obstruccionista del ministro inglés, Bonnet decidió proseguir en sus esfuerzos por la paz. Una hora más tarde, a las 17:00, prosiguió la presión británica con una llamada de Sir Alexander Cadogan, subsecretario permanente del Foreign Office, quien con desfachatez asombrosa reconoció que la exigencia británica de retirada de tropas permitía limitar las posibilidades de una conferencia diplomática e insistió en que había llegado la hora de ir a la guerra. Cadogan anunció que Halifax solicitaba un ultimátum conjunto anglo-francés que expirase en la medianoche de aquel mismo día 2 de septiembre. Bonnet insistió en que la retirada completa de los alemanes de Polonia no podía ser condición "sine qua non" para una conferencia y contestó que tenía intención de aguardar hasta que Italia precisara su plan de una conferencia internacional.

Poco después de esta conversación entre Cadogan y Bonnet, Ciano telefoneó a Halifax. El ministro de Exteriores italiano escuchó atónito las palabras intransigentes del secretario del Foreign Office, quien repitió lo que había dicho a su colega francés: el Gobierno británico no consideraría el plan italiano de una conferencia hasta que Alemania hubiera evacuado totalmente el territorio polaco. Ciano comprobó asombrado que Halifax ignoraba la disposición de Hitler a suspender las hostilidades. El ministro italiano precisó que Alemania estaba conforme en detener la guerra el día 3 y acudir a la conferencia el día siguiente. Como había hecho Bonnet, el conde Ciano insistió en que exigir la retirada completa de las tropas alemanas era totalmente inaceptable y destruiría todas las posibilidades de un acuerdo pacífico. También Percy Loraine informó desde Roma a Halifax que Hitler había aceptado un armisticio y una conferencia internacional. El canciller alemán había declarado que sería capaz de detener las operaciones en todos los sectores al mediodía del domingo 3 de septiembre. Loraine le confirmó a Halifax que, según Ciano, Francia veía complacida la posibilidad de parar la guerra en menos de veinticuatro horas.

Entretranto, el ministro de Exteriores francés trató unilateralmente de persuadir a los polacos para que aceptaran una conferencia y envió instrucciones a su embajador en Varsovia. Kennard informó indignado a Halifax que Noël había recibido la orden de no revelar el contenido de las últimas directrices de Bonnet. El embajador británico decidió obtener la información del propio Beck, quien le confirmó que Francia le había pedido que aceptase una conferencia de cinco poderes, que incluiría a Gran Bretaña, Alemania, Francia, Italia y Polonia. Hitler no temía quedar en minoría sólo con el apoyo de Mussolini, ya que confiaba en el respaldo de Francia para logar un acuerdo. Kennard aconsejó al ministro de Exteriores polaco que rechazase la propuesta francesa; no obstante admitió a Halifax que Beck había rehusado desvelar su actitud sobre el plan de una conferencia, pese a lo cual Kennard confiaba en que la respuesta polaca sería negativa. El Sejm polaco convocó una sesión especial el 2 de septiembre y los representantes ucranianos se declararon aterrorizados ante la perspectiva de una invasión soviética por el este como consecuencia del pacto Ribbentrop-Mólotov.

Asimismo la Cámara de Diputados y el Senado de Francia se reunieron a partir de las tres de la tarde del 2 de septiembre. El Gobierno pretendía obtener de las cámaras carta blanca para tomar la decisión que podía conducir a la guerra o a la paz. Sin embargo, tanto el primer ministro Daladier en el Parlamento como el vicepresidente Chautemps en el Senado apostaron en discursos moderados por una solución pacífica de la crisis. Pierre Laval habló en el Senado y advirtió que sería inconstitucional entrar en el conflicto sin solicitar la declaración de guerra al Parlamento. Laval compartió con Bonnet la idea de que Polonia había incumplido sus obligaciones con Francia y persistió en avisar a Daladier que una declaración injustificada de guerra contra Alemania sería suicida para Francia.

Cada una de las horas de la tarde del 2 de septiembre podía ser determinante para el futuro de Europa y de ello era muy consciente el secretario del Foreign Office, cada vez más alarmado por la posición del Gobierno francés, que estaba originando serias dudas en Londres. Halifax pidió por cable un esfuerzo suplementario a Phipps, el embajador británico en París: "Le estaremos agradecidos -se decía- por cuanto pueda usted hacer para infundir coraje y determinación al señor Bonnet." El embajador Phipps informó al Foreign Office de que los franceses estaban preparados para considerar una nota conjunta si los esfuerzos de mediación de Italia no daban resultado, en cuyo caso eran partidarios de ofrecer cuarenta y ocho horas antes de la expiración del posible ultimátum. Desde Varsovia Kennard reclamaba una y otra vez que Gran Bretaña y Francia atacasen a Alemania inmediatamente. Absurdamente, el embajador británico llegó a sondear a diplomáticos soviéticos para descubrir si la URSS estaría dispuesta a ofrecer suministros militares a los polacos.

A últimas horas de la tarde del 2 de septiembre el Gobierno francés, cada vez más presionado por los británicos, mantenía una reunión decisiva. El embajador Phipps, en permanente contacto con el Foreign Office, confirmó a Halifax que imperaba el sentimiento de buscar el acuerdo para evitar la guerra y que se esperaba que entre las 20:00 y las 21:00 el Consejo de Ministros podía haber tomado una decisión. El secretario del Foreign Office, que temía que el ministro de Exteriores Bonnet fuera capaz de imponer sus planteamientos, decidió telefonear a Ciano con el fin de dinamitar su gestión mediadora. La llamada se produjo exactamente a las 18:38, hora en que el Gobierno de Francia se hallaba deliberando. Halifax, según Hoggan, engañó a Ciano, pues no sólo le dijo que no podía haber conferencia sin la retirada de las tropas alemanas de Polonia, sino que añadió que Francia y Gran Bretaña habían llegado a un acuerdo completo sobre esta importante cuestión. Ello llevó a Ciano a pensar que Bonnet había aceptado la imposición británica, a pesar de que el Consejo de Ministros seguía reunido en París.

A las 19:30 Chamberlain presentó ante el Parlamento una versión distorsionada sobre los esfuerzos de paz que se venían realizando. El primer ministro británico, siguiendo la línea de mentiras diseñada por el secretario del Foreign Office, declaró que Gran Bretaña no podía aceptar la negociación en una conferencia mientras las ciudades polacas estaban siendo bombardeadas y los campos invadidos. Chamberlain, que sabía perfectamente que Hitler había aceptado suspender las hostilidades en el acto para poder celebrar la conferencia, siguió las instrucciones de Halifax, cuyo objetivo prioritario era acabar con la última oportunidad de evitar la guerra que iba a devastar a Europa. Por su parte, Halifax intervino en la Cámara de los Lores, donde repitió que "las ciudades estaban siendo bombardeadas".

Desgraciadamente, la estrategia de Halifax ante Ciano dio resultados y Mussolini concluyó que la causa de la paz estaba perdida. Hoggan considera que los italianos cometieron un error imperdonable, toda vez que Gran Bretaña nunca hubiera ido sóla a la guerra contra Alemania. He aquí sus palabras:

> "No había ninguna justificación, a pesar de su confuso plateamiento sobre el tema, para creer ninguna declaración de Halifax sin comprobar antes su exactitud mediante otras fuentes. Ambos, Ciano y Mussolini, sabían que la historia de la diplomacia británica estaba salpicada con engaños y mentiras. Los líderes italianos creyeron ingenuamente que ningún líder europeo, incluido Halifax, podía ser tan despiadado como para provocar una guerra mundial después de los recientes y amargos horrores de la I Guerra Mundial. Su juicio estaba también ensombrecido por la vanidad.

Halifax, durante varios años había combinado inteligentemente adulaciones y amenazas en su trato con los líderes italianos. Fue especialmente trágico que Mussolini, que era un líder astuto y competente, no fuera más crítico entonces en la valoración de Ciano. Tiempo después se dio cuenta de que Ciano no estaba suficiengemente capacitado para desempeñar un cargo tan importante, pero luego era ya demasiado tarde."

A las 20:00 Kennard comunicó por enésima vez que Beck pedía que Gran Bretaña enviase inmediatamente soporte aéreo. Los líderes polacos no habían todavía comprendido que Londres no los ayudaría. Kennard, que sí podía haberlo interpretado, envió a pesar de todo estas palabra a Halifax: "Confío en recibir lo antes posible la confirmación de nuestra declaración de guerra y que nuestra fuerza aérea hará todos los esfuerzos para mostrar actividad en el frente occidental con el fin de aliviar allí la presión." Kennard parecía ignorar, pues, que su país no estaba en disposición de hacer nada para ayudar a los polacos en el oeste.

Las catastróficas instrucciones de Ciano a Attolico llegaron a Berlín a las 20:20 del día 2 de septiembre. En ellas anunciaba a su embajador que Mussolini había retirado su oferta de mediación. Ciano añadió que era inútil proseguir con los esfuerzos de paz cuando tanto Gran Bretaña como Francia insistían en la retirada de las tropas alemanas como condición necesaria para la aceptación de la conferencia. Se aconsejó a Hitler que abandonase su plan para un armisticio, pues el plan de una conferencia había sido descartado. Sin embargo, a las 20:20 el Gobierno francés había suspendido momentáneamente su reunión sin haber llegado a una decisión sobre las condiciones para la aceptación de la conferencia. Bonnet, que seguía aspirando a convencer a sus colegas, quedó pasmado cuando supo que los italianos habían abandonado su gestión. A las 20:30 telefoneó a Ciano y le aclaró que Francia no había aceptado aún la condición imposible que exigían los británicos. El ministro italiano escuchó anonadado las palabras del jefe de la diplomacia francesa y le confesó que no veía cómo Italia podía corregir el error cometido. Anatole de Monzie, ministro de Obras Públicas, un pacifista convencido de la necesidad de una alianza entre Francia e Italia para evitar la guerra, tan pronto supo lo ocurrido imploró a Bonnet que retomase los esfuerzos para la conferencia con la condición de que Alemania detuviera el avance, pero el ministro de Exteriores le expresó que no lo veía ya factible.

Por fin a las 21:30 el embajador británico en Roma se puso en contacto con el Foreign Office mediante un cablegrama, en cuyo texto figuraban estas palabras: "los italianos no consideran posible presionar al Gobierno alemán para que siga aceptando las recomendaciones del señor Mussolini." Halifax recibió encantado esta noticia y se aprestó decidido a lanzar su ofensiva ante el Gobierno francés. A las 21:50 Chamberlain telefoneó a Daladier y, tergiversando una vez más los hechos, se quejó de que había padecido una "escena irritante" en el Parlamento al anunciar que estaba aún consultando con Francia la presentación de un ultimátum. En realidad no había habido otra escena enojosa que la protagonizada por el judío sionista Leopold Amery, el redactor de la Declaración Balfour, que se había quejado porque Chamberlain no había sido suficientemente beligerante en su discurso. En *"The Holy Fox". A Life of Lord Halifax* Andrew Roberts reproduce este momento de la sesión en los Comunes: "... Cuando el líder del Partido Laborista, Arthur Greenwood, se levantó para hablar, Leo Amery gritó: '¡Hable en nombre de Inglaterra!' Greenwood dijo a la Cámara: 'Cada minuto de demora significa ahora... poner en peligro nuestro honor nacional.'."

Chamberlain le manifestó a Daladier que antes de medianoche deseaba comunicar a la opinión pública británica que a las 8:00 de la mañana del día 3 de septiembre Francia y Gran Bretaña presentarían ultimátum a Alemania, cuyo plazo expiraría al mediodía. Es decir, Chamberlain, con descaro absoluto, le daba a Daladier un plazo de dos horas para que se aviniese a sus exigencias. El jefe del Gobierno francés, asombrado ante la histeria del premier británico, pero convencido a la vez de que Londres había ganado la partida, rechazó la petición con la excusa de que Ciano podía retomar la mediación. Daladier desaconsejó cualquier acción diplomática antes del mediodía de día siguiente. En Londres no gustó nada la respuesta de Daladier a Chamberlain, por lo que Halifax, consciente de que sin la mediación italiana Francia estaba ya muy debilitada, decidió telefonear a Bonnet a las 22:30 con el fin de realizar una apuesta muy arriesgada.

El secretario del Foreign Office anunció al ministro de Exteriores galo que, independientemente de la actitud de Francia, el Reino Unido presentaría a las 8:00 del día siguiente su ultimátum. Halifax llevó la voz cantante durante la conversación telefónica y acabó por imponer sus exigencias a Bonnet. Posteriormente redactó un memorándum sobre el diálogo mantenido con su colega francés, en el que escribió que Bonnet, después de algunas dudas, "finalmente estuvo de acuerdo". A las 23:50 Halifax, a pesar de que sabía que no presentaría el ultimátum hasta el día siguiente, instruyó a Henderson que advirtiera a Ribbentrop que podía solicitar verlo en cualquier momento, lo cual equivalía a una desconsideración evidente. Poco después, alrededor de la medianoche, Bonnet mantuvo una larga conversación con el embajador italiano Guariglia, en la que admitió su claudicación. Ambos coincidieron en que la falta de cooperación de Gran Bretaña había hecho imposible la conferencia.

Andrew Roberts escribe en *The Holy Fox* que una vez el Gobierno hubo tomado la decisión de rechazar la conferencia y enviar al día siguiente un ultimátum que expiraría en sólo dos horas, Halifax regresó al Foreign Office pasada la medianoche en compañía de Sir Ivone Kirkpatrick, quien había sido primer secretario de la Embajada británica en Berlín hasta 1938. Kirkpatrick, cuyas palabras reproduce Roberts, recuerda que, una vez enviados todos los telegramas, Halifax "pareció aliviado de que hubiésemos tomado nuestra decisión... Ordenó que le trajeran cerveza, que fue servida por un somnoliento empleado residente que iba en pijama. Nos reímos y bromeamos, y cuando le dije a Halifax que habían llegado noticias de que Göbbels había prohibido escuchar las emisiones radiofónicas, replicó: 'Él debería pagarme por escuchar esto'." La escena no puede ser más reveladora: mientras el ministro Bonnet y los embajadores Henderson y Guariglia se han esforzado por evitar la guerra, conscientes de la hecatombe que iba a suponer para decenas de millones de personas, Lord Halifax, aliviado por haber logrado su objetivo, bebe cerveza y se divierte con un colega cual un vulgar fanfarrón. En la biografía que venimos consultando, se ofrecen muestras variadas de la petulancia de Halifax. Roberts, citando como fuente al embajador polaco Raczyinski, relata, por ejemplo, que cuando Hitler ofreció la disponibilidad de Alemania para garantizar el Imperio británico, la noticia fue considerada como un insulto por Halifax, "en cuyo rostro se esbozó una mueca despectiva".

Henderson entregó a las 9:00 del 3 de septiembre el nefasto ultimátum al Dr. Paul Schmidt, el intérprete alemán. Ribbentrop, probablemente molesto por la descortesía de Halifax en la noche anterior, había evitado al embajador británico con la excusa de que no estaba de humor para recibir "ultimata" aquel día. Schmidt presentó el documento en la oficina del Führer en la Cancillería. Cuando el intérprete entró, imperaba el silencio en la habitación. Hitler estaba sentado en su escritorio y Ribbentrop se hallaba de pie junto a una ventana. Después de leer calmadamente la nota, hubo un momento de pausa y luego el canciller alemán se preguntó pensativo: "¿Y ahora qué?" Se produjo otra pausa, y Ribbentrop dijo en voz baja: "Supongo que Francia entregará un ultimátum similar en las próximas horas." Schmidt salió del despacho del Führer y comentó a un grupo integrado por importantes dirigentes: "Dentro de dos horas Alemania y Gran Bretaña estarán en guerra." En su afán por hacer inevitable la guerra, Halifax, que días antes había considerado que veinticuatro horas eran insuficientes para que Varsovia enviara a un plenipotenciario a Berlín, dio sólo un plazo de dos horas a Alemania para que capitulase. Göring dijo solemnemente a los presentes: "Que el cielo se apiade de nosotros si perdemos esta guerra."

A las 11:20 del 3 de septiembre, poco después de que expirase el ultimátum, Ribbentrop recibió al embajador Henderson y le entregó la contestación para Chamberlain y Halifax, que comenzaba así: "El Gobierno alemán y el pueblo alemán rechazan recibir, aceptar y mucho menos cumplir las exigencias en forma de ultimátum hechas por el Gobierno británico." La nota aludía a las condiciones inaceptables padecidas por la minoría alemana y terminaba con estas palabras: "El pueblo alemán y su Gobierno no pretenden, como Gran Bretaña, dominar el mundo, pero están resueltos a defender su propia libertad, su propia independencia, y por encima de todo su vida." Antes de retirarse, Henderson se limitó a decir que la historia juzgaría en qué lado se hallaban las verdaderas responsabilidades, a lo que

Ribbentrop contestó que la historia juzgaba ya que nadie había trabajado con mayor empeño que Hitler para el establecimiento de buenas relaciones entre Alemania y Gran Bretaña.

En Londres, simultáneamente, ya a las 11:12 de la mañana se constató que no había respuesta oficial de Berlín, por lo que Chamberlain y Halifax redactaron la comunicación que iban a presentar al mediodía en el Parlamento. Halifax anunció personalmente la declaración de guerra en la Cámara de los Lores. En los Comunes, Winston Churchill se refirió a la guerra inminente con una frase supuestamente para la historia: "Nuestras manos pueden estar ocupadas, pero nuestras conciencias están en paz". Es difícil comprender cómo es posible mantener en paz la conciencia cuando se ha tomado una decisión indecente que va a desatar la mayor carnicería de la historia de la humanidad. Andrew Roberts comenta lo siguiente sobre la frase de Churchill: "La conciencia limpia de Gran Bretaña era un valor fundamental para la guerra, obtenido a través de los esfuerzos ilimitados de su secretario del Foreign Office para asegurar la paz, incluso después de que sus propias esperanzas personales se habían reducido a nada." Estas palabras constituyen un ejemplo culminante de la falsificación de la realidad y ponen en evidencia al autor.

El embajador francés se presentó a las 12:30 en la Wilhelmstrasse, donde fue atendido por Weizsäcker. El ultimátum que presentaba Coulondre expiraba a las 17:00 de quel mismo día. Ribbentrop, que estaba recibiendo al nuevo embajador de la URSS, había pedido a Weizsäcker que no dejase marchar a Coulondre, pues tenía intención de hablar con él. El ministro de Exteriores alemán llegó enseguida y mantuvo una breve y seria discusión con el embajador, al que recordó que el 6 de diciembre de 1938 Francia había firmado con Alemania una declaración de amistad. Coulondre sólo declaró que siempre había temido que su misión diplomática en Berlín acabaría de este modo.

La suerte de los pueblos europeos, condenados a la peor tragedia de toda su historia, estaba echada. Absurdamente, a pesar de los esfuerzos realizados por muchos líderes que deseaban la paz, la política de guerra de Halifax, apoyada por el presidente Roosevelt, acabó triunfando. Se mire como se mire, nada justificaba las declaraciones de guerra de Gran Bretaña y Francia cuando Hitler había aceptado el armisticio apenas comenzada la invasión. Como destaca Paul Rassinier, "en la historia de las guerras no existe ningún ejemplo de que la potencia a quien se pide un armisticio haya retirado sus tropas a las fronteras antes de haber emprendido las negociaciones. El cese de las hostilidades se hace con las tropas inmovilizadas en el lugar y sólo se retiran una vez firmado el armisticio, según el plan previsto."

El cheque en blanco entregado a Polonia por Halifax, quien aconsejó descaradamente a los líderes polacos que rechazaran las negociaciones, fue la causa determinante del desafío polaco a Alemania y constituyó un impulso decisivo hacia la guerra. En cuanto a la ceguera e incompetencia de los líderes de Varsovia, baste decir que ni siquiera supieron comprender lo que significaba el rechazo de los británicos a garantizar la seguridad de Polonia en caso de una agresión de la URSS. No cabe la menor duda de que los polacos fueron utilizados sin el menor miramiento como un instrumento de la política belicista de Gran Bretaña, que era fervientemente apoyada por Estados Unidos. Ambos países constituían las herramientas imprescindibles del sionismo y de la banca judía internacional desde que en 1917 habían servido para garantizar la creación del Estado de Israel.

## Piezas y peones del sionismo internacional en el Gobierno británico

Aparte de Lord Halifax, quien, como se ha dicho, estaba emparentado con los Rothschild mediante el matrimonio de su hijo con una nieta de Lord Rothschild, otros agentes del sionismo detentaban importantes parcelas de poder en el Gobierno británico que declaró la guerra a Alemania. Mención destacada merece Winston Churchill, que el 1 de septiembre de 1939 fue nombrado primer Lord del Almirantazgo y el 10 de mayo de 1940 iba a convertirse en primer ministro. Martin Gilbert, biografo oficial de Churchill, publicó en 2007 el libro *Churchill and the jews. A lifelong friendship* (*Churchill y los judíos. Una amistad de toda la vida*), en el que expone con la mayor naturalidad que el premier británico era un sionista.

Sabemos ya que un antecesor paterno de Churchill, John Churchill, primer duque de Marlborough, cuando ostentaba la jefatura del Ejército en 1688, fue sobornado con 350.000 libras esterlinas por Medina y Machado, dos banqueros judíos sefardíes de Amsterdam. El duque de Marlborough traicionó a su soberano Jacobo II y se unió a las fuerzas de Guillermo de Orange. En agradecimiento a los servicios prestados, Salomón Medina lo recompensó con una asignación anual de 6.000 libras esterlinas. Se ha visto también que, siendo por primera vez Lord del Almirantazgo en 1915, Winston Churchill, en compadreo con el coronel Mandell House, pretendió precipitar la entrada de Estados Unidos en la I Guerra Mundial facilitando el hundimiento del *Lusitania*. Añadiremos ahora algunas informaciones procedentes de la obra citada para constatar hasta qué punto Churchill estaba comprometido con el sionismo internacional.

"Durante más de medio siglo -escribe Gilbert- la vida de Churchill estuvo entrelazada con cuestiones judías." La relación comenzó en la adolescencia, pues ya entonces su padre, Lord Randolph Churchill, lo puso en contacto con los Rothschild. Cuando en 1937 la Comisión Peel propuso la división de Palestina en dos Estados, Churchill, con menosprecio categórico hacia los derechos del pueblo palestino, declaró que no estaba a favor de la partición y que el Estado sionista debía obtener toda Palestina. 1938 fue un año sangriento en la "tierra prometida", donde cerca de mil quinientos árabes fueron asesinados. El 19 de mayo de 1939 el Gobierno de Chamberlain, ignorando que una de las finalidades fundamentales de la guerra era provocar el éxodo masivo de judíos a Palestina, publicó el llamado Libro Blanco de MacDonald, que los sionistas llamaron el Libro Negro. En este documento se propugnaba una Palestina gobernada en común por árabes y judíos y se limitaba la inmigración a un máximo de 75.000 judíos en los próximos cinco años, lo cual aseguraba una mayoría árabe en el futuro Estado. Antes de que se produjera el debate en la Cámara de los Comunes, Churchill invitó a almorzar a Chaim Weizmann y a otros líderes sionistas y les leyó el discurso que iba a pronunciar. Tal fue su servilismo, que el propio Weizmann reconoce en sus memorias que Churchill le ofreció cambiar lo que le pareciera oportuno. El día 23 de mayo de 1939, durante el debate, Churchill acusó al Gobierno de traicionar la *Declaración Balfour*: "Ahora hay una ruptura -dijo-, una violación de la promesa, hay un abandono de la Declaración Balfour, se produce el fin de la visión, de la esperanza, del sueño." La obra de Martín Gilbert, en fin, demuestra con claridad meridiana que el premier de Gran Bretaña durante la II Guerra Mundial era una pieza fundamental del sionismo internacional.

El gran debate terminó con la victoria de Chamberlain y su Libro Blanco por una mayoría de 268 contra 179; pero hubo 110 abstenciones. Entre otras cosas, el debate demostró que la oposición laborista apoyaba a los sionistas y fue el primer aviso para el primer ministro de que su propio partido podía sustituirlo. A partir de este momento, la figura de Winston Churchill, un político cuyo declive había sido continuado durante diez años y que, según sus biógrafos, sufría depresiones porque creía que estaba "acabado" políticamente, emergió como por encanto gracias al poyo del sionismo internacional, cuyo líder Chaim Weizmann se presentó en el despacho del recién nombrado primer Lord del Almirantazgo tan pronto estalló la guerra[5].

Otro ejemplo es Isaac Leslie Hore-Belisha, hijo de Jacob Isaac Belisha, un judío que no había nacido en Inglaterra. Miembro de los liberales, Hore Belisha consiguió que Chamberlain lo nombrara Secretario de Estado para la Guerra entre 1937 y 1940. Los diputados conservadores recriminaron a su líder por haber confiado un cargo tan importante a un belicista, al que apodaron Horeb-Elisha, un retruécano que hacía alusión a

---

[5] Existe una polémica sobre el origen de la madre de Churchill, Jenny Jerome, cuyo verdadero nombre sería Jenny Jacobson/Jerome, desde que el 18 de enero de 1993 Moshe Kohn apuntó en un artículo publicado en *The Jerusalem Post* que era una judía de Nueva York. Si fuera así, el propio Winston Churchill sería judío. También el historiador David Irving aludió en *Churchill's War* a los ancestros judíos de Churchill, aunque parece ser que su fuente fue el citado Moshe Kohn. Otros autores, sin embargo, niegan que Jenny Jerome fuera judía. De todos modos, lo relevante no es si Churchill era o no judío, sino si era un sionista que estaba al servicio de la causa. De ello no existe ninguna duda como ha quedado explicado.

su origen judío (El monte Sinaí es en hebreo el monte Horeb). Muchos conservadores lo acusaron de estar más preocupado por los judíos que por los ingleses y de querer precipitar la guerra contra Alemania. Con objeto de controlar a las fuerzas armadas, el nuevo ministro procedió a despedir a tres miembros prominentes del Estado Mayor. Uno de ellos, el mariscal de campo John Vereker Gort, Lord Gort, no soportaba estar en una habitación en compañía de Hore Belisha. Enseguida Hore Belisha introdujo en el Ministerio a numerosos correligionarios judíos, sirvan de ejemplo tres nombres: Sir Isidore Salmon, al que nombró consejero adjunto; Humbert Wolfe, intelectual que elaboró para el ministro una lista de escritores que podían servir como propagandistas; Lord Stanhope, primer Lord del Almirantazgo. Pronto el sentimiento de indignación descendió a los rangos inferiores del ejército y a la opinión pública. Los soldados británicos cantaron en los primeros meses de la guerra una canción del siglo XIX titulada *Onward, Christian Soldiers* (*Adelante soldados cristianos*), cuya traducción sería:

> "Adelante ejército forzoso,/ no tienes nada que temer./ Isaac Hore-Belisha/ te guiará desde la retaguardia./ Vestidos por Monty Burton (Montague Maurice Burton, en realidad Moshe Osinsky, un judío lituano que tenía la mayor cadena de tiendas de ropa),/ alimentados por los pasteles de Lyons (una cadena de restaurantes de propiedad judía);/ lucha por las conquistas Yiddish,/ mientras los británicos mueren./ Adelante ejército forzoso,/ en marcha hacia la guerra./ Lucha y muere por la judería,/ como ya hicimos antes (alusión a la Declaración Balfour).

El canciller del Exchequer, el hombre que negoció con los banqueros los empréstitos multimillonarios para la guerra, fue Sir John Simon, amigo y protegido de Sir Philip Sassoon, financiero judío y líder sionista emparentado con los Rothschild que murió prematuramente el 3 de junio de 1939. Los Sassoon, judíos de origen iraquí enriquecidos con la producción y exportación de opio, son predominantes en la banca de China e India. Fue el padre de Philip Sassoon, Sir Edward Albert Sassoon, quien se casó con una Rothschild. El 15 de febrero de 1939, el canciller del Exchequer, Sir John Simon, declaró en la Cámara de los Comunes que el Tesoro público tenía la intención de duplicar el endeudamiento público para comprar armamentos, el cual iba a pasar de 400 millones de libras esterlinas a 800. Durante un tiempo Simon fue considerado judío en Alemania; pero parece ser que las propias autoridades nazis lo desmintieron posteriormente.

Numerosas secretarías, subsecretarías, consejerías e incluso algunos Ministerios más del Gabinete que declaró la guerra a Alemania estuvieron en manos de judíos, masones y gentiles casados con mujeres de raza judía. El matrimonio de judías con gentiles adinerados o influyentes comenzó ser práctica habitual a partir del siglo XIX. "No te cases con ellos. Tu hija no des a su hijo, y su hija no tomes para tu hijo." Esta prohibición, que procede del *Deuteronomio*, no se aplica con frecuencia por razones de interés. Puesto que es la madre la que determina el judaísmo (se es judío por derecho al nacer de una madre judía), muchas mujeres comenzaron a casarse con aristócratas, científicos, intelectuales, hombres adinerados o políticos influyentes. Lenin, Stalin y Mólotov, como sabemos, contrajeron matrimonio con mujeres judías.

## 2ª PARTE
## HECHOS RELEGADOS
## DE LOS PRIMEROS AÑOS DE GUERRA

Dedicaremos este segundo apartado sobre la II Guerra Mundial a relatar hechos poco reseñados. Algunos son ignorados u ocultados, otros que sí son conocidos no reciben la atención que merecen y son deliberadamente olvidados. El primero de ellos, que abordaremos a continuación, es la masacre de civiles de la minoría alemana en Polonia, cuyo episodio más conocido es el llamado "domingo sangriento" de Bromberg. Ya el 19 de septiembre de 1939 Hitler denunció parte de los hechos en un discurso pronunciado en Danzig. El canciller alemán, después de expresar su reconocimiento a los soldados polacos que se habían batido con valentía en el campo de batalla y de criticar a los mandos del ejército de Polonia por su incompetencia, comunicó que trescientos mil polacos habían caído prisioneros, dos mil de los cuales eran oficiales. Enseguida pasó a denunciar que miles de personas, muchas de ellas mujeres, muchachas jóvenes, niños y ancianos habían sido brutalmente asesinados de una manera salvaje. Calificó los hechos como los más sucios vistos en siglos y aseguró que, como soldado en el frente del oeste durante la primera guerra mundial, nunca había visto nada igual. Después de denunciar el silencio de los llamados países democráticos, tantas veces lamentado con anterioridad por el embajador Henderson, aseguró que, pese a todo, había ordenado a la Luftwaffe que sólo actuase contra las unidades militares. Hitler se refirió textualmente a los criminales como "bestias sádicas que se habían dejado llevar y habían permitido que sus instintos pervertidos se desataran mientras el beato mundo democrático los contemplaba sin mover un pelo."

### La matanza indiscriminada de la minoría alemana en Polonia

En 1940 se publicó en Berlín el texto *Dokumente Polnischer Grausamkeit*, que puede leerse en inglés en "Internet Archive" bajo el título de *The polish atrocities against the german minority in Poland* (*Las atrocidades polacas contra la minoría alemana en Polonia*). Se trata de un libro elaborado con los registros penales de los tribunales especiales de justicia que se crearon en Bromberg y Posen, los informes de las comisiones policiales de investigación, los testimonios de médicos expertos del Departamento de Inspección Sanitaria del Alto Mando Militar y los documentos originales de la Comisión Militar dependiente del Alto Mando, que se creó para investigar las violaciones de la Ley Internacional. Estas cortes de justicia establecidas en Bromberg y Posen fueron tribunales ordinarios, que administraron justicia basándose en el Código Penal de

Alemania y en la jurisprudencia del Tribunal Supremo del Reich. En el informe, editado y publicado por orden del Ministerio de Asuntos Exteriores de Alemania, figuran, pues, mútiples pruebas documentales recopiladas por distintos organismos. Una segunda obra sobre el gigantesco pogromo contra los alemanes perpetrado en Polonia fue asimismo publicada en 1940 por Edwin Erich Dwinger con el título de *Der Tod in Polen. Die Volksdeutsche Passion* (*Muerte en Polonia. La pasión de la minoría alemana*).

El 1 de febrero de 1940 las autoridades tenían ya identificados 12.857 cadáveres, pero no se había encontrado ningún rastro de 45.000 miembros de la minoría alemana que seguían desaparecidos, a los que se daba por muertos, por lo que fueron añadidos al número total de víctimas, que rondaba así las 58.000 personas. Se ha visto ya en las páginas anteriores que las expulsiones, deportaciones en masa y asesinatos de la minoría étnica alemana habían comenzado en Polonia mucho antes de que se produjera la invasión. A pesar de ello, y de repetidos alegatos que anunciaban que en caso de guerra con Alemania todos los alemanes debían ser asesinados y las granjas incendiadas, la mayoría de ellos, enraízados en sus casas y propiedades, que en muchos casos habían sido adquiridas por sus antecesores cientos de años antes y heredadas de generación en generación, decidieron permanecer en sus hogares, puesto que no podían creer que las amenazas de asesinato se llevaran a cabo.

Apenas empezó la guerra, el día 1 de septiembre, se dio oficialmente una contraseña a través de la radio, que era la orden para que comenzara una campaña criminal contra los civiles alemanes, programada con anterioridad por las autoridades. Esta emisión radiofónica es una prueba evidente de que se trató de un genocidio organizado. Según los testimonios de la señora Weise, esposa de un prestigioso doctor que trabajaba en el Hospital Protestante de Posen, y del doctor Reimann, el mensaje comenzó con estas palabras. "¡Hola! ¡Hola! ¡Alemanes, checos y bohemios! Cúmplase la orden número... enseguida." Ninguno de estos dos testigos estaba seguro del número exacto que se había dado; pero otro testigo, Konrad Kopiera, director del Centro Schicht de Varsovia, recordó que el número de la orden era el 59. Otra vecina de Posen (Poznan), la señora Klusseck, informó sobre una segunda orden que ella escuchó a través de la radio en la tarde del día 1 de septiembre. Como la anterior, debía ejecutarse de inmediato e iba dirigida a todos los tribunales, fiscales y otras autoridades. Dicha orden terminaba con un código que contenía más de siete dígitos numéricos, algunas letras y otros signos, el cual no pudo ser descifrado por las autoridades alemanas, que seguían investigándolo cuando se publicó el libro.

Entre el 31 de agosto y el 6 de septiembre se vivieron los días álgidos de la violencia desatada contra los civiles alemanes, que alcanzó el climax con el "domingo sangriento", acontecido el día 3 de septiembre en Bromberg, ciudad ubicada a orillas del río Brahe que después de la guerra pasó a llamarse Bydgoszez. Allí, como demuestran las fotografías que se adjuntaron a los *Dokumente Polnischer Graumsamkeit*, hombres, mujeres y niños fueron masacrados con una saña y un sadismo espeluznantes. Entre las víctimas abundaban los sacerdotes protestantes, muchachas adolescentes, con frecuencia violadas, niños de corta edad, ancianos, e incluso mujeres embarazadas. Ejemplo de estas mujeres embarazadas es Helene Sonnenberg, asesinada en Rudak junto a Martha Bunkowski y otras personas. Helene era la esposa del sacristán protestante de la parroquia de Rudak, Albert Sonnenberg. El 1 de septiembre el párroco fue sacado de su casa a punta de bayoneta. Enterada de ello, Helene, que estaba fuera con Heinrich, su hijo de tres años, decidió no regresar. Nadie quiso darles protección y pasaron seis días escondidos en graneros y en fábricas de ladrillos. El 6 de septiembre encontró a Martha Bunkowski, una mujer soltera que, como ella, se escondía de las turbas. El día 7 Martha fue a buscar ropa para el pequeño Heinrich. Cuando regresó, lo hizo acompañada de soldados. El 8 de septiembre ambas mujeres fueron halladas muertas en la pocilga de la casa del sacristán. El informe médico-legal del Dr. Panning decía lo siguiente: "El hecho de que los restos del feto no fueran hallados en el cuerpo de la madre sino entre los muslos se debe a un proceso conocido que se llama 'parto del féretro'. Es decir, la expulsión del cuerpo del niño del útero materno en este tipo de casos se produce como resultado de la putrefacción..."

Las testigos polacas Maria Szczepaniak y Luzia Spirka, ambas vecinas de Bromberg que se habían escondido en un sótano, declararon que los ciudadanos alemanes fueron asesinados de manera indiscriminada, independientemente de la edad, el credo religioso o el sexo. Ninguna clase social o rango, confirmaron estas testigos, se libró de la matanza: campesinos, granjeros, profesores, sacerdotes, médicos, comerciantes, trabajadores o empresarios fueron asesinados, torturados hasta la muerte, golpeados y apuñalados sin razón alguna. Paul Zembol, testigo de Pless (Pszczyna), ciudad del sur de Polonia próxima a las fronteras checa y eslovaca, dijo lo siguiente: "Nunca antes había visto rostros tan distorsionados por la furia o por expresiones bestiales. Ciertamente, habían dejado de ser seres humanos."

Cádaveres tiroteados o golpeados hasta la muerte se encontraron sin enterrar esparcidos en todas partes: en los umbrales de las casas, en patios y jardines, a lo largo de los caminos, a veces cubiertos con hojas y ramas, en las cunetas de los campos, en las orillas de ríos y lagos, en las cercanías de los bosques. En casi todos los casos habían sufrido espantosas mutilaciones: ojos sacados de las órbitas, dientes hechos añicos, cerebros rezumando de las calaveras, lenguas cortadas, rajados y abiertos los abdómenes, los intestinos fuera, piernas y brazos partidos, dedos de pies y manos amputados, castraciones, mujeres con pechos seccionados... En ocasiones los cuerpos yacían en el suelo atados de dos en dos, de tres en tres o aparecían en hileras con las manos atadas a las espaldas.

El "domingo sangriento" de Bromberg aconteció antes de que las tropas alemanas pudieran presentarse en la ciudad, en la que entraron el martes 5 de septiembre. Los autores de las matanzas fueron policías, soldados polacos que se estaban retirando en masa, y el populacho embrutecido. Para ilustrar cuál era la dinámica de los crímenes relataremos el caso de la familia Schmiede, para el cual disponemos de dos fuentes: el testimonio de la señora Irma Ristau, joven protestante de 25 años que vivía en el nº 10 de la calle Kartuzka de Bromberg, la cual prestó declaración bajo juramento ante un juez militar, y la versión de los hechos que figura en el capítulo segundo de la obra mencionada de Edwin Erich Dwinger. La fusión de ambos textos nos permitirá obtener una visión más completa de los hechos.

Ante el tribunal la Sra. Ristau, cuyo nombre de soltera era Bloch, declaró que su marido trabajaba en Bromberg para un maestro jardinero, el Sr. Schmiede, y que el sábado 2 de septiembre su esposo llamó a los Schmiede para confirmar si debía acudir a trabajar como de costumbre. La Sra. Ristau acompañó a su marido porque el día anterior había sido amenazada y golpeada con una barra de hierro en su lugar de trabajo y tenía miedo de quedarse sola. Además, un vecino llamado Pinczewski que vivía en el nº 8 de la calle Kartuzka los había acusado el día anterior de ser "dos hitlerianos" y los amenazó con descuartizarlos tan pronto comenzara la guerra. Los Schmiede tenían seis niños pequeños e Irma Ristau ayudaba desde hacía tiempo en la guardería infantil de la familia. El matrimonio Ristau pasó la noche en la casa del maestro Schmiede, cuyos jardines se hallaban en la periferia de la ciudad.

Durante el almuerzo del día siguiente, precisa E. E. Dwinger, un aprendiz entró en la habitación donde comían el matrimonio y sus seis hijos. El maestro jardinero le preguntó qué noticias había: "Sólo la misma llamada -respondió-. ¡Dura ya una hora! Cúmplase número 59. No entiendo qué quiere decir." Con una mirada el Sr. Schmiede impuso silencio; pero la Sra Schmiede lo notó y preguntó: "¿Estáis seguros de que no están maquinando alguna maldad?" El Sr. Schmiede trató de tranquilizarla. "¿Qué podrían hacernos? ¡Somos civiles! Siempre hemos cumplido con nuestras obligaciones y pagado nuestros impuestos con más celeridad que los propios polacos, hemos servido como soldados en su ejército... Quizá nos saquen fuera de la ciudad si se tiene que rendir Bromberg a los alemanes, esto es algo que cabe esperar, por supuesto." Cada vez más atemorizada la Sra. Schmiede sugirió si no sería mejor huir. En este momento, Irma Ristau, que se hallaba presente, contó las amenazas que había recibido de su vecino Pinczewski. "Calmaos -las cortó el maestro Schmiede- Además, es ya demasiado tarde, las tropas se están retirando y situarse ahora en medio es más peligroso que permanecer en la casa."

Poco tiempo después, miles de polacos en retirada inundaron las calles de la ciudad y avanzaron hacia el centro. "Como un flujo ardiente de lava fundida -escribe Dwinger- llenaron caminos y callejones, entraron enfebrecidos en cada casa habitada por alemanes. El núcleo de estas masas eran soldados, acompañados por chusma y estudiantes que les indicaban el camino hacia sus objetivos. En casa de los Schmiede entró un grupo de soldados con la bayoneta calada. El maestro jardinero, asustado, no supo expresarse en polaco. "No sabes polaco, hijo de puta -gritó un soldado-, pero tienes armas." De nada sirvió la invitación a registrar la casa, el soldado le ordenó que retrocediera tres pasos y le disparó. La Sr. Schmiede se arrojó al suelo junto a su esposo, herido de muerte. Milagrosamente, ninguno de los tres tiros que le dispararon a ella dio en el blanco (es probable que los criminales estuvieran ebrios). Se levantó de un salto y, gritando enloquecida, logró salir con los niños antes de que los soldados tuvieran tiempo de disparar de nuevo. Ya en el exterior, corrieron hacia un sótano que servía de refugio aéreo, donde la Sra. Schmiede se encerró con sus hijos y otros empleados, entre los que estaban Irma Ristau y su marido.

Los polacos rodearon entonces la casa y la incendiaron. En el sótano se generó el pánico y, ante el temor de morir abrasados o asfixiados, algunos trataron de salir, pero la entrada estaba en llamas, por lo que la única salida era una ventana. El primero en intentarlo fue un aprendiz, pero recibió un disparo en la cabeza tan pronto puso un pie en el exterior. Los siguientes en arriesgarse algo más tarde fueron los Ristau. Irma Ristau testificó lo siguiente:

> "Mi marido y yo trepamos y conseguimos llegar hasta la calle. Levantamos las manos en alto y dijimos a los polacos que nos rendíamos y que no disparasen, pero los civiles gritaron: 'debéis matar a éstos, son hitlerianos y espías'. Enseguida un soldado polaco disparó y mi marido se desplomó con una bala en la cabeza. Caí al suelo en medio del ruido y aterrorizada perdí la conciencia. Cuando recuperé el sentido había junto a mí un soldado con la bayoneta, el cual cogió el anillo matrimonial de mi marido, su reloj y 45 zlotys. Los zapatos de mi marido, que sólo había llevado en nuestra boda y algunos pocos días, los entregó a los civiles. Me agarró del pelo y me levantó, pero yo caí de nuevo al suelo junto a mi esposo. Cuando le pedí al soldado que me dejase por lo menos el anillo como recuerdo, me golpeó con la culata de su fusil en el cuello y en la espalda con tal violencia que aún hoy apenas puedo moverme."

Irma Ristau, dolorida e impregnada con la sangre de su marido, acabó en un cuartel, donde suplicó que la matasen, pues no deseaba ya vivir. "Es una pena malgastar una bala contigo -dijo uno de los soldados-; vete al diablo." De este modo la Sra. Ristau regresó donde había quedado el cuerpo de su esposo, donde vio cómo soldados y civiles lo estaban descuartizando. Añadiremos únicamente cómo concluye E. E. Dwinger el relato sobre la Sra. Schmiede, de la cual Imma Ristau no da más noticias en su declaración. Según este autor, salvó la vida de sus hijos colocando en sus bocas toallas empapadas con vinagre y protegiéndolos con su propio cuerpo de la balacera que entraba en el sótano a través de la ventana. Por la noche, la casa incendiada se derrumbó y la turba se dispersó. Al día siguiente se atrevieron a salir del sótano y, pese a que fueron detenidos, salvaron afortunadamente la vida.

Prácticamente todas las casas de Bromberg donde vivían alemanes fueron atacadas, por lo que familias enteras fueron asesinadas. Ninguno de los barrios de la ciudad se libró del pogromo. Podríamos presentar cientos de casos que figuran en los *Dokumente*, pues se trata de un informe exhaustivo de más de cuatrocientas páginas; pero ello sería sólo redundar en lo ya expuesto. Quizá, no obstante, sea de interés reproducir textualmente por lo menos una declaración completa. Escogemos la de Paul Sikorski por dos motivos: es breve y permite apreciar la crueldad extrema de los criminales. Deducimos que Sikorski, un hombre de treinta y cinco años de edad, fue tomado por polaco por el hecho de hablarlo a la perfección; sin embargo, declaró bajo juramento que era católico y que pertenecía a la minoría alemana:

"El domingo 3 de septiembre de 1939 alrededor de las seis de la madrugada fui al molino a apagar la luz y la turbina. De camino, escuché de repente fuertes gritos que procedían de la estación. A unos noventa metros vi cerca de los andenes a un grupo de ferroviarios, civiles y militares, golpeando a siete personas de entre veinte y sesenta años con las culatas de los rifles, las bayonetas y palos. Habían rodeado a las víctimas. Me acerqué y les oí gritar en polaco: 'matemos a los alemanes'. Incluso desde la distancia, vi salir la sangre a chorros. Di la vuelta cuando me di cuenta de que la horda quería venir hacia mí. Regresé a las nueve en punto y examiné los cuerpos. A dos de ellos les habían sacado los ojos con las bayonetas. Las órbitas estaban vacías y había sólo una masa sanguinolenta. Otros tres cuerpos tenían el cráneo abierto y el cerebro estaba a un metro de distancia. Los otros cuerpos estaban reventados. Uno de ellos aparecía totalmente abierto. Conocía a dos de las víctimas, eran Leichnitz, un carnicero de Jagershof, y el Sr. Schlicht.
Por la tarde, entre las tres y las cuatro, un grupo de soldados y ferroviarios vino a mi molino y trajo a dieciocho alemanes con ellos, iban atados por parejas. Los vi perfectamente desde mi jardín. Los dieciocho fueron fusilados de dos en dos y cuando yacían en el suelo los golpearon. Entre los muertos había un chico de catorce años y una mujer. Todo tenía que hacerse rápido en esta ocasión, pues partieron inmediatamente. Inspeccioné luego los cuerpos; estuvieron allí tres días.
El lunes por la mañana, cuando se decía que los soldados polacos habían evacuado la ciudad, dos soldados trajeron a una pareja de ancianos. Delante de mí los colocaron junto a una pared en el molino. Me precipité sobre los soldados, me arrodillé ante ellos y les supliqué en polaco que soltasen a los ancianos, que tenían unos sesenta y cinco años. Sin embargo, fui apartado con la culata del fusil por uno de los soldados, que

dijo: 'Deja que estos malditos alemanes mueran.' Antes de que pudiera levantarme habían abatido a los dos y sus cuerpos cayeron en una acequia..."

Antes de la invasión, las columnas de arrestados de la minoría alemana hacia el interior de Polonia eran cada vez más frecuentes. Numerosas personas testificaron ante los tribunales sobre su experiencia en estas marchas, que se generalizaron tan pronto comenzó la guerra. Un relato pormenorizado ante un tribunal militar fue ofrecido el 15 de septiembre por Gotthold Starke, redactor jefe del *Deutsche Rundschau* en Bromberg. Este periodista relató su experiencia a partir del día 1 de septiembre, fecha en que fue detenido en su domicilio e internado en un orfanato junto a otras personas de la minoría alemana y también de nacionalidad alemana, como por ejemplo el cónsul Wenger, su secretario, y otros funcionarios del Consulado General en Thorn. Según este testigo, a finales de abril y principios de mayo se habían elaborado ya las listas de personas que debían ser arrestadas. Había tres tipos de detenidos, a los que se clasificaba en tres grupos mediante boletos de colores: rojo, rosa y amarillo.

Un resumen breve del relato permitirá apreciar las penalidades de estas marchas. Starke relata que el 2 de septiembre llegaron más prisioneros al orfanato. A las cinco de la tarde fueron congregados en el patio y separados en dos niveles. Luego comenzó la marcha, que atravesó las calles de Bromberg entre insultos y escupitajos de la población polaca. Los detenidos, entre los que había niños, mujeres y ancianos, debían ser conducidos a Thorn, a treinta y seis millas de distancia. El 4 de septiembre marcharon desde Thorn hacia Ciechocinek, donde fueron alojados en campamentos para jóvenes y separados por sexos. Quienes no se habían provisto de algo para comer, que eran la mayoría, llevaban ya días sin alimentarse. El 5 de septiembre salieron de Ciechocinek en dirección a Wloclawek y al mediodía, bajo un sol abrasador, acamparon en un vertederero de basura de Nieszawa. Allí se les unió un numerosísimo grupo de prisioneros de Pomerelia, entre los que había ancianos y mujeres en pésimas condiciones. Todos fueron encerrados en un gimnasio al llegar a Wloclavek, donde no se les dio ni agua. El día siguiente, 6 de septiembre, emprendieron camino hacia Chodsen, donde se les agregaron nuevas columnas de presos de Pomerelia. Según Starke, los detenidos eran ya cerca de cuatro mil, de los cuales entre seiscientos y ochocientos procedían de Bromberg. Entre ellos había cerca de mil polacos: socialdemócratas, convictos y otros individuos de aspecto turbio. En definitiva, la marcha continuó en días sucesivos hasta que el 9 de septiembre llegaron a Lowitsch bajo el fuego de la artillería alemana, por lo que los guardianes polacos los abandonaron. De los cuatro mil detenidos quedaban sólo dos mil. Los mil polacos ya no estaban. Comenzó entonces la desbandada de los prisioneros, muchos de los cuales alcanzaron las posiciones alemanas. Desde la salida de Bromberg habían recorrido a pie unas ciento cincuenta millas.

Veamos ahora más de cerca una de estas marchas a través del relato de Herbert Mathes, propietario de una fábrica de muebles en Brombreg, quien bajo juramento relató ante el tribunal lo ocurrido a ciento cincuenta alemanes que marcharon a Piecki, cerca de Brzoza. Su hijo Heinz Mathes ratificó la declaración. Herbert Mathes y sus dos hijos de trece y quince años fueron detenidos en Bromberg el 3 de septiembre por cuatro hombres armados con hachas, que los entregaron a los soldados. Atados de manos, fueron integrados en un grupo de cien ciudadanos bien conocidos en la ciudad y conducidos a los barracones de la estación. Ya en el camino fueron golpeados, escupidos y amenazados con cuchillos y hachas. Más detenidos, entre los que había otros padres con sus hijos, se congregaron en la estación. En total había unas cuatrocientas personas, de las cuales las más afortunadas fueron apartadas para que cargasen municiones y salvaron la vida. El resto marchó hacia Brzoza. "Los ancianos que no podían seguir -declaró Mathes- fueron heridos con las bayonetas y algunos murieron. Poco después más allá de la ciudad se dio la voz de 'alto' y se nos disparó desde delante y desde atrás. Muchos fueron asesinados de esta manera bestial." Se organizó después un convoy de unas ciento cicuenta personas. "Protegí a mis hijos -sigue relatando el testigo- y fui herido con una bayoneta en el muslo." Durante la marcha aquellos que no podían seguir y se sentaban "eran liquidados a culatazos porque después de unas dos horas el teniente prohibió disparar." A las cinco de la madrugada sólo cuarenta y cuatro personas seguían vivas cuando se les dejó descansar en un establo. Heinz Mathes, que entendía el polaco, comunicó a su padre que habían ido a buscar gasolina para quemarlos allí, aunque se iba a permitir a los niños regresar a casa. Al no encontrar gasolina, a las siete y media de la mañana los soldados ordenaron a los prisioneros que se alineasen de tres en tres. Los primeros tres fueron fusilados y el relato sigue así:

> "Esto se repitió hasta seis veces. Heinz, valientemente, suplicó que no lo matasen ni a él ni a su hermano Horst; recibió una herida de bayoneta en su hombro derecho. 'Otros tres'. Entonces Heinz me dijo que el cabo había dicho que era un derroche de buenos cartuchos y que los restantes deberían ser acuchillados. '¡Oh Dios mío!' Sólo podía oírse. Los que no estaban callados recibieron los mortíferos golpes apagados de las culatas. Nosotros tres éramos los siguientes, había otros cinco detrás. Salimos cogidos de la mano, pero fuimos apartados a la izquierda. Dos soldados, cabos, nos agarraron y nos empujaron unos pasos adelante. Eran los ladrones a quienes, sagazmente, Heinz había dicho durante el día que poseíamos objetos de valor y dinero. Les dimos entonces todo lo que teníamos y comenzaron a pelearse por el reparto. Momento que aprovechamos para salir corriendo... Andamos errantes toda la noche; era la noche del lunes. Heinz fue vendado con un trozo de mi camisa. Íbamos

en camisa, nos habían quitado los zapatos en Bromberg. El miércoles por la noche nuestra situación era desastrosa, veíamos a muchos militares en las cercanías y teníamos que evadir el peligro. '¿no es mejor morir?' Preguntó Horst. Nuestras lenguas estaban hinchadas y bastante blancas, los labios gruesos y encostrados. Llegó el rescate: un rocío intenso se posó sobre las hojas de los árboles, lo lamimos golosamente y comimos una rana 'más deliciosa que el vino', dijo Heinz. Horst, que se había despedido, volvió a la vida..."

El jueves 7 de septiembre, Herbert, Heinz y Horst Mathes encontraron a soldados alemanes. Una vez de regreso en Bromberg, pudieron abrazar a la Sra. Mathes, madre y esposa, que no podía creer que se hubiera producido tal milagro.

Muchos de los asesinatos en masa se confirmaron al descubrir las numerosas fosas comunes donde fueron enterrados los cuerpos de las víctimas: en el suburbio de Jagershof, cerca de Bromberg, fueron fusiladas sesenta y tres personas. En Slonsk, en el sureste de Thorn, una ciudad habitada durante siglos por alemanes, se encontró una fosa con cincuenta y ocho cuerpos de miembros de la minoría alemana. La mayor fosa común fue localizada el 14 de octubre de 1939 cerca de Tarnowa, al norte de Turek, allí aparecieron los cuerpos de ciento cuatro ciudadanos de etnia alemana, muchos de los cuales habían sido cruelmente mutilados. En diciembre de 1939 fueron halladas fosas comunes en Klodawa y en Krosniewice.

Sobre los sesenta y tres cadáveres hallados en la fosa común de Jagershof existen dos declaraciones: una permite conocer cómo fueron fusiladas dieciocho personas; la segunda da fe del asesinato de otras veinte víctimas que acabaron en la misma fosa. Acabaremos este apartado sobre las masacres de la minoría alemana en Polonia con una reseña escueta de la primera de estas dos declaraciónes. Con las dieciocho personas fusiladas se hallaba el pastor protestante Kutzer, padre de cuatro niños de entre tres y catorce años. Este sacristán protegía en su casa a otros refugiados alemanes procedentes de otras parroquias. A las tres de la tarde del 3 de septiembre fueron detenidos el párroco y su padre Otto Kutzer, de setenta y tres años; dos jóvenes, Herbet Schollenberg, de catorce años, y Hans Nilbitz, de diecisiete; y otros tres refugiados. Todos ellos fueron conducidos a un terraplén próximo a la parroquia, donde se unieron a otros doce detenidos, entre lo que había una mujer, la Sra. Kobke. Colocados en una hilera, doce soldados los fusilaron uno a uno desde una distancia de siete metros. Tras presenciar la primera ejecución, la Sra. Kobke se desmayó. Acabados los fusilamientos, desataron las manos de la mujer y, después de hacerle contemplar uno a uno los cadáveres que yacían en el suelo, la dejaron marchar. El "espectáculo" fue presenciado por cerca de doscientas personas.

## De la guerra contra Alemania a la carta blanca para la URSS

Los polacos fueron incapaces de establecer un frente en ninguna de las zonas por donde entraron en Polonia las tropas alemanas, por lo que el 6 de septiembre era ya evidente que habían perdido la guerra. En *La guerra de Hitler* David Irwing confirma lo siguiente: "los planes territoriales de Hitler para Polonia eran todavía indeterminados. Había esperado que se vería forzado a aceptar la mediación italiana y un eventual armisticio, y para mejorar su posición en la mesa de negociaciones había capturado el mayor territorio posible en los primeros días." Tras el fracaso de Ciano, Hitler esperó que la invasión de La Unión Soviética obligaría a Gran Bretaña a declarar también la guerra a Moscú. Sin embargo, como sabemos, una cláusula secreta del tratado firmado en agosto por Beck y Halifax estipulaba que Londres sólo se comprometía a defender a Polonia de un único "poder europeo", lo cual era desconocido por los líderes nazis.

Stalin, que seguía sin mover a su ejército y se mantenía a la expectativa, al comprobar el colapso del ejército polaco, comunicó el día 9 de septiembre a Berlín su intención de ocupar la parte de territorio de Polonia que debía ser restituida a la URSS según los términos del pacto firmado el 23 de agosto. Con el pretexto de "acudir en ayuda de sus hermanos de sangre ucranianos y bielorusos", a los que consideraba amenazados por la "disgregación del Estado polaco", el Ejército Rojo entró en Polonia el 17 de septiembre de 1939. A estas alturas Beck había ya dimitido y Sikorski, el jefe del Gobierno polaco, en un gesto patético pidió a británicos y franceses que declarasen la guerra a la URSS. Naturalmente, los polacos entendieron por fin que habían sido vendidos, puesto que nadie había movido un dedo para ayudarlos. El mariscal Rydz-Smigly, jefe del Estado Mayor ordenó a sus unidades que no luchasen contra los soviéticos, quienes salvo la resistencia ocasional de algunos polacos enfurecidos, casi no encontraron oposición. Roosevelt tuvo la caradura de justificar la invasión soviética de Polonia como "una acción para impedir que todo el país fuera ocupado por los alemanes." Tras la invasión comunista, 230.000 soldados, de los cuales 15.000 eran oficiales, cayeron prisioneros de los soviéticos. La debacle se había consumado. Poco tiempo después, Polonia dejó de figurar en el mapa de Europa.

El 28 de septiembre Ribbentrop viajó a Moscú y llegó a un acuerdo con Stalin y Mólotov para empujar hasta Bug la frontera alemana, que inicialmente estaba prevista sobre el Vístula. A cambio, Alemania permitió que Lituania cayera en la esfera de intereses soviéticos. La Unión Soviética se anexionó 180.000 kilómetros cuadrados poblados por doce millones de ucranianos, bielorusos y polacos, territorios que fueron integrados en las repúblicas soviéticas de Ucrania y Bielorrusia. Por supuesto, nadie en Europa opuso el menor reparo. O sea, Gran Bretaña y Francia, pese a que sabían que la minoría alemana estaba siendo objeto de todo tipo de injusticias y atrocidades en Polonia, declararon la guerra a Alemania porque no consintieron que Danzig, una ciudad de población alemana, fuera reintegrada al Reich; sin embargo aceptaron sin problemas que Stalin acudiera "en ayuda de sus hermanos de sangre ucranianos y bielorusos" y se anexionara medio país.

Los historiógrafos oficiales no quieren o no saben explicar convenientemente por qué las afamadas democracias otorgaron carta blanca a la URSS para que actuara como le viniera en gana. Sólo la línea de interpretación de los hechos históricos que venimos manteniendo a lo largo de esta obra puede aclarar adecuadamente lo ocurrido y lo que iba a ocurrir. Por el afán de destruir por completo a Alemania, Gran Bretaña y Estados Unidos, las supuestas democracias serviles y sometidas a los poderes en la sombra que impusieron la guerra, iban a propiciar, como es sabido, que el comunismo ocupase media Europa y llegase hasta Berlín. Es preciso recordar una vez más que la Unión Soviética era una despiadada dictadura comunista que negaba los valores tradicionales de occidente. Desde 1917, millones de opositores habían sido asesinados y los judeo-bolcheviques había protagonizado en favor de sus amos el mayor saqueo de la historia. El comunismo, como se ha visto, se había consolidado con el beneplácito de Estados unidos y Gran Bretaña merced a un terror sanguinario. Sus crímenes, cometidos a lo largo veintidós años, habían batido en 1939 todos los registros.

Después de "acudir en ayuda de sus hermanos de sangre" y poner en marcha los planes para anexionarse el territorio polaco, Stalin dirigió su mirada a las repúblicas bálticas, cuyos ministros de Exteriores fueron convocados por turno. Uno tras otro acudieron a Moscú y en dos semanas, del 26 de septiembre al 10 de octubre, fueron obligados a conceder bases militares a la Unión Soviética mediante la imposición de tratados de asistencia mutua. En octubre de 1939 se instalaron en Estonia 25.000 soldados soviéticos, 30.000 en Letonia y 20.000 en Lituania. Estos efectivos eran superiores a los ejércitos de cada país, por lo cual el despliegue militar supuso en la práctica el fin de la independencia de estos países. El 11 de octubre, Beria, el nuevo hombre fuerte de la NKVD tras la caída de Yezhov, ordenó "extirpar a todos los elementos antisoviéticos y antisociales" de estas repúblicas: oficiales, funcionarios, intelectuales adversos y otros elementos hostiles fueron arrestados.

El siguiente paso debía ser Finlandia. El 5 de octubre de 1939 Mólotov pidió al embajador finlandés en Moscú que Helsinki enviara a un plenipotenciario para discutir "cuestiones políticas concretas". Los finlandeses, que conocían ya las exigencias presentadas a las repúblicas bálticas, contemplaron con desconfianza la convocatoria. Para no dejarse sorprender, el Gobierno tomó la precaución de llamar a filas a los reservistas para hacer maniobras extraordinarias y aumentar la preparación defensiva. Comenzó de este modo el camino que iba a conducir a la agresión escandalosa de la Unión Soviética, que pretendía anexionarse Finlandia. Puesto que el caso finlandés es muy significativo y puso en evidencia el doble rasero y la hipocresía de las democracias occidentales, vamos a demorarnos en él dedicándole un poco más de atención.

Todo había comenzado en abril de 1938, cuando el ministro de Exteriores finlandés, Rudolf Holsti, recibió la insólita visita de Boris Yartsev, un judío de origen ucraniano cuyo verdadero nombre era Boruch Aronovich Rivkin. Este personaje, que había trabajado desde 1922 en la policía secreta (OGPU) y que en 1945 fue un agente en la Conferencia de Yalta, era un enviado personal de Stalin colocado en la embajada de Helsinki como segundo secretario. Yartsev pretendía que Finlandia aceptase un pacto militar, puesto que, según dijo, Alemania tenía intención de atacar a la URSS usando a Finlandia como trampolín. Holsti le aseguró que no tenían ninguna intención de desmarcarse de la neutralidad nórdica y mucho menos de ceder su territorio para una agresión contra Moscú. A pesar de la insistencia del enviado de Stalin, que durante el verano se entrevistó dos veces con el primer ministro, Aimo Cajander, el Gobierno finés se matuvo firme. A finales de agosto de 1938 se le dijo a Yartsev que sus pretensiones atentaban contra la soberanía finlandesa e iban en contra de la línea de neutralidad nórdica. El nuevo ministro de Exteriores, Eljas Erkko, no cambió un ápice la posición del Gobierno finés cuando un segundo emisario de origen judío, Boris Yefimovich Shtein, trató convencerlo para que Finlandia arrendase a la URSS las islas situadas al este del golfo de Finlandia.

Cuando el 5 de octubre de 1939 se recibió la petición de Mólotov, los finlandeses decidieron no enviar a Moscú al ministro de Exteriores, sino que designaron para la misión a Paasikivi, en excelente especialista en Rusia. Juho Kusti Paasikivi se tomó unos días para preparar su misión y el 9 de octubre la delegación finlandesa, despedida en la estación con manifestaciones de ardor patriótico, partió en tren hacia Moscú. En el Kremlin, Stalin y Mólotov propusieron a los finlandeses un tratado de asistencia mutua similar a los que acababan de imponer a Estonia, Letonia y Lituania, pero Paasikivi rechazó entrar en este juego. Entonces, evocando la seguridad de Leningrado, los soviéticos propusieron el arrendamiento a largo plazo de la península de Hanko, puerta de entrada al golfo de Finlandia, con el fin de instalar una base naval en el puerto de Lappohja. Pedían asimismo la concesión de una parte del istmo de Carelia y de unas islas. La delegación finlandesa se mantuvo firme con el argumento de que su Gobierno les había prohibido hacer concesiones territoriales.

Mientras la crisis iba agravándose, los jefes de Estado y los ministros de Exteriores de los países nórdicos se reunieron en Estocolmo los días 18 y 19 de octubre. El rey Gustavo V de Suecia le hizo saber al presidente finlandés, Kyösti Kallio, que en caso de conflicto Suecia no proporcionaría asistencia militar a Finlandia. De este modo, cuando el 23 de octubre Paasikivi regresó a Moscú para retomar las negociaciones, sabía que su país estaba solo y no podía contar con la asistencia nórdica. Pese a que los negociadores fineses hicieron algunas concesiones, una nueva ronda de conversaciones mantenida entre el 2 y el 4 de noviembre de 1939 sirvió para poner de manifiesto que las renuncias anunciadas por los finlandeses no satisfacían las exigencias de la URSS. Ante el bloqueo de la negociación, la delegación de Paasikivi regresó a Helsinki el 13 de noviembre sin que se hubiera fijado una nueva fecha para reiniciarla.

Durante el otoño la Unión Soviética había ido concentrando tropas a lo largo de la frontera. Súbitamente, el 26 de de noviembre Mólotov acusó al ejército finlandés de haber realizado disparos de artillería contra la ciudad de Mainila, donde los obuses habrían causado bajas entre los soldados que estaban allí acantonados. Para evitar incidentes, se exigía que Finlandia retirase sus tropas a 30 kilómetros de la línea fronteriza. La acusación se trataba de una falsedad, pero el Gobierno finlandés se mostró dispuesto a examinar el incidente y a discutir una retirada recíproca de tropas en la zona de la frontera. Moscú acusó entonces públicamente a Helsinki de amenazar la seguridad de Leningrado y denunció el pacto de no agresión que tenía vigencia hasta 1945. Se rompieron las relaciones diplomáticas y el 30 de noviembre cerca de medio millón de soldados del Ejército Rojo comenzaron desde varios puntos la invasión del territorio finlandés sobre un frente de mil kilómetros. Al mismo tiempo la aviación bombardeó los principales centros urbanos, especialmente Helsinki. El objetivo declarado era conquistar el país rápidamente, en dos semanas si era posible, y acabar con su independencia.

Stalin y Mólotov camuflaron su agresión con una excusa grosera: después de crear un gobierno fantoche en Terijoki (istmo de Carelia) dirigido por el comunista Otto Kuusinen e integrado por comunistas finlandeses exiliados en la URSS, alegaron que las tropas habían entrado en Finlandia en respuesta a una llamada de este Gobierno, al que reconocieron como legítimo. El 2 de diciembre los soviéticos concluyeron un tratado de asistencia con el "Gobierno Popular de Terijoki". La propaganda comunista anunciaba que se tomaría en breve la capital finlandesa, que se liberaría al pueblo finés del terror blanco y que se crearía una república popular en Finlandia. De este modo se pretendía explicar a las potencias extranjeras que el Ejército Rojo no atacaba al pueblo finlandés, sino que lo liberaba a petición del Gobierno Popular. Lo cierto es que el pueblo finlandés había superado la guerra civil librada en 1918 y estaba perfectamente cohesionado. L. A. Puntila en *Histoire politique de la Finlande de 1809 à 1955* escribe en este sentido: "las grandes reformas interiores aceleradas por el desarrollo económico desde 1935 habían mejorado la condición de los obreros y de los payeses, la enseñanza educativa se había intensificado y el trabajo de las sociedades culturales había dado sus frutos. El sentimiento nacional se había consolidado y se había aprendido a apreciar la independencia."

Las fuerzas armadas finlandesas, que desde principios de octubre realizaban maniobras, no fueron sorprendidas por el ataque. Un sentimiento de profunda emoción sobrecogió a todo el país y en las primeras horas de la guerra el mariscal Mannerheim fue nombrado comandante en jefe de los ejércitos. Los soviéticos pusieron mil aviones en combate, a los que Finlandia sólo pudo oponer unos ciento cincuenta aparatos. Frente a los dos mil carros de combate desplegados por los comunistas, los finlandeses disponían sólo de medio centenar. La esperanza del país estaba depositada en 330.000 hombres relativamente bien entrenados y con un sentimiento patriótico más decisivo que cualquier armamento, el famoso espíritu de la Guerra de Invierno, que puso de manifiesto la voluntad inquebrantable de los finlandeses de defender a su país del invasor. En el poema *Los soldados fatigados* Yrjö Yylha describe de manera sobrecogedora el espíritu casi religioso que animaba a los combatientes fineses. En unos versos del poema, al límite de sus fuerzas, los soldados piden ser ascendidos a las legiones celestes. Dios les responde: "Mi ejército se encuentra sobre la tierra./Al que deponga las armas no lo conozco."

Los rusos concentraron su ofensiva en el istmo de Carelia y durante el mes de diciembre de 1939 lanzaron una ofensiva tras otra con el fin de atravesar las líneas finlandesas. El primer ataque masivo se llevó a cabo a principios de mes y el segundo a mediados de diciembre: ambos se estrellaron contra los defensores. Los atacantes trataron entonces de abrir un boquete al norte del lago Ladoga, pero los fineses ganaron en Tolvajärvi varias batallas que elevaron la moral de la población e impresionaron en el extranjero. En Navidad los rojos intentaron nuevamente abrir brecha en el frente del istmo de Carelia, pero el resultado fue otra victoria defensiva. Más al norte, las posiciones de Ilomantsi, Lieksa y Kuhmo resistieron asimismo las embestidas de las tropas soviéticas. El intento de dividir el país en dos a la altura de Oulu también fracasó y los comunistas sufrieron un humillante derrota en Suomussalmi, donde los fineses recurrieron a la táctica de cercar al enemigo y lograron un importante botín de guerra.

Tras un mes de hostilidades, se había logrado repeler todos los ataques del Ejército Rojo. Naturalmente, los recursos humanos de Finlandia eran limitados y la situación del ejército finés, delicada; pero no desesperada. La Unión Soviética, a la vez que enviaba a cientos de miles de nuevos combatientes al campo de batalla, decidió por fin en enero abrir negociaciones con el Gobierno legítimo de Finlandia, lo que supuso el fin del Gobierno de Terijoki. Las exigencias de Moscú fueron inaceptables para Helsinki, por lo que en febrero de 1940 el Ejército Rojo lanzó una nueva ofensiva en el istmo de Carelia, donde finalmente el 11 de febrero logró abrir una brecha en Summa. A finales de febrero las tropas finlandesas se vieron obligadas a replegarse sobre la segunda línea defensiva al oeste del istmo. Nuevamente los combates se encarnizaron en Viipuri. Forzado por las circunstancias, el primer ministro Risto Ryti viajó el 7 de marzo a Moscú al frente de una delegación para buscar una paz lo menos dolorosa posible, que, a pesar de las duras condiciones, fue firmada el 12 de marzo de 1940. Después de ciento cinco días, la Guerra de Invierno había terminado.

Los términos de la Paz de Moscú conllevaron importantes cesiones territoriales, entre ellas el corredor de Petsamo, que permitía a Finlandia una salida al Ártico. La opinión pública quedó consternada y las banderas de Finlandia ondearon a media asta en todo el país. La mayor parte de la Carelia finlandesa fue entregada a la URSS y más de cuatrocientas mil personas huyeron o fueron expulsadas. Se produjo entonces uno de los transfers de población menos conocidos de la II Guerra Mundial. Los carelianos dejaron sus casas en 1940, regresaron a ellas en 1941, cuando Finlandia se unió a Alemania en la invasión de Rusia, y las abandonaron definitivamente en 1945. Al final de la guerra se produjo el transfer increíble de dieciséis millones de alemanes, que fueron asimismo expulsados de sus casas; pero éste es asunto que habrá ocasión de ver en otro capítulo.

En definitiva, los finlandeses fueron abandonados a su suerte. Sólo once mil voluntarios extranjeros llegaron a combatir a su lado contra los comunistas. Siete mil de ellos fueron suecos que se solidarizaron con sus vecinos a pesar de la posición oficial de su Gobierno. Los cuatro mil voluntarios restantes eran daneses, noruegos, húngaros y estadounidenses. A pesar de que Finlandia contó con las simpatías de la opinión pública internacional, la Unión Soviética actuó con absoluta impunidad, puesto que su expulsión de la moribunda Sociedad de Naciones no pasó de ser un chiste. Todo el mundo se mostró impasible, dispuesto a aceptar que Finlandia, un país de enorme importancia estratégica, pasase a la órbita de influencia comunista. Sin embargo, unos meses antes, Danzig, una ciudad habitada por cerca de medio millón de alemanes que querían volver al Reich, había sido "casus belli".

## Terror rojo y terror judío en Estonia y Letonia

Las acciones criminales de Stalin no acabaron en Finlandia. Antes de la ocupación de Estonia, Letonia y Lituania, entre el 15 abril y el 10 de junio de 1940, Stalin comenzó a concentrar a millones de soldados a lo largo de la frontera con Rumanía. El 26 de junio, poco después de la rendición de Francia (22 de junio) Mólotov presentó un ultimátum al embajador rumano en Moscú, Davidescu, en el que exigía el "regreso" inmediato a la URSS de Besarabia, un región del este de Rumanía que había pertenecido al Imperio de los zares. Además, reclamaba también la entrega de la Bukovina del Norte. El 28 de junio, aconsejado por Alemania e Italia, el Gobierno rumano capituló y procedió a evacuar el ejército y la administración de estas dos regiones. Los soviéticos ocuparon asimismo sin dar explicaciones la región de Hertza. La Bukovina y una parte de Besarabia fueron incorporadas a Ucrania y el resto de Besarabia se convirtió en la República de Moldavia, de la cual fueron deportados más de treinta mil elementos antisoviéticos, a los que hay que añadir otros doce mil de la Besarabia incorporada a Ucrania. De esta manera, mientras Alemania estaba en guerra con Gran Bretaña y Francia, la URSS seguía expandiéndose sin ningún problema.

La estategia para la incorporación definitiva de los países bálticos a la URSS se puso en marcha en el mes de junio de 1940. Con el pretexto de que se cometían "actos de provocación contra las guarniciones soviéticas", cientos de miles de soldados ocuparon Estonia, Letonia y Lituania en aplicación del tratado de asistencia. Las instituciones de los tres países bálticos fueron disueltas y sus representantes detenidos. En *El libro negro del comunismo* Nicolás Werth asegura que entre quince y veinte mil personas fueron arrestadas y aporta la cifra de mil quinientos opositores ejecutados sólo en Letonia. Los días 14 y 15 de julio de 1940 se convocaron elecciones en las repúblicas bálticas, a las que sólo concurrieron candidatos de los partidos comunistas. Siguió a continuación en los tres países un periodo de arrestos, deportaciones y ejecuciones: unos sesenta mil estonios fueron deportados o ejecutados; en Letonia, unos treinta y cinco mil; en Lituania, más de treinta mil. El autor estonio Jüri Lina ofrece detallada información sobre lo ocurrido en su país natal. Lina dedica en *Under the Sign of the Scorpion* una veintena de páginas a denunciar principalmente el papel criminal protagonizado por judíos marxistas en Estonia durante la toma de poder de los comunistas. Bebemos, pues, principalmente de esta fuente.

La ocupación de Estonia comenzó el 17 de junio de 1940. El presidente de la República, el masón Konstantin Päts, y el comandante en jefe del Ejército, Johan Laidoner, que también era masón, decidieron no oponer resistencia. Dos organizaciones judías, supuestamente culturales, desempeñaron un papel fundamental en la imposición del comunismo en Estonia. Una de ellas "Licht" (luz), fundada en 1926, tenía su sede en Tallin y colaboraba con el Socorro Rojo Internacional y con el Partido Comunista de Estonia. La segunda, "Schalom Aleichem" (la paz sea contigo), operaba en Tartu y fue también un instrumento de introducción del comunismo bolchevique en Estonia. La mayoría de los miembros de Licht, cuyo presidente era Moses Sachs, eran sionistas o comunistas. Tres judíos comunistas relacionados con Licht, Leo Aisenstadt, director de banco, Ksenia Aisenstadt y Sosia Schmotkin imprimían en la casa del primero el periódico *Kommunist*. Otro miembro de la familia Aisenstadt, Hirsh, era un mandatario de la Agencia Judía en Estonia y con el nombre de Grigori Aisenstadt fue agente del NKVD al frente de uno de los llamados "batallones de exterminio". Un gran número de miembros de Licht participaron en lo que oficialmente se llamó la "revolución socialista de 1940". Dos de ellos, Viktor Feigin y Herman Gutkin, hijo del rico mercader judío Heinrich Gutkin, arriaron el 17 de junio la bandera de Estonia e izaron la bandera roja en la torre Tall Hermann. Otro autor estonio citado por Jüri Lina, Olaf Kuuli, apunta en *The Revolution in Estonia 1940* que Viktor Feigin fue nombrado director de la principal prisión de Tallin y que lideró una organización terrible, la RO (Rahva Omakaitse), cuya traducción sería Guardia del Pueblo, al frente de la cual sembró el terror en Tallin. Arnold Brenner, otro miembro del Licht que fue comandante del NKVD, y Viktor Feigin participaron, según Kuuli, en la Guerra Civil española.

Jüri Lina cita una información publicada el 24 de junio de 1940 en el *Chicago Tribune*, cuyo corresponsal Donald Day envió la crónica de los hechos. El periodista relató que judíos extremistas liderados por Herman Gutkin habían marchado a través de Tallin hacia la embajada soviética, donde los judíos rasgaron la bandera de Estonia. En sus memorias, Donald Day señala que el editor del periódico suprimió las palabras "los judíos", que no aparecieron en el texto impreso. En cuanto a la toma de Tartu, la segunda ciudad de Estonia, fue organizada por Schalom Aleichem en coordinación con el Partido Comunista. Una militante de Schalom Aleichem, Selda Pats (Zelda Paatz), y su hermano Jaakov Pesah coordinaron las actividades. El 22 de junio la misma Selda fundó con Moisei Sverdlov el Comité de Jóvenes Revolucionarios.

El terror contra los "enemigos de clase" fue orquestado por judíos estonios y rusos que trabajaron coordinados con los ocupantes soviéticos. Lina señala a Hans Grabbe (Hasa Hoff), miembro destacado de la organización cultural Licht, como el mayor criminal de la historia moderna de Estonia. Grabbe se convirtió en uno de los jefes del NKVD y fue uno de los principales responsables de las deportaciones y las atrocidades de los comunistas. Según Lina, Grabbe ordenó "la ejecución en masa de oficiales estonios." Un informe del Servicio Secreto Sueco citado por el autor estonio, señala que casi todos los judíos estuvieron de un modo u otro al servicio del NKVD. En el mismo documento se constata que durante la ocupación soviética se reorganizó el sistema judicial y muchos judíos y otros individuos de turbio pasado fueron designados jueces.

Las lenguas fino-ugrias, grupo al que pertenece el estoniano, no forman parte de las indoeuropeas. Son lenguas aglutinantes por las que casi nadie se interesa, pues, aparte de que son habladas por poca gente, su aprendizaje entraña suma dificultad. El hecho de que Jüri Lina tenga acceso a fuentes escritas en idioma estoniano es muy interesante, pues pocos estudiosos pueden acceder a ellas. Este autor alude a su investigación en los Archivos Nacionales en Tallin en 1993, donde tuvo en sus manos documentos que demuestran que numerosos miembros de Licht formaron parte de la milicia soviética. Diplomáticos extranjeros y observadores militares señalaron en sus informes que judíos estonios se habían convertido de repente en comisarios políticos y en verdugos ejecutores del NKVD. Entre los más importantes criminales judíos que traicionaron a su país y torturaron cruelmente a los estonios, Lina cita a los doctores A. Tuch y B. Glückmann, ambos relacionados con Licht; al dentista Budas, que en la ciudad de Kuresaare, situada en la isla de Saarema, solía escaldar los pies y las manos de sus víctimas en agua hirviente; a la fiscal Stella Schliefstein, una jorobada conocida como "la araña" que era experta en romper en mil pedazos los músculos de piernas y manos. Otros judíos denunciados por el autor estonio son Manne Epstein, Hirsch Kitt, Gershom Zimbalov. Una fuente judía, el profesor Dov Levin, confirma que Leo Aisenstadt y Sosia Schmotkin se convirtieron en importantes funcionarios soviéticos. Según esta fuente, Leo Aisenstadt y otro judío, el Dr. Gens, pasaron a formar parte del Gobierno títere de Moscú.

Antes de la ocupación soviética, durante el periodo de independencia de Estonia, los judíos estonios habían gozado de una libertad sin límites: casi la mitad de las tiendas en Tallin estaban regentadas por judíos, tenían sus propias organizaciones, sus escuelas, donde se enseñaba el *Talmud*, sus periódicos, e incluso una cátedra de estudios judaicos en la Universidad de Tartu. Según el extenso ensayo *Eesti Juudi Kogukond* (*La comunidad judía de Estonia*), escrito por Eugenia Gurin-Loov y Gennadi Gramberg y publicado en Tallin en 2001, además de diversas asociaciones culturales, existían en Estonia organizaciones políticas sionistas como la WIZO (Women's International Zionist Organization), "Beitar", movimiento juvenil sionista fundado por Vladimir Jabotinsky, y "Hashomer Hazair" (La Guardia de la Juventud), otro movimiento de jóvenes sionistas de tendencia socialista. En 1924 Päts, el presidente masón, presidió la ceremonia de inauguración de un Instituto Judío de Secundaria en Tallin. El 12 de febrero de 1925 se aprobó la Ley de Autonomía Cultural de la República de Estonia y en junio de 1926 se promulgó la autonomía cultural judía, cuya comunidad eligió su Consejo de Autonomía Cultural. Según los autores del artículo que comentamos, "el propio gobierno cultural tuvo una gran importancia para los judíos de Estonia y constituyó un fenómeno único en la historia de los judíos europeos." Por otra parte, tan robusto era el movimiento sionista en esta República báltica, que David Ben Gurión visitó Tallin en los años 1930s.

Entre julio y agosto de 1940, Licht se encargó de confeccionar listas de judíos que no estaban dispuestos a colaborar con los comunistas y las nuevas autoridades soviéticas. El 7 de septiembre de 1940 esta organización comenzó a publicar para judíos estonios el semanario *Na Leben* (*La nueva vida*), cuyo editor en jefe era Simón Perlman. Licht, bajo el liderazgo de Moisei Scheer y Leo Epstein, optó por clausurar todas las organizaciones judías que les eran adversas y se apoderaron de sus fondos y recursos. Poco después, los revolucionarios marxistas de Licht abolieronn su propia organización y las autoridades soviéticas acabaron con la autonomía cultural que Estonia había concedido a los judíos. Posteriormente, a pesar de cuanto se ha comentado en el párrafo anterior, propagandistas como el escritor Max Isaac Dimont, un judío de origen finlandés autor del libro *Jews, God and History*, difundieron la falsedad de que en la Estonia independiente de entreguerras no había democracia y que el antisemitismo imperaba en el país. Según Dimont, los judíos eran perseguidos en Estonia y la legislación antisemita iba en aumento. De este modo agradecieron el trato especialísimo que les había concedido el pueblo estonio.

Tras el comienzo del ataque alemán a la URSS el 22 de junio de 1941, en complimiento de un decreto de Beria publicado el 24 de junio, el general Konstatin Rakutin, que mandaba las tropas fronterizas del NKVD en el Báltico, ordenó el 26 de junio la formación de batallones especiales de exterminio, cada uno de los cuales estuvo formado por trescientos veinte miembros. Según Jüri Lina, el judío lituano Michael Pasternak, que tuvo una calle con su nombre en Tallin, ejerció el mando supremo sobre estos batallones. Josef Goldman, miembro de Licht, estuvo al frente de uno de los batallones de exterminio que más brutalidades cometieron en julio de 1941.

En 1993 Mart Laar, siendo primer ministro de Estonia, publicó el libro *Metsavennad* (*La Hermandad del Bosque*), título que alude a un movimiento partisano de oposición a la invasión y ocupación soviética que surgió en las tres Repúblicas. En esta obra Mart Laar revela que uno de los batallones de exterminio estaba integrado exclusivamente por judíos. Por su parte, Jüri Lina ha comprobado que numerosos miembros de Licht formaban parte de estos batallones de infausta memoria para tantos estonios. Lina cita la siguiente lista de los criminales más activos: Zemach Delski, Jakob Vigderhaus, los hermanos Moisei y Gerschom Zimbalov, Refoel Goldmann, Isaak Halupovitsch, Schimon (Semjon) Hoff, Simon Strassman, Abram Vseviov, Isaak Bulkin, Meier e Issak Minsker, Moisei Schimschelevitsch, Leo Epstein y Boruch Schor. Algunos miembros de Schalom Aleichem en Tartu ingresaron voluntariamente en los batallones de exterminio, entre ellos Josef Mjasnikov, fundador en Estonia del movimiento sionista "Netzach", y los ya citados Selda Pats y Jaakov Pesah.

Según una información aparecida el 7 de junio de 1991 en el periódico *Eesti Ekspress*, había por lo menos quinientos cuarenta judíos en estas unidades despiadadas. "Los batallones de exterminio -escribe el autor estonio- eran conocidos por su brutalidad y crueldad indescriptibles, en especial hacia mujeres y niños. Las víctimas eran arrojadas vivas al fuego, amputaban partes de sus cuerpos, eran clavados en las paredes..." Miles de oponentes fueron encarcelados o eliminados durante los dos meses que duró el terror rojo, que sólo acabó el 28 de agosto de 1941 con la entrada de los alemanes en Tallin. Jüri Lina ubica a los criminales en las zonas que aterrorizaron. Así, sitúa a Boris Friedam en la ciudad de Voru; a Jakob Jolanski en Pärnu; a Shustov en Kuresaare. Las actuaciones de los homicidas están bien documentadas. Lo está, por ejemplo, el caso de veinte estonios detenidos en la estación de ferrocarril, los cuales, después de ser interrogados en Tallin, fueron ejecutados en el bosque de Liiva por órdenes de L. Rubinov, el comandante judío del batallón. He aquí un relato breve de otro caso tal como lo escribe Lina:

"Josef Goldman, que mandaba uno de los batallones de exterminio, ordenó que todas las mujeres y chicas que fueran encontradas en los caminos, en las granjas o en los campos deberían ser primero violadas, después se les debía cortar los pechos y finalmente debían ser quemadas vivas. Los hombres también eran tratados de manera similar: primero perdían sus genitales, luego sus ojos, después de lo cual se les abría el estómago y morían tan lentamente como fuera posible."

Lina cita en su obra los nombres y apellidos de algunas de las víctimas y la manera en que fueron torturadas y asesinadas, por ejemplo, Anna Kivimäe y sus hijas. A la madre le destrozaron la cabeza y las hijas fueron violadas y después les sacaron los ojos. El jardinero Albert Palu fue quemado vivo en Helme el 5 de julio de 1941. Lo mismo le ocurrió a Albert Simm y a su esposa en Pühajoe. El mismo día un adolescente de catorce años, Tiit Kartes, fue arrestado en Aseri: después de torturarlo y cortarle los genitales, lo asesinaron y abandonaron su cadáver en un bosque. En ocasiones los exterminadores despellejaban vivas a sus víctimas. Mart Laar, el citado primer ministro de Estonia, describió en un artículo titulado "El tiempo de los horrores" algunos de los crímenes de los batallones de exterminio. Laar narra la destrucción deshumanizada de tres pueblos de Estonia y de todos sus habitantes: los niños fueron clavados en los árboles y las mujeres embarazadas, golpeadas hasta la muerte. En el pueblo de Ehavere, se asfixió a los bebés contra los pechos de sus madres con las bayonetas; las lenguas y los pechos de las mujeres fueron amputados. Jüri Lina añade que personalmente pudo hallar información que demostraba que los cerdos fueron en ocasiones alimentados con los cuerpos de los guerrilleros estonios de la Hermandad del Bosque y atribuye la máxima responsabilidad por estos crímenes a los judíos Hans Grabe (Hasa Hoff) y Michael Pasternak.

El investigador estonio se apoya de continuo en fuentes judías para secundar sus aseveraciones. De este modo, por ejemplo, Irina Stelmach admitió en la edición del 17 de diciembre de 1993 del periódico *Hommikuleht* que había muchos de sus congéneres en los batallones de exterminio. Augustina Gerber, editora del periódico judío *Hasahar* afirmó que la Estonia soviética se había convertido en la "tierra prometida de los judíos." Jüri Lina confirma que ello era así, toda vez que "los judíos se convirtieron en jefes de alto rango dentro del aparato soviético en la Estonia ocupada." El judío letón Idel Jakobson fue el número dos en el Departamento de Investigación del NKVD. En abril de 1942, Jakobson firmó una orden de ejecución de seiscientos veintiún estonios detenidos en el campo de Vostok-Uralsky, en la ciudad siberiana de Sosva, lo cual no impidió -denuncia Lina- que Jakobson muriera en Tallin a los 93 años sin haber sido nunca juzgado por sus crímenes.

En manos de judíos estuvo el control de los medios de comunicación, la industria discográfica, el desarrollo científico y todo lo que tenía que ver con la propaganda. Los principales comentaristas radiofónicos fueron los judíos Herbert Vainu, Gabriel Hazak y Simon Joffe. Lina menciona asimismo el nombre del marxista judío encargado de falsificar la historia, Herber-Armin Lebbin, que divulgó continuamente las mentiras sobre la voluntad de Estonia de unirse a la Unión Soviética. Como de costumbre, muchos judíos ocuparon puestos de importancia en la policía política. Entre ellos, el autor estonio menciona a los empresarios Epstein, Mirvitz, Bakszt, Kofkin, Himmelhoch; a los abogados Markovitch y Kroppman; al fotógrafo Schuras. Al frente del Departamento de Prisiones, cita al judío Feodotov; el judío ruso Lobonovich fue vicepresidente del Comisariado de Asuntos Internos.

En Letonia, donde la ocupación fue celebrada por muchos comunistas judíos que participaron en los disturbios cuando los tanques soviéticos entraron en Riga, activistas judíos protagonizaron también el terror contra los "enemigos del pueblo". Entre los jefes judíos del NKVD en Letonia destacaron Simon (Semion) Shustin, Alfons Noviks y Moses Citron, una troika a la que se incorporó Isaac Bucinskis, jefe de la milicia de Letonia. Los dos primeros organizaron la deportación de letones los días 13 y 14 de junio de 1941. En las estaciones, se agrupó a los hombres por un lado y a las mujeres y niños por otro. Sólo en estos dos días cerca de dieciséis mil personas fueron deportadas, muchas de las cuales murieron antes de llegar a los campos y otras durante el primer invierno.

Simon Shustin llegó a Letonia desde Moscú, donde mediante un decreto de Lavrenti Beria había sido nombrado comisario de Asuntos Internos en Letonia. Muchos de sus esbirros en el NKVD fueron judíos locales. Tras la retirada de los soviéticos se encontraron documentos que demuestran que la ejecución de patriotas letones se inició tan pronto comenzó la ocupación. Antes de huir a Moscú, Shustin firmó el 26 de junio de 1941 la orden nº 412, donde se ordenaba la ejecución de setenta y ocho personas, seis de ellas mujeres. Con tinta roja escribió: "Considerando que constituyen un peligro público, deben ser todos fusilados." Según Jüri Lina, Shustin, que fue conocido como el "verdugo de Letonia", acabó emigrando a Israel en los 1970s; pero este hecho no se ha podido comprobar. Según otras fuentes, el 8 de febrero de 1996 la Fiscalía de Letonia formuló cargos contra Shustin por crímenes contra la humanidad y se supo que había vivido en Kolpino (distrito de San Petersburgo) entre 1960 y 1972. Durante la investigación, el fiscal general de Letonia encontró una carta dirigida a Alfons Noviks con fecha de 12 de julio de 1968. Finalmente la investigación descubrió que había muerto el 3 de agosto de 1978, por lo que el 30 de junio de 1997 se cerró el caso.

Quien sí llegó a ser detenido y juzgado fue Alfons Noviks, jefe del NKVD en Daugavpils, segunda ciudad del país, donde instauró el terror en compañía de su colega Moses Citron. Su carrera criminal en Letonia tuvo dos etapas: con la llegada de las tropas alemanas huyó a Moscú en julio de 1941; pero regresó en 1945 y fue nombrado comisario de Asuntos Internos y jefe de la Seguridad del Estado. Según quedó establecido en la sentencia del tribunal de Riga que el 13 de diciembre de 1995 lo condenó a cadena perpetua por genocidio y crímenes contra la humanidad, entre 1940 y 1953 participó en la deportación a Siberia de cerca de cien mil letones. La corte de Riga lo halló también culpable de la tortura y la ejecución de numerosos prisioneros políticos (según diversos testigos que declararon en su contra, Noviks torturaba y golpeaba con extrema crueldad durante sus interrogatorios). Sólo en 1949 ordenó personalmente la deportación de 41.544 personas, por lo que fue condecorado con la medalla de la Bandera Roja. El tribunal consideró que unos ciento cincuenta mil letones y lituanos había tenido que exiliarse a causa de sus políticas. Alfons Noviks vivía tranquilamente en Riga cuando fue arrestado en marzo de 1994. Estuvo poco tiempo encarcelado, pues murió el 12 de marzo de 1996.

## Beria y la matanza de Katyn

La entrada del Ejército Rojo en Polonia fue seguida por unidades del NKVD encargadas de eliminar a los dirigentes polacos y de deportar a campos de trabajo a cientos de miles de civiles que vivían en los territorios recién ocupados. La ocupación soviética propició que elementos de las minorías étnicas que odiaban a los polacos ajustaran cuentas con ellos. Se formaron Unidades de Guardias Trabajadores en las ciudades y Unidades de Guardias Campesinos en el campo, integradas mayoritariamente por entusiastas colaboradores judíos que facilitaron información al NKVD sobre la resistencia polaca y denunciaron a miembros del ejército, de la policía y a otros "enemigos" que se escondían. Su papel fue fundamental en la elaboración de las listas de personas que debían ser detenidas. El general del NKVD Iván Serov nombró al coronel judío Semion Moiséievich Krivoshéin para ejecutar la tarea de liquidar a quienes se oponían a la autoridad soviética. Krivoshéin ha aparecido ya en esta obra: fue el jefe de los tanquistas que cargaron las reservas de oro del Banco de España en los barcos que las trasladaron de Cartagena a Odessa. En la Batalla de Madrid Semion Krivoshéin comandó los tanques del ejército republicano y fue conocido por los españoles como "Melé".

No se dispone de datos fiables sobre los detenciones y deportaciones de civiles llevadas a cabo por los soviéticos en Polonia entre septiembre de 1939 y enero de 1940; pero sí se tienen cifras sobre cuatro grandes deportaciones posteriores: las tres primeras fueron realizadas durante el primer semestre de 1940 y la cuarta en el verano de 1941. Los historiadores polacos elevan a más de un millón el número total de personas deportadas, cantidad que otras fuentes rebajan hasta el medio millón. En cualquier caso, deben contabilizarse aparte a los prisioneros de guerra, que según se ha dicho más arriba fueron 230.000, de los cuales en el verano de 1941 sólo sobrevivían 82.000. Entre estos prisioneros figuraban 25.700 oficiales y civiles polacos a los que Beria propuso fusilar, según consta en una carta dirigida a Stalin el 5 de marzo de 1940. Una vez perpetrado el crimen, que ha pasado a la historia como la masacre del bosque de Katyn, los soviéticos se lo imputaron a los alemanes con la complicidad de los británicos, quienes, pese a conocer la verdad, la ocultaron y colaboraron en propagar la falsa autoría de la matanza.

El 11 de octubre de 1951 un Comité del Congreso de Estados Unidos celebró en Washington la primera sesión pública sobre el crimen de guerra de Katyn. La investigación prosiguió en 1952 con nuevas audiencias en Washington (4, 5, 6, y 7 de febrero), en Chicago (13 y 14 de marzo), en Londres (16, 17, 18 y 19 de abril), en Frankfurt (21, 22, 23, 24, 25 y 26 de abril) y otras posteriores. En ellas se contó con el testimonio de un centenar de testigos que declararon ante el Comité. Por unanimidad se consideró probado que la masacre de los oficiales del ejército polaco fue responsabilidad del NKVD, i. e. del Comisariado del Pueblo de Asuntos Internos, cuyo comisario era el judío Lavrenti Beria. El Comité concluyó que ya en el otoño de 1939, poco después de la invasión, los soviéticos planearon el exterminio de los líderes polacos. Según las conclusiones del Comité de Investigación, no puede existir ninguna duda de que la matanza fue un complot planeado con el fin de eliminar a todos los líderes nacionales que ulteriormente se habrían opuesto a los planes soviéticos de implantar el comunismo en Polonia. Exactamente lo mismo se había hecho en Rusia, como recordará el lector, donde los judeo-bolcheviques eliminaron a la "intelligentsia" del país con la misma intención.

De septiembre de 1939 a marzo de 1940 el NKVD ejecutó un plan perfectamente organizado que consistió en separar a los oficiales polacos y a los dirigentes intelectuales del resto de prisioneros. Los seleccionados: jefes y oficiales del Ejército, abogados, doctores, sacerdotes, técnicos, funcionarios e intelectuales fueron internados en Kozielsk, Starobielsk y Ostashkof, tres campos situados en territorio de la Unión Soviética. Según se estableció en las audiencias del Comité de Investigación, en Kozielsk, cerca de Smolensk, ingresaron cinco mil prisioneros; en Starobielsk, cerca de Jarkov, se encerró a cuatro mil oficiales polacos; en Ostashkov, en las proximidades de Kalinin, quedaron internados seis mil presos. En *The Venona Secrets*, obra a la que regresaremos en el siguiente capítulo, se informa que el 31 de octubre de 1939 Vassiliy Zarubin llegó al campo de Kozielsk. Zarubin, agente secreto que en Estados Unidos usó más tarde el nombre de Vassiliy Zubilin, se comportó como si fuera el comandante del campo. Él fue quien seleccionó a los prisioneros que debían ser enviados a la Lubyanka de Moscú para ser interrogados minuciosamente. Zarubin determinó qué oficiales polacos debían ser severamente castigados por sus anteriores actividades antisoviéticas y cuáles podían ser reclutados para convertirlos en agentes soviéticos.

A través del testimonio de veintiséis personas que habían pasado por estos tres campos se supo que los soviéticos dividieron a los polacos en grupos: los militares de mayor rango fueron encerrados en Kozielsk junto a doctores que eran reservistas del ejército; suboficiales, líderes políticos y docentes fueron agrupados en Starobielsk; finalmente, guardias fronterizos, policías y otros funcionarios quedaron internados en Ostashkov. Los líderes religiosos fueron repartidos entre los tres campos. En total los detenidos en las tres instalaciones sumaban quince mil cuatrocientos y su custodia fue encomendada a personal selecto del NKVD. Durante su internamiento se procedió a observar y a interrogar a cada uno de ellos con el fin de averiguar si había alguna posibilidad de convertirlos al comunismo: sólo seis aceptaron formar parte de las fuerzas soviéticas. En marzo de 1940 los interrogatorios se dieron por concluidos y se anunció que los campos serían clausurados. Comenzó entonces a correr entre los presos el rumor, fomentado por las autoridades de los campos, de que serían enviados a sus casas. Durante la evacuación, que duró hasta mediados de mayo de 1940, grupos de doscientas o trescientas personas fueron saliendo cada día o cada dos días para ser asesinados. Sólo cuatrocientos prisioneros sobrevivieron. Éstos fueron llevados a Pavlishev-Bor, otro campo donde el NKVD continuó interrogándolos con el fin de tratar de convertirlos al comunismo. Los polacos masacrados en el bosque de Katyn procedían del campo de Kozielsk.

El texto "muy secreto" de la carta enviada por Beria al camarada Stalin el 5 de marzo de 1940 figura íntegro en *El libro negro del comunismo*. Beria informaba de que en los campos de prisioneros de guerra había 14.736 oficiales, funcionarios, propietarios de bienes raíces, policías, gendarmes, funcionarios de prisiones, colonos instalados en las regiones fronterizas y agentes de inteligencia. Sigue el fragmento final de la carta:

"... Se incluyen:
- Generales, coroneles y tenientes coroneles: 295.
- Comandantes y capitanes: 2.080.
- Tenientes, subtenientes y aspirantes: 6.049.
- Oficiales y suboficiales de la policía, de aduanas y de la gendarmería: 1.030.
- Agentes de policía, gendarmes, funcionarios de prisiones y agentes de inteligencia: 5.138.
- Funcionarios, propietarios de bienes raíces, sacerdotes y colonos: 144.
Además están detenidos 18.632 hombres en las prisiones de las regiones occidentales de Ucrania y Bielorusia (de los que 10.685 son polacos).
Se incluyen:
- Antiguos oficiales: 1.027.
- Antiguos agentes de inteligencia, de la policía y de la gendarmería: 5.141.
- Espías y saboteadores: 347.

- Antiguos propietarios de bienes raíces, propietarios de fábricas y funcionarios: 465.
- Miembros de organizaciones contrarrevolucionarias de resistencia y otros elementos: 5.345.
- Desertores: 6.

Dado que todos estos individuos son enemigos encarnizados e irreductibles del poder soviético, el NKVD de la URSS considera que es necesario:

1. Ordenar al NKVD de la URSS que juzgue ante tribunales especiales:
a) A 14.700 antiguos oficiales, funcionarios, propietarios de bienes raíces, agentes de policía, agentes de inteligencia, gendarmes, colonos de las regiones fronterizas y funcionarios de prisiones detenidos en campos de prisioneros de guerra.
b) Así como a 11.000 miembros de las organizaciones contrarrevolucionarias de espías y saboteadores, a los antiguos propietarios de bienes raíces, propietarios de fábricas, antiguos oficiales del ejército polaco, funcionarios y desertores detenidos y confinados en las prisiones de las regiones occidentales de Ucrania y Bielorrusia para aplicarles la pena máxima: la pena de muerte mediante fusilamiento.
2. El estudio de los expedientes individuales se realizará sin comparecencia de los detenidos y sin auto de procesamiento. Las conclusiones del sumario y la sentencia final serán presentadas de la manera siguiente:
a) Bajo forma de certificados expedidos a los individuos detenidos en los campos de prisioneros de guerra por la administración de asuntos de prisioneros de guerra del NKVD de la URSS.
b) Bajo la forma de certificados expedidos a las otras personas detenidas por el NKVD de la RSS de Ucrania y el NKVD de la RSS de Bielorusia.
3. Los expedientes serán examinados y las sentencias dictadas por un tribunal compuesto por tres personas, los camaradas Merkulov, Kobulov y Bashtakov.

El comisario del pueblo para el Interior de la URSS, L. Beria"

Las ejecuciones comenzaron el 5 de abril de 1940. Desde este día hasta el 14 de mayo, 6.311 prisioneros de guerra y policías fueron sistemáticamente liquidados con un tiro en la nuca en los sótanos de la prisión de la NKVD en Kalinin. La matanza fue dirigida personalmente por tres jefes de la NKVD, Vasili Blokhin, Mikhail Kriwienko y Nikolai Siniegubow. El primero de ellos ha pasado a la historia como uno de los verdugos más prolíficos de la historia, pues se le atribuye haber ejecutado personalmente a decenas de miles de personas a lo largo de su carrera sanguinaria. En relación a los prisioneros polacos, parece ser que en una sola noche llegó a matar a trescientos, uno cada tres minutos. Cargados posteriormente en camiones, los cadáveres fueron arrojados en fosas comunes situadas a una treintena de kilómetros de la ciudad de Mednoye. En otro centro de la NKVD en Jarkov otros 3.820 prisioneros de guerra fueron ejecutados y trasladados en camiones a bosques de las proximidades para ser arrojados a fosas.

Se utilizó también para el asesinato en masa de presos un método que ha sido ya comentado en dos ocasiones a lo largo de esta obra: el hundimiento de barcazas repletas de detenidos. Como se recordará, el primero en ponerlo en práctica durante la Revolución Francesa fue un criminal llamado Carrier, que hundía en el Loira grandes balsas cargadas con personas. Este método fue retomado en 1919 en Astracán por los chequistas bolcheviques. Entonces, se arrojó al Volga desde los lanchones a miles de detenidos con una piedra al cuello. Sobre lo ocurrido en abril/mayo de 1940, Adam Moszynski, prisionero en Starobielsk y autor de la más completa de las listas con los nombres de los prisioneros internados en los tres campos, declaró lo siguiente ante el Comité de Investigación: "Por lo que yo sé, basado en sustanciales investigaciones sobre el asunto, los prisioneros de Oshtakov fueron colocados en dos grandes barcazas muy viejas y, después de haberlas remolcado a mar abierto fueron destruidas por disparos de la artillería." Supuestamente, estos presos eran conducidos a trabajar en minas de carbón en una de las islas del Ártico.

La matanza del bosque de Katyn fue la única que se conoció durante la guerra. Allí fueron enterrados en fosas comunes 4.421 prisioneros de guerra polacos, que estaban siendo buscados infructuosamente por las autoridades polacas desde el verano de 1941. Una cronología de los hechos ayudará a entender la dinámica de los acontecimientos. Tras el ataque de Alemania a la URSS, el 22 de junio de 1941, Polonia y la Unión Soviética firmaron el 30 de julio del mismo año un acuerdo que permitió reanudar sus relaciones diplomáticas. Gracias a este acuerdo, todos los polacos que seguían detenidos en campos fueron liberados por los soviéticos. El 14 de agosto de 1941 polacos y soviéticos firmaron un pacto militar y el 16 de agosto el general Wladyslaw Anders comenzó la búsqueda inútil de sus compañeros asesinados.

El 13 de abril de 1943 los alemanes anunciaron el descubrimieno de las fosas de Katyn, cerca de Smolensk, donde había enterrados jefes y oficiales del ejército polaco, miembros de la intelligentsia, funcionarios del Gobierno y sacerdotes. El 15 de abril de 1943 el Gobierno polaco en Londres pidió a la Cruz Roja Internacional que enviara a una delegación al lugar para investigar la verdad sobre lo ocurrido. El 26 de abril la URSS rompió nuevamente las relaciones diplomáticas con Polonia por el hecho de haber solicitado una investigación neutral a la Cruz Roja. El 30 de abril de 1943 una comisión de reconocimiento médico encabezada por el Dr. François Naville, profesor de Medicina Forense en la Universidad de Ginebra, e integrada por destacados juristas, doctores y criminólogos de doce universidades europeas y de países neutrales elaboró un informe aprobado por unanimidad en el que se establecía que los polacos enterrados en las fosas habían sido masacrados en la primavera de 1940. El 24 de enero de 1944 una Comisión Especial soviética emitió su propio informe sobre lo ocurrido en Katyn, según el cual los alemanes habían cometido la atrocidad en agosto de 1941. Hasta 1992 la URSS no reconoció su responsabilidad en la eliminación de la élite polaca en 1940.

En el cuerpo del comandante Adam Solski, una de las víctimas sepultadas en las fosas de Katyn, se encontró un diario cuyas anotaciones permitieron a la Comisión de Investigación del Congreso conocer las fechas en que se produjeron las matanzas. Las últimas palabras las escribió los días 8 y 9 de abril de 1940. El día 8 anotó: "Desde las doce del mediodía estamos parados en una vía muerta de Smolensk." El día 9 escribió en dos ocasiones. En la primera entrada decía: "Unos minutos antes de las cinco de la mañana toque de diana en los vagones y preparativos para la salida." El diario acababa con la segunda anotación del mismo día 9. He aquí lo escrito: "Ya desde el amanecer, el día empezó de forma rara. Salimos en furgonetas con pequeñas celdas para prisioneros (terrible). Nos llevaron a algún lugar dentro de los bosques, algún campamento de verano. Aquí, un registro minucioso. Cogieron el reloj, que marcaba las 6:30 de la mañana, me pidieron el anillo de boda, que se quedaron, rublos, mi cinturón y un cuchillo de bolsillo." Este diario fue aportado por el general Bor-Komorowski a las sesiones del Comité de Investigación celebradas en Londres durante el mes de abril de 1952.

Antes de que los alemanes descubrieran las fosas en abril de 1943, el general Anders se había entrevistado personalmente con Stalin. En diciembre de 1941 Anders, acompañado por el general Sikorski, jefe del Gobierno polaco en el exilio, se interesó ante Stalin por el paradero de los oficiales desaparecidos. La respuesta fue que ni estaban detenidos ni lo habían estado. El general Anders declaró en Londres ante el Comité y reprodujo el diálogo mantenido con el líder soviético: "Nosotros preguntamos: 'Bien, ¿dónde pueden haber ido?' A lo que Stalin replicó: 'Escaparon'. Nosotros tratamos de averiguar: '¿Dónde podrían haber escapado?' Stalin replicó: 'A Manchuria'. Yo dije que esto era imposible." El 18 de marzo de 1942 Anders mantuvo en el Kremlin un segundo encuentro con Stalin y le presentó una lista con los nombres de los oficiales desaperecidos. Insistió en que ninguno de ellos había todavía establecido contacto con el ejército polaco. Stalin dijo: "Bien, ¿de qué nos servirían a nosotros? ¿Por qué razón los querríamos retener?" Durante esta segunda entrevista Stalin dejó caer que quizá habían huido por separado cuando los alemanes invadieron Rusia.

El 13 de abril de 1943 se produjo una emisión radiofónica en Berlín que, además de sacudir a la opinión internacional, sirvió para que los polacos dejaran de buscar a sus militares desaparecidos:

"Desde Smolensk llegan noticias que la población nativa ha revelado a las autoridaders alemanas. En el lugar se llevaron acabo ejecuciones masivas. Los bolcheviques asesinaron a diez mil oficiales polacos. Las autoridades alemanas realizaron un horrible descubrimiento. Encontraron una fosa de veintiocho metros de longitud, dieciséis de anchura y doce de profundidad en la que yacían los cuerpos de tres mil oficiales polacos. Uniformados, en algunas ocasiones encadenados, todos tenían heridas de bala de pistolas en la nuca. La búsqueda y descubrimiento de otras fosas continúa."

El anuncio fue seguido de una campaña intensa de propaganda para tratar de explotar políticamente el hallazgo. Los nazis hicieron esfueros desesperados para que el Comité Internacional de la Cruz Roja llevara a cabo una investigación imparcial. Hitler personalmente dio instrucciones al Ministerio de Exteriores alemán para que lograse por todos los medios dicha investigación. La Cruz Roja polaca fue informada por el Comité Internacional de que una investigación sólo podría realizarse si participaban en ella las tres naciones involucradas. Cuando los polacos solicitaron la investigación, los soviéticos, según se ha dicho, acusaron a los polacos de "colaborar con los nazis" y rompieron bruscamente las relaciones diplomáticas.

En Londres, Sikorski se reunió con Churchill el 15 de abril de 1943 y le manifestó que las evidencias encontradas indicaban de manera irrefutable que los aliados soviéticos eran los culpables de los asesinatos en masa. Según escribió Lord Cadogan en su Diario, Churchill le dijo a Sikorski: "Las revelaciones de los alemanes son probablemente ciertas. Los bolcheviques puede ser muy crueles." Pese a este reconocimiento, acabó aconsejándole que era mejor olvidar el asunto, toda vez que nada devolvería la vida a los oficiales asesinados. Anthony Eden, secretario de Estado del Foreign Office que había sustituido a Lord Halifax, se presentó el 4 de mayo de 1943 ante la Cámara de los Comunes y comunicó que el Gobierno británico cargaría la culpa de lo sucedido al enemigo común. Eden añadió "que deploraba el cinismo con que el Gobierno alemán acusaba a la Unión Soviética, con el velado propósito de romper la unidad entre los aliados." Por descontado, también F. D. Roosevelt conoció la verdad de lo ocurrido y lo ocultó a la opinión pública. Documentos recientemente desclasificados del Archivo Nacional de Estados Unidos desvelan que Roosevelt supo en 1943 que la policía secreta soviética había matado con un tiro en la nuca a 22.000 polacos que conformaban la élite militar e intelectual del país. El propio Winston Churchill le había hecho llegar un informe detallado redactado por Owen O'Malley, el embajador británico ante el Gobierno polaco en el exilio de Londres.

## La situación en Europa occidental: Noruega y los neutrales

Solventado el asunto de los sudetes, Hitler había declarado por activa y por pasiva que no tenía más reivindicaciones territoriales en Europa occidental y que Francia podía estar tranquila en relación a Alsacia y Lorena. Sin embargo, tras la declaración de guerra a Alemania de Gran Bretaña y Francia, pocos países pudieron evitar verse envueltos en el conflicto, que acabó extendiéndose inexorablemente a todo el Continente. La propaganda de los Aliados, difundida a través de la prensa mundial, impuso en su momento una idea que ha prevalecido: Alemania atacaba a los países neutrales porque quería dominar el mundo y ellos, por contra, actuaban como salvadores desinteresados de los pueblos agredidos. La realidad, como se ha visto, era bien distinta, pues ni el Reino Unido ni Francia ni Estados Unidos movieron un dedo para defender a los países de Europa oriental atacados sin motivo por la URSS, cuya expansión hacia el oeste no parecía preocupar en lo más mínimo.

El rey de Bélgica y la reina de Holanda ofrecieron en noviembre sus buenos oficios para restablecer la paz. Pidieron al presidente Roosevelt que asumiera la jefatura de una Liga de los Neutrales y le propusieron que respaldase una protesta por las violaciones cometidas por la URSS al invadir Polonia, someter a los países bálticos y atacar a Finlandia. Naturalmente, Roosevelt, a pesar de sus discursos hipócritas en favor de la paz, rechazó asociarse a los esfuerzos de ambos monarcas. Por su parte Lord Halifax, en un discurso público que Ribbentrop calificó de "descarado", se encargó de descartar cualquier posibilidad de negociaciones. David Irving expresa con claridad en *La guerra de Hitler* que el rechazo a la paz se debía a que "Londres estaba sujeto a una minoría lunática controlada por judíos contra la cual Chamberlain era un hombre sin carácter e impotente." Holanda y, sobre todo, Bélgica se hallaban en una posición imposible si se desataba la guerra entre Francia y Alemania. Sin embargo, cuando el 19 de octubre de 1939 Hitler dio la primera directriz para preparar el ataque masivo contra Francia, la "Operación Caso Amarillo" (Fall Gelb), creía que sería posible evitar las hostilidades con Holanda, siempre y cuando los británicos respetasen su neutralidad y no desembarcasen en el país. Los generales alemanes presentaron al Führer sus escrúpulos en relación a la violación del territorio belga y ello generó repetidas demoras en la ejecución de "Fall Gelb", que debía comenzar en noviembre.

El hecho de que, salvo la minoría flamenca, las simpatías de la población de los Países Bajos fueran para los Aliados propició que las fuerzas armadas de ambos países se concentraran casi totalmente en la frontera alemana. Los dirigentes nazis temían especialmente que de la noche a la mañana británicos y franceses pudieran unirse a los belgas y atacasen el "talón de Aquiles" de Alemania, i. e. la zona industrial del Ruhr, lo cual hubiera sido un duro golpe. Por otra parte, los británicos violaban constantemente la neutralidad de Holanda con el sobrevuelo de los aviones de la RAF, por lo que en noviembre estaba claro que cuando comenzara la operación, que había sido pospuesta para el 3 de diciembre, Holanda debería ser invadida.

En diciembre de 1939 el almirante Erich Räder alertó a Hitler sobre la nefasta posición estratégica en que quedaría Alemania si los británicos ocupaban Noruega. La evidencia de que los temores de Räder estaban justificados llegó a través del contacto de Rosenberg en Noruega, el mayor Vidkun Quisling, que había sido ministro de Defensa hasta 1933. Quisling, un aticomunista convencido que había fundado el "Nasjonal Samling" (Unidad Nacional), un partido antijudío afín al nacionalsocialismo, tenía pruebas concluyentes de que Londres planeaba controlar el país con el apoyo de Carl Hambro, el presidente judío del Parlamento noruego, quien, según Quisling, había permitido que el Servicio Secreto británico infiltrase de cabo a rabo el Servicio de Inteligencia noruego. La prensa estaba también en manos de los amigos de Hambro, un personaje tremendamente influyente, descendiente de una poderosa familia de banqueros judíos.

Hitler quiso formarse una impresión personal sobre Quisling, que el 14 de diciembre se presentó ante el canciller alemán en compañía de Viljam Hagelin, un hombre de negocios. Durante la conversación el Führer recalcó con énfasis que lo que prefería políticamente era que Noruega y toda Escandinavia permanecieran neutrales y que no tenía ninguna intención de ampliar el teatro de la guerra involucrando a más países en el conflicto a menos que se viera obligado. Quisling, no obstante, informó a Hitler que tenía doscientos mil seguidores, algunos muy bien situados, dispuestos a tomar el poder cuando el Gobierno de Hambro, que había prolongado su mandato, se mantuviera ilegalmente en el poder a partir del 10 de enero. Quisling sugirió derrocarlo y pedir a continuación que Alemania enviase tropas a Oslo.

En enero de 1940 el Servicio de Inteligencia alemán confirmó que Bélgica, a pesar de que las concentraciones de tropas anglo-francesas en su frontera con Francia iban en aumento, sólo fortificaba su frontera con Alemania. Además las autoridades fomentaban la fraternización de belgas con franceses y británicos. Por otra parte, la Gendarmería belga había recibido órdenes de facilitar la invasión de Francia y en el oeste se habían incluso colocado postes con indicaciones para tal fin. Las pruebas de que los Aliados preparaban su ofensiva a través de Bélgica eran evidentes. Con la excepción de una división, todas las fuerzas de infantería mecanizada, blindados y caballería estaban desplegadas en la frontera alemana.

El 17 de febrero de 1940 se produjo el incidente del *Altmark*, un barco de suministros de quice mil toneladas que navegaba desarmado por aguas noruegas con la bandera de la marina mercante alemana. En su interior iban unos trescientos marinos británicos, que habían sido rescatados del mar por el crucero *Graf Spee* tras haber hundido los buques ingleses a los que pertenecían. El *Altmark* abasteció al famoso crucero en aguas del Atlántico Sur y había recibido a estos prisioneros antes de que el capitán del *Graff Spee*, Langsdorff, ordenara su hundimiento en el estuario del Río de la Plata para evitar su captura. Dos torpederos de reconocimiento noruegos interrogaron al capitán del *Altmark*, quien no desveló que llevara a bordo prisioneros, aunque de haberlo hecho su posición legal no hubiera sido diferente, y procedieron a darle escolta. El crucero británico *Cossack* y seis destructores se hallaban en las cercanías y recibieron la orden de apresar al barco alemán, aunque para ello tuvieran que violar las aguas jurisdiccionales noruegas. Al avistar a los barcos ingleses el capitán del *Altmark* solicitó refugio en el fiordo Jössing. Los torpederos noruegos lo autorizaron y mantuvieron a raya a los británicos hasta el anochecer. Finalmente, los buques ingleses forzaron el paso hacia el interior del fiordo y abordaron el barco alemán. El informe del *Altmark* describió cómo el grupo de abordaje tomó el puente de mando "y comenzó a disparar como ciegos fanáticos a la tripulación alemana, que, por supuesto, no tenía ni un arma." Seis hombres murieron, muchos más fueron heridos. Algunos tripulantes trataron de huir sobre el hielo que rodeaba el barco y otros se lanzaron al mar. Los noruegos testificaron posteriormente que los ingleses habían disparado asimismo a los hombres indefensos que estaban en el agua. Los prisioneros fueron liberados y el barco y la tripulación, saqueados. Los alemanes no dispararon ni un solo tiro.

Lógicamente, la reacción de los noruegos fue de indignación. El acto de guerra dentro del fiordo era una violación flagrante de la neutralidad de Noruega que no se podía tolerar, por lo que el Gobierno de Oslo presentó una enérgica protesta diplomática. Por su parte, Hitler supo a través de las señales de comunicación descodificadas en Berlín que el capitán del *Cossak* había incluso recibido la orden de abrir fuego contra los torpederos noruegos si oponían resistencia a la acción contra el *Altmark*. En Alemania los medios de comunicación difundieron el incidente y se produjo un gran clamor en la opinión pública. A partir de este momento, a pesar de que ni en sus directrices a la Wehrmacht ni en los dicursos a sus generales había Hitler augurado la ocupación de Escandinavia, comenzó a considerarse la ocupación de Noruega. Fue el 1 de marzo cuando el canciller alemán firmó la primera instrucción para que se planease la ocupación de Noruega y Dinamarca. En esta fecha, los aviones de la RAF habían violado ya en innumeranles ocasiones el espacio aéreo de Dinamarca y Noruega, así como el de Bélgica y Holanda, con el fin de esquivar las defensas antiaéreas alemanas.

Desde que en 1948 Winston Churchill publicó *The Gathering Storm*, se supo que los proyectos de las autoridades navales británicas para atacar a Noruega habían comenzado a esbozarse en septiembre de 1939. El 16 de diciembre de 1939, cuando aún no era primer ministro, Churchill había ya presentado un memorándum al Gobierno en el que apuntaba la necesidad de una acción en Noruega. Según decía en él, "las naciones pequeñas no deben atarnos las manos." El 6 de febrero de 1940 el Consejo de Guerra británico aprobó el plan que implicaba la toma de Narvick y la ocupación por la fuerza del norte de Noruega y de Suecia. En este segundo país se contemplaba la toma del puerto de Lulea en el mar Báltico. El nombre secreto de estos planes era "Operación Stradford". Así, pues, en el mes de marzo de 1940 tanto el Reino Unido como Alemania se preparaban para desembarcar en Noruega, pero los planes británicos estaban mucho más adelantados.

A principios del mes de marzo el diplomático Walter Hewel envió numerosos telegramas al Führer desde Helsinki, Trondheim y Oslo en los que denunciaba que los británicos pretendían intervenir en Escandinavia con el pretexto de ayudar a Finlandia. También Ribbentrop recibió información de Quisling que demostraba que los planes de invasión británicos y franceses estaban ya muy avanzados. Cuando el 12 de marzo se conoció que Moscú y Helsinki negociaban un armisticio, los Aliados constataron que debían intervenir de inmediato si querían utilizar la coartada de la guerra ruso-finlandesa para legitimar su desembarco. "Londres -escribe David Irving- realizó esfuerzos desesperados para que la guerra se prolongase unos días más. Winston Churchill había evidentemente volado a París el 11 de marzo para informar al Gobierno francés que el 15 de marzo su fuerza expedicionaria zarparía hacia Narvik." Este historiador revisionista británico constata que el "Forschungsamt", el servicio de inteligencia alemán especializado en la descodificación de comunicaciones, había descifrado el 12 de marzo una llamada telefónica urgente del embajador finlandés en París a su ministro de Exteriores, en la que le anunciaba que Churchill y Daladier le habían prometido ayuda si Finlandia la pedía sin demora. Es decir, después de más de tres meses de guerra de agresión contra Finlandia, de repente les había entrado la prisa.

La operación "Caso Amarillo", mientras, había seguido aplazándose. La importancia estratégica de Noruega y Dinamarca para salvaguardar las espaldas de Alemania era una evidencia, por lo que asegurar estos países fue convirtiéndose en una prioridad. El hecho de que en marzo los puertos estuvieran helados aconsejaba esperar hasta el mes de abril. El 28 de marzo de 1940 el Consejo Supremo de Guerra Aliado decidió poner en marcha a principios de abril una operación en dos fases. El plan consistía en minar primero las aguas neutrales para provocar que Alemania se precipitase a ocupar el sur de Noruega, lo cual justificaría el desembarco a gran escala en Narvik, en el norte, para hacerse con el control de las líneas de ferrocarril que trasportaban hacia este puerto el mineral de hierro de las minas suecas, vital para Alemania. La inminencia de la operación británica fue confirmada una vez más por Quisling, quien advirtió sobre la llegada de agentes británicos y franceses que, disfrazados de funcionarios consulares, se instalaban en lugares claves de Noruega. El almirante Räder suplicó a Hitler que lanzase cuanto antes la invasión y le propuso la fecha del 7 de abril.

El plan británico se puso en marcha el 5 de abril. Los alemanes detectaron que había comenzado alguna maniobra de envergadura merced al "Forschungsamt", que descifró una comunicación que ordenaba a una veintena de submarinos que iniciaran las operaciones. Se consideró entonces la posibilidad de que los británicos hubieran detectado el plan de invasión alemán y se estuvieran desplegando para abortarlo; pero los expertos de la Marina alemana dedujeron correctamente que el enemigo pretendía extender una barrera de minas como paso previo a una intervención en Noruega. El 8 de abril se confirmó que barcos de guerra británicos estaban colocando una cortina de minas en aguas noruegas, lo cual era una violación incuestionable de la neutralidad del país escandinavo. Durante la noche del 6 al 7 de abril la flota alemana había comenzado la operación que venía planeándose desde primeros de marzo. Acorazados, cruceros y destructores zarparon hacia los puertos noruegos de Narvik, Trondheim, Bergen y Oslo. Hitler podría presentar su toma de Noruega como una respuesta a la acción emprendida por los Aliados. El día 9 de abril, veinticuatro horas después de que los británicos hubiesen procedido al minado de las aguas territoriales, se produjo el desembarco de fuerzas alemanas en Noruega y la ocupación de Dinamarca, cuyo Gobierno se había rendido resignado sin dar lugar a ningún tipo de resistencia.

La narración de las operaciones en Noruega no es ya necesaria. Diremos únicamente que la marina alemana sufrió mermas importantes: numerosos buques fueron hundidos y las pérdidas humanas fueron considerables. Las baterías de costa noruegas y la acción de los submarinos y otros buques ingleses que operaban en la zona infligieron daños muy significativos a las fuerzas de desembarco. Los británicos se presentaron en Namsos, al sur de Narvik, y en Aandalsnes, al sur de Trondheim. También en Narvik desembarcaron unos doce mil británicos, franceses y polacos, que trataron de recuperar este puerto donde embarcaba el hierro sueco hacia Alemania. En Narvik se habían instalado sin oposición dos mil soldados alemanes y austríacos gracias a la colaboración de un comandante próximo a Quisling. Este estratégico enclave se convirtió en el escenario fundamental de una lucha que se prolongó varias semanas. A principios de mayo de 1940, los británicos habían ya evacuado sus fuerzas de Namsos y Aandalsnes y sólo las tropas que peleaban por recuperar Narvik seguían combatiendo.

Relevantes expedientes militares británicos fueron aprehendidos en Noruega. Una brigada de infantería que se batía al sur de Aandalsnes fue obligada a huir ante el avance de los alemanes, los cuales capturaron significativos documentos, la importancia de los cuales se apreció enseguida. El comandante de dicha brigada había recibido instrucciones cuya finalidad era la ocupación de Stavanger. Las órdenes llevaban fecha de 2, 6 y 7 de abril, es decir, días antes de la invasión alemana. Otros documentos demostraban que se habían proyectado operaciones de desembarco en Bergen, Trondheim y Narvik. Además de estos documentos, se encontraron en los consulados de Francia y el Reino Unido en Oslo archivos que demostraban sin lugar a dudas que el plan de los Aliados para invadir Noruega había sido programado en enero y que se contaba con la cooperación de ciertos líderes noruegos que trabajaban para que no se opusiera resistencia. A mediodía del 27 de abril Ribbentrop distribuyó estos documentos incriminatorios a los diplomáticos extranjeros que habían sido convocados en la Cancillería. Por la tarde, una emisión radiofónica que pudo escucharse en todo el mundo denunció las patrañas y la palabrería de Gran Bretaña en relación a los pequeños países neutrales. Ribbentrop publicó un Libro Blanco sobre los documentos noruegos que produjo estupor en la opinión pública internacional. Terminaremos recordando que el almirante Räder fue condenado a cadena perpetua en Núremberg por haber planificado y dirigido una guerra de agresión contra Noruega.

## El misterio de Dunkerque

El 10 de mayo de 1940 se produjo la tantas veces aplazada "Operación Amarillo", i. e. el ataque general de la Wehrmacht a lo largo del frente francés y la invasión de Holanda, Bélgica y Luxemburgo. Las líneas defensivas francesas fueron incapaces de detener la ofensiva vertiginosa y en diez días quedó de manifiesto que Alemania había derrotado a Francia. El 20 de mayo los generales alemanes constataron que al menos veinte divisiones enemigas se hallaban atrapadas al norte del Somme. Por la noche, el general Brauchitsch telefoneó a Hitler para decirle que sus tanques habían llegado a Abbeville, ciudad situada a diez kilómetros de la desembocadura del Somme en el Canal de la Mancha. Los alemanes podían comenzar la segunda fase de la Campaña, cuyo nombre en clave era "Rojo", la cual consistía en un barrido hacia el sur en dirección a la frontera suiza. Convenía, sin embargo, capturar antes a cerca de 340.000 soldados británicos y franceses que habían quedado embolsados al norte del Somme. Esto no llegó a producirse debido a la "Halt Befehl", la orden de alto de Hitler que detuvo el avance hacia Dunkerque, una decisión trascendente que permitió la recuperación de Gran Bretaña y propició la posterior derrota de Alemania.

Uno de los genios militares que protagonizaron tan espectacular victoria fue el general Heinz Guderian, que en 1937 había publicado *Achtung Panzer!*, obra que sentaba las bases de la "Blitzkrieg" o guerra relámpago, aplicada por primera vez el 1 de septiembre de 1939 en Polonia. Guderian vio entonces confirmada su teoría sobre una táctica militar que consistía en un avance tan rápido y devastador que permitía la conquista de un país en pocas semanas. Quienes atribuían el éxito de la guerra relámpago a la falta de entidad del ejército polaco comprobaron el 10 de mayo de 1940 que los altos mandos de los Aliados, anclados en las teorías de la guerra de desgaste que habían experimentado en la Primera Guerra Mundial, no tenían respuesta ante una guerra de movimientos arrolladores, basada en grandes unidades de tanques autosuficientes que se concentraban en el "Schwerpunkt", punto esencial de la batalla. Arrasadas las defensas, los centros logísticos y de mando del enemigo quedaban a merced de los blindados, que se movían a sus anchas en la retaguardia a la espera de la llegada de la infantería para rematar el triunfo. Para comprender las consecuencias que tuvo la "Halt Befehl" (orden de alto), es preciso considerar que la movilidad era una de las claves de la Blitzkrieg concebida por Guderian. El asalto se dirigía hacia las líneas frontales enemigas y no debía detenerse hasta que, debido al desorden generado, quedasen anuladas las capacidades operativas de respuesta. Se producía entonces el apoyo aéreo para proteger a los Panzers e impedir toda posibilidad de reorganización.

Tan clara era la victoria, que el día 21 de mayo el almirante Räder, ante la evidencia de que el grueso del ejército británico estaba atrapado, le reveló en privado al Führer que había estado estudiando los problemas de una invasión por mar de las islas británicas a partir de noviembre. Hitler se negó en principio a considerar el plan sin ofrecer explicaciones y días más tarde volvió a rechazar la idea cuando Jodl insistió en la conveniencia de preparar la invasión. El día 22, después de dos días de deliberaciones, Churchill, que el 10 de mayo había sido nombrado primer ministro del Reino Unido, decidió retirar la Fuerza Expedicionaria Británica (BEF) de Francia. Por esa razón el 22 de mayo Lord Gort, jefe de la BEF, ordenó la retirada de Arrás hacia la costa sin informar al mando francés, al cual estaba subordinado.

Al comprobar que un número inusual de transportes de tropas se dirigían hacia el mar, los alemanes interpretaron que los ingleses pretendían evacuar a su Fuerza Expedicionaria. Los generales Brauchitsch y Halder, sin informar al Führer, ordenaron al general Fedor von Bock que avanzara desde el sur para completar el cerco. El 23 de mayo las tres divisiones del Panzerkorps de Guderian tomaron Boulogne y Calais, dos de los tres puertos para una posible evacuación británica, y se disponían a marchar sobre Dunkerque, el último punto por donde podían huir las fuerzas aliadas, que combatían contra el grupo de ejércitos del general von Bock y se batían en retirada. En este momento Guderian estaba más cerca de Dunkerque que todo el ejército británico y nada se interponía en su avance. Si Guderian hubiera llegado a Dunkerque, los ejércitos anglo-franceses habrían quedado completamente rodeados y sólo hubieran tenido dos opciones: rendición o aniquilación.

A primeras horas del 24 de mayo Hitler, acompañado por los generales Jodl y Schmundt, se presentó en el cuartel general en Charleville, donde, apoyado por el mariscal de campo Gerd von Rundstedt, el general más conservador de la Wehrmacht, canceló la orden que había recibido Bock. Parece ser que Hitler se apoyó en Rundstedt para imponer su decisión de detener el avance hacia Dunkerque. Mostrando un estado de nervios injustificado, que bien pudo ser teatral, exigió a Rundsted que valorara la amenaza que representaba el ejército francés desde el flanco sur. Rundstedt, entendiendo que el Führer sugería prudencia, propuso detener las operaciones y permitir que los Panzers disfrutaran de unos días de descanso. Hitler se mostró plenamente de acuerdo. La posibilidad de que los británicos pudieran escapar a Inglaterra ni siquiera se discutió. El mismo día 24 por la tarde Guderian recibió un telegrama desde el cuartel general de Rundstedt cuyo texto era el siguiente: "Las divisiones blindadas deben permanecer a un alcance medio de artillería de Dunkerque. Sólo se concede permiso para movimientos de reconocimiento y de protección." Guderian, que sabía que en la Blitzkrieg era fundamental no perder el "momentum", recibió atónito esta orden. Puesto que no podía comprenderla y no se le dieron argumentos para justificarla, decidió ignorarla y prosiguió su marcha hacia Dunkeque, que quedaba tan sólo a dieciocho kilómetros. Llegó entonces una segunda orden respaldada por la autoridad del Führer, donde se le repetía que el avance no debía continuar y que tenía que retirarse a las líneas anteriores.

En *The Other Side of the Hill* el capitán B. H. Liddell Hart, un prestigioso crítico militar, estudia la invasión alemana de Francia y analiza lo ocurrido en Dunkerque en un capítulo titulado "Cómo Hitler venció a Francia y salvó a Gran Bretaña". Este historiador británico reproduce unas palabras de Gunter Blumentritt, uno de los generales del Estado Mayor de Rundstedt que el día 24 de mayo estuvo reunido con Hitler:

> "...Entonces nos dejó asombrados hablando con admiración del Imperio británico, de la necesidad de su existencia, y de la civilización que Gran Bretaña había traído al mundo. Comparó el Imperio británico con la Iglesia Católica, diciendo que ambos eran elementos esenciales para la estabilidad en el mundo. Dijo que todo lo que quería de Gran Bretaña era que reconociera la posición de Alemania en el Continente. La devolución de las colonias alemanas perdidas sería deseable, pero no esencial. Dijo que ofrecería incluso apoyó a las tropas británicas en el caso de que se vieran en dificultades en alguna parte. Acabó diciendo que su objetivo era hacer la paz con Gran Bretaña sobre bases que ella considerase compatibles con su honor."

Algunos historiadores pretenden justificar la "Halt Befehl" desde el punto de vista de la lógica militar. Argumentan que era preciso preservar los tanques para la ofensiva hacia el sur, que el lodo de los pantanos de Flandes constituía un peligro para los blindados, que la decisión de Rundstedt era la más prudente... Todas estas razones son extremadamente débiles. Otros historiadores apuntan que el BEF pudo escapar debido a la incapacidad de Göring y de la Luftwaffe. Supuestamente, Hitler habría apoyado la pretensión de Göring, quien alardeó de que la aviación era suficiente para impedir la evacuación. Si fue así, se trató de un error de apreciación increíble, toda vez que la mayoría de los aviones alemanes tenían sus bases en aerodrómos situados en Alemania y, por contra, la RAF operaba desde el otro lado del canal. El propio Guderian escribió en sus memorias que los temores de Hitler y de Rundstedt sobre la posibilidad de que los Panzers quedasen atrapados en el lodo carecían de fundamento. Bevin Alexander, autor de más de una docena de libros sobre historia militar, especialista en estrategia militar considerado uno de los historiadores militares más prestigiosos, opina en *How Hitler Could Have Won World War II* (*Cómo Hitler pudo haber ganado la Segunda Guerra Mundial*) que en Dunkerque se perdió una gran oportunidad de derrotar a Gran Bretaña.

La propaganda británica, en lugar de admitir el gesto quijotesco de Hitler, creó el mito del "Milagro de Dunkerque" o el "Espíritu de Dunkerque". En realidad lo único prodigioso había sido una decisión incomprensible que, sin duda, tuvo efectos milagrosos para las tropas británicas atrapadas en Dunkerque. En contra de la opinión de la mayoría de sus generales, que casi unánimemente eran partidarios de cerrar la pinza, Hitler impidió que los tanques completaran el cerco y rodearan al BEF y a las mejores unidades del ejército francés. El día 26 de mayo el general Halder anotó decepcionado en su diario que los tanques permanecieron "echando raíces en el lugar". La Luftwaffe pudo apreciar desde el aire que las playas estaban cada día más abarrotadas de soldados. David Irving alude a la marea humana que confluía hacia el puerto y precisa que "las carreteras estaban colapsadas con columnas de camiones de quince millas de longitud."

No fue hasta el día 26 por la noche cuando Rundstedt autorizó la continuación del avance; pero se había perdido ya el momentum. El 27 de mayo los alemanes comprobaron que en los casi tres días que habían estado parados los británicos tuvieron tiempo de organizar un fuerte cordón defensivo que sirvió para frenar la penetración y permitir la "Operación Dynamo", nombre en clave de la evacuación, que comenzó el 27 de mayo y fue suspendida a las 02:30 de la madrugada del 4 de junio de 1940, día en que los Panzers de Guderian llegaron al puerto. En estos ocho días unos 226.000 soldados británicos y 112.500 franceses pudieron abandonar Francia. Otros 40.000 quedaron en tierra y se rindieron. Setecientos tanques, dos mil cuatrocientos cañones y cincuenta mil vehículos fueron abandonados.

Planteados los hechos, se constata inevitablemente que la anglofilia enfermiza de Hitler fue causa de graves perjuicios para Alemania. No es comprensible, en nuestra opinión, que Hitler siguiera persiguiendo con respecto a Gran Bretaña una estrategia que los hechos habían desautorizado repetidamente. No se comprende por qué, teniendo en sus manos al grueso del ejército enemigo, se negó a considerar las sugerencias de Räder y Jodl para derrotar definitivamente a Gran Bretaña. Si la Fuerza Expedicionaria Británica hubiera sido destruida en Francia, Italia y Alemania hubieran podido tomar Gibraltar y controlar el norte de África y el Mare Nostrum. La amenaza de invasión hubiera impedido a los británicos mantenerse en el Mediterráneo. Tampoco se entiende que Hitler actuara como si no supiera que los Rothschild y otros banqueros judíos controlaban Inglaterra y Estados Unidos, cuyos Gobiernos estaban en manos de sus agentes. El misterio de Dunkerque es, no obstante, sólo uno más de los que envuelven la figura enigmática de Hitler.

En el capítulo octavo se han visto ya numerosas contradicciones e incoherencias que jalonan la vida y la actuación política de Adolf Hitler. Repasémoslas ahora cronológicamente de manera concisa: 1. El enigma comienza ya con su abuela paterna, María Anna Schicklgruber, cuyo hijo Alois (padre de Hitler) era un bastardo supuestamente concebido como consecuencia de las relaciones ilegítimas con el rico judío Frankenberger. Fritz Thyssen, uno de los financieros de Hitler, desvela en *Yo pagué a Hitler* que la abuela Schicklgruber quedó embarazada mientras servía como criada en la casa de Salomón Rothschild en Viena, por lo que algunos autores ven en Frankenberger a un testaferro del banquero. 2. En 1909 Hitler entabló amistad con el fundador de la revista *Ostara* y de la ONT (Orden de los Nuevos Templarios), un gnóstico cabalista llamado Adolf Josef Lanz, que ocultaba su origen judío y era en realidad un sionista que reclamaba Palestina para los judíos. Mientras predicaba la pureza racial, Lanz se casó con la judía Liebenfels, por lo que se hizo llamar Georg Lanz von Liebenfels. 3. En 1920 dos amigos judíos de Hitler, el doble agente británico Moses Pinkeles, alias Trebisch-Lincoln, y Ernst Hanfstängl, "Putzi", que acabó siendo consejero de Roosevelt durante la guerra, fueron quienes aportaron la mayor parte del dinero que permitió al NSDAP la compra del periódico *Völkischer Beobachter*. 4. Entre 1929 y 1933 Hitler se entrevistó en tres ocasiones con James Paul Warburg, hijo de Paul Warburg y representante de los mismos banqueros judíos que habían creado el cártel de la Reserva Federal y financiado la Revolución Bolchevique. Como consecuencia de estos encuentros, los nazis recibieron financiación de Wall Street. Hitler supo, evidentemente, que estaba recibiendo dinero de los más poderosos banqueros judíos internacionales y se dejó utilizar. 5. Recordemos también que la colaboración de Hitler con los sionistas fue fundamental para sentar las bases del futuro Estado judío. Mientras Judea declaraba la guerra a Alemania, proclamación que el 24 de marzo de 1933 apareció en un titular a siete columnas en la portada del *Daily Express*, los nazis y los sionistas firmaban el acuerdo Haavara, que permitió que unos sesenta mil judíos alemanes emigraran a Palestina con más de 100 millones de dólares, cifra que era entonces una fortuna. El escritor sionista Edwin Black admite que este acuerdo fue "indispensable" para la creación de Israel. 6. Acabaremos esta recapitulación rememorando que la poderosísima logia B'nai B'rith pudo desarrollar su labor conspirativa en Alemania hasta 1939.

## Una tesis poco creíble e indemostrable

En 2005 Greg Hallett publicó el libro *Hitler Was a British Agent*, una obra que insiste en la idea de que Hitler fue un títere en manos de los conspiradores que provocaron la Segunda Guerra Mundial, que lo utilizaron como chivo expiatorio. Sin aportar ninguna prueba definitiva, Hallett asegura que Hitler fue un agente británico, como lo fue Wilhelm Canaris, el jefe del Servicio Secreto Militar (Abwehr). Sobre Canaris, Bernard Fay, quien por orden de Petain trabajó entre 1940 y 1944 con los documentos masónicos de Francia, dice en *La guerre des trois fous* (*La guerra de los tres locos*) que "combatía al nazismo como un cruzado que pretendiese destruir un monstruo infecto", y añade que "algunos días antes de la ofensiva de mayo de 1940 había prevenido al Estado Mayor inglés." Greg Hallett, que advierte que normalmente no podemos aceptar la verdad porque ésta no supera los filtros colocados a través de la educación, se basa en testimonios de agentes de inteligencia retirados; pero también en textos y declaraciones que pueden comprobarse. Según Hallet, los historiadores e incluso el biógrafo de Hitler, John Toland, han ignorado la estancia de Hitler en Inglaterra.

La cuñada de Hitler, Bridget Hitler, cuyo nombre de soltera era Bridget Dowling, publicó en 1979 *The Memoirs of Bridget Hitler*. La obra carece de interés, pero en ella Bridget certifica que su cuñado Adolf Hitler vivió en su casa de Liverpool. Poseemos un ejemplar del libro y podemos comprobar de qué manera esta mujer seducida por Alois Hitler, un hermanastro de Hitler al que conoció en Dublín en 1909, relata sus experiencias personales con el futuro Führer. En principio, hay que constatar que Hitler ocultó en *Mein Kampf* su estancia en Inglaterra. En su relato autobiográfico dice que abandonó Viena en mayo de 1912 para ir a Munich; pero la obra de Bridget Hitler permite comprobar que no es verdad: no fue hasta mayo de 1913, un año más tarde, cuando llegó a Munich procedente de Inglaterra y no de Viena.

He aquí unas pinceladas sobre la estancia de Hitler en Inglaterra, a donde llegó con veintitrés años. En noviembre de 1912 Alois y Bridget fueron a la estación de Lime Street de Liverpool para recibir a Ángela Hitler y a su marido Leo Raubal, funcionario de aduanas en Viena. Ambos habían sido invitados a pasar unos días con ellos. "En lugar de Leo y Ángela Raubal -escribe Bridget- un joven de pobre aspecto se aproximó y le dio la mano a Alois. Era el hermano menor de mi marido, Adolf, que había venido en su lugar." La reacción indignada de Alois sobresaltó a su esposa: "Estaba furioso, sin tener en cuenta el lugar, habló con tanta aspereza y en voz tan alta que toda la gente nos miró con asombro." Al principio, el recién llegado soportó la reprimenda sin rechistar, pero pronto comenzó a replicar incluso con más vehemencia. En el momento culminante de la discusión, sigue narrando Bridget, "Adolf se acercó más y agarró el abrigo de Alois por las solapas. Por un momento la tensión fue tan alta que pensé en irme; se habían olvidado de que yo estaba allí. Los dejé." Así relata Bridget en su libro el primer encuentro con el futuro canciller de Alemania.

Ambos hermanos no se presentaron hasta la noche en el 102 Upper Stanhope Street, Princes Road, un apartamento de tres habitaciones, donde se acomodó al huésped en el cuarto preparado para los Raubal. El enfado entre ambos ya no existía y su estado de ánimo era amistoso. "Adolf, sin embargo, estaba completamente agotado. Su palidez y lasitud eran tan marcadas -escribe la narradora- que temí que estuviera enfermo. Inmediatamente después de la cena se retiró." Bridget explica que aprovechó entonces para recriminarle a su esposo la escena de la estación y explica que cuando Alois respondió lo hizo sarcásticamente diciendo: "Tú no lo comprendes. Si lo supieras todo te sentirías como yo... Había invitado a Ángela y a su esposo. No había invitado al inútil de Adolf. Es una desgracia para todos nosotros. No quiero tener nada que ver con él." Veamos ahora un fragmento seleccionado por Greg Hallet:

> "Mi cuñado permaneció con nosotros desde noviembre de 1912 hasta abril de 1913, y no puedo imaginarme un huésped menos interesante y desagradable. Al principio se quedaba en su habitación, durmiendo o tumbado en el sofá que utilizó como cama la mayor parte del tiempo. Tuve la impresión de que estaba enfermo, tan malo era su color y tan extraña su mirada. Me daba lástima a pesar de lo que me había dicho Alois. Cuando lavaba su camisa -no había traído equipaje- el cuello estaba tan raído que ni valía la pena darle la vuelta. Persuadí a Alois para que le diera algunas cosas y no le importó hacerlo. De hecho creo que hubiera estado más dispuesto a ayudar a Adolf si éste no hubiera sido tan desagradecido y complicado. Adolf subestimaba todo lo que hacíamos."

Hallett atribuye el mal color y la mirada peculiar de los ojos al lavado de cerebro al que lo sometió el MI6 durante los meses en que fue adoctrinado; pero, evidentemente, es sólo una interpretación personal.

Bridget narra que Adolf iba a la cocina, la acompañaba mientras preparaba la comida y jugaba con su hijito, William Patrick. Allí le expresó la gran decepción que sentía por no haber podido entrar en la Academia de Arte en Viena. Alois lo llevó varias veces a Londres; "pero pronto comenzó a moverse solo y no regresaba - apunta Bridget- hasta bien entrada la noche." A pesar de que se ha dicho que Hitler aprendió inglés durante su estancia en Inglaterra, su cuñada lo desmiente. Según ella, sólo conocía unas pocas palabras. Otra información de interés que aporta Bridget Hitler en sus memorias tiene que ver con la astrología. Asegura que fue en Liverpool donde se le despertó a Adolf el interés. Una astróloga, Mrs. Prentice, "hizo su horóscopo una y otra vez."

Cansado de la presencia de su hermano, Alois le propuso que marchara a América e incluso se ofreció a pagarle el viaje. "Al principio -asegura Bridget- Adolf mostró entusiasmo, pero en pocas semanas su interés disminuyó. Argumentó que debería primero aprender inglés." A medida que la estancia en la casa de Liverpool se prolongaba, la relación de los hermanos fue tensándose y los anfitriones comenzaron a pensar cómo librarse del huésped embarazoso que entorpecía la vida familiar con su presencia. Cuando se le insinuó que debería marcharse, sus palabras fueron: "No podéis esperar que me vaya hasta que pueda valerme por mí mismo. Seguramente esto no es pedirle demasiado a un hermano." Por fin Alois, después de discusiones airadas, acabó convenciendo a su hermano de que debía viajar a Múnich y corrió con los gastos del viaje. "Cuando pienso en su salida -escribe Bridget- veo otra vez la cara pálida y fina y los ojos demacrados de mi cuñado al besarnos apresuradamente a mí y a Alois antes de subir al tren. Asomándose por la ventanilla mientras el tren iba saliendo de la estación gritó algo que acababa 'Zukunft wirst du erstatten von mir erhallten'." La traducción sería: "en el futuro te restituiré lo recibido." Palabras que fueron mal recibidas por Alois, pues, según le dijo a su mujer, tenían un doble sentido. Cuando Adolf Hitler llegó a Múnich en mayo de 1913, acababa de cumplir veinticuatro años.

Otra afirmación sorprendente en la obra de Hallet tiene que ver con la muerte de Adolf Hitler, el cual, según este autor, no se habría suicidado en el búnker de Berlín. Nuevamente existen testimonios de gran interés que posibilitan, por lo menos, considerar esta contingencia. Uno de los textos que permite poner en duda la versión oficial lo escribió el secretario de Estado norteamericano James Francis Byrnes, considerado uno de los hombres del todopoderoso Bernard Baruch en Washington, quien en su libro *Speaking Frankly* (*Hablando sinceramente*), publicado en 1947, narra una conversación que mantuvo con Stalin el 17 de julio de 1945 en Potsdam. He aquí un fragmento:

> "... El presidente (Truman) bastante informalmente pidió a Stalin, Mólotov y Pavlov, el cualificado intérprete soviético, que se quedasen y almorzaran con él. Aceptaron. La conversación fue de naturaleza general y muy cordial. El presidente quedó favorablente impresionado por Stalin, como yo había quedado en Yalta. Hablando de nuestra visita a Berlín, le pregunté al Generalísimo (Stalin) su opinión sobre cómo había muerto Hitler. Para mi sorpresa dijo que creía que Hitler estaba vivo y que era posible que estuviera en España o en Argentina. Unos diez días después le pregunté si había cambiado de opinión y él dijo que no lo había hecho."

Es decir, la persona que debía confirmar que Hitler había muerto, puesto que fueron soldados del Ejército Rojo quienes llegaron al búnker donde supuestamente se suicidó, en lugar de dar noticias sobre el hallazgo del cadáver, declaró dos veces al Secretario de Estado James F. Byrnes que creía que Hitler estaba vivo. Para rebatir las insinuaciones soviéticas de que Hitler no estaba muerto y que había sido protegido por los aliados, Hugh Trevor-Roper, que durante la guerra trabajó para la Inteligencia Militar británica, recibió un encargo del Gobierno para que investigara la muerte de Adolf Hitler. En 1947 publicó el libro *Los últimos días de Hitler*. Trevor-Roper fue amigo y colega del famoso espía soviético Kim Philby, al que acusó después de la guerra de haber impedido que el almirante Wilhelm Canaris derribara el régimen de Hitler para negociar con el Gobierno británico.

No podemos, por supuesto, aceptar sin vacilaciones importantes las teorías de Greg Hallett, quien considera que agentes británicos sacaron a Hitler de Berlín en el último momento; no obstante, ya que la "Halt Befehl" fue una orden que roza la traición, hemos querido aportarlas para que el lector pueda juzgar por sí mismo si merecen o no alguna credibilidad.

## El armisticio y los británicos. Agentes judíos rodean a De Gaulle

Después de Dunkerque, Ribbentrop preguntó al Führer si debía redactar un borrador que diseñara algún plan de paz con Gran Bretaña. David Irving cita textualmente la respuesta de Hitler: "No, yo mismo haré eso. Serán sólo unos pocos puntos. El primero es que no debe hacerse nada que pueda herir de algún modo el prestigio de Gran Bretaña; en segundo lugar, Gran Bretaña debe devolvernos una o dos de nuestras antiguas colonias; y tercero, debemos alcanzar un modus vivendi estable con Gran Bretaña." Pocos días más tarde, el 10 de junio de 1940, Italia declaró oficialmente la guerra a Francia y al Reino Unido. Un día antes, el frente se había roto por completo y los alemanes se habían lanzado en persecución de las tropas francesas, que huían en desbandada entre una marea de millones de refugiados.

El 11 de junio Churchill aterrizó en Francia a bordo de su avión Flamingo, que voló escoltado por once aviones de caza Hurricane. Con él viajaron Anthony Eden, nombrado secretario de Estado de Guerra, y los generales Dill, Ismay y Spears. Este último, descrito por el diplomático francés Paul Cambon como "un judío intrigante que se introducía en todas partes", era hijo de Isaac Spiers y de Hannah Moses y había cambiado en 1918 su apellido para ocultar su origen judío. Esta delegación mantuvo una reunión decisiva con miembros del Gobierno de Paul Reynaud, entre los que estaban el mariscal Petain, que el 17 mayo había dejado la embajada en Madrid para asumir la cartera de Defensa; Jeroboam Rothschild, alias Georges Mandel; el brigadier Charles De Gaulle y Maxime Weygand, un general de origen belga que el 17 de mayo había reemplazado a Gamelin. El general Weygand era considerado hijo natural del rey Leopoldo II de Bélgica y había sido criado por un rico judío sefardita que tenía negocios y conexiones internacionales de gran alcance, David de León Cohen, consejero del monarca. El encuentro tuvo lugar en el castillo de Muguet, cuartel general de Weygand. En el transcurso de las conversaciones Churchill trató por todos los medios de que Francia siguiera luchando y propuso una resistencia a ultranza, pero no ofreció ninguna ayuda efectiva.

El 12 de junio el Consejo de Ministros francés se reunió por la tarde en el castillo de Cangé, residencia de Albert Lebrun, presidente de la República. Petain insistió en la necesidad de pedir el armisticio, por lo que el Consejo decidió convocar a los ingleses para el día siguiente, 13 de junio.

Churchill acudió al encuentro acompañado por Lord Halifax, Lord Beaverbrook, un magnate de la prensa de origen judío al que Churchill acababa de nombrar ministro para la Producción de Aviones, Alexander Cadogan y los generales Ismay y Spears. El presidente Lebrun los recibió acompañado del nuevo ministro de Exteriores, Paul Baudoin, y solicitó a los ingleses que permitieran a Francia desligarse de sus compromisos. Churchill señaló que había que informar primero al presidente Roosevelt y esperar su respuesta; pero finalmente acabó diciendo que comprendía la posición francesa y abandonó resignado el castillo con su delegación. Weygand y Petain, que se negaba a salir de Francia para trasladarse a África, como proponía el presidente del Gobierno, solicitaron a Reynaud la petición del armisticio, cosa que hizo el 15 de junio, ya con la capital de Francia ocupada por las tropas alemanas.

El Consejo de Ministros, reunido en la tarde del 15 de junio de 1940 a petición de Petain, adoptó la decisión de no trasladarse a África a menos que las condiciones del armisticio fueran realmente inaceptables. El almirante Darlan planteó la cuestión de la marina de guerra, cuya posible entrega a los alemanes preocupaba tanto a los británicos que a las 13:30 horas del día 16 exigieron que la flota zarpase hacia puertos ingleses antes comenzar la negociación con Alemania. El propio Reynaud consideró razonable la petición de Londres, toda vez que, según apuntó, dicha flota protegía esencialmente el Mediterráneo. A las 15:45 los británicos plantearon una nueva demanda: que la aviación despegara hacia Inglaterra o hacia el norte de África. Ante estas exigencias, el mariscal Petain amenazó con dimitir.

Jean Lombard Coeurderoy explica en *La cara oculta de la Historia Moderna* que Londres decidió ofrecer entonces una solución asombrosa: nada más y nada menos que la unión de los dos Imperios con un Parlamento común. El texto de la propuesta, aprobado por el Gobierno británico, fue elaborado por tres personalidades que ostentarían importantes cargos en la posguerra: el financiero Emmanuel Monick, René Plevén y Jean Monnet, los dos últimos eran hombres de confianza de los Lazard, banqueros judíos establecidos en París, Londres y Nueva York que formaron parte del cártel fundador de la Reserva Federal en 1913. Al comenzar la Segunda Guerra Mundial, Monnet había sido designado director del Comité de Coordinación Económica franco-británico. El vicepresidente del Gobierno francés, Camille Chautemps, se negó rotundamente a aceptar que su país se convirtiera en un "Dominio" británico. Sometida la propuesta a votación, el Consejo de Ministros francés respaldó al vicepresidente y rechazó la proposición británica por catorce votos contra diez. A las 19:30 del mismo día 16 de junio el presidente Reynaud presentó su dimisión.

El 17 de junio, el mariscal Petain formó un gobierno de once miembros y con la mediación del embajador de España en París, José Félix de Lequerica, y del nuncio del Vaticano solicitó a Alemania el fin de las hostilidades y las condiciones del armisticio. El mismo día 17 el general Spears abandonó Francia llevándose en su avión al brigadier Charles De Gaulle, quien la noche anterior le había pedido subrepticiamente una plaza en su avión. De Gaulle, además de voluminosos documentos, llevó consigo a Londres 100.000 francos de fondos secretos. Los días 18 y 19 pronunció vibrantes alocuciones radiofónicas desde los micrófonos de la BBC, en las que se dirigió a los franceses con estas palabras: "Yo, general De Gaulle, tengo conciencia de hablar en nombre de Francia."

Los alemanes se habían apoderado de un documento con fecha de 9 de noviembre de 1939 en el que se analizaban las reparaciones que Francia impodría a Alemania tras derrotar a Hitler. A pesar de la dureza de los términos del armisticio que figuraban en este documento, las condiciones ofrecidas por Hitler fueron extremadamente flexibles. El 20 de junio el almirante Räder pidió a Hitler si Alemania iba a reclamar la entrega de la flota francesa, que era la tercera del mundo. El Führer replicó que la Marina alemana no tenía derecho a exigir los barcos franceses puesto que no habían sido batidos. Además, la flota estaba más allá de su alcance y los franceses debían retenerla para preservar sus intereses coloniales. El día 21 el canciller alemán se dirigió al bosque de Compiègne con objeto de firmar el armisticio en el mismo vagón comedor de madera que en 1918 había sido utilizado por los franceses. El general Keitel leyó un preámbulo que había sido redactado por el propio Hitler, del cual procede el siguiente fragmento: "Después de una heroica resistencia, Francia ha sido vencida. Por tanto Alemania no tiene intención de conferir a los términos del armisticio o a las negociaciones un carácter abusivo sobre tan gallardo enemigo. El único objetivo de las demandas alemanas es prevenir cualquier reanudación de la guerra, proporcionar a Alemania la salvaguardia necesaria para su continuación de la lucha contra Gran Bretaña y posibilitar los albores de una nueva paz cuyo elemento principal será la rectificación de las brutales injusticias impuestas al Reich alemán."

En la tarde del 22 de junio de 1940 se firmó el armisticio, en el que se contemplaba que los alemanes ocuparían la parte norte de Francia, incluida París, así como toda la costa atlántica hasta la frontera con España. El Gobierno francés colaboraría con las fuerzas alemanas y tendría la responsabilidad administrativa en todo el país. Dicho Gobierno debería sufragar el sostenimiento de las tropas de ocupación. Todas las tropas francesas tendrían que ser desmovilizadas, pero el Imperio francés seguiría intacto. Alemania ni siquiera reclamó Camerun y Togo, colonias que Francia le había arrebatado en Versalles. Henry Coston, autor del *Dictionaire de la politique française*, obra de cinco gruesos volúmenes, cita unas palabras del mariscal Petain al general Alphonse Joseph Georges sobre las generosas condiciones del armisticio: "Al concedernos este armisticio los alemanes han cometido un gran error. No teníamos nada para defendernos y si nos hubieran exigido la flota habríamos tenido que dársela." Cuatro años más tarde, en

1944, Churchill le confesó en Marrakech a este mismo general que "Hitler había cometido un error al conceder el armisticio a Francia." Según le dijo Churchill al general Georges, "tenía que haber marchado a África del Norte, apoderarse de ella y continuar hacia Egipto."

Tras la dimisión de Reynaud, el presidente de la República consideró al mariscal Philippe Petain la persona más adecuada para presidir el Gobierno y, consecuentemente, fue votado por la Asamblea Nacional. De este modo el Gobierno de Vichy, con la excepción de Gran Bretaña, fue reconocido por todos los países del mundo, incluidos Estados Unidos y la URSS. El armisticio no imponía a Francia que rompiera sus relaciones con Londres, por lo que hay que aclarar que fueron los ingleses quienes no reconocieron a su antiguo aliado. El 27 de junio Churchill ordenó la "Operación Catapult". El 2 de julio de 1940, diez días después de la firma del armisticio, una flota de la Royal Navy salió de Gibraltar con destino al puerto argelino de Mers-el-Kebir, en el golfo de Orán, donde se hallaba parte de la flota francesa, concretamente cuatro acorazados, cuatro cruceros, una división de superdestructores y una flotilla de destructores. El almirante británico Sommerville exigió al almirante Gensoul la entrega de todos los barcos, es decir, la rendición de la flota. Ante la negativa, a las 16:53 del 3 de julio los británicos abrieron fuego sobre los buques franceses, la mayoría de los cuales tenían sus cañones apuntando hacia tierra y los motores apagados, por lo que sólo unos pocos lograron hacerse a la mar. Para impedir que pudieran salir de la bahía, la aviación inglesa sembró el puerto de minas magnéticas. Mil trescientos marinos franceses murieron y varios centenares quedaron heridos. Los británicos perdieron sólo cuatro aviones y dos torpederos. Necesariamente, Francia rompió relaciones diplomáticas con el reino Unido. Puede decirse que Mers-el-Kebir fue el Pearl Harbour francés.

La opinión pública francesa comprobó de este modo que su antiguo aliado, al contrario de lo que había hecho Alemania, exigía la entrega de la flota. El hecho de que el ataque se realizara de manera traicionera y sin que hubiera habido nada que lo justificara provocó un progresivo sentimiento de anglofobia entre la población. Ante el desconcierto de los franceses, el 8 de julio De Gaulle justificó la acción y declaró que el Gobierno francés había consentido entregar los buques al enemigo, que los habría utilizado contra Inglaterra o contra el Imperio francés. De Gaulle sentenció tajantemente: "Bien, lo diré sin rodeos, vale más que hayan sido destruidos." Hay que decir que el día 23 de junio de 1940, en castigo a sus discursos desde Londres, el presidente de la República había firmado el cese de Charles De Gaulle en el Ejército y el día siguiente, 24 de junio, el ministro de Asuntos Exteriores, Baudoin, envió el siguiente mensaje al Foreign Office: "El Gobierno francés considera como un acto de enemistad el hecho de permitir a un general francés lanzar por la radio británica una llamada a la revuelta contra sus decisiones."

Surgió así en Londres el Comité Nacional Francés, que sirvió inicialmente para proclamar que el Gobierno de Vichy no representaba a Francia y para justificar acciones como la de Mers-el Quebir. Más tarde se convirtió en el Comité Francés de Liberación Nacional. Ya en 1944 este organismo pasó a ser Gobierno provisional. De Gaulle se vio rodeado enseguida de una hornada de políticos y agentes de origen judío. Desde el principio, dos pesos pesados se situaron junto a él: Maurice Schumann y René Samuel Casin. El primero se convirtió desde julio de 1940 en el jefe de Propaganda y habló en más de mil ocasiones a través de Radio Londres. Schumann, indispensable para De Gaulle, aprovechó su conversión al catolicismo para servir como nexo entre los sionistas franceses y el Vaticano. El segundo era un sionista miembro de la Alianza Israelita Universal que alcanzó fama internacional como jurista. Casin se exilió en Londres con De Gaulle en 1940 y fue uno de sus portavoces. Allí sentó las bases de la Constitución de la Cuarta República. En 1943 representó al Comité de Liberación en la Comisión de Crímenes de Guerra creada por los aliados y en 1944 trabajó en el Ministerio de Justicia para que la justicia militar francesa pudiera juzgar a los nazis.

Entre los judíos más destacados colocados en el entorno del general De Gaulle estaban los siguientes: Hervé Alphand, experto en temas comerciales que se encargó de las cuestiones económicas y financieras. René Mayer, hijo del gran rabino de París Michel Mayer y agente de los intereses bancarios de los Rothschild, tuvo a su cargo las Comunicaciones y fue miembro del Comité de Liberación hasta que en 1944 De Gaulle lo nombró ministro de Transportes y Trabajos Públicos. Posteriormente fue vicepresidente de la Alianza Israelita Universal. Daniel Mayer, que fundó en enero de 1941 el Comité de Acción Socialista y recibió órdenes del general para que uniera a los grupos que operaban en Francia en una sóla organización: el CNR (Consejo Nacional de la Resistencia). Marie-Pierre Koenig, general que estuvo junto a De Gaulle desde el principio y que fue posteriormente ministro de Defensa. El almirante Louis-Lazare Kahn, que en representación del Gobierno del general De Gaulle participó con los aliados en la lucha antisubmarina en el Atlántico. Georges Boris, oficial de enlace con los británicos evacuado de Dunkerque, fue nombrado por De Gaulle responsable de los contactos de la Francia libre con la BBC. Algunos vieron en él al Bernard Baruch de Francia por el hecho de haber sido consejero de varios primeros ministros franceses. Pierre Mendès France, sefardita de origen portugués, llegó a Londres en 1941 y De Gaulle lo nombró en 1943 comisario de Finanzas del Comité Francés de Liberación Nacional. En 1944 firmó los acuerdos de Bretton Woods, que iban a marcar la política económica mundial de posguerra, y en 1953 se convirtió en primer ministro. André Diethelm, que en la posguerra acabó ocupando el puesto de vicepresidente de la Asamblea Nacional, ocupó varios comisariados hasta que en 1944 fue nombrado comisario de Producción del Comité de

Liberación y el mismo año pasó a ser ministro de Guerra. Jean Pierre-Bloch, masón de la logia "Liberté" y presidente del B'nai B'rith de Francia tras la liberación, llegó a Londres en 1942 y se convirtió en el jefe del contraespionaje. Marc Bloch, presidente del Comité de Liberación cuyo nombre de guerra era "Narbonne", se encargó de preparar en Francia el desembarco aliado. Finalmente fue descubierto por la Gestapo y acabó fusilado. Carole Fink, autora de *Marc Bloch. Una vida para la historia*, desvela los nombres de una retahíla de judíos que dirigían la Resistencia. Entre ellos cita a Raymond Aubrac, Maurice Krigel-Varlimont, Max Heilbronn, Jean Pierre Lévy, Georges Altman, André Kaan, Georgette Lévy, Léo Hammon, Jean Maurice Hermann, André Weil-Curiel, Jacques Brunschwig-Bordier, Robert Hirsh, que en 1951 sería nombrado por De Gaulle director general de la Seguridad Nacional.

## El plan para exterminar definitivamente a la raza alemana

En lugar de divulgarlos adecuadamente, los historiadores oficiales han preferido sepultar donde habita el olvido textos como *Germany must perish*, de Theodore N. Kaufman, *Morgenthau Diary*, de Henry Morgenthau Jr., o *Les Vengeurs*, de Michel Bar Zohar. Nosotros iremos presentándolos a su debido tiempo en esta obra. Ha llegado ahora el momento de prestar atención al libro de Kaufman, pues cronológicamente es el primero que apareció. Antes de proceder a su comentario, conviene situarlo en el momento en que fue escrito y publicado, para lo cual esbozaremos en unos párrafos la situación de la guerra y los planes ilusorios de Hitler.

Tras el gesto quijotesco de Dunkerque y la firma del sorprendente armisticio con Francia, Hitler se dispuso a regresar a Berlín con el fin de ofrecer públicamente en el Reichstag la paz a Gran Bretaña. El almirante Räder insistía en la necesidad de atacar enseguida las principales bases navales y preparar la invasión; pero el Führer no quería dar rienda suelta a la Luftwaffe e incluso había prohibido cualquier ataque con amenazas de consejo de guerra, pues consideraba que ello podía provocar un odio irreparable. Incoherentemente, seguía pensando que tras la derrota de Francia los ingleses se avendrían a razones. En sus planes de paz, Hitler había pensado en una solución para el problema judío. Su plan consistía en solicitar a Francia la isla de Madagascar para acomodar en ella a los judíos europeos. Durante el verano de 1940, expertos del Ministerio de Exteriores trabajaron intensamente para proceder a la deportación. El Reichsführer SS, Heinrich Himmler, emitió las instrucciones correspondientes a los generales de policía en el este de Europa y Hans Frank, el gobernador general, recibió aliviado la orden de detener el trasvase de judíos al Gobierno General de Polonia. Todos los judíos, incluidos los que se hallaban ya en territorio polaco, iban a ser deportados a Madagascar.

Es preciso insistir de nuevo en que estos planes se hacían contando con que Londres los aceptaría finalmente. Lo sorprendente es cuán irreales eran las premisas en que se basaba esta esperanza. Documentos capturados en Francia por los ocupantes alemanes demostraban de manera inequívoca el tipo de guerra que preparaban los británicos. En un documento secreto de 1939 se decía con claridad que Alemania debía ser derrotada y desmembrada. David Irving expone que entre los registros escritos del Consejo Supremo de Guerra encontró uno fechado en noviembre de 1939, donde constaba que Chamberlain había desvelado el plan para la destrucción del Ruhr mediante bombarderos de largo alcance. Se habían tomado fotografías aéreas y construido maquetas de toda la región industrial. El propio primer ministro británico había admitido los estragos que los bombardeos provocarían entre la población civil. De hecho, la orden para poner en marcha este plan fue tomada el 11 de mayo de 1940, dos semanas antes de Dunkerque. El primer secretario del Ministerio del Aire británico, J. M. Spaight, calificó la orden como una "espléndida decisión", según denuncia Frederick John Partington Veale, autor de *Advance to barbarism*, una obra notable sobre el terror aéreo y otros crímenes de los vencedores, sobre la que habrá ocasión de volver al estudiar el Holocausto de Dresde.

Hitler regresó a Berlín el 6 de julio. El 14 de julio realizó unas declaraciones a la United Press en las que se declaraba dispuesto a aceptar cualquier mediación que permitiera llegar a un acuerdo con el Reino Unido. El día 16 admitió con poco entusiasmo un esbozo del general Jodl donde se ordenaba a la Wehrmacht que preparase la invasión de Gran Bretaña "por si llegase a ser necesaria". El día 19 de julio de 1940 se produjo por fin el esperado discurso ante el Reichstag, en el cual el canciller de Alemania, pese a que desde mayo los ingleses habían comenzado la ofensiva aérea nocturna que causaba gran turbación en las ciudades alemanas, apeló al "sentido común de Gran Bretaña" y ofreció la paz y la vuelta a las fronteras de 1939 en occidente y un acuerdo con Polonia. Mientras en Europa Alemania seguía buscando la manera de evitar la extensión de la guerra, en Estados Unidos Roosevelt había comenzado a preparar su futura intervención. El 16 de mayo de 1940, en un mensaje al Congreso fijó como objetivo la fabricación de cincuenta mil aviones por año. El 31 de mayo el Consejo Supremo del Rito Escocés, reunido en Washington, se comprometía a promover la intervención.

El 3 de agosto de 1940 Churchill rechazó los buenos oficios del rey de Suecia, que fueron el último intento de mediación antes del comienzo de la batalla de Inglaterra. A partir del día 8 de agosto y hasta el 5 de septiembre la Luftwaffe atacó puertos, aeródromos, fábricas de aviación y otros objetivos militares. El 27 de agosto, sin embargo, los aviones de la RAF bombardearon Berlín y durante las noches siguientes los ataques fueron cada vez más virulentos. Las ciudades alemanas del Ruhr llevaban tres meses y medio soportando bombardeos. Con la caída de las bombas sobre la capital del Reich, Hitler abrió por fin los ojos y ordenó los ataques aéreos nocturnos sobre Londres. "Si ellos proclaman que lanzarán ataques a gran escala contra nuestras ciudades -dijo airado-, nosotros barreremos sus ciudades." A pesar de todo, no permitió bombardeos de saturación sobre las zonas residenciales de la capital inglesa, tal como había solicitado Jeschonnek, jefe de gabinete de Göring. Los objetivos principales debían ser estaciones de ferrocarril, la industria, depósitos de gas y agua, "no la población por el momento." Del 7 de septiembre al 2 de noviembre de 1940 se sucedieron cada noche los bombardeos sobre Londres, el más mortífero de los cuales fue el del centro industrial de Coventry.

El 28 de octubre de 1940 Italia atacó a Grecia desde Albania, hecho que supuso una declaración de guerra. Esta acción iba a provocar la extensión del conflicto europeo a los Balcanes en los primeros meses de 1941. En este contexto bélico apareció *Germany must perish* (*Alemania debe perecer*) la obra de Theodore N. Kaufmnn que pasamos ahora a comentar. Kaufman, un judío nacido en Manhattan que era presidente de la "American Federation for Peace", proponía en su obra la esterilización sistemática de toda la población de Alemania con el fin de exterminarla para siempre. El texto fue impreso a finales de 1940 o principios de 1941. Argyle Press, empresa de Newark, New Jersey, publicó en marzo de 1941 una segunda edición. No fue, sin embargo, hasta julio de 1941 cuando los nazis descubrieron el libro y, además de escandalizarse, decidieron utilizar el panfleto propagandísticamente. El 23 de julio apareció en la portada del periódico *Der Angriff* un artículo cuyo titular era: "Plan diabólico para el exterminio del pueblo alemán", en que se calificaba el trabajo como ejemplo de "odio del Antiguo Testamento". El 24 de julio el *Völkischer Beobachter,* periódico del NSDAP, publicó también en la primera página un artículo titulado "El producto del sadismo criminal judío". En el diario se aseguraba que Kaufman era socio de Samuel Irving Rosenman, ideólogo conspicuo del "Brain Trust" y consejero de Roosevelt en la Casa Blanca. Extractos del libro aparecieron el 3 de agosto en el semanario *Das Reich,* que se publicaba en todo el país. Joseph Göbbels ordenó traducir el libro e imprimió cerca de un millón de copias con la foto de Roosevelt en la portada. Esta traducción fue distribuida entre los soldados alemanes con el fin de que conocieran el terrible destino que los judíos habían previsto para ellos si perdían la guerra.

Aunque se ha dicho que el libro tuvo mucho impacto en Alemania y muy poco en Estados Unidos, periódicos de propiedad judía tan importantes como *The New York Times* o el *Washington Post* le dedicaron comentarios que no tienen desperdicio. El primero lo consideró "un plan para la paz permanente entre naciones civilizadas". El segundo aludió a la propuesta de Kaufman como "una teoría provocativa presentada de manera interesante". Según el *Times Magazine,* el proyecto era "¡una idea sensacional!" El *Philadelphia Record*, principal periódico de aquella ciudad, estimó que la obra de Kaufman, que era miembro del American Jewish Congress, "presentaba con total sinceridad el transfondo pavoroso del alma nazi." Debe tenerse en cuenta que *Germany must perish* apareció casi un año antes de que Estados Unidos entrase en la guerra y que el campo de prisioneros de Auschwitz ni siquiera estaba abierto.

El plan de esterilización se presentaba en la obra como la manera más práctica de exterminar a la raza alemana, toda vez que una masacre "era impracticable cuando debía ejecutarse sobre una población de setenta millones de personas." Kaufman consideraba su propuesta como un "método moderno" que la ciencia llamaba "esterilización eugenésica", la mejor manera de "librar a la humanidad de sus inadaptados: degenerados, dementes y criminales hereditarios." Advertía que la esterilización no debía confundirse con la castración, puesto que se trataba de una operación mucho más sencilla y rápida que no duraba más de diez minutos, aunque reconocía que en el caso de las mujeres era algo más complicada. La esterilización del pueblo alemán, según Kaufman, era una medida de salud que debía ser "promovida por la humanidad para inmunizarse a sí misma del virus del germanismo." Para llevar a la práctica su plan proponía la siguiente metodología:

"La población de Alemania, excluyendo los territorios anexionados y conquistados, es de unos 70 millones, casi dividida en partes iguales entre hombres y mujeres. Para lograr el propósito de la extinción de los alemanes sería necesario esterilizar sólo a 48 millones -una cifra que excluye, por su poder limitado para procrear, a machos de más de sesenta años y a hembras de más de cuarenta y cinco. Con respecto a los machos sujetos a la esterilización, los cuerpos del ejército, como unidades organizadas, serían la manera más fácil y rápida de operar. Tomando 20.000 cirujanos como cifra arbitraria y suponiendo que cada uno de ellos realizase un mínimo de veinticinco operaciones diarias, se tardaría no más de un mes, como máximo, en completar la esterilización. Naturalmente, cuantos más médicos hubiera disponibles, y se podría disponer de muchos más de 20.000 considerando todas las naciones a las que se podría recurrir, menos tiempo se requeriría... Si se considera que la esterilización de las mujeres necesita algo más de tiempo, debe calcularse que las hembras de Alemania podrían ser esterilizadas en un periodo de tres años o menos... Por supuesto, después de la completa esterilización, dejaría de haber índice de natalidad en Alemania. Con un índice de mortalidad del 2% anual, la vida en Alemania disminuiría en un millón y medio de personas al año..."

Una y otra vez autores judíos como los citados Kaufman, Morgenthau, Bar Zohar resaltaron sin lugar a dudas que la guerra no era contra los nazis, sino contra el pueblo alemán. Antes de las leyes de Núremberg y casi dos años antes de la guerra, el líder sionista Vladimir Jabotinsky lo había anunciado claramente en enero de 1934 en un artículo publicado en *Mascha Rjetsch*:

> "La lucha contra Alemania ha sido desencadenada desde hace meses en cada comunidad judía, en cada conferencia, en todos los sindicatos de trabajadores y por cada judío en todo el mundo. Hay razones para aceptar que nuestra participación en esta lucha es de importancia general. Empezaremos una guerra espiritual y material de todo el mundo contra Alemania. Alemania se esfuerza para convertirse otra vez en una gran nación, y para recuperar sus territorios perdidos así como sus colonias. Pero nuestros intereses judíos demandan la completa destrucción de Alemania."

Theodore N. Kaufman insiste repetidamente en dicha idea en el libro que venimos reseñando: "Esta guerra se libra contra los alemanes. Son ellos los responsables. Son ellos los que deben pagar por la guerra. De lo contrario siempre habrá una guerra alemana contra el mundo. Y con esta espada colgando permanentemente sobre las naciones civilizadas, por grandes que sean sus esperanzas y arduos sus esfuerzos, nunca lograrán una paz permanente." A pesar de que fueron las organizaciones judías internacionales las que en 1933 declararon la guerra a Alemania, Kaufman atribuye a los alemanes toda la culpa por haber llevado al mundo a la guerra. De hecho, así se ha venido enseñando desde siempre en institutos y universidades de todo el mundo, especialmente en Alemania, gracias al papel desempeñado por la historiografía oficial. Kaufman se ensañaba especialmente con el alma alemana, a la que compara con la de las bestias salvajes, que sólo pueden vivir en la jungla:

> "No siento más odio personal hacia esta gente del que podría sentir por un rebaño o por animales salvajes o por un grupo de reptiles venenosos. Uno no odia a aquellos cuyas almas no pueden rezumar ningún calor espiritual; sólo siente lástima. Si el pueblo alemán quiere vivir de sí mismo, en la oscuridad, será estrictamente asunto suyo. Pero si hacen intentos constantes de envolver las almas de otros pueblos en los fétidos envoltorios que encubren la suya, llega el momento de expulsarlos del ámbito de la humanidad civilizada, entre la cual no pueden tener lugar o derecho de existir."

A finales de septiembre de 1941 Wolfgang Diewerge escribió un libreto de unas treinta páginas titulado *Das Kriegsziel der Weltplutocratie* (*El objetivo de guerra de la plutocracia mundial*), editado en Berlín por la editorial del NSDAP. En él se insistía en la idea de que Theodore N. Kaufman no era un fanático talmudista que actuaba en solitario, sino que se movía en los círculos de consejeros judíos del presidente Roosevelt, de ahí que se presentara a sí mismo como un patriota pacifista, filósofo y antropólogo que buscaba el bien de la humanidad. En 1944, con el fin de estimular la resistencia ante la derrota que era ya inevitable, los nazis publicaron un panfleto de cuatro páginas titulado ¡*Nunca!* en el que se recordaba el plan genocida de Kaufman y otras amenazas funestas esgrimidas por los Aliados contra Alemania.

## El vuelo de Rudolf Hess a Escocia

Casi coincidiendo en el tiempo con la aparición en Estados Unidos del plan de exterminio por esterilización de los alemanes, Rudolf Hess realizó su famoso vuelo a Escocia. Los planes para la invasión de Rusia se venían estudiando desde los primeros meses de 1941 y Hitler seguía anhelando la paz con Gran Bretaña para poder concentrar todo el poder de la Wehrmacht en el ataque a la Unión Soviética. En este contexto se produjo el último intento de detener la guerra con los británicos. A las 17:40 del 10 de mayo de 1941 Rudolf Hess emprendió un vuelo desde Ausburgo hacia Escocia con el fin de ofrecer al Gobierno de Churchill un plan de paz supuestamente redactado en octubre de 1940.

En *La guerra de Hitler* David Irving parece dar crédito a la idea de que Hess viajó por su cuenta y riesgo a Glasgow para entrevistarse con el duque de Hamilton, un verdadero amigo de Alemania al que había conocido en 1936. Irving relata la escena en que Hitler muestra su asombro ante el general Karl Bodenschatz, representante de Göring, cuando un ayudante de Hess irrumpió en la gran sala del Berghof y entregó al Führer un sobre delgado. El general lo abrió y entregó las dos páginas que contenía a Hitler, quien se puso sus lentes y comenzó a leer con displicencia. De repente se levantó y exclamó en voz tan alta que pudo oírse en toda la casa: "¡Oh Dios mío, Dios mío! ¡Ha volado a Gran Bretaña!" Numerosos curiosos acudieron a la sala y Hitler preguntó enfurecido al ayudante de Hess por qué no lo había informado antes. Su respuesta fue que no lo había hecho por lealtad a su jefe. A continuación el Führer se dirigió a Bodenschaft: "¿Por qué, general, la Luftwaffe ha pemitido el vuelo de Hess aunque yo lo había prohibido? ¡Que se presente Göring!" Nos parece evidente que Hitler estaba sobreactuando para ocultar ante sus escépticos generales que por enésima vez buscaba un pacto con Gran Bretaña. No consideramos creíble que Rudolf Hess hubiera tomado una decisión tan trascendente sin el permiso del Führer. Lógicamente, el canciller alemán sabía que anunciar que Rudolf Hess había viajado oficialmente con un proyecto de paz separada entre Alemania y el Reino Unido equivalía a la ruptura del Eje y a dejar a sus aliados en la estacada.

Sea lo que fuere, finalmente la BBC anunció el día 12 que Rudolf Hess se había lanzado en paracaídas sobre Escocia y poca cosa más. Hay que resaltar el mérito y el valor de Hess, quien, tras evitar el fuego antiaéreo y la persecución de los "Spitfire", saltó en paracaídas pese a que nunca antes lo había hecho, por lo que se produjo un esguince de tobillo. Naturalmente, su misión no dio ningún resultado. A través de la mediación del duque de Hamilton, Hess pensaba entrevistarse con el rey Jorge VI y con Churchill para convencerlos de que el Führer no quería continuar aquella "guerra insensata" y de que "el verdadero enemigo era Rusia". Como es sabido, Rudolf Hess no llegó a hablar ni con el rey ni con Churchill, el cual, ignorando que Hess había ido a proponer la paz, no le permitió regresar a Alemania y lo mandó encarcelar. Posteriormente, Churchill escribió que no había sido "directamente responsable de la manera como se trató a Hess." El tristemente célebre prisionero de Spandau moriría en la cárcel en 1987 a la edad de 93 años, víctima de la "justicia" de los vencedores. El Gobierno británico incautó los documentos que Hess llevaba consigo y decidió que no se podrían conocer hasta el año 2017, hecho que invita a pensar que su contenido puede desvelar datos de interés.

## 3ª PARTE
## PEARL HARBOUR: ROOSEVELT INMOLA A SUS MARINOS PARA ENTRAR EN LA GUERRA

Aunque las encuestas revelaban que los estadounidenses eran hostiles con obstinación a la entrada de su país en la guerra, las maniobras de Roosevelt contra Alemania fueron en aumento a medida que avanzaba la conflagración. En junio de 1940 sólo el 14% de la población apoyaba la intervención. Un año más tarde el porcentaje había aumentado hasta el 21% y en septiembre de 1941, pese a la intensa campaña de prensa, los partidarios de abandonar la neutralidad eran sólo el 26%. En septiembre de 1940 Henry Ford, Charles Lindbergh, el general Robert Wood y Douglas Stuart Jr. habían fundado el Comité "America First", contrario a la participación en la guerra, que contaba con el poyo del *Chicago Daily Tribune*. Cerca de un millón de personas militaban en este Comité, que se enfrentaba abiertamente al Comité "Fight for Freedom". Este último había sido lanzado el 19 de abril de 1941 por los "lobbies" intervencionistas y estaba formado sobre la base del "Century Group", una creación del "Council on Foreign Relations", el cual, como se sabe, es una poderosísima estructura de poder de la "Round Table" que diseña la política exterior de Estados Unidos. Figuraban en el Comité belicista personajes como Paul Warburg, el alma mater de la Reserva Federal; Lewis Douglas, otra luminaria de Wall Street vinculado a la Round Table; Dean Acheson, miembro del CFR; y publicistas como Joseph Alsop, editorialista del *Herald Tribune*; Henry Luce, un magnate de la pensa que era miembro de la sociedad secreta Skull & Bones y editor de varias publicaciones; Elmer Davis, quien cinco veces a la semana adoctrinaba a los norteamericanos en favor de la guerra a través de la CBS y fue nombrado por Roosevelt director de la "United States Office of War Information"; y otros peones al frente de importantes medios de comunicación.

Ya en septiembre de 1940 el presidente norteamericano vulneró la "Neutrality Act", que prohibía exportar materiales bélicos a los países en guerra, y persuadió al Congreso para que le permitiera transferir cincuenta destructores al Reino Unido a cambio del uso de ocho bases en el hemisferio occidental. De este modo la flota británica pudo restituir las pérdidas que había sufrido en sus enfrentamientos con la marina alemana. Conseguida la tercera reelección en noviembre de 1940 merced a las promesas de mantener a Estados Unidos fuera de la guerra, Roosevelt solicitó plenos poderes, lo cual alarmó a buena parte del país. Clyton Morrison, director de *The Christian Century,* presintió las intenciones de la petición presidencial y escribió lo siguiente: "No será una guerra de la nación, sino una guerra del presidente. La Historia juzgará algún día severamente la actitud de Roosevelt en esta época crítica del mundo." El 10 de enero de 1941 Roosevelt sustituyó la fórmula de "Cash and Carry" (pague y lléveselo), que autorizaba la venta a los beligerantes de artículos sin interés militar, siempre y cuando se pagaran al contado y fueran transportados en barcos de los países compradores, por la Ley de Préstamo y Arriendo ("Lend Lease Act"), que permitía vender a crédito a Gran Bretaña. Además, en flagrante violación de la neutralidad, las mercancías eran transportadas en barcos americanos con bandera británica.

El 29 de marzo de 1941 Franklin D. Roosevelt dio orden de incautar los barcos alemanes e italianos que se encontraban en puertos norteamericanos, una medida que fue secundada por México y Cuba. Esta acción, verdadero acto de piratería impropio de un país neutral, puso definitivamente en evidencia que Estados Unidos se disponía a intervenir en la guerra a favor de Gran Bretaña. Pocos días después, el 9 de abril, el embajador danés en Washington, Henrik Kaufmann, apodado el "rey de Groenlandia", firmó sin autorización de Copenhague un acuerdo con Estados Unidos que permitía la ocupación de Groenlandia. El Gobierno danés desautorizó a Kauffmann, lo destituyó y lo procesó por traición; pero Roosevelt ignoró las protestas danesas y ocupó Groenlandia, desde cuyas costas podía controlar el tráfico naval en el Atlántico.

## Roosevelt provoca a Alemania y se pone al servicio de la URSS

Las provocaciones de Roosevelt a la marina alemana en el Atlántico, que buscaban una reacción que permitiera justificar la entrada de Estados Unidos en la guerra, se intensificaron tan pronto comenzó la "Operación Barbarroja". El 22 de junio de 1941, descartada definitivamente la invasión del Reino Unido, Hitler ordenó la acción que todos, salvo Stalin, estaban esperando: la invasión de la Unión Soviética. Era lo que inicialmente habían pretendido los banqueros judíos que habían aupado a los nazis al poder. Al estudiar los procesos de Moscú, se ha visto que un ataque alemán contra Stalin debía desatar una guerra que permitiría reinstalar a Trotsky en el poder. En 1941 Trotsky había sido ya asesinado, por lo que los judíos comunistas que proliferaban en el "Brain Trust" de Roosevelt confiaban en que acabada la guerra Stalin podría ser sustituido por agentes de mayor confianza que les permitieran retomar el control absoluto de los enormes recursos de Asia y del comunismo, cuyos tentáculos, como había pretendido Trotsky en 1918, debían llegar hasta Berlín. El segundo gran objetivo de la financiación de Hitler era desencadenar la persecución de los judíos, que había de posibilitar de una vez por todas al sionismo la creación del Estado de Israel acabada la guerra.

Enfrascado en una guerra que abarcaba casi toda Europa y se había ya extendido al norte de África y a Oriente Medio, Hitler comenzó el 22 de junio una huida hacia adelante que tendría consecuencias catastróficas para el pueblo alemán. Una semana después de iniciada la invasión de la URSS, Roosevelt trató de precipitar de inmediato la entrada de Estados Unidos en la guerra y ordenó el despliegue de patrullas navales en el Atlántico Norte, que debían detectar submarinos y buques alemanes. A finales del mes de julio de 1941 se intensificó el patrullaje y se dio orden de proteger los barcos que navegasen por aquella zona, fuera cual fuera su pabellón. O sea, la escuadra de un país neutral se dedicó a vigilar, delatar e incluso atacar a los buques de guerra alemanes que podían interceptar los convoyes que transportaban armas y suministros a la Unión Soviética y al Reino Unido.

Tras el inicio del ataque a Rusia, Roosevelt había enviado a Londres y a Moscú a Harry Hopkins, su hombre de confianza, que paradójicamente era un agente soviético, concretamente el agente "19", según quedó demostrado en 1995 gracias a los documentos "Venona", sobre los que más adelante ampliaremos información. A mediados de julio Hopkins se entrevistó con Churchill en Londres, donde había numerosas misiones norteamericanas relacionadas con la Ley de Préstamos y Arriendos que gestionaban la entrega de todo tipo de materiales, como por ejemplo las fortalezas volantes B-17, que habían de provocar la muerte de cientos de miles de civiles alemanes con el terror aéreo que iba a practicarse a gran escala en los años que siguieron. Hopkins y Churchill firmaron un acuerdo de acción conjunta que preveía asistencias y apoyos múltiples en la guerra contra Alemania y, pese a que Estados Unidos no estaba aún en guerra, establecía el compromiso de no negociar ningún armisticio o tratado de paz por separado. Cuenta Robert E. Sherwood en *Roosevelt y Hopkins. Una historia íntima* que Hopkins le enseñó a Churchill un mapa donde el propio Roosevelt había marcado a lápiz una línea en el océano Atlántico, al oeste de la cual patrullaría la armada y la aviación de Estados Unidos, "dejando así a los barcos británicos de escolta libres para el servicio en otros lugares, particularmente la ruta de Murmansk."

Desde Escocia Hopkins voló a Arcángel y desde allí a Moscú, donde pasó tres días. El 30 de julio mantuvo su primera entrevista con Stalin, al que transmitió un mensaje que le había cablegrafiado el secretario de Estado en funciones Benjamín Sumner Welles, un sionista comprometido con la creación del Estado de Israel cuya familia estaba emparentada con los Roosevelt. El texto, reproducido en la obra de Sherwood, demuestra hasta qué punto el presidente norteamericano, cinco meses antes de introducir a su país en la guerra, estaba dispuesto a defender el totalitarismo comunista en Rusia:

> "El presidente desea que cuando usted vea por primera vez a Stalin le transmita el siguiente mensaje en nombre del presidente mismo:
> El señor Hopkins está en Moscú a petición mía para discutir con usted personalmente, y con otros funcionarios que puede usted designar, la cuestión, tan vitalmente importante, de cómo podremos entregar, de manera eficaz y expeditiva, la ayuda que Estados Unidos va a prestar al

país de usted en su magnífica resistencia a la traidora agresión de la Alemania hitleriana. Ya he informado al señor Umansky, embajador de ustedes, de que el Gobierno de Estados Unidos dará toda la ayuda posible en cuanto concierna al envío de municiones, armamentos y otros pertrechos necesarios para atender las más urgentes precisiones de ustedes y que puedan entrar en uso en su país durante los dos meses venideros. Ya discutiremos los detalles de estas cuestiones con la misión que, encabezada por el general Golikov, se encuentra ahora en Washington. Entiendo que la visita que hace el señor Hopkins a Moscú será valiosísima, ya que indicará a Estados Unidos cuáles son las más apremiantes necesidades de ustedes, de suerte que así podamos llegar a las decisiones más prácticas en punto a simplificar y acelerar la entrega de lo solicitado.
Para el próximo invierno podremos completar el material, por mucho que sea, que su Gobierno desee obtener de este país. Por lo tanto, creo que el principal interés de ambos gobiernos debe concentrarse en el material que pueda llegar a Rusia dentro de los tres meses próximos.
Le ruego que trate al señor Hopkins con una confianza idéntica a la que sentiría si hablase usted conmigo directamente. Él me comunicará a mí, de modo también directo, las miras que usted le exponga y me dirá cuáles son los problemas más urgentes en los que podemos serles útiles.
Permítame expresar, para concluir, la gran admiración que todos sentimos en Estados Unidos por la bravura desplegada por el pueblo ruso en defensa de su libertad, y en la lucha por la independencia de Rusia. El éxito del pueblo ruso y de los demás pueblos al oponerse a la agresión de Hitler y sus planes de conquista del mundo han alentado mucho al pueblo americano."

Constatamos el hecho de que el embajador en Estados Unidos, Konstantin Umansky, era una vez más judío, como lo sería su sucesor, el ubicuo e incombustible Maksim Litvínov, quien, tras ceder a Mólotov el Comisariado de Asuntos Exteriores en 1939, fue enviado a Washington en noviembre de 1941 para reemplazar en el cargo a Umansky. Sabemos ya que el embajador soviético en Londres durante la guerra, Ivan Maisky, era asimismo judío y sionista. Maisky, como se ha dicho, se convirtió en íntimo amigo de Negrín y era el hombre en quien había pensado Beria para el cargo de comisario de Asuntos Exteriores tras el asesinato de Stalin en 1953. También el embajador de Estados Unidos en Moscú, Laurence A. Steinhardt, era un judío sionista. Se ha expuesto ya en el capítulo octavo que Steinhardt era sobrino de Samuel Untermayer y militaba en la Federación de Sionistas Americanos.

Steinhardt estuvo junto a Hopkins en el encuentro que mantuvo en el Kremlin con Mólotov y resumió la entrevista para el Departamento de Estado. Por sus palabras se sabe que Hopkins aseguró a Mólotov que Washington no toleraría ninguna aventura de Japón en Siberia. El propio informe de Hopkins ratificó el testimonio de Steinhardt, pues en él confirma que Mólotov le dijo que si el presidente (Roosevelt) encontrase "medios adecuados de dirigir a Japón una advertencia" se impediría que intentara cualquier movimiento agresivo. Hopkins escribe textualmente: "Si bien el Sr. Mólotov no se expresó en los términos siguientes, el significado implícito de sus plabras fue que la advertencia debía incluir el aviso de que Estados Unidos acudiría en ayuda de la Unión Soviética si ésta fuese atacada por Japón."

Si en 1938 y 1939 Stalin había desconfiado de las intenciones de Gran Bretaña y de Francia, al comenzar la invasión el 22 de junio de1941, pudo pensar, quizá, que volvía el complot que había combatido en los procesos de Moscú. Probablemente temió que fuese el primer paso de un plan con occidente para deshacerse de él, de ahí que abandonara atemorizado su puesto y dejase al país y al ejército sin su dirección suprema. Sólo así puede entenderse su actitud y el miedo que lo atenazó. Fue Beria quien reaccionó y fue a buscarlo. Jrushchov cuenta que cuando Beria le pidió que retomase el mando, Stalin le respondió: "Todo está perdido. Me rindo." La visita de Hopkins le confirmó sin lugar a dudas que las cosas eran bien diferentes: podía fiarse de Estados Unidos, puesto que la ayuda incondicional que le brindaban llegaba cuando su país estaba siendo invadido. Dos meses después, el 28 de septiembre, William Averell Harriman, socio de la baca Kuhn, Loeb & Co, miembro del CFR y de "Skulls & Bones", llegó a Moscú para establecer un nuevo programa de suministros.

Roosevelt ansiaba iniciar cuanto antes la guerra contra Alemania, por lo que pronto se sucedieron las incitaciones en el Atlántico: las patrullas navales estadounidenses provocaban a los submarinos alemanes lanzándoles cargas de profundidad, pese a lo cual éstos se resistían a responder a los ataques. Hitler había dicho al almirante Räder que bajo ningún concepto quería "provocar un incidente que tendría como consecuencia la declaración de guerra de Estados Unidos." El 4 de septiembre se produjo un percance que trató de ser aprovechado por Roosevelt. Aviones ingleses señalaron al destructor norteamericano *Greer* la posición del submarino alemán U-652, que operaba en la zona de bloqueo marítimo. El *Greer* lo atacó con cargas de profundidad y el submarino respondió disparando dos torpedos que no alcanzaron al buque. Tan pronto llegó la noticia del enfrentamiento a Estados Unidos, se acusó a Alemania de llevar a cabo actos de piratería y de haber intentado hundir a un destructor de sus "inofensivas patrullas". El almirante Harold Stark, jefe de Operaciones Navales, emitió un informe detallado que aclaraba que tanto el avión británico como el *Greer* habían acosado durante horas al submarino, y que ambos lo habían atacado con cargas de profundidad. El 11 de septiembre el presidente Roosevelt dio la orden de "disparar a primera vista". Hitler declaró textualmente: "El presidente Roosevelt ha ordenado a su Marina disparar en cuanto descubran nuestros barcos. Yo prohíbo a mis comandantes hacer lo mismo, pero les ordeno defenderse sin son atacados. Todo oficial que incumpla esta orden enfrentará un consejo de guerra."

El 16 de septiembre se daba la paradoja de que los convoyes con pabellón británico navegaban bajo la protección de barcos de guerra de un país neutral. El senador Wheeler reconoció por ello que Alemania tenía motivos más que suficientes para atacar a su país. Hopkins lo dijo de otra forma: "Si Hitler se inclinase a declararnos la guerra, ya tiene todas las excusas imaginables." Por fin el 17 de octubre de 1941 ocurrió lo que Roosevelt había estado deseando: el destructor *Kearny*, que escoltaba un convoy, atacó al submarino alemán U-568, que a su vez había atacado a barcos mercantes británicos. El submarino respondió con un torpedo que impactó en el buque norteamericano y causó la muerte a once tripulantes e hirió a otros veintidós. Pese a que en esta ocasión hubo víctimas, tampoco logró Roosevelt que las Cámaras autorizasen la declaración de guerra. En cuanto a la opinión pública, Hopkins lamentó que el incidente fuera "tomado como cosa natural por las gentes de los Estados Unidos." Sin duda ello era así porque los norteamericanos sabían que era su presidente quien exponía los barcos americanos y las vidas de los marinos. El *Washington Times-Herald* llegó incluso a denunciar que las familias de las víctimas recibían mensajes dolorosísimos que las torturaban: "Su querido hijo -se decía en uno de ellos- fue enviado a la muerte por el imbécil criminal que está al frente de nuestro Gobierno."

Pocos días después del ataque al *Kearny* el general Robert E. Wood, miembro del Comité "America First", solicitó públicamente que el presidente compareciera ante el Congreso y pidiera un voto definitivo respecto a si Estados Unidos debía o no entrar en la guerra. Robert E. Sherwood escribe lo siguiente sobre ello en *Roosevelt y Hopkins. Una historia íntima*:

> "Esa era precisamente la misma demanda que en pro de una acción rápida y atrevida venían aconsejando a Roosevelt muchas personas, como Stimson y otras, tanto dentro como fuera del Gobierno, durante los últimos seis meses. Pero el mismo hecho de que semejante propuesta viniera ahora de un paladín aislacionista tan acérrimo, confirmó suficientemente a Roosevelt en su convicción de que, si hacía lo que le indicaban, toparía con una derrota desastrosa y cierta."

Robert Sherwood y Samuel Rosenman, juez judío de la Corte Suprema muy próximo al archisionista Louis D. Brandeis y consejero de Roosevelt, escribían los discursos del presidente. Las palabras citadas, por tanto, proceden de fuente muy autorizada. Pese a la incesante campaña de prensa a favor de la intervención, Roosevelt sabía con certeza que la opinión pública estaba en contra de la guerra. De ahí que se necesitara un hecho como el ataque japonés a Pearl Harbour para cambiar el sentir del pueblo norteamericano. Rosenman y Sherwood fueron los autores del famoso discurso del 28 de octubre de 1940, en el que Roosevelt dijo lo siguiente durante la campaña para su tercera reelección: ""He dicho esto antes, pero lo diré otra vez, y otra vez, y otra vez: vuestros chicos no serán enviados a ninguna guerra extranjera."

Pocos días después del incidente del *Kearny*, el 31 de octubre, el destructor *Reuben James* fue hundido cuando otro submarino alemán, el U-552, repelió la agresión. Un torpedo impactó en su proa y el almacén de proyectiles explotó. El barco se hundió y perecieron ciento quince miembros de su tripulación, entre ellos todos los oficiales. Tampoco esta vez consiguió Roosevelt permiso para la declaración de guerra. En contra de lo que se pretendía, la reacción de la gente era cada día más adversa. Sherwood escribió entonces: "Entre los norteamericanos había una especie de tácito entendimiento de que ninguno debía indignarse aunque los alemanes hundieran nuestros buques con sus sumergibles, ya que esa indignación podía llevarnos otra vez a la guerra."

## El estrangulamiento económico de Japón

A medida que se iba evidenciando la imposibilidad de conducir al país a la guerra a causa de los incidentes con los alemanes en el Atlántico, Roosevelt fue incrementando las medidas para estrangular económicamente a Japón, que mantenía desde 1937 una guerra costosísima en China. En este contexto, Estados Unidos había decidido ya en 1940 cortar los suministros de petróleo a Tokio, que se vio en la necesidad de buscar otros proveedores si quería proseguir la lucha contra los chinos. Inicialmente, los japoneses pudieron comprar crudo a México y a Venezuela. Tenían asimismo la alternativa de abastecerse a través de las colonias anglo-holandesas de Birmania e Insulindia, que habitualmente suministraban a los japoneses petróleo, caucho y otras materias primas sin ningún problema. Roosevelt y el clan de consejeros judíos que lo envolvía decidieron entonces presionar a Gran Bretaña y a Holanda para que secundaran su embargo de petróleo a Japón. Por su parte, la Standard Oil, del trust de Rockefeller y Jacob Schiff[6],

---

[6] La Standard Oil había sido una de las grandes beneficiarias de la revolución de los judeo-bolcheviques, quienes, pese a haber nacionalizado el petróleo, le vendieron una cadena de pozos en el Cáucaso. La Standard Oil construyó una refinería en Rusia y vendía el petróleo ruso en los países europeos. En 1927 la empresa bancaria Kuhn Loeb & Co, de Jacob Schiff, el banquero judío que había financiado la revolución, concedió a los bolcheviques un nuevo préstamo de 65 millones de dólares. En 1928 el Chase National Bank de Rockefeller vendía bonos del Estado comunista en Estados Unidos. Entre 1917 y 1930 el trust Rockefeller construyó diecinueve refinerías de gran envergadura en la URSS, cuyos equipos industriales y maquinaria procedían de Estados Unidos. A cambio los comunistas concedieron a compañías norteamericanas derechos de extracción de oro en Rusia.

propietaria del petróleo de Venezuela, anunció que suspendía los envíos. México, presionado, hizo otro tanto.

Al producirse el ataque alemán a Rusia, Japón contempló la posibilidad de aprovechar la oportunidad que le brinadaba la invasión en occidente para, en cumplimiento del pacto tripartito con Alemania e Italia, atacar a la URSS y desembarcar tropas en Siberia con el fin de adueñarse de los campos petrolíferos, lo cual hubiera sido catastrófico para Stalin y de gran ayuda para Hitler. Ribbentrop presionaba en esta dirección; pero los soviéticos lo sabían y mantenían allí guarniciones importantes de tropas. Cuando Roosevelt recibió informes que advertían sobre las intenciones japonesas en Siberia, se apresuró a lanzar un mensaje de advertencia y solicitó garantías a Tokio de que el ataque no se produciría. Poco después, como se ha visto más arriba, aconteció la llegada de Harry Hopkins a Moscú, donde Mólotov le pidió expresamente que Estados Unidos hiciera saber a Japón que acudiría en ayuda de la Unión Soviética si ésta era atacada. Por si ello no era suficiente, el 26 de julio de 1941 Roosevelt ordenó congelar los fondos japoneses en Estados Unidos, lo cual paralizó las operaciones financieras de importación y exportación de Japón, que trabajaba mayoritariamente con entidades financieras norteamericanas. Los gobiernos británico y holandés, este último exiliado en Londres, siguieron los pasos de Roosevelt. De este modo, bloqueados sus haberes, la economía japonesa se veía estrangulada.

La crisis era inevitable. Consecuentemente, los japoneses ofrecieron retirarse de sus bases en Indochina a cambio del levantamiento del embargo y de la devolución de sus haberes incautados, pero Roosevelt y Churchill rechazaron la propuesta de Tokio. Tampoco aceptaron la oferta de Japón de retirar sus tropas de China, las cuales, privadas de crudo, hierro y caucho, no podían en realidad continuar la guerra. En noviembre de 1941 Japón llevaba ya cuatro meses soportando el bloqueo de Roosevelt, por lo que estaba abocado a la guerra para poder subsistir. El embajador británico en Tokio consideraba que el objetivo más verosímil para un futuro ataque japonés eran las Indias Orientales holandesas, donde podía hacerse con los campos petrolíferos. Un informe secreto de la Armada de Estados Unidos apuntaba que Japón podía atacar a Rusia o a las colonias anglo-holandesas. El ataque a Pearl Harbour era una opción que parecía no contemplarse. Ni siquiera el primer ministro británico, que entre el 9 y el 12 de agosto había celebrado la Conferencia del Atlántico en Terranova con el presidente norteamericano y había recibido garantías de que Estados Unidos entraría en la guerra, recibió información de que el ataque se produciría allí.

## La flota estadounidense en Pearl Harbour

Con el seudónimo de Mauricio Karl, Mauricio Carlavilla publicó en Madrid en 1954 *Pearl Harbour, traición de Roosevelt,* un libro que contiene informaciones en extremo reveladoras sobre el ataque japonés a Pearl Harbour el domingo 7 de diciembre de 1941. Existen numerosos libros y artículos escritos por autores revisionistas sobre la actitud de Roosevelt. El primero que desató la controversia fue John T. Flynn, quien ya en 1944 publicó *The Truth about Pearl Harbour* (*La verdad sobre Pearl Harbour*), donde denunciaba que Roosevelt y sus compinches provocaron el ataque. Hoy en día no existe ya ninguna duda de que no hubo sorpresa en Pearl Harbour, sino un acto criminal, una infamia de Roosevelt, quien no tuvo ningún reparo en sacrificar a cerca de dos mil quinientos norteamericanos para poder involucrar a su país en la Segunda Guerra Mundial. El mérito del libro de Carlavilla consiste en que fue de los primeros escritores, quizá el primero en lengua española, en denunciar lo ocurrido. Nos serviremos, pues, de su trabajo en las páginas que siguen, así como de varios artículos publicados en *The Journal of Historical Review*.

La presencia de la escuadra en Pearl Harbour fue cuestionada ya en el mes de abril de 1940 por el almirante James O. Richardson, quien en 1958 tenía ya acabadas sus Memorias. El libro, que apareció bajo el título *On the Treadmill to Pearl Harbour: The Memoirs of Admiral James O. Richardson (USN Retierd), As Told to Vice Admiral George C. Dyer (USN Retired)*, tuvo que esperar hasta 1973 para ver la luz. Parece ser que ello fue debido a las críticas al almirante Harold Stark, el Jefe de Operaciones Navales, que no murió hasta 1972. Durante estos quince años los historiadores oficiales tuvieron tiempo más que suficiente para distorsionar y oscurecer la verdad sobre lo ocurrido en Pearl Harbour.

A propuesta del almirante Richardson, la flota de Pearl Harbour debía regresar a la costa occidental de Estados Unidos en mayo de 1940; pero los planes cambiaron y se ordenó a Richardson que permaneciera en las aguas de Hawai. En sus Memorias, escribe lo siguiente: "... La decisión de mantener la flota en Pearl Harbour en mayo de 1940 fue tomada, en mi opinión, bajo una premisa completamente falsa. La premisa de que la flota allí posicionada ejercería un influencia coercitiva sobre las acciones de Japón... En 1940 los responsables de la política exterior del Gobierno -el presidente y el secretario de Estado- pensaban que posicionando la flota en Hawai coaccionarían a los japoneses. No pidieron a sus consejeros militares si realmente cumpliría este objetivo. Les impusieron su decisión."

El almirante Richardson puso en peligro su carrera al viajar en dos ocasiones a Washington para oponerse personalmente a la decisión del presidente de mantener la flota en Pearl Harbour. En su segunda visita le dijo textualmente a Roosevelt: "Sr. presidente, siento que debo decirle que los mandos superiores de la Marina no tenemos la confianza en el liderazgo de los civiles de este país, que es esencial para el éxito de una guerra en el Pacífico." Entre otras cosas, Richardson insistía en que los barcos no se hallaban bien dotados para entrar en guerra y en que la flota se hallaba en aquellas islas demasiado expuesta, ya que los elementos defensivos eran allí insuficientes para protegerla de potenciales ataques. El almirante preguntó al presidente si Estados Unidos declararía la guerra a Japón en caso de que éste invadiese las colonias anglo-holandesas. Roosevelt respondió con evasivas, señalando que no estaba seguro de que los americanos estuvieran dispuestos a luchar por tal motivo. El cargo en el CINCUS (Commmander-in-Chief, U.S. Fleet) era normalmente mantenido por sus titulares durante un periodo de entre dieciocho y veinticuatro meses; pero Richardson fue destituido el 31 de enero de 1941, apenas doce meses después de haber accedido al puesto. Su sustituto fue el almirante Husband E. Kimmel.

En lugar de atender a las denuncias de Richardson sobre la indefensión de la flota en Pearl Harbour, en el mes de marzo de 1941 se dio la orden de retirar de la base un portaviones, tres acorazados, cuatro cruceros ligeros y dieciocho destructores, con lo cual quedó en franca inferioridad con respecto a la flota japonesa. Este desequilibrio impedía que el almirante Kimmel pudiera realizar movimientos preventivos de exploración alejados de la base. Las unidades evacuadas de Pearl Harbour fueron enviadas al Atlántico, donde la escuadra británica gozaba ya de una superioridad cada vez más evidente.

## El Código Púrpura

En la obra mencionada Mauricio Carlavilla (Mauricio Karl) dedica un capítulo a explicar que el espionaje norteamericano había logrado descifrar un código de alta seguridad japonés conocido por el nombre de "Código Púrpura", el cual era cifrado por una máquina muy sofisticada que permitía un número enorme de variaciones en los despachos. Los estadounidenses "lograron descifrar el Código Púrpura japonés -escribe Carlavilla- y hasta consiguieron construir un modelo de máquina que descifraba los despachos con la misma facilidad que el aparato instalado en la Embajada nipona de Washington. La máquina Púrpura establecía la clave de cada cifrado mediante su propio mecanismo. Sin poseer una máquina gemela hubiera sido imposible descifrar ningún mensaje japonés..." Los norteamericanos dieron el nombre de "Magic" (Magia o Mágico) a su sistema. Se construyeron cinco de estas máquinas, ninguna de las cuales, significativamente, fue instalada en Pearl Harbour. De este modo la base sólo podía saber lo que quisieran comunicarle Roosevelt y sus adláteres. Tras el ataque, se creó una Comisión para investigar lo ocurrido. Representantes gubernamentales declararon ante dicha Comisión que se privó de "Magic" a la base naval para evitar que pudiera ser identificada por los japoneses.

Aun en el supuesto de que ello fuera cierto, nada impedía que se comunicara a los mandos de Pearl Harbour toda la información que se iba recopilando en Washington o, por lo menos, los datos pertinentes que afectaban a la seguridad de la flota allí radicada. De hecho, el almirante Kimmel había pedido en dos ocasiones, el 18 de febrero y el 26 de mayo de

1941, que se le tuviera informado. Esta fue textualmente su solicitud: "Me permito sugerir que debe constituir un principio esencial que el jefe de la Flota del Pacífico sea informado con la mayor urgencia de todos los hechos importantes que ocurran, a medida que se produzcan y por lo medios más rápidos que se disponga." En el mes de junio Kimmel se entrevistó personalmente con el almirante Stark, quien le aseguró que le sería facilitada la información que requería.

Durante dos o tres meses se cumplió lo prometido; pero súbitamente, durante los tres meses anteriores al ataque a Pearl Harbour, Kimmel dejó de recibir informes de interés que le hubieran permitido deducir lo que se estaba fraguando. Entre quienes recibían regularmente los mensajes descifrados por Magic estaban el presidente Roosevelt; el jefe del Estado Mayor, George Marshall; el secretario de la Marina, Frank Knox; el almirante Harold Stark, apodado "Betty"; el secretario de Estado Cordell Hull, quien como su homólogo Mólotov estaba casado con una mujer judía, Rosalie Frances Witz, hija del banquero Isaac Witz.

El embajador de Estados Unidos en Tokio, Joseph Grew, envió el 3 de noviembre de 1941 un telegrama al Departamento de Estado en el que advertía que "Japón se arriesgaría a un harakiri nacional antes que ceder a la presión extranjera."Grew, un diplomático honesto, ignoraba sin duda los deseos de Roosevelt, pues acababa su telegrama con estas palabras: "Mi propósito es sólo asegurarme contra la entrada de mi país en guerra con Japón por una concepción equivocada de la capacidad de Japón para lanzarse de cabeza a un conflicto suicida con Estados Unidos." Aunque el embajador no lo sospechaba, esas eran exactamente las palabras que quería escuchar el presidente americano, o sea, la confirmación de que Japón atacaría.

Desde el mes de abril de 1941 Japón trataba desesperadamente de llegar a un acuerdo con Estados Unidos que permitiera salvar las relaciones entre ambos países. El 5 de noviembre se descifró un mensaje de Tokio a la Embajada japonesa en Washington en el que se urgía al embajador a realizar los "máximos esfuerzos" y a que actuara con la "máxima determinación" para lograr el acuerdo. El 12 de noviembre el Departamento de Estado descodificó un mensaje recibido por la Embajada el día anterior en el que se decía que la fecha señalada era "absolutamente inamovible". Ante el empantanamiento de las negociaciones, el Gobierno japonés despachó a Washington a un enviado especial, Saburo Kurusu, que llegó el día 15 de noviembre a la capital estadounidense. El 17 de noviembre Magic transcribió el primer mensaje recibido por Kurusu, en respuesta a otro previamente despachado desde Washington por el enviado especial. El texto terminaba de este modo: "Vea que falta poco tiempo. Por esta razón no consienta a los Estados Unidos desviaciones del camino para dilatar más las negociaciones. Aprémieles para una solución sobre la base de nuestros planteamientos y haga cuanto pueda para llegar a ella." Veamos ahora un texto más extenso, transcrito por Mauricio Carlavilla, que fue enviado desde Tokio a la Embajada el día 22 de noviembre y descifrado el mismo día:

> "Es terriblemente difícil para nosotros variar la fecha que establecí en mi 736, usted sabe esto. Yo sé que usted está trabajando mucho. Aténgase a la política que hemos fijado y haga todo lo que pueda. No ahorre esfuerzos e intente alcanzar la solución que deseamos. Su pericia le permite conjeturar por qué necesitamos restablecer las relaciones americano-japonesas antes del 25; pero si dentro de los próximos tres o cuatro días puede usted terminar sus conversaciones con los americano; si la firma puede lograrse para el 29, que le reitero a usted -¡veintinueve!-; si pueden ser intercambiadas las notas pertinentes; si podemos lograr una inteligencia con Gran Bretaña y los Países Bajos; y, en resumen, si todas las cosas pueden terminarse, hemos decidido esperar hasta esta fecha, y decimos que esta vez la línea muerta no puede cambiarse. Después de ella las cosas ocurrirán automáticamente. Sírvase poner en esto su cuidadosa atención y trabaje aún más de lo que ha trabajado hasta ahora. De momento esto es sólo para información de ustedes, los dos embajadores."

Cuatro días después, el 26 de noviembre, se transmitió desde la Embajada de Washington un nuevo mensaje a Tokio que fue descifrado dos días más tarde. En él se hablaba de "fracaso y humillación completos". El embajador Nomura y Kurusu se habían reunido con el secretario de Estado Cordell Hull, quien había rechazado las últimas proposiciones realizadas por los embajadores el 20 de noviembre y les había presentado una propuesta de nueve puntos absolutamente ultrajante e inaceptable. La respuesta desde Tokio fue enviada el día 28 de noviembre y descodificada el mismo día en el Departamento de Estado:

> "Bien, ustedes los dos embajadores han hecho esfuerzos sobrehumanos, pero a despecho de esto los Estados Unidos han seguido adelante y han presentado su humillante proposición, completamente inesperada y extremadamente lamentable. El Gobierno imperial de ninguna manera puede tomarla como una base para negociaciones. Por esta razón, y con un informe de los puntos de vista del Gobierno imperial, que le enviaré a usted, las negociaciones serán rotas de facto; esto es inevitable. Sin embargo, no quiero que dé usted la impresión de que las negociaciones están rotas. Dígales únicamente que está esperando instrucciones, y que, aunque las opiniones de su Gobierno no están claras para usted, para su modo de pensar, el Gobierno imperial ha hecho siempre reclamaciones justas y ha hecho grandes sacrificios por la causa de la paz en el Pacífico..."

Con el fin evidente de coger totalmente desprevenidos a los norteamericanos se pretendía que los embajadores no rompieran la negociación y demorasen en lo posible las conversaciones. Nos referiremos finalmente a otros dos mensajes mensajes remitidos el día 30 de noviembre que fueron descodificados por Magic el 1 de diciembre. El primero fue enviado desde Tokio a la Embajada de Japón en Berlín. Se trataba de instrucciones al embajador para que informase "muy secretamente" a Hitler de que las conversaciones con Washington estaban rotas y de que la guerra entre las naciones anglosajonas y Japón podía estallar "repentinamente por medio de un golpe de fuerza que podía llegar más rapidamente de lo que cualquiera pudiera imaginar." El segundo era para la Embajada de Washington. En él se constataba que, sobrepasada ampliamente la fecha establecida, la situación era cada vez más crítica, por lo que, para evitar que los norteamericanos sospecharan, se había dicho a la prensa y a otras fuentes que, pese a las grandes diferencias, las negociaciones continuaban.

Los mensajes cifrados con el Código Púrpura en relación a la base de Pearl Harbour, cada vez más numerosos a medida que se aproximaba la fecha del ataque, fueron interceptados y descifrados por Magic. El contenido de los mismos tenía que ver inicialmente con la división de las aguas entre las islas en zonas y subzonas, con el número de barcos, con su situación: si estaban anclados o amarrados, con los movimientos de las unidades, etc. Todas estas indagaciones previas indicaban claramente que el ataque que se preparaba tenía como objetivo la base naval norteamericana en Hawai. Las órdenes de destrucción de los códigos, síntoma evidente de la inminencia de la acción bélica, fueron emitidas desde los últimos días de noviembre y durante los primeros de diciembre.

El 25 de noviembre de 1941 Roosevelt se reunió con el secretario de Estado Cordell Hull, el secretario de la Marina Frank Knox, el almirante Stark y con el secretario de Guerra, Henry Lewis Stimson, miembro de la sociedad secreta "Skulls & Bones", la Hermandad de la Muerte en la Universidad de Yale fundada por William H. Russell e incorporada al Russell Trust Association como un apéndice de los Illuminati. Stimson sería años más tarde defensor a ultranza del lanzamiento de las bombas atómicas. El presidente les informó que los japoneses podían atacar en una semana. El 27 de noviembre el Departamento de Marina envió un despacho al almirante Kimmel, que debía "ser considerado como un aviso de guerra". En él se le informaba de que las negociaciones habían terminado, por lo que se esperaba un ataque de Japón, que bien podía producirse contra las Filipinas, Tailandia o Borneo. Se ordenaba a Kimmel un despliegue defensivo, pese a que los posibles objetivos señalados se hallaban a miles de millas de distancia.

En el mismo mes de diciembre de 1941, poco después del ataque a Pearl Harbour, se formó la Comisión Roberts, designada por el presidente Roosevelt. El almirante Kimmel declaró ante esta Comisión que durante el mes de julio de 1941 recibió siete despachos japoneses interceptados y cifrados por Washington, pero que durante el mes de agosto no recibió ya ninguna información sobre la tensión generada entre Estados Unidos y Japón tras el bloqueo económico decretado por Roosevelt el 26 de julio. En relación al despacho del 27 de noviembre declaró lo siguiente ante la Comisión:

> "El informe que me dirigió el Departamento de Marina, participándome que las negociaciones habían cesado el 27 de noviembre era un pálido reflejo de la situación real y tan parcial como si hubiera sido redactado para inducir a error. Los diplomáticos no sólo habían dejado de hablar, estaban con las puntas de las espadas en el pecho. En cuanto a Japón, las conversaciones que siguieron después del 26 de noviembre -como se supo- eran pura comedia. Eran una estratagema para ocultar el golpe que Japón estaba preparando. Tal estratagema no engañó al Departamento de Marina. Este conocía perfectamente el plan. La escuadra quedó expuesta ante la maniobra japonesa porque el Departamento de Marina no me comunicó los informes que poseía sobre lo que tramaban los japoneses."

La Comisión Roberts, según denunció el almirante Richardson en sus Memorias, fue creada a sugerencia de Félix Frankfurter, un sionista conspicuo colocado por Roosevelt en el Tribunal Supremo, el cual había introducido en la Administración y en la Justicia una legión de magistrados y abogados judíos que actuaban a sus órdenes. Richardson explica que la Comision Roberts fue configurada mediante principios cuidadosamente diseñados: se trataba de una comisión mixta compuesta por miembros de las fuerzas armadas y un consejo de civiles al frente de los cuales figuraba un miembro del Tribunal Supremo. Dicha comisión no se rigió por las normas de evidencia que imperan en tribunales civiles o militares de investigación. En opinión de Richardson, el informe de la Comisión Roberts "fue el documento más parcial, injusto y deshonesto nunca impreso." Richardson descubrió que los miembros militares de la Comisión "fueron más tarde recompensados por sus servicios con destinos ventajosos y ascensos." El hecho de que el Gobierno de Roosevelt, después de haber traicionado al almirante Husband E. Kimmel y al teniente general Walter C. Short, los mandos de la base, pretendiera utilizarlos como chivos expiatorios y culparlos de la debacle de Pearl Harbour indignó al almirante Richardson, quien escribió en sus Memorias que nunca se había ofrecido al país un espectáculo más ignominioso que el representado por los funcionarios del Gobierno que rehusaron aceptar su responsabilidad por lo ocurrido en Pearl Harbour.

En 1995, el capitán Edward L. Beach, un marino de prestigio, publicó el libro *Scapegoats: A Defense of Kimmel and Short at Pearl Harbour* (*Cabezas de turco: una defensa de Kimmel y Short en Pearl Harbour*), una obra en defensa de Kimmel y Short, que fueron destituidos y jubilados anticipadamente con pérdida de rango. Hasta su muerte en 1968, Kimmel trabajó sin descanso para limpiar su nombre ante la historia. Poco antes de morir Kimmel declaró lo siguiente en una entrevista: "Me convirtieron en chivo expiatorio. Querían meter a Estados Unidos en la guerra... Franklin D.

Roosevelt fue el arquitecto de todo el plan. Él dio órdenes -aunque no puedo probarlo categóricamente- de que sólo Marshall podía enviar informes a Pearl Harbour sobre los movimientos de la flota japonesa, y luego le dijo a Marshall que no enviase nada." Kimmel acusó, pues, directamente al presidente Roosevelt, a George C. Marshall y a "otros en el Alto Mando" de haber propiciado lo que el propio Roosevelt calificó como "una fecha que permanecerá en la infamia." El capitán Beach presenta en su libro pruebas suficientes para demostrar que Kimmel y Short fueron injustamente acusados de las felonías de Roosevelt y compañía.

## Las horas previas al ataque

En las primeras horas del sábado 6 de diciembre fue captado el que se llamó "mensaje piloto" japonés, enviado a la Embajada de Washington. A las seis de la tarde había sido ya descifrado y poco después se distribuyeron las copias a los destinatarios habituales de Magic. Se trataba de un largo comunicado en catorce partes que debía entregarse el día siguiente al secretario de Estado Cordell Hull. En él se ofrecía una justificación histórica del ataque que iba a significar la guerra. En la segunda parte se acusaba a Estados Unidos y a Gran Bretaña de haber "recurrido a todas las medidas posibles para impedir el establecimiento de una paz general entre Japón y China." En la parte novena se hacía alusión al deseo de Roosevelt de atacar a Alemania: "El Gobierno americano, obseso con sus propias miras y opiniones, puede decirse que está planeando la extensión de la guerra. Mientras por un lado busca asegurar su retaguardia estabilizando la zona del Pacífico, por otro se ocupa de ayudar a Gran Bretaña y se prepara para en nombre de la propia defensa atacar a Alemania e Italia, dos países que están luchando para estabilizar un nuevo orden en Europa..." En la última parte del mensaje se establecía que era "clara la intención del Gobierno americano de conspirar con Inglaterra y otros países a fin de obstruir los esfuerzos de Japón para la consolidación de la paz." El texto concluía con estas palabras: "El Gobierno japonés lamenta tener que participar al Gobierno americano que, en vista de su actitud, no podemos más que considerar que es imposible llegar a un acuerdo por medio de nuevas negociaciones." Este mensaje no debía entregarse hasta que se recibiera un nuevo despacho que lo ordenase, una alusión clara a que había que esperar hasta que hubiera comenzado la agresión en Pearl Harbour. Dicha orden, que también fue descifrada por Magic, llegó el mismo día 7 de diciembre y la hora coincidía con la del ataque.

El general George Marshall, que era quien debería haber llamado de inmediato al general Short, protagonizó una desaparición legendaria que ha pasado ya a la historia de su país. Según declaró el día 10 de diciembre bajo juramento ante la Comisión Roberts, no podía recordar dónde había pasado la tarde/noche del día 6 de diciembre, sólo cuatro días antes. Su esposa

Katharine Tupper Marshall le ayudó a refrescar la memoria y declaró que había estado con ella. Lo cierto es que no se aportó ninguna prueba que pudiera demostrar dónde había estado el general Marshall entre las seis de la tarde del día 6 y las nueve o las diez de la mañana del día 7. Entre las mútiples explicaciones, la más llamativa es la que se propagó oralmente en círculos de militares de inteligencia retirados, según la cual Marshall era un dipsomaníaco secreto y en la noche del 6 de diciembre de 1941 estaba siendo tratado en el hospital Walter Reed, después de haber dado un nombre falso en la recepción. La Sra. Marshall escribió en su libro *Together* que el domingo 7 de diciembre desayunó junto a ella en la cama. Otra versión explica que el general Marshall desayunó solo una hora más tarde de lo habitual. Ambos relatos coinciden en que después de desayunar, mientras todo el mundo trataba de localizarlo, el general realizaba su habitual paseo dominical a caballo en Rock Creek Park. A las 11:20 de la mañana Marshall se presentó por fin en su despacho.

En cuanto al almirante Stark, se sabe que llegó sobre las siete de la tarde del día 6 a su casa procedente del Departamento de Marina y se marchó tranquilamente al teatro con su esposa y unos amigos. Cuando regresó, un sirviente le informó que lo habían llamado desde la Casa Blanca, por lo que subió a su despacho y habló aquella noche con el presidente. Puesto que tanto Roosevelt como él habían recibido el último informe descifrado por Magic, Stark podría haber avisado de la inminencia del ataque al almirante Kimmel en aquel mismo momento; pero, siguiendo probablemente las instrucciones del presidente Roosevelt, no lo hizo. A las 9:25 de la mañana del día 7 Stark llegó a su despacho. En Hawai eran entonces las cinco de la madrugada. Faltaban aún más de dos horas para que amaneciara en Pearl Harbour. Stark tenía en su mesa toda la información que le permitía saber casi con absoluta seguridad que el ataque se produciría tan pronto saliera el sol. Una llamada hubiera podido salvar muchas de las vidas de sus subordinados; pero en lugar de guardarles la lealtad que les debía prefirió convertirse en cómplice de uno de los peores crímenes en la historia de Estados Unidos.

El capitán Wilkinson sugirió al almirante Stark que se enviara un despacho de alerta a la escuadra de Pearl Harbour; pero sólo a las doce del mediodía el mensaje redactado por el general Marshall estuvo dispuesto para la cifra. En Hawai eran las 7:30 y las primeras oleadas de aviones japoneses estaban ya aproximándose a la base. Marshall dispuso que el cifrado se cursase por vía ordinaria, por lo que fue transmitido de Washington a San Francisco por la línea de la "Western Union" y desde allí se transmitió a Honolulú, donde se hallaba radicado el General Short, que lo recibió seis horas después del ataque, mientras que al almirante Kimmel le llegó ocho horas después del desatre militar. El general Marshall disponía del teléfono transpacífico. Si lo hubiera usado, Short y Kimmel habrían tenido por lo menos media hora o tres cuartos de hora para adoptar medidas defensivas. No existe precedente histórico de un Estado que disponiendo de tanta información sobre un ataque enemigo se mantuviera inactivo y se dejara soprender.

Cerca de dos mil quinientos muertos y mil doscientos heridos fue el precio que pagó Roosevelt para poder tener su "día de la infamia" que le permitiera acabar con la resistencia de los norteamericanos a involucrarse en el conflicto mundial. Durante los años que siguieron, la humanidad fue sometida a una guerra cada vez más brutal, que fue in crescendo hasta llegar a extremos de barbarie sin parangón. La guerra localizada que hubiera podido detenerse en dos días si Lord Halifax hubiera aceptado el armisticio propuesto por Italia y aceptado por Alemania y Francia se convirtió definitivamente en mundial. Todo el lejano oriente y el Pacífico se transformaron en escenarios de una guerra planetaria apocalíptica que acabó con un saldo de 60 millones de muertos tras el lanzamiento en agosto de 1945 de las bombas genocidas de Hiroshima y Nagasaki. La entrada en la guerra de Estados Unidos permitió a Stalin retirar definitivamente de Siberia las tropas que eran imprescindibles en el frente occidental, donde los alemanes habían llegado hasta las afueras de Moscú.

En relación a esta retirada de las tropas soviéticas de Siberia y su envío al frente occidental, objetivo prioritario de Roosevelt, es preciso añadir que uno de los espías soviéticos más famosos, Richard Sorge, que trabajaba en la Embajada alemana de Tokio y cuyo nombre en clave era "Ramsey", había enviado a Moscú el 15 de octubre de 1941 un mensaje de extraordinaria importancia: "El ejército de Kouantoung no atacará Siberia. Japón ha decidido no atacar más que a Estados Unidos y a Inglaterra. Repito: neutralidad de Japón asegurada. No atacará a Rusia." Cinco meses antes, el 20 de mayo de 1941, Sorge y su operador Max-Gottfried Klausen habían enviado el siguiente mensaje: "Hitler está concentrando de ciento setenta a ciento noventa divisiones. El ataque será el 20 de junio y su objetivo inmediato será Moscú." En aquella ocasión Stalin desestimó la información y dos días después de la fecha anunciada se produjo la invasión. El error cometido entonces no iba a repetirse, toda vez que un mes después del mensaje de Sorge el ejército del mariscal Eremenko, desplegado en el extremo oriente, fue enviado a reforzar Moscú y se logró evitar así la caída de la capital rusa. Tres días después de transmitir la información a la URSS, la red de espionaje de Richard Sorge fue descubierta[7].

---

[7] Richard Sorge ha sido considerado uno de los espías más grandes de la historia. Incomprensiblemente, los comunistas recompensaron sus servicios permitiendo la ejecución del hombre que los había avisado del ataque alemán y de que Japón no atacaría a la URSS. Detenido en 1941, Sorge fue ejecutado el 7 de noviembre de 1944. Hasta en tres ocasiones los japoneses propusieron a la Embajada soviética en Tokio su intercambio por un prisionero japonés. Las tres veces la respuesta fue la misma: "No conocemos a ningún hombre llamado Richard Sorge." Nacido en Bakú de padre alemán, un ingeniero de minas, y madre rusa, Richard Sorge era nieto de Adolphus Sorge, que había sido

# 4ª PARTE
# EL TERROR AÉREO Y EL TERROR ATÓMICO

Entre lo crímenes menos denunciados y difundidos de la II Guerra Mundial destaca el terror aéreo sobre Alemania, un terror que también se puso en práctica en Japón, donde alcanzó su apoteosis final con el lanzamiento de las bombas atómicas sobre Hiroshima y Nagasaki. Ni siquiera este crimen incalificable perpetrado por orden de Harry Salomón Truman, el presidente judío, sionista y masón del grado 33 que ordenó este holocausto cuando Japón estaba totalmente derrotado, ha sido considerado suficiente para situar a este dirigente político entre los peores criminales de todos los tiempos. Antes al contrario, se ha pretendido que Truman pasase a la historia como un presidente democrático que tomó la decisión para ahorrar una invasión que hubiera costado la vida a un millón de norteamericanos. Tiempo habrá más adelante de narrar cuanto compete al terror nuclear, pues ahora ha llegado el momento de denunciar a otros dos masones sionistas, Roosevelt y Churchill, responsables últimos del terror aéreo sobre Alemania, que culminó en el holocausto de Dresde.

Al gran público se le ha inculcado que fueron los alemanes quienes bombarderon sin piedad el Reino Unido. La famosa Batalla de Inglaterra ha pasado a los anales de la historia como máximo ejemplo del sufrimiento del pueblo inglés. Sin embargo, la realidad es bien diferente y las cifras lo demuestran. En dos meses, entre el 7 de septiembre y el 2 de noviembre de 1940, los bombardeos alemanes sobre Londres provocaron unos catorce mil muertos y veinte mil heridos. El total de bajas como consecuencia de los bombardeos alemanes sobre ciudades del Reino Unido alcanzó en mayo de 1941, fecha en que acabaron los ataques de la Luftwaffe, la cifra de 41.650 muertos y 48.073 heridos. Estas cifras, suficientemente dolorosas, fueron

---

secrerario de Karl Marx. Tenía una capacidad extraordinaria para los idiomas: además de alemán, inglés, francés, japonés y chino, hablaba ruso; pero pocos de los alemanes y japoneses que se relacionaron con él lo llegaron a saber nunca. En enero de 1929 Sorge conoció en China a Agnes Smedley, la famosa periodista norteamericana que era también agente soviética. Con ella construyó en Shanghai un círculo de espías que se expandió por todo el lejano oriente y acabó concentrado en Japón, pues en 1932 Sorge recibió en Moscú instrucciones de establecerse en la capital nipona. En mayo de 1933 viajó a Berlín para construir su cobertura. Allí logró afiliarse al partido nazi y se le dio un trabajo como corresponsal del *Frankfurter Zeitung*, periódico que tenía como corresponsal en China a Agnes Smedley. Sorge viajó a Japón vía Canada y Estados Unidos, donde contactó con otros agentes soviéticos. Desembarcó en Yokohama el 6 de septiembre de 1933. Conoció en la embajada alemana al coronel Ott, agregado militar que pronto fue ascendido a general y más tarde acabaría siendo nombrado embajador. Ott, que a su llegada no conocía nada sobre el lejano oriente, encontró en Sorge a un ayudante que poco a poco se convirtió en consejero imprescindible. De este modo el espía soviético tuvo acceso a las fuentes oficiales de información.

multiplicadas por tres o por cuatro en una sola noche en Dresde, donde según las estimaciones más prudentes murieron 135.000 personas entre el 13 y el 14 de febrero de 1945. Veinticinco ciudades alemanas de más de medio millón de habitantes fueron arrasadas por la RAF. En Hamburgo, por citar ahora otro ejemplo, más de setecientos bombarderos británicos ejecutaron durante varias noches la "Operación Gomorra", nombre que alude a una de las ciudades habitadas por pecadores y delincuentes que Jehová, el Dios de los judíos, exterminó con una lluvia de fuego y azufre. En Hamburgo, durante tres o cuatro noches de finales de julio y principios de agosto de 1943, los bombardeos provocaron una tormenta de fuego que acabó con la vida de unas cincuenta mil personas y dejó heridas a más de ciento veinte mil. Cerca de un millón de alemanes que vivían en la ciudad tuvieron que desplazarse a otras zonas del país e incluso de Polonia.

Esta manera de hacer la guerra contra objetivos civiles no surgió de la noche a la mañana, sino que fue concebida con anterioridad. Antes de que los soldados comiencen a disparar el primer tiro, las guerras han sido iniciadas en los despachos con mucho tiempo de antelación. Ya en 1933 organizaciones judías internacionales habían realizado llamadas a la "guerra santa" contra Alemania. F. J. P. Veale asegura en *Advance to Barbarism* que en 1936, en el transcurso de una reunión en el Ministerio del Aire, los británicos decidieron que en caso de una futura guerra habría que bombardear objetivos no militares. Gran Bretaña, de este modo, seguía siendo fiel a su táctica de provocar víctimas civiles, pues no hay que olvidar que durante la Primera Guerra Mundial la principal causa de mortandad entre la población de Alemania fue el bloqueo británico, que continuó casi un año más tras la firma del armisticio y ocasionó la muerte por inanición de cerca de un millón de civiles no combatientes.

## Alemania no se preparó para este tipo de guerra

Winston Churchill y otros belicistas propagaron un montón de sandeces sobre el programa de armamentos de Alemania que fueron aprovechadas por los líderes británicos para justificar su propio programa de armamentos. Las perversas intenciones de Churchill fueron expuestas en varias obras por Francis Neilson, personaje y autor polifacético que en 1915 renunció a su escaño en el Parlamento británico. En 1950 Neilson publicó *The Makers of War* (*Los fabricantes de guerra*), un libro que denuncia las mentiras de Churchill y presenta distintos estudios e informes sobre los gastos en armamento de los países beligerantes. En general, se admite que desde su llegada al poder los nazis concentraron sus esfuerzos en mejorar la situación interna. Se han visto ya los logros sociales y económicos de los cuatro primeros años de nacionalsocialismo en Alemania. Sin embargo, frente a estas políticas de crecimiento económico, países vecinos como Francia y Checoslovaquia daban pasos que sólo podían provocar recelos y desconfianza en Alemania. Veamos en pocos trazos un esbozo de acontecimientos relacionados con las políticas armamentísticas y de defensa.

El 2 de mayo de 1935 Francia y la URSS firmaron un Tratado de Asistencia Mutua política y militar. El 15 de junio del mismo año la Unión Soviética y Checoslovaquia concertaron un acuerdo similar. En febrero de 1936 el Parlamento francés ratificó el Pacto con la URSS y Alemania lo denunció como un gesto hostil incompatible con el Tratado de Locarno. Antes de la ratificación, Hitler creyó que los parlamentarios franceses que dudaban podían impedirla, por lo que trató de disuadir a Francia dirigiéndose directamente a la opinión pública francesa a través de una entrevista acordada con Bertrand de Jouvenel, de *Paris-Midi*. He aquí la respuesta de Hitler a una pregunta de Bertrand de Jouvenel: "Usted desea el acercamiento franco-alemán. ¿No va a comprometerlo el pacto franco-soviético?"

> "Mis esfuerzos personales hacia tal acercamiento subsistirán siempre. Sin embargo, en el terreno de los hechos, este pacto más que deplorable crearía naturalmente una situación nueva. ¿No se dan cuenta de lo que hacen? Ustedes se dejan arrastrar en el juego diplomático de una potencia que no desea otra cosa que poner a las grandes naciones europeas en un desorden del cual ella se beneficiará. No hay que perder de vista el hecho de que la Rusia soviética es un elemento político que tiene a su disposición una idea revolucionaria explosiva y unos argumentos gigantescos. Como alemán, tengo el deber de considerar tal situación. El bolchevismo no tiene posibilidad de éxito entre nosotros, pero hay otras grandes naciones menos precavidas que nosotros contra el virus del bolchevismo. Harían ustedes bien en reflexionar seriamente sobre mis ofertas de acuerdo. Jamás un dirigente alemán les ha hecho tan repetidamente tales propuestas. ¿Y de quién emanan estas propuestas? ¿De un charlatán pacifista que se ha hecho una idea de las relaciones internacionales? No, sino del mayor nacionalista que Alemania ha tenido al frente... ¡Seamos amigos!"

Parece ser que debido a presiones gubernamentales, denunciadas por algunos autores, esta entrevista no apareció en *Paris Midi* hasta un día después de la votación en el Parlamento francés, que tuvo lugar el 27 de febrero de 1936. El Tratado de Asistencia Mutua entre Francia y la Unión Soviética se aprobó por 353 votos a favor y 164 en contra. En respuesta, Alemania procedió el 7 de marzo a la remilitarización de la orilla izquierda del Rin, hecho que restablecía la soberanía alemana sobre todo el territorio del Reich, pero que suponía a su vez una violación de los tratados de Versalles y de Locarno, previamente violados por Francia.

Por otra parte, algunos meses antes, el 18 de junio de 1935, Alemania había firmado con Gran Bretaña el Acuerdo Naval Anglo-Alemán, que regulaba el tamaño de la Kriegsmarine (Marina de Guerra) en relación con la Royal Navy. Alemania se comprometía a que el tamaño de su flota de guerra sería permanentemente el 35% del tonelaje de la inglesa. Se trataba de un acuerdo sin contrapartida, pues Inglaterra no se comprometía a nada. El 28 de abril de 1939, tras la concesión del cheque en blanco a Polonia, Alemania denunció este acuerdo.

El 19 de marzo de 1936 Ribbentrop, invitado a comparecer ante la Sociedad de Naciones, recordó desde la tribuna todas las propuestas en favor de la paz formuladas por el canciller alemán que habían sido rechazadas. Entre ellas mencionó: el desarme general; el armamento paritario basado en ejércitos de doscientos mil o de trescientos mil soldados; un pacto aéreo; una proposición para adoptar un conjunto de medidas destinadas a asegurar la paz en Europa, oferta realizada en mayo de 1935. En esta intervención Ribbentrop rechazó que Alemania hubiera violado unilateralmente el Tratado de Locarno. Meses más tarde, el 31 de marzo de 1936, Alemania presentó un memorándum donde se sugería la creación de un tribunal de arbitraje para resolver posibles conflictos entre naciones. En él se insistía en propuestas para un pacto de no agresión. Entre las propuestas directamente relacionadas con el terror aéreo y la guerra en general destacaban las siguientes: prohibición de arrojar bombas de gases venenosos y bombas incendiarias; prohibición de bombardear ciudades abiertas o pueblos situados fuera del alcance medio de la artillería pesada o de los frentes de batalla; prohibición de bombardear con cañones de largo alcance ciudades que se hallen a más de veinte kilómetros del campo de batalla; supresión y prohibición de la construcción de tanques del tipo más pesado; supresión y prohibición de artillería del calibre más pesado. Alemania se declaró dispuesta a aplicar esta reglamentación si tenía respaldo internacional. Holanda vio con buenos ojos las propuestas, por lo que pidió a Francia que presionara a Gran Bretaña para que aceptara el memorándum por lo menos parcialmente. Tiempo después, el 14 de febrero de 1938, Chamberlain declararía en el Parlamento que "el Gobierno de su Majestad no estaba dispuesto a limitar la actividad de sus fuerzas aéreas."

David L. Hoggan corrobora que los líderes británicos no estaban simplemente interesados en una aviación capaz de defenderse ante una posible ofensiva aérea alemana. Según este autor, la estrategia británica desde 1936 se basó en la doctrina de ataques masivos contra objetivos situados muy lejos del frente de batalla. "Su estrategia -escribe Hoggan- contrasta con la de los alemanes, que esperaban que los bombardeos aéreos quedarían en caso de guerra restringidos a acciones en el frente militar. La diferencia de estrategia se vio reflejada en los tipos de aviones producidos por los dos países. Alemania construyó muchos bombarderos ligeros y medianos para operaciones tácticas en apoyo de las tropas en tierra; pero los británicos pusieron énfasis en la fabricación de bombarderos pesados para atacar objetivos civiles alejados del frente. El Comité Británico para Necesidades de Defensa decidió ya en febrero de 1934 que el mayor enemigo potencial en caso de guerra sería Alemania." En la primavera de 1938 los británicos habían previsto producir ocho mil aviones de guerra al año a partir de abril de 1939, objetivo que fue incluso sobrepasado. A esto hay que añadir que durante la guerra, mediante la Ley de Préstamos y Arriendos, Roosevelt suministró a Churchill bombarderos pesados de largo alcance, las fortalezas volantes B-17[8].

Durante las primeras treinta y seis horas de operaciones militares en Polonia los alemanes destruyeron casi toda la fuerza aérea polaca. El presidente Roosevelt, paradigma de hipocresía, el 1 de septiembre de 1939 hizo un llamamiento a Alemania y a Polonia contra el bombardeo de civiles. Lord Lothian, embajador británico en Washington, explicó que Roosevelt hacía la llamada en nombre de los polacos y que el presidente había declarado que el bombardeo de civiles en las últimas guerras "había enfermado los corazones de todos los hombres y mujeres civilizados." El mismo día 1 Hitler replicó a Roosevelt que su mensaje coincidía con sus puntos de vista y por ello le propuso una declaración pública de los gobiernos beligerantes en cualquier guerra que condenase los ataques aéreos contra civiles. El Alto Mando de las Fuerzas Armadas Alemanas emitió asimismo un comunicado sobre el asunto en la tarde/noche del día 1 de septiembre. Las autoridades negaron indignadas las informaciones aparecidas en la prensa servil de los países occidentales, según las cuales Alemania bombardeaba ciudades abiertas. Los militares alemanes insistieron en que los ataques aéreos habían sido exclusivamente contra objetivos militares; pero esta declaración apenas recibió atención en los periódicos, que publicaban, por contra, fotos de personas asesinadas de la minoría alemana, presentadas como inocentes víctimas polacas de la guerra aérea.

El negociador sueco Birger Dahlerus, pese a que estaba ya a punto de retirarse de la escena diplomática, realizó una última llamada al Foreign Office en la tarde de 1 de septiembre para ofrecer a Lord Halifax su disponibilidad a seguir con la mediación. Dahlerus aprovechó este último contacto para transmitir la promesa de Göring de que Alemania nunca bombardearía ciudades abiertas si los británicos estaban de acuerdo en abstenerse de esta práctica. Halifax debió de escuchar displicentemente la propuesta, pues sabía que el bombardeo de ciudades abiertas iba a ser una fórmula básica para la victoria en la guerra que pensaban declarar a Alemania.

---

[8] Este bombardero poderosamente artillado era un cuatrimotor capaz de volar a gran altitud con una gran autonomía, pues podía estar en el aire entre seis y diez horas con una pesada carga de bombas. Su precio era exorbitante: costaba unos 240.000 dólares de la época. Pese a ello, se fabricaron más de trece mil unidades durante la guerra.

## La "espléndida y heroica decisión"

En abril de 1944, cuando la Luftwaffe estaba prácticamente paralizada por falta de gasolina y el desenlace de la guerra estaba ya claro, se autorizó en Gran Bretaña la publicación de *Bombing Vindicated*, una obra de James Molony Spaight, que hasta 1937 había sido el principal subsecretario del Ministerio de Aire. Spaight explica en el libro que el 11 de mayo de 1940, es decir, un día después del inicio de la ofensiva alemana en Francia, el Ministerio del Aire tomó la "espléndida y heroica decisión" de iniciar la ofensiva estratégica de bombardeos sobre poblaciones civiles de Alemania, que destruyeron o dañaron seriamente siete millones de viviendas y mataron, según la estimación más baja, a seiscientas mil personas, aunque hay autores, entre los que se cuenta a F. J. P. Veale, que elevan la cifra a dos millones, una cifra que es respaldada por muchos investigadores. El historiador inglés David Irving la sitúa en dos millones y medio. A estos habría que añadir millones de heridos, mutilados y enfermos crónicos a causa de las intoxicaciones por óxido de carbono, la mayoría de los cuales eran ancianos, mujeres y niños.

El primer capítulo de *Bombing Vindicated*, "The bomber saves civilisation" (el bombardero salva la civilización), pretende justificar la matanza de cientos de miles de civiles inocentes con el pretexto de que "la civilización habría sido destruida si no hubiera habido bombardeos en la guerra. Fue el bombardero -escribe patéticamente Spaight- el que, más que cualquier otro instrumento de guerra, evitó que prevalecieran las fuerzas del mal." J. M. Spaight, con un descaro sangrante, además de admitir que la responsabilidad de haber bombardeado poblaciones civiles corresponde al Gobierno de Churchill, insiste en que todo el mérito de haber concebido y llevado a efecto esta práctica debe recaer en Gran Bretaña. Spaight confirma con vehemencia que la "espléndida decisión" no fue tomada de manera irreflexiva o espontánea, sino que se remonta a una "idea genial" que tuvieron los expertos británicos en 1936 cuando se organizó el "Bomber Command". Spaight asegura que "toda la razón de ser del Bomber Comand era bombardear Alemania si llegaba a ser nuestro enemigo." Más adelante dice que era obvio que Hitler se dio cuenta de cuál era la intención de los británicos en caso de guerra y que, consecuentemente, estaba ansioso para alcanzar un acuerdo con Gran Bretaña "que limitase la acción de los aviones a las zonas de batalla."

En *Advance to Barbarism*, obra fundamental dentro del revisionismo histórico aparecida en Inglaterra ya en 1948 bajo el pseudónimo de "un jurista", el historiador inglés F. J. P. Veale, parafrasea extensamente *Bombing Vindicated*. Veale comenta en su magnífico trabajo un artículo que el mariscal del Aire Arthur Harris, comandante en jefe del "Bomber Command" conocido por la prensa como "Bomber" Harris y en la RAF como "Butcher" Harris (el matarife o el carnicero), publicó en el periódico *The*

*Star* el 12 de diciembre de 1946. Harris coincide con Spaight en despreciar la miopía de los soldados profesionales en el mundo y en particular en Alemania por no haber advertido en 1939 que los bombarderos pesados serían un arma mucho más efectiva contra civiles que contra fuerzas combatientes. Leamos las palabras de F. J. P. Veale:

> "Él (Harris) declara que Alemania perdió la guerrra porque, cuando en septiembre de 1940 se vio forzada a llevar a cabo la guerra relámpago, descubrió que los generales que controlaban la Luftwaffe y contemplaban el bombardero simplemenrte como una artillería de largo alcance para utilizar en la batalla habían descuidado equipar a la Luftwaffe con bombarderos pesados fuertemente armados diseñados para la guerra relámpago. Los alemanes, escribe el mariscal del Aire Harris, habían permitido que sus soldados prescribieran toda la política de la Luftwaffe, que estaba diseñada expresamente para apoyar al ejército en ofensivas rápidas... Demasiado tarde en el tiempo vieron la ventaja de una fuerza de bombarderos estratégicos... El resultado fue que el Ejército alemán había sido privado de cobertura aérea y apoyo aéreo en todos los frentes para proporcionar algún tipo de defensa para Alemania contra acciones estratégicas independientes en el aire."

Es decir, Harris, que publicó asimismo el libro *Bomber Offensive,* echa en cara a los alemanes que carecieran de bombarderos pesados fuertemente artillados que les permitieran atacar a la población civil del enemigo y protegerse de los ataques en el aire. "Si los alemanes hubieran sido capaces de persistir en sus ataques -escribe Harris-, Londres hubiera sufrido irremisiblemente el terrible destino que afrontó Hamburgo dos años más tarde. Pero en septiembre de 1940 los alemanes se encontraron a sí mismos con bombarderos casi desarmados... De este modo en la Batalla de Inglaterra la destrucción de los escuadrones de bombarderos fue algo parecido a disparar a vacas en un campo."

El capitán Liddell Hart en *The Revolution in Warfare* (1946) señala sobriamente a Winston Churchill como principal responsable de los bombardeos sobre civiles. "Cuando Mr. Churchill llegó al poder -escribe Liddell Hart- una de las primeras decisiones de su Gobierno fue extender los bombardeos a zonas donde no se combatía." En una intervención el 21 de septiembre de 1943 ante una complaciente Cámara de los Comunes Churchill dijo textualmente: "Para extirpar la tiranía nazi no hay límites de violencia a los que no llegaremos." El 6 de julio de 1944 Churchill dirigió a su jefe de Estado Mayor, general Hastings Ismay, un memorándum secreto de cuatro páginas, que en 1985 fue reproducido por la revista *American Heritage* y también por Mark Weber en el *Journal of Historical Review.* El gran icono mundial de la democracia proponía el siguiente proyecto:

"Quiero que usted reflexione muy seriamente sobre la cuestión de los gases asfixiantes. Es absurdo tomar en consideración la moralidad en este asunto cuando todo el mundo los ha puesto en práctica durante la última guerra sin que haya habido protestas por parte de los moralistas o de la Iglesia. Por otra parte, en aquella época el bombardeo de ciudades abiertas estaba prohibido, y hoy todo el mundo lo practica como una cosa que es evidente. Se trata simplemente de una moda, comparable a la evolución del largo de las faldas de las mujeres. Quiero que se examine fríamente cuánto costaría la utilización de gases asfixiantes. No debemos dejar que nos aten las manos por principios bobos. Podríamos inundar las ciudades del Ruhr y otras ciudades de Alemania de tal forma que la mayoría de sus poblaciones tuvieran necesidad de atención médica constante. Será necesario esperar quizá algunas semanas o incluso algunos meses antes de que se pueda inundar Alemania de gas asfixiante. Desearía que esta cuestión fuese examinada fríamente por personas sensatas y no por un equipo de cantantes de salmos con uniforme, aguafiestas con los que uno se cruza por doquier."

Quizá Churchill había leído *Last and First Men* (*Los últimos y los primeros hombres*), una novela publicada en 1930 en la que Olaf Stapledon predice la llegada de la ingeniería genética y describe una guerra devastadora en la que escuadras de bombarderos lanzan enormes cargamentos de gas venenoso sobre las ciudades de Europa. También H. G. Wells, miembro de la Sociedad Fabiana que ya ha sido presentado en capítulos anteriores, escribió para la película *Things to come* (1936), basada en una de sus novelas, un guion que anticipa lo que iba a ocurrir. La acción se sitúa exactamente en 1940. La guerra sorprende a la gente normal que vive despreocupada. Los aviones destruyen las ciudades y asesinan a los civiles con gases venenosos.

Al margen de las novelas de ciencia ficción que predijeron lo que iba a suceder, Edwin Baldwin, primer ministro del Reino Unido en tres ocasiones en el periodo de entreguerras, pronunció en 1932 un discurso en el Parlamento británico titulado "A Fear for the Future" (Un temor por el futuro), en el cual expresó crudamente su punto de vista sobre lo que se avecinaba. El 18 de febrero de 1932, un año antes de la llegada de Hitler al poder, Alemania había presentado en la Conferencia de Desarme, reunida en Ginebra, una propuesta que abogaba por la eliminación de la aviación de combate. El delegado inglés en la Conferencia aseguró que se estudiaría. El 9 de noviembre de 1932 Baldwin reconoció en el Parlamento que los grandes armamentos conducían inevitablemente a la guerra y dijo lo siguiente:

"... Pienso que es bueno también que el hombre de la calle se dé cuenta de que no hay poder en la tierra que pueda protegerlo de ser bombardeado. A pesar de lo que pueda decirle la gente, el bombardero siempre conseguirá pasar. La única defensa está en la ofensiva, lo cual significa que hay que matar a más mujeres y niños que el enemigo, y más rápidamente si queremos salvarnos a nosotros mismos... Si la conciencia de los jóvenes llegase a sentir, en relación con este instrumento (el bombardeo) que es maléfico y que debería abandonarse, se haría; pero si no piensan de este modo... bien, como digo, el futuro está en sus manos. Pero cuando llegue la próxima guerra, y la civilización europea sea aniquilada, como lo será, y por ninguna otra fuerza que esa fuerza, entonces no les dejéis que culpen a sus mayores. Recordadles que ellos, principalmente, o ellos solos, son responsables por los terrores que han caído sobre la tierra."

Evidentemente, es inaceptable e indignante que Baldwin pretendiera descargar la responsabilidad de la posible utilización del terror del bombardeo aéreo en las jóvenes generaciones por no haberse opuesto a él. La propuesta de Alemania estaba hecha y quienes debían aceptarla eran los líderes políticos que en 1932 tenían el poder para hacerlo.

## La destrucción progresiva de Alemania

La "espléndida decisión" de bombardear ciudades alemanas se tomó el 11 de mayo de 1940. El mismo día la RAF descargó sus primeras bombas sobre Freiburg, una urbe alejada del frente. Sin industrias relacionadas con la guerra y sin objetivos de interés militar, Freiburg fue la primera ciudad en ser atacada desde bombarderos que volaban a gran altura. Según un informe de la Cruz Roja publicado en *The New York Times* el 13 de mayo, cincuenta y tres personas, veinticinco de las cuales eran niños que jugaban en un parque público, resultaron muertas. Otros ciento cincuenta y un civiles quedaron heridos[9]. La Luftwaffe podría haber respondido con un ataque similar, pero no recibió instrucciones en este sentido. Tuvieron que pasar casi cuatro meses, durante los cuales continuaron los ataques sobre ciudades alemanas, antes de que Hitler ordenase bombardeos de represalia sobre Inglaterra. Comenzó de este modo la destrucción de Alemania desde el aire: unas sesenta ciudades que contaban con más de cien mil habitantes fueron objetivos prioritarios de los ataques. Algunos de estos grandes núcleos urbanos, como por ejemplo Colonia, sufrieron ataques reiterados desde 1940 hasta 1945.

El caso de Colonia permite ilustrar la estrategia sistemática de muerte y destrucción puesta en práctica por Churchill y sus consejeros, a los que dedicaremos más abajo la atención que merecen. Bombardeada por primera vez en mayo y junio de 1940, Colonia, al ser centro de comunicaciones sobre el Rin, era fácilmente identificable por los pilotos, que en sus viajes de

---

[9] Sobre las bombas de Freiburg, David Irving sustenta la teoría de que fueron los propios alemanes los que bombardearon por error la ciudad. Según él, unos Heinkel 111 que habían despegado de Lecheld, cerca de Múnich, para atacar una base aérea francesa en Dijon se confundieron y dejaron caer las bombas sobre Freiburg.

regreso a las bases dejaban caer gratuitamente bombas sobre ella, por lo que hasta abril de 1942 fue bombardeada no masivamente en numerosas ocasiones. Por ello no se alarmaba con frecuencia a sus cerca de 800.000 habitantes. Todo cambió en la noche del 30 al 31 de mayo de 1942, cuando bajo el nombre en clave de "Millennium" más de mil bombarderos de todos los tipos arrojaron sobre la ciudad mil quinientas toneladas de bombas, dos tercios de ellas incendiarias. Un año más tarde, entre el 16 de junio y el 9 de julio de 1943, Colonia sufrió cuatro bombardeos masivos. Sólo uno de ellos, el realizado la noche del 28 de junio por unos seiscientos bombarderos cuatrimotores, mató a casi cuatro mil quinientas personas y dejó sin casa a 230.000. En 1944 Colonia fue bombardeada veintiocho veces durante el mes de octubre. Del 28 de octubre al 1 de noviembre cayeron nueve mil toneladas de bombas sobre el barrio del Rin. El 2 de marzo de 1945 la ciudad fue bombardeada por última vez por cerca de novecientos bombarderos Lancaster y Halifax. Los muertos quedaron en las calles sin enterrar porque la población había ya abandonado la ciudad. Cuando el 6 de marzo los norteamericanos entraron en Colonia, cuyo casco antiguo había sido destruido casi íntegramente, quedaban en ella diez mil personas.

El primero de los bombardeos a gran escala se llevó a cabo en Essen y comenzó el 8 de marzo de 1942. Entre marzo y abril la ciudad fue atacada en seis ocasiones por más de mil quinientos bombarderos. En el mismo mes de marzo, concretamente el domingo día 29, fue bombardeada Lübeck, una de las ciudades hanseáticas del Báltico carente de interés militar e industrial, aunque su puerto era puerta de entrada de suministros procedentes de Noruega. Más de tres mil edificios resultaron gravemente dañados o totalmente destruidos. Todo el centro histórico de la ciudad, conocida como "Reina de la Hansa", fue prácticamente reducido a escombros. A partir de 1942 estos bombardeos, llamados "estratégicos", un eufemismo para evitar el calificativo que merecían, fueron aumentando progresivamente en cantidad y en intensidad. Punto y aparte precisa la pavorosa destrucción de Hamburgo.

A medida que progresaba la campaña, los bombardeos fueron más y más mortíferos, pues la experiencia y el perfeccionamiento de las técnicas permitieron aumentar su poder destructivo. Hans Erich Nossack, autor de *El hundimiento. Hamburgo, 1943*, da testimonio del mayor bombardeo urbano nunca realizado hasta entonces, un ataque aéreo devastador, sin precedentes. Nossack asistió como espectador a la destrucción de Hamburgo desde una casa de campo situada quince kilómetros al sureste de la ciudad. "Todo parecía bañado -escribe- por una luz opalina de los infiernos." El terror comenzó el 24 de julio, fecha en que las fuerzas aéreas del Reino Unido y de Estados Unidos lanzaron la "Operación Gomorra", en la que participaron bombarderos Lancaster, Halifax, Stirling y Wellington, en total unos ochocientos. A medida que se acercaban a la costa descargaron toneladas de pequeñas tiras de aluminio que bloquearon los radares alemanes. Aquella noche dos mil trescientas toneladas de bombas incendiarias cayeron sobre la ciudad. El día 25 se arrojaron sobre Hamburgo otras dos mil cuatrocientas toneladas de bombas. El tercer día, a pesar de que Hamburgo no cesaba de arder, aviones norteamericanos realizaron otro bombardeo que elevó la temperatura a más de 1.000° C. Las llamaradas llegaron a alcanzar cientos de metros de altura. Las bombas explosivas habían destruido previamente techos, puertas y ventanas y el aire supercaliente lanzó corrientes de fuego de 240 kilómetros por hora que se convirtieron en auténticos tornados que penetraban por doquier.

La tormenta de fuego ("Feuersturm") se produce por un efecto de convección que provoca que el aire caliente succione el aire de los lados y suba creando corrientes que alcanzan miles de grados centígrados a velocidades de cientos de kilómetros por hora. El área es desecada, el oxígeno es succionado y ello acelera aún más la tormenta de aire caliente que lo arrasa todo. El día 27 otros setecientos bombareros pesados de la RAF lanzaron más bombas incendiarias: el petróleo incendió los canales, el asfalto se derritió y los indefensos habitantes no podían respirar por falta de aire y ni siquiera podían arrojarse a los canales para huir del alto horno en que se había convertido su ciudad. Aviones de reconocimiento efectuaron el día 29 varias misiones y comprobaron cómo se hallaba Hamburgo. No debió de parecer suficiente, pues por la noche se ordenó el despegue de otros ochocientos aviones pesados que lanzaron sus bombas contra la ciudad ya calcinada. El terror no cesó hasta el 2 de agosto, día en que setecientos cuarenta bombarderos atacaron por última noche. En total 8.621 toneladas de bombas incendiarias y explosivas cayeron sobre Hamburgo. Acabada la pesadilla, Nossack, subido en un camión de refugiados, describe su entrada en la ciudad como un peregrinaje apocalíptico.

Más arriba se han dado ya cifras de muertos, heridos y desplazados en Hamburgo. Existe, no obstante, un testimonio de interés sobre el estado de la ciudad en marzo de 1949, casi seis seis años más tarde. En *Memorias de un diplomático* George F. Kennan escribe:

> "Me llevaron en coche a dar una vuelta por Hamburgo, visitando especialmente las zonas arrasadas por los bombas. No era agradable ver aquel espectáculo ni pensar en él. Quedó todo arrasado hasta el suelo, milla tras milla. Todo había ocurrido en tres días y tres noches, en 1943. En los bombardeos habían perecido 70.000 seres humanos. Se calculaba que había aún más de tres mil cadáveres entre los escombros. Yo había vivido personalmente las primeras sesenta incursiones aéreas británicas sobre Berlín y había visto -desde el término de la guerra- muchas ruinas; pero estas me impresionaron de un modo especial."

No faltan historiadores que insisten en justificar el terror aéreo como respuesta a los bombareos sobre Londres e incluso como represalia a los bombardeos sobre Varsovia o Rotterdam. J. M. Spaight, autor de *Bombing*

*Vindicated*, se encarga personalmente de rechazar tales comparaciones. "Cuando Varsovia y Rotterdam fueron bombardeadas -escribe Spaight- los ejércitos alemanes estaban a sus puertas. El bombardeo aéreo formó parte de una operación de táctica ofensiva." Liddell Hart comparte también este punto de vista y señala: "El bombardeo no tuvo lugar hasta que las tropas alemanas estaban luchando para lograr entrar en las ciudades, por lo que se ajustaban a las viejas normas." En cuanto a Hamburgo, no obstante, Spaight insiste en que "la pérdida de vidas valiosas debe ser contemplada como el precio que ha de ser pagado para conseguir una ventaja militar." Difícilmente puede admitirse que se obtuviera alguna ventaja militar al seguir masacrando a los habitantes de Hamburgo cuando no quedaba ya nada por destruir.

## Lindemann, el ideólogo judío de Churchill

El propio Winston Churchill reconoce en sus Memorias que el instigador del terror aéreo sobre Alemania fue Lord Cherwell, Frederick Alexander Lindemann, su consejero judío, su amigo íntimo y brazo derecho, un físico nacido en Baden-Baden que fue quien propuso las zonas de Alemania que debían ser destruidas. A pesar de que en el artículo de Wikipedia se trata de ocultar su origen judío: "se ha pensado a veces que era judío -informa la prestigiada enciclopedia-, pero no lo era", lo cierto es que la "Oxford Chabad Society", cuyo objetivo es que los estudiantes judíos de la Universidad de Oxford profundicen en su identidad judía, lo reivindica con orgullo como uno de los profesores judíos de Oxford, donde fue profesor de filosofía experimental y director del Laboratorio Clarendon, en donde confluyeron los físicos judíos de la Universidad de Göttingen, a los que ayudó a entrar en Inglaterra. Lindemann es descrito en Wikipedia como un elitista insensible que despreciaba a las clases trabajadoras, a los negros y a los homosexuales. Partidario de la eugenesia, apoyaba la esterilización de los incompetentes mentales. Los autores de *The Semblance of Peace*, J. W. Wheller-Bennet y A. Nicholls, desvelan que "el odio de Lindemann hacia Alemania era patológico y un deseo casi medieval de venganza formaba parte de su carácter". Quizá por ello, después de haber planificado el terror aéreo que costó la vida a dos millones de personas, Lindemann apoyó el plan para Alemania de su colega judío Morgenthau, sobre el que más tarde escribiremos algunas páginas.

F. A. Lindemann, cuyo secretario privado era David Bensussan-Butt, también de origen judío, fue el principal consejero científico del Gobierno de Churchill y asistía a las reuniones del Gabinete de Guerra. En noviembre de 1940 se creó una unidad de reconocimiento aéreo para estudiar el verdadero alcance de los bombardeos sobre Alemania. Las fotografías tomadas durante el verano de 1941 fueron estudiadas detenidamente por Bensussan-Butt con el fin de mejorar la efectividad. A finales de 1941 Lindemann presentó a Churchill un primer plan con el que pretendía destruir cuarenta y tres ciudades alemanas cuya población ascendía a quince millones de personas. En el proyecto se estipulaba que se necesitarían para ello cuatro mil bombarderos, una cantidad que por el momento no estaba aún a disposición de la RAF.

El 12 de febrero de 1942 Lord Cherwell le expuso a Churchill un proyecto más elaborado para los bombardeos masivos de saturación sobre las ciudades alemanas con el fin de "romper el espíritu de la gente". En su propuesta apuntaba: "los bombardeos deben ser dirigidos sobre las casas de las clases trabajadoras. Las casas de las clases medias tienen demasiado espacio a su alrededor y pueden desperdiciarse bombas." El 30 de marzo de 1942, le presentó un memorándum al primer ministro en el que planteaba la posibilidad de llegar a utilizar hasta diez mil bombarderos, cuyas bombas podrían caer en los barrios densamente poblados de las clases trabajadoras alemanas. "La investigación parece demostrar -decía en el memorándum- que tener la propia casa destruida es lo más dañino para la moral. A la gente parece importarle más que tener muertos a sus amigos o incluso a sus familiares." Churchill consideraba al barón de Cherwell uno de sus más viejos y mejores amigos. Según el general Hastings Ismay, Lord Cherwell tenía acceso a la información de inteligencia más sensible, cenaba con Churchill habitualmente y lo acompañaba en sus reuniones con Roosevelt y Stalin.

Otro profesor judío, Solomon Zuckerman, trabajaba asimismo con Lindemann en la preparación de los estudios e informes que eran luego presentados a Churchill. Zuckerman y Bensussan-Butt, el secretario de origen sefardita de Lindemann, estudiaban científicamente la manera de matar y destruir con la máxima efectividad. En sus estudios, Solomon "Solly" Zuckerman concluyó que una tonelada de bombas mataba a cuatro personas y dejaba sin hogar a ciento cuarenta. Sin embargo, parece ser que Zuckerman no compartía por completo la estrategia de bombardeos de saturación sobre los grandes centros urbanos del profesor Lindemann, el gran gurú científico que acabó imponiendo su doctrina criminal. Zuckerman consideraba que los bombardeos de saturación eran demasiado caros y suponían un derroche excesivo. En 1943 Solly Zuckerman elaboró el plan de bombardeos previo al desembarco aliado en Francia que fue presentado a Dwight D. Eisenhower. Los norteamericanos lo discutieron durante un año, pues en lugar de atacar las redes de transporte, tal como se proponía en el proyecto de "Solly", preferían bombardear las fábricas de combustible.

El presidente Roosevelt apoyó con sus declaraciones y a través de propagandistas de prestigio la estrategia de bombardeos sobre las ciudades alemanas. El secretario de Prensa de la Casa Blanca, Stephen T. Early, defendió personalmente la necesidad de los bombardeos. Otros dos periodistas de origen judío, William L. Shirer y Walter Lippmann, argumentaron en sus artículos que no había otra alternativa. Walter Lippmann fue el periodista más influyente de Estados Unidos. Nacido en

Nueva York, era hijo de Jacob Lippmann y Daisy Baum, ambos judíos alemanes. El Dr. Caroll Quigley lo señala en *Tragedy en Hope* como uno de los organizadores de la Round Table en Estados Unidos. "Lippmann -escribe Quigley- ha sido desde 1914 hasta ahora el auténtico vocero del periodismo americano en asuntos internacionales, al servicio del 'Establishment' a ambos lados del Atlántico." Teórico en opinión pública, Lippmann escribía dos veces a la semana artículos que aparecían en cientos de periódicos americanos, cuyos derechos de autor pertenecían al *Herald Tribune* de Nueva York. En un artículo aparecido en el *Sunday Times* el 2 de enero de 1944 Lippmann, que formaba parte del Brain Trust de Roosevelt, escribió: "Deberíamos avergonzarnos de nosotros y de nuestra causa si no pudiéramos aceptar en conciencia nuestra responsabilidad moral en la destrucción de las ciudades alemanas." Sin embargo, mientras se bombardeaba con absoluta responsabilidad moral a la población civil, la industria alemana conseguía llegar a mediados de 1944 a sus cotas más elevadas de producción.

## Dresde, el holocausto olvidado

En la noche del 13 al 14 de febrero de 1945 se llevó a cabo en Dresde la mayor matanza indiscriminada de toda la historia: el asesinato en un sólo día de, como mínimo, 135.000 personas, la mayoría, como de costumbre, mujeres, niños y ancianos. Nada puede explicar ni justificar el exterminio brutal perpetrado en catorce horas en la capital de Sajonia, una de las ciudades más bellas de Europa, por lo que antiguamente era conocida como la Florencia del Norte. Alemania había perdido ya la guerra y cientos de miles de personas de las provincias del este huían aterrorizadas del Ejército Rojo. Las carreteras en torno a la ciudad y las calles que la atravesaban estaban llenas de un gentío que se movía hacia el oeste. En Dresde, que se hallaba a unos ciento veinte kilómetros del frente, se habían concentrado más de medio millón de refugiados, civiles indefensos que no podían luchar. Esta multitud había desbordado todas las posibilidades de acogida y se sumaba a los más de seiscientos mil habitantes de la ciudad. Todos los edificios públicos estaban abarrotados con estos desgraciados fugitivos que lo habían perdido todo. En Dresde no había cuarteles ni fábricas de armas ni objetivos militares. Por el contrario, existían en ella numerosos hospitales que tenían pintadas enormes cruces rojas sobre sus azoteas. Pese a todo ello, británicos y norteamericanos decidieron incomprensiblemente lanzar un ataque aéreo masivo o de saturación sobre esta ciudad sajona.

Ni siquiera el "Bombardero" Harris pareció entender la razón del ataque. En su libro *Bomber Offensive* se aprecia cierto titubeo o vacilación en relación con el bombardeo de Dresde en la noche del 13 de febrero. El masiscal Arthur Harris nos deja estas palabras reveladoras: "Sólo diré que el ataque a Dresde fue considerado entonces una necesidad militar por gente mucho más importante que yo." En *Advance to Barbarism* F. J. P. Veale no deja de apreciar que tras esta confesión subyace un deseo de desmarcarse y escribe: "Se puede notar que el mariscal del Aire se abstiene explícitamente de respaldar la opinión de esta gente importante." En cualquier caso, Harris se guarda de desvelar la identidad de las personas que le ordenaron la destrucción de Dresde y les guarda la lealtad que supuestamente les debía.

Puesto que en *La destrucción de Dresde* David Irving narra con detallle todo lo concerniente a este episodio increíble de la Segunda Guerra Mundial, invitamos a los lectores a acudir a esta obra, que es una buena fuente de información. Según Irving, el 7 de octubre de 1944 unos treinta bombarderos norteamericanos habían atacado la refinería de Ruhland, próxima a la ciudad, y aprovecharon la circunstancia para bombardear la zona industrial. Hubo más de cuatrocientos muertos, la mayoría obreros de las fábricas. Era la primera vez que Dresde era atacada y los habitantes de la ciudad, en la que trabajaban prisioneros de guerra franceses, belgas, británicos y norteamericanos, pensaron que se trataba de un hecho aislado que no se repetiría. Las buenas relaciones existentes entre estos prisioneros y la población son objeto de atención del historiador británico, que reproduce las palabras de un prisionero inglés escritas el 24 de diciembre de 1944: "Los alemanes que viven aquí son los mejores que he visto en mi vida. El comandante es un 'gentleman' y tenemos extraordinaria libertad en la ciudad. El sargento me ha llevado a visitar el centro de Dresde. Indiscutiblemente, Dresde es magnífica y me gustaría ver mucho más." El hecho de que la ciudad hubiera estado tanto tiempo alejada del teatro de la guerra coadyuvaba, quizá, a estas relaciones amistosas y explica que en febrero de 1945 no hubiera siquiera defensas antiaéreas, lo cual no podía ser ignorado por los jefes Aliados. Las había habido, pero al comprobar que no servían allí para nada el Mando regional consideró que serían más útiles en el Ruhr o en otras zonas. Fue así como entre los ciudadanos nació la difundida leyenda de que Dresde nunca sería atacada. Quizá sí algunos de los barrios industriales más alejados, pero no el centro.

Los primeros refugiados habían llegado a Dresde en octubre de 1944, cuando la ofensiva soviética amenazó el corazón de Prusia Oriental. En *Memorias de un diplomático* George F. Kennan se refiere a lo ocurrido allí en estos términos: "El desastre que cayó sobre esta zona con la entrada de las fuerzas soviéticas no tiene parangón en la historia de la Europa moderna. En grandes sectores de la misma, a juzgar por las pruebas existentes, apenas quedó vivo un hombre, mujer o niño de la población indígena después del paso inicial de los soviéticos; y cuesta trabajo creer que todos consiguieron huir al oeste." Las columnas de refugiados de Prusia Oriental que huyeron hacia el sur antes de la llegada del Ejército Rojo estaban integradas mayoritariamente por mujeres, niños e inválidos de las regiones rurales, que habían sido evacuadas en masa (unas seiscientas mil personas) hacia las ciudades sajonas y también a Turingia y Pomerania. Debe considerarse que entre la montonera de evacuados había también prisioneros de guerra rusos y occidentales. En Silesia, la provincia situada al este de Sajonia, vivían más de cuatro millones y medio de alemanes. Cuando en las primeras semanas de 1945 comenzó a difundirse la noticia de que los soviéticos preparaban una nueva ofensiva contra las líneas alemanas sobre el Vistula, surgió la necesidad imperiosa de una nueva evacuación. Parte de las personas que huyeron se dirigieron hacia el sudoeste, a la zona montañosa situada entre Bohemia y Moravia, pero otra parte emigró a Sajonia, por lo que Dresde tuvo que acoger una nueva marea de fugitivos. Las noticias del trato que recibieron los alemanes que no habían abandonado Prusia Oriental se habían expandido por toda Alemania, por lo que la población de Silesia no esperó en muchos casos que se diera la orden de evacuación. Como es sabido, en las zonas de Silesia por donde pasaron las hordas soviéticas se produjo una orgía frenética de asesinatos, violaciones e incendios.

El 16 de enero de 1945 Dresde sufrió inesperadamente un nuevo bombardeo: unos cuatrocientos "Liberator" de la Fuerza Aérea de Estados Unidos atacaron sin oposición refinerías y estaciones de empalme de Dresde. El ataque produjo unas trescientas cincuenta víctimas entre las que se contaba el primer prisionero británico, que trabajaba en un "Arbeitkommando" (grupo de trabajo) y murió al ser trasladado al hospital. Irving vuelve a destacar el trato exquisito que recibían los prisioneros de guerra británicos y relata que mientras los muertos alemanes fueron enterrados en una fosa común de un cementerio de la ciudad tras un funeral colectivo, "la Capitanía de Dresde, con sorprendente respeto a la Convención de Ginebra, ordenó tuviera lugar una parada con representación de las diversas fuerzas de la ciudad, y el desgraciado soldado británico fue enterrado con todos los honores militares, dándole guardia de honor un piquete británico y otro alemán en el cementerio militar de Dresde-Albertstadt." Esta información procede del jefe del campo de prisioneros, que dio noticia de todo ello a los padres de la víctima. El Gobierno británico publicó poco después de la destrucción de Dresde un dossier sobre los campos de prisioneros oficialmente conocidos, diecinueve de los cuales se encontraban en tránsito en el momento del ataque. Un informe de la Cruz Roja establece en más de veintiséis mil los prisioneros aliados concentrados en Dresde, dos mil doscientos de los cuales eran norteamericanos.

Los primeros trenes de evacuados organizados oficialmente comenzaron a llegar a Dresde el 26 de enero. En la estación central los esperaban más de mil muchachas de las Juventudes Femeninas del Servicio del Trabajo del Reich. Su trabajo consistía en ayudar a bajar a los ancianos y a los inválidos, llevarles los equipajes, buscarles cobijo y procurarles alimentación. Una vez desalojados, los trenes regresaban al este en busca de nuevas remesas de refugiados, que durante semanas fueron llegando a la ciudad. Tanto era el trabajo de las chicas del Servicio de Trabajo que tuvieron que ser reforzadas con las Juventudes Hitlerianas, la Unión Femenina de Jóvemes Alemanas y otras asociaciones femeninas ("Frauenschaften"). Las escuelas de Primaria y Secundaria se convirtieron en hospitales militares, por lo que los alumnos ayudaron también a recibir a los miles de evacuados que entraban diariamente en la capital sajona. A lo largo de las vías férreas y carreteras que llevaban a Dresde, las organizaciones sociales del partido lograron situar puestos de socorro y avituallamiento a intervalos regulares con el fin de paliar en lo posible los estragos que causaba el hambre y el frío intenso del invierno.

En Breslau, capital de la Baja Silesia, las tropas de la Wehrmacht quedaron cercadas y ofrecieron una resistencia heroica desde el 13 de febrero al 6 de mayo de 1945, fecha en que la ciudad se rindió sólo después de que lo hubiera hecho Berlín. A medida que se oía más cercano el tronar de la artillería, el miedo fue apoderándose de la población de la ciudad, por lo que el 21 de enero se ordenó la evacuación de mujeres, niños, ancianos e inválidos que quedasen en Breslau. Puesto que los servicios ferroviarios no daban abasto, más de cien mil personas huyeron a pie, pues las carretas habían sido utilizadas para evacuar a la población rural. Los fugitivos necesitaron semanas para poder llegar a Sajonia. Cuando comenzaron las operaciones del cerco de Breslau, apenas quedaban en la capital doscientos mil habitantes. En su huida hacia el interior del Reich, muchas personas exhaustas optaron por quedarse en Dresde, que se había convertido en el nudo principal del tráfico de refugiados.

Los fugitivos de Silesia representaban las tres cuartas de los acogidos en Dresde y el resto procedía de Prusia Oriental y Pomerania. David Irving calcula que la población total antes del bombardeo oscilaba entre 1.200.000 y 1.400.000 personas. En la tarde del 12 de febrero, con la llegada de los últimos convoyes de refugiados, se alcanzó en Dresde la mayor densidad de habitantes por kilómetro cuadrado. Las estaciones estaban colapsadas por la gente que se quedaba en ellas junto a sus pertenencias. Se había previsto que en los proximos días comenzaran a salir trenes hacia el oeste para descongestionar la ciudad en la medida de lo posible. Hasta el último momento siguieron confluyendo riadas de seres humanos que a pie o en carretas abarrotadas iban derramándose por las calles. Puesto que los edificios públicos estaban ya llenos de catres y camas, se habían instalado tiendas de campaña para decenas de miles de personas en el parque más extenso de la ciudad, el "Grosser Garten", donde millares de ellas murieron en el bombardeo. Mezclados entre los civiles iban también soldados errantes cuyas unidades habían quedado desperdigadas en el frente. La Gendarmería de campaña los dirigía hacia zonas situadas en las afueras, pues los caminos vecinales estaban bloqueados por el tráfico de las caravanas de carros y caballos.

Irving confirma que la aparición del nombre de Dresde como objetivo específico fue una sorpresa para el "Bomber Command", toda vez que nunca había aparecido en las listas semanales de objetivos. Se presentaron varias objeciones contra la inclusión de la capital de Sajonia en la lista, entre ellas, por ejemplo, se dijo que nada permitía considerar que fuese una ciudad de gran importancia industrial o, también, que había gran número de prisioneros en la región cuyos campos no se tenían bien emplazados o localizados. Arthur Harris ordenó al mariscal del aire Robert Saundby, subordinado a sus órdenes, que pidiera al Ministerio del Aire la reconsideración del asunto. Sometida la decisión a "más altas autoridades", Sir Robert Saundby fue informado días más tarde por línea telefónica privada de que el ataque formaba parte de un programa en el que estaba interesado personalmente el primer ministro. La respuesta se había demorado, le dijeron, debido a la ausencia de Churchill, quien se halba en Yalta aquellos días. También Sir Charles Portal, un criptojudío descendiente de hugonotes que el 25 de octubre de 1940 había sido designado jefe del Estado Mayor del Aire, estaba en Yalta acompañando al primer ministro. Charles Portal, nombrado temporalmente mariscal del Aire en octubre de 1940 y confirmado en el rango de manera permanente en abril de 1942, era uno de los máximos abogados de las doctrinas de Lindemann sobre la estrategia de los bombardeos masivos.

La Conferencia de Yalta, celebrada entre el 4 y el 11 de febrero de 1945, terminó sin que se hubiera producido aún la destrucción de Dresde, ordenada días antes. La causa de la demora era el tiempo brumoso que se había instalado en Europa central. Por fin el 12 de febrero el parte meteorológico aseguró buenas condiciones atmosféricas. En la mañana del 13 de febrero de 1945 aviones rápidos de reconocimiento aparecieron sobrevolando la ciudad, que se extiende junto a un meandro del Elba. Más que miedo, despertaron curiosidad entre los habitantes, que seguían con el convencimiento de que Dresde no sería atacada. Los pilotos pudieron observar cuanto quisieron con absoluta seguridad, por lo que debieron de ver necesariamente la marea de fugitivos que inundaba los caminos, que de ninguna manera podían ser confundidos con columnas de soldados en retirada.

Hacía ya varias horas que había caído la noche cuando los habitantes de Dresde comenzaron a oír el ruido de los "Mosquito" localizadores, que volaban a seiscientos metros sobre los tejados de la ciudad. Su misión consistía en lanzar cohetes alumbradores de color rojo que señalaban los objetivos a los bombarderos que se aproximaban a gran altura. A las 22:07 los pilotos de estos aviones recibieron las últimas palabras desde el control: "Terminen pronto la localización y váyanse de ahí". Informada de la amenaza que pendía sobre sus cabezas, la población se apresuraba a dirigirse a los refugios. A las 22:13 de la noche del 13 de febrero comenzaron a caer las primeras bombas explosivas, bombas gigantescas de dos mil y cuatro mil kilos que reventaban todo y arrancaban los tejados medievales de la ciudad vieja de Dresde. Los escuadrones de Lancaster fueron pasando uno tras otro y pronto las luminarias de las grandes bombas fueron generalizándose en toda la ciudad. Comenzó así el bombardeo más bestial de la historia, que iba a prolongarse durante catorce horas y quince minutos.

Puesto que Dresde era un objetivo muy alejado de las bases, los bombarderos tenían que regresar a Inglaterra tan pronto hubieran vaciado sus vientres de la carga mortífera que transportaban. Tras la retirada de los primeros escuadrones, los socorristas, que llegaban incluso de pueblos y ciudades vecinas, se atrevieron a acudir en auxilio de las víctimas; pero a la 1:30 llegó una nueva oleada de más de quinientos Lancaster que iba precedida por escuadrillas de caza equipadas para el combate nocturno y el ametrallamiento de los aeródromos alemanes. Estos bombarderos iban cargados de bombas explosivas que propagaban los incendios e impedían cualquier actuación de los bomberos y de los soldados alemanes. Siguió, asociado a este segundo "raid", un nuevo grupo de bombarderos que se presentaron en dos formaciones: en la primera, los aviones llevaban una bomba explosiva de dos mil kilos y cinco bombas incendiarias de trescientos setenta y cinco kilos; en la segunda formación las bombas explosivas eran de doscientos cincuenta kilos y el resto de la carga eran bombas incendiarias sin cualidades balísticas, por lo que se lanzaban sin ninguna precisión. Puesto que se trataba de provocar incendios de enormes proporciones, estas bombas incendiarias dispersadas sobre la ciudad cumplían su objetivo a la perfección. En total los Lancaster arrojaron sobre Dresde 650.000 bombas incendiarias (1.182 toneladas) y 1.478 toneladas de bombas explosivas.

Los aviones de caza nocturna alemanes apenas pudieron emprender ninguna acción defensiva y las defensas de tierra permanecieron completamente mudas. David Irving, que entrevistó a numerosos pilotos que participaron en la destrucción de Dresde, escribe que "muchas tripulaciones de los Lancaster casi estaban avergonzadas de aquella falta de oposición y muchos de ellos dieron deliberadamemnte varias vueltas sobre la ciudad en llamas sin ser molestados por ninguna clase de defensa." Tanto era así que durante diez minutos un Lancaster equipado con cámaras sobrevoló el pavoroso escenario filmando para el Departamento Cinematográfico de la RAF. "Esta película de 250 metros -escribe Irving-, ahora guardada en los archivos de 'Imperial War Museum', es uno de los más siniestros y magníficos testimonios de la Segunda Guerra Mundial. Pero aporta la prueba irrefutable de que Dresde no estaba defendida, pues ni un reflector, ni una sola batería antiaérea aparecen en toda la longitud de la película." Irving ofrece el siguiente testimonio de un piloto de Lancaster que había quedado rezagado:

> "Un mar de fuego de, en mi opinión, unos sesenta y cinco kilómetros cuadrados lo cubría todo. Desde nuestro avión se percibía perfectamente el calor que exhalaba aquel brasero. El cielo tenía impresionantes tintes escarlatas y blancos, y la luz en el interior del avión recordaba una extraña puesta de sol en otoño. Estábamos tan estupefactos por el espectáculo de la terrorífica hoguera que, pese a hallarnos solos sobre la ciudad, la

sobrevolamos durante varios minutos antes de emprender el camino de regreso, subyugados por el terror que imaginábamos bajo nosotros. El resplandor del holocausto aún seguíamos viéndolo treinta minutos después de abandonar el lugar."

Otro piloto que regresaba, impresionado por el resplandor rojizo, verificó la posición del avión con su navegador y constató que se hallaba a más de ciento cincuenta milllas de Dresde. El propio Ministerio del Aire, al constatar la magnitud de la hogurea encendida en Dresde, anunció en un comunicado que las llamas eran visibles a "casi trescientos kilómetros del objetivo." Los británicos informaron asimismo que 1.400 aviones habían participado en la operación y que sólo habían perdido seis Lancaster, pues otros diez que no regresaron a sus bases habían logrado aterrizar en el Continente cuando acababan ya el combustible.

Esto por lo que concierne al terror británico, pues estaba planeado que también los norteamericanos aportaran su dosis. A ellos les correspondía proseguir con la matanza. Diez días antes habían mostrado su competencia en Berlín, donde el 3 de febrero habían lanzado un ataque demoledor contra "zonas ferroviarias y administrativas" que había acabado con la vida de 25.000 berlineses en una sola tarde. Las tripulaciones de 1.350 fortalezas volantes y "Liberators" recibieron las instrucciones ("briefing") a las 4:40 de la madrugada del 14 de febrero. A la 1ª División Aérea le correspondió continuar con la masacre. A las ocho de la mañana 450 bombarderos pesados B-17, los que podían transportar las bombas más pesadas de cuatro mil y dos mil kilos, emprendieron el vuelo con destino a la ciudad del Elba. Otras 300 fortalezas volantes de la 3ª División Aérea debían atacar Chemnitz. Los objetivos de los aparatos más ligeros eran Magdeburgo y Wesel. Dresde continuaba ardiendo y cientos de miles de heridos seguían sin poder ser atendidos entre los escombros cuando comenzó el tercer ataque masivo en menos de catorce horas. A las 12:12 un nuevo diluvio de bombas acabó de rematar el crimen incomprensible que habían iniciado los británicos la noche anterior. En total los estadounidenses lanzaron 475 toneladas de bombas de gran potencia y 297 toneladas de bombas incendiarias en paquetes y racimos. Las zonas medievales y barrocas de la ciudad fueron objetivos prioritarios del bombardeo.

Terminado el trabajo de los bombarderos, los treinta y siete cazas P-51, cuya misión había sido proteger a las fortalezas volantes y otros tres grupos de aviones de caza que participaban en la operación, al comprobar que no tenían oposición, se dedicaron a ametrallar a las columnas de personas que habían sobrevivido y trataban de escapar del infierno. Ambulancias, coches de bomberos, carros y cualquier vehículo que se moviera sobre las carreteras fueron blanco de los pilotos norteamericanos, que volaban prácticamente a ras de suelo. Sin embargo, el aeródromo de Dresde-Klotzsche, repleto de cazas, no fue atacado. El personal de vuelo de las unidades había sido evacuado, pues eran escuadrillas de caza nocturna y los aviadores no podían participar en operaciones diurnas. Estos pilotos alemanes, sin entender por qué se dejaban intactos los cazas y aviones de transporte estacionados en el aeródromo, contemplaron impotentes el ametrallamiento de los civiles desde unos campos situados al oeste de la ciudad.

En cuanto al ataque sobre Chemnitz, ciudad situada a treinta y cinco millas de Dresde y a ciento ochenta kilómetros de las líneas soviéticas, las trescientas fortalezas volantes B-17 que la bombardearon en la mañana del día 14 de febrero realizaron sólo la primera parte del trabajo. Sir Arthur Harris había previsto que fueran los británicos los que rematasen la faena por la noche. Así, a las tres de la tarde del mismo día 14, las tripulaciones de los Lancaster que habían arrasado Dresde, después de haber descansado apenas seis horas, fueron convocados para el "briefing" de una nueva incursión de larga duración. En Chemnitz, explica David Irving, había una fábrica de tanques, grandes fábricas textiles y de uniformes, talleres de reparación de locomotoras y otros objetivos claros. Sin embargo, oficiales de información situados en distintos aeródromos repitieron las mismas instrucciones, que nada tenían que ver con la destrucción de estos objetivos. A las tripulaciones del grupo 1 se les dijo: "Esta noche su objetivo será Chemnitz... van ustedes a atacar las concentraciones de refugiados que se han reunido allí después del último raid contra Dresde." Irving transcribe el siguiente fragmento de la información que se dio al grupo 3, en otro aeródromo: "Chemnitz es una ciudad situada a unas treinta millas al este de Dresde y, por tanto, un objetivo mucho más pequeño. El motivo de ir allí esta noche es acabar con todos los refugiados que hayan logrado escapar de Dresde. Llevarán la misma carga de bombas y si el ataque de esta noche sale tan bien como el de la última, no volverán a visitar el frente ruso." Ante estas palabras, sobran adjetivos y comentarios. Por fortuna, las condiciones meteorológicas previstas no se cumplieron, las nubes ocultaron por completo la ciudad y el ataque no pudo ser tan mortífero como se deseaba.

Un prisionero británico que se encontraba en Dresde escribió que la ciudad ardió durante siete días y siete noches. Las autoridades calcularon que dieciocho kilómetros cuadrados fueron devorados por las llamas. Los mismos fenómenos descritos al narrar los bombardeos de Hamburgo se repitieron en Dresde e incluso más espantosos. Los tornados provocados por las tormentas de fuego absorbieron a la gente lanzándola por los aires junto a objetos de todo tipo levantados por el torbellino de fuego. "Personas que huyeron a lo largo de los taludes del ferrocarril -explica Irving-, único camino no bloqueado por los escombros, informaron que vagones situados en los sectores más expuestos fueron levantados por el huracán como una hoja de papel. Incluso espacios abiertos, tales como grandes plazas y extensos parques, no ofrecían protección alguna contra aquel tornado."

Ahorraremos al lector el relato de más escenas dantescas, pues son fácilmente imaginables.

La pretensión de "romper el espírtu de la gente", formulada por F. A. Lindemann, Lord Cherwell, fue plenamente conseguida con la destrucción de Dresde. En Berlín circulaban informes sobre las cifras de muertos y se hablaba de que doscientas mil o trescientas mil personas habían sido aniquiladas en una sola noche. La opinión pública, que conocía el plan de exterminio del pueblo alemán de Theodore N. Kaufman, comenzó a pensar seriamente que los Aliados habían decidido extinguir al pueblo alemán. El plan Morgenthau, que era ya conocido por el Gobierno y en el NSDAP, venía a confirmar los peores presagios. Algunos jefes alemanes reconocieron que el terror aéreo y las matanzas indiscriminadas habían desintegrado la moral de los alemanes.

El número total de muertos en Dresde seguirá siendo siempre objeto de especulación. Las circunstancias impidieron a las autoridades proseguir con el trabajo de identificar a las víctimas y proceder a un recuento fiable. El hecho de que se alcanzasen en el alto horno de Dresde temperaturas de más de 1.000° C provocó que decenas de miles de cuerpos quedasen totalmente calcinados, lo cual impedía su identificación. Aún así, el 6 de mayo de 1945 se dijo oficialmente que 39.773 muertos habían podido ser identificados. El "Abteilung Tote" (Sección de muertos) consideró a finales de febrero que los trabajos de identificación retrasaban el entierro de los cadáveres y se corría el riesgo de epidemias. Cuerpos en descomposición, partidos en pedazos, descabezados, carbonizados o reducidos a cenizas debían ser enterrados con la mayor urgencia, de ahí que proliferasen las fosas comunes. Durante días los supervivientes trataron de localizar a sus parientes desaparecidos con el fin de evitar su entierro en una fosa común. Mientras iban en busca de una carretilla, llegaban con frecuencia los equipos de salvamento y se llevaban el cadáver del familiar apilado en carros hacia los bosques de eucaliptus y de pinos en las afueras de la ciudad. Unidades de las SS y de la Policía transportaron en camiones a montones de cadáveres a los cementerios de Berlín.

Dos semanas después de la hecatombe, las autoridades consideraron que las interminables caravanas de cadáveres hacia los bosques del norte de la ciudad constituían un peligro de tifus y otras epidemias, por lo que decidieron que los millares de cuerpos que todavía se hallaban entre los escombros, en los sótanos y en las calles del centro de la ciudad no serían ya trasladados a las fosas comunes abiertas en los bosques. Se cerró entonces a la población el acceso al centro y al Mercado Viejo. A partir de este momento, los camiones repletos de cadáveres eran entregados en el límite de la zona prohibida a oficiales de la Wehrmacht, que conducían los vehículos al centro de la plaza del Mercado Viejo y vertían su contenido en el suelo. Grandes vigas de hierro colocadas sobre unos bloques de piedra formaban grandes parrillas de cerca de ocho metros de largo, sobre las que iban amontonando cuerpos de quinientos en quinientos con montones de paja entre cada capa. Debajo de las parrillas se ponía madera y paja y se prendía fuego. De esta manera rudimentaria se trataba de incinerar a los cadáveres, tarea que requería todas las horas de una jornada. Una vez incinerados los cuerpos, los soldados colocaban las cenizas en camiones con remolque y eran transportadas al cementerio de Heide, donde se enterraron en una fosa de ocho metros de anchura y dieciséis de longitud. En un sólo día se llegaron a incinerar nueve mil cadáveres.

Se comprende, pues, que en estas condiciones fuese imposible contabilizar con exactitud el número de muertos. En Berlín fuentes oficiales estimaron tras el bombardeo que las víctimas oscilaban entre 180.000 y 220.000. El Comité Internacional de la Cruz Roja, basándose en informes proporcionados por las autoridades, dio en 1948 la cifra de 275.000 muertos en toda la zona de Dresde. En 1951 Axel Rodenberger publicó *Der Tod von Dresden*, un libro de gran impacto del que se vendieron más de un cuarto de millón de ejemplares y fue un referente en la República Federal hasta mediados de la decada de 1960. Según este autor, los muertos oscilaron entre 350.000 y 400.000. Se tiende a considerar excesivas estas cifras porque, en lugar de apoyarse en documentos, el autor se basa en la propia experiencia, en relatos de testigos y en informaciones del Ministerio de Propaganda. En *Advance to Barbarism*, la obra de Frederick John Partington Veale que hemos venido citando repetidamente, se estima que la cifra de víctimas superó holgadamente las 300.000. Para justificar tan elevado número de muertos, este autor recuerda que todas las casas de Dresde estaban repletas y que los edificios públicos estaban abarrotados por los desgraciados refugiados, muchos de los cuales habían incluso acampado en las calles. En la obra de Irving que hemos utilizado como fuente principal, cuya edición original en inglés se publicó en 1963, el número de fallecidos se estima entre 135.000 y 150.000. Sin embargo, diez años después, en 1973, el historiador alemán Hans Dollinger insistía en que en Dresde perdieron la vida 250.000 personas. En 1974 Rolf Hochhuth, escritor y dramaturgo alemán famoso por su obra *El vicario* (1963), drama en el que denunciaba la actitud de Pío XII en relación al nazismo, apoyándose como fuente en las investigaciones de David Irving dio la cifra de 202.000 muertos. Sobre los heridos y mutilados, de los que poco se habla, se estima que hubo unos 300.000.

Lo más chocante de todo este asunto es que, en lugar de propiciar la manera de que Alemania reconozca y honre públicamente a los muertos de Dresde, la canciller Angela Merkel, hija de una judía polaca llamada Herlind Jentzsch y casada en segundas nupcias con el catedrático judío Joachim Sauer, ha buscado la manera de minimizar lo ocurrido. Una comisión de "historiadores" comisionada por la propia ciudad de Dresde estableció en 2009 que en el bombardeo habían muerto entre 18.000 y 25.000 personas. O sea, ni siquiera se quiere reconocer a los casi cuarenta mil muertos que pudieron ser identificados. Los familiares de los fallecidos y otros ciudadanos alemanes que tratan de manifestarse anualmente el 13 de febrero para honrar la memoria de las víctimas del holocausto de Dresde han sido durante los últimos años insultados por contramanifestantes socialistas y comunistas, por lo que deben ser protegidos por amplios despliegues policiales. Mientras los genocidas responsables de los criminales bombardeos sobre Alemania y Japón han pasado sin mácula a la historia, se persigue en Alemania a nonogenarios que tuvieron la mala suerte de ser en 1944 guardianes en Auschwitz, como es el caso de Oskar Gröning, quien con noventa y tres años fue detenido en marzo de 2014 y debía ser juzgado en 2015 por crímenes de guerra. En otro capítulo daremos más información al respecto.

## El terror aéreo en Japón: el terrorismo atómico

El terror aéreo llegó a su expresión más nauseabunda con el terrorismo atómico, que estuvo precedido en Japón, como en Alemania, por la destrucción de casi todas las ciudades niponas importantes. La máxima expresión del terror aéreo no nuclear se alcanzó en Tokio, ciudad que sufrió ataques demoledores desde marzo a julio de 1945. Tanto los bombardeos sobre la capital japonesa como el lanzamiento de las bombas atómicas sobre Hiroshima y Nagasaki fueron gratuitos y se hubieran podido evitar, pues Japón había perdido la guerra hacía tiempo y llevaba ya medio año buscando la paz con ahínco. Puesto que se ha explicado ya cómo se practicaba el terror aéreo en Alemania, dedicaremos el mayor espacio de este apartado a comentar aspectos poco conocidos, pues se han ocultado, sobre la decisión de usar el terrorismo nuclear. Antes, no obstante, es obligado escribir unas líneas sobre los bombardeos en Tokio

La conquista de las islas Marianas en el verano de 1944 permitió que las fortalezas volantes B-29 pudieran despegar desde bases más próximas a Japón. A finales de año se llevaron a cabo los primeros ataques sobre Tokio. En el mes de marzo de 1945 operaban desde las Marianas más de trescientos bombarderos pesados y comenzaron los bombardeos masivos. Sólo durante el mes de marzo más de cien mil toneladas de bombas fueron arrojadas sobre sesenta y seis ciudades japonesas. Especialmente mortíferos fueron los ataques sobre la capital, que el 9 de marzo de 1945 fue objeto de un descomunal bombardeo de saturación o bombardeo en alfombra ("carpet bombing"), que, como en Alemania, combinó bombas explosivas e incendiarias con el fin de provocar la mayor destrucción posible. De las dos mil toneladas de bombas arrojadas sobre Tokio, medio millón fueron incendiarias de napalm y magnesio. Debe tenerse en cuenta que las típicas casas japonesas tienen los techos y las paredes de madera y en su interior abundan tatamis y paneles de fibra de arroz o forrados con papel de arroz. El bombardeo lo llevaron a cabo unos trescientos cincuenta B-29 y comenzó bien entrada la noche. Para desgracia de los desgraciados habitantes de la ciudad, poco antes del ataque se levantó un fuerte vendaval que acentuó aún más los efectos de las tormentas de fuego. Tan brutales fueron los efectos de estas tormentas que una tromba de aire alcanzó diez kilómetros de altura y los propios bombarderos fueron lanzados centenares de metros hacia arriba por las corrientes de aire caliente. Las autoridades japonesas necesitaron casi un mes para sacar de los escombros todos los cuerpos calcinados. El bombardeo mató a más de 100.000 personas y cerca de 400.000 quedaron malheridas, la mayoría con quemaduras y mutilaciones graves. Unas 280.000 casas fueron destruidas y por lo menos un millón de tokiotas se quedaron sin techo.

Dos días después, el 11 de marzo, el general Curtis LeMay ordenó el ataque a la zona urbana de Nagoya, que fue bombardeada a baja altura por casi trescientos aviones. Dos noches más tarde le tocó el turno a Osaka, la segunda urbe de Japón en población y en producción industrial. Sobre esta ciudad otros trecientos B-29 dejaron caer mil setecientas toneladas de bombas que generaron nuevamente corrientes de aire tan intensas que, como en Tokio, ascendieron hasta los aviones. El 16 de marzo de 1945 Kobe fue el cuarto objetivo de LeMay: trescientos siete B-29 lanzaron dos mil trescientas toneladas sobre esta ciudad, que quedó arrasada. 250.000 personas, un tercio de la población, perdieron su hogar y hubo decenas de miles de muertos y heridos. Podríamos continuar enumerando las hazañas que se apuntaron los norteamericanos mediante el terror aéreo, pero pensamos que no es ya necesario. En Washington, el general Norstad aludió en una conferencia al daño causado a los japoneses durante los bombardeos del mes de marzo de 1945. Según sus propias palabras, fue "el mayor daño que jamás en la historia del mundo se hubiera inferido a ningún pueblo en tan corto periodo de tiempo."

El terror atómico ocupará el resto del espacio de esta cuarta parte del capítulo sobre la Segunda Guerra Mundial. La bomba atómica fue una bomba judía de principio a fin: fue pretendida o deseada por judíos; fueron judíos quienes propusieron su fabricación a Roosevelt; judíos eran Roosevelt y Baruch, que ordenaron su producción; también lo eran quienes la fabricaron en Los Álamos; los bancos judíos de Wall Street financiaron el "Proyecto Manhattan"; y judío era Truman, que autorizó el lanzamiento de las bombas sobre Hiroshima y Nagasaki. Las connotaciones e implicaciones que subyacen detrás de la decisión de cometer premeditamente este incalificable asesinato en masa son de suma trascendencia. Por ello recuperaremos el tema más adelante, en un segundo apartado sobre el monopolio de la violencia nuclear, que constituirá una de las partes del siguiente capítulo, el onceno de esta obra nuestra, que se alarga y se alarga para quien escribe y para los lectores, si algún día los tuviere.

Lo primero que hay que constatar en relación a la fabricación de la bomba atómica es que en Alemania y en Japón las investigaciones para el desarrollo de la fisión nuclear estaban avanzadas y los científicos sólo necesitaban impulso económico y apoyo político para llegar a la fabricación del arma atómica. Sin embargo, ni el emperador de Japón ni el canciller de Alemania, donde las universidades de Gotinga, Berlín y Múnich habían sido entre 1920 y 1930 los centros mundiales más importantes de la física moderna, estaban decididos a dar el paso, pues uno y otro oponían reparos de tipo ético. Hirohito hizo saber a los sabios japoneses que no aprobaría tal arma. Hitler, por su parte, consideraba inhumanas este tipo de bombas. El nacionalsocialismo reivindicaba una "ciencia aria" frente a la "ciencia judía", caracterizada por un materialismo del que había que prescindir, pues amenazaba con corromperlo todo. Los dos defensores más destacados de la ciencia aria fueron Philip Lenard y Johannes Stark (premios Nobel de Física en 1905 y en 1919). Estos dos científicos creían que había que crear una simbiosis entre el espíritu y la materia. Según ellos, la naturaleza es esencialmente misteriosa. El hombre debía reconocer los límites de su conocimiento y no estaba autorizado a indagar en ciertos misterios, sino respetarlos.

Parece que la base filosófica de la actitud prudente y humilde de estos científicos alemanes podría ser la "hybris" griega. Un concepto presocrático que alude al castigo impuesto por los dioses a quienes actuaban sin moderación, con soberbia y desmesura. La transgresión de los límites impuestos a los hombres, un tema frecuente en la mitología y en las tragedias griegas, conducía a la hybris. Aquellos protagonistas que no eran conscientes de su lugar en el universo y desafiaban a los dioses con sus actos recibían inexorablemente el castigo. En un artículo publicado en Septiembre de 1945 en la revista *Politics*, Dwight Macdonald, editor de esta publicación pacifista, citaba unas palabras de Albert Einstein pronunciadas poco después del lanzamiento de las bombas atómicas: "Nadie en el mundo debería tener ningún temor o recelo sobre la energía atómica porque es un producto supernatural. Al desarrollar la energía atómica, la ciencia imita simplemente la reacción de los rayos del sol. El poder atómico es tan natural como cuando yo navego con mi embarcación en el lago Saranac." Sin embargo, cuando se le preguntó sobre los venenos radioactivos desconocidos que empezaban a alarmar incluso a los editorialistas, replicó enfáticamente: "No hablaré sobre esto." Sin duda, Albert Einstein hubiera enojado a los dioses griegos y romanos de la antigüedad, que lo habrían castigado por su arrogancia impertinente.

En enero de 1939 la comunidad científica supo que los físicos alemanes habían descubierto la fisión nuclear, por lo que teóricamente podían dividir el átomo. Niels Bohr, físico danés de origen judío, cuya madre Ellen Adler pertenecía a una familia judía muy importante en la banca danesa, creyó entender a través de una conversación que mantuvo en Copenhague con Carl F. von Weizsäcker, hijo del secretario de Estado de Asuntos Exteriores y pionero de la investigación nuclear en Alemania, que los físicos alemanes estaban trabajando en la fabricación de la bomba atómica para Hitler. En realidad no era cierto, pues el objetivo de construir un arma nuclear nunca fue una prioridad para los nazis y siempre quedó en un segundo plano. Bohr contactó con Edward Teller, otro físico judío de origen húngaro que había emigrado a América, donde estaba a su vez en contacto con Leó Szilárd y Eugene Wigner, asimismo físicos judíos que procedían de Hungría y residían en Estados Unidos. Estos tres científicos persuadieron a Albert Einstein para que advirtiera al presidente Roosevelt sobre las informaciones que les había trasmitido Bohr[10].

El 2 de agosto de 1939, sobre el bosquejo de un texto redactado por Szilárd, Einstein firmó una carta que entregó a Alexander Sachs, un economista judío de origen ruso que actuaba como consejero extraoficial de Roosevelt y que había trabajado con el juez Brandeis para la Organización Sionista de América. En el extenso artículo de 1998 *The Secret History of the Atomic Bomb* (accesible online en PDF), Eustace Mullins escribe lo siguiente sobre este personaje: "Sachs era en realidad un correo de los Rothschild que regularmente entregaba grandes cantidades de dinero en efectivo en la Casa Blanca. Sachs era consejero de Eugene Meyer, de la

---

[10] Einstein llegó a EE.UU. aureolado de prestigio. Supuestamente, estaba comprometido en proyectos de paz y desarme, lo cual no le impidió pedir la fabricación de la bomba atómica. Los hechos demuestran que en realidad, Einstein fue un sionista convencido y un racista. Chistopher Jon Bjerknes, un judío disidente que en su página web *Jewish Racism* denuncia sin ambages el sionismo y la conspiración que lo envuelve, es autor de *Albert Einstein the Incorrigible Plagiarist* (2002) y *The Manufacture and Sale of St. Einstein* (2006). En estas obras, extractadas en su website, expone el montaje que se esconde detrás de la fama de Einstein, al que acusa de ser un plagiario compulsivo sin escrúpulos que se aprovechó siempre del trabajo y el esfuerzo de los demás sin citarlos. Entre los científicos plagiados por Einstein se menciona a Robert Brown, investigador que trabajó sobre el movimiento en partículas de fluidos; a Jules Henri Poincaré, el primero en demostrar que el tiempo y el espacio sólo pueden ser relativos; a Hendrik Lorentz, cuyas teorías sobre la conversión de la materia en energía y viceversa fueron sólo reinterpretadas por Einstein, hecho que Max Planck y Walter Kaufmann se sintieron obligados a denunciar; a Philipp von Lenard, quien descubrió el efecto fotoeléctrico en los rayos catódicos; y a Friedrich Hasenöhrl, físico austríaco que fue el creador en 1904 de la ecuación básica $E=mc2$ y que murió un año antes de que Einstein se apropiara la fórmula.
Philipp Lennard reclamó que se atribuyera la famosa ecuación a Hasenöhrl, pues la había escrito un año antes que Einstein. Antes de morir en la guerra en 1915, Hasenöhrl dejó sus trabajos en la Oficina de Patentes de Berna, donde trabajaba el inefable plagiario. Einstein leyó allí la teoría y, tras la muerte de Hasenöhrl, la publicó el mismo año 1915 sin tener la honestidad de citar al autor. En una conferencia pronunciada el 24 de agosto de 1920 en Berlín el físico Ernst Gehrke acusó a Eisntein de plagiar los formalismos matemáticos de Lorentz para la teoría de la relatividad y los conceptos del tiempo y del espacio de Melchior Palagyi. Ante todos los presentes, se dirigió personalmente a Einstein, quien no fue capaz de replicar nada. Stephen Hawking en *Una breve historia del tiempo* confirma que se ha dado el mérito a Einstein por una teoría ya anticipada por Poincaré, Lorentz, Hasenöhrl y otros. En resumen, toda la comunidad científica sabe la verdad y sólo se engaña al gran público.

Banca Internacional Lazard Frères y también de Lehman Brothers." Einstein hubiera podido presentar él mismo la carta a Roosevelt, pues cuando llegó a Estados Unidos en 1933 fue invitado a la Casa Blanca y enseguida se implicó en las campañas de Eleanor Roosevelt. Se optó, sin embargo, por Alexander Sachs, quien el 11 de octubre de 1939 entregó personalmente la carta de Einstein a Roosevelt. En ella se pedía al presidente que promoviera el programa de fisión nuclear en Estados Unidos para impedir que "los enemigos de la humanidad" lo hicieran antes. Mullins considera que el hecho de que Sachs fuera el escogido para presentar la carta indicaba claramente al presidente Roosevelt que los Rothschild aprobaban el proyecto y deseaban que lo llevara a cabo con rapidez. El programa nuclear no hubiera podido realizarse sin el respaldo y patrocinio de Wall Street: el cártel de bancos de la Reserva Federal aportó más de 2.000 millones de dólares al Proyecto Manhattan.

Eustace Mullins, discípulo y amigo de Ezra Pound y autor de *The Secrets of the Federal Reserve*, se convirtió en su larga y prolífica carrera como escritor en uno de los autores más lúcidos en la denuncia de la conspiración de los banqueros illuminati. En *The Secret History of the Atomic Bomb* Mullins señala a Bernard Baruch, al que Henry Ford consideraba el cónsul de Judá en América, como la eminencia gris de Estados Unidos para el programa de fabricación de la bomba atómica. Baruch, durante décadas el factótum indiscutible de la política de Estados Unidos, era el gran agente en Nueva York de los Rothschild, para los que llevaba maquinando desde principios del siglo XX. Entre otros servicios a esta dinastía de banqueros talmudistas, Mullins atribuye a Baruch el montaje de los "trusts" del tabaco y del cobre. Fue el propio Baruch quien escogió al físico judío Julius Robert Oppenheimer como director científico del Proyecto Manhattan en el laboratorio de Los Álamos de Nuevo México. En el Museo de la Bomba Atómica de Nagasaki, inaugurado en ocasión del quincuagésimo aniversario del lanzamiento, los retratos de Einstein y Oppenheimer, el llamado "padre de la bomba atómica", están expuestos de manera preeminente, señalados de este modo entre los responsables del genocidio nuclear.

Jack Rummel desvela en la biografía *Robert Oppenheimer Dark Prince* que en 1926 Oppenheimer comenzó a visitar a un psiquiatra a causa de sus problemas emocionales. Unos meses antes, en la Navidad de 1925, sin mediar provocación alguna, había tratado de estrangular en París a su amigo Francis Ferguson. El psiquiatra le diagnosticó demencia precoz ("dementia praecox"), concepto utilizado entonces para la esquizofrenia. El diagnóstico de Oppenheimer, según el psiquiatra, no era favorable. Entonces, la demencia precoz era considerada una enfermedad incurable que con el tiempo requeriría hospitalización permanente. Tres años más tarde, ya en Berkeley, Oppenheimer mostró síntomas de sus desequilibrios en público al comportarse de un modo soberbio y sumamente irrespetuoso con un antiguo profesor judío de Gotinga, James Franck, que había sido premio Nobel de Física en 1925. "Trágicamente -escribe Rummel- Oppenheimer reconoció su carácter autodestructivo, que él calificaba de "bestialidad", pero con frecuencia no podía evitar caer en ella." En 1936 comenzó a comprometerse en organizaciones comunistas y a trabajar para grupos de izquierda. "Oppenheimer -señala Rummel- leía con avidez sobre política. Un libro que lo impresionó especialmente fue una obra de Sidney y Beatrice Webb titulado *Soviet Communism. A New Civilization*, que elogiaba los logros de la Unión Soviética." El FBI lo vigiló largo tiempo, pues había descubierto que su antigua novia (Jean Tatlock), su esposa Kitty, su hermano Frank y su cuñada eran o habían sido miembros del Partido Comunista. En noviembre de 1940, antes de ser nombrado director científico del Proyecto Manhattan, Oppenheimer se había casado con Kitty Puening, una mujer que había tenido tres maridos, el segundo de los cuales, Joe Dallet, miembro del Partido Comunista Americano y combatiente en la guerra civil española en las filas del Batallón Lincoln, había muerto en 1937 en Fuentes de Ebro.

Los principales científicos requeridos por Oppenheimer para el Proyecto Manhattan eran casi todos judíos o estaban casados con judías. El ya citado Edward Teller, que sería más tarde considerado el padre de la bomba H (bomba de hidrógeno), colaboró desde los inicios, aunque en 1954 acabaría declarando contra Oppenheimer cuando éste fue acusado de espiar para los soviéticos, circunstancia que comentaremos en el siguiente capítulo. En el primer grupo que trabajó para diseñar la bomba estaba Hans Bethe, un físico judío de origen alemán que fue luego el director de la División Teórica en el laboratorio. Junto a él estaban John von Newman y Richard Freyman. El primero, un matemático nacido en Budapest, era hijo de un banquero judío llamado Max Newman y de Margaret Kann, que pertenecía tambien a una rica familia judía de Pest; el segundo, había nacido en Manhattan de padres judíos. Otro físico reclutado por Oppennheimer para trabajar en el diseño de la bomba fue Robert Serber, cuya esposa Charlotte, judía como él, se hizo cargo de la dirección de la biblioteca técnica del laboratorio. Ambos estaban controlados por el FBI, que sospechaba que eran comunistas. El propio Oppenheimer, como venimos apuntando, fue espiado por su relación con el Partido Comunista: su teléfono estuvo intervenido, su correspondencia, abierta, y agentes de inteligencia disfrazados de guardaespaldas lo vigilaron. Aunque el coronel de Inteligencia Boris Pash pidió que fuera "completamente apartado del proyecto y despedido del trabajo por el Gobierno de Estados Unidos", logró mantenerse en el puesto, no en vano Bernard Baruch era su mentor.

Félix Bloch, judío nacido en Zurich que obtuvo el Nobel de Física en 1952, también formaba parte del grupo cuando en marzo de 1943 se abrió el Laboratorio Nacional de Los Álamos, inaugurado oficialmente el 15 de abril. Además de los citados, otros científicos judíos reclutados por Oppenheimer se integraron en el Proyecto Manhattan en Los Álamos. Entre los más importantes destacan Víctor "Viki" Weisskopf, George Kistiakowsky, Stanislaw Ulam, Emilio Segré, Otto Frisch. El más importante y prestigioso de los físicos no judíos que colaboró con Oppenheimer en la fabricación de la bomba fue Enrico Fermi, el cual estaba casado desde 1928 con una mujer judía, Laura Capon. Galardonado en 1938 con el Nobel de Física, antes de llegar a Los Álamos Fermi había construido en la Universidad de Chicago la primera pila nuclear. En diciembre de 1942 Fermi logró la primera reacción controlada en cadena de la fisión nuclear. Niels Bohr y su hijo se incorporaron también al laboratorio a finales de 1943 o a principios de 1944 para trabajar en la construcción de la bomba.

Después de los terribles bombardeos del mes de marzo, Japón pidió el fin de la guerra. En el mes de mayo la situación era insostenible: más de medio millón de personas habían muerto abrasadas por los bombardeos y las tormentas de fuego y cerca de veinte millones de japoneses habían perdido sus hogares. El general MacArthur reconoció que en la primavera de 1945 el propio emperador Hirohito encabezaba una coalición que buscaba una paz negociada que acabase con la agonía de la nación. Sólo cuatro urbes japonesas no habían sido destruidas con los bombardeos: Hiroshima, Kokura, Niigata y Nagasaki. Poco podían sospechar sus habitantes que la razón de la inmunidad era que estas cuatro ciudades habían sido escogidas como objetivos para experimentar la bomba atómica. En *Hiroshima´s Shadow* (1998), el Dr. Shuntaro Hida, que trató a algunas víctimas del holocausto atómico, confirma que les extrañaba que los B-29 pasesen a diario sobre la ciudad sin atacarla nunca. "Sólo después de la guerra -declara este doctor- llegué a saber que Hiroshima, según los archivos americanos, se había dejado intacta a fin de preservarla como objetivo para el uso de armas nucleares."

El 25 de abril de 1945 se convocó en San Francisco una conferencia preparatoria para la fundación de la ONU, a la que asistieron delegaciones de cincuenta países. Entre los estadounidenses figuraban setenta y cuatro miembros del Council on Foreign Relations (CFR), organismo fundamental de la Round Table, la sociedad secreta fundada por Rhodes y Milner en colaboración con Rothschild, Morgan, Rockefeller y otros. El jefe de la delegación norteamericana era el secretario de Estado, Edward Stettinius, hijo de un socio de J. P. Morgan que había sido uno de los grandes traficantes de armas en la Primera Guerra Mundial. Stettinius convocó a principios de mayo a un grupo selecto de cuatro miembros de su delegación en el "Garden Court" del Hotel Palace con el fin de discutir la situación provocada por las insistentes demandas japonesas de poner fin a la guerra, lo cual planteaba un problema: la bomba no iba a estar lista hasta dentro de unos meses y no se podría experimentar sobre las ciudades previamente escogidas, que adrede se habían mantenido intactas.

Mullins reproduce el siguiente diálogo entre los asistentes a la reunión: "Ya hemos perdido Alemania -dijo Stettinius-. Si Japón se rinde, no tendremos una población sobre la que experimentar la bomba." Alger Hiss, que había asistido a la Conferencia de Yalta como asesor de Roosevelt siendo a la vez un agente del KGB soviético, replicó: "Pero señor secretario, nadie puede ignorar el terrible poder de tal arma." Stettinius insistió: "Incluso así, nuestro programa de posguerra depende por completo de la capacidad de aterrorizar al mundo con la bomba atómica." John Foster Dulles, futuro secretario de Estado y miembro del CFR que en 1933 había viajado a Colonia con su hermano Allen para garantizar financiación a Hitler, añadió fríamente: "Para conseguir este objetivo necesitará un cómputo muy alto. Yo diría un millón." Stettinius lo confirmó: "Sí, calculamos sobre un millón, pero si se rinden no tendremos nada." "Entonces -dijo Foster Dulles-, debe mantenerlos en la guerra hasta que la bomba esté preparada. No será un problema. Rendición incondicional. Prolonguemos la guerra tres meses más y podremos usar la bomba sobre sus ciudades; acabaremos esta guerra con el miedo brutal de todos los pueblos del mundo, que entonces se someterán a nuestra voluntad." Queda claro, pues, que Estados Unidos pretendía mantener en exclusiva el monopolio del terror atómico en la posguerra. El cuarto personaje que asistía a la reunión era Averell Harriman, el cual desde octubre de 1943 era embajador en Moscú.

Según Mullins, el Proyecto Manhattan recibió este nombre porque su director secreto, Bernard Baruch, residía en Manhattan, como lo hacían muchos otros que trabajaban en el Proyecto, por ejemplo el general Leslie R. Groves, el alto mando del Ejército que estuvo a cargo del mismo. Oppenheimer escogió el nombre "Trinity" para la prueba de la primera explosión de un arma nuclear, que tuvo lugar el 16 de julio de 1945 en Alamogordo, en el desierto Jornada del Muerto, nombre que los españoles dieron en el siglo XVII a una llanura árida de roca volcánica y arena infestada de serpientes de cascabel, escorpiones y tarántulas cuya temperatura ronda en verano los 40°. El material fisionable de la bomba, a la que llamaban coloquialmente "the gadget" (el artilugio o artefacto) era plutonio, el mismo que contendría "Fat Man", la bomba de Nagasaki. La de Hirosima, "Little Boy", era de uranio. Después de contemplar la explosión, Oppenheimer comentó: "Me he convertido en muerte, en destructor de mundos."

Sólo un civil pudo asistir al histórica prueba Trinity, William L. Laurence, un judío lituano cuyo verdadero nombre era Leib Wolf Siew, el cual había empezado en 1926 su carrera como periodista en el diario *New York World*, un periódico de Bernard Baruch cuyo editor, otro judío llamado Herbert Bayard Swope, era a la vez el agente publicitario de Baruch. En 1930 Laurence pasó a trabajar para *The New Yok Times* como experto en temas científicos. El 9 de agosto de 1945 Laurence (Siew), sentado en uno de los asientos de los copilotos del B-29, asistió al lanzamiento de la bomba atómica sobre Nagasaki. Este siniestro periodista recibió en 1946 el premio Pulitzer por su relato testimonial sobre la explosión atómica.

Truman era desde el 12 de abril de 1945 el nuevo presidente de Estados Unidos y cuando llegó al cargo fue asesorado en todo lo relativo a la bomba atómica por el Comité de Investigación para la Defensa Nacional, presidido por James Bryant Conant, un químico al que Churchill había pedido en 1942 que desarrollase la bomba de anthrax para arrojarla sobre las ciudades alemanas. Conant fue embajador de Estados Unidos en Alemania entre 1955 y 1957 y allí, con la ayuda de Otto John, se encargó de que se confiscara y se quemara la edición de diez mil ejemplares de *The Secrets of the Federal Reserve Bank. The London Conexion*, el libro de Eustace Mullins que había sido publicado en Oberammergau (véase nota 29 del capítulo 5). Otros dos miembros destacados del Comité eran George Leslie Harrison, miembro de la Hermandad de la Muerte (Skull & Bones) que había sido presidente de la Reserva Federal durante trece años, y James F. Byrnes, uno de los hombres de Bernard Baruch en Washington que en julio de 1945 sustituyó a Stettinius al frente de la Secretaría de Estado. El día 25 de julio de 1945 Harry Solomon Truman escribió en su diario:

> "Hemos descubierto la bomba más terrible en la historia del mundo. Puede ser la destrucción de fuego profetizada en la era del valle del Éufrates, depués de Noé y su arca fabulosa... Este arma va a ser usada contra Japón... La utilizaremos de manera que objetivos militares y soldados y marinos sean el objetivo y no mujeres y niños. A pesar de que los japoneses son salvajes, despiadados, crueles y fanáticos, nosotros como líderes del mundo para el bien común no podemos soltar esa terrible bomba sobre la vieja capital... El objetivo será uno estrictamente militar... Parece ser la cosa más terrible jamas descubierta, pero puede ser convertida en la más útil."

A las 08:17 del día 6 de agosto de 1945, la bomba de uranio lanzada desde el B-29 *Enola Gay*, llamado así en honor de Enola Gay Haggard, madre del piloto Paul Tibbets, fue finalmente explosionada a 584 metros sobre la ciudad de Hiroshima, con el fin de lograr el máximo efecto explosivo. En el acto murieron unas 80.000 personas; pero meses después el número de víctimas había ascendido hasta las 140.000. Muchos miles de ellos eran niños que se encontraban sentados en las aulas en el momento de la explosión. En *Hiroshima's Shadow*, obra que pasa por ser uno de los mejores libros sobre este hecho histórico que ha marcado para siempre a toda la humanidad, se establece que finalmente 750.000 personas, entre muertos, heridos y enfermos por radioactividad, acabaron siendo víctimas de las dos bombas atómicas.

El día siguiente, 7 de agosto de 1945, *The New York Times* apareció con un titular de tres líneas en portada, cada una de las cuales ocupaba toda la página: "La primera bomba atómica soltada sobre Japón; el misil equivale a 20.000 toneladas de TNT; Truman avisa al enemigo de 'una lluvia de ruinas'." En ediciones sucesivas comenzaron a aparecer en el periódico artículos del futuro premio Pulitzer, William L. Laurence, quien, además de su nómina en el periódico, cobraba un sueldo suplementario del Departamento de Guerra para que trabajase como relaciones públicas de la bomba atómica. Laurence negaba en sus artículos que se hubieran producido efectos radioactivos sobre las víctimas de las bombas.

Wilfred Burchet, enviado del *Daily Express* de Londres a Hiroshima y autor de uno de los capítulos de *Hiroshima's Shadow*, escribió a mediados de septiembre de 1945 crónicas honestas, alejadas de las informaciones prefabricadas de Laurence. Burchet comienza el capítulo con estas palabras. "Nunca hubiera pensado cuando entré en Hiroshima, sólo cuatro semanas después de la incineración de la ciudad, que iba a ser un punto de inflexión en mi vida, que iba a influenciar toda mi carrera profesional y mi concepción del mundo." He aquí algunos fragmentos de su primera crónica:

> "En Hiroshima, treinta días después de que la primera bomba atómica destruyera la ciudad y sacudiera el mundo, la gente sigue muriendo misteriosamente y de manera horrible. Hiroshima no parece una ciudad bombardeada. Parece que una apisonadora gigantesca ha pasado sobre la ciudad y ha aplastado todo. Escribo estos hechos tan desapasionadamente como puedo con la esperanza de que sirvan como una advertencia al mundo... Cuando se llega a Hiroshima, puede uno mirar a su alrededor y en veinticinco o treinta millas cuadradas no puede apenas verse un edificio. Se experimenta un sentimiento de vacío en el estómago al ver tal destrucción hecha por el hombre... Mi nariz detectó un olor peculiar, diferente a cualquier cosa que hubiera olido antes. Es algo como azufre, pero no exactamente. Pude olerlo cuando pasé cerca de un fuego que estaba aún ardiendo o en un punto donde estaban todavía recuperando cuerpos de las ruinas. Pero también pude olerlo donde todo estaba desierto. Creen que emana de los gases venenosos que proceden de la tierra penetrada con la radioactividad liberada tras el estallido de la bomba de uranio... Desde el momento en que esta devastación fue generada sobre Hiroshima, la gente que sobrevivió ha odiado al hombre blanco. Es un odio cuya intensidad es casi tan espantosa como la misma bomba... En el día que estuve en Hiroshima, cien personas murieron. De los 13.000 gravemente heridos por la explosión un centenar han ido muriendo cada día y proablemente morirán todos. Otras 40.000 personas sufren heridas menos graves..."

Estas eran cifras provisionales dadas por la policía, que más tarde fueron revisadas y elevadas a 130.000. Un mes después, no había todavía manera de saber cuánta gente seguía hecha polvo bajo las cenizas y cuánta moriría por los efectos de la radiación. El periodista visitó algunos destartalados hospitales acompañado por el Dr. Katsube, cuyos diagnósticos no tenían ningún precedente en qué basarse. Sobre la referencia en su artículo del *Daily Express* al "odio hacia el hombre blanco", Wilfred Burchet explica que lo sintió en las reacciones de los familiares y de los propios pacientes, a los que contempló con quemaduras de tercer grado que supuraban, con ojos y mandíbulas sangrantes, y con los cabellos caídos en el suelo, donde parecían "aureolas negras" cerca de sus camas: "Las víctimas y los miembros de sus familias -escribió- me miraron con un odio encendido que me cortó como un cuchillo." El Dr. Katsube también lo sintió y le dijo en inglés: "Debe irse. No puedo responsabilizarme de su vida si está más tiempo." Al despedirse, las últimas palabras del Dr. Katsube, quien pensó que Burchet era americano, fueron: "Por favor, informe sobre lo que ha visto y diga a su gente que envíe a algunos especialistas que conozcan sobre esta enfermedad, con las medicinas necesarias. De otro modo todo el mundo aquí está condenado a morir."

En *Hiroshima's Shadow* figura el texto del comunicado que el 11 de agosto de 1945 el Consulado de Suiza remitió desde Tokio al Departamento de Estado: "El Consulado de Suiza ha recibido un mensaje del Gobierno japonés. El día 6 de agosto aviones americanos lanzaron sobre el distrito residencial de Hiroshima bombas de un nuevo tipo, matando en un segundo a un gran número de civiles y destruyendo una gran parte de la ciudad. No sólo es Hiroshima una ciudad provincial sin niguna protección o especiales instalaciones militares de ninguna clase, sino que ninguna de las regiones o ciudades vecinas constituyen un objetivo militar." Tuvieron que pasar veinticinco años para que este documento del Consulado suizo se publicara.

Eustace Mullins transcribe fragmentos del texto *Reflections of a Hiroshima Pilot* (*Observaciones de un piloto de Hiroshima*), una obra donde el piloto Ellsworth Torrey Carrington, teniente de vuelo que copilotaba el *Jabit III*, ofrece información de gran interés. Sarcásticamente, escribe, por ejemplo, lo siguiente: "Tras haberse arrojado la primera bomba, el mando de bombardeo estaba muy temeroso de que Japón se rindiera antes de que la segunda bomba pudiera ser lanzada, por lo que nuestra gente trabajó veinticuatro horas al día para evitar este infortunio." Este piloto confirma que cuando se lanzaron las bombas atómicas Japón estaba completamente devastado y era ya un país indefenso. El almirante William D. Leahy, jefe del Estado Mayor con Roosevelt y con Truman, en su obra *I Was There* (1950) reconoció honestamente: "Mi impresión es que siendo los primeros en usar la bomba atómica adoptamos un patrón ético similar al salvajismo de los tiempos del oscurantismo. No se me había enseñado a hacer la guerra de esa manera, y las guerras no pueden ganarse sacrificando a mujeres y niños."

Ansiosos, pues, por experimentar con una segunda bomba, la de plutonio, el 9 de agosto de 1945 se repitió en Nagasaki el asesinato en masa perpetrado tres días antes en Hiroshima. Inicialmente el objetivo escogido era Niigata, pero a causa de la lluvia se cambió por Kokura. Esta ciudad fue sobrevolada por el B-29 *Bockscar*, pero las nubes la tapaban por completo y la visibilidad era nula. El comandante Charles Sweney decidió entonces soltar la bomba sobre Nagasaki. A las 11:02 "Fat Man" estalló a 560 metros del suelo. Debido a los 3.000 grados de temperatura, un kilometro cuadrado (el epicentro) quedó totalmente desintregrado hasta los cimientos. En otros dos kilómetros, un viento de 1.500 kilómetros por hora arrancó las casas del suelo y árboles y personas fueron lanzados a cuatro kilómetros de distancia. Posteriormente, el hongo negro del satán atómico ascendió hasta casi veinte kilómetros de altura mientras iba cayendo sobre la ciudad la lluvia radiocativa. Inmediatamente murieron en Nagasaki 70.000 personas, pero en semanas sucesivas el número de víctimas ascendió a las 170.000. Hubo además 60.000 heridos.

El mismo día 9 de agosto el presidente Truman se dirigió por radio a la nación y dijo textualmente: "El mundo se dará cuenta de que la primera bomba atómica fue lanzada sobre una base militar de Hiroshima. Ello fue porque deseábamos en este primer ataque evitar, en la medida de lo posible, la matanza de civiles." En los días siguientes, aviones estadounidenses arrojaron miles de octavillas sobre pueblos y ciudades donde se advertía: "Estamos en posesión del mayor explosivo jamás diseñado por el hombre, equiparable a todo el arsenal que pueden transportar dos mil aviones B-29. Hemos comenzado a utilizar esta nueva bomba contra vuestro pueblo. Si tenéis alguna duda, preguntad sobre lo ocurrido en Hiroshima y Nagasaki." El 15 de agosto el emperador declaró la rendición incondicional de Japón.

Las declaraciones de importantes jefes militartes de EE.UU. no dejan lugar a dudas sobre la improcedencia del uso del terror nuclear. El jefe del Estado Mayor de la Fuerza Aérea, Curtis LeMay reconoció que la decisión de lanzar las bombas atómicas sobre Hiroshima y Nagasaki nada tuvo que ver con el fin de la guerra. El general de brigada Carter Clark fue un poco más lejos en su confesión: "Los habíamos hecho polvo y obligado a una rendición miserable sólo con el hundimiento de su marina mercante y la hambruna. No necesitábamos hacerlo y lo sabíamos. Los utilizamos como un experimento para dos bombas atómicas." Como ha quedado demostrado en estas páginas, la excusa propagandística de que se recurrió al terror nuclear para evitar una invasión que hubiera costado un millón de vidas de soldados norteamericanos es insostenible. Años más tarde se preguntó al presidente Truman si tenía dudas o recelos por el uso de las bombas atómicas sobre Japón. Su respuesta fue que se hizo "en defensa de la libertad".

Queda por añadir que los "hibakusha", palabra japonesa para referirse a las personas que sobrevivieron a las bombas atómicas, tuvieron que afrontar una vida miserable: quedaron desfigurados por las quemaduras o con cicatrices protuberantes, perdieron sus cabellos, sufrieron cataratas en los ojos, desarrollaron enfermedades de la sangre o algún tipo de cáncer. Mujeres que estuvieron expuestas a la radiación tuvieron hijos con cabezas anormalmente pequeñas, lo cual implicaba taras irreversibles en el nivel de la inteligencia. En 1951 Japón firmó un tratado con Estados Unidos mediante el cual renunciaba a reclamar compensación alguna para los "hibakusha" a cambio de que los americanos se retirasen. Sólo en 1957, doce años después de holocausto atómico, el Gobierno japonés se decidió a promulgar una ley que concedía asistencia médica gratuita para 360.000 víctimas que seguían con vida. En 1968 el Gobierno anunció ayudas económicas especiales para los "hibakusha"; pero en 1976 sólo un tercio de ellos había recibido las compensaciones anunciadas.

# 5ª PARTE
# EL PLAN MORGENTHAU.
## MEDIA EUROPA PARA EL COMUNISMO

A lo largo de este trabajo se ha venido insistiendo en que el comunismo, ya desde la fundación de los Iluminados de Baviera por Adam Weishaupt, fue una doctrina concebida por los banqueros. La abolición del concepto de patriotismo y de las propias naciones, la idea de la revolución mundial y la creación de una sociedad universal surgieron bastante antes de que Marx redactara para la Liga de los Justos ("Bund der Gerechnet") el *Manifiesto Comunista*. La alianza entre los Illuminati y los frankistas de Jacob Frank, una secta a la que pertenecían los más importantes financieros de Europa, fue auspiciada por Mayer Amschel Rothschild, el fundador de la dinastía. En 1830 la base doctrinal del comunismo estaba ya establecida en Europa y en América, donde Clinton Roosevelt publicó en 1841 *The Science of Government, Founded on Natural Law,* obra en la que se actualizaban las ideas de Weishaupt y se abogaba por una dictadura que instaurase un nuevo orden social. Heinrich Heine, cuya fuente de información era James Rothschild, anunció años antes de que apareciera el *Manifiesto* que el comunismo esperaba una orden para entrar en escena. Por otra parte, Moses Hess declaró que el socialismo debería hacerse bajo la bandera roja de los Rothschild. El rabino Antelman opina que Moses Hess, el introductor de Marx y Engels en la masonería, es la llave que permite entender la conspiración illuminati-comunista-sionista. Fue Hess quien propuso transformar el "Bund der Gerechten" en un partido comunista.

El Movimiento Revolucionario Mundial venía, pues, siendo financiado desde sus inicios por los banqueros judíos internacionales, que habían puesto sus ojos en los inmensos recursos y riquezas de la Rusia de los zares. Se ha visto cómo una legión de agentes judíos que trabajaban para dichos banqueros, el más conspicuo de los cuales fue Trotsky, protagonizaron la revolución en Rusia, que fue financiada y auspiciada por Jacob Schiff, Alfred Milner, Félix Warburg, Otto Kahn, Olof Ashberg, Bernard Baruch, J. P. Morgan, Guggenheim, etc. El fracaso en el intento de expandir la revolución comunista a Alemania, la muerte de Lenin y la habilidad de Stalin para desplazar a Trotsky, el hombre que debía hacerse con el poder en Moscú, propiciaron que el nacionalcomunismo fuera imponiéndose en la URSS. Pese ello, los banqueros internacionales, que desde la creación de los Illuminati habían planeado hacerse con el poder global, no habían renunciado a sus propósitos. La falta de cualquier escrúpulo y el terror despiadado del comunismo les habían permitido robar en una escala épica. El expolio de Rusia a través de agentes judíos, el control subrepticio de sus enormes recursos y la eliminación sistemática de competidores económicos y opositores políticos fueron logros llevados a cabo con una rapidez inusitada. Se trataba simplemente de volver a situar al frente de la Unión Soviética a agentes encubiertos que pudieran servirles mejor que Stalin.

Fracasados todos los complots para desplazarlo, tras los juicios de Moscú y la guerra civil española, Stalin aumentó su desconfianza hacia los países capitalistas y como consecuencia de ello llegó el sorprendente pacto Ribbentrop-Mólotov. Simultáneamente, mientras Stalin eliminaba a los trotskystas e iba afianzándose, en Estados Unidos, Franklin Delano Roosevelt, un peón de los banqueros internacionales y del sionismo, fue colocado en el poder. Masón illuminati del grado 32 del Rito Escocés, Roosevelt, que ostentaba el título grandilocuente de "Príncipe Sublime del Secreto Real", estuvo, según se ha visto, rodeado durante doce años de judíos socialistas y sionistas que controlaron el Gobierno de Estados Unidos durante sus tres mandatos. Grandes capitostes como Félix Frankfurter, Louis D. Brandeis, Bernard Baruch, Henry Morgenthau y otros inundaron la Administración con sus intermediarios y testaferros. Cuando en junio de 1941 Hitler invadió la Unión Soviética, Estados Unidos se apresuró, como se ha visto, a acudir incondicionalmente en apoyo de Stalin. No importaba ya el democidio del comunismo perpetrado a lo largo de veinticinco años, ni el exterminio por hambre de siete millones de ucranianos (Holodomor), ni que el régimen de Stalin fuera una dictadura implacable, ni que hubiera eliminado a Trotsky, ni que hubiera ocupado media Polonia, Estonia, Letonia y Lituania, ni que hubiera invadido Finlandia en una guerra de conquista. Nada de todo esto debía ser tenido en cuenta, pues se había ya concebido expandir el comunismo hasta el corazón de Europa con el fin de poder controlarlo nuevamente de manera solapada, como había sucedido con Lenin y Trotsky. Para ello, se tenían en la recámara agentes encubiertos que podrían en su momento sustituir a Stalin y a su camarilla, el más importante de los cuales era el criptojudío Lavrenti Beria.

## Un inquietante documento secreto

Entre el 14 y el 24 de enero der 1943 se celebró en Marruecos la Conferencia de Casablanca, a la que Stalin no quiso asistir. Un mes más tarde, Roosevelt dio a conocer sus intenciones al líder soviético a través de una carta que presentaremos a continuación. En Casablanca Roosevelt y Churchill tomaron una decisión trascendente: prolongar la guerra. Con este fin, declararon que sólo aceptarían la rendición incondicional de Alemania, lo cual obligaría a los alemanes a una resistencia desesperada. Fue en Casablanca donde se acordó incrementar los espantosos bombardeos masivos contra la población civil. La exigencia de rendición incondicional puso en evidencia que se pretendía la aniquilación de Alemania y desbarató todos los esfuerzos de quienes buscaban la manera de poner fin a la guerra, entre los que estaba España.

Curiosamente, fue el Ministerio de Asuntos Exteriores español el primero que tuvo conocimiento de cuáles eran las verdaderas intenciones del presidente Roosevelt y su camarilla con respecto a Europa y al mundo. Un documento fechado en Washington el 20 de febrero de 1943, el llamado "documento Zabrousky", llegó a manos del general Franco, jefe del Estado, en el momento en que la diplomacia española trabajaba para mediar en el conflicto mundial y buscaba el apoyo de otros países neutrales. Dicho documento, una carta secreta de Roosevelt a un judío apellidado Zabrousky que servía de enlace entre él y Stalin, fue un jarro de agua fría para los diplomáticos españoles, quienes en sintonía con el ministro de Exteriores, Francisco Gómez-Jordana, conde de Jordana, confiaban en que Estados Unidos pusiera en marcha una política bien diferente a la que proponía Roosevelt en el texto enviado a Zabrousky.

La carta apareció publicada por primera vez en el libro *España tenía razón 1939-1945*, editado en 1949 por Espasa-Calpe. El autor de esta obra, José Mª Doussinague, fue durante la Segunda Guerra Mundial director general de Política Exterior del Ministerio de Asuntos Exteriores. Seis años después, en 1955, Mauricio Karl (Carlavilla) reprodujo íntegramente el texto en el prólogo de *Yalta*, libro que presentó en España los documentos publicados por el Departamento de Estado norteamericano sobre la Conferencia de Yalta. Posteriormente, el conde Léon de Poncins transcribió asimismo el documento Zabrousky en dos de su obras: en *Freemasonry and the Vatican* (1968) y en *Top secret. Secrets d'Etat anglo-américains* (1972), libro publicado más tarde en inglés bajo el título *State Secrets*. Léon de Poncins, que califica el texto como extremadamente importante, alude al hecho de que el documento era prácticamente desconocido fuera de España y constata que el Gobierno español mantuvo en secreto su fuente. Doussinague, sin embargo, desvela en *España tenía razón* que fue una mujer de hondo sentimiento cristiano que "quiso contribuir a detener la ruina del mundo" la que filtró el texto al Gobierno español, hecho que le agradece públicamente. Doussinague comenta que España había sido esquilmada y carecía de oro y recursos para montar servicios de información costosísimos como tenían las grandes potencias, lo cual no impedía que "por uno u otro conducto" fueran recibiendo "las noticias más secretas y los documentos más confidenciales."

Léon de Poncins expresa su absoluto convencimiento de que el Gobierno español tenía la seguridad de que el documento Zabrousky era auténtico, pues su política y los discursos que sus dirigentes realizaron desde entonces no dejaron de tenerlo en cuenta. Además, los acuerdos alcanzados en Teherán y en Yalta estuvieron en conformidad con las ideas expresadas en la carta de Roosevelt. Siendo Doussinague embajador de España en Roma, Léon de Poncins se entrevistó personalmente con él en la Ciudad

Eterna y se interesó por la famosa carta. Sin desvelarle, naturalmente, ningún secreto diplomático, Doussinague le hizo unos comentarios acertadísimos que Léon de Poncins reproduce en *State Secrets*: "La autenticidad del documento -le explicó Doussinague- es clara simplemente por su contexto. Retroceda usted al tiempo con el que está implicado. ¿Quién de entre nosotros -a menos que fuera un profeta, que habría sido acusado de ser un chalado- hubiera podido imaginar por adelantado que Roosevelt, obrando en plenas facultades, estaba a punto de entregar más de media Europa y Asia a los soviéticos, en secreto y sin obtener nada a cambio?" Puesto que el documento es poco conocido, pasamos a copiarlo íntegramente.

"La Casa Blanca.- Wahington, 20 de febrero 1943"

"Mi querido Sr. Zabrousky: como tuve el gusto de manifestar verbalmente a usted y a Mr. Weis, estoy profundamente conmovido de que el 'National Council of Young Israel' haya tenido la extrema amabilidad de ofrecérseme como mediador ante nuestro común amigo Stalin, en estos difíciles momentos en que todo peligro de rozamiento entre las Naciones Unidas -lograda a costa de tantos renunciamientos- traería fatales consecuencias para todos, pero principalmente para la propia Unión Soviética.

Es por consiguiente de interés suyo y nuestro el limar aristas, cosa que va siendo difícil al tratar con Litvínov, a quien me he visto precisado a advertir, muy a mi pesar, que 'los que pretenden pelear con el tío Sam podrían lamentar las consecuencias', tanto en relación a asuntos internos como exteriores. Porque sus pretensiones respecto a las actividades comunistas en los Estados de la Unión Americana son ya de todo punto intolerables.

Más razonable se mostró Timoshenko en su breve pero fructífera visita, y señaló que una entrevista con el Mariscal Stalin podría constituir el medio más rápido para un cambio de impresiones directo, cosa que cada vez estimo de mayor urgencia, sobre todo al recordar cuánto bien se derivó de las conversaciones de Churchill con Stalin.

Estados Unidos y Gran Bretaña estamos dispuestos -sin reserva mental alguna- a dar absoluta paridad y voto a la URSS en la reorganización futura del mundo de la posguerra. Formará para ello parte -como el Premier inglés le ha enviado a decir desde Adana, al remitirle el anteproyecto- del grupo dirigente en el seno de los Consejos de Europa y de Asia. Tiene derecho a ello no sólo por su extensa situación intercontinental, sino principalmente por su magnífica y a todos ojos admirable lucha contra el nazismo, que merecerá todos los plácemes de la Historia de la Civilización.

Es nuestra intención -y hablo en nombre de mi gran país y del poderoso Imperio Británico- que estos Consejos Continentales estén integrados por la totalidad de sus Estados independientes respectivos, aunque con representación proporcional equitativa.

Y puede usted -mi querido Zabrousky- asegurar a Stalin que la URSS estará, a tal fin y con equivalencia de poder, en la Directiva de los Consejos dichos (de Europa y Asia), y será también vocal, al igual que Inglaterra y los Estados Unidos, del Alto Tribunal que habrá de crearse para resolver las diferencias entre las diversas naciones, interviniendo asimismo idénticamente en la selección y preparación de las fuerzas internacionales y el armamento y mando de las mismas, que, a las órdenes del Consejo Continental, actuarán en el interior de cada Estado, a fin de que los sapientísimos postulados para el sostenimiento de la paz, según el espíritu de la benemérita Sociedad de Naciones, no se malogren de nuevo, sino que estas entidades interestatales y sus ejércitos anejos puedan imponer sus decisiones y hacerse obedecer.

Siendo así, este alto puesto dirigente en la Tetrarquía del Universo debería satisfacer a Stalin hasta el punto de no reiterar pretensiones que nos creen problemas insolubles. Así, el Continente Americano quedará fuera de toda influencia soviética y bajo la exclusiva de los Estados Unidos, como hemos prometido a nuestros países continentales. En Europa, Francia volverá a girar en la órbita inglesa. Hemos reservado a Francia una Secretaría con voz pero sin voto, como recompensa a su actual resistencia y en castigo a su anterior debilidad. Portugal, España, Italia y Grecia se desarrollarán bajo la protección de Inglaterra hacia una civilización moderna que las sacará de su colapso histórico.

Garantizaremos a la URSS la salida al Mediterráneo; accederemos a sus deseos en relación a Finlandia y a los países bálticos y exigiremos a Polonia que adopte una actitud sensata de comprensión y compromiso. Stalin tendrá un campo amplio de expansión en los pequeños y poco ilustrados países del este de Europa - teniendo siempre en consideración los derechos que se deben a la fidelidad yugoslava y checoslovaca-, recuperará completamente los territorios que temporalmente le han sido arrebatados a la Gran Rusia.

Y lo más importante de todo: después de la partición del Reich y la incorporación de sus fragmentos a otros territorios para formar nuevas nacionalidades desvinculadas del pasado, la amenaza alemana desaparecerá definitivamente y dejará de ser un peligro para la URSS, para Europa y para el mundo entero.

Sobre Turquía de poco sirve discutir más. Ha de comprender esto, y Churchill le ha dado en nombre de nuestros dos países las seguridades necesarias al presidente Inönü. El paso que se le procura al Mediterránero debería contentar a Stalin.

Sobre Asia, estamos de acuerdo con sus pretensiones, salvo ulteriores complicaciones que puedan surgir más tarde. En cuanto a África, ¿qué necesidad hay de discutir? Habrá que devolverle algo a Francia y compensarla por sus pérdidas en Asia. Será también preciso dar algo a Egipto, como ya se ha prometido a los wafadistas (partido nacionalista). En cuanto a España y Portugal habrá que compensarles de alguna manera por sus renuncias necesarias en aras de un mejor equilibrio universal.

Estados Unidos participarán también en la distribución por el derecho de conquista y reclamarán necesariamente algún punto vital para su zona de influencia. Eso es justo. A Brasil, asimismo, debe concedérsele la pequeña expansión colonial que se le ha ofrecido.
Convenza a Stalin -mi querido Sr. Zabrousky- de que, en bien de todos y para el aniquilamiento rápido del Reich (si bien todo esto no son más que líneas generales presentadas a estudio), ha de ceder en cuanto a colonizar África, y ha de alejar, en cuanto a América, su propaganda e intervención en los centros laborales. Convénzale también de mi absoluta comprensión y de mi plena simpatía y deseo de facilitar soluciones, para lo que sería muy conveniente la entrevista personal que propongo.
Y estas son todas las cuestiones.
Como le dije en su momento, me complacieron enormemente los términos amables de la carta que me participaba su decisión y el deseo que expresaba de ofrecerme en nombre del 'National Council' un ejemplar de ese tesoro que es el mayor de Israel, el Rollo de la Torah. De mi aceptación, esta carta os da la prueba; a quienes son tan leales conmigo, respondo con la confianza más absoluta. Le ruego tenga la bondad de expresar mi gratitud a la alta entidad que preside, recordando la feliz ocasión del banquete de su XXXI aniversario.
Le deseo el mayor éxito en su trabajo de traducción."
"Muy sinceramente suyo,
Franklin D. Roosevelt"

Como se puntualiza en el texto, se trata de un boceto, de una propuesta de trabajo concebida para un análisis posterior. No obstante, el valor de esta carta redactada con dos años de antelación a los acuerdos de Yalta es innegable porque demuestra que quienes habían forzado la guerra mundial tenían ya a principios de 1943 un plan global bastante parecido al que acabó implantándose. El primer hecho relevante es que la mediación entre Roosevelt y Stalin la ofreció el "National Council of Young Israel", una organización de judíos ortodoxos claramente conectada con el sionismo. El hecho de que los intermediarios entre Roosevelt y Stalin fueran judíos constituye una prueba más de la enorme influencia que ejercían sobre el presidente y de la responsabilidad de estos círculos judíos en el desastroso Acuerdo de Yalta que permitió la expansión del comunismo en Europa y Asia. Significativamente, Roosevelt reconoce en la carta que las actividades de los comunistas en Estados Unidos eran ya tan descaradas que no podía seguir tolerándolas. Más adelante se verá hasta qué punto agentes comunistas se habían infiltrado sin problemas en la Administración y en las estructuras de poder. Suficientemente elocuente es también la utilización del sintagma nominal "Tetrarquía del Universo" para referirse al poder que ostentarían los supuestos amos del mundo de la posguerra. El "Príncipe Sublime del Secreto Real" no quiso privarse de mostrar su autoridad mediante la utilización de estos términos de claras connotaciones masónicas.

Entre el 28 de noviembre y el 1 de diciembre de 1943 Roosevelt, Churchill y Stalin se reunieron por primera vez para concretar decisiones sobre la continuación de la guerra. El encuentro se celebró en la Embajada de la URSS en Teherán. Algunos de los temas esbozados en la carta a Zabrousky fueron examinados, si bien sólo iban a ser resueltos de manera definitiva en la Conferencia de Yalta. La informalidad de las conversaciones entre los Tres Grandes fue una de las notas características de la Conferencia de Teherán. Stalin, en consideración a la parálisis de Roosevelt y con el fin de evitarle desplazamientos, propuso al presidente estadounidense que fuera huésped de los soviéticos y le ofreció alojamiento en su Embajada, sede de la Conferencia. De este modo logró el acercamiento con los americanos y el distanciamiento con respecto a Churchill, quien se percató sin poder hacer nada de la maniobra de Stalin. Cuando Churchill le propuso a Roosevelt una cena entre ellos dos, el presidente norteamericano le respondió que no quería que Stalin sintiera que lo ninguneaban. No hubo rigor ni metodología en las reuniones y el propio Roosevelt reconoció que aquello fue un comadreo político. En realidad, Stalin adquirió sólo los compromisos imprescindibles. En Teherán Stalin formuló una avalancha de demandas a Roosevelt y a Churchill, entre las que figuraban la colocación de gobiernos títeres en Europa oriental y las nuevas fronteras de Polonia, que serían definitivamente asumidas en Yalta. Stalin anunció ya que pensaba anexionar a la Unión Soviética los territorios polacos orientales y propuso que Polonia fuera compensada con cesiones territoriales en detrimento de Alemania. La línea Oder-Neisse como frontera terrestre entre Polonia y Alemania se aceptó implícitamente, pues no en vano el tema fundamental era Alemania, cuya futura división fue objeto de varias propuestas.

También el trato que habría que dar a los nazis tras su derrota fue considerado. A este respecto, es ya famoso un relato de Elliott Roosevelt, el hijo del presidente norteamericano, que viajó con su padre a Teherán. En su libro *As He Saw It (Como él lo vio)* escribió que el tema de cómo había que actuar con los alemanes fue sacado para sorpresa de todos en los brindis de un magnífico banquete en el cual "Stalin - desvela Elliott Roosevelt- había compartido vodka de una graduación alcohólica del 100%", mientras que Mr. Churchill "se había mantenido en su brandy favorito". Levantándose para proponer su enésimo brindis, Stalin dijo: "Propongo un chinchín por la justicia más rápida posible a todos los criminales de guerra de Alemania, justicia ante un pelotón de fusilamiento. Bebo por nuestra unidad para eliminarlos tan pronto como los capturemos, a todos, y debe haber por lo menos 50.000 de ellos." Churchill puso entonces un reparo: "El pueblo británico nunca apoyaría tal asesinato en masa." El premier aconsejó que habría que guardar las apariencias y someterlos a juicios legales. Según el hijo del presidente Roosevelt, su padre terció entonces en la discusión que se estaba generando y socarronamente propuso. "Quizá podríamos decir que en lugar de ejecutar sumariamente a 50.000, deberíamos fijar la cifra en un número menor. ¿Vamos a dejarlo en 49.500?" En realidad, las objeciones de Churchill eran sólo una pose, pues, como se ha visto, ni tenía ningún reparo en gasear a los alemanes ni lo tuvo en autorizar los bombardeos sobre Dresde, Hamburgo y tantas otras ciudades donde los civiles fueron masacrados por centenares de miles.

## El *Diario Morgenthau*. El Plan Morgenthau para Alemania

El 24 de junio de 1934 el congresista McFadden, cuyos discursos han sido presentados en el capítulo octavo, desveló en el Congreso quién era Henry Morgenthau. Tomamos prestadas sus palabras para proceder a la introducción de este personaje:

> "... A través de matrimonio está conectado con Herbert Lehman, gobernador judío del Estado de Nueva York, y a través de matrimonio o de alguna otra forma está emparentado con Seligman, propietario de la gran firma bancaria internacional J. & W. Seligman, quien durante la investigación del Senado se probó que había tratado de sobornar a un gobierno extranjero. Morgenthau está ligado con Lewinsohn, el banquero judío internacional, y también con los Warburg, quienes conjuntamente controlan Kuhn, Loeb & Co, el 'International Acceptance Bank' y el Banco de Manhattan, y tiene, además, muchos otros negocios e intereses aquí y en el extranjero. Estos banqueros provocaron un déficit de 3.000 millones de dólares en el Tesoro de Estados Unidos y deben todavía esta cantidad al Departamento del Tesoro y a los contribuyentes de Estados Unidos. Morgenthau está asimismo conectado con la familia Strausss y está también relacionado o asociado con varios otros miembros del mundo bancario judío en Nueva York, Amsterdam y en otros centros financieros."

Henry Morgenthau Jr. fue uno de los magnates judíos que más poder acumuló durante los doce años en que Franklin D. Roosevelt se mantuvo en la Presidencia. Secretario del Tesoro desde enero de 1934 a julio de 1945, financió la guerra con la emisión de los "bonos de guerra". Morgenthau escribió un diario conocido como *Morgenthau Diary*, que fue publicado en Washington en noviembre de 1967 por el Departamento de Ediciones (Printig Office) del Gobierno. Se trata de un extracto de más de mil seiscientas cincuenta páginas compiladas en dos grandes volúmenes que tratan exclusivamente de la política norteamericana en relación a la guerra, Alemania y Europa. El motivo de la publicación fue la investigación emprendida por el Subcomité de Seguridad Interna de la Comisión Judicial del Senado de Estados Unidos sobre las actividades extraordinarias de Morgenthau durante los años en que fue secretario del Tesoro.

En el prólogo de la publicación se expone que el Dr. Anthony Kubek, profesor jefe del Departamento de Historia de la Universidad de Dallas, actuó como asesor del Subcomité en la selección de los documentos. Este profesor indicó que los Diarios de Morgenthau condensados en la publicación del Gobierno estaban escritos en ochocientos sesenta y cuatro volúmenes numerados, además de otros adicionales no numerados, por lo que el total ascendía a novecientos volúmenes de trescientas páginas cada uno. El Dr. Kubek escribió una introducción que situó los acontecimientos recogidos en el Diario en su perspectiva histórica. El Subcomité, considerando que el análisis de Kubek presentaba los hechos de manera brillante y con profundidad histórica, ofreció las ochenta y una páginas de la introducción al Senado como un complemento informativo. En *State Secrets*, obra varias veces mencionada, Léon de Poncins presenta una selección de textos muy pertinente sobre el trabajo del profesor Kubek, de la que nos serviremos para estudiar la política del Departamento del Tesoro en relación a Alemania durante la Segunda Guerra Mundial.

Distintos colaboradores de Morgenthau advirtieron en su momento que el material contenido en los diarios podía ser comprometedor para muchas personas, especialmente si caían en manos de los republicanos en el contexto de una investigación sobre el régimen de Roosevelt. John Pehle, un abogado judío del Departamento del Tesoro, propuso eliminar materiales que podían comprometer a ciertas personas. Forzosamente, los documentos publicados por el Gobierno revelan la enorme influencia de los consejeros judíos de Roosevelt, entre los que descatacan Bernard Baruch, Félix Frankfurter, Louis D. Brandeis, Harry Dexter White, el propio Henry Morgenthau y otros situados en círculos políticos cardinales, que en un momento crucial lograron orientar la política exterior de Estados Unidos y determinaron el desarrollo de los acontecimientos en Europa. Queda en evidencia que Morgenthau, rodeado exclusivamente de colaboradores y consejeros judíos, llevó a cabo una política dictada meramente por asuntos que concernían a los judíos sin preocuparse demasiado por los intereses de su país.

Antes de llegar al Tesoro, Morgenthau había vivido durante dos décadas cerca de la casa de Roosevelt en Nueva York y era uno de sus más íntimos amigos. A pesar de que sólo fue secretario del Tesoro, durante los años 1934-1945 Morgenthau y Roosevelt tomaron en secreto decisiones que competían a los Departamentos de Estado y de Guerra, ignorando en ocasiones a los respectivos secretarios. A la Conferencia de Québec, por ejemplo, celebrada entre el 17 y el 24 de agosto de 1943, Roosevelt acudió en compañía de Morgenthau y de Harry Dexter White. Allí, con Churchill y Mackenzie King, primer ministro de Canadá, acordaron iniciar conversaciones para la operación "Overlord", nombre en clave para la invasión de Francia, e incrementar las operaciones en el Mediterráneo, decisiones ambas que afectaban directamente al Departamento de Guerra. El 19 de agosto Roosevelt y Churchill firmaron en Quebec un acuerdo secreto para compartir tecnología nuclear.

Las interferencias de Morgenthau en cuestiones que eran competencia el Departamento de Estado irritaron profundamente a otros miembros del Gobierno y provocaron fricciones con Cordell Hull. En *The Memoirs of Cordell Hull*, el secretario de Estado escribe: "Molesto por el ascenso de Hitler y su persecución de los judíos, Morgenthau trataba a menudo de inducir al presidente a anticiparse al Departamento de Estado o a actuar de manera contraria a nuestras intenciones. A veces lo descubrimos llevando a cabo con gobiernos extranjeros conversaciones que eran de nuestra competencia. Su labor en el diseño de un plan catastrófico para el trato de Alemania en la posguerra y su afán por convencer al presidente para que lo aceptara sin consultar al Departamento de Estado son ejemplo destacado de sus intromisiones."

Hull señala en sus memorias la enorme importancia de Harry Dexter White, un judío de origen lituano que fue subsecretario del Tesoro y principal colaborador de Morgenthau. Tanto el padre de White, Joseph Weit, como la madre, Sarah Magilewski, eran judíos que habían llegado a América en 1885. El FBI descubrió más tarde que Harry Dexter White era un agente soviético, el hombre clave de la "Operación Snow", cuyo objetivo era condicionar la política estratégica de Estados Unidos. Conociendo la verdad, Truman, en lugar de ordenar su arresto, lo mantuvo como director del recién creado Fondo Monetario Internacional, lo cual prueba otra vez que el comunismo era un instrumento de la conspiración de los banqueros judíos internacionales.

El profesor Kubek escribe en su introducción al *Morgenthau Diary* unas páginas de gran interés sobre la figura de Dexter White. Según Kubek, "White y sus colegas estuvieron en posición de ejercer sobre la política exterior norteamericana una influencia que los Diarios revelan que fue profunda y sin precedentes. Usaron su poder de distantas maneras para diseñar y promover el llamado Plan Morgenthau para el trato de posguerra a Alemania." Sobre la condición de agente soviético de Harry Dexter White, en su infome al Senado el profesor Kubek escribe textualmente:

"... Lo que hace de este un capítulo único en la historia de América es que el Dr. White y varios de sus colegas, los arquitectos de políticas nacionales vitales durante aquellos años cruciales, fueron posteriormente identificados en sesiones del Congreso como participantes en una red de espionaje comunista cobijada bajo la misma sombra del monumento a Washington. Dos de ellos Frank Coe y Solomon Adler han estado durante varios años trabajando en Asia para los comunistas chinos. En los Diarios de Morgenthau pueden averiguarse muchos detalles de las amplias operaciones de espionaje político ejecutadas por este grupo, especialmente en el área de subversión política."

En el verano de 1948 Elizabeth Bentley y Whittaker Chambers, dos agentes soviéticos desertores, prestaron testimonio ante el Comité del

Congreso sobre Actividades Antiamericanas, "House Committee on Un-American Activities", (HUAC) y ofrecieron importante información sobre las actividades de White y compañía. El profesor Kubek confirma en su introducción al Diario de Morgenthau que el nombre de White afloró repetidamente en las audiencias ante el Subcomité de Seguridad Interna del Senado, donde los dos espías desvelaron las actividades del grupo comunista en el seno del "Institute of Pacific Relations", un organismo que propició la caída de China en manos del comunismo. "Ulteriormente -escribe Kubek-, cuando el Subcomité trató sobre las conexiones de la subversión en el seno de los departamentos del Gobierno, las audiencias revelaron datos adicionales sobre las actividades de White y su engarce con miembros de un grupo conspiratorio comunista dentro del Gobierno. El Dr. White estuvo en el centro de toda esta actividad."

El Plan Morgenthau para desindustrializar Alemania una vez derrotada en la guerra y reducir al pastoreo las actividades del pueblo alemán tenía un objetivo oculto: provocar una miseria rigurosa e indiscriminada entre la población como medio para entregar a Alemania en brazos de la Unión Soviética. El 10 de julio de 1946 Mólotov declaró que la Unión Soviética esperaba transformar Alemania en un "Estado democrático y amante de la paz, el cual, además de su agricultura, tendrá su propia industria y comercio exterior." A la luz de estas declaraciones, el profesor Kubek se hace las siguientes reflexiones: "¿Planeaba Rusia en realidad convertirse en el salvador de los postrados alemanes ante el destino vengativo que Estados Unidos había urdido para ellos? Si este era el objetivo oculto del Plan Morgenthau, ¿qué puede decirse del principal organizador? ¿Era este el propósito de Harry Dexter White? ¿Actuaba White como un comunista sin instrucciones específicas? ¿Actuaba como un agente soviético cuando diseñó el proyecto?" Kubek señala que cualquiera que estudie los Diarios de Morgenthau advierte de inmediato el enorme poder que fue acumulando H. D. White. Una semana después de Pearl Harbour, constata Kubek, el Departamento del Tesoro emitió una orden mediante la cual Henry Morgenthau anunciaba que "el subsecretario, Mr. Harry D. White, asumirá plena responsabilidad para todos los asuntos relacionados con las relaciones exteriores que deba tratar el Departamento del Tesoro." A nadie puede escapar el imponente poder que Morgenthau delegaba en manos de un agente comunista.

En *State Secrets* el conde Léon de Poncins extrae de la introducción del profesor Kubek al Diario de Morgenthau un fragmento de la declaración que en 1952 la desertora Elizabeth Bentley realizó ante el Subcomité de Seguridad Interna del Senado. Los miembros de este Subcomité querían saber si existía un Plan Morgenthau para el lejano oriente. Esta es su transcripción:

"Miss Bentley: No, el único Plan Morgenthau que conocí fue el alemán.

Senador Eastland: ¿Supo usted quién diseñó ese plan?
Miss Bentley: Se debió a la influencia de Mr. White. Se impulsaba la devastación de Alemania porque eso era lo que los rusos querían.
Senador Eastland: ¿Piensa usted que era una conspiración comunista para destruir Alemania y debilitarla hasta el punto de que no pudiera ayudarnos?
Miss Bentley: Es correcto. Ya no podría ser más una barrera que protegiera al mundo occidental.
Senador Eastland: ¿Y Mr. Morgenthau, que era secretario del Tesoro de los Estados Unidos, fue utilizado por los agentes comunistas para promover este complot?
Miss Bentley: Temo que sea así; sí.
Senador Smith: Fue utilizado sin saberlo.
Senador Ferguson: ¿Tienen, pues, ustedes agentes conscientes e inconscientes?
Miss Bentley: Por supuesto..."

El 17 de noviembre de 1952 J. Edgar Hoover, director del FBI, confirmó ante el Subcomité que lo declarado por Elizabeth Bentley había quedado demostrado y que había sido corroborado por Whittaker Chambers y por manuscritos del propio White. En cuanto a que Henry Morgenthau había sido utilizado, como pretendía el senador Smith, es evidente de que no lo fue, sino que era muy consciente de lo que se pretendía hacer y lo aprobaba, como se verá a continuación.

Las discrepancias entre el Departamento del Tesoro y el Departamento de Estado con respecto a Alemania fueron incrementándose a medida que se acercaba el final de la guerra. Después de la celebración en julio de 1944 de la Conferencia de Bretton Woods, donde Harry D. White se impuso a John M. Keynes, representante británico, y se decidió crear el Banco Mundial y el Fondo Monetario Internacional, Morgenthau conoció el proyecto del Departamento de Estado para Alemania. El profesor Kubek sugiere que White pudo recibir copia del documento bien de manos de Virginius Frank Coe, comunista judío que acabó trabajando con Mao en China, bien de Harold Glasser, otro espía soviético que como Dexter White era hijo de emigrados judíos de Lituania. Glasser, cuyo nombre en clave era "Ruble", pertenecía al Partido Comunista de Estados Unidos desde 1933 y trabajaba codo con codo con White.

Henry Morgenthau mostró su preocupación por los planes del Departamento de Estado y el 5 de agosto de 1944 decidió viajar a Londres acompañado de White. El día 7 mantuvieron una reunión en el sur de Inglaterra con el general Eisenhower. Contactaron también con el coronel Bernard Bernstein, otro judío que era funcionario del área jurídica del Tesoro y actuaba como representante personal de Morgenthau en el Estado Mayor del general Eisenhower. Bernstein, un extremista que fue posteriormente identificado por el Subcomité del Senado como un ardiente partidario de la causa del comunismo, fue el más conspicuo de los llamados "chicos de Morgenthau" y simbolizó el espíritu de Morgenthau en el ejército norteamericano. "Sólo los rusos -declaró Bernstein al *Daily Worker* en febrero de 1946-, han demostrado que quieren exterminar el fascismo y el nazismo." El 12 de agosto Morgenthau convocó una reunión con varios funcionarios americanos en Londres formalmente interesados en la posguerra en Alemania. Les dijo que la única manera de prevenir una tercera conflagración mundial era imposibilitar que Alemania pudiera hacer nunca más la guerra.

Sin embargo, en el Departamento de Estado no estaban dispuestos a dejarse imponer un plan que consideraban absurdo. Cuando se le argumentó a Morgenthau que su plan era imposible por el simple hecho de que el campo no podría absorber tanta mano de obra, su réplica fue que el excedente de población debería ser vertida en el norte de África. Tan pronto regresó de Inglaterra, el secretario del Tesoro buscó la intercesión de su amigo Roosevelt y llamó al secretario de Estado Hull para hacerle saber que había explicado al general Eisenhower cómo había que tratar a los alemanes después de la guerra. Morgenthau le hizo saber a Hull que el comandante en jefe le había garantizado que "Alemania se cocería en su propia salsa" durante varios meses tras la entrada de los Aliados.

Eisenhower cumplió su palabra, pues en sus campos de la muerte mantuvo desde abril a octubre de 1945, "cociéndose en su propia salsa", a millones de prisioneros alemanes, a los que dejó al aire libre, sin cobijo, sin medicinas, sin agua y sin alimentos. Entre 800.000 y 900.000 alemanes, como mínimo, murieron hambrientos y sedientos a consecuencia de la disentería, el tifus y otras enfermedades. Es éste otro capítulo de la Segunda Guerra Mundial que casi nadie conoce porque nunca se ha contado. Los norteamericanos capturaron a más de cinco millones y medio de soldados alemanes en Europa, sin contar a los prisioneros del norte de África. El 10 de marzo de 1945 Eisenhower, para que no recibieran el trato que la Convención de Ginebra exigía a los POWs (prisioneros de guerra), firmó un orden que creaba un nuevo tipo de prisioneros, "Fuerzas Enemigas Desarmadas" (DEF). El mismo día afirmó en una conferencia en París que Estados Unidos respetaba la Convención de Ginebra.

Como consecuencia de esta orden, los prisioneros no fueron nunca registrados. Quedaron instalados sobre el suelo raso pese al frío y la lluvia y tuvieron que cavar agujeros en la tierra para cobijarse. Las letrinas eran hoyos y maderos instalados junto a las vallas. Los prisioneros alemanes permanecieron durante días sin agua y sin comida: ni la Cruz Roja ni la población pudieron acercarse a los campos: las ayudas y alimentos entregados por la Cruz Roja fueron devueltos por orden de Eisenhower: los enfermos y heridos murieron sin atención alguna. Desde el 1 de mayo al 15 de junio se produjo una mortandad pavorosa en los campos instalados a lo largo de las orillas del Rin. Los médicos militares constataron que la tasa de mortalidad fue ochenta veces superior a la de cualquier otra situación por ellos conocida: diarrea, tifus, septicemia (envenenamiento de la sangre), disentería, tétanos, paros cardíacos, inflamación pulmonar, adelgazamiento o cansancio fueron las causas de muerte registradas. El libro *Other Losses* (1989), de James Bacque, es la obra donde se puede obtener toda la información sobre este holocausto silenciado, uno más, sobre el que ampliaremos la información en un apartado propio al final de este capítulo.

Dwight David Eisenhower, hijo de David Jacob Eisenhower, era conocido en la Academia Militar de West Point como "el terrible judío sueco", según consta en un anuario de esta institución publicado en 1915. Entre sus mentores estaban Bernard Baruch y el propio Morgenthau. Quizá por ello, pese a su mediocre historial académico y a su pobre hoja de servicios, pasó por encima de militares como George Patton o Douglas MacArthur y fue ascendido a general en jefe y designado comandante general de todos los ejércitos aliados en Europa. Su antigermanismo debió también de serle útil para su meteórica ascensión. En una carta dirigida a su esposa en septiembre de 1944 escribió: "¡Dios, odio a los alemanes!" James Bacque reproduce en *Other Losses* la declaración avergonzada del doctor Ernest F. Fisher, mayor del Ejército de los Estados Unidos: "El odio de Eisenhower, tolerado por una burocracia militar que le era dócil, produjo el horror de los campos de la muerte, algo incomparable con cualquier otro suceso a lo largo de la historia militar norteamericana." Así, pues, fue el propio Morgenthau quien explicó cómo había que tratar a los alemanes al general Eisenhower, quien demostró que los odiaba tanto como el secretario del Tesoro. Como es sabido, en 1953 Eisenhower fue elegido presidente de Estados Unidos y ha pasado a la historia, igual que Roosevelt, Truman, Churchill y tantos otros criminales ensalzados por la propaganda, como un campeón de la libertad y de la democracia.

El profesor Kubek confirma que en las discusiones entre Morgenthau y White escritas en el Diario aparece una y otra vez el plan para destruir totalmente los recursos industriales de los valles del Saar y del Ruhr. Morgenthau declara categóricamente que quería convertir el Ruhr en "una región de fantasmas". A ello no se oponía en absoluto el presidente Roosevelt, pues cuando entre el 11 y el 16 de septiembre de 1944 se celebró la segunda Conferencia de Québec le expuso a Churchill el Plan Morgenthau y lo defendió. Roosevelt había invitado a Stalin, pero éste declinó la invitación temeroso, quizá, de que se le exigieran concesiones cuando sus tropas se disponían a penetrar en Europa oriental. Stalin habría, sin duda, contemplado con agrado la buena predisposición de Roosevelt al desmantelamiento industrial de Alemania y a su conversión en un país agrícola; pero Churchill comenzaba a cuestionar las desventajas de permitir que el imperialismo ruso se extendiera hasta el corazón de Europa. Por ello defendió la idea de que Alemania podía ser necesaria para establecer un equilibrio europeo. Pese a ello, el 15 de septiembre de 1944 Roosevelt y

Churchill firmaron la siguiente declaración, que implicaba la aceptación del Plan Morgenthau:

> "Es de justicia que los países devastados, particularmente Rusia, tengan derecho a apoderarse del material que necesiten para compensar las pérdidas que han experimentado. Por lo tanto, las industrias del Ruhr y del Sarre habrán de quedar inutilizadas y clausuradas. Se admite que estas dos regiones sean puestas bajo vigilancia de un organismo dependiente de una organización mundial encargada de supervisar el desmantelamiento de tales industrias y de evitar que estas se pongan en funcionamiento mediante algún subterfugio. Este programa de eliminación de las industrias de guerra presupone que Alemania sería convertida en un país agrícola."

Cuando el 24 de septiembre de 1944 se hizo público el Plan Morgenthau y su aceptación por parte de los dirigentes aliados, aumentó la desesperación en Alemania, pues se entendió claramente a dónde conducía la rendición incondicional pactada en Casablanca. Consecuentemente, se apeló a la resistencia a través de los medios de comunicación: la radio informaba día y noche que Alemania se convertiría en un país de famélicos campesinos si se rendía.

En Estados Unidos, Stimson y Hull, secretarios de Guerra y Defensa que se oponían a Morgenthau, reaccionaron al saber que el presidente había apoyado en Québec el plan del secretario del Tesoro. Stimson presentó un memorándum a Roosevelt en el que se rechazaba la pretensión de convertir Alemania en un país agrícola y Cordell Hull calificó de "catastrófica" la política que se proponía para Alemania. Se decidió entonces utilizar a un sector de la prensa para contratacar y algún articulista llegó a afirmar que se había comprado a los británicos para que aceptaran el Plan Morgenthau. El enfrentamiento interdepartamental fue subiendo de tono durante meses y de ello se ofrece buena muestra en las anotaciones en el *Morgenthau Diary*, donde se comprueba que el secretario del Tesoro se sintió fortalecido tras la aprobación del plan por Churchill y Roosevelt.

Convencidos de que iban a salirse con la suya, Morgenthau y White fueron capaces de integrar las principales características de su plan en las órdenes militares emitidas por la Junta de Jefes de Estado Mayor (Joint Chiefs of Staff, JCS). La directriz JCS/1067, que el general Eisenhower recibió en cuanto entró en Alemania, tenía que ver con las actividades de control después de la rendición y reflejaba la dura filosofía de venganza trazada por Morgenthau, White y su equipo de funcionarios judíos del Tesoro. La JCS/1067 de 22 de septiembre de 1944 se convirtió en una versión oficial atenuada del Plan Morgenthau que estuvo vigente casi tres años, hasta que fue sustituida en julio de 1947 por una nueva directiva política de la JCS.

Tan pronto se confirmó la nueva victoria de Franklin D. Roosevelt en las elecciones de noviembre de 1944, Harry Dexter White y su equipo de comunistas judíos del Tesoro renovaron sus esfuerzos para aplicar el programa para la destrucción permanente de Alemania. A través de distintos canales, White reunió información sobre las directrices que otros Departamentos preparaban con el fin de contrarrestarlas. No obstante, entre los militares y en determinados círculos políticos aliados eran cada vez más insistentes las voces que consideraban necesaria la industria alemana para poder suministrar ayuda a las regiones devastadas de toda Europa. Informado de estas iniciativas, el 10 de enero de 1945 Morgenthau presentó un severo memorándum al presidente Roosevelt en el que recalcaba los temores del Tesoro a que surgiera un nuevo militarismo en Alemania, cuestionaba con atrevimiento los argumentos de quienes se oponían a su Plan y los acusaba de oponerse a una Alemania débil por temor a Rusia y al comunismo. Un mes después los hechos iban a demostrar que estos temores no eran infundados, puesto que la primera petición de Stalin en Yalta fue la desmembración de Alemania.

El Plan Morgenthau estuvo planeando sobre los Tres Grandes en la Conferencia de Yalta; pero cuando Roosevelt regresó a Estados Unidos se encontró con que el Departamento de Estado había diseñado su propio programa para la Alemania de Postguerra. El nuevo secretario de Estado, Edward Stettinius, sustituto de Cordell Hull, que había dimitido en noviembre de 1944, presentó el 10 de marzo un borrador al presidente con las líneas de la política de ocupación sin consultar para nada con el Tesoro. Este memorándum del Departamento de Estado suponía una sustitución razonable de la directriz JCS/1067, que tanto complacía a Morgenthau y a White, y se basaba en la idea de que Alemania era necesaria para la recuperación económica de Europa. Cuando Morgenthau vio una copia del memorándum entró en colera. El profesor Kubek recoge textualmente las palabras que le dijo a Stettinius: "Tengo la sensación de que se trata de una filosofía completamente diferente..., con la que no puedo estar de acuerdo."

En su trabajo de introducción al *Diario de Morgenthau*, el profesor Kubek destaca que Morgenthau tuvo el convencimiento de que la aprobación del plan del Departamento de Estado supondría la derrota completa de su proyecto, por lo que ordenó a sus colegas que preparasen párrafo a párrafo una refutación del documento con el fin de demostrar que el memorándum del Departamento de Estado difería de la filosofía de la instrucción secreta JCS/1067, ya aceptada. En el Diario quedó reseñada una reunión de urgencia celebrada el 19 de marzo de 1945, en la que Dexter White y los asesores judíos Coe y Glasser le aconsejaron cómo abordar al presidente Roosevelt. El día siguiente Morgenthau se apresuró a presentarse en la Casa Blanca con el fin de confirmar el apoyo de Roosevelt, el cual tenía una cita con la muerte en tres semanas y padecía ya lapsus mentales. El 21 de marzo comenzó una reunión interdepartamental para discutir el plan del Departamento de Estado.

Las discusiones se prolongaron hasta el día 23 y finalizaron con triunfo estridente del Tesoro. Morgenthau informó exultante a sus colegas que se había convencido al presidente para que retirase el memorándum del 10 de marzo presentado por el Departamento de Estado. Copiamos a continuación un párrafo muy significativo de la introducción de Kubek tal como aparece reproducido en la obra de Léon de Poncins:

> "Para White y sus asociados la acción del presidente implicó una victoria de profunda importancia..., pero el éxito no sería completo, añadió Morgenthau, hasta que cierta gente que ocupaba posiciones claves no hubiera sido apartada del Gobierno. Este comentario concluyente engloba un extracto notablemente desmedido de su filosofía política e incluye parte del lenguaje más duro que se encuentra en los Diarios: 'Es muy alentador que tengamos el respaldo del presidente... Los del Departamento de Estado trataron de hacerlo cambiar y no pudieron. Tarde o temprano el presidente tendrá que limpiar su casa. Me refiero a la gente mezquina... Son partidarios de Herbert Hoover (presidente anterior a Roosevelt) y Herbert Hoover nos metió en el caos y ellos son fascistas de corazón... Es una gente maliciosa y tarde o temprano hay que erradicarlos. Fue esa gente la que nos combatió sin normas.' El Departamento de Estado estuvo profundamente decepcionado por el rechazo presidencial a su memorándum del 10 de marzo."

En otro fragmento interesantísmo, Kubek resalta unas anotaciones en el *Diario de Morgenthau* sobre un encuentro que Bernard Baruch mantuvo el 21 de abril de 1945 con el Gabinete de Guerra. Baruch actúa en su condición de consejero del presidente Truman (Roosevelt murió el 12 de abril). Se le pregunta cuál es su posición sobre el problema alemán. Según Morgenthau, Baruch replicó que su reciente viaje a Europa había fortalecido su idea de la descentralización de Alemania y que el plan del Tesoro era demasiado suave y que su autor era casi un afeminado ("a sissy"). En el Diario, Morgenthau da noticia de unas duras palabras de Baruch a un representante del Departamento de Estado llamado Clayton, que parece ofrecerle alguna resistencia. El mago de las finanzas lo amenaza gravemente diciéndole que "le arrancará el corazón si no se comporta". Según consta en el Diario, Baruch le dijo en público a Clayton que o bien entendía el asunto alemán o le convenía marcharse de Washington ("leave town"). Morgenthau escribió con evidente satisfacción que Baruch se mostró inflexible: "Todo lo que me queda por vivir -declaró Baruch- es ver que Alemania es desindustrializada y que esto se hace de la manera adecuada y no permitiré que nadie se entrometa en mi camino." Después de comentar que Baruch se emocionó hasta el punto de llorar, Morgenthau anotó que "nunca había visto hablar a un hombre con tanta dureza como él lo hizo". Morgenthau escribió que "tenía la impresión de que Baruch se daba cuenta de la importancia de mantener una relación amistosa con Rusia." Resulta apabullante comprobar hasta dónde llegaba la prepotencia y el matonismo de Baruch, capaz de comportarse como un capo mafioso para amenazar e intimidar a un alto funcionario del Departamento de Estado que se atrevió a discrepar políticamente. Baruch, como sabemos, además de ser amigo personal de Roosevelt, había actuado como consejero político de los presidentes norteamericanos desde los tiempos de Woodrow Wilson. Su poder había sido omnímodo y lo siguió siendo con la llegada de Truman. El hecho de que considerase demasiado suave el Plan Morgenthau da una idea del odio visceral hacia el pueblo alemán que anidaba en las entrañas de los judíos más poderosos de Estados Unidos.

Con la llegada a la Presidencia de Truman, el Departamento de Estado trató de recuperar lentamente el manejo de las riendas de la política exterior estadounidense, toda vez que la influencia del Tesoro comenzó a disminuir lentamente tras la muerte de Roosevelt, el amigo fraternal de Morgenthau. Paso a paso los principios inspiradores de su plan para Alemania fueron perdiendo apoyos dentro de la Administración hasta el punto de que el 5 de julio de 1945, un día antes de que Truman viajara a Europa para asistir a la Conferencia de Potsdam, se anunció en Washington que Henry Morgenthau había dimitido después de once años como secretario del Tesoro. El almirante Leahy desveló que Morgenthau pretendía asistir a Potsdam y amenazó con dimitir si no se le incluía entre los miembros de la delegación norteamericana, por lo que se aceptó su dimisión. Ello, sin embargo, no impidió que el coronel Bernstein y otros "chicos de Morgenthau" se agarrasen a sus puestos tras la salida de su jefe. A finales de 1945 unos ciento cuarenta "especialistas" del Tesoro seguían ocupando importantes posiciones en el Gobierno militar de Alemania y continuaban aplicando la directiva secreta JCS/1067.

El trato a Alemania en el periodo de control inicial fue el tema principal tratado en la Conferencia de Potsdam durante el mes de julio. Los líderes aliados acudieron impregnados del espíritu del Plan Morgenthau y los acuerdos adoptados se alejaron poco de sus líneas maestras. El acuerdo de Potsdam contenía una cláusula que autorizaba a cada uno de los jefes de las cuatro zonas a emprender acciones para prevenir la hambruna y las enfermedades. Pese a ello, se ha visto ya que en la zona americana el general Eisenhower propició con su actuación inhumana la muerte de cerca un millón de prisioneros. Por otro lado, los aliados habían acordado en Yalta entregar a Stalin a todos los ciudadanos soviéticos, por lo que los anticomunistas rusos que se habían refugiado en las zonas americana, francesa y británica de Europa central, así como los refugiados de países satélites como Hungría, Bulgaria, Rumanía y otros fueron detenidos. En el capítulo octavo se ha comentado ya la repatriación forzosa a la URSS de cincuenta mil cosacos en contra de su voluntad. En total más de dos millones de desgraciados cuyo destino era la deportación o la muerte fueron entregados a los soviéticos. Ello constituyó un acto deleznable, cometido por países que decían defender la libertad.

Puesto que las instrucciones de JCS/1067 eran órdenes virtuales, en la zona americana los administradores estadounidenses no podían dejar de aplicarlas. Pronto periodistas y observadores internacionales advirtieron que la política en la zona americana era absolutamente demencial. Como White había anticipado, la situación en Alemania durante tres años fue desesperada. Las ciudades, a las que afluía una corriente incesante de millones de refugiados del este, continuaron siendo un montón de ruinas. Si el plan del Tesoro, destinado a poner en cuarentena a toda la población de una nación derrotada y a hundirla en la miseria, se hubiese aplicado tal como lo habían diseñado Morgenthau, White y su camarilla de judíos comunistas, se hubiera producido el mayor genocidio de la historia. Aún así, como había ocurrido en los campos de la muerte de Eisenhower, de los diecisiete millones de alemanes expulsados de sus casas, otros dos millones murieron de manera inhumana en su peregrinaje hacia el oeste. Más adelante habrá ocasión de relatarlo.

Todos estos hechos permiten comprobar por centésima vez que desde sus inicios el comunismo fue una ideología puesta al servicio del plan de dominación internacional de los banqueros judíos. Adam Weishaupt, Jacob Frank, Moses Hess, Karl Marx, Israel Helphand (Alexander Parvus), Trotsky, Lenin, Zinóviev, Kámenev y todos los líderes principales de la Revolución Bolchevique fueron agentes judíos que dedicaron sus vidas a la causa de la revolución comunista internacional. Así, el hecho de que el grupo numerosísimo de judíos que actuaban a las órdenes de Morgenthau y White fuesen a la vez comunistas no es ninguna novedad o excepción, sino confirmación de la regla. No hay ninguna duda de que el Plan Morgenthau era psicopatológicamente antialemán. Douglas Reed considera en *The Controversy of Zion* que cuanto aconteció a los alemanes fue una venganza talmúdica, y así lo corroboró en *The Hidden Tirany* (*La tiranía oculta*) Benjamín H. Freedman, el multimillonario judío convertido al catolicismo que denunció que Roosevelt estuvo manipulado por judíos talmudistas. La pregunta pertinente es si además de antialemán el Plan Morgenthau era procomunista. Dos hechos innegables permiten pensar que sí lo era: el Plan se ajustaba a los deseos de Stalin sobre Alemania y, además, Harry Dexter White y sus ayudantes eran agentes soviéticos. El profesor Kubek finaliza su introducción de ochenta y una páginas al *Diario de Morgenthau* con este párrafo:

> "Nunca antes en la historia de América una burocracia furtiva no elegida de funcionarios anónimos de alto rango había ejercido el poder con tanta arbitrariedad o proyectado una sombra tan vergonzosa sobre el futuro de la nación como hizo Harry Dexter White y sus asociados en el Departamento del Tesoro bajo el mando de Henry Morgenthau. Lo que intentaron hacer en su extraña contorsión de los ideales americanos y lo

cerca que estuvieron de conseguir el éxito queda demostrado con estos documentos. Pero esto es todo lo que se conoce con seguridad. Qué inestimables secretos americanos fueron transmitidos a Moscú a través de los túneles comunistas clandestinos probablemente nunca será conocido. Y cuánto daño causaron estos hombres siniestros a la seguridad de Estados Unidos sigue siendo, al menos por el momento, una cuestión conjeturable."

Puede concluirse, pues, que un grupo de judíos colocados en círculos de poder esenciales determinaron al Gobierno de Estados Unidos y desempeñaron un papel decisivo a la hora dirigir la política norteamericana en función de sus intereses. No cabe duda de que pretendían infligir el mayor daño posible al pueblo alemán en su conjunto y favorecer la implantación del comunismo en Europa, objetivo que en buena medida se consiguió en Yalta. El *Morgenthau Diary* demuestra que una élite de judíos que dominaban las finanzas controlaban como de costumbre el poder político, desde el que trabajaban secretamente para conseguir sus propósitos, entre los que figuraba la desintegración de las sociedades cristianas europeas mediante doctrinas revolucionarias como el comunismo ateo internacional. Su otra gran finalidad era la creación del Estado sionista. Para conseguirla, necesitaban la persecución de los judíos europeos, a los que, pérdidos sus bienes y sus hogares, se ofrecería la tierra prometida de Israel. Henry Morgenthau, después de haber sido uno de los líderes de los Acuerdos de Bretton Woods que propiciaron la creación del Banco Mundial y del Fondo Monetario Internacional, se convirtió tras su dimisión en asesor financiero de Israel, donde en 1948 una comunidad rural ("kibbutz") recibió en su honor el nombre de "Tal Shahar", que en hebreo significa, como Morgenthau en alemán, "rocío de la mañana".

## La Conferencia de Yalta

Los norteamericanos sacaron a la luz en 1955 los documentos oficiales de la Conferencia de Yalta, que hasta entonces habían permanecido secretos. El Departamento de Estado reconoció, no obstante, que partes importantes habían sido omitidas. El mismo año la editorial AHR publicó los textos en España en dos volúmenes titulados *Yalta*, por lo que pueden leerse en español. John Foster Dulles, el secretario de Estado, disimulando las razones de interés político ocultas tras la publicación, explicó en una conferencia de prensa que se pretendía informar a la opinión pública en beneficio de la verdad y la exactitud histórica. Tanto el Gobierno como la prensa británica criticaron la maniobra de Foster Dulles: *The Times* consideró que la decisión "se había tomado en un momento equivocado y por motivos torpes". El *Daily Mail* calificó la publicación como "un desatino diplomático de primera magnitud". En Estados Unidos algunos periódicos censuraron con dureza la decisión. El *New York Daily News* acusó al Departamento de Estado de querer enturbiar las relaciones internacionales. El *Daily Mirror* exigió que se dijera cuántas páginas y palabras habían sido omitidas y por qué razones. Desde Jerusalén, Eleanor Roosevelt, en visita de ocho días a sus amigos sionistas de Israel, aseguró que su marido nunca hubiera publicado los documentos.

Antes de llegar a Yalta, Churchill y Roosevelt se reunieron en Malta para tratar de estudiar la situación que se presentaba en Europa y en el Pacífico; pero como había ocurrido en Teherán, Roosevelt puso reparos a entrevistarse a solas con el primer ministro británico por miedo a que Stalin pudiera pensar que sus aliados occidentales se aliaban contra él. Quienes sí se reunieron el 1 de febrero fueron sus ministros de Exteriores, el secretario de Estado, Edward Stettinius, y el del Foreign Office, Anthony Eden. Según parece, ambos estuvieron de acuerdo en desaprobar las ya conocidas demandas territoriales de Polonia, expresadas por el Gobierno títere provisional de Lublin, pero su oposición se diluyó en Yalta. El 3 de febrero Roosevelt y Churchill viajaron en avión a Crimea. El presidente norteamericano recibió un trato especial y quedó alojado en la habitación que ocupaba el zar en el palacio de Livadia, sede central de las reuniones. Stalin llegó el domingo 4 de febrero de 1945, día en que comenzó la Conferencia donde se iba a determinar el futuro de millones de personas en el mundo de la posguerra. El Ejército Rojo había entrado en Varsovia y en Budapest y los alemanes resistían ya en su propio territorio en condiciones imposibles. La destrucción de Dresde estaba a punto de producirse. Por otra parte, Desde finales de enero, Japón pedía infructuosamente a los soviéticos que mediaran con Estados Unidos para firmar un armisticio.

Durante la semana que duró la Conferencia las delegaciones de los Tres Grandes mantuvieron cuatro tipo de reuniones: sesiones plenarias, de ministros de Exteriores, de jefes de Estado Mayor, y reuniones de los líderes, que fueron trilaterales o bilaterales. Así, por ejemplo, ya el mismo 4 de febrero se reunieron a las cuatro de la tarde en "petit comité" soviéticos y estadounidenses. Roosevelt acudió acompañado de Charles "Chip" Bohlen, diplomático experto en la URSS que, supuestamente, actuaba sólo como intérprete. Stalin estuvo acompañado de Mólotov y de su intérprete, Vladimir Pavlov. Ya en esta reunión Roosevelt confesó que estaba más sediento de sangre que en Teherán y que esperaba que el mariscal Stalin propusiera otra vez un brindis para la ejecución de 50.000 oficiales alemanes. Stalin contestó confirmando que todos estaban más sedientos de sangre. Tras comentar la situación militar en los dos frentes. Roosevelt se interesó por la entrevista que Charles De Gaulle había mantenido con Stalin y éste comentó que no le parecía una persona complicada, aunque era un iluso por sus pretensiones. Stalin preguntó si Francia debía tener una zona de ocupación y por qué razones. Tanto Mólotov como Stalin no lo veían nada claro, pero a lo largo de la semana los soviéticos acabaron por hacer esta concesión en aras de otras prioridades sobre las que no pensaban ceder.

Polonia y Alemania suscitaron las discusiones más relevantes. La creación de la ONU, Japón, los Balcanes, Oriente Medio y la Europa que Stalin llamaba "liberada" fueron los otros grandes temas. La cuestión polaca se discutió por primera vez en una sesión plenaria comenzada a las cuatro de la tarde del martes 6 de febrero en el palacio de Livadia. Británicos y norteamericanos comenzaron por aceptar sin más problemas la línea Curzon, por lo cual legitimaban la invasión y la anexión de 1939. Sobre estos territorios de más de 181.000 kilómetros cuadrados vivían 10.640.000 personas, según el censo de 1931, cuyos deseos u opinión fueron irrelevantes para los paladines de la libertad. Todo lo que se atrevieron a solicitar a Stalin sobre estos territorios fue que tuviera a bien considerar la cesión de Lvov a Polonia. Churchill le pidió "un gesto de magnanimidad que sería aclamado y admirado." La posición de Gran Bretaña en relación a Polonia fue patética durante toda la Conferencia. El país que había provocado la guerra al negarse a aceptar que los alemanes de Danzig pudieran reintegrarse al Reich, entregaba ahora a millones de polacos al totalitarismo comunista. En Londres, los polacos en el exilio lo habían esperado todo de los británicos, por ello Churchill recordó que había ido a la guerra para proteger a Polonia contra la agresión alemana y declaró que los británicos no tenían intereses materiales en el país, sino que se trataba de una cuestión de honor, razón por la que "su Gobierno nunca estaría contento con una solución que no deje a Polonia como estado libre e independiente... dueña de su propia casa y directora de su alma." Churchill añadió entonces que Gran Bretaña "reconocía al Gobierno polaco de Londres, pero que no tenía contacto íntimo con él." Preguntó si sería posible formar un Gobierno interino con los hombres que lo integraban hasta que surgiera otro de unas elecciones. Stalin solicitó un descanso de diez minutos con el fin evidente de preparar su respuesta.

A lo de la cuestión de honor, respondió Stalin que para los rusos además de cuestión de honor lo era también de seguridad. A lo del acto magnánimo, recordó que la línea Curzon la habían trazado Lord Curzon y Clemenceau. "¿Deberíamos ser entonces -preguntó- menos rusos que Curzon y Clemenceau?". En cuanto a la creación de un Gobierno polaco sobre la pase del Gobierno de los exiliados en Londres dijo: "A mí me llaman dictador y no demócrata, pero tengo bastantes sentimientos democráticos para negarme a crear un Gobierno polaco sin que los polacos sean consultados; la cuestión sólo puede ser arreglada con el consentimiento de los polacos." Stalin recordó entonces las entrevistas mantenidas en otoño en Moscú entre Stanislaw Mikolajczyk, representante del Gobierno de Londres, y los polacos de Lublín, donde residía el Gobierno comunista polaco auspiciado por el propio Stalin, el cual, según le intimó a Churchill, tenía por lo menos "una base democrática igual, al menos, a la de Charles De Gaulle."

Desde este primer planteamiento, quedó claro, pues, que más que las fronteras el problema insoluble iba a ser la existencia de dos Gobiernos polacos.

Para que pueda comprenderse mejor la discusión sobre Polonia en Yalta, es preciso considerar sucintamente algunos hechos. El Gobierno polaco en el exilio había expresado a Londres y a Washington la necesidad de que Prusia Oriental se incorporase a la Polonia que surgiría con la victoria de los Aliados. Tras el ataque alemán en junio de 1941, Stalin apoyó esta idea sin desvelar que codiciaba para sí la mitad norte, incluida Königsberg. El 15 de marzo de 1943, en una cena en Washington a la que Hopkins asistió, Roosevelt y Eden acordaron acceder a la petición de los polacos. Hopkins llamó el día siguiente a Litvínov, embajador en Estados Unidos, para confirmárselo. Litvínov le recordó entonces al consejero de Roosevelt que la URSS mantendría la parte de Polonia tomada como consecuencia del pacto Ribbentrop-Mólotov. Al conocer las pretensiones soviéticas, los polacos de Londres solicitaron ayuda a sus aliados occidentales, lo cual creó una situación embarazosa para los británicos, quienes se disponían a aprobar la anexión de la mitad del territorio polaco anterior a la guerra cuando, supuestamente, habían ido a la guerra para garantizar la integridad territorial de Polonia. En la conferencia de Teherán, pese a las reticencias polacas, ni Churchill ni Roosevelt opusieron resistencia a Stalin y surgió entonces la idea de compensar a los polacos a costa de los alemanes. Es decir, sin consultar a nadie y para contentar al dictador soviético, decidieron mover 240 kilómetros las fronteras hacia el oeste, ignorando por completo los derechos de millones de personas afectadas.

Pese a las compensaciones prometidas, el Gobierno polaco en el exilio no podía aceptar la renuncia a la mitad de su territorio en el este. Además, las relaciones de los polacos de Londres con la Unión Soviética habían ido deteriorándose progresivamente tras el descubrimiento de las fosas de Katyn en la primavera de 1943. Según se ha comentado en este mismo capítulo, el general Sikorski, presidente del Gobierno en el exilio, solicitó una investigación de la Cruz Roja Internacional cuyos resultados demostraban que Beria y Stalin eran los responsables de la matanza. Los soviéticos, además de fingir indignación, aprovecharon para acusar a Sikorski de trabajar para Hitler y rompieron relaciones con el Gobierno polaco de Londres. El 4 de julio de 1943 una bomba colocada en el avión en que viajaba Sikorski acabó con la vida de este personaje engorroso y Mikolajczyk se convirtió en su sucesor[11]. De este modo, Stalin sacó en poco tiempo partido

---

[11] Roland Perry ofrece en *The Fifth Man*, una obra sobre la que daremos más detalles en el capítulo siguiente, algunos datos de sumo interés sobre el asesinato de Sikorski. Según este autor, Donald Maclean, uno de los espías soviéticos conocidos como "los cinco de Cambridge", supo que Sikorski viajaría a Gibraltar en julio para reunirse con otros exiliados. Después de haber despegado del peñón a bordo de un "Liberator" en el que iban su hija y dos militares británicos, Víctor Cazalet y el brigadier John Whiteley, el

de la situación, pues de una sola tacada apartó a los polacos no comunistas y formó un gobierno polaco a su medida en Moscú, el cual, a diferencia de Sikorski y Mikolajzcyk, estaría dispuesto a aprobar la entrega del este de Polonia al comunismo soviético.

En el verano de 1944 el Ejército Rojo comenzó a desalojar a los alemanes de Polonia y a ocupar el país. En su estela llegaron los comunistas polacos de Moscú, que se apresuraron a asumir la autoridad real sobre el terreno mientras los polacos protegidos por Londres nada podían hacer desde la distancia. El presidente del Gobierno polaco en el exilio, Stanislaw Mikolajczyk, había visitado a Roosevelt en junio y tanto el presidente estadounidense como Churchill lo presionaron para que viajara a Moscú y apelase directamente a Stalin. El 27 de julio de 1944, el mismo día que los periódicos anunciaban un acuerdo entre el Gobierno soviético y el Comité Comunista Polaco de Liberación Nacional que permitía al Comité asumir "la plena dirección de todos los asuntos de la administración civil", Mikolajzcyk viajó a Moscú para entrevistarse con Stalin y Mólotov.

Los polacos de Londres estaban ya condenados, pues lo más que se les ofrecía era algún puesto en el Gobierno formado por los comunistas. Churchill lo comprendió enseguida y les advirtió que lo mejor que podían hacer era olvidarse de la masacre de Katyn y tratar de colaborar con Stalin, ya que de lo contrario quedarían descartados como actores en la Polonia del futuro. El primer requisito para entenderse con los rusos era capitular en el tema de la frontera oriental. En la mañana del 14 de octubre de 1944, sólo unos meses antes de la Conferencia de Yalta, Churchill y Eden, que se hallaban en Moscú, convocaron a Mikolajzcyk en la Embajada británica con el fin de presionarlo para que aceptara la línea Curzon sin Lvov o Galicia. Alfred M. de Zayas reproduce en *Nemesis at Potsdam* un buen fragmento de la entrevista, el cual permite apreciar, como bien apunta este autor, qué nivel puede alcanzar la tensión o la presión en el poder político:

> "Mikolajzcyk: Sé que nuestro destino quedó sellado en Teherán.
> Churchill: Fue salvado en Teherán.
> Mikolajczyk: No soy una persona carente por completo de sentimiento patriótico para ceder la mitad de Polonia.
> Churchill: ¿Qué quiere usted decir cuando afirma que no está desprovisto de espíritu patriótico? Hace veinticinco años nosotros reconstituimos Polonia aunque en la última guerra más polacos lucharon contra nosotros que con nosotros. Ahora otra vez los estamos preservando para que no

---

avión estalló a trescientos metros de altura. El coronel Víctor Rothschild, el tercer barón Rothschild, nombrado durante la guerra inspector de seguridad por Guy Liddell, fue designado para emprender la investigación que exigieron los polacos. Sus conclusiones indicaron que se había producido una explosión a bordo, lo cual indicaba que no había sido un accidente, sino una acción de sabotaje.

desaparezcan, pero usted no quiere entrar en el juego. Está usted completamente loco.
Mikolajczyk: Pero esta solución no cambia nada.
Churchill: A menos que acepte la frontera, queda usted descartado para siempre. Los rusos arrasarán su país y su gente será liquidada. Están al borde de la aniquilación.
Eden: Si conseguimos un entendimiento sobre la línea Curzon, lograremos un acuerdo con los rusos sobre todos los otros temas. Obtendrán ustedes una garantía de nuestra parte.
Churchill: Polonia quedará asegurada por los tres Grandes Poderes y desde luego por nosotros. La Constitución americana impide al presidente comprometer a Estados Unidos. En cualquier caso usted no cede nada porque los rusos ya están allí.
Mikolajczyk: Lo perdemos todo.
Churchill: Las marismas de Pinsk y cinco millones de personas. Los ucranianos no forman parte de su pueblo. Salva a su propia gente y nos habilita para actuar con fuerza.
Mikolajczyk: ¿Debemos firmar esto si vamos a perder nuestra independencia?
Churchill: Sólo tiene una opción. Supondría una gran diferencia si accede.
Mikolajczyk: ¿No sería posible anunciar que los Tres Grandes han decidido sobre las fronteras de Polonia sin nuestra presencia?
Churchill: Nos hartaremos y nos cansaremos de usted si sigue discutiendo.
Eden: Usted podría decir eso a la vista de la declaración hecha por los Gobiernos británico y soviético, acepta usted una fórmula de facto, bajo protesta si quiere, y nos da la culpa a nosotros. Entiendo la dificultad en decir que se ha hecho con su voluntad.
Mikolajzcyk: Perdemos toda la autoridad en Polonia si aceptamos la línea Curzon, y además no se dice nada sobre lo que podríamos obtener de los alemanes.
Eden: Pienso que podríamos hacerlo. Podríamos correr el riesgo. Podríamos decir lo que ustedes van a obtener."

En este momento, Churchill fue a buscar un borrador de la declaración que estipulaba la aceptación polaca de la línea Curzon y le explicó a Mikolajczyk que los alemanes se enfurecerían si sabían lo que pensaban arrebatarles, con lo que su resistencia sería aún mayor. Acabó así la reunión, que se reanudó por la tarde. Churchill se presentó de mal humor y con mayor impaciencia. Mikolajczyk le informó que después de haberlo reconsiderado su Gobierno no podía aceptar la pérdida de casi la mitad del territorio en el este sin haber escuchado la opinión del pueblo polaco. Con extremada dureza, Churchill negó que fueran un Gobierno, pues eran incapaces de tomar decisiones. "Son ustedes -dijo- unos desalmados que quieren destrozar Europa. Los dejaré con sus propios problemas. No tienen sentido de la responsabilidad cuando quieren abandonar a su gente, cuyos sufrimientos les son indiferentes. No les importa el futuro de Europa. Sólo piensan en sus miserables intereses egoístas. Tendré que llamar a los otros polacos y este Gobierno de Lublín puede funcionar muy bien. Será el Gobierno. Es un intento criminal por su parte arruinar, con su 'Liberum Veto'[12], el acuerdo entre los Aliados. Es una cobardía." La entrevista se suspendió con esta violenta acusación, pues Churchill debía acudir a una entrevista con Stalin programada para aquella misma tarde.

El día siguiente, 15 de octubre, Mikolajczyk volvió a verse con Churchill y le ofreció aceptar la línea Curzon si Lvov y los campos petrolíferos de Galicia se preservaban para Polonia. En un estallido de mal genio, Churchill, antes de salir de la habitación dando un portazo, le gritó al polaco: "todo ha terminado entre nosotros." Mikolajczyk abandonó por su parte la estancia sin querer estrechar la mano del secretario del Foreign Office. Se comprende así, pues, que Stalin se negara en Yalta a hacer "un gesto de magnanimidad" sobre Lvov, pues sabía que tanto Roosevelt como Churchill habían aceptado ya la línea Curzon y no tenía por ello ninguna necesidad de ceder Galicia y/o Lvov. George F. Kennan, diplomático que había servido en Moscú con Bullitt y Davies, expresó repetidamente en sus Memorias su frustración por la actitud de los Aliados. Kennan estaba desde julio de 1944 en la capital rusa con el embajador Averell Harriman y tuvo buena información sobre lo que se urdía al final de la guerra. Este diplomático era de los que pensaban que Estados Unidos y Gran Bretaña podrían haberse opuesto a Stalin, ya que dependía de su ayuda militar y económica.

Mientras las negociaciones de Moscú fracasaban, el Gobierno de Lublín había reconocido ya la línea Curzon y consolidaba su poder en Polonia. Mikolajczyk tardó poco en comprender que no era posible salvar el este de Polonia y que la única opción era obtener la mayor compensación en el oeste, a expensas de Alemania. Con las tierras de los alemanes Stalin se mostraba absolutamente generoso y había ofrecido no sólo la frontera del Oder, sino incluso la del Neisse Lusacio, el afluente que confluía perpendicular desde Checoslovaquia sobre la margen izquierda del Oder. La frontera Oder-Neisse fue reclamada públicamente por el Dr. Stefan Jedrichovski, jefe de Propaganda del Comité de Lublín, mediante un largo artículo publicado en *Pravda* el 18 de diciembre de 1944. Jedrichovski pretendía también la capital de Pomerania, Stettin, situada al oeste del Oder, que iba a convertirse en un nuevo puerto polaco.

Dos ríos Neisse afluyen en el Oder por su orilla izquierda. Entre el Neisse Lusacio y el Neisse más oriental, ambos en la baja Silesia, se extiende

---

[12] Al usar esta expresión latina, Churchill demuestra conocimientos sobre el parlamentarismo polaco. "Liberum Veto" significa "veto libre" o "veto libremente". Se llamó así en la Dieta polaca al veto mediante el cual cada diputado podía oponerse a cualquier decisión de la asamblea.

un territorio agrícola que estaba habitado por cerca de tres millones de alemanes. A nadie se le escapó que las demandas de Jedrichovski reflejaban la posición del Gobierno soviético sobre la frontera occidental de Polonia. El primero en mostrar serios recelos fue Kennan, quien advirtió al embajador Harriman sobre las implicaciones del artículo. "Yo no sabía entonces -escribe Kennan en sus Memorias- que este acuerdo ya había sido prácticamente aceptado, de modo específico por Churchill y tácito por Roosevelt, en la Conferencia de Teherán un año antes." Seis semanas antes del inicio de la Conferencia de Yalta, Kennan presentó un memorándum donde advertía que entre nueve y diez millones de alemanes vivían en las zonas que reclamaban los comunistas polacos.

Podemos ahora regresar a Yalta para seguir las discusiones sobre la cuestión polaca. En la sesión plenaria del miércoles 7 de febrero Mólotov leyó las propuestas soviéticas sobre Polonia. En cuanto a las fronteras, el comisario de Exteriores se mantuvo en la línea Curzon en el este y la frontera Oder-Neisse en el oeste con la ciudad de Stettin para Polonia, a pesar de que se hallaba situada al oeste del Oder. Sobre el Gobierno provisional de Lublín, se mostró dispuesto a aceptar la inclusión en él de "líderes democráticos de los círculos de emigrados" si ello contribuía a su reconocimiento por parte de los Gobiernos aliados. Churchill rechazó el término "emigrados", pues, según dijo, "esta palabra se había originado durante la Revolución Francesa y significaba en Inglaterra una persona que había sido expulsada de su país por su propio pueblo." Dijo que apoyaba las propuestas de Mólotov sobre el movimiento de las fronteras polacas; no obstante, en relación a frontera del Neisse puntualizó que "sería una pena atiborrar al ganso polaco de tanto alimento alemán que sufriera una indigestión." Stalin se apresuró a comentar que los alemanes huían cuando llegaban sus tropas, pero Churchill observó que estaba luego el problema de cómo manejarlos en Alemania. "Hemos matado a seis o siete millones -dijo fríamente como si hablase de animales en un matadero- y probablemente mataremos a otro millón antes del fin de la guerra." "¿Uno o dos?", replicó Stalin. "Bueno, no estoy proponiendo una limitación. Así, pues -aclaró Churchill-, quedará sitio en Alemania para los que quieran cubrir las vacantes. No me asusta el problema de la transferencia de pueblos, en tanto haya proporción respecto a lo que los polacos puedan manejar y los que pongan en Alemania en lugar de los muertos."

El tema de la entrada de miembros no comunistas en el Gobierno de Lublín, llevó a Churchill y a Roosevelt a proponer que se contara con líderes democráticos que se hallaban en "el interior de Polonia." Roosevelt planteó la necesidad de que el futuro Gobierno provisional organizara elecciones y sugirió que polacos de Londres como Mikolajczyk, Romer y Grabski formasen parte del nuevo Gobierno. El asunto de las fronteras, pues, no preocupaba tanto como el del futuro Gobierno de Polonia, una cuestión en la que Churchill y Roosevelt ponían en juego su credibilidad. Acabada la reunión, Roosevelt dirigió la siguiente carta a Stalin:

"Mi querido mariscal Stalin: He pensado mucho en nuestra reunión de esta tarde y quiero expresarle mi opinión con entera franqueza.

En lo que concierne al Gobierno polaco, estoy muy disgustado de que las tres grandes potencias no coincidan respecto al restablecimiento político de Polonia. Me parece que nos pondría en una mala situación ante el mundo que usted reconociera un gobierno mientras nosotros y los británicos reconocíamos otro, en Londres. Estoy seguro de que este estado de cosas no debería continuar y que si continúa sólo llevaría a nuesto pueblo a pensar que existía una escisión entre nosotros, lo cual no es el caso. Estoy determinado a que no haya brecha entre nosotros y la URSS. Seguramente habrá un medio de conciliar nuestras diferencias.

Quedé muy impresionado por algunas de las cosas que dijo usted hoy, particularmente de su determinación de que la retaguardia rusa debía ser salvaguardada en su movimiento hacia Berlín. Usted no puede y nosotros no podemos tolerar un gobierno interino que cause a sus fuerzas armadas un trastorno semejante. Quiero que sepa que esto me preocupa mucho.

Puede creerme cuando le digo que nuestro pueblo mira con ojo crítico lo que considera una desavenencia entre nosotros en esta etapa vital de la guerra. En efecto, dicen que si no podemos llegar a un acuerdo ahora que nuestros ejércitos están convergiendo sobre nuestro enemigo común, no podremos entendernos en cosas aún más vitales en el futuro.

Debo aclarar a usted que no podemos reconocer al Gobierno de Lublín tal y como está ahora compuesto y que sería considerado como un principio lamentable de nuestros trabajos aquí si nos separamos con una obvia divergencia sobre el asunto.

Dijo usted hoy que estaba dispuesto a apoyar cualquier sugerencia que ofreciera una probabilidad de éxito para la solución de este problema y mencionó también la posibilidad de traer aquí a algunos de los miembros del Gobierno de Lublín.

Comprendo que todos sentimos la misma ansiedad de arreglar este asunto. Quisiera comentar un poco su propuesta y sugerir que invitáramos aquí, a Yalta, enseguida, a Mr. Bierut y a Mr. Osubka-Morawski del Gobierno de Lublín y también a dos o tres de la lista siguiente de polacos que, de acuerdo con nuestros informes, serían aconsejables como representantes de otros elementos del pueblo polaco en la formación de un nuevo gobierno temporal que los tres podríamos reconocer y apoyar: obispo Sapieha, de Cracovia; Vincent Witos; Mr. Zurlowski (Zulawski); profesor Buyak (Bujak) y profesor Kutzeba. Si como resultado de la presencia aquí de estos líderes políticos pudiéramos convenir conjuntamente con ellos en un gobierno provisional de Polonia, que sin duda incluiría algunos jefes políticos del extranjero tales como Mr. Mikolajcvzyk, Mr. Graber y Mr. Romer, el Gobierno de EE.UU. y creo, con seguridad, también el Gobierno británico, estarían dispuestos a disociarse del Gobierno de Londres y a transferir su reconocimiento al nuevo gobierno provisional.

No creo necesario asegurar a usted que los EE.UU nunca prestarán su apoyo a ningún gobierno provisional polaco que sea enemigo de sus intereses.

Ni que decir tiene que cualquier gobierno interino que pudiera formarse, como resultado de nuestra conferencia aquí con los polacos, debería comprometerse a convocar elecciones libres y democráticas en Polonia en la fecha más temprana posible. Sé que esto está en absoluto conforme con su deseo de ver surgir del fango de esta guerra una nueva Polonia democrática y libre.

Muy sinceramente suyo Franklin D. Roosevelt"

Aunque a lo largo de estas páginas se ha podido comprobar que el cinismo, la hipocresía y la desvergüenza fueron consustanciales de este presidente norteamericano a lo largo de su carrera política, las últimas palabras de Roosevelt son verdaderamente demenciales, por calificarlas de alguna manera. Uno se imagina a Stalin, dictador implacable donde los haya, desternillándose de risa tras leer que Roosevelt le dice que sabe que desea ver "una nueva Polonia democrática y libre". Lo sustancial de la carta es, claro, la preocupación por salvar la cara ante una opinión pública que pronto iba a comprobar cómo en Yalta sus líderes entregaron media Europa al comunismo.

En la sesión plenaria del día 8, Mólotov acusó recibo de la carta de Roosevelt. Insistió en que era imposible ignorar la existencia del Gobierno de Lublín o Varsovia, "que estaba a la cabeza del pueblo polaco y gozaba de gran prestigio y popularidad en el país." Por ello, cualquier acuerdo debería lograse sobre la base de su ampliación, sobre la cual reiteró su disponibilidad a hablar. En lo relativo a las fronteras, los soviéticos no se movieron. El premier británico comenzó diciendo que, según sus informes, los gobiernos de Lublín o Varsovia no representaban a la abrumadora masa del pueblo polaco y reiteró que "si el Gobierno británico barriera al Gobierno de Londres y aceptara el de Lublín, se produciría en Gran Bretaña una irritada protesta." Recordó que en los frentes occidentales un ejército polaco de ciento cincuenta mil hombres había peleado con bravura y que no aceptarían "un acto de traición a Polonia". Cada vez más incómodo, Churchill se desentendió de las fronteras y declaró que aceptaba el punto de vista soviético; pero insistió en que "romper totalmente con el Gobierno legítimo de Polonia, reconocido durante los años de guerra, sería un acto sujeto a las más severas críticas en Inglaterra." Dicho esto, se agarró a la necesidad de convocar unas elecciones sobre la base del sufragio universal y aseguró que Gran Bretaña podría luego reconocer al Gobierno nacido de los comicios.

Roosevelt respaldó la propuesta y argumentó que, si había acuerdo en ella, el único problema era "cómo sería gobernada Polonia en el intervalo." Stalin intervino para ratificar que, en efecto, ellos y los británicos tenían informes diferentes. Reconoció que durante años los polacos habían odiado a los rusos, pero que los viejos sentimientos habían desaparecido y que su impresión era "que la expulsión de los alemanes por el Ejército Rojo había sido recibida por los polacos como una gran fiesta nacional." Aceptó la idea de ampliar el Gobierno provisional. Entonces Roosevelt preguntó directamente cuánto tiempo, a juicio del Mariscal, transcurriría antes de pudieran celebrarse elecciones en Polonia. Stalin respondió que, si no ocurría una catástrofe en el frente, dentro de un mes serían posibles. De inmediato, el presidente propuso trasladar el asunto a los ministros de Exteriores para su estudio. Si Roosevelt y Churchill creyeron de veras que en sólo un mes, en plena guerra, podían celebrarse elecciones con la participación de los exiliados, cabría pensar que eran dos pipiolos; sin embargo, los hechos demuestran que eran dos políticos avezados.

Con el fin de distender el ambiente, Stalin ofreció por la noche una cena a las delegaciones en el palacio Yusupovsky. El anfitrión, de excelente humor y muy animado, propició una atmósfera en extremo cordial. Se pronunciaron hasta cuarenta y cinco brindis: a las fuerzas armadas, a los países, a los jefes militares, a la amistad de las tres potencias... Los elogios más empalagosos los pronunció Stalin, quien propuso un brindis para el premier británico, "la figura gubernamental más valiente del mundo". El mariscal dijo que "conocía pocos ejemplos en la Historia en que el valor de un hombre hubiera sido tan importante para el futuro del mundo y que bebía por Mr. Churchill, su amigo, combatiente y valeroso." En su respuesta, Churchill brindó por el mariscal Stalin "el poderoso líder de un potente país que ha soportado el choque de la máquina alemana, ha roto su espada y ha arrojado de su suelo a los tiranos." Por su parte, Roosevelt, en respuesta a un brindis de Stalin, dijo que el ambiente de la cena "era el de una familia."

En la reunión plenaria del día siguiente, viernes 9 de febrero, el tema de Polonia comenzó a encauzarse cuando los soviéticos decidieron permitir que Mikolajczyk pudiera participar en las elecciones, pues, según dijo Stalin, "era líder del Partido Campesino, que no era un partido fascista." Roosevelt apeló a los seis millones de polacos residentes en Estados Unidos para pedir seguridades sobre la celebración de elecciones libres. Entonces, Stalin aceptó una declaración leída por Roosevelt donde se hablaba de "autoridades interinas, ampliamente representativas de todos los elementos de la población y la obligación de crear lo más pronto posible, a través de elecciones libres, un Gobierno responsable ante el pueblo." En las minutas de H. Freeman Matthews, adjunto al secretario de Estado, se reproduce este diálogo:

> "Churchill: Quiero que esta elección en Polonia sea la primera ante todo. Deberá ser como la mujer de César. No lo sé, pero dicen que era pura.
> Stalin. Eso dicen, pero en realidad tenía sus pecados.
> Churchill: No quiero que los polacos puedan poner en duda las elecciones polacas. El asunto no es sólo de principios, sino de política práctica.

Mólotov: Debemos esto a los polacos. Tememos que si no consultamos con ellos lo estimen como una falta de confianza por parte nuestra.

En este momento Roosevelt propuso que los ministros de Exteriores acabasen de pulir la declaración y sugirió pasar al tema de las zonas liberadas. Es evidente que los soviéticos habían ya decidido facilitar las cosas sobre Polonia, con el fin de evitar que británicos y norteamericanos quedasen en evidencia ante la opinión pública de sus países. Las elecciones, como la mujer de César, tenían que ser puras; pero Stalin había ya advertido sobre la mujer de César...

En la reunión de los ministros de Exteriores se acordó finalmente el texto que iba a presentarse al final de la conferencia. En resumen, se decidió que el Gobierno establecido en Polonia ampliaría su base y sería reorganizado con la inclusión de jefes democráticos de la misma Polonia y del extranjero. El nuevo Gobierno sería llamado "Gobierno provisional polaco de Unidad Nacional". Mólotov y los dos embajadores en Moscú, sir Archibald Clark Kerr y Averell Harriman, quedaban autorizados a mediar entre unos y otros para posibilitar la formación del citado Gobierno, que estaría obligado a convocar elecciones libres tan pronto como fuera posible sobre la base del sufragio universal y del voto secreto. Cumplidos estos requisitos, los tres Gobiernos procederían a reconocer los resultados. En cuanto a las fronteras, en el documento final se convino que la línea Curzon, con leves ajustes de cinco a ocho kilómetros en algunas regiones en favor de Polonia, sería el límite oriental. Sobre la frontera occidental Oder-Neisse, aunque implícitamente aceptada, se pospuso su aprobación definitiva a la Conferencia de Paz en Potsdam.

En realidad, los buenos propósitos expresados en lo referente a Polonia valían para el resto de países europeos ocupados por los soviéticos. Sólo políticos muy ingenuos, y no era el caso, podían confiar en que, tras permitir la llegada del Ejército Rojo hasta la puerta de Brandenburgo, iban a surgir democracias en la Europa entregada al comunismo. No es, pues, aceptable o creíble que Roosevelt y Churchill esperasen que un dictador como Stalin iba a convertirse en demócrata en un plis plas, por lo que es pertinente hablar de traición a las naciones del este de Europa. Después de Potsdam, los acuerdos de Yalta relativos al establecimiento de regímenes democráticos libremente elegidos se incumplieron sistemáticamente. En Polonia los principales opositores fueron asesinados a lo largo de 1945. En lugar de las elecciones prometidas por Stalin, se convocó en 1946 un referendum fraudulento que consolidó a los comunistas en el poder. Cuando el 19 de enero de 1947 se convocaron elecciones, prácticamente todos los partidos opositores habían sido declarados ilegales. Un Frente de Unidad Nacional progubernamental integrado por los comunistas y sus aliados ganó inevitablemente. El Partido Campesino de Mikolajczyk apenas pudo hacer nada. Acusado de ser un espía extranjero y ante la perpectiva de ser arrestado,

Mikolajczyk abandonó el país. Los pocos opositores que quedaban siguieron su ejemplo. Diferentes versiones de lo acontecido en Polonia se vivieron en los que pronto serían llamados países satélites.

La idea de la desmembración de Alemania, de la cual formaba parte la cesión a Polonia de Prusia Oriental, Silesia, Pomerania y el este de Brandemburgo, había sido decidida mucho antes de Yalta. En octubre de 1943, poco antes de la Conferencia de Teherán, los ministros de Exteriores habían acordado en Moscú la creación de una Comisión Consultiva Europea. La propuesta surgió de los británicos, los cuales querían este órgano consultivo para tratar todos los temas europeos de interés común relacionados con la guerra. A finales de 1943 dicha Comisión Consultiva fue creada en Londres y el 14 de enero de 1944 mantuvo su primera reunión de trabajo. Ya entonces los británicos presentaron propuestas detalladas para las futuras zonas de ocupación de Alemania, que, con pocas diferencias, acabaron aplicándose al final. El 18 de febrero los rusos aceptaron los planes de Londres.

El 1 de mayo de 1944 John Winant, el embajador estadounidense que había sustituido a Joe Kennedy, recibió instrucciones de Washington en las que se aceptaban los límites de la zona oriental, lo cual demuestra que todo se decidió cuando el Ejército Rojo estaba aún combatiendo con la Vehrmacht en territorio soviético, o sea, con mucha antelación. Como se ha visto, Morgenthau, Dexter White y su elenco de judíos comunistas trabajaban para que Alemania acabara en manos de los soviéticos. Stalin contempló en Yalta la posibilidad de condenar a toda la población a trabajos forzados para que pudieran satisfacer las reparaciones de 20.000 millones de dólares, la mitad de los cuales debían ser recibidos por la URSS. Se estableció que las tres potencias ocuparían zonas de Alemania y que una Comisión Central de Control con sede en Berlín controlaría la administración. En cuanto a Francia, Stalin aceptó a regañadientes que si británicos y norteamericanos querían cederle una parte de sus zonas, podría convertirse en miembro de la Comisión de Control si lo deseaba. En Yalta, no obstante, no se anunció el desmembramiento pactado, pues se optó por esperar a la rendición incondicional y a la Conferencia de Paz.

No es posible dedicar espacio a las conversaciones sobre la ONU, Oriente Medio o Japón. Acabaremos, pues, destacando una conversación que se produjo en el transcurso de una cena tripartita celebrada a las nueve de la noche del 10 de febrero en la villa Vorontsov. Asistieron sólo Roosevelt, Churchill y Stalin, acompañados por los respectivos ministros de Exteriores y los intépretes. Durante la comida se tocó el tema de Oriente Medio y en este contexto Stalin dijo que el problema judío era muy difícil y que ellos habían tratado de establecer una patria para los judíos en Birobidjan[13], pero

---

[13] Los asentamientos de judíos en Birobidjan habían comenzado en los años veinte. Durante la década de 1920 el Gobierno desplazó judíos a la región para ampliar la

que habían permanecido allí durante dos o tres años y que luego se habían dispersando por las ciudades. El presidente Roosevelt, que sabía que los líderes judíos no aceptaban otro territorio que Palestina y que Churchill, como él, trabajaba para el sionismo con el fin de establecer el Estado judío después de la guerra, manifestó públicamente que él era un sionista y preguntó al mariscal Stalin si también lo era. Stalin, sin duda sorprendido por la pregunta, dijo que lo era, pero que reconocía la dificultad. Más adelante, al reseñar el asesinato de Stalin, habrá ocasión de volver sobre las relaciones de Stalin con los sionistas.

---

seguridad del lejano oriente soviético. El 28 de mayo de 1928 se estableció el Distrito de Birobidjan y fue en aquel año cuando comenzó la emigración masiva de judíos, que llegaban desde Bielorrusia, Ucrania y hasta de Estados Unidos. Tras la ocupación japonesa de Manchuria en 1931, los asentamientos en Birobidjan se intensificaron. El 7 de mayo de 1934 un Decreto del Comité Central Ejecutivo de la URSS convirtió el Distrito de Birobidjan en Región Autonoma Judía. Stalin creó de este modo en Siberia el Estado judío de Birobidjan, que tenía una extensión similar a la de Israel. Unos 30.000 judíos llegaron a la Región Autónoma durante aquellos años.

## 6ª PARTE
## CRÍMENES Y MASACRES INMUNES CONTRA EL PUEBLO ALEMÁN

Los crímenes que los vencedores cometieron contra el pueblo alemán no son conocidos en general. Como venimos denunciando, durante más de setenta años las mentiras y la falsificación de la realidad han impedido que las gentes de Europa y del mundo conozcan la tragedia de los alemanes. La propaganda ininterrupida y la versión fraudulenta de los hechos divulgada en los centros educativos y en los medios han sido implacables, por lo que es casi imposible cambiar la percepción de la historia que señala a Alemania como la única responsable de la Segunda Guerra Mundial, por lo que no merece ninguna clemencia y sí una condena eterna. Un episodio ignorado es la deportación impuesta a los alemanes que vivían en lugares de Europa ocupados por la URSS, los cuales fueron sistemáticamente desterrados de sus casas y de sus tierras, independientemente de si eran o no miembros del NSDAP.

Además de las zonas de Alemania desalojadas y entregadas a Polonia, millones de ciudadanos de etnia alemana fueron perseguidos y/o echados sin contemplaciones de los países en donde habían vivido antes de la guerra. Polonia, Rumanía, Yugoslavia, Hungría, Checoslovaquia, la Unión Soviética, Estonia, Letonia, Lituania, sin olvidar la ciudad de Danzig, expulsaron a la población de origen alemán. En total unos 19.000.000 de personas lo perdieron todo, puesto que, si no huyeron, fueron expulsados hacia Alemania, donde les esperaba la desolación y la miseria de un país arrasado. Muchos no pudieron llegar a las zonas controladas por británicos, americanos y franceses, y se establecieron en Austria y en la Alemania comunista. Unos dos millones murieron durante su peregrinaje hacia el oeste, víctimas del hambre, el cansancio, el frío y las enfermedades. En el capítulo XI se estudiarán estas expulsiones, que constituyen el mayor transfer de poblaciones de la historia: "No me asusta -había declarado Churchill en Yalta- el problema de la transferencia de pueblos". Antes de abordar esta tragedia colosal en la primera parte del siguiente capítulo, es preciso exponer los crímenes y masacres que se cometieron contra los alemanes en los últimos meses de la guerra y en los primeros de la posguerra.

### El preludio de Nemmersdorf

La huida para salvar la vida fue el preludio de las expulsiones masivas o transfers de poblaciones que se sucedieron tras el fin de la guerra. En octubre de 1944 tuvo lugar en Nemmersdorf, ciudad de Prusia Oriental, un anticipo de lo que les esperaba a los alemanes si no abandonaban las ciudades tomadas por el Ejército Rojo. El 16 de octubre los soviéticos lanzaron una ofensiva que les permitió penetrar por primera vez en territorio del Reich. El 19 de octubre ocuparon Gumbinnen y un día más tarde la 25ª Brigada Blindada entró en Nemmersdorf, localidad de poco más de seiscientos habitantes situada a diez kilómetros al suroeste de Gumbinnen. Quebrada la línea defensiva fortificada alemana, los soviéticos hubieran podido lanzarse hacia el oeste y el noroeste sin oposición, pero no lo hicieron. Pese a que el general Budenny, jefe del 2º Cuerpo del Ejército Blindado, ordenó el avance inmediato, la Brigada no se movió durante un día y medio, lo cual permitió a los alemanes desplegar dos divisiones de Panzer, una a cada lado de la penetración soviética. El 23 de octubre se cerró la pinza en la retaguardia del Cuerpo de Budenny, que tras perder mil tanques y diecisiete mil hombres retrocedió y el 27 de octubre tuvo que pasar a la defensiva.

Tras el éxito de la vigorosa contraofensiva de la Wehrmacht, que logró expulsar a los rusos de su territorio, las tropas del general Hossbach recuperaron Nemmersdorf. Lo ocurrido los días 20 y el 21 de octubre en este pueblo de Prusia Oriental fue tan espantoso que su nombre iba a quedar impreso para siempre en la memoria colectiva, pues se convirtió en un símbolo. Al conocerse los hechos, se desencadenó la huida masiva de los ciudadanos alemanes, no sólo de Prusia Oriental, sino de Silesia y Pomerania. Al entrar en Nemmersdorf, los soldados encontraron en las calles los cuerpos de ancianos mujeres y niños que se descomponían con brutales heridas en la cara y en el cráneo. Las mujeres mostraban signos evidentes de haber sido violadas masivamente antes de ser asesinadas. Las casas estaban saqueadas, arrasadas e incendiadas. A la salida del pueblo los carros de combate habían pasado por encima de las carretas de refugiados que huían del pueblo.

El 5 de julio de 1946 militares alemanes y rusos, así como prisioneros de guerra belgas, franceses y británicos declararon ante un tribunal americano en Neu Ulm sobre lo acontecido en Nemmersdorf. El Dr. Heinrich Amberger, teniente de la reserva, realizó una declaración jurada en la que confirmó que la columna de refugiados fue arrollada por los tanques, que pasaron por encima de personas y carros. Según este testigo, los civiles, la mayoría mujeres y niños, fueron aplastados de tal manera que quedaron aplanados sobre el asfalto. "En el borde de una calle -dijo este alemán- estaba sentada una aciana encorvada con un tiro en la nuca. No muy lejos de ella yacía un bebé de algunos meses matado a corta distancia con un disparo en la frente... Un grupo de hombres, sin marcas de heridas mortales, habían muerto a golpes de palas o de las culatas de las armas. Sus caras estaban totalmente destrozadas. Un hombre había sido clavado en la puerta de una granja."

Alfred M. de Zayas reproduce en *Nemesis at Potsdam* fragmentos escalofriantes de estas declaraciones ante el tribunal de Neu Ulm, que posteriormente fueron presentadas por las defensas en los juicios de

Nuremberg. La crueldad y el ensañamiento de las tropas soviéticas asombran en el relato de Karl Potrek, un civil de Königsberg que había sido reclutado y enviado apresuradamente al área de Gumbinnen y Nemmersdorf:

"Al final de la ciudad a la izquierda de la carretera está la gran taberna 'Weisser Krug'... en el corral, más abajo de la calle había una carreta, a la cual cuatro mujeres desnudas estaban clavadas a través de las manos en posición cruciforme. Detrás de la 'Weisser Krug' en dirección a Gumbinnen se encuentra una plaza con un monumento al Soldado Desconocido. Más allá hay otra gran taberna, 'Roter Krug'. Cerca de ella, paralelo a la calle, había un granero y en cada una de sus dos puertas, una mujer desnuda crucificada con clavos que atravesaban las manos. En las viviendas encontramos un total de setenta y dos mujeres, incluidas niñas, y un hombre de setenta y cuatro años. Todas muertas... todas asesinadas de manera bestial, excepto unas pocas que tenían agujeros de bala en el cuello. Algunos bebés tenían las cabezas reventadas. En una habitación hallamos a una mujer de ochenta y cuatro años sentada en un sofá... la mitad de su cabeza había sido rebanada con un hacha o con una pala. Llevamos los cuerpos al cementerio del pueblo donde los extendimos en espera de la comisión médica extranjera. Mientras, llegó una enfermera de Insterburg, natural de Nemmersdorf, que buscaba a sus padres. Entre los cuerpos estaba su madre de setenta y dos años y su padre de setenta y cuatro, el único hombre entre los muertos. Ella confirmó que todos los muertos eran vecinos de Nemmersdorf. Al cuarto día fueron enterrados en dos sepulturas. Al día siguiente llegó la comisión médica, por lo que las tumbas tuvieron que abrirse de nuevo a fin de que los cuerpos pudieran ser examinados. Las puertas de los graneros fueron colocadas en bloque para poder extender sobre ellas los cuerpos. Esta comisión extranjera estableció por unanimidad que todas las mujeres, además de las niñas de ocho a doce años e inclusive una mujer de ochenta y cuatro años habían sido violadas. Después de ser examinados por la comisión, los cuerpos fueron nuevamente enterrados."

El capitán Emil Herminghaus, habla de un grupo de mujeres agrupadas entre las que había varias monjas, todas ellas salvajemente acuchilladas y tiroteadas. Según este capitán, el ejército invitó de inmediato a la prensa neutral: periodistas suizos y suecos, además de algunos españoles y franceses dieron testimonio de la horrorosa escena. En Nemmersdorf había asimismo prisioneros de guerra franceses, belgas y británicos que no habían sido evacuados y fueron testigos del comportamiento de la soldadesca soviética. Posteriormente, narraron sus experiencias en periódicos de veteranos. Algunos prisioneros británicos confirmaron tras ser repatriados que en el Ejército Rojo la carencia de disciplina era sorprendente. "Durante las primeras semanas de la ocupación -informó un prisionero inglés internado en un campo situado entre Schlawe, Lauenburg y Buckow, ciudades del este de Pomerania-, los soldados rojos violaron a todas las mujeres comprendidas entre doce y sesenta años. Esto parecerá un exageración, pero es la pura verdad. La única excepción fueron chicas que lograron mantenerse escondidas en los bosques o que tuvieron la entereza de simular enfermedades infecciosas como el tifus o la difteria... Los rojos buscaban mujeres en todas las casas, las intimidaban con pistolas o metralletas y se las llevaban a sus tanques o vehículos."

Normalmente, se encuentran muy pocas referencias en fuentes rusas sobre la conducta criminal del Ejército Rojo. Una de ellas es Alexander Solzhenitsyn, que en 1945 era un capitán del Ejército Rojo cuyo regimiento había entrado en enero en Prusia Oriental. En la página 43 del primer volumen de la edición española de *Archipiélago Gulag* (tres volúmenes) escribe lo siguiente: "¡Sí! llevábamos tres semanas de guerra en Alemania y todos sabíamos muy bien que, de haber sido alemanas (se refiere a polacas), podrían haberlas violado tranquilamente y fusilarlas después y que casi se lo hubieran tenido en cuenta como un mérito de guerra..." Alexander Werth, autor de una veintena de obras nacido en Rusia y nacionalizado británico, cubrió la guerra en Rusia como corresponsal del *Sunday Times*. Werth recuerda en *Russia at War 1941 to 1945* una conversación con un comandante ruso, quien con descaro comenta:

> "Cualquiera de nuestros compadres sólo tenía que decir: 'Frau komm' (mujer, ven), y ella sabía lo que se esperaba de ella... Durante casi cuatro años, el Ejército Rojo había pasado hambre de sexo... En Polonia pasaron de tanto en tanto cosas lamentables, pero, en su conjunto, una disciplina estricta se mantuvo en lo relativo a violaciones... El saqueo y las violaciones en gran escala no comenzaron hasta que nuestros soldados entraron en Alemania. Nuestros hombres tenían tanta hambre de sexo que a menudo violaban a mujeres viejas de sesenta, setenta o incluso ochenta años -para sorpresa de estas abuelas, si no realmente para su deleite. Pero reconozco que fue un asunto obsceno."

Goebbels, ministro de Propaganda, como había hecho con la obra de Theodore Kaufman, mostró a la población alemana las atrocidades cometidas por los soviéticos en Nemmersdorf. Era la primera vez que el Ejército Rojo se encontraba con civiles alemanes y la experiencia fue tan terrible que toda Alemania pareció comprender lo que se avecinaba. A partir de entonces, la resistencia de los que podían luchar fue aún más encarnizada, pero Nemmerdorf marcó también el comienzo de una huida masiva de los civiles que ni podían ni sabían combatir. Por ello, como se ha visto al relatar el holocausto de Dresde, a principios de febrero de 1945 sólo en la capital de Sajonia se habían refugiado más de seiscientos mil fugitivos que huían aterrorizados ante las noticias que confirmaban que Nemmersdorf no había sido un hecho aislado, sino el preludio de una obra que se iba escribiendo en cada ciudad ocupada y que sólo concluiría con el epílogo de Berlín.

## Las matanzas de refugiados en el mar: tres hundimientos olvidados

El ensañamiento contra los civiles alemanes durante su huida hacia el oeste no sólo acontenció en las carreteras, donde aviones volando a baja altura ametrallaban a las columnas de fugitivos que, a través de ventiscas de nieve, marchaban penosamente sobre carreteras heladas. Conociendo las penalidades de la huida por vía terrestre, cientos de miles de refugiados se dirigieron hacia los puertos del Báltico con la esperanza de poder ser evacuados por mar. Los almirantes Oskar Kummetz y Konrad Engelhardt, encargados por el almirante Dönitz de poner en marcha la "Operación Aníbal", fueron capaces de reunir más de mil barcos de todo tipo con el fin de llevar a cabo la evacuación. Todos los buques disponibles en el Bático fueron dedicados a esta operación. Engelhardt y Kummetz se valieron de la Marina Mercante, de la Marina de Guerra e incluso de embarcaciones privadas, pesqueros incluidos. Según Alfred M. de Zayas, más de dos millones de alemanes, civiles y soldados (principalmente heridos y enfermos), pudieron ser rescatados desde finales de enero a principios de mayo de 1945 en la que se considera la mayor evacuación marítima de la historia. Sin embargo, entre veinticinco mil y treinta mil personas, la mayoría civiles, perecieron en el mar. En la bahía de Danzig y en sus proximidades tres grandes buques repletos de refugiados y heridos que estaban siendo evacuados hacia Alemania fueron hundidos por submarinos soviéticos.

El primero de estos desastres ocurrió el 30 de enero de 1945, fecha en que el sumbarino soviético S-13, comandado por el capitán Alexander Marinesko, hundió el *Wilhelm Gustloff,* un moderno trasatlántico construido por orden de Hitler para el programa "Fuerza a través de la Alegría" que era utilizado como buque hospital (Lazarettschiff). Para ello había sido pintado de blanco con una banda verde de proa a popa y varias cruces rojas eran visibles en varios lugares del casco y de la cubierta. El *Wilhelm Gustloff* había zarpado de Pillau (Balstik en polaco) con destino a Mecklenburg abarrotado con nueve mil civiles: mujeres, niños y ancianos, y unos mil seiscientos militares: mil cadetes de la Marina y el resto, heridos. Después de varias horas de navegación en un mar picado y con temperaturas próximas a 20° bajo cero, la cubierta estaba helada y los botes salvavidas, congelados. Tres torpedos impactaron en el trasatlántico, que se hundió lentamente, lo que permitió que con la ayuda de otros barcos que navegaban en el convoy se lograra salvar, según fuentes alemanas, a unas ochocientas cincuenta personas.

Once días más tarde, el 10 de febrero de 1945, el mismo submarino S-13 del capitán Marinesko hundió su segundo trasatlántico, el *General von Steuben,* un lujoso crucero de pasajeros confiscado por la Marina de Guerra y convertido en hospital. En él viajaban más de cinco mil doscientas personas: dos mil civiles, como de costumbre mujeres y niños que escapaban del avance de las tropas soviéticas; dos mil setecientos heridos; trescientas veinte enfermeras y treinta médicos; y unos trescientos tripulantes. Tres niños nacieron aquella noche en el buque y una sensación de alivio se notaba en el pasaje, que escapaba del infierno de Prusia Oriental. Dos torpedos impactaron en el buque, que también había partido de Pillau y se dirigía a Swinemünde. Una lancha torpedera que lo escoltaba pudo rescatar a seiscientos cincuenta y nueve supervivientes, el resto murió en las aguas gélidas del Báltico.

La tragedia del *Goya*, otro barco hospital que había sido construido en Oslo en 1940, se produjo el 16 de abril de 1945, cuando ya la guerra acababa. Su hundimiento no tenía sentido, pues soviéticos y polacos habían ya decidido expulsar a los alemanes. El barco había zarpado del puerto de Danzig repleto de refugiados. Los capitanes de estos barcos permitían normalmente que subieran a bordo muchas más personas de las autorizadas e incumplían las órdenes en este sentido. Ello era inevitable, pues se les hacía muy difícil dejar en tierra a tantos civiles indigentes que habían pasado todo tipo de penalidades. En el caso del *Goya*, se dejó de llevar lista de pasajeros cuando se alcanzó la cifra de seis mil cien, por lo que viajaban cerca de siete mil personas sin contar la tripulación. En esta ocasión dos torpedos fueron disparados por el submarino S-3, al mando del capitán Vladimir Konovalov, que provocaron que el buque se hundiera en menos de siete minutos. Sólo ciento sesenta y cinco personas sobrevivieron. En *Los últimos cien días* (1967) Hans Dollinger recoge el testimonio de un superviviente llamado Brinkmann, quien narra las escenas de terror colectivo que siguieron al grito de "¡Sálvese quien pueda!". En el año 2003 los restos del *Goya* fueron encontrados a unos ochenta metros de profundidad.

En el curso de la operación de evacuación en el Báltico se desplegaron trece buques hospitales, de los cuales cuatro fueron hundidos, y veintiún transportes de heridos, de los que otros ocho acabaron en el fondo del mar. La URSS había rechazado expresamente reconocer a los "Lazarettschiffe" alemanes y los atacó a lo largo de la guerra como si se trataran de objetivos legítimos militares, un crimen de guerra que debía de ser, sin duda, "peccata minuta" para los soviets, que llevaban decenios despreciando los derechos más elementales del ser humano e ignorando las convenciones internacionales. Se considera que los hundimientos del *Wilhelm Gustloff* y del *Goya* constituyen los dos peores desastres navales de toda la historia en pérdidas de vidas humanas, hecho que poca gente conoce. El 9 de mayo de 1945, cuando Alemania había ya capitulado, tuvo lugar aún el último hundimiento: el pequeño petrolero de quinientas toneladas *Liselotte Friedrich*, en el que iban más de trescientos refugiados, fue torpedeado desde un avión y se hundió cerca de Bornholm (Dinamarca). Por lo menos cincuenta personas perdieron la vida.

## Königsberg

La capital de Prusia Oriental, Königsberg, resistió hasta el 9 de abril de 1945. De ello dependía en buena parte la evacuación por mar desde los puertos del Báltico próximos a la ciudad. En los acuerdos de Yalta, Königsberg, la vieja capital de los caballeros teutónicos, había sido regalada a Stalin, por lo que los soviéticos se dispusieron a administrarla y actuaron sin contemplaciones desde el primer momento. Como mal menor, toda la población alemana sería deportada, aunque existía también la opción de exterminar a buena parte de ella. Se estima que el 9 de abril quedaban 110.000 alemanes en Königsberg, pero cuando en junio los soviéticos contaron el número de deportados sólo había 73.000. Giles MacDonogh, de quien procede esta información, relata en *Después del Reich* la entrada del Ejército Rojo en Königsberg. Entre las fuentes principales citadas en relación a la toma de la ciudad de Kant, destaca *Ostpreussisches Tagebuch: Aufzeichnungen eines Arztes aus den Jahren 1945-1947* (*Diario de Prusia Oriental: notas de un médico de los años 1945-1947*), obra publicada en 1961 por el doctor Hans Graf von Lehndorff, un cirujano que fue testigo presencial de lo ocurrido.

El cerco de la capital prusiana quedó completado el 26 de enero de 1945; pero el general Lasch logró resistir dos meses y medio el sitio de Königsberg. Capituló el 10 de abril, día en que entraron en la ciudad oleadas de soldados que atacaron sin escrúpulos a la población que se atrevía a salir de las madrigueras donde había sobrevivido el largo asedio: "Fueron golpeados, robados, desnudados -escribe MacDonogh- y, si eran mujeres, violadas. Los gritos de las mujeres se oían por todas partes. 'Schieß doch!' (disparad), gritaban. Las hermanas de un hospital fueron violadas por chicos sedientos de sangre, de dieciséis años como mucho." Un gran número de personas optaron por quitarse la vida para evitar la crueldad de los soviéticos, que entraban en los refugios con sus lanzallamas y los incendiaban sin miramientos. El doctor Hans Lehndorff narra en su Diario la irrupción de la soldadesca en su hospital: "Los enfermos y los heridos fueron arrojados fuera de sus camas, los vendajes de sus heridas, arrancados..."

El 11 de abril los soldados encontraron alcohol, localizaron una destilería y comenzaron a incendiar las pocas casas de la ciudad que no habían sido dañadas en agosto de 1944 por los terribles bombardeos británicos. Excepto los edificios que los soviéticos ocuparon, como la Comandancia o los viejos cuarteles de la Gestapo, el resto fue arrasado. El doctor Lehndorff recuerda que soldados con sífilis y gonorrea regresaron al hospital y, a pesar de que en su salvajismo habían hecho añicos el dispenario, exigieron un tratamiento para sus enfermedades a punta de pistola. Lehndorff cuenta que sin que él estuviera presente su "compañera del alma", a la que se refiere con el nombre "Doctora", fue arrastrada desde una mesa de operaciones y violada. Cuando vio a su colega con la bata destrozada, pese a lo cual trataba de seguir con su quehacer de vendar heridos, comprendió lo ocurrido. Ella pidió una Biblia y preparó unas pastillas por si las necesitaba. Lo peor estaba por llegar, pues la doctora tuvo que resistir tres nuevos ataques. El doctor Lehndorff reconoce que se sintió aliviado cuando ella rompió a llorar: "Estuve contento de que finalmente hubiera cedido."

Una vez incendiada la urbe y finalizadas las orgías, los ciudadanos fueron agrupados para iniciar las marchas hacia los campos. El doctor Lehndorf fue uno de los que el 12 de abril salió de Königsberg en una de las expediciones. Lehndorff escribió en su *Tagebuch* (diario) que antes de abandonar el hospital una paciente con una herida en la cabeza fue violada incontables veces sin que fuera consciente de ello. Según su testimonio, todos los que estaban heridos o eran considerados demasiado viejos fueron asesinados en sus camas o en las cunetas. Durante la marcha de veinticinco kilómetros, los soldados, con ayuda de auxiliares polacos de ideología comunista, fueron sacando a las mujeres de la columna al grito de "Davai suda!" ("¡Ven, mujer!").

Algunas fuentes mencionadas por Giles MacDonog sostienen que los rusos ataron a jóvenes de las juventudes hitlerianas a caballos y fueron despedazados miembro a miembro. Los habitantes de los pueblos cercanos a Königsberg sufrieron la misma suerte. Un testigo que logró huir hacia el este denunció que una pobre chica de pueblo fue violada desde las ocho de la tarde hasta las nueve de la mañana por los miembros de un escuadrón de tanques. Otra fuente, Josef Henke, recoge en *Die Vertreibung* (*La expulsión*) informes sobre las experiencias de supervivientes, en los que figuran todo tipo de atrocidades. Una de las narradoras explica que después de asistir al asesinato de un matrimonio mediante un tiro en la nuca, fue capturada y violada veinte veces antes de ser encerrada con otras ocho mujeres, incluida una niña de catorce años, en una cabaña de un bosque, donde todas ellas fueron violadas durante una semana. Otro sobreviviente comenta que después de matar a un hombre, lo arrojaron a una pocilga para que lo comieran los cerdos.

## Dos millones de mujeres violadas

Según el comandante ruso citado más arriba, la "disciplina" se mantuvo en Polonia, donde "pasaron cosas lamentables" (saqueos y robos), pero no crímenes y violaciones en masa. Mientras en Polonia, por tanto, no se permitieron excesos contra la población civil, en Alemania el comportamiento bestial de los soldados soviéticos y polacos contó con la aquiescencia de los mandos. El judío sanguinario Ilya Ehrenburg, cuya arenga titulada "Matad" ha sido transcrita ya en parte en el capítulo noveno, jugó un papel de primer orden en su labor de propagandista. Sus artículos repugnantes aparecieron en *Pravda*, en *Izvestia* y en el periódico *Estrella Roja*, que se hacía llegar a los soldados de primera línea del frente. Ya en

1943, Ehrenburg publicó el libro *La Guerra*, en el que incitaba sistemáticamente a violar y a matar sin contemplaciones. "Los alemanes no son seres humanos", escribió este siniestro pregonero del odio y de la muerte, que invitaba a la soldadesca a matar a sangre fría:

> "...No nos excitaremos, mataremos. Si no habéis matado por lo menos a un alemán al día, habéis perdido ese día... Si no podéis matar a vuestro alemán con una bala, matadlo con vuestra bayoneta. Si hay calma en el frente y esperáis reiniciar la lucha, matad mientras a un alemán. Si dejáis a un alemán con vida, el alemán colgará a un ruso y violará a una mujer rusa. Si matáis a un alemán, matad a otro -no hay nada más divertido para nosotros que un montón de cuerpos alemanes... Matad a los alemanes, esta es la petición de vuestra abuela. Matad a los alemanes, esa es la plegaria de vuestro hijo. Matad a los alemanes, esa es la solicitud de vuestra madre patria. No falléis. No dejéis pasar la ocasión. Matad."

Dos millones de mujeres alemanas fueron violadas durante el avance del Ejército Rojo hacia Berlín, de las cuales más de doscientas mil murieron, bien a causa de agresiones inhumanas, bien por las lesiones sufridas, bien porque se suicidaron. Alguna mujer llegó a ser violada más de sesenta veces en una sola noche. Niñas y chicas jóvenes, monjas, mujeres de todas las edades, incluidas ancianas de ochenta años, fueron violadas incesantemente. Los hombres formaban colas que encabezaban a veces los oficiales. Ehrenburg había llamado expresamente a destrozar a mujeres que llevaban a un hijo en sus entrañas: "Entre los alemanes no hay inocentes, ni entre los vivos ni entre los que están a punto de nacer... Desgarrad con brío el orgullo de raza de las mujeres germánicas. Tomadlas como botín legítimo."

Sorprendentemente, en 2008 apareció la película *Anonyma - Eine Frau in Berlin* (*Anónima, una mujer en Berlín*), cuya versión en español se halla en internet. Dirigida por Max Färberböck, está basada en el diario personal de Marta Hillers, una periodista alemana reiteradamente violada que hablaba ruso y francés. Merece la pena verla. Además, en 2010 se publicó *Hellstorm: The Death of Nazi Germany (1944-1947)*, de Thomas Goodrich, un libro donde se ofrece cumplida información sobre la tragedia silenciada de tantas mujeres alemanas de las que nadie se acordó nunca. El lector interesado puede conocer detalles escabrosos y comprender hasta dónde llegó el horror. Existe, sin embargo, una obra pionera del Dr. Johannes Kaps: *Die Tragödie Schlesiens 1945/1946 in Dokumenten* (1952) De ella se tradujo al español un extenso fragmento que apareció publicado con el título de *Martirio y heroísmo de la mujer alemana del este*. Se trata de una colección de documentos estremecedores sobre violaciones, bestiales asesinatos inenarrables y otras atrocidades cometidas por la soldadesca soviética y polaca. Algunos testimonios denuncian que los polacos eran aún más sádicos que sus compinches.

Goodrich denuncia que norteamericanos, británicos y franceses sabían que se cometían atrocidades y no sólo no hacían nada por detenerlas, sino que muchos llegaron a participar en las orgías de depravación y sadismo sexual, particularmente marroquíes franceses. Las escenas narradas por víctimas y testigos que aparecen en *Hellstorm* son escalofriantes. Algunos soldados, por ejemplo, estaban tan borrachos que no podían culminar el acto y utilizaban entonces la botella, por lo que muchas mujeres quedaron obscenamente mutiladas. Según informes de los dos principales hospitales de Berlín (por tanto, son sólo cifras de mujeres que pudieron llegar a los hospitales), solamente en la capital más de cien mil mujeres fueron violadas, de las cuales diez mil murieron, muchas de ellas por suicidio: "Padre - dijo una de estas desdichadas a su confesor-, no puedo seguir viviendo. Treinta hombres me han violado la pasada noche." Muchas madres fueron obligadas a presenciar como sus hijas de diez, once y doce años eran violadas una y otra vez por una veintena de hombres; pero a la vez, las niñas y adolescentes tenían que presenciar violaciones a sus madres e incluso a sus abuelas octogenarias. Las mujeres que se resistían eran brutalmente torturadas, sin piedad, hasta la muerte. En ocasiones, después de haber consentido en la violación, los soldados degollaban o destripaban a sus víctimas. El historiador Anthony Beevor, autor de *Berlin: The Downfall 1945*, califica lo ocurrido como "el mayor fenómeno de violaciones en masa de la historia." Saint-Paulien, seudónimo de Maurice-Yvan Sicard, asegura en *La Bataille de Berlin*, el primer volumen de su obra *Les Maudits* (1958), que en el Gran Berlín el número de mujeres violadas superó con creces el millón.

Se ha dicho ya en el capítulo octavo que según Andrei Sverdlov, hijo del judío bolchevique que ordenó el asesinato del zar Nicolás II y de su familia, había en el Ejército Rojo trescientos cinco generales judíos durante la Segunda Guerra Mundial. Ello era consecuencia de la política llevada a cabo por Trotsky, que había ido confiando en sus hermanos de sangre para configurar los esquemas de mando del Ejército Rojo. Naturalmente, tanto los generales como los mandos intermedios facilitaron la distribución masiva de millones de panfletos de Ilya Ehrenburg (originariamente llamado Eliyahu) entre los soldados soviéticos que entraban en Alemania. Sin la menor duda, Ehrenburg debe ser considerado el ideólogo de las violaciones, las torturas y los asesinatos de las indefensas mujeres alemanas, muchas de las cuales acabaron embarazadas: se estima que nacieron cerca de trescientas mil criaturas. Muchos de estos bebés acabaron muriendo por falta de medios y atenciones. Este "filántropo" judío recibió en 1952 el Premio Stalin de la Paz. En Israel, por supuesto, Ehrenburg es objeto de todos los honores. Allí se preservan sus papeles en el "Yad Vashem Holocaust Museum".

Una vez redactadas estas líneas, hemos sabido que se acaba de publicar un nuevo libro sobre las violaciones indiscriminadas de mujeres alemanas, *Alle die Soldaten kamen* (*Vinieron todos los soldados*). Por primera vez se ofrece una investigación sobre la actitud de los soldados americanos, británicos y franceses. La profesora Miriam Gebhardt, que en su obra entrevista a víctimas y a personas nacidas de las violaciones, estima que, al margen de la orgía de los soviéticos, los soldados aliados violaron a unas 860.000 mujeres durante y después de la Segunda Guerra Mundial.

## Los prisioneros de guerra alemanes
## Los campos de la muerte de Eisenhower

En un capítulo posterior, dedicado exclusivamente a estudiar las acusaciones que pesan sobre la Alemania nazi en relación al supuesto exterminio de seis millones de judíos, examinaremos el sistema carcelario alemán. Ahora diremos sólo que inicialmente existían campos penitenciarios (Straflager), campos de trabajo (Arbeitslager) y campos de concentración (Konzentrationslager), cuyas infraestructuras estaban bien concebidas para que cumplieran su función. Alemania fue con diferencia el país que mejor cumplió el Convenio de Ginebra, por consiguiente dispensó a los prisioneros de guerra el trato requerido por las convenciones internacionales, de lo cual dan fe los informes de la Cruz Roja, que visitó regularmente los campos. Otra cosa fue el trato que recibieron los prisioneros alemanes. Se ha visto cómo Eisenhower prohibió a la Cruz Roja Internacional el acceso a sus campos de la muerte, donde perecieron apelotonados al aire libre cerca de un millón de alemanes. Ampliaremos enseguida este hecho histórico ocultado durante mucho tiempo.

Sobre el trato de los soviéticos a los prisioneros de guerra no cabe apenas cuestionar nada: con decir que la URSS, la aliada de las democracias, era uno de los pocos países del mundo que no había firmado la Convención de Ginebra, quedan en parte explicadas sus actuaciones escandalosas. Ya en la primavera de 1940 Beria había eliminado a 22.000 polacos que constituían la flor y la nata del Ejército de Polonia y de su intelectualidad sin que nadie se enterase. Es decir, no era posible controlar a los soviéticos ni exigirles que dispensaran un trato humanitario y digno a los prisioneros. Se ha visto cuál era la atención que recibieron durante lustros sus propios ciudadanos y sabemos cómo en Ucrania se mató por hambre (Holodomor) a siete millones de seres humanos. No debe, pues, extrañar el trato que dieron a los soldados enemigos.

El 29 de diciembre de 1941 en un hospital de campaña alemán en Teodosia (Crimea) ciento sesenta soldados heridos fueron asesinados. Algunos fueron lanzados por las ventanas al exterior y los empaparon de agua para que se congelasen. En febrero de 1943, tras la rendición del general von Paulus en Stalingrado, 91.000 soldados alemanes emprendieron a pie sobre la nieve la denominada "marcha de la muerte" hacia los campos de concentración. La mitad de ellos murieron a causa de la caminata, del frío extremado y de las palizas. El resto fue recluido en una decena de campos de concentración y sólo seis mil sobrevivieron a las condiciones infrahumanas de internamiento. En Járkov (Ucrania), en el verano de 1943 se ahorcó en público a ciento cincuenta prisioneros ante una multitud enfervorizada. En Glowno (Polonia) dos mil prisioneros alemanes que se rindieron fueron obligados a pisar minas y los que lograron sobrevivir fueron quemados con lanzallamas. Basten, pues, estos ejemplos.

De los tres millones de prisioneros alemanes que cayeron en manos del Ejército Rojo, un millón murió entre 1945 y 1953 en el Gulag soviético. A partir de la última fecha, tras la muerte de Stalin, la Cruz Roja Internacional comenzó a presionar para que los prisioneros de las naciones que habían combatido contra la URSS: Rumania, Hungría, Italia, Japón, Finlandia, Eslovaquia, la Francia de Vichy y otros entre los que estaba España, pudieran regresar a sus países. Del más de medio millón de prisioneros húngaros encerrados en campos soviéticos, unos doscientos mil perdieron la vida. También los rumanos padecieron enormemente por el trato recibido en los campos de la URSS: de cuatrocientos mil prisioneros sólo la mitad lograron sobrevivir y pudieron regresar a Rumanía.

Poco se podía esperar, por consiguiente, de la Unión Soviética, un país que desde 1917 venía caraterizándose por la eliminación despiadada de todos los opositores y por el desprecio sin paliativos de la vida de sus propios ciudadanos, considerados enemigos de clase. Por el contrario, alguna cosa más cabía exigir a los países que se autoproclamaban defensores de la libertad y de la democracia. Era del todo impensable, pues, que Dwight D. Eisenhower fuera a prohibir a la Cruz Roja Internacional el acceso a sus campos de la muerte. Es ahora pertinente volver sobre este asunto para ampliar en unas páginas la breve información que se ha dado más arriba

Lo primero que hay que constatar es que las rendiciones en masa se produjeron en el frente occidental porque los mandos alemanes estaban convencidos de que los Aliados los tratarían mejor que los soviéticos. En el frente oriental las unidades de la Wehrmacht se batieron hasta el final para tratar de impedir que muchos de sus compatriotas cayeran en manos de los comunistas. Fue el almirante Dönitz quien ordenó esta estrategia, que finalmente no sirvió de nada, puesto que, bien pensado, la muerte lenta que les había preparado Eisenhower era una de las más crueles que se podía dar a un ser humano: "Vi a miles de hombres apiñados -declaró Martin Brech, soldado americano guardián en uno de los campos-, empapados y fríos, durmiendo en el barro sin cobijo o mantas, comiendo hierba porque casi no los alimentábamos, muriendo... Quedó claro que no alimentarlos adecuadamente era nuestra norma deliberada... Ellos imploraban, enfermaban y morían delante de nosotros."

La publicación en 1989 de *Other Losses*, la obra de James Bacque que demostró sin lugar a dudas lo ocurrido, permitió descubrir una verdad que se había mantenido oculta. Tuvieron que pasar cuarenta y cuatro años para que el mundo conociera que Eisenhower, "el terrible judío sueco", era un genocida que había matado deliberadamente a cerca de un millón de alemanes en sólo unos meses. Puede uno hacerse una idea de la magnitud de este crimen cuando se constata que estas muertes exceden en mucho las sufridas en el oeste de Europa por el Ejército alemán en toda la guerra. Bacque entrevistó a cientos de prisioneros, guardias y oficiales estadounidenses y acumuló pruebas exhaustivas de archivos de Alemania, Francia, Gran Bretaña, Canadá y Estados Unidos que le permitieron poner al descubierto la historia escandalosa de un crimen gigantesco ejecutado sobre lodazales nauseabundos que se convirtieron en ciénagas de inmundicias, epidemias y enfermedades.

Los alemanes calcularon que más de 1.700.000 soldados que estaban vivos al final de la guerra nunca regresaron a sus casas; pero los Aliados rechazaron cualquier responsabilidad y señalaron a los rusos. Entre 1947 y 1950 la mayoría de los informes sobre los campos de prisioneros de Estados Unidos fueron destruidos. El propio Willy Brandt, impulsor de la "Ostpolitik" entre 1969 y 1974, subvencionó libros donde se negaban las atrocidades acaecidas en los campos norteamericanos. James Bacque señala que años más tarde Brandt rechazó discutir sobre su papel en la censura y subvención de libros que escondían los crímenes contra el pueblo alemán. Bacque denuncia asimismo que el Comité Internacional de la Cruz Roja en Ginebra no le permitió investigar en los archivos que informaban sobre los campos británicos y canadienses, quienes sabían lo que ocurría en los campos de la muerte de Eisenhower.

Cuando Morgethau viajó a Europa en compañía de White en agosto de 1944, tuvo ocasión de entrevistarse con Eisenhower, comandante supremo de la Fuerza Expedicionaria Aliada en Europa, quien, como se ha dicho, le garantizó que "cocería a los alemanes en su propia salsa". James Bacque, que además del *Morgenthau Diary* y la introducción del profesor Anthony Kubek utilizada por nosotros, cita el libro *Roosevelt and Morgenthau*, de John Morton Blum, confirma que el secretario del Tesoro regresó satisfecho de la buena predisposición de Eisenhower, puesto que el general prometió "tratar con dureza" a los alemanes. Sin embargo, Morgenthau le dijo a Roosevelt en la Casa Blanca que la Comisión Consultiva Europea no estudiaba "cómo tratar con severidad a Alemania del modo que desearíamos". En cualquier caso, Morgenthau estaba convencido de que acabaría por imponer su plan contra los alemanes y le dijo al presidente: "Dame treinta minutos con Churchill y podré enmendar esto." La réplica de Roosevelt, que procede de los *Presidential Diaries*[14], no tiene

---

[14] En los *Morgenthau Diaries* existe una serie de unas dos mil páginas, los llamados *Presidential Diaries*, que recogen las entrevistas de Morgenthau con FDR. En esta colección de escritos a mano, además de comadreos entre ambos y discusiones "tête-à-tête", figuran asimismo reuniones ministeriales. Estos documentos permiten apreciar la estrecha amistad entre los dos judíos y hasta qué punto sintonizaban en relación al odio al pueblo alemán. Los *Presidential Diaries* contienen también materiales relacionados con Harry Salomon Truman y con Dwight David Eisenhower.

desperdicio: "Hemos de ser duros con Alemania, y me refiero al pueblo alemán, no sólo a los nazis. O tenemos que castrar a los alemanes o debemos tratarlos de tal manera que no puedan seguir reproduciendo a gente que quiera continuar lo que han hecho en el pasado."

Estas palabras están en sintonía con la propuesta de Theodore N. Kaufman de esterilizar a todos los alemanes, lo cual invita a pensar que, como denunciaron en su día Göbbels y otros líderes nacionalsocialistas, Kaufman se movía en el entorno de la Casa Blanca, concretamente era un hombre de Samuel Rosenman, uno de los consejeros judíos más importantes del presidente. Incluso un poco antes de morir, Roosevelt confirmó a Morgenthau, quien estaba en Warm Springs (Georgia) la noche del 11 de abril de 1945, que compartía sus planes. Según anotó el secretario de Estado del Tesoro en los *Presidential Diaries*, las últimas palabras que le dijo el presidente en relación a cuestiones políticas fueron: "Henry, estoy contigo cien por cien".

En la segunda Conferencia de Québec, celebrada del 11 al 16 de septiembre de 1944, Morgenthau tuvo más de la media hora que había pedido para tratar de convencer a Churchill, el cual había viajado a Québec con un viejo conocido que odiaba a los alemanes tanto com Morgenthau, Lord Cherwell, i. e. Frederick Alexander Lindemann, su consejero judío, su amigo entrañable, el ideólogo del terror aéreo sobre Alemania. Ambos se pusieron de acuerdo para convencer a Churchill sobre la necesidad de aplicar el Plan Morgenthau. "Morgenthau y el consejero de Churchill Lord Cherwell - escribe Bacque- trazaron un plan para vencer la resistencia de Churchill." Sólo Anthony Eden, secretario del Foreign Office, se opuso en Québec al Plan Morgenthau y a Lord Cherwell, principal defensor del Plan en Inglaterra. A mediados de octubre Churchill explicó en Moscú el Plan Morgenthau para Alemania a Stalin, quien estuvo de acuerdo. Sin embargo, en el seno del Gabinete de Guerra británico había dudas. Lindemann consiguió encolerizar al secretario del Foreign Office cuando le intimó a Churchill que las preocupaciones de Eden sobre la hambruna en Alemania estaban por completo equivocadas. Según Bacque, Churchill tuvo que mediar entre ambos y apaciguar a Eden, quien replicó airado.

El 10 de marzo de 1945 Eisenhower encontró el modo de violar la Convención de Ginebra y evitar que los "prisoners of war" (POW) fueran tratados como exigían las normas internacionales. Para ello, creó un nuevo tipo de prisioneros: DEF (Fuerzas Enemigas Desarmadas). El Estado Mayor Conjunto, CCS (Combined Chiefs of Staff), integrado por los británicos y los norteamericanos, recibió el mensaje en abril en el Cuartel General de las Fuerzas Expedicionarias Aliadas, SHAEF (Supreme Headquarters Allied Expeditionary Force). El CCS aprobó el status DEF sólo para prisioneros de guerra en manos americanas, pues los británicos rechazaron adoptar el plan de Eisenhower para sus propios prisioneros. Las principales condiciones que establecía la orden se reflejaban en los puntos B, C y D y eran las siguientes:

"B) Los alemanes son responsables de alimentar y mantener a las tropas alemanas desarmadas.
C) El procedimiento adoptado no se aplicará a los criminales de guerra ni a otras categorías del personal alemán buscado ni a otras personas encontradas entre las Fuerzas Armadas alemanas y retenidas por motivos de seguridad. Se continuará encarcelando a estas personas como presuntos criminales de guerra o por motivos de seguridad militar y no como prisioneros de guerra. Serán alimentados, alojados y de esta manera supervisados por las Fuerzas Aliadas. Las autoridadces alemanas no ejercerán en absoluto control sobre ellos.
D) No habrá declaración pública en relación con el status de las Fuerzas Armadas alemanas o las tropas desarmadas."

El 10 de marzo, el mismo día que creó el status DEF para los prisioneros de guerra alemanes, Eisenhower celebró una conferencia de prensa en París, en la que dijo: "Si los alemanes razonasen como seres humanos normales sabrían que en toda la historia Estados Unidos y Gran Bretaña han mostrado generosidad hacia el enemigo derrotado. Nosotros cumplimos todas las normas de la Convención de Ginebra." Mediante la disposición D, la violación de la Convención de Ginebra se mantenía en secreto, lo cual era un requisito indispensable para evitar que la opinión pública conociera la verdad y, de paso, descubriera que Eisenhower era un cínico mentiroso. La Convención de Ginebra contemplaba tres derechos fundamentales para los prisioneros: comida y cobijo en el mismo nivel que las tropas del ejército captor; recepción y envío de correspondencia; derecho a ser visitados por delegados del Comité Internacional de la Cruz Roja.

La cláusula B preveía que fueran los propios alemanes quienes alimentaran y mantuvieran a sus tropas desarmadas. Sin embargo, el Plan Morgenthau estipulaba que las instituciones alemanas debían ser desmanteladas, incluidos todos los organismos que prestaban servicios sociales. Según el Plan, se debía impedir o abolir la producción de hasta quinientos productos. Pretender, por tanto, traspasar la responsabilidad a las autoridades alemanas era absolutamente delirante, toda vez que, una vez abolidos el Ejército, el Gobierno, los organismos asistenciales, la Cruz Roja Alemana y otras instituciones, incluidas las comerciales, no había autoridades. De hecho, Eisenhower sabía muy bien que la famosa directiva JCS 1067 le marcaba específicamente la política que tenía que adoptar en relación a cada una de las instituciones alemanas: debía abolir el Ejército, el Gobierno Central, el NSDAP, cerrar escuelas, universidades, estaciones de radio, periódicos, impedir que los soldados hablasen con alemanes... El espíritu y la letra del Plan Morgenthau, como habían pretendido Harry Dexter White, Frank Coe y Harry Glasser, los tres judíos comunistas del Tesoro que lo habían pergeñado, estaban en la directriz JCS 1067.

El 21 de abril de 1945 Eisenhower firmó un texto enviado al SHAEF en el que le decía al general Marshall que los nuevos recintos cercados para prisioneros "no serían proveídos de cobijo u otras comodidades." Añadía que los propios prisioneros deberían mejorarlos "utilizando materiales locales." Estos espacios sin techo, que fueron llamados "recintos temporales para prisioneros de Guerra, PWTE (Prisoner of War Temporary Enclosure), no eran otra cosa que campos abiertos rodeados de alambradas de púas. La supuesta temporalidad se prolongó durante más de medio año. Eisenhower no permitió siquiera la instalación de alguna mísera tienda de campaña; pero se ordenó la instalación de focos reflectores, torretas de vigilancia y ametralladoras. En cuanto al permiso dado a los prisioneros para mejorar en lo posible los campos "utilizando materiales locales", una orden de 1 de mayo prohibió específicamente la entrada de materiales en los cercados. Cuando en abril se comenzó a encerrar en estos recintos a los prisioneros que se rendían, no había en ellos ni torres de vigilancia, ni tiendas, ni agua, ni letrinas, ni instalaciones de ningún tipo. En algunos campos los hombres estaban tan apretujados que ni siquiera podía echarze en el suelo. He aquí, extraída de *Other Losses*, una descripción de la situación hecha desde el interior de un campo:

> "En abril de 1945, cientos de miles de soldados alemanes además de los enfermos de los hospitales, amputados, mujeres asistentes y civiles fueron apresados... Un prisionero en el campo de Rheinberg tenía más de ochenta años, otro sólo tenía nueve... Sus compañeros estaban agobiados por el hambre y atormentados por la sed, y morían de disentería. Un cielo cruel les arrojaba agua a raudales semana tras semana. Los amputados reptaban como anfibios a través del barro, empapados y temblando. A cielo abierto, día tras día, noche tras noche, yacían desesperados en la arena de Rheinberg o dormían exhaustos en sus desmoronados agujeros."

Por las noches los focos reflectores arrojaban luz sobre los hombres tumbados en sus oscuros agujeros, que gritaban en sus pesadillas. Uno de estos desgraciados, Charles von Luttichau, fue entrevistado en 1987/88 en Washington, D. C. por James Bacque. La madre de Luttichau era norteamericana, por lo que, estando convaleciente en su casa, decidió rendirse voluntariamente. Fue encerrado en Kripp, un campo cerca de Remangen, a orillas del Rin. Sigue un fragmento de la descripción que le hizo al autor de *Other Losses*:

> "Los retretes eran sólo leños echados sobre zanjas próximas a la alambrada de púas. Para dormir todo lo que podíamos hacer era cavar un hoyo en el suelo con nuestras propias manos y luego pegarnos unos a otros en el agujero. Estábamos apiñados muy cerca unos de otros. A causa de las enfermedades, los hombres tenían que defecar en el suelo. Pronto muchos de nosotros estuvimos demasiado débiles para quitarnos primero

los pantalones. Por ello, nuestras ropas estaban infectadas, y también lo estaba el barro sobre el que teníamos que caminar, sentarnos y echarnos. Al principio no hubo nada de agua, excepto la de lluvia. Luego al cabo de un par de semanas pudimos recibir un poco de agua de una tubería. Pero la mayoría de nosotros no teníamos nada con que cogerla, por lo que sólo podíamos dar unos tragos después de horas de guardar cola, a veces incluso a lo largo de la noche. Teníamos que caminar entre los agujeros, sobre la tierra húmeda amontonada mientras cavábamos, por lo que era fácil caer en un agujero y difícil salir de él. En esta parte del Rin la lluvia en primavera era casi constante. Más de la mitad de los días no teníamos nada de comida. El resto teníamos una pequeña ración K. Pude ver por los paquetes que nos daban una décima parte de las raciones que les entregaban a sus hombres. Por tanto, al final nos daban quizá un cinco por ciento de una ración normal del Ejército de Estados Unidos. Le dije al comandante del campo que estaba incumpliendo la Convención de Ginebra, pero él sólo me dijo: 'Olvídate de la Convención. No tenéis ningún derecho'. En pocos días, hombres que habían entrado con salud en el campo estaban muertos. Vi a nuestros hombres arrastrando muchos cuerpos de muertos hasta la puerta del campo, donde apilados unos sobre otros eran acarreados en camiones que se los llevaban.

Un chico de diecisiete años que podía ver su pueblo en la lejanía acostumbraba a llorar de pie junto a la alambrada de púas. Una mañana los prisioneros lo encontraron abatido de un disparo al pie de la cerca. Su cuerpo fue colgado en la alambrada por los guardias y lo dejaron a la vista como advertencia. Se obligó a los prisioneros a caminar cerca del cuerpo. Muchos gritaban 'asesinos, asesinos'. En represalia, el comandante del campo retuvo las ya miserables raciones durante tres días. Para nosotros, que estábamos ya muriendo de hambre y apenas podíamos movernos a causa de la debilidad, fue espantoso. Para muchos significó la muerte. No fue ésta la única vez que el comandante retiró las raciones para castigar a los prisioneros."

Casi todos los supervivientes entrevistados por Bacque coinciden en que la falta de agua era una de las cosas más terribles. George Weiss, un mecánico de tanques, recuerda que llegaron a estar tres días y medio sin agua, por lo que bebían sus propios orines. "Su gusto -recuerda Weiss- era terrible, ¿pero qué podíamos hacer? Algunos hombres lamían la tierra para conseguir un poco de humedad." Otros testimonios denuncian que entre los prisioneros había en los campos niños de seis años, mujeres embarazadas y ancianos. Debe tenerse en cuenta que no existían registros en los campos de DEF y que la mayoría de los registros de los campos de POW fueron destruidos posteriormente. Por ello no puede saberse cuántos civiles fueron apresados.

El Ejército francés reclamó a los norteamericanos transferencias de prisioneros con el fin de utilizarlos en trabajos de reparación. Según informes franceses, en una entrega de cien mil que supuestamente debían ser útiles para trabajar, los americanos les traspasaron 32.640 mujeres, niños y ancianos. Sobre los franceses, James Bacque pone en evidencia la desatrosa situación de sus campos de prisioneros, tan desatrosa que casi emularon a los norteamericanos, puesto que de un total de 740.000 prisioneros que recibieron del Ejército de Estados Unidos, 250.000 murieron a causa del hambre y del trato miserable a que fueron sometidos. A estas muertes hay que añadir por lo menos otros 800.000 fallecidos en manos de los americanos, con lo cual la cifra total supera el millón.

El general Patton fue el único que puso en libertad a un número significativo de prisioneros durante el mes de mayo, a los que salvó de este modo de morir de hambre. Cuando otros generales trataron de seguir su ejemplo y ordenaron asimismo la liberación de prisioneros, una contraorden firmada el 15 de mayo por Eisenhower abortó su tentativa. Bacque confirma que en un mes Patton licenció a cerca de medio millón. De los más de cinco millones de soldados capturados por los estadounidenses en el noroeste de Europa, casi cuatro millones permanecieron encerrados en recintos al aire libre. Según Bacque, el 8 de septiembre de 1945 habían sido liberados alrededor 2.200.000 detenidos. Otros 3.700.000 del total de apresados en todos los teatros de operaciones europeos seguían aún en los campos, o habían muerto, o su custodia había sido transferida a los británicos o a los franceses. Con la llegada del verano, mejoraron las condiciones meteorológicas y se atenuó el sufrimiento por los rigores climáticos, pero la hambruna siguió causando estragos. Además, en junio y julio prisioneros con el status de POW fueron en secreto trasladados al status DEF. Entre el 2 de junio y el 28 de julio el número de prisioneros en los campos DEF aumentó en casi seiscientos mil.

El Gobierno de Estados Unidos denegó al Comité Internacional de la Cruz Roja el permiso para entrar en los campos y visitar a los prisioneros, lo cual supuso una violación manifiesta de la Convención de Ginebra. Con la desintegración del Gobierno alemán, Suiza había recibido la autorización para ejercer el papel de Poder Protector, lo cual debía asegurar que los informes de la Cruz Roja serían recibidos por Suiza. Con el fin de impedirlo, el 8 de mayo de 1945, tan pronto se produjo la rendición incondicional de Alemania, el Departamento de Estado norteamericano hizo saber al embajador suizo en Washington que su país había rechazado a Suiza como Poder Protector. Una vez hecho esto, el Departamento de Estado comunicó al ICRC (International Committee of the Red Cross) que no tenía sentido realizar visitas, puesto que no había Poder Protector. Pese a ello, el Departamento de Estado informó descaradamente a Suiza que Estados Unidos continuaría tratando a los prisioneros "de acuerdo con las disposiciones de la Convención de Ginebra."

Por contra, dos millones de prisioneros británicos, americanos, franceses y canadienses salieron de los campos alemanes y recuperaron la libertad aquella primavera. La Cruz Roja, que supervisó la operación, los recibió con paquetes sacados de sus depósitos en Suiza, donde tenía almacenados millones de ellos. Los prisioneros liberados tuvieron la oportunidad de agradecer a la Cruz Roja la ayuda prestada con los paquetes de comida que habían ido llegando a los campos de internamiento. Los alemanes, pese a que al final de la guerra el pueblo alemán sufría graves restricciones de alimentos, habían suministrando casi hasta el final 1.500 calorías por día a los detenidos. Otras ayudas había llegado a los campos a través del correo. El 98% de los prisioneros encerrados en los centros de detención alemanes regresaron a sus países sanos y salvos, según informes emitidos por la Cruz Roja en mayo de 1945. Su estado de salud era bueno, no sólo porque habían tenido comida, sino también ropas de abrigo y medicinas, que habían llegado regularmente por correo con la aquiescencia de las autoridades alemanas.

El Departamento de Guerra de Estados Unidos prohibió el 4 de mayo de 1945 que los prisioneros de guerra alemanes pudieran enviar o recibir correo. El Comité Internacional de la Cruz Roja propuso en julio un plan para restablecer el correo a los prisioneros alemanes, pero fue rechazado por los norteamericanos. Los británicos, sin embargo, aceptaron la sugerencia de la Cruz Roja y en julio-agosto restablecieron las comunicaciones por correo. Otro intento de ICRC se produjo a finales de mayo o a principios de junio. Dos trenes cargados con comida procedente de sus almacenes en Suiza, donde se guardaban más de cien mil toneladas en depósito, fueron enviados a Alemania. Uno iba en dirección a Mannheim y otro a Ausburgo, ciudades en el sector americano. Ambos llegaron a su destino, donde los funcionarios que viajaban en ellos fueron informados por oficiales estadounidenses de que los almacenes estaban llenos. Los trenes tuvieron que regresar a Suiza con su cargamento.

La primera zona que permitió envíos de la Cruz Roja fue la zona británica; pero no lo hizo hasta octubre de 1945. Por su parte, los franceses no autorizaron las ayudas hasta diciembre. En las zonas soviética y norteamericana, por contra, se rechazaron las entregas de la Cruz Roja durante todo el invierno de 1945-46, que fue especialmente severo. Las autoridades militares de Estados Unidos, aunque las importantes donaciones irlandesas y suizas señalaban específicamente, según el ICRC, que eran para Alemania, aconsejaron al delegado del Comité Internacional de la Cruz Roja en Berlín que enviase a otras zonas necesitadas de Europa todos las remesas de asistencia disponibles. Max Huber, jefe del ICRC, decidió por fin emprender una investigación, la cual sirvió de poco, toda vez que hasta que Eisenhower fue relevado en noviembre por Lucius Clay, el Ejército de Estados Unidos no permitió prestaciones de nigún tipo a los alemanes. Aun así, sólo en marzo de 1946 se autorizó la entrada de socorro internacional en la zona americana. Los soviéticos demoraron su conformidad hasta el mes de abril. Entonces, cientos de miles de alemanes ya habían muerto a causa del hambre, el frío y las enfermedades.

Sin duda, Eisenhower debe pasar a la historia como uno de los mayores criminales de la Segunda Guerra Mundial. El 10 de marzo de 1945, antes de que se produjeran las grandes capturas de prisioneros alemanes, creó el status DEF, lo cual demuestra que la política que se pensaba adoptar fue concebida con antelación. En consonancia con los requerimientos de tratar con dureza a los alemanes y en perfecta sintonía con el Plan Morgenthau, en realidad un plan genocida, Eisenhower planeó privar a los prisioneros de comida, agua y cobijo. A pesar de que el Ejército de Estados Unidos tenía un excedente de tiendas de campaña y de que la Cruz Roja almacenaba en Suiza comida en abundancia, se decidió encerrar a los alemanes en los PWTE (Recintos Temporales para Prisioneros de Guerra) al aire libre y se prohibió la distribución de comida y la asistencia sanitaria de la Cruz Roja. Todo ello equivalía a condenar a la muerte a cientos de miles de alemanes. El único general que comprendió más o menos lo que ocurría y se atrevió a discrepar fue George Smith Patton, quien finalmente sería asesinado en diciembre de 1945.

## El asesinato del general Patton

Eisenhower sabía que podía ser objeto de algún tipo de investigación por parte del algún Comité del Congreso o del Senado, por ello había exigido lealtad a sus subordinados. Este temor de Eisenhower es reflejado por Patton en su diario personal: "Después del almuerzo el general Eisenhower nos habló muy confidencialmente sobre la necesidad de ser solidarios en caso de que alguno de nosotros pudiera ser llamado a declarar ante un Comité congresual... Presentó a grandes rasgos una forma de organización. Aunque ninguno de nosotros estuvimos exactamente de acuerdo, no fue suficientemente opuesta a nuestros puntos de vista para impedir el apoyo en general." Eisenhower no sólo tenía que evitar una investigación del Congreso por todo lo que se estaba encubriendo en la zona americana de ocupación, sino que debía evitar discrepancias con generales como el propio Patton, que representaba el honor del Ejército y la sencillez y generosidad del pueblo norteamericano. El prestigio de Patton era reconocido por los propios alemanes, que lo consideraban uno de los genios militares de los Estados Unidos.

Su pensamiento en relación al trato a los alemanes lo expresó al responder una pregunta que le formuló un juez militar. Patton confirmó que en sus discursos a las tropas ponía énfasis "en la necesidad de un tratamiento adecuado a los prisioneros de guerra, tanto a sus vidas como a sus propiedades." Considerado el mejor militar de su país en la Segunda Guerra Mundial, era admirado por sus soldados, a los que hablaba sin rodeos: los animaba a matar a tantos alemanes como pudieran en el campo de batalla, "pero no los pongan contra una pared y los maten. Háganlo mientras están peleando." Martin Blumenson cita las siguientes palabras del general Patton en *The Patton Papers*: "Cuando un hombre se ha rendido, debería ser tratado exactamente de acuerdo con las reglas del combate terrestre y del mismo modo que te gustaría ser tratado si hubieras sido tan estúpido como para rendirte. Los americanos no golpeamos a la gente en los dientes cuando están vencidos." Como se verá a continuación, Patton deploraba las políticas de Eisenhower contra los alemanes y el trato que los vencedores dieron a Alemania: "Lo que estamos haciendo -denunció- es destruir completamente el único Estado moderno de Europa de manera que Rusia se lo pueda tragar entero."

Patton se disponía a ocupar Checoslovaquia y Alemania cuando recibió la orden de detener la ofensiva porque en Yalta se había pactado que la Unión Soviética debía ocupar esta parte de Europa central. Con el fin de evitar su avance, Eisenhower le cedió a Montgomery la gasolina de sus tanques. Acabada la guerra, Patton fue nombrado gobernador militar de Baviera y se atrevió a decir sin ambages que Stalin no hubiera ocupado media Europa sin el apoyo de Roosevelt. Al descubrir que su país había pactado con la Unión Soviética, Patton denunció públicamente esta connivencia. Ello le originó muchos problemas y le creó múltiples enemigos, tanto en Estados Unidos como en la URSS. Sus puntos de vista quedaron escritos en su diario y en cartas a su familia y a sus amigos, muchos de estos textos figuran en *The Patton Papers*.

Es probable que Patton, que despreciaba sin eximentes todo lo que representaba la Unión Soviética, nunca llegara a comprender en profundidad por qué razón se entregaba media Europa al comunismo. Es evidente que desde su lógica militar no tenía una explicación aceptable. Él había luchado por liberar a Europa del nazismo y consideraba que dejarla en manos de Stalin equivalía a un fracaso, máxime cuando se mostraba convencido de que podían empujar de nuevo al Ejército Rojo hacía sus fronteras si se aprovechaba el momento. El día 18 de mayo de 1945 Patton escribió en su diario que el Ejército americano podría batir a los rusos con la mayor facilidad. Dos días más tarde escribió una carta a su mujer en la que repetía la misma idea: "si tenemos que combatir a los rusos, ahora es el momento. En adelante nosotros nos debilitaremos y ellos se harán más fuertes." Pronto sus opiniones y sus palabras despectivas hacia los soviéticos llegaron a oídos de sus enemigos y detractores.

El 21 de julio de 1945, después de haber visitado las ruinas de Berlín, escribió lo siguiente a su mujer: "Berlín me ha entristecido. Hemos destruido lo que podría haber sido una buena raza y estamos cerca de sustituirlos por brutales mongoles. Y toda Europa será comunista. Es triste que durante la primera semana que entraron en Berlín, se disparó a todas las mujeres que corrían y las que no lo hacían fueron violadas. Si se me hubieran dejado, yo podría haberla tomado." Naturalmente, si se hubiera permitido a Patton tomar Berlín las agresiones salvajes, los asesinatos y las violaciones se hubieran evitado. La referencia a los mongoles tiene que ver con el hecho de que en las tropas soviéticas que ocuparon la capital del Reich abundaban soldados de esta raza, por lo que varios historiadores hablan de que las mujeres alemanas fueron violadas por "hordas asiáticas". Patton insiste en su diario en el respeto hacia la raza alemana. En otra entrada del 31 de agosto, escribió: "Realmente los alemanes son la única gente decente que queda en Europa. Es una elección entre ellos y los rusos. Yo prefiero a los alemanes."

Tampoco los judíos eran santo de su devoción. En realidad sentía repugnancia hacia ellos. Nos parece evidente que Patton no acababa de comprender las verdaderas razones por las que se había llevado al mundo a la guerra más devastadora de toda la historia, de ahí que contemplara atónito cómo un enjambre de judíos procedentes de Rusia y de Polonia comenzó a invadir Alemania tan pronto cesaron las hostilidades. En espera de que se organizase su traslado a Palestina, fueron alojados en los campos para Personas Desplazadas (DP's) que los americanos habían construido para ellos. Su conducta y su falta de higiene en estos campos asqueaba a Patton. En una ocasión, Eisenhower insistió en que lo acompañara a un servicio religioso judío, experiencia que dejó anotada en una entrada de su diario el 17 de septiembre:

> "Resultó que era la fiesta del Yom Kippur, así que se reunieron en un edificio grande de madera que llaman sinagoga. Le correspondió al general Eisenhower pronunciar un discurso para ellos. Entramos en la sinagoga, que estaba atestada con el más hediondo montón de humanidad que he visto nunca. Cuando llegamos a la mitad de la ceremonia, el rabino jefe, que vestía una piel similar a la que llevaba Enrique VIII de Inglaterra y un sobrepelliz bordado muy sucio, vino a ver al general... El mal olor era tan terrible que casi me desmayé y de hecho cerca de tres horas más tarde arruiné mi almuerzo como resultado de su recuerdo."

En otra anotación también del mes de septiembre, Patton dejó constancia de su indignación por el trato de favor que Washington exigía para los judíos. Se le ordenaba que sacase de sus casas a los alemanes para alojar en ellas a judíos: "Evidentemente -escribió-, el virus de la venganza semítica contra todos los alemanes puesto en marcha por Morgenthau y Baruch sigue funcionando. Harrison (un funcionario del Departamento de Estado) y sus socios dicen que los civiles alemanes deberían ser sacados de sus casas con la finalidad de dar vivienda a Personas Desplazadas." En realidad la mayoría de estos judíos a los que se pretendía instalar en viviendas no eran desplazados, sino grupos que voluntariamente entraban en Alemania. A pesar de su desacuerdo con la política oficial, que lo llevó a desafiar la JCS 1067, Patton trató de cumplir las órdenes que no violaran su conciencia: "Hoy hemos recibido órdenes -anotó en otra entrada- en las que se nos dice que demos alojamientos especiales a los judíos." En otra carta a su esposa, insistía en lamentar el trato que se daba a los alemanes: "He estado en Frankfurt para asistir a una conferencia del gobierno civil. Si lo que hacemos a los alemanes es libertad, entonces dame muerte. No puedo ver que los americanos hayamos caído tan bajo. Es semítico y estoy seguro de ello." Parece claro que a estas alturas Patton había ya asociado a los comunistas con los judíos.

Las opiniones de Patton eran ya inaceptables, por lo que se organizó una campaña de prensa para desacreditarlo. El acoso comenzó con acusaciones de que era demasiado blando con los alemanes; pero enseguida se echó mano de un incidente ocurrido en agosto de 1943 en la campaña de Sicilia. Allí abofeteó con sus guantes a un gandul llamado Charles H. Kuhl, pues consideró que se hacía el enfermo. En los hospitales había un gran número de ellos que fingían para evitar el combate. Con el fin de acusar al general de antisemitismo, un periódico de Nueva York publicó que cuando Patton abofeteó al soldado, que era judío, lo había llamado "judío cobarde", lo cual no era cierto. En una conferencia de prensa celebrada el 22 de septiembre, el general comprendió que algunos reporteros lo provocaban para hacerle perder la paciencia. El mismo día escribió en su diario: "En la prensa hay una influencia semítica muy obvia. Intentan dos cosas: primero, implementar el comunismo, y segundo, tratan de que todos los hombres de negocios de linaje alemán sin antepasados judíos pierdan sus trabajos... Han perdido el sentido de la justicia y piensan que un hombre puede ser despedido porque alguien dice que es un nazi." También a su mujer le explicó lo ocurrido en la conferencia de prensa: "Antes de que recibas esta carta, estaré probablemente en los titulares, pues la prensa tiene interés en decir que estoy más interesado en restablecer el orden en Alemania que en cazar nazis."

El clamor de la prensa contra Patton fue aprovechado enseguida por Eisenhower, quien el 28 de septiembre, después de recriminarle sus puntos de vista, decidió sustituirlo como gobernador militar de Baviera y quitarle el mando del Tercer Ejército. El 7 de octubre, en una triste ceremonia, Patton se despidió de sus subordinados con estas palabras: "Todas las cosas buenas deben terminar. Lo mejor que me ha ocurrido hasta aquí es el honor y el privilegio de haber mandado el Tercer Ejército." Su nueva designación fue el mando del Decimoquinto Ejército en un pequeño cuartel de Bad Nauheim. El 22 de octubre escribió una larga carta al general James G. Harbord, quien había regresado ya a Estados Unidos. En ella Patton condenaba amargamente la aplicación de la política de Morgenthau; la conducta pusilánime y cobarde de Eisenhower ante las pretensiones de los judíos; la marcada tendencia prosoviética en la prensa; y la politización, corrupción, degradación y desmoralización que estas cosas causaban en el Ejército.

Finalmente, el 9 de diciembre de 1945, cerca de Mannheim, el Cadillac en que viajaba el general Patton se estrelló contra un camión del Ejército de dos toneladas que se cruzó de manera imprevista en la carretera. El impacto no fue mortal, pues tanto el conductor, Horace Woodring, como su jefe de gabinete, el general Hobart Gay, apodado "Hap", salieron del coche con apenas unos rasguños; sin embargo, Patton estaba herido de bala en el cuello, aunque no de gravedad. De camino hacia el hospital, el vehículo que había rescatado al general fue embestido otra vez por otro camión militar de gran tonelaje. Esta vez las heridas de Patton fueron más graves; pero llegó con vida al hospital, desde donde fue capaz de contactar con su esposa en Estados Unidos. Le pidió que lo sacase urgentemente del hospital porque querían matarlo: "They are going to kill me here" ("Van a matarme aquí"). Y así fue. El 21 de diciembre de 1945 Patton fue declarado muerto a causa de una embolia. El Ejército no sólo no emprendió ninguna investigación sobre los "accidentes", sino que tampoco se planteó ninguna duda sobre su "embolia". El cadáver del héroe norteamericano nunca fue repatriado a Estados Unidos. No se le practicó ninguna autopsia.

El asesinato del general George Patton se convirtió en uno de los acontecimientos más encubiertos de la historia militar. A pesar de que su expediente en el Archivo Nacional de San Luis tiene más de mil trescientas páginas, sólo unas pocas se refieren al accidente. Cinco informes realizados en el lugar desaparecieron poco después de haber sido archivados. A pesar de que el chófer de Patton declaró que el primer camión los estaba esperando a un lado de la carretera, ninguno de los conductores de los camiones fue arrestado ni se revelaron sus nombres. Más tarde, Ladislas Farago, un antiguo agente de inteligencia, informó que el conductor del primer camión era Robert L. Thompson, que fue alejado a Londres antes de que pudiera ser interrogado. Thompson no estaba autorizado para conducir el camión y, en violación de las reglas, tenía en el vehículo a dos misteriosos pasajeros.

En 2008 el autor Robert K. Wilcox publicó *Target: Patton: The Plot to Assassinate General George S. Patton* (*Objetivo: Patton: la conspiración para asesinar al general George S. Patton*), obra en la que expone el complot para eliminar al general. El atentado es reconstruido gracias a la localización de un implicado directo, el judío libanés Douglas Bazata, un agente del OSS (Office of Strategic Services), antecesora de la CIA, que fue entrevistado por Wilcox antes de morir en 1999. Fue el propio Bazata quien disparó sobre el general un proyectil de baja velocidad que lo hirió en la garganta. Según Bazata, la orden para silenciar a Patton la recibió del jefe de la OSS, el general William Joseph ("Wild Bill") Donovan, considerado el padre de la CIA, que mantenía relaciones estrechas con los comunistas. Según Bazata, las palabras de Donovan fueron: "Tenemos una situación terrible con este gran patriota. Está fuera de control y debemos salvarlo de sí mismo y evitar que arruine todo lo que han hecho los aliados." Bazata confirmó que muchas personas odiaban a Patton y desveló a Wilcox que fue contratado por Donovan, quien le ofreció 10.000 dólares para montar el accidente. Una vez hospitalizado, se mantuvo aislado a Patton, que murió sorprendentemente cuando se estaba recuperando. Según Bazata, los servicios secretos norteamericanos permitieron que agentes de Stalin lo matasen con una inyección[15]. La embolia, pues, habría sido provocada mediante la introducción en la corriente sanguínea de una burbuja de sangre que le alcanzó un órgano vital, algo que cualquiera puede hacer con una jeringa tras un breve aprendizaje médico.

El hermano Nathanael Kapner, un judío convertido al cristianismo (ortodoxo), informa en su página *Real Jew News!* que Bill Donovan, a pesar de que pasaba por ser de origen irlandés, era supuestamente un criptojudío, puesto que su madre, Anna Letitia "Tish" Donovan, era probablemente judía. El hermano Nathanael vincula a Donovan con el círculo íntimo de judíos que asesoraban a Franklin D. Roosevelt. Concretamente, considera que la premisa de su identidad judía queda fortalecida por el papel que desempeñó como ayudante del juez Samuel Rosenman en los juicios de Nuremberg, donde Donovan puso en evidencia que sentía algo más que simpatías hacia los judíos.

## Terrorismo judío

En 1969 un destacado sionista llamado Michel Bar-Zohar publicó *Les vengeurs* (*Los vengadores*), libro que ya ha sido citado en este capítulo al comentar el asesinato de Wilhelm Gustloff, el líder del NSDAP tiroteado en su casa por el terrorista judío David Frankfurter. Más de veinte años después de los hechos que pone al descubierto en su obra y cuando ya la religión del Holocausto había comenzado a propagarse en todo el mundo tras la Guerra de los Seis Días, Bar-Zohar, biógrafo oficial de David Ben Gurión, Shimon Peres e Isser Harel, legendario director del Mossad, desvela en la primera parte del libro, "La venganza", que tan pronto terminó la guerra en Europa hubo grupos de terroristas judíos que se dedicaron a asesinar a supuestos líderes nazis y que planearon envenenar masivamente a ciudadanos alemanes. Este autor presenta a los criminales como heroicos caballeros vengadores que actúan en nombre de una justicia de la que sólo deben rendir cuentas ante Dios. Evidentemente, ante su Dios, Yahvé, el Dios que ha elegido a los judíos entre todos los pueblos de la Tierra. De este modo, los terroristas, la mayoría de ellos sionistas que a finales de los años sesenta

---

[15] La colaboración entre la OSS (Office of Strategic Services) y el NKVD comenzó a fraguarse en diciembre de 1943. Entonces, Donovan viajó a Moscú para organizar la cooperación entre ambos servicios secretos durante la guerra. Según explican Herbert Romerstein y Eric Breindel en *The Venona Secrets*. El 23 de diciembre Donovan se entrevistó con Pavel Fitin, jefe de la unidad de Inteligencia Exterior del NKVD, y le ofreció incluso facilitar nombres de agentes americanos que operaban en la Europa ocupada por los nazis con el fin de mejorar la colaboración. Romerstein comenta lo siguiente: "Ofrecer los nombres de agentes a otro servicio de inteligencia no se había hecho nunca por parte de un funcionario experimentado de inteligencia." Lógicamente, Fitin acogió con interés la proposición y sugirió utilizar las instalaciones norteamericanas en Alemania y Francia.

ocupaban puestos destacados en Israel, se convierten a la vez en policías, fiscales, jueces y verdugos que actúan desde una superioridad moral incuestionable, con un integridad sin igual y, por supuesto, con impunidad total.

Gracias a esta obra descarada, se pudo saber que ciertos grupos judíos, con el objetivo de aplicar una "venganza judía", asesinaron a miles de alemanes, muchos de los cuales, según ellos, era criminales de las SS. El primer grupo presentado por Bar-Zohar es una brigada autónoma judía que a finales de mayo de 1945 pretendía entrar en Alemania desde Italia al frente de una columna británica que viajaba en vehículos Dodge. En sus coches, además de la bandera de Israel, llevaban la siguiente inscripción: "Deutschland kaputt! Kein Volk, kein Reich, kein Fuhrer! Die Juden kommen!" (¡Alemania rota! ¡Ningún pueblo, ningún imperio, ningún líder! ¡Llegan los judíos!). A pocos kilómetros de la frontera, se produjo una contraorden del mando británico y la brigada, formada con oficiales judíos afiliados a la Haganá (organización militar embrión del futuro Ejército sionista), fue destinada a Tarvisio, cerca de Trieste. Poco antes de su llegada, informa Bar-Zohar, se habían producido en la ciudad ataques a alemanes, se habían incendiado casas de nazis y mujeres germanas habían sido violadas. Se da a entender que los autores de estos actos eran soldados judíos que se encontraban en Tarvisio, por lo que, aunque los culpables no fueron descubiertos, el mando de la brigada se inquietó, toda vez que estas violencias desordenadas podían perjudicar la causa judía. Era preciso "canalizar el sentimiento de venganza que anida en todos los soldados judíos de Tarviso -escribe Bar-Zohar-, y es con este objetivo que los jefes de la Haganá deciden confiar el derecho a derramar sangre en nombre del pueblo judío en un grupo de hombres especialmente seguros y conocidos por sus cualidades morales."

El líder de la brigada judía era un jefe de la Haganá, Israel Karmi, que en 1969 se había convertido en comandante jefe de la Policía Militar de Israel. Él y Shalom Gilad son las fuentes principales de información de Bar-Zohar en esta parte del libro. Según un informe secreto de Gilad conservado en los archivos de la Haganá en Israel, Karmi recibía las órdenes de Shlomo Shamir, alias "Fistouk", futuro general del Ejército. Judíos americanos y de Palestina que trabajaban en el interior de los servicios de inteligencia aliados suministraban información sobre las futuras víctimas. En el informe secreto de Gilad se narra una acción en la que él participó, la cual permite, en nuestra opinión, poner en duda los criterios de selección de las víctimas y, como en este caso, la fiabilidad de las fuentes de información:

> "Una vez, recuerdo, detuvimos a un polaco que había colaborado con los nazis. Le servimos una buena comida, convenientemente regada, y luego le dijimos. 'sabemos que eres polaco, no alemán, sabemos también que lo que has hecho lo hiciste porque no tenías elección. No queremos

hacerte daño, pero para probarnos que tu conciencia es pura, te sentarás y nos harás una lista de criminales que tú conoces indicándonos dónde los podemos encontrar'."

Según Bar-Zohar, el polaco, asustado, escribió una lista con varias decenas de nombres de alemanes. Posteriormente, confirma el autor, estas personas acusadas por el polaco acabaron siendo ejecutados por los vengadores de la brigada judía.

En el interior de la brigada se formó por orden de la Haganá "un segundo grupo de vengadores"; pero, como medida de precaución, ninguno de los dos comandos sabía de la existencia del otro. Marcel Tobias, que formaba parte de este segundo grupo, relató en 1964 a un periodista israelí que los vengadores de la brigada judía recorrieron durante meses ciudades y pueblos del norte de Italia, de Austria y del sur de Alemania y que sólo suspendieron sus acciones cuando los rumores comenzaron a circular y las familias de nazis desaparecidos acudieron a las autoridades británicas para reclamar sobre el paradero de sus familiares: habitualmente, los terroristas, que vestían uniformes del ejército británico, recogían a los seleccionados en sus casas con el pretexto de conducirlos a la Comandancia británica para prestar declaración. Los habitantes de la región o patrullas militares comenzaron a encontrar cadáveres en los lindes de los bosques, a los lados de las carreteras, también en el fondo de un estanque. Incluso se produjeron extrañas muertes en los enfermos del hospital de Tarviso y desapariciones ("fugas") en las cárceles cuando había guardianes judíos de la brigada.

En el otoño de 1945 otra unidad judía, el "batallón alemán", se unió a la brigada en Tarvisio. Este batallón se había formado en Palestina con judíos alemanes llegados a Tierra Santa gracias al acuerdo Haavara. El batallón alemán, explica Bar-Zohar, nació en el seno del "Palmach", una fuerza de choque de la Haganá que mandaba Yitzhak Sadeh. El batallón alemán, "Deutsche Abteilung", era, pues, un comando del Palmach formado por voluntarios que dominaban las técnicas y la terminología de la Wehrmacht y vestían uniforme alemán. Su jefe, Simon Koch, conocido como el coronel Avidan, y algunos de los miembros del batallón, que se asentó en Camporosso, a dos kilómetros de Tarvisio, se integraron en el comando de los vengadores. Su triángulo de operaciones fue Tarvisio, Innsbruck y Judenburg; pero realizaron asimismo incursiones a Alemania. Bar-Zohar cita de nuevo el informe de Gilad para narrar la visita de un joven miembro del "Deutsche Abtelung", hijo de una cristiana y un judío, a la casa de su madre en las cercanías de Sttutgart:

"Encontró bien a su madre y a su hermana, pero se negaron a hablarle. Les preguntó entonces dónde estaba su padre. Ellas acabaron por responderle secamente que estaba muerto. Siguió preguntándoles y le confesaron que había sido asesinado por los alemanes. El joven quería saber quién había matado a su padre. Puesto que su madre y su hermana rechazaron responderle, las amenazó con la metralleta y ellas le dieron los nombres y las direcciones de los responsables."

Finalmente, puesto que los familiares de las personas ejecutadas exigían con insistencia responsabilidades a las autoridades, el Alto Mando británico juzgó preferible alejar de Tarvisio a la brigada judía y la envió a Bélgica, después a Holanda y más tarde a Francia. En estos países los vengadores justicieros continuaron las ejecuciones de antiguos nazis y penetraron también en Alemania para matar allí a supuestos criminales. "¿Cuántos nazis -se pregunta Bar-Zohar- cayeron ejecutados por la brigada judía?" He aquí su razonamiento:

> "Las estimaciones varían, lo cual es comprensible puesto que la mayoría de los vengadores sólo conocían las operaciones en las que participaron personalmente. Marcel Tobias piensa que 'más de cincuenta' nazis fueron ejecutados. Otros citan cifras mucho más elevadas. Según Gilad, el comando operó casi cada noche durante seis meses, por lo que habría llevado a cabo unas ciento cincuenta ejecuciones. A esta cifra habría que añadir a los nazis que fueron descubiertos entre los supuestos enfermos en el hospital de Tarviso, a los que se dio muerte. Otro vengador que merece credibilidad me dijo: 'Entre doscientas y trescientas personas'."

En el capítulo titulado "El pan de la muerte", Bar-Zohar entrevista en un kibbutz a Beni, Jacob y Moshe. A principios de 1945 se hallaban en Lublin, donde se había instalado el Gobierno comunista formado en Rusia por Stalin. Allí se creó una organización que trabajó para que decenas de miles de judíos de Europa central y del oeste pudieran viajar a Palestina. Múltiples organizaciones sionistas tenían este objetivo apenas acabó la guerra. En el apartado "Los sionistas y la Conferencia de Evian" se ha visto que el sionismo internacional rechazó reasentar a los judíos en otros países, pues pretendía que emigrasen a Palestina. En lugar tratar de evitar el sufrimiento a su pueblo, el sionismo deseaba que fuera perseguido. Es esta una premisa fundamental del silogismo, que podría formularse de este modo: Si los judíos no son perseguidos, no emigrarán a Israel. Si los judíos no emigran a Israel, no nacerá el Estado sionista. Ergo si los judíos no son perseguidos no nacerá el Estado sionista.

A comienzos de la primavera de 1945 el grupo sionista de Beni estaba consagrado, escribe Bar-Zohar, a la tarea constructiva de "concentrar y conducir a un lugar seguro a los supervivientes de los campos que erraban en harapos, hambrientos, y ayudarlos a tomar el camino de Palestina." Para comprobar la organización perfecta puesta en marcha por el sionismo al final de la guerra, reproducimos un fragmento de interés:

> "Al principio, Beni y sus compañeros pensaban reunir a unos centenares de hombres. Muy pronto sus previsiones se vieron sobrepasadas. Miles y

miles de judíos agotados, desprovistos de todo, desorientados, los alcanzan y se enganchan a ellos. Dirigen y disciplinan este tropel miserable. Forman la 'división de supervivientes de la Europa del este', una verdadera unidad militar, la única forma de dar un mínimo de cohesión a esta marea de pobres gentes recién salidas de la desesperación. Y la división se pone en marcha, atraviesa Polonia, entra en Rumanía. Destacamentos especiales se ocupan del avituallamiento, otros enviados previamente preparan los acantonamientos de las etapas.

- 'Teníamos también un servicio de misiones secretas -me dice Jacob-. Yo era el jefe, pues había servido en la NKVD y disponía de fichas, de archivos, de listas de nombres... su objetivo era castigar a los antiguos colaboradores'.

Es en Bucarest, al final de un largo trayecto, que los jefes de la división encuentran a los primeros emisarios judíos venidos de Palestina.

- 'Habíamos planeado -dice Moshe-, comprar un barco en Constanza, en el mar Negro, embarcar en él a toda la gente y navegar hacia Israel. El proyecto nos quedaba corto. Sabíamos que en el norte de Italia se encontraba la brigada palestina del ejército británico y habíamos decidido unirnos a ella'."

En definitiva, no se había producido aún la rendición incondicional de Alemania y ya estaba en marcha la operación que había de poner en Palestina a "miles y miles de judíos agotados", que lo habían perdido todo como consecuencia de la persecución nazi, por lo cual estaban predispuestos a viajar a la Tierra Prometida, tal como se había previsto.

Una vez cumplida esta primera misión, medio centenar de miembros del grupo de Lublin, de los cuales ocho eran chicas jóvenes, entraron en Yugoslavia y desde allí pasaron a Italia. Los hombres de la "Deutsche Abteilung" de Simon Koch acogieron y apoyaron al grupo de Beni, que pronto participó en las actividades terroristas con el código secreto de "Nakam", que significa venganza en hebreo. En julio de 1945 comenzaron a prepararse para entrar en territorio alemán. Los jefes del grupo Nakam estudiaron tres proyectos, de los cuales el primero, llamado A, fue comunicado sólo a unos pocos. "Mucho tiempo y mucho dinero fueron consagrados a la puesta en marcha del proyecto", confiesa Beni, quien más de veinte años después califica el plan como "diabólico". Bar-Zohar reproduce las palabras de Beni: "Se trataba de matar a millones de alemanes. Digo bien, millones, de un solo golpe, sin distinción de edad o sexo. La principal dificultad era que sólo queríamos golpear a los alemanes; ahora bien, sobre el territorio del Reich había soldados aliados y residentes de todas las naciones de Europa, liberados de los campos de trabajo, escapados de los campos de concentración. Además algunos de entre los nuestros no estaban resueltos a llevar a cabo un acto tan terrible, incluso contra los alemanes..."

Descartado el plan A, se decidió poner en marcha el plan B, que consistía en matar a unos treinta y seis mil miembros de las Schutzstaffel (escuadras de defensa o protección), conocidas como las SS, que habían sido agrupados en un campo cercano a Núremberg. "Habíamos decidido -explica Jacob- envenenar a los treinta y seis mil SS y fui yo el encargado de la ejecución del proyecto. Primero logré que contratasen a dos de mis hombres en el interior del campo: uno como chófer y otro como almacenero. Más tarde otros fueron contratados como empleados de las oficinas. Una de nuestras chicas fue asignada al servicio de transmisiones." Tan pronto se comprobó que el pan que se distribuía en el campo procedía de una panadería industrial de Núremberg, se decidió que utilizarían el pan para liquidar a los alemanes, aunque había que procurar no matar a la vez a los guardias del campo. Muestras del pan fueron llevadas a laboratorios donde ingenieros químicos experimentaron con diversos venenos. Ni Beni ni Jacob quisieron revelar la ubicación de dichos laboratorios, que Bar-Zohar sitúa en Francia y en las cercanías de Tarvisio. No se quería que el veneno actuase con excesiva rapidez, por lo que, después de diversas pruebas, se optó por poner arsenio en la capa de harina con que se espolvoreaban los panes.

En abril de 1946 los preparativos estaban listos: el grupo Nakam contaba en el campo con la ayuda de soldados americanos de origen judío encargados de la vigilancia, también en la panadería industrial había introducido a varios hombres. Se había previsto envenenar unos catorce mil panes, para lo cual eran necesarias seis horas de trabajo y cinco hombres. "Eran precisos también -sigue narrando Jacob- dos hombres para remover sin cesar la mezcla en el calderón, pues el arsenio tenía tendencia a separarse de otros ingredientes. Habíamos decidido actuar en la noche de un sábado a un domingo por dos razones: el domingo la panadería estaba cerrada y el plazo entre la preparación del pan y su transporte al campo se prolongaba veinticuatro horas. Se escogió, pues, la noche del 13 al 14 de abril de 1946." Finalmente, una serie de circunstancias impidieron que el éxito de la operación fuera total. El sábado por la mañana, como consecuencia de una pelea con la dirección, se produjo una huelga de los trabajadores, que a mediodía abandonaron la fábrica y cerraron las puertas con llave. Por la noche se desencadenó una tormenta y una ráfaga de viento arrancó una persiana de madera que rompió cristales de la ventana. Ello alertó a los vigilantes de la fábrica, que avisaron a la policía.

Uno de los vengadores explica que habían previsto que si eran descubiertos se harían pasar por ladrones, por lo que esparcieron a toda prisa los panes envenenados en el almacén y se dieron a la fuga. El lunes 15 de abril panes envenenados y panes intactos se entregaron en el campo. Se distribuía un pan para cinco o seis prisioneros, miles de los cuales sufrieron cólicos violentos. El texto der Bar-Zohar sigue así: "Según rumores de los que los periódicos se hicieron eco, doce mil alemanes habrían sido víctimas del pan con arsénico y varios miles habrían muerto. Estas cifras son exageradas. Según estimaciones de los vengadores, cuatro mil trescientos prisioneros se habrían sentido indispuestos. Un millar fueron ingresados de urgencia en hospitales norteamericanos. En los días que siguieron, de setecientos a ochocientos murieron. Otros, afectados de parálisis, murieron a lo largo del año. En total los vengadores dan una cifra de mil muertos." La operación se consideró un fracaso, puesto que el plan inicial era liquidar a treinta y seis mil prisioneros alemanes y sólo lograron matar a un tres por ciento.

Durante el verano de 1946 el grupo Nakam siguió asesinando a personas detenidas en los campos. Vestidos con uniformes americanos, británicos o polacos se presentaban con falsas órdenes y se hacían entregar prisioneros con el pretexto de trasladarlos a otros campos. Según ellos, se trataba de antiguos miembros de las SS o dignatarios nazis que eran ejecutados tan pronto se alejaban del lugar. En *Les vengeurs* se recogen muchas más acciones que se llevaron a cabo, así como proyectos que fueron abandonados porque así lo exigieron los líderes sionistas, que priorizaron en todo momento la creación de Israel: "Paradójicamente -escribe Bar-Zohar-, fue la creación del Estado de Israel más que cualquier otra cosa lo que influyó en la reducción de esta venganza judía." Fuentes que este autor prefiere no descubrir le revelaron que hubo planes para incendiar varias ciudades alemanas y para envenenar a las poblaciones de Berlín, Múnich, Núremberg, Hamburgo y Frankfort. "Técnicamente no era imposible. Había que introducir veneno en los depósitos de agua. De nuevo, la mayor dificultad era cómo evitar afectar a soldados de las fuerzas de ocupación y a refugiados no alemanes acogidos en estas cinco ciudades." Sobre cómo conseguir el veneno, en *Les vengeurs* se dice que un científico de un país de ultrramar aceptó suministrarlo a los vengadores.

Desde la llegada de Hitler al poder en 1933, distintos líderes y organizaciones judías habían amenazado con destruir Alemania por completo. Samuel Untermayer fue el primero que apeló a la "guerra santa". Theodore Kaufman diseñó en *Germany must perish* el proyecto para exterminar a la raza alemana mediante la esterilización. El Plan Morgenthau, como se ha explicado, implicaba el genocidio del pueblo alemán. Su esbirro Eisenhower, tras aniquilar a un millón de prisioneros en sus campos de la muerte, hubiera colaborado encantado con el secretario del Tesoro si Morgenthau hubiera seguido en el cargo. La obra de Michel Bar-Zohar demuestra nuevamente que el odio de los dirigentes judíos hacia Alemania y los alemanes era ilimitado.

# CAPÍTULO XI

## LOS AÑOS DECISORIOS DE POSGUERRA

### 1ª PARTE
### ALEMANIA, UNA NACIÓN AL BORDE DEL ABISMO

Buena parte de los alemanes que abandonaron sus hogares y se convirtieron en refugiados cuando el Ejército Rojo comenzó la ofensiva que lo había de llevar hasta la capital del Reich lo hicieron con la intención de poder regresar en algún momento. Ninguno de ellos conocía entonces los planes de los Aliados de amputar sus provincias y expulsar a cuantos habían corrido el riesgo de quedarse. Por ello, muchos de estos fugitivos optaron por afrontar los riesgos de la ocupación de sus pueblos y ciudades y trataron de volver a sus casas en el este cuando la guerra terminó con la rendición incondicional de Alemania. En la mayoría de los casos estos intentos quedaron frustrados por las autoridades polacas y rusas, que, o bien les impidieron el regreso o los detuvieron. Por lo general, los hombres que fueron detenidos acabaron en campos de trabajo en la URSS y nunca más se supo de ellos. Los que lograron su propósito de regresar encontraron sus casas destruidas o ya ocupadas por rusos o polacos, aunque hubo también algunos que tuvieron la fortuna de disfrutar de unos meses en paz en sus pueblos hasta que fueron expulsados definitivamente sin ninguna compensación.

Algunos autores han querido exonerar a los países occidentales de la expulsión de quince millones de personas por el hecho de que en Potsdam se declararon partidarios de limitar los transfers de población y de hacerlos, en todo caso, ordenadamente. Olvidan que Churchill y Roosevelt impusieron a los polacos la línea Curzon para contentar las exigencias territoriales de Stalin y que prometieron compensarlos con territorios de Alemania en el oeste. Ni Roosevelt ni Churchill se opusieron en Yalta a las expulsiones masivas de alemanes, sino que dieron su consentimiento: "No me asusta el problema de la transferencia de pueblos -declaró Churchill en la sesión plenaria del 7 de febrero-, en tanto haya proporción respecto a lo que los polacos puedan manejar y los que pongan en Alemania en lugar de los muertos." Es pura hipocresía, por tanto, pretender descargar la responsabilidad del mayor transfer de población de la historia sólo en los países que practicaron las expulsiones, puesto que no se tomó ni una medida de presión real para impedirlas.

Se ha dicho ya que el espíritu del Plan Morgenthau estuvo planeando en la Conferencia de Potsdam, celebrada en el palacio Cecilienhof entre el 17 de julio y el 2 de agosto de 1945. Morgenthau, que trató de estar en Berlín junto a Truman en la delegación norteamericana, dimitió como secretario del Tesoro el 22 de julio; pero ello no implicó que su plan criminal quedara enterrado. En realidad, muchas de las políticas que se adoptaron, por ejemplo el programa de desindustrialización, estaban relacionadas con sus propuestas. También, ya se ha dicho, el trato que dio Eisenhower a los prisioneros alemanes fue consecuencia del requerimiento del secretario del Tesoro. Personas honestas en Estados Unidos y en Europa advirtieron que las condiciones impuestas inicialmente a Alemania eran las recogidas en el Plan Morgenthau, a pesar de que éste había sido oficialmente abandonado. Un año después del final de la guerra, este hecho fue todavía denunciado con dureza por el senador norteamericano Henrick Shipstead, citado por Alfred M. de Zayas en *Nemesis at Potsdam*. Este senador el 15 de mayo de 1946 realizó en el Senado una crítica severísima a la política de ocupación de Estados Unidos. Shipstead consideró "el Plan Morgenthau para la destrucción del pueblo alemán un monumento eterno de vergüenza para América."

## La expulsión de los alemanes, un transfer de poblaciones sin precedentes

A lo largo de los siglos, la migración de alemanes hacia el centro y el este de Europa había sido una constante. Por ello, millones de personas de etnia alemana, conocidos como "Volksdeutsche" vivían fuera de las fronteras del Reich. A los alemanes que vivían en Alemania se los llamaba "Reichdeutsche". Entre estos se contaban los que habitaban en el este las provincias de Silesia, Prusia Oriental y Pomerania. Algunas voces lúcidas habían advertido con mucha antelación que la idea de proceder después de la guerra a expulsiones masivas de población alemana era una locura. Los más sensatos consideraban evidente que las deportaciones no podrían realizarse en condiciones y ello era admitido cada vez por más gente. Comenzar los transfers de las poblaciones alemanas de los países de Europa en el momento en que el Reich estaba devastado y la hambruna y las enfermedades constituían una plaga era, más que una locura, un crimen, puesto que significarían una nueva catástrofe que se sumaría al cataclismo que asolaba ya a toda Alemania. Por desgracia, quienes no tenían otro interés que apresurarse con el fin de ganar tiempo y aplicar sus proyectos contra el pueblo alemán se impusieron.

Como se ha comentado, el desplazamiento masivo de alemanes comenzó tan pronto el Ejército Rojo conquistó las zonas donde habían vivido tradicionalmente. Millones huyeron por su cuenta o fueron evacuados durante la retirada del Ejército alemán. Sin embargo, millones habían optado por no abandonar sus hogares y permanecer en sus poblaciones. Para estos la expulsión empezó ya en la primavera de 1945, meses antes de que comenzara la Conferencia de Potsdam. Entonces, sólo las autoridades soviéticas y los Gobiernos provisionales de Polonia y Checoslovaquia hubieran podido prevenirla; pero en lugar de hacerlo, aceleraron deliberadamente las expulsiones, pese a que norteamericanos y británicos les pedían que no tomasen decisiones unilaterales y esperasen hasta que se alcanzara un acuerdo internacional entre los Aliados. Mientras los Aliados occidentales se oponían, pues, a las deportaciones prematuras, la Unión Soviética tenía interés en promoverlas. Las expulsiones en Prusia Oriental, en Pomerania y en Silesia se iniciaron, por tanto, meses antes del final de las hostilidades. Las fuerzas de ocupación soviéticas animaron a los polacos a que desalojaran de sus casas a los alemanes de estas provincias. Los excesos en los desahucios fueron habituales y muchos alemanes que se habían resistido a dejar su tierra y sus pertenencias fueron obligados a abandonarlo todo y a marchar hacia el oeste.

En Checoslovaquia y en el territorio de los sudetes, donde el mariscal de campo Ferdinand Schörner ocupaba y defendía todavía las áreas habitadas por alemanes, las expatriaciones salvajes comenzaron tan pronto se desarmó al Ejército germano. Antes, sin embargo, aconteció la brutal masacre de Praga, donde vivían alrededor de 42.000 alemanes nativos de la ciudad (Volksdeutsche) y otros veinte mil funcionarios y refugiados antinazis (Reichdeutsche). A las once de la mañana del 5 de mayo se produjo en la capital checa un levantamiento antialemán previamente organizado. Tras el reparto de armas, aparecieron en las calles banderas checas y comenzó una matanza indiscriminada de alemanes y austríacos. Una vez ocupada la emisora de radio, se dieron las consignas: "¡Muerte a los alemanes!" "¡Muerte a todos los alemanes!" "¡Muerte a todos los ocupantes!". Estas órdenes fueron cumplidas al pie de la letra y durante días no hubo piedad ni siquiera para las mujeres y los niños. Muchos distinguidos praguenses de etnia alemana fueron asesinados. Giles MacDonogh cita en *Después del Reich* más de media docena de nombres de prestigosos profesores, científicos y otras personalidades ahorcados sin contemplaciones y narra también que durante la noche del 5 de mayo tuvo lugar la masacre de la Escuela Scharnhorst, donde en el patio se fusiló en grupos de diez en diez a "hombres, mujeres, niños, e incluso bebés." Según este autor, en el Estadio Strahov de Praga los checos agruparon a entre diez mil y quince mil prisioneros y "organizaron un juego en el que cinco mil prisioneros tenían que correr para salvar sus vidas mientras los guardias les disparaban con ametralladoras. Algunos -sigue narrando MacDonogh- fueron abatidos en las letrinas. Los cuerpos no fueron retirados y aquellos que usaban el retrete tenían que defecar sobre sus compatriotas muertos."

Durante la noche del 6 al 7 de mayo de 1945, las tropas alemanas abandonaron Brüx. El mismo día entraron en la ciudad los soldados soviéticos y comenzó una oleada de saqueos y violaciones, que fue seguida de múltiples suicidios: algunas fuentes estiman que seiscientas personas se quitaron la vida. El terror en esta ciudad se prolongó durante meses. En Praga las negociaciones entre la Wehrmacht y el Consejo Nacional Checo fueron infructuosas y no se permitió la evacuación de unos cincuenta mil soldados heridos y enfermos, que fueron abandonados a su suerte. El 9 de mayo el Ejército Rojo apareció en Praga y multitudes de checos la emprendieron contra la población de etnia alemana: apalizados con barras de hierro o apedreados con adoquines, hombres y mujeres murieron en las calles ante las masas que jaleaban a los criminales. Por norma, los hombres de las SS fueron liquidados con un disparo en la nuca o en el estómago. Algunos SS fueron colgados por los pies en las farolas y se prendió fuego a sus cuerpos; una mujer auxiliar de la Wehrmacht fue lapidada y colgada. "Muchos testigos -escribe MacDonogh- declararon que no sólo se colgó y se prendió fuego a soldados, sino también a chicos y chicas."

En medio de esta vorágine, el 13 de mayo llegó a Praga procedente de Londres Edvard Benes, el Gran Maestre de la masonería checa, que fue recibido por Rudolf Slánsky, líder comunista de origen judío, con antorchas vivientes: cuerpos de alemanes colgados por los pies ardían en hileras de postes de alumbrado y en los paneles de la plaza de San Wenceslao. Miles de prisioneros fueron concentrados en la Prisión Militar, en la escuela de Equitación, en el Ministerio de Educación y en otros edificios. Muchos checos que habían convivido en paz con los alemanes fueron asimismo maltratados y acusados de colaboración, en especial las mujeres que habían tenido amantes de etnia alemana. Hubo numerosos checos que arriesgaron sus vidas por tratar de proteger a amigos y conocidos. Según MacDonogh, cuando ya después del día 16 de mayo comenzó a restablecerse cierto orden, en el Estadio morían diariamente a causa de las torturas entre una docena y una veintena de personas, que eran sacados en un vagón de estiercol. Miles de alemanes fueron enterrados en el cementerio de Wokowitz.

Durante las semanas posteriores a la capitulación, decenas de miles de sudetes alemanes fueron puestos en las fronteras de Alemania y Austria. El 30 de mayo de 1945 tuvo lugar en Brno (Brünn en alemán), capital de Moravia, la expulsión despiadada de treinta mil alemanes. Víctor Gollancz, uno de los pocos autores judíos (que los hubo) que se apiadaron de los alemanes, denunció en *Our Threatened Values* (1946) lo ocurrido en Brno. En dicha obra se cita un artículo aparecido el 6 de agosto de 1945 en el *Daily Mail* de Londres, en el que la periodista Rhona Churchill, que tenía una amiga inglesa casada con un alemán, narró así los hechos:

> "... Jóvenes revolucionarios de la Guardia Nacional Checa decidieron 'purificar' la ciudad. Poco antes de las nueve de la noche desfilaron por las calles ordenando a los ciudadanos alemanes que a las nueve en punto estuvieran de pie ante la puerta de sus casas con una sola maleta por

persona, listos para abandonar para siempre la ciudad. Las mujeres tuvieron diez minutos para despertar y vestir a sus hijos, meter algunas cosas en las maletas y salir a la calle. Allí se les ordenó entregar todas sus joyas, relojes, pieles y dinero a los guardias. Se les permitió conservar los anillos de boda. Luego fueron conducidos a punta de pistola fuera de la ciudad hacia la frontera austríaca. La oscuridad era total cuando llegaron. Los niños sollozaban, las mujeres se tambaleaban. Los guardias de frontera checos los empujaron hacia los guardias austríacos. Comenzaron entonces más problemas. Los austríacos no los aceptaron y los checos recharon readmitirlos. Fueron zarandeados hasta un campo donde pasaron toda la noche. Al día siguiente se envió a unos rumanos para que los vigilaran. Siguen todavía en aquel campo, que se ha convertido en un campo de concentración. Sólo reciben la comida que los guardias les dan de vez en cuando. No han recibido raciones... Una epidemia de tifus se propaga ahora entre ellos y se cree que un centenar mueren diariamente..."

Además de este relato de la periodista del *Daily Mail* reproducido por Gollancz, existen otros mucho más duros narrados por supervivientes de la que se ha llamado "Marcha de la muerte de Brno" y también "Marcha de la muerte a Pohrlich". Estos testimonios permiten reconstruir con mayor precisión cómo acontecieron los hechos. Se hallan recogidos en *Documents on the Expulsion of the Sudeten Germans: Survivors Speak Out* (*Documentos sobre la expulsión de los sudetes alemanes: hablan los supervivientes*), editados en alemán en 1951 por el doctor Wilhelm Turnwald y traducidos y editados en inglés en 2002. De esta edición en inglés, accesible en internet, procede la información que sigue. Según la testigo M. v. W., algunos expulsados llamaron a la marcha "procesión del Corpus Christi", que duró todo el día. Después de ser desalojados de sus casas durante la noche del día 29 de mayo, los alemanes fueron concentrados en el patio de un monasterio en las afueras de la ciudad, donde pasaron la noche atemorizados, sin poder descansar. Bajo la lluvia, interminables procesiones salieron desde allí a las nueve de la mañana del día 30 hacia la frontera austríaca. En las columnas iban ancianos sacados del geriátrico, enfermos de los hospitales y niños. Después de haber pasado la noche anterior en pie, los más débiles comenzaron a desfallecer tras haber andado diez millas. Los que se rezagaban eran golpeados con porras y látigos; a los que no podían seguir se les pegaba un tiro. Algunos fueron conducidos a un campo cercano a Raigern, donde nuevamente muchos fueron golpeados hasta morir. La llegada a Pohrlich, a poco más de medio camino de la frontera, se produjo ya en la noche del Corpus Christi. La mayoría de los deportados se dejaron caer extenuados. El día siguiente los que fueron capaces de caminar siguieron su viaje de deportación hacia la frontera, pero unas seis mil personas quedaron en Pohrlich, alojados en una fábrica de coches y en depósitos de cereales.

Los que no pudieron proseguir la marcha fueron, naturalmente, lo más débiles, entre los que predominaban ancianos y mujeres con niños pequeños. Con ellos quedó en Pohrlich M. v. W., una enfermera de la Cruz Roja. Entre los relatos estremecedores de esta sanitaria figura el de una mujer de unos treinta años, que apareció sin vida en el suelo con dos niños, "uno de tres años y un bebé de varias semanas". La mujer se había suicidado con veneno y "su cara ya estaba azul. El bebé también estaba muerto, pues su madre lo había apretado contra su pecho hasta matarlo." Un gendarme checo preguntó a la enfermera qué había sucedido. Cedemos ahora la palabra a esta testigo:

> "Repliqué que probablemente se había envenenado. Él la maldijo llamándola puta nazi y cerda asquerosa por haberse suicidado y me ordenó que 'arrojase a la cerda en la letrina con su bastardo'. Cuando protesté diciendo que era enfermera de la Cruz Roja y, ligada a mi promesa, no podía obedecer tal orden aunque me matase, me lanzó insultos como 'cerda alemana' y 'puta alemana'. Llamó entonces a otras tres mujeres, a las que intimidó más fácilmente porque no se atrevieron a replicar contra sus amenazas. Los nombres de estas mujeres eran Agnes Skalitzky, una viuda de Leskau de 63 años, Franziska Wimetal, de unos 30 años, y una tercera mujer cuyo nombre no conocía. Esta nujeres se vieron obligadas a arrojar el cuerpo de la madre y de su hijo a la letrina abierta. Se ordenó después a los detenidos en el campo que usasen la letrina para que 'la cerda y su bastardo desaparecieran de la vista lo antes posible'. Y esto es lo que pasó. Días y aun semanas más tarde, la cabecita del bebé y un brazo de la madre podían verse todavía sobresaliendo de la inmundicia."

Según este relato, noche tras noche las mujeres, incluso las que estaban enfermas y las que tenían más de 70 años, eran violadas en el campo dos o tres veces cada noche. Sigue una alusión que esta enfermera hizo de su propia violación:

> "Pude presenciar como un soldado decidió violar a una niña de once años. La madre, aterrorizada, trató de defenderla y finalmente se ofreció a sí misma para salvar a su hija. El soldado la golpeó hasta que sangró, pero ella seguía agarrando fuertemente a la niña. Intervine cuando el soldado amenazó a la madre con su revólver. Puesto que hablo un poco de ruso, fui capaz de reprochar al soldado y finalmente la dejó. Poco después, los partisanos me llamaron y fui hacia una puerta. Allí fui entregada al mismo hombre que me había arrastrado hasta la refinería de azucar, donde fui violada por cinco rusos. Cuando decidí suicidarme y busqué los medios para hacerlo, fui testigo del suicidio de un matrimonio de ancianos, que se colgaron en un elevador de grano vacío..."

Los muertos se enterraron a muy poca profundidad en fosas comunes próximas al campo de Pohrlitz, por lo que la fetidez de la descomposición podía olerse en todas partes. Sólo a partir del 18 de junio comenzó a evacuarse a los desgraciados de Pohrlich, donde diariamente habían muerto entre setenta y ochenta personas, muchos a causa del tifus. "Los primeros en abandonar Pohrlich -confirma Giles MacDonogh- eran los enfermos, que fueron sacados y arrojados a las ciénagas pantanosas próximas al río Thaya, cerca de la frontera austríaca." De este modo agonizaron hasta morir. Los cuerpos fueron fotografiados y enseñados en noticieros cinematográficos en Gran Bretaña y en Estados Unidos. Los checos respondieron que los habían matado los austríacos.

Este caso, que puede parecer un ejemplo de deportación inhumana y de trato incalificable, refleja fielmente la barbarie que caracterizó las expulsiones de alemanes a lo largo de todo el año 1945. La milicia checa y el Ejército de Svoboda, general comunista nombrado ministro de Defensa por el presidente Benes, se dedicaron también durante el mes de junio a desplazar a gran número de sudetes a la zona soviética de Alemania. El Gobierno de Benes trataba simultáneamente de obtener el visto bueno de los aliados occidentales para dar visos de legalidad a las deportaciones. Benes había viajado a Moscú el 27 de marzo de 1945 y había aceptado entregar a comunistas o simpatizantes comunistas los Ministerios de Defensa, Interior, Información, Agricultura e Instrucción Pública. Asimismo se había plegado a las exigencias de Stalin de eliminar a los agrarios checos y a los populistas católicos.

Según consta en documentos sobre la Conferencia de Potsdam, cuando Churchill argumentó que sería preciso pensar dónde irían los alemanes, Stalin dijo con toda seriedad que los checos ya habían evacuado a todos los alemanes de los Sudetes a la zona rusa de Alemania, lo cual no era cierto, pues todavía quedaban por lo menos dos millones de sudetes alemanes y varios cientos de miles de refugiados antinazis del Reich. En cualquier caso, no obstante, el comentario de Stalin confirmó que, en efecto, una gran cantidad de alemanes habían sido ya expulsados a la zona rusa, lo cual no preocupaba en absoluto al dictador soviético.

El asunto del transfer de las poblaciones alemanas de Polonia, Checoslovaquia y Hungría cobró protagonismo en Potsdam durante la sesión del día 21de julio. No había acuerdo sobre el número de Alemanes que seguían viviendo al este de la línea Oder-Neisse. Truman habló de los nueve millones que supuestamente vivían allí en 1939; pero Stalin replicó que muchos habían muerto durante la guerra y que el resto había huido. Con total desfachatez el generalísimo recalcó que no había quedado un alemán en el territorio que iba a cederse a Polonia. La delegación polaca fue invitada a expresar sus puntos de vista y estimó que sólo quedaban un millón y medio de alemanes en los territorios en cuestión. Los polacos consideraron que una vez hubiera terminado la cosecha estos alemanes accederían voluntariamente a marcharse. En realidad seguían allí no menos de cuatro millones y, además, otro millón trataba de regresar, cosa que sabían bien tanto rusos como polacos. Por tanto, se pretendía que Truman y Churchill/Attlee, cuyas zonas de ocupación en Alemania estaban llenas hasta rebosar, consintieran en un transfer adicional de cinco millones de personas procedentes de los territorios administrados por los polacos.

Churchill, que el 25 de julio supo que había perdido las elecciones celebradas el 5 de julio, tuvo que aceptar que el laborista Attlee lo sustituyera al frente de la delegación británica en Berlín. De esta manera, de los tres líderes que se habían repartido el mundo en Yalta, sólo quedaba Stalin. De todos modos, el Churchill de Potsdam no era el mismo de Yalta, pues había comenzado a darse cuenta de que era preciso poner límites al comunismo, que no sólo iba a imponerse en los países europeos ocupados por el Ejército Rojo, sino que amenazaba con poder establecerse en Italia, Grecia y Francia, donde los partidos comunistas convocaban huelgas, intensificaban sus actividades y en 1948 llegaron a anunciar que el Ejército Rojo sería bienvenido. Durante la sesión del día 21, Churchill se opuso al plan polaco-soviético y no sólo trató de limitar las expulsiones, sino que propuso que se permitiera el regreso al este de la línea Oder-Neisse a algunos de los refugiados que habían huido al oeste.

En la sesión del 22 de julio, Churchill, que había defendido alegremente en Yalta el principio de los transfers de población, insistió en que el Gobierno de Su Majestad no podía aceptar las pretensiones polacas y alegó escrúpulos morales. "Podríamos aceptar -dijo- un transfer de alemanes igual en número al de polacos transferidos del este de la línea Curzon, digamos dos o tres millones; pero un transfer de ocho o nueve millones de alemanes, según se desprende de la petición polaca, sería demasiado y completamente equivocado." Sin embargo, a pesar de estas serias objeciones, los Aliados occidentales aprobaron finalmente el transfer de alemanes. El artículo XIII del tratado de Potsdam quedó finalmente redactado en estos términos:

> "Los tres Gobiernos, habiendo considerado todos los aspectos de la cuestión, reconocen que el transfer a Alemania de las poblaciones alemanas o elementos de estas que permanecen en Polonia, Checoslovaquia y Hungría tendrá que ser emprendido. Están de acuerdo en que los transfers que tengan lugar deberían efectuarse de una manera ordenada y humana."

Tras la aceptación de la expulsión de los alemanes, se reconocía implícitamente la incapacidad de los Aliados occidentales de oponerse a la URSS y a Polonia, a menos que, como había sugerido el general Patton, estuvieran dispuestos a enfrentarse a Stalin con el fin de hacer retroceder al Ejército Rojo hasta sus fronteras anteriores a la guerra. En el caso de Checoslovaquia, la "solución final" de los sudetes alemanes había sido ya aceptada con antelación. Antes de la Conferencia de Yalta, el Departamento de Estado norteamericano había estimado que un millón y medio de personas serían expulsadas; pero durante la Conferencia de Potsdam se supo que el número ascendía a dos millones y medio, a los que había que añadir otros ochocientos mil refugiados antinazis que, supuestamente, no tenían por qué ser transferidos. Uno de éstos, Bruno Hoffman, relata cómo fue obligado a abandonar su casa de Gablonz en uno de los documentos sobre la expulsión citados arriba. Su relato comienza así: "Puesto que mi esposa y yo nunca habíamos sido seguidores del régimen de Hitler y mi esposa había sido interrogada por la Gestapo en 1942 por actividades antifascistas, no creíamos que nos pudiera pasar nada." Al final, también todos estos alemanes acabaron siendo expulsados simplemente porque eran alemanes. No caben, pues, subterfugios de ninguna clase: fue el consentimiento de los Poderes Occidentales el que revistió de legalidad las expulsiones y así lo reconocieron públicamente numerosos autores británicos y americanos, como por ejemplo Anne O'Hare McCormmick, la primera mujer que ganó el Pulitzer de Periodismo en 1937. Corresponsal extranjera de *The New York Times*, en un artículo publicado el 13 de noviembre de 1946 Anne O'Hare se refirió a las expulsiones como "la decisión más inhumana tomada nunca por gobiernos dedicados a la defensa de los derechos humanos."

Los Aliados occidentales precisaban, de todos modos, regular y supervisar en lo posible los flujos de población en sus zonas, ya que eran responsables del sustento de los deportados. La llegada incesante y no programada de millones de personas indigentes sólo podía agravar el caos que existía ya en la Alemania que ocupaban. Por ello, decidieron solicitar una moratoria en las expulsiones e introdujeron cláusulas en el citado artículo XIII del Tratado que alertaban sobre sus efectos perturbadores o nocivos. Así, mientras en el primer párrafo se habían aprobado formalmente las deportaciones, en el tercero se pedía expresamente que se detuvieran temporalmente con el fin de que los Poderes ocupantes pudieran examinar el problema que generaban. Stalin, en deferencia a sus aliados, aceptó la introducción de estos párrafos "humanitarios" y accedió a que los ministros de Exteriores se reunieran para elaborar un programa que regulase la avalancha de alemanes en las distintas zonas de ocupación. Fue sólo un gesto vacío de contenido, pues en ningún momento se planteó seriamente suspender las deportaciones y conceder la moratoria. Los autoridades soviéticas en Polonia y en Checoslovaquia no tomaron ninguna medida para evitar que los Gobiernos de estos países prosiguieran volcando alemanes en su zona de ocupación. Sólo Hungría respetó la moratoria y paralizó las medidas de expulsión hasta enero de 1946.

Acabada la Conferencia de Potsdam, los Aliados occidentales pensaron que tendrían unos meses para tratar de atenuar el desastre antes de que llegase el invierno de 1945-46, un periodo en el que, si no se ofrecía cobijo y alimentos a los deportados, podían aumentar las defunciones en masa a causa del frío, el hambre y las enfermedades. Los Gobiernos de Polonia y Checoslovaquia parecieron aceptar formalmente la suspensión de las expulsiones; pero fue sólo una apariencia, ya que los polacos emitieron una declaración en la que anunciaban que precisaban librarse de los alemanes de la ciudad de Stettin y de Silesia, pues tenían la intención de proceder a la reconstrucción inmediata de estas zonas. Con este pretexto continuaron introduciendo alemanes en la zona soviética. Por supuesto, los deportados no deseaban permanecer en una Alemania comunista, por lo que la mayoría trataba de seguir marchando hacia el oeste con el objetivo de alcanzar las zonas británica y norteamericana. Ante esta evidencia, los británicos propusieron urgentemente a soviéticos y americanos que pidieran conjuntamente a los polacos que detuvieran de inmediato las expulsiones. El texto de la propuesta lleva fecha de 9 de septiembre de 1945. Extraído del volumen 2 de *Foreign Relations of the United States*, es transcrito en parte por Alfred M. de Zayas:

> "... a pesar de la solicitud que les han hecho los tres Gobiernos como consecuencia de la Conferencia de Potsdam, las autoridades polacas prosiguen, en todo caso a través de medios indirectos, expulsando a los habitantes alemanes que quedan en los territorios alemanes entregados a la administración polaca. Las dificultades creadas a la Comisión de Control, que son ya formidables como consecuencia de expulsiones previas, se incrementan así diariamente."

Varios informes de funcionarios norteamericanos en Checoslovaquia confirman que el Gobierno de Benes no evitó que persistieran los abusos reiterados y el acoso a los alemanes, sino que los alentó. Ello provocó que de manera desorganizada se reanudara, si es que alguna vez se había detenido, el movimiento masivo de civiles alemanes que entraban en la zona americana de ocupación. En el fondo, Benes temía que británicos y estadounidenses pudieran acabar oponiéndose a las expulsiones y por ello puso en marcha una política de hechos consumados. Graves estallidos de violencia ocurrieron en ciudades habitadas por sudetes.

Dos días antes de que terminara la Conferencia de Potsdam, el 31 de julio de 1945, aconteció un pogromo especialmentre grave en Aussig, ciudad a orillas del Elba. Ya a primeras horas de la mañana soldados del Ejército de Svoboda que habían llegado a Aussig durante la noche atacaron a los ciudadanos de etnia alemana, reconocibles porque llevaban brazaletes blancos en el brazo. Sobre este ejército, en 1977 se publicó el libro *Jews in Sovoboda's Army in the Soviet Union* (*Judíos en el Ejército de Svoboda en la Unión Soviética*) donde se destaca el importante papel que los judíos de Checoslovaquia desempeñaron en el ejército de Ludvík Svoboda durante la II Guerra Mundial. Su autor, Erich Kulka, emprendió la investigación por encargo del "Instituto de la Judería Contemporánea" de la Universidad Hebrea de jerusalén. Poco se sabía hasta la aparición de esta obra sobre la actuación de los judíos en el Ejército de Svoboda.

El pogromo comenzó sobre las tres de la tarde. El detonante fue una explosión que se produjo al noroeste de la ciudad, en Schönpriesen, en un depósito de municiones. Este incidente fue aprovechado como pretexto para perpetrar la masacre de Aussig, donde entró enloquecida una milicia checa conocida como Guardias Revolucionarios ("Revolucni Garda"), que venía cometiendo atrocidades desde comienzos de mayo. Estos fanáticos, que habían llegado en tren desde Praga, asesinaron en masa a los civiles alemanes, a los que apalizaron indiscriminadamente con barras de hierro y estacas. La cifra exacta de muertos no pudo establecerse: las estimaciones varían entre mil y dos mil setecientas víctimas. Los criminales agruparon a la gente sobre el puente nuevo del Elba y arrojaron al río desde bebés con sus cochecitos hasta ancianos. Los que trataron de salvarse flotando fueron tiroteados sin piedad. En Pirna, ciudad de Sajonia próxima a Dresde que se halla a unos cincuenta kilómetros de Aussig, se rescataron cadáveres que llegaban flotando y sólo allí se enterraron ochenta cuerpos. Este es el testimonio de Therese Mager:

> "Corrí al puente del Elba y vi como cientos de trabajadores alemanes que venían de sus trabajos de albañiles eran arrojados al Elba. Incluso mujeres y niños con sus cochecitos eran lanzados a la corriente por los checos. La mayoría de ellos llevaban uniformes negros con brazaletes rojos. Arrojaban al agua a mujeres y niños que no podían defenderse desde los veinte metros de altura del puente. La persecución masiva a los alemanes duró hasta bien entrada la noche. Oíamos desde todas las calles y esquinas a la gente gritando y llorando. Ni las autoridades checas ni los ocupantes rusos hicieron nada por impedir la matanza. Numerosos alemanes rescatados del agua fueron ametrallados..."

"Lo más macabro -escribe Alfred M. de Zayas- es que este pogromo contra la población alemana fue utilizado por el Gobierno checoslovaco como argumento para inducir a los Aliados occidentales a acelerar el ritmo de expulsiones." A estas alturas, cientos de miles de sudetes alemanes estaban internados en campos a la espera de ser expulsados. Los que seguían en sus pueblos y ciudades vivían con el temor permanente de ser detenidos. El presidente Benes llamó públicamente a la "liquidación" de los alemanes. Según sus palabras, era preciso "limpiar la República." Es innegable que el acoso criminal a las poblaciones alemanas en Europa tiene que ser contemplado como un caso paradigmático de limpieza étnica a gran escala. Debe considerarse, por otra parte, que las áreas que el Gobierno checoslovaco iba a reanexionarse con el fin de confiscar las propiedades y desgermanizarlas habían sido durante setecientos años pobladas por alemanes.

El 15 de septiembre de 1945 *The Economist* de Londres denunciaba la situación: "A pesar de la declaración de Potsdam que pedía una pausa en las desordenadas e inhumanas expulsiones de alemanes, el éxodo forzado de las provincias de Prusia Oriental, Pomerania, Silesia y partes de Brandemburgo, que tenían un población de alrededor de nueve millones en 1939, sigue." En la misma información, el periódico londinense aludía también a la situación en Checoslovaquia, donde proseguía asimismo "la expulsión de tres millones y medio de sudetes alemanes." *The Economist* exigía al Consejo de Ministros de Exteriores que pusiera fin a esta "tragedia espantosa" ("appalling tragedy") y constataba que millones de personas erraban en las zonas de ocupación "prácticamente sin comida o techo." En el artículo se aseguraba que los grandes centros urbanos estaban ya atiborrados antes de la llegada de los deportados y alertaba: "El resultado inevitable será que millones de ellos morirán de hambre y agotamiento."

En la Cámara de los Comunes se interpeló el 10 de octubre de 1945 al secretario del Foreign Office, Ernest Bevin. Un parlamentario, Bower, preguntó al ministro si el Gobierno había protestado ante Polonia por "las atrocidades infligidas a las mujeres y niños alemanes relacionadas con su expulsión." Bevin respondió afirmativamente, pero en realidad la gestión no había pasado de una nota de protesta al embajador polaco en Londres, la cual no sirvió de nada. Tres días más tarde, el 13 de octubre, de nuevo *The Economist* exigió que se detuvieran las expulsiones. Lamentablemente, la realidad mostraba día a día que las gestiones eran estériles y no se conseguía nada. El 19 de octubre Bertrand Russell escribió en *The Times* estas palabras: "En el este de Europa nuestros aliados están llevando a cabo ahora deportaciones de masas en una escala sin precedentes, y en un intento aparentemente deliberado de exterminar a muchos millones de alemanes, no con gas, sino privándoles de sus casas y de comida, dejándolos morir de hambre de manera lenta y agónica." El capitán Alfred E. Marples, diputado conservador que sería posteriormente ministro de Transportes, el 22 de octubre de 1945 anunció lo siguiente en la Cámara de los Comunes: "Según un informe reciente de la Cruz Roja Internacional, las protestas contra las deportaciones desorganizadas de alemanes no han surtido ningún efecto y los refugiados siguen confluyendo en Berlín, donde miles mueren en las calles."

Tres días más tarde, el 25 de octubre, una delegación encabezada por Sir William Beveridge, en la que figuraban siete miembros del Parlamento, cuatro obispos, el editor Víctor Gollancz y otras personalidades visitaron al primer ministro Attlee. Lo tratado en la reunión fue publicado en *The Times*, diario que el 26 de octubre informaba que el comité de personalidades había pedido que "ante el inminente peligro de muerte por inanición y enfermedad de millones de seres humanos", el Gobierno de su Majestad negociara con los gobiernos ruso, polaco y checoslovaco "a fin de detener de inmediato y durante todo el invierno las expulsiones de alemanes de sus casas en el este de Europa." Por tanto, a las puertas del que fue un invierno durísimo, en el que iban a morir congeladas familias enteras y en el que las raciones diarias fueron sólo de mil calorías, la moratoria prevista en el artículo XIII del

Tratado de Potsdam no se cumplía y las deportaciones no sólo no se habían detenido, sino que se anunciaban públicamente.

A finales de octubre de 1945 las autoridades polacas de Breslau, en la ceremonia de demolición de la estatua del Kaiser Guillermo I, uno de los pocos monumentos alemanes que quedaban, anunciaron que doscientos mil alemanes que seguían todavía en la ciudad serían obligados a marchar a una de las zonas de ocupación de Alemania. El alcalde judío, Stanislav Gosniej, anunció en su discurso ante el monumento derribado que cuatro mil alemanes abandonaban cada semana la urbe y que en medio año Breslau sería la segunda ciudad de Polonia. En Breslau, Beria había colocado a judíos al frente de los órganos de represión. El escritor judío John Sack, autor de *An Eye for an Eye. The Untold Story of Jewish Revenge Against Germans in 1945* (*Ojo por ojo. La historia no contada de la venganza judía contra alemanes en 1945*), informa que eran judíos el jefe de la Policía, Shmuel "Gross", que usaba el nombre polaco Mieczyslaw "Gross", y el jefe del departamento para alemanes. Según esta fuente, de la que beberemos en adelante, también era judío el jefe de Policía de Katowice, Pinek Piekanowski, y los de Kielce, Lublin y Stettin, así como el jefe del Cuerpo de Seguridad Interna del Ejército polaco.

Finalmente, el Consejo Aliado de Control decidió ponerse a trabajar en un plan para racionalizar las expulsiones. No se trataba, pues, de detenerlas, sino de lograr que el transfer de poblaciones se llevara a cabo con un cierto orden y en mejores condiciones. El plan estaba ya esbozado el 20 de noviembre de 1945. En esta fecha, se calculaba que, después de más de medio año de deportaciones salvajes, quedaban todavía tres millones y medio de alemanes en las áreas administradas por las autoridades polacas. Se previó que dos millones de ellos podrían ser admitidos por los soviéticos y que el resto serían transferidos a la zona británica. Sobre los alemanes en Checoslovaquia, se calculó que dos millones y medio seguían en el país, la mayoría de ellos en la región de los Sudetes, un millón setecientos cincuenta mil irían destinados a la zona americana y el resto se adjudicaría a los soviéticos. En cuanto al medio millón de alemanes de Hungría, serían todos ellos admitidos en la zona de ocupación americana. También se pensó transferir a ciento cincuenta mil alemanes de Austria a la zona francesa. El plan estimaba que todos los transfers de poblaciones podían quedar concluidos en agosto de 1946.

Alfred M. de Zayas apunta que más de dos millones de alemanes perdieron la vida durante los desplazamientos o como consecuencia de ellos. Transcribimos a continuación un fragmento de su relato, extraído de *Nemesis at Potsdam*, obra que constituye una de las fuentes principales de cuanto venimos escribiendo:

"Más de dos millones de alemanes no sobrevivieron su desplazamiento. Probablemente un millón pereció en el curso de las evacuaciones militares y durante la huida en los últimos meses de la guerra. El resto, mayoritariamente mujeres, niños y ancianos, murieron como resultado de los métodos despiadados de su expulsión. Por supuesto, no todos los transfers fueron llevados a cabo de manera brutal. Los transportes a las zonas occidentales durante los veranos de 1946 y 1947 estuvieron relativamente bien organizados y decreció sustancialmente el número de muertos. Por otra parte, las expulsiones de 1945, los medios de transporte en general y la mayoría de movimientos hacia la zona soviética de ocupación fueron catastróficos en el método y en las consecuencias."

Este autor divide las expulsiones en tres fases: las anteriores a la Conferencia de Potsdam, que califica de "expulsiones salvajes"; las del periodo posterior a Potsdam hasta diciembre de 1945; y las de los años 1946-47, que sería el período de los transfers "organizados" (el entrecomillado es suyo). Puede decirse, no obstante, que las deportaciones del año 1945 fueron todas bestiales; mujeres y niños eran cargados en trenes como ganado. El viaje podía durar varios días, durante los cuales no se daba de comer. Los niños que morían durante el viaje eran lanzados por las ventanas. En las estaciones de llegada, se retiraban habitualmente numerosos cadáveres de los vagones. El 24 de agosto de 1945 el diario británico *News Chronicle* publicó una crónica de su corresponsal en Berlín, Norman Clark, en la que el periodista narra la llegada a Berlín de un tren procedente de Danzig. El texto, a pesar de su considerable extensión, se reproduce íntegramente en la obra mencionada. De él extraemos unos fragmentos elocuentes:

"... El tren de Danzig había entrado. En esta ocasión el viaje había durado siete días; a veces se tarda más tiempo. Esas gentes en los vagones de ganado, y cientos que yacen sobre los fardos de sus pertenencias en los andenes y en la sala de la estación, eran los muertos, los moribundos y los famélicos abandonados por la marea de miseria humana que diariamente llega a Berlín, y el día siguiente regresará para coger un tren a otra ciudad en una búsqueda desesperada de comida y auxilio. Miles más -hasta 25.000 en un día- hacen una caminata hasta los arrabales de Berlín, donde se les para y se les prohíbe la entrada a la ciudad superpoblada. Cada día entre cincuenta y cien niños - un total de cinco mil ya en un corto periodo de tiempo- que han perdido a sus padres o han sido abandonados son recogidos en las estaciones y llevados a orfanatos o en busca de madres de acogida.

... Según una estimación a la baja -que me ha sido proporcionada por el Dr. Karl Biaer, antinazi instalado ahora al frente Comité de Bienestar Social de Berlín- hay 8.000.000 de nómadas sin casa deambulando por zonas de las provincias próximas a Berlín. Si se toma a los sudetes expulsados de Checoslovaquia y aquellos en marcha desde cualquier sitio, la cifra de aquellos a los que no se puede proveer comida asciende a 13.000.000 por los menos... Lo que acaba de agravar el problema y lo convierte en insoluble es la continuación de las expulsiones de alemanes de sus casas por parte de los polacos..."

Un último ejemplo servirá para comprender definitivamente cuán salvajes y despiadadas podían llegar a ser las expulsiones. En la publicación mensual *The Nineteenth Century and After*, el periodista británico Frederick Augustus Voigt dio noticia en el mes de noviembre de 1945 de la llegada a Berlín de un tren procedente de Troppau (Checoslovaquia), en el que habían viajado durante dieciocho días hombes, mujeres y niños en vagones abiertos de ganado. De las dos mil cuatrocientas personas que salieron de Troppau, casi la mitad, mil cincuenta, murieron durante el trayecto.

A pesar de que, según lo previsto, las deportaciones debían concluir en el verano de 1946, se prolongaron hasta 1947. Aunque durante el año 1946 ya debían ser "organizadas", lo cierto es que la visión de los deportados conmovía a cuantos observaban su tragedia desde un punto de vista cristiano. En marzo de 1946, el *Manchester Guardian* publicó una triste crónica de su corresponsal en Lübeck: describía la llegada a la zona británica de civiles alemanes procedentes de Polonia, que entraban en la ciudad hanseática a bordo trenes abarrotados, en los que era imposible sentarse para descansar, pues los deportados viajaban apiñados de pie. En el primer transporte, un hombre de setenta y tres años y un niño de dieciocho meses llegaron muertos; en un segundo transporte, los muertos eran tres. A pesar de que se debía proveer de raciones a los expulsados, en el primer tren cada persona había recibido media rebanada de pan durante todo el viaje. El periodista del *Manchester Guardian* describía la miserable condición física de los refugiados, en algunos de los cuales eran aún visibles las marcas de malos tratos. La mayoría de las mujeres, según confirmaron los médicos británicos que examinaron a los deportados, habían sido violadas, entre ellas una niña de diez años y otra de dieciséis. En general, la edad de las personas expulsadas sobrepasaba los cincuenta años, aunque había muchos ancianos próximos a los ochenta años, entre ellos, bastantes tullidos y paralíticos.

Puesto que se aproximaba un nuevo invierno y las expulsiones continuaban, las autoridades militares, con el fin de evitar el desastre del invierno 1945-46, en el que miles de personas había muerto de frío o congeladas, lograron cancelar varios movimientos de trenes. Por desgracia, más de la mitad de los días del invierno 1946-47 amanecieron con temperaturas por debajo de los cero grados. Las nevadas y heladas fueron constantes. Se considera que aquel fue el invierno más frío de que se tiene memoria. En Navidad, los trenes procedentes de Polonia llegaban congelados. En uno de ellos treinta y cinco deportados murieron y otros veinticinco requirieron amputaciones. La delegación del Comité Internacional de la Cruz Roja (ICRC) en Varsovia, tras constatar que en enero de 1947 los convoyes de deportados llegaban a Alemania en condiciones deplorables, trasladó el problema al Ministerio de Interior polaco. Pese a las gestiones, las deportaciones no cesaron y sólo se suspendieron algunas expulsiones de personas que no se hallaban en campos de internamiento. Por lo menos, el hecho de que las autoridades de acogida tuvieran información sobre el número de personas que iban a recibir y sus fechas de llegada permitió una mejor organización que ayudó a salvar vidas. En los "transfers organizados" los distintos países implicados en la limpieza étnica de alemanes deportaron a unos seis millones de personas.

Sobre lo acontecido con los prisioneros y los civiles alemanes en la Unión Soviética, poco puede saberse. Se ha dicho ya que la URSS no había firmado la Convención de Ginebra y estaba por este motivo exenta de cualquier control internacional. No obstante, se puede asegurar que en el Gulag soviético murieron más de un millón de soldados germanos. En cuanto a las bajas de civiles alemanes en Rusia, Alfred M. de Zayas calcula que fueron entre un millón y medio y dos millones de personas.

Por otra parte, la Cruz Roja trató de hacer acto de presencia en otros países europeos donde se persiguió asimismo a los civiles alemanes. A partir de marzo de 1945, el Comité Internacional de la Cruz Roja realizó gestiones para poder acceder a los campos de internamiento en Rumanía, pero se le denegó el permiso repetidamente. En Hungría algunas visitas fueron autorizadas en noviembre de 1945 y en enero de 1946. Como consecuencia de estas inspecciones, la delegación del ICRC entregó una serie de peticiones al Gobierno húngaro con el fin de mejorar las condiciones de los detenidos. En cuanto a los civiles internados en campos de Yugoslavia, el ICRC recibió llamamientos privados e informes que denunciaban que las condiciones de internamiento eran malas, puesto que, además de escasear la comida, la higiene y el trato a los detenidos eran lamentables. La Cruz Roja no pudo hacer apenas nada por mejorar la situación de los civiles y tuvo que conformarse con centrarse en sus labores de ayuda a los prisioneros de guerra (POWs). El trato a la minoría étnica alemana en Yugoslavia fue otro caso típico de limpieza étnica. Recientemente, el Tribunal Penal Internacional de La Haya ha venido examinando los crímenes relacionados con la limpieza étnica cometidos durante las guerras de los Balcanes, a finales del siglo pasado; pero nunca nadie se ha preocupado de denunciar la persecución en media Europa de los civiles alemanes después de la Segunda Guerra Mundial.

En 1939, según datos publicados en 1967 por el Ministerio de Alemania Federal para Expulsados, unos dos millones de alemanes vivían en el sureste de Europa, o sea, en Yugoslavia (537.000), Hungría (623.000) y Rumanía (786.000). Instalados a lo largo del Danubio y en sus cercanías, eran conocidos como "Donauschwaben" (suabos del Danubio). La mayoría de ellos eran descendientes de colonizadores que habían llegado a esta fértil región de Europa en los siglos XVII y XVIII; es decir, tras la liberación de Hungría del yugo de Turquía. Vistos como exponentes de la civilización cristiana frente a la islamización de los Balcanes y de Europa, fueron apreciados en Austria y en el Imperio austro-húngaro. Todo comenzó a cambiar para ellos en 1919 como consecuencia del funesto Tratado de Versalles.

Al final de la Segunda Guerra Mundial se instaló en Yugoslavia el régimen comunista de Josip Broz Tito, un criptojudío cuyo verdadero nombre era Josif Walter Weiss, y de Moisés Pijade, otro judío que era la eminencia gris y el auténtico hombre fuerte. Un decreto de 21 de noviembre de 1944 consideró a los alemanes "enemigos del pueblo", por lo que fueron privados de sus derechos civiles y de sus propiedades, confiscadas sin derecho a compensación. Una ley promulgada el 6 de febrero de 1945 les retiró la ciudadanía yugoslava. Las autoridades del Reich habían ido evacuando a 220.000 alemanes; pero a final de mayo de 1945 más de dos cientos mil yugoslavos de etnia alemana seguían en sus casas, por lo que fueron detenidos y se convirtieron en prisioneros. De ellos 63.635 murieron entre 1945 y 1950 a causa de la malnutrición, la extenuación y las enfermedades. Unas cien mil pequeñas empresas: fábricas, tiendas, granjas y comercios diversos les fueron confiscados. A la cifra de civiles, hay que añadir unos setenta mil soldados alemanes que murieron en cautividad en Yugoslavia a causa de malos tratos, ejecuciones, represalias y trabajos forzados en minas, construcción de carreteras, astilleros... Los soldados alemanes se habían rendido a los británicos en el sur de Austria, pero Londres entregó ciento cincuenta mil prisioneros de guerra al régimen comunista de Tito con el pretexto de que serían repatriados a Alemania más tarde.

De Zayas comenta en su obra que cuarenta y tantos años después de las expulsiones de sus casas, las ferias de prusianos del este, de pomeranios, de silesios, de sudetes, contaban con la presencia de varios cientos de miles de expulsados. Sus líderes hablaban del derecho a mantener vivas sus reclamaciones legales a través de medios pacíficos, pues entonces había gente en la República Federal de Alemania que consideraba un peligro para la paz en Europa plantear el asunto. Todavía siguen viviendo ancianos que recuerdan la tragedia de las expulsiones. En 2012 Erika Vora publicó la obra *Silent no More*, donde recoge múltiples relatos de mujeres octogenarias y nonogenarias que eran niñas en 1945 y sobrevivieron a las deportaciones. Según se ha narrado, Frederick A. Lindemann, Lord Cherwell, el ideólogo judío que estaba detrás de los bombardeos masivos sobre las casas de las clases trabajadoras alemanas, aseguraba que "tener la propia casa destruida es lo más dañino para la moral." En el prefacio de *Silent no More*, Erika Vora cita al humanista Albert Schweitzer, teólogo y filósofo, quien considera que ser expulsado de tu propia casa es la ofensa más cruel a los derechos humanos. Acabamos con algunas de sus preguntas: "¿Qué significa una casa? ¿Qué significa el país natal? ¿Qué significa ser expulsado del lugar donde generaciones de tus antepasados trabajaron con ahínco durante siglos? ¿Qué significa ser echado a las calles congeladas con un niño en tus brazos y quedar sin hogar y sin derechos? ¿Qué significa que te separen de tu hijo indefenso? ¿Qué significa ver muerte por todas partes y temer ser atacado en cualquier momento? ¿Qué significa no poder volver nunca más al lugar de descanso donde tú y los tuyos encontrabais sosiego?"

## Criminales judíos en los campos de concentración

Sobre los campos de internamiento, hay que explicar que se encerró en ellos a las personas que no fueron autorizadas a permanecer en sus domicilios. El Comité Internacional de la Cruz Roja tuvo enormes dificultades para visitarlos con el fin de distribuir ayuda a los detenidos. Incluso en los pocos campos donde se le permitió la entrada, mayoritariamente en Checoslovaquia, las condiciones fueron consideradas insatisfactorias y así se hizo constar en los informes presentados al Gobierno de Benes en Praga. En Polonia no se autorizó la distribución de auxilio a la Cruz Roja en casi ningún campo. Sólo los familiares de los internados podían entregar paquetes, que, por lo general, eran abiertos por los guardianes, que los desvalijaban para quedarse lo mejor y entregaban el resto. Sólo en junio de 1947, a pesar de las repetidas demandas, el delegado del Comité de la Cruz Roja Internacional fue autorizado por las autoridades polacas a visitar algunos campos; pero entonces la mayoría de detenidos habían sido ya expulsados.

Heinz Esser, un médico alemán que sobrevivió a las terroríficas condiciones de internamiento del campo de Lamsdorf, en Oberschlesien (Alta Silesia), publicó en 1949 *Die Hölle von Lamsdorf: Dokumentation über ein polnisches Vernichtungslager* (*El infierno de Lamsdorf: Documentación sobre un campo de exterminio polaco*), un opúsculo de ciento veintisiete páginas donde se denuncia toda la crueldad y el encarnizamiento de los polacos que controlaban el campo. Los lectores interesados que lean alemán pueden adquirir aún esta obra, de la que existen varias ediciones. La lectura confirma que, efectivamente, Lamsdorf fue un campo de exterminio, toda vez que de una población interna de 8.064 personas, murieron 6.488 a causa del hambre, las enfermedades, el trabajo forzado, las torturas físicas y psíquicas, las palizas y los malos tratos. En el campo había 828 niños, de ellos los que tenían más de diez años debían realizar los trabajos más duros e inhumanos: murieron 628. El comandante del campo, Ceslaw Gimborski, un joven judío de veinte años, pretendía que los presos trabajasen con una alimentación de doscientas a trescientas calorías por día. Diariamente se le pasaba la lista de alemanes fallecidos y su pregunta habitual era: "¿Por qué tan pocos?". Los guardias de Lamsdorf, que según el doctor Esser padecían todos enfermedades venéras, eran auténticos psicópatas que, borrachos, violaban continuamente a las hembras del campo. En ocasiones, estos degenerados obligaban a las mujeres a beber orina, sangre y a comer excrementos, entre otras atrocidades.

Un episodio escalofriante sobre el campo de Lamsdorf figura en dos fuentes distintas: lo narra Heinz Esser en la obra mencionada y también el autor judío John Sack en *An Eye for an Eye* (*Ojo por ojo*). Sack, que ha sido ya citado más arriba, fue un veterano periodista con más de cincuenta años de experiencia que escribió varios libros, entre los que destaca *An Eye for an Eye*, cuyo subtítulo es *The Untold Story of Jewish Revenge Against Germans in 1945* (*La historia no contada de la venganza judía contra alemanes en 1945*). El libro provocó un gran alboroto, pues Sack denuncia en él que los campos de concentración de los comunistas polacos estuvieron comandados después de la guerra por judíos que torturaron y mataron a decenas de miles de civiles alemanes: "Supe -escribe Sack en el prefacio- que en 1945 mataron a un gran número de alemanes: no a nazis, no a esbirros de Hitler, sino a civiles alemanes, hombres, mujeres, niños, bebés, cuyo único crimen era ser alemanes." Escogemos, pues, la versión de Sack, que figura en las páginas 130-131:

> "Durante la guerra, los SS habían enterrado a algunos polacos, quinientos cuerpos, en un extenso prado cercano a Lamsdorf, pero Ceslaw había oído que había noventa mil, y ordenó a las mujeres de Gruben que los desenterrasen. Las mujeres lo hicieron y comenzaron a tener náuseas cuando aparecieron los cuerpos, negros como las sustancias de una alcantarilla. Las caras estaban corruptas, la carne era pegamento, pero los guardias gritaron a las mujeres de Gruben: '¡Echaos con ellos!'. Las mujeres lo hicieron y los guardias gritaron: '¡Abrazadlos, besadlos, haced el amor con ellos!' Con sus rifles empujaban detrás de las cabezas de las mujeres hasta que sus ojos, narices y bocas penetraban en el limo de las caras de los polacos. Las mujeres que apretaban sus labios no podían gritar, y las que gritaban tenían que probar algo nauseabundo. Escupiendo, vomitando, las mujeres salieron por fin, con restos en sus barbillas, en sus dedos, en sus vestidos, con la humedad filtrando en las fibras. Rociadas con el hedor regresaron a Lamsdorf."

El relato del doctor Esser añade que hubo también hombres cavando en la fosa y resalta que la pestilencia de la putrefacción que desprendían las mujeres era tan insoportable que por la noche impregnó todas las habitaciones y el campo entero. El tufo terrible perduró durante semanas, pues no había duchas. Sack confirma que sesenta y cuatro de las mujeres de Gruben murieron. Ante la necesidad de encubrir tanta ferocidad, es comprensible que se negara a la Cruz Roja el acceso a los campos.

En *An Eye for an Eye* John Sack explica que el mayor campo en Polonia era el de Potulice, construido por judíos cerca del mar Bático para treinta mil supuestos opresores. Cada noche el comandante iba a un barracón, daba un grito de "¡Atención!" y obligaba a los detenidos a cantar una canción humillante. Cuando habían cantado, comenzaba a golpearlos con las banquetas y a menudo mataba a más de uno. En el mismo campo, guardianes judíos sacaban del campo a los alemanes al amanecer y les hacían cavar una sepultura cerca de un bosque, arrojaban en ella un retrato de Hitler y los obligaban a llorar. Luego les ordenaban que se desnudasen y vertían sobre ellos estiércol líquido. En ocasiones, "los guardias cogían un sapo -escribe Sack- e introducían esta cosa gruesa en la garganta de un alemán, el cual pronto moría." Según esta fuente, la mortandad en Potulice fue enorme. En el campo de Myslowitz morían cien alemanes cada día. En Grottkau, escribe el autor judío, "los alemanes eran enterrados en sacos de patatas, pero en Hohensalza entraban directamente en los ataúdes, donde el comandante los despedía. En Blechhammer el comandante judío ni siquiera miraba a los alemanes y morían sin ser examinados." Sack da la cifra de 1.255 campos para alemanes que esperaban ser deportados en el área controlada por el Departamento de la Seguridad del Estado y asegura que en cada uno de ellos murieron entre el veinticinco y el cincuenta por cien de los detenidos.

Encargado de la Seguridad del Estado estaba Jakub Berman, un judío de Varsovia que estuvo al frente de la Inteligencia del Partido Comunista Polaco. Berman se había refugiado en Moscú tras la invasión alemana de 1939 y Stalin lo había nombrado miembro del Gobierno que marchó a Lublin con el Ejército Rojo. En Varsovia era el hombre de Beria, por lo que tenía comunicación directa con Moscú. Jonh Sack informa sobre una visita de Jakub Berman a Kattowice, donde otro judío, Pinek Piekanowski, ejercía asimismo el control de la Seguridad. Berman viajó acompañado de Wladyslaw Gomulka, que estaba casado con una mujer judía, y de otros dos ministros judíos. Gomulka reconoció que tenía problemas con la Cruz Roja y trató de que Piekanowski autorizara las inspecciones de los campos. La respuesta fue: "No respeto a la Cruz Roja." El diálogo encrespado, reproducido en *An Eye for an Eye*, demuestra que Gomulka no era capaz de imponerse a su subordinado: "Si usted me ordena que deje pasar a la Cruz Roja, lo haré." Las palabras de Gomulka fueron: "No, no se lo ordenaré." Berman, que había estado callado escuchando el rifirrafe dijo por fin hablando lentamente: "Camarada, tenemos su palabra de que los alemanes están siendo bien tratados."

En Gleiwitz, la comandante del campo era una joven judía, Lola Potok, la principal protagonista de la obra de John Sack, quien argumenta que Lola y sus colegas habían salido ilesos de Auschwitz, por lo que torturaban y asesinaban a los alemanes para vengarse. La mayoría de los cincuenta capataces de Lola Potok eran judíos, algunos de los cuales eran mujeres que gozaban torturando a los prisioneros alemanes. El ayudante de confianza de Lola se llamaba Moshe Grossman. El director de todos los campos y prisiones de Silesia era Chaim Studniberg, un joven judío de veintiséis años cuyo odio a los alemanes era patológico. Para el campo de Lamsdorf, Studniberg había escogido personalmente a Czeslaw y a los diez jóvenes judíos que constituían su equipo de criminales. Otros judíos polacos que integraban el aparato del terror señalados en diversas fuentes son:

Henryk Chmielewski, Jan Kwiatowski, Josef Jurkowski, Jechiel Grynszpan, Karol Grabski, Berek Einsenstein, Adam Krawiecki, Pinek Maka, Shlomo Singer, Stefan Finkel, Adela Glikman, David Feuerstein, Aaron Lehrman, Mordejai Kac, Salek Zucker, Hanna Tinkpulwer, Nahum Solowic, Albert Grunbaum y muchos otros cuyos nombres dejamos sin mencionar y que el lector puede encontrar en la página web *Raport Nowaka* (un informe del investigador polaco Zbigniew Nowak).

Entre los principales criminales judíos que aparecen en el libro de John Sack destaca Shlomo (Solomon) Morel, nombrado por los ocupantes soviéticos comandante del campo de Zgoda, en Schwientochlowitz, donde la mayoría de los interrogadores eran también judíos. Morel, que según Sack había sido amante de Lola Potok, mató personalmente a un niño rompiéndole la cabeza contra una pared. En diciembre de 1989 una Comisión para la Investigación de Crímenes Contra la Nación Polaca puso su caso en manos de Piotr Brys, fiscal en Katowice, quien citó a Morel por primera vez el 27 de febrero de 1991. El 24 de noviembre de aquel mismo año el periódico *Wiésci* dio publicidad al asunto. El fiscal encaró días después a Morel con una mujer polaca, Dorota Boreczek, que con catorce años había estado con su madre en Schwientochlowitz. Temiendo que las cosas pudieran complicarse, Shlomo Morel cogió un avión y aterrizó en Tel Aviv en enero de 1992; pero el cobro de su pensión no podía realizarse en Israel, por lo que regresó en junio. Por entonces, documentos procedentes de los Archivos de la República Federal de Alemania estaban en manos de los investigadores. John Sack cita algunas declaraciones contenidas en los informes: "El comandante era Morel, un cabrón ("Schweinehund") sin igual." "El comandante, Morel, apareció. Los palos y los latigazos llovían sobre nosotros. Me rompieron la nariz y golpearon mis diez uñas que quedaron negras y más tarde cayeron." "El comandante, Morel, llegó. Lo vi con mis propios ojos matar a muchos de mis compañeros prisioneros." Ante la evidencia de que iba a ser juzgado, Morel voló de nuevo a Israel, donde vivía en junio de 1993.

Con la disolución de la Unión Soviética, Morel fue acusado de crímenes contra la humanidad por el Instituto Nacional de la Memoria de Polonia. En 1998 y en 2004 Polonia solicitó la extradición a Israel, que la rechazó en ambas ocasiones y negó los crímenes de Morel. Los sionistas alegaron que se había montado contra él una conspiración antisemítica. Otra extradición solicitada por Polonia, en este caso a Gran Bretaña, fue la de Helena Wolinska, una judía nacida en Varsovia que ostentaba el grado de teniente coronel. Dos veces, en 1999 y en 2001, los británicos rechazaron extraditarla y justificaron la negativa en la edad de Wolinska y en el tiempo transcurrido desde que acontecieron los crímenes imputados. La actitud obstruccionista de Israel y de Gran Bretaña contrasta con la predisposición incondicional de las autoridades alemanas. Mientras Israel protege y honra a reconocidos criminales judíos y acusa de antisemitismo a quienes los han descubierto y los reclaman, en Alemania se sigue persiguiendo y juzgando a ancianos nonagenarios por el simple hecho de haber prestado servicios en Auschwitz. En 2015, por ejemplo, en el momento de escribir estas líneas, Oskar Gröning, un anciano de noventa y tres años que fue contable en el campo de trabajo, espera detenido a que se le juzgue por supuestos crímenes de guerra.

Angela Merkel, la canciller de origen judío, atribuye a Alemania una "responsabilidad eterna"; sin embargo, prefiere ignorar las masacres de todo tipo consumadas contra los civiles alemanes. Mientras los estudiosos que tratan de revisar la historia son acusados de revanchistas, antisemitas y neonazis, la historiografía oficial insiste en repetir hasta la extenuación las mismas mentiras y en ocultar la verdad histórica. En un artículo publicado por el "Institute for Historical Review" donde se analiza el destino de los yugoslavos de etnia alemana ("Volksdeutsche"), Tomislav Sunic formula la siguiente pregunta: "¿Por qué los sufrimientos y las víctimas de algunas naciones o grupos étnicos son ignorados, mientras que el sufrimiento de otras naciones y grupos reciben exageradas atenciones y simpatías de los medios y de los políticos?" La pregunta es retórica para quienes conocemos la respuesta, pero aun así merece ser formulada.

Lo ocurrido en Polonia, donde el control absoluto de la policía y de los campos de internamiento estuvo en manos de criminales judíos sin escrúpulos, tuvo también su versión en Hungría, Rumanía, Yugoslavia y otros países donde confluyeron decenas de miles de judíos liberados de los campos de concentración, pretendidamente de exterminio, los cuales fueron recibidos con los brazos abiertos por las fuerzas de ocupación comunistas y pasaron a integrarse en el aparato represivo policial de Beria.

Simultáneamente, una riada continua de judíos iba desembocando en Alemania, país que iba a servir como trampolín para canalizar la inmigración ilegal a Palestina. El teniente general Sir Frederick Edgeworth Morgan, jefe de operaciones de la UNRRA (United Nations Relief and Rehabilitation Administration) en Alemania, denunció la existencia de una organización secreta detrás de la llegada de tantos judíos "rubicundos, bien vestidos, bien alimentados" que manejaban mucho dinero. En enero de 1946 el general británico provocó un escándalo cuando en una conferencia de prensa denunció sin rodeos que una organización sionista trabajaba ocultamente con ayuda soviética para facilitar el "exodo" de judíos europeos a Palestina. Frederick E. Morgan escribió en 1961 unas memorias tituladas *Peace and War: A Soldier's Life*, de las que procede esta cita:

> "He sido capaz de ensamblar una evaluación completa y razonable sobre el modo en que la agencia de las Naciones Unidas estaba siendo hábilmente utilizada para promover lo que era nada menos que una campaña sionista de agresión en Palestina. Desafiando la prohibición del Mandato Británico, reacio como siempre a emplear medidas decisorias, el mando sionista, admirablemente bien organizado, estaba empleando

todos los medios para forzar la inmigración en el país sin importarle los apuros y sufrimientos de los inmigrantes, pocos de los cuales parecían tener un entusiasmo espontáneo por la causa sionista. Todo el proyecto contaba evidentemente con la connivencia de Rusia, cuando no apoyo real, puesto que su éxito conduciría a la eliminación de la autoridad británica en un área vital de Oriente Medio."

La denuncia del general Morgan, fundamentada en informaciones recibidas de la inteligencia militar, desató una tormenta en la prensa, que no tardó en calificar sus comentarios como antisemitas y en exigir su dimisión. Puesto que no dimitió "motu propio", fue cesado por el director de la UNRRA, que era el judío Fiorello La Guardia, antiguo alcalde de Nueva York.

En total, según datos aportados por Giles MacDonogh, había casi doscientos campos de DP (desplazados) judíos en las zonas de ocupación de los Aliados, la mayoría de los cuales estaban en la zona americana. El campo más famoso fue el de Landsberg (Baviera), donde editaban el *Landsberger Caytung* (*Periódico de Landsberg*), que ofrecía información en yiddish sobre los juicios de Núremberg. A finales de 1946 había más de doscientos mil judíos en los campos Aliados de Alemania y Austria. MacDonogh comenta en *Después del Reich* que en Bad Ischl, una ciudad balneario en la región austríaca de Salzkammergut, hubo en el verano de 1947 disturbios por el trato de favor a los judíos en la distribución de la cuota de leche. Los desplazados judíos habían sido ubicados en un hotel, el cual fue rodeado por los amotinados, que lo apedrearon gritando: "¡Fuera sucios judíos! ¡Colgad a los judíos!". Las autoridades americanas sentenciaron a quince años a uno de los revoltosos.

Como denunció el general Patton antes de ser asesinado, ser un judío en la Europa de posguerra se convirtió en un gran privilegio. El rabino Judah Nadich confirmó este hecho el 4 de febrero de 1949 en el periódico sudafricano *Jewish Times*. Judah Nadich, teniente coronel que actuó como consejero judío de Eisenhower, declaró que el general norteamericano dio personalmente órdenes para se diera un trato preferente a los judíos, que fueron instalados en campos especiales y tuvieron más raciones de comida que los demás desplazados. Además de desalojar a los alemanes de sus casas, cosa que indignó a Patton, para cederlas a los judíos que entraban en masa en Alemania, cientos de periodistas judíos regresaron y se hicieron cargo de los medios de comunicación en las zonas ocupadas, donde fuerzas especiales de policía judía controlaron las estaciones. Ellos obtuvieron raciones de comida sin tener que hacer cola como los demás y enseguida se les facilitó pases para poder viajar con el fin de dotarlos de libertad de movimientos. El monopolio del mercado negro estuvo en sus manos. Además, como se ha visto, organizaron las deportaciones en los países bálticos, Polonia, Austria, Hungría, Yugoslavia y Checoslovaquia, donde los comunistas checos les encargaron la expatriación de los sudetes alemanes.

## El montaje funesto de Núremberg

Mucho se ha escrito ya sobre los juicios de Núremberg, lo suficiente como para que se dejara de aludir a ellos con el más mínimo respeto. En España, sin embargo, Alberto Ruiz Gallardón, ministro de Justicia, con el fin satisfacer las demandas de las asociaciones judías propuso que fuera delito negar hechos que "hubieran sido probados por los Tribunales de Núremberg". En octubre de 2012, unos días antes de presentar al Consejo de Ministros los cambios para la reforma del Código Penal, Gallardón se reunió con el presidente del Comité Judío Americano, David Harris, y con el presidente de las Comunidades Judías de España, Isaac Querub, que le expresaron su satisfacción. Como cabía esperar, círculos jurídicos con un mínimo de decoro profesional calificaron de "extravagante" la propuesta y consideraron "ampliamente sobrepasada e innecesaria" la referencia a los crímenes probados en Núremberg. Ciertamente, se precisa mucha ineptitud e ignorancia o mucha desfachatez para otorgar algún valor jurídico a la mascarada siniestra representada en Núremberg. Se mire como se mire, Núremberg fue una farsa macabra, una venganza consumada por el judaísmo internacional, una más desde que en 1933 sus líderes declararon la "guerrra santa" contra Alemania cuando Hitler no había tomado aún ninguna medida contra los judíos alemanes. Autores como Douglas Reed, Louis Marschalko, Joaquín Bochaca y otros no tienen dudas en calificar como "venganza talmúdica" lo acontecido en la ciudad bávara.

Cuando en 1939 Roosevelt, Baruch y compañía decidieron fabricar la bomba atómica, su intención inicial fue lanzarla sobre Alemania. Luego, como se ha visto, una retahíla de líderes judíos fueron presentando sucesivos planes de exterminio: Theodore N. Kaufman (*Germany must perish*), Henry Morgenthau (Plan Morgenthau), Frederick A. Lindemann (ideólogo del terror aéreo), Dwight D. Eisenhower (el genocida de los campos de la muerte), y los vengadores aclamados por Michel Bar-Zohar. Todos ellos pretendían infligir el mayor daño posible al pueblo alemán, a la nación alemana en su conjunto. Ya en la posguerra, como acabamos de constatar, una tropa de judíos despiadados se dedicaron a torturar y a asesinar a cientos de miles de alemanes en los campos de prisioneros de Polonia. Quedaba por ofrecer todavía un espectáculo de cara a la galería, una parodia de justicia revestida de altos principios éticos y de valores morales superiores: los juicios de Núremberg.

Mientras se celebraban, conviene no olvidarlo, toda la población de los Sudetes, Prusia Oriental, Pomerania y Silesia estaba siendo perseguida, detenida, internada en campos y deportada en las condiciones que se han narrado, lo cual iba a provocar la muerte de más de dos millones de personas (Alfred M. de Zayas da la cifra de 2.211.000 y Gerhard Ziemer, 2.280.000). Al mismo tiempo, en Alemania se perseguía políticamente a quienes habían militado en el NSDAP, que llegó a tener unos trece millones de afiliados.

Por el hecho de haber pertenecido a un partido político, cualquier ciudadano podía ser detenido e interrogado antes de acabar en una "cárcel democrática".

Nahum Goldmann, que fue a la vez presidente del World Jewish Congress (Congreso Mundial Judío) y de la World Zionist Organization (Organización Sionista Mundial), presume en sus memorias de que el Tribunal de Núremberg fue una idea del WJC, la organización que él presidía, lo cual es confirmado por distintas fuentes. El WJC no sólo fue el padre de la criatura, sino que desempeñó además un importante papel en la sombra durante todo el proceso judicial. Nahum Goldmann había apuntado ya el plan de los juicios en el discurso inaugural de la Conferencia Panamericana del Congreso Mundial Judío, celebrada en 1941 en Baltimore. Entre 1942 y 1943 el WJC se dedicó a estudiar y perfeccionar cuidadosamente el proyecto, que fue presentado al Gobierno de Estados Unidos. Naturalmente, Roosevelt y su entorno de consejeros sionistas lo recibieron con entusiasmo. Ya en la Conferencia de Teherán, en noviembre de 1943, los Tres Grandes discutieron sobre el tema. En *Memories: The Autobiography of Nahum Goldman*, este líder sionista escribe lo siguiente:

"El Congreso Judío Mundial creó el Instituto de Asuntos Judíos, donde se hizo el trabajo preliminar con dos objetivos principales: asegurar que los criminales nazis no escaparían al castigo y obtener la máxima indemnización de la Alemania derrotada. Fue en este Instituto donde se concibió la idea de castigar a los criminales nazis, una idea que fue asumida por algunos grandes juristas americanos, en particular por el juez del Tribunal Supremo Robert H. Jackson, y puesta en marcha en los juicios de Núremberg. La idea de procesar y condenar a los jefes militares por crímenes contra la humanidad era completamente nueva en la justicia internacional. Muchos juristas, incapaces de ver más allá de los conceptos de la jurisprudencia convencional, dudaban o se oponían rotundamente. También, el principio de que uno no puede ser condenado por un crimen no contemplado por la ley en el momento de ser cometido y el hecho de que los subordinados no pueden ser castigados por obedecer órdenes superiores, aparecían como argumentos en contra. Pero estos argumentos fueron sobrepasados por la importancia de exigir castigo a los monstruosos crímenes nazis contra judíos y gentiles. Había que establecer que la soberanía nacional no es una justificación para infringir los príncipios más básicos de humanidad, y que la obediencia a un superior no es un pretexto aceptable para crímenes individuales y de masas. Desde este punto de vista los Juicios de Núremberg fueron un acontecimiento trascendental en la historia de la moralidad y de la justicia internacional. No sólo demostraron su mérito por llevar a los principales criminales nazis ante la justicia; sino que sirvieron también como advertencia efectiva y disuasoria de cara al futuro. Bajo la dirección de Jacob y Nehemiah Robinson, el Congreso Judío Mundial puso todo su empeño intelectual y moral en los trabajos preparatorios para estos juicios, y es uno de los triunfos de la administración Roosevelt que aceptase con convicción estos principios a pesar de los recelos de algunos influyentes círculos aliados, sobre todo en Inglaterra."

Dos oficiales judíos del Ejército de Estados Unidos, el coronel Murray C. Bernays, abogado de prestigio en Nueva York, y el coronel David "Mickey" Marcus, un sionista fanático, desempeñaron papeles decisivos en la organización de los juicios de Núremberg. Según la ADL (Anti-Defamation League), Bernays, judío de origen lituano nacionalizado americano, planeó todo el armazón legal y procedimental. Suya fue la propuesta de juzgar no sólo a individuos particulares, sino también a organizaciones como las SS, el NSDAP y la Gestapo. El historiador Robert Conot lo considera el "espíritu influyente que marcó el camino hacia Núremberg". El segundo, Marcus, fue gestor primordial de la política de Estados Unidos en la Alemania ocupada. Puesto que había sido nombrado jefe de la Sección de Crímenes de Guerra, él fue quien seleccionó a casi todos los jueces, fiscales y abogados para los NMT (Nuremberg Military Trial). Arthur Robert Butz le sigue la pista y en *The Hoax of the Twentieth Century* (*La fábula del siglo XX*) desvela que a finales de 1947 Marcus había abandonado el Ejército norteamericano y actuaba como comandante supremo de las fuerzas judías en Jerusalén.

En enero de 1945 Roosevelt designó al juez Samuel I. Rosenman, uno de los judíos sionistas más conspicuos del "Brain Trust", como su representante personal en lo concerniente a los crímenes de guerra. Tras la Conferencia de Yalta, Rosenman viajó a Inglaterra con el fin de emprender las negociaciones que habían de conducir al establecimiento de un sistema legal que amparase las actuaciones de los tribunales en Núremberg. El resultado fue el Acuerdo de Londres ("London Agreement"), que serviría de base para poder iniciar los juicios. Cuando murió Roosevelt el 12 de abril de 1945, Rosenman se hallaba trabajando en la capital inglesa. Truman le pidió que viajara a San Francisco, donde debía celebrarse la Conferencia de la Organización de las Naciones Unidas. Allí el juez Jackson y Rosemnan redactaron un documento que fue presentado y aprobado durante la Conferencia. El acuerdo contemplaba la creación de un Tribunal Militar Internacional (IMT) para juzgar a los principales líderes nazis. En junio de 1945, Jackson y Rosenman estaban de vuelta en Londres, donde en compañía de Murray C. Bernays realizaron el trabajo preliminar para la creación del IMT. Una vez cumplida su misión, Bernays regresó en noviembre de 1945 a Estados Unidos y abandonó el Ejército.

El Acuerdo de Londres, pues, precedió la apertura de los juicios y fue hecho público el 8 de agosto de 1945; pero los pormenores de las sesiones no se conocieron hasta cuatro años más tarde. Sólo entonces pudo saberse cuáles habían sido las discrepancias y las preocupaciones de algunos negociadores. Conscientes de sus propios crímenes, los vencedores se plantearon cuál sería la respuesta del Tribunal en caso de que la defensa de los alemanes esgrimiera el tema de las guerras de agresión y los crímenes cometidos por otras naciones. Lógicamente, se contempló la posibilidad de que el Tribunal tuviera que afrontar el terror aéreo practicado por norteamericanos y británicos contra ciudades indefensas. Por otra parte, no quedaba claro cómo se podía acusar legalmente y condenar a militares o personas por actos que no eran considerados crímenes en las leyes vigentes. Posteriormente, William O. Douglas, juez de la Corte Suprema de Estados Unidos, escribió estas palabras: "Pensé entonces y lo sigo pensando ahora que los juicios de Núremberg fueron cínicos. La ley se creó ex post facto"[16].

Además, era un sarcasmo que la Unión Soviética pretendiera sentarse en la futura corte internacional, pues había participado en la división de Polonia e iniciado guerras de agresión contra Finlandia y otros Estados, por lo que debería estar entre los acusados y no entre los jueces. La delegación inglesa consideró asimismo la posibilidad de que los abogados de los acusados argumentaran que la ocupación de Noruega se había hecho en legítima defensa, toda vez que existían pruebas de que Gran Bretaña había planeado con antelación la invasión del país escandinavo. En definitiva, Estados Unidos, Gran Bretaña y la URSS, los ganadores de la guerra, después de haber recurrido al terror atómico, un mal absoluto de naturaleza satánica, después de haber asesinado a millones de civiles con los bombardeos de saturación en Europa y en Japón, después de haber cometido crímenes incalificables de todo tipo, pretendían ignorar sus atrocidades y erigirse en campeones de la moralidad y de la justicia.

El juez Jackson encontró la fórmula para superar todos estos escollos: una cláusula insertada en los estatutos limitaría el alcance del Tribunal, que simplemente podría tomar en consideración actos realizados por los acusados. O sea, la crítica y/o la discusión de las acciones de los vencedores quedaban formalmente prohibidas. Cuando la defensa de los acusados trató de presentar ciertos hechos, la respuesta del juez que presidía el Tribunal era invariablemente: "No estamos interesados en lo que puedan haber hecho los Aliados." De este modo, se estableció un cuerpo legal que se convirtió en el Acta Constitutiva del IMT (Tribunal Militar Internacional), que abrió sus sesiones el 20 de noviembre de 1945 y las cerró, después de cuatrocientas siete sesiones, el 30 de septiembre de 1946.

Entre otras aberraciones jurídicas, el artículo 9 estipulaba que alegar que se cumplían órdenes no era una excusa. Es decir, se pretendía que los soldados y oficiales desobedecieran a los mandos, lo cual es algo impensable en ningún ejército del mundo, y menos en tiempo de guerra. Otro artículo, el 19, especificaba que "el tribunal no se vería constreñido ("shall not be bound") a reglas técnicas de evidencia... y aceptaría cualquier evidencia que

---

[16] Ex post facto es un término jurídico que se refiere a una ley que cambia el estado legal de un acto cometido antes de la promulgación de dicha ley. Es decir, una ley a la que se otorga un cáracter retroactivo con el fin de considerar delito un hecho que no lo era en el momento en que se cometió.

considerase que tenía un valor probativo." Con estas bases se aceptaron como válidas las declaraciones más turbias y las "evidencias" más dudosas, aportadas por comisiones de "investigación" soviéticas y norteamericanas. Un ejemplo significativo, por ejemplo, es el documento USSR-54, un informe detallado emitido por una comisión de investigación soviética que "demostraba" que los alemanes habían asesinado a miles de oficiales polacos en el bosque de Katyn. Para acabar de rematar la "evidencia", los soviéticos presentaron a tres testigos que "confirmaron" que Alemania era responsable de la masacre. Generalmente, hoy se reconoce que algunos de los documentos más importantes presentados en Núremberg eran fraudulentos.

Es preciso aclarar que el gran juicio celebrado en Núremberg después de la guerra contra los líderes nazis, el que acaparó la atención de los medios de comunicación en todo el mundo, es conocido como el IMT ("International Military Tribunal"). Los Aliados plantearon ya en este juicio la acusación de que se había exterminado a los judíos, aunque salvo declaraciones juradas y testimonios, no presentaron ninguna otra evidencia. Entre 1946 y 1949 los norteamericanos llevaron a cabo otros doce juicios en distintos lugares de su zona de ocupación. Estos son conocidos como NMT ("Nuremberg Military Tribunal"). En ellos se escogió a un responsable principal para presentar los doce casos, entre los que figuraban los campos de concentración (Oswald Pohl), los Einsatzgruppen (Otto Ohlendorf), el caso de I. G. Farben (Karl Krauch), etc.

En el juicio principal, aunque mediante métodos persuasivos se obligó a muchas personas a firmar declaraciones juradas y a testificar en contra de sus superiores, la mayoría de los líderes nazis no fueron torturados, pues eran demasiado prominentes y se consideró que debían presentarse en buenas condiciones ante el tribunal y la prensa internacional. La excepción fue Julius Streicher, editor del periódico *Der Stürmer*. Se ha dicho que tanto se le quiso denigrar, que fue incluso obligado a comer excrementos y a beber agua del W. C. En el capítulo octavo hemos visto ya que Streicher fue torturado por soldados negros y judíos que le escupieron dentro de la boca y lo forzaron a tragar los escupitajos. Fue azotado y golpeado en los genitales y en todo el cuerpo impunemente, pues la corte se desentendió de la denuncia de su abogado, Hans Marx.

En los otros juicios (NMT) las torturas fueron habituales. Mark Weber, director del "Institute for Historical Review", en un ensayo amplio y muy bien documentado titulado *The Nuremberg Trials and the Holocaust*, cita más de media docena de fuentes que confirman, por ejemplo, lo ocurrido en Dachau. Una comisión de investigación del Ejército de Estados Unidos en la que figuraban el juez de Pennsylvania Edward van Roden y el juez Gordon Simpson, de la Corte Suprema de Texas, descubrió que los acusados en Dachau fueron brutalmente torturados mediante palizas, golpes en los testículos (arruinados en ciento treinta y siete casos), destrozos en los dientes, cerillas ardiendo bajo las uñas de los dedos de las manos, meses de encierro en soledad, privación de comida y amenazas o represalias contra las familias. En Dachau se celebraron juicios menores supervisados por la Sección de Crímenes de Guerra, cuyo jefe era el sionista Marcus, el futuro general de Israel. Un periodista que asistió a las vistas del tribunal de Dachau, escandalizado de lo que ocurría en nombre de la justicia, abandonó su puesto y acabó declarando ante un subcomité de investigación del Senado de Estados Unidos que los interrogadores más brutales habían sido tres judíos alemanes.

En *Después del Reich* Giles MacDonogh desvela que también entre los interrogadores de Gran Bretaña había numerosos judíos. En el equipo de interrogadores y cazadores de nazis estaba Robert Maxwell, el famoso magnate de la prensa y agente del Mossad. Maxwell, judío de origen eslovaco, se llamaba en realidad Ján Ludvik Hoch. Según MacDonogh, en la unidad de Investigación de Crímenes de Guerra abundaban judíos alemanes y austríacos que podían interrogar a los acusados en su propia lengua. Entre otros menciona a Peter A. Alexander, un empleado de banca en Viena; al mayor Frederick Warner, que en Hamburgo había sido Manfred Werner; al teniente coronel Bryant (En realidad Breuer); a Peter Jackson (antiguamente Jacobus), que fue el responsable del arresto del comandante de Auschwitz, Rudolf Höss; a Anton Walter Freud, nieto de Sigmund Freud, que capturó e interrogó al doctor Bruno Tesch, cuya empresa fabricaba el famoso gas Zyklon B; a Fred Pelican (nacido Friedrich Pelikan); al sargento Wieselmann...

Joseph Halow, un joven reportero del Ejército que informó sobre los juicios de Dachau en 1947, recuerda en el artículo, "Innocent at Dachau", publicado en el *Journal of Historical Review*, que los investigadores americanos que presentaban los casos ante los tribunales militares de Dachau eran "refugiados judíos de Alemania que odiaban a los alemanes." Entre los interrogadores más brutales estaba el teniente William R. Perl, judío sionista nacido en Praga que había inmigrado a Estados Unidos en 1940 y se había alistado en el Ejército de Estados Unidos. Perl era un protegido del líder sionista Vladimir Jabotinsky y se había dedicado a intensificar la inmigración ilegal de judíos a Palestina. En su equipo de interrogación estaba asistido por otros judíos tan crueles como él entre los que estaban Frank Stein, Harry W. Thon, Morris Ellowitz... Hallow da noticia del caso de Gustav Petrat, un soldado de veinticuatro años que sirvió como guardián en Mauthausen, el cual después de ser latigueado y apalizado salvajemente acabó firmando un informe falso en su contra, tal como le pidieron, por lo que acabó ahorcado en 1948.

Un caso escandaloso, tragicómico, ocurrido en Dachau es relatado por Freda Utley en *The High Cost of Vengeance* (1949) y también por Arthur R. Butz en su obra mencionada: Joseph Kirschbaum, un investigador judío del equipo de Perl, presentó ante la corte de justicia de Dachau a un testigo judío llamado Einstein para que declarase que el acusado Menzel había matado a su hermano. Ante el asombro general, Menzel reconoció a la supuesta víctima, sentada tranquilamente en la sala, y advirtió al tribunal. Kirschbaum, puesto en evidencia, le gritó enfurecido al testigo: "Cómo puedo llevar a este cerdo a la horca si tú eres tan estúpido de traer a tu hermano ante la corte." Según el escritor nacionalista húngaro Louis Marschalko, autor del libro *The World Conquerors* (1958), dos mil cuatrocientos de los tres mil funcionarios que participaron en la farsa de Núremberg eran judíos.

El coronel que actuó como jefe de la Sección de Crímenes de Guerra en Dachau fue otro judío, A. H. Rosenfeld. Una estratagema puesta en práctica por Rosenfeld fueron los juicios de burla ("mock trial"). Cuando un prisionero rechazaba cooperar, era conducido a una habitación en la que se encontraba a investigadores vestidos con el uniforme del Ejército de Estados Unidos sentados alrededor de una mesa negra. En el centro de la mesa se había colocado un crucifijo; en los laterales, dos velas. No había más iluminación. En esta atmósfera tétrica, el "tribunal" procedía a representar la farsa, que concluía con una sentencia simulada. Una vez "condenado", se le prometía al prisionero que si cooperaba con los acusadores y aportaba evidencias podía ser indultado. Cuando en 1948 el coronel Rosenfeld abandonó su puesto, fue entrevistado por un periodista que le preguntó si eran ciertas las historias sobre los juicios de burla, en los que se habían dictado sentencias de muerte falsas. Su respuesta fue: "Sí, por supuesto. De otro modo no hubiéramos podido hacer cantar a aquellos pájaros... Fue un truco, y funcionó de maravilla."

Frederick John Partington Veale argumenta en *Advance to Barbarism* que si la culpabilidad de los nazis era tan evidente, el resultado de los juicios hubiera sido el mismo si los vencedores hubieran invitado a prestigiosos juristas internacionales de países no beligerantes: suizos, suecos, portugueses, españoles, argentinos, que, sin duda, habrían aceptado afrontar las investigaciones y presidir tribunales integrados por jueces neutrales. La hipocresía de Núremberg fue denunciada por juristas íntegros que, a pesar de haber sido reclutados por el Ejército de Estados Unidos, reprobaron por escrito la venganza judicial que se estaba perpetrando. Uno de los jueces del caso I. G. Farben se atrevió a denunciar que había "demasiados judíos en el proceso." Harlam Fiske Stone, de la Corte Suprema de Justicia de Estados Unidos, mostró su decepción por el modo en que el juez Jackson había aceptado conducir el proceso de Núremberg. Mark Weber cita estas palabras suyas: "Jackson está dirigiendo en Núremberg su partido del linchamiento. No me importa lo que les hace a los nazis, pero odio ver la pretensión de que dirige un tribunal de acuerdo con la ley común." El juez norteamericano Charles F. Wennerstrum, de la Corte Suprema de Iowa, protestó en público de manera enérgica por la parodia de justicia que se representaba en Alemania. En textos publicados en febrero de 1948 en el *Chicago Tribune*, un periódico en manos de gentiles, escribió:

"Si hubiera sabido hace siete meses lo que sé hoy, nunca hubiera venido aquí.
Obviamente, el vencedor en una guerra no es el mejor juez para determinar crímenes de guerra. Se intente como se intente, es imposible convencer a la defensa, a sus consejeros y a sus representados de que el tribunal intenta representar a toda la humanidad en lugar de a un país que ha designado a sus miembros. Lo que he dicho sobre el carácter nacionalista de los tribunales es aplicable a la acusación. Los altos ideales anunciados como motivo para la creación de estos tribunales no se han visto. El proceso ha fracasado en el mantenimiento de la objetividad, alejado de las reivindicaciones, alejado de convicciones y ambiciones personales. Ha fracasado en procurar establecer precedentes que hubieran podido ayudar al mundo a evitar futuras guerras.
Todo el ambiente aquí es malsano. Se precisaban lingüistas. Los americanos son particularmente pobres lingüistas. Los abogados, funcionarios, intérpretes e investigadores que se contrataron se habían convertido en norteamericanos recientemente y su formación estaba imbuida en los odios y agravios europeos (Clara alusión a inmigrados judíos).
[...] La mayoría de la evidencia en los juicios fue documental, seleccionada del enorme tonelaje de archivos capturados. La selección fue realizada por la acusación. La defensa sólo tuvo acceso a aquellos documentos que la acusación consideró pertinentes para el caso. Nuestro tribunal introdujo una regla procedimental según la cual cuando la acusación presentaba un resumen de algún documento, todo el documento completo debería ponerse a disposición de la defensa para que comprobase la evidencia. La acusación protestó con vehemencia. El general Taylor puso a prueba al tribunal y convocó una reunión de todos los jueces presidentes con el fin de anular esta regla. No fue la actitud de un funcionario consciente de que hay que exigir justicia a los tribunales. También es detestable para el concepto americano de justicia la dependencia de la acusación de los informes autoinculpatorios firmados por los acusados mientras estaban encarcelados durante más de dos años y medio, los cuales eran interrogados sin presencia de sus abogados. Dos años y medio de prisión es una forma de presión en sí misma.
La carencia de apelación me deja el sentimiento de que la justicia ha sido negada.
[...] Deberían ir a Núremberg. Verían allí un palacio de justicia donde el noventa por cien de la gente está interesada en la acusación. El pueblo alemán debería recibir más información sobre los juicios y los acusados deberían tener derecho a apelar a las Naciones Unidas."

Tras la publicación de estas palabras, El general Taylor acusó al juez de hacer comentarios "subversivos para los intereses y las políticas de Estados Unidos." Nos parece claro, no obstante, que Wennerstrum evita mencionar en su crítica a los judíos para evitarse mayores problemas. Evidentemente, supo que predominaban en todas las acusaciones y que se dejaban llevar por un odio ciego y un deseo inmoderado de venganza, lo cual, como apunta el juez, nada tenía que ver con la justicia. En cuanto al comentario de Wennerstrum sobre las toneladas de documentos, Arthur R. Butz, Mark Weber y otras fuentes confirman que los Aliados escudriñaron minuciosamente Alemania en busca de cualquier papel que sirviera para incriminar al régimen nacionalsocialista. Los archivos gubernamentales fueron completamente saqueados. Se incautaron también los documentos del NSDAP y organizaciones afines, los de industrias y empresas privadas, los de instituciones oficiales y privadas. Sólo los archivos confiscados del Ministerio de Exteriores ascendían a casi quinientas toneladas de papel. Más de un millón de páginas de documentos sobre la política judía del Tercer Reich fueron enviadas a Estados Unidos y están en el Archivo Nacional. Lo más significativo es que en toda esta ingente información no se encontró un sólo documento que confirmase la existencia de un programa de exterminio.

De esta enorme cantidad de papeles el personal "norteamericano" seleccionó sólo dos mil documentos que consideró los más incriminatorios para el juicio de Núremberg. Sólo la acusación tuvo acceso a los documentos alemanes que custodiaban los Aliados y se impidió que los abogados defensores pudieran seleccionar sus propios materiales. El historiador Werner Maser en *Nuremberg: A Nation on Trial* (1979) señaló que en Núremberg "miles de documentos que podían aparentemente incriminar a los aliados y exonerar a los acusados desaparecieron." Este autor denuncia que importantes documentos específicos que fueron reclamados por los defensores no se encontraron. "Es evidente -señala Maser- que los documentos fueron confiscados, ocultados a la defensa o incluso robados en 1945." Uno de los documentos de importancia capital que se denegó a los abogados de los acusados fue el suplemento secreto del Pacto Germano-Soviético que dividía el este de Europa en dos esferas de influencia. Para acabar de rematar la faena, la "Asociación de Personas Perseguidas por los Nazis" puso en marcha una campaña de propaganda y logró que se pohibiera que antiguos presos de los campos de concentración prestaran testimonio para los abogados de la defensa.

En el tribunal que a partir del 20 de noviembre de 1945 juzgó a los principales líderes nazis, Estados Unidos estaba representado por el juez Robert H. Jackson y diez ayudantes. El jefe de la acusación de Gran Bretaña fue el fiscal general Sir Hartley Shawcross, asistido por el Lord Canciller Jowitt y once ayudantes. Francia estuvo representada por Robert Falco, abogado de la Corte de Apelación, y el profesor André Gros, especialista en legislación internacional. Por parte de la Unión Soviética estaba el general Iona T. Nikitchenko, vicepresidente del Tribunal Supremo de Moscú, que estaba asistido por dos ayudantes. El veredicto fue pronunciado el 30 de septiembre de 1946. Doce acusados: Göring, Ribbentrop, Keitel,

Kaltenbrunner, Rosenberg, Frick, Frank, Streicher, Sauckel, Jodl, Seyss-Inquart y Martin Bormann (en ausencia) fueron condenados a muerte. Para Hess, Funk y Räder la sentencia fue de cadena perpetua. Schirach y Speer obtuvieron veinte años; Neurath, quince; Dönitz, diez; Hans Fritzsche, Hjalmar Schacht, el representante de la alta finanza internacional, y Franz von Papen, que nunca llegó a ser miembro del NSDAP, fueron absueltos.

    La estrella del IMT de Núremberg no fue ninguno de los jerarcas nazis, sino el coronel de las SS Rudolf Höss, el testigo de la acusación que el 5 de abril de 1946 firmó un afidávit o declaración jurada redactada en inglés, a partir de la cual se fundamentó la historia del exterminio de millones de judíos en Auschwitz. Rudolf Franz Ferdinand Höss, después de ser torturado por funcionarios británicos, firmó una confesión en la que se autoincriminaba y admitía que en Awschwitz dos millones y medio de personas habían sido asesinadas en cámaras de gas del campo de trabajo. La declaración de Höss ante el tribunal de Núremberg marcó el punto culmimante del proceso y su confesión se considera el documento clave del Holocausto y la evidencia más importante presentada sobre el tan cacareado programa de exterminio. Arthur Robert Butz aporta en *The Hoax of the Twentieth Century* pruebas y argumentos que permiten concluir que Höss mintió para salvarse. Más adelante habrá ocasión de recuperar el tema de esta sorprendente confesión.

    El principal acusado presentado ante el IMT en Núremberg era Hermann Göring, el cual había sido durante muchos años el segundo hombre del Reich. Göring negó vehementemente que hubiera existido un programa de exterminio durante la guerra: "La primera vez que supe sobre este terrible exterminio ha sido aquí en Núremberg." Según dijo, la política alemana era expulsar a los judíos, no matarlos. Aseguró que, por lo que él sabía, Hitler tampoco supo nada sobre una política de exterminio. Según se ha dicho, más de tres cuartas partes del personal que pululaba en Núremberg: juristas enrolados en el Ejército norteamericano, periodistas, intérpretes, traductores y funcionarios diversos eran judíos. Su presencia era abrumadora. En una ocasión, Göring los reconoció en uno de los estrados del público y sin saber reprimirse los señaló y dijo: "¡Mírenlos, nadie puede decir que los hemos exterminado a todos!" Tanto Göring como Ribbentrop y Rosenberg insistieron en que el tribunal no tenía legitimidad ni autoridad y que británicos y americanos eran igualmente culpables de haber infringido la ley internacional. Cuando se enseñó a los acusados una película soviética sobre las atrocidades cometidas por los alemanes, Göring, que en ocasiones se mostró espantado por algunas de las imágenes, se burló, bostezó y dijo que los rusos no tenían precisamente ninguna reputación en materia de moralidad. Sus burlas fueron ya incontenibles cuando en la película aparecieron imágenes de la matanza de los oficiales polacos en las fosas de Katyn.

El general Alfred Jodl, jefe de operaciones del Alto Mando de las Fuerzas Armadas y uno de los consejeros militares más próximos a Hitler, en ningún momento perdió los nervios y se comportó como el soldado que era. Cuando se le preguntó sobre el pretendido plan de exterminio de los judíos, declaró: "Sólo puedo decir, plenamente consciente de mi responsabilidad, que nunca, ni en insinuaciones ni en palabras orales o escritas, oí nada de un exterminio de los judíos... Nunca tuve ninguna información privada sobre el exterminio de los judíos. Doy mi palabra, tan seguro como que estoy aquí sentado, que oí por primera vez todas estas cosas al final de la guerra."

Otro de los condenados a muerte fue Ernst Kaltenbrunner, que desde principios de 1943 fue el jefe del RSHA (Reichssicherheitshauptamt), el Departamento de Alta Seguridad del Reich, que abarcaba la Gestapo (Geheime Staatspolizei), Policía Secreta del Estado; el SD (Sicherheitsdienst), Servicio de Seguridad; y la Kripo (Kriminalpolizei), Policía Criminal. En febrero de 1944, un decreto de Hitler ordenó que todas las funciones de inteligencia política y militar fueron asumidas por el RSHA. Mark Weber comenta en el ensayo citado más arriba que Kaltenbrunner sabía que dijera lo que dijera sería condenado. Weber reproduce estas declaraciones de Kaltenbrunner ante el tribunal: "El coronel al mando de la prisión británica en que estaba preso me ha dicho que seré colgado de todos modos, independientemente de cuál sea el resultado. Puesto que soy plenamente consciente de esto, todo lo que quiero hacer es aclarar algunas cosas fundamentales que aquí están equivocadas." En un momento del interrogatorio fue acusado de haber ordenado personalmente gasear a los prisioneros: "Testigo tras testigo, a través de testimonio y de declaración jurada -le recordó el acusador-, han dicho que las muertes mediante la cámara de gas se ejecutaron por órdenes generales o específicas de Kaltenbrunner." La respuesta de Kaltenbrunner, quien junto a Papen y Seyss-Inquart iba a misa regularmente, fue: "Enséñeme a uno de estos hombres o alguna de estas órdenes. Es totalmente imposible." El acusador insistió: "Prácticamente todas las órdenes procedieron de Kaltenbrunner." Réplica: "Absolutamente imposible." Antes de morir en la horca, el Dr. Ernst Kaltenbrunner se despidió de este mundo con las siguientes palabras: "¡Amé a mi patria y al pueblo alemán con todo mi corazón! ¡Buena suerte, Alemania!"

Un caso especialmente indignante que demuestra el abuso de Núremberg fue el de Rudolf Hess, el prisionero de Spandau, quien, tras arriesgar su vida por lograr la paz con Gran Bretaña, fue condenado a cadena perpetua y murió enfermo en su reducida celda el 17 de agosto de 1987 a los noventa y tres años. El régimen carcelario a que fue sometido fue infame, pues sólo se le autorizó una visita de quince minutos al mes e incluso se le censuró la correspondencia. El historiador británico A. J. P. Taylor, autor de *The Origins of the Second World War,* expresó al hijo de Hess estas palabras: "Hess vino a este país en 1941 como un embajador de paz. Vino con la intención de restaurar la paz entre Gran Bretaña y Alemania. Actuó de buena fe. Cayó en nuestras manos y fue injustamente tratado como un prisionero de guerra. Tras la guerra, deberíamos haberlo liberado. Por contra, el Gobierno británico lo entregó al IMT para que lo sentenciara... Ningún crimen contra Hess pudo probarse nunca." Enterrado en la localidad bávara de Wunsiedel, el 20 de julio de 2011 la comunidad "cristiana" evangélica denegó a sus sfamiliares la prolongación del arrendamiento de su tumba para evitar que se convirtiera en lugar de peregrinación. El cadáver fue incinerado y sus cenizas se arrojaron al mar.

Después de oír su sentencia de muerte, Joachim von Ribbentrop insistió en que su abogado no había podido ejercer normalmente sus derechos y que no se le había permitido defender y explicar la política exterior de Alemania. Ribbentrop recordó al tribunal que habían presentado una solicitud para la entrega de evidencias, la cual fue denegada. Dijo también que la mitad de los trescientos documentos entregados por su defensa no habían sido admitidos sin que se explicara el motivo del rechazo. Ni la correspondencia entre Hitler y Chamberlain ni informes de embajadores ni minutas diplomáticas fueron aceptados. Ribbentrop señaló que sólo la acusación había podido acceder a los archivos de Exteriores y que se había privado de este derecho a la defensa. Finalmente, manifestó su indignación por el uso sesgado de los documentos incriminatorios que había seleccionado la acusación, la cual, por contra, había ocultado conscientemente informes y documentos exculpatorios y los había negado a la defensa.

Las ejecuciones de los líderes nazis y de los generales del Ejército alemán tuvieron lugar el 16 de octubre de 1946, día en que los judíos celebran la festividad de "Hoshaná Rabá", es decir, el "Día del Juicio Judío" para las naciones. Douglas Reed escribe en *The Controversy of Zion* que con la elección de esta fecha los líderes occidentales dieron a la conclusión de la II Guerra Mundial el aspecto de una venganza obtenida específicamente en nombre de los judíos. Sigue un fragmento de Reed, extraído de la obra citada:

> "Ciertos hechos simbólicos tuvieron evidentemente el significado de establecer la autoría, o la naturaleza, de la venganza. Estos actos de máximo simbolismo eran la reproducción, después de casi treinta años, de actos similares realizados durante la revolución en Rusia: la jactancia talmúdica dejada en la pared de la habitación donde se ejecutó a los Romanov y la canonización de Judas Iscariote. Después de la Segunda Guerra Mundial los líderes nazis fueron ahorcados el Día del Juicio Judío de 1946, de manera que su ejecución fue presentada a la judería en la forma de la venganza de Mordejai sobre Haman y sus hijos. Entonces, en el pueblo bávaro de Oberammergau, donde la mundialmente famosa Obra de la Pasión había sido representada a lo largo de tres siglos, los actores de las partes principales fueron llevados a juicio ante un tribunal comunista por 'actividades nazis'. Aquellos que representaban a Jesús y

a los apóstoles fueron declarados culpables; el único actor absuelto fue el que representraba a Judas. Estas cosas no pasan por accidente, y la venganza sobre Alemania, como la anterior en Rusia, recibió de este modo el sello de una venganza talmúdica..."

En el capítulo segundo se dijo que el verdugo que el 21 de enero de 1973 guillotinó al rey Luis XVI fue un judío masón llamado Samson. Como recuerda Douglas Reed en la cita anterior, también eran judíos los asesinos de la familia del zar Nicolas II. Es significativo que, otra vez, fueran judíos los esbirros que ejecutaron a los condenados por el IMT de Núremberg. La revista *Stag Magazine* (Vol. 3, Nº 1, diciembre de 1946) desveló que el verdugo principal, el sargento norteamericano John Clarence Woods, era judío. Woods estuvo asistido por Joseph Malta, que según algunas fuentes era asimismo judío. Woods explicó a la prensa que había hecho durar el mayor tiempo posible la agonía de los líderes nazis y Malta declaró cincuenta años más tarde, en 1996, que había sido un placer. Se ha comentado ya en el capítulo octavo que estos verdugos convirtieron en una chapuza el ahorcamiento de los jerarcas nazis con el fin deliberado de prolongar su agonía. La soga apretó el cuello de Ribbentrop durante casi veinte minutos antes del que el antiguo ministro de Exteriores del Reich expirase. El general Alfred Jodl, quien como el general Keitel gritó: "¡Alles für Deutschland. Deutschland über alles" ("¡Todo por Alemania. Alemania por encima de todo!"), necesitó quince minutos para morir. Julius Streicher fue condenado a muerte sin haber cometido ningún crimen: su delito fue editar un periódico, *Der Stürmer*, que atacaba con dureza a los judíos. Su agonía se prolongó por espacio de catorce minutos, cuando se dirigía al patíbulo, dijo: "Esta es la Fiesta del Purim de 1946".

Durante el Purim, los judíos celebran una de las grandes venganzas de su historia. Según el Libro de Esther, el judío Mordejai logró que su sobrina Esther ganase la voluntad del rey Asuero de Persia (probablemente Jerjes) sin desvelarle su origen racial. Desplazada la reina persa y una vez convertida en reina, Esther acusó al primer ministro Haman, el cual había denunciado la existencia de un pueblo diseminado en todas las provincias que no aceptaba las leyes del imperio como los demás pueblos. Haman, enemigo declarado de los judíos, y sus diez hijos fueron ahorcados. Mordejai ocupó su puesto como primer ministro y ordenó masacrar a todos los enemigos de los judíos desde la India hasta Etiopía, en total 75.000 según el Libro de Esther. De este modo, el rey se convirtió en un símbolo histórico de un gobernante títere en manos de los judíos. El precepto de celebrar y recordar a lo largo de todas las generaciones, en todas las familias y en cada ciudad la fiesta del Purim se ha venido guardando durante veinticinco siglos. Es un deber religioso beber hasta embriagarse para conmemorar la histórica matanza, y así se hace en las sinagogas de todo el mundo. Por tanto, mientras para la cristiandad la mayor fiesta es el nacimiento de Cristo, cuya máxima enseñanza es "amaos los unos a los otros", la mayor fista de la judería es el Purim, una fiesta de odio y venganza.

Además de los doce juicios secundarios (NMT) organizados por el Gobierno de Estados Unidos entre 1946 y 1949, los británicos celebraron también juicios en Lüneburg y Hamburgo, y los propios estadounidenses en Dachau. Posteriormente, juicios relacionados con el Holocausto se han celebrado en Alemania occidental, en Estados Unidos y en Israel, donde en 1961 tuvo lugar en Jerusalén el famoso juicio que condenó a muerte a Adolf Eichmann, secuestrado en Buenos Aires en 1960. Sobre los NMT, cabe insistir en que la tortura fue utilizada una y otra vez para obtener declaraciones juradas y testimonios. Mark Weber en "The Nuremberg Trials and the Holocaust", artículo publicado en 2002 en el *Journal of Historical Review*, resume algunos de los casos. Menciona, por ejemplo, el caso de Josef Kramer, comandante en los campos de Bergen-Belsen y Auschwitz-Birkenau, y otros acusados en el llamado juicio sobre Belsen, dirigido por los británicos. Algunos de ellos fueron torturados de manera despiadada hasta el punto de que llegaron a pedir que los matasen.

En los volúmenes 12 y 14 del Nuremberg Military Tribunal figura el caso número 12, "Wilhelmstrasse", también conocido como de los ministros o Estados Unidos versus Weizsäcker, el político que personificó el caso como figura principal. En este juicio los testimonios de los principales testigos de la acusación fueron obtenidos mediante torturas físicas y psíquicas. El abogado norteamericano Warren Magee fue capaz de conseguir la transcripción del primer interrogatorio de Friedrich Gaus, efectuado antes del juicio. Sorprendentemente, a pesar de las protestas exasperadas de Robert Kempner, el fiscal judío, el juez permitió al abogado Magee que leyera el documento de la interrogación, durante la cual Kempner había amenazado a Gaus con entregarlo a los soviéticos para que lo colgaran. Gaus imploró al interrogador que pensara en su esposa y en sus hijos; pero Kempner le aseguró que sólo podía salvarse si testificaba ante el tribunal contra sus antiguos colegas. Después de cuatro semanas en confinamiento solitario, cada vez más desesperado, Gaus accedió. Mark Weber, que bebe de distintas fuentes para relatar este episodio, escribe: "Cuando Magee acabó de leer la irrefutable transcripción, Gaus estaba sentado con ambas manos en el rostro, totalmente aplastado." Durante el juicio del caso de la Wilhelmstrasse, se preguntó a Hans Lammer, jefe de la Cancillería del Reich entre 1933 y 1945 y asesor legal de Hitler, si seguía opinando que nunca había existido un programa de exterminio de los judíos. Su respuesta fue: "Sí, lo pienso. Por lo menos nunca tuve noticia de tal programa. El programa no puede haber existido... Nunca supe de asesinatos de masas y sobre los casos que oí, los informes eran alegaciones, rumores... El hecho de que ocurrieran casos individuales en una u otra parte, el fusilamiento de judíos durante la guerra en una u otra ciudad, sobre esto leí y oí algo. Esto es muy posible."

Otro caso revelador de la perversión que enmarcó los juicios es el del general de las SS Oswald Pohl, que durante la guerra estuvo al frente de la WVHA (Wirtschafts-Verwaltungshaupamt), la Oficina Principal de la Administración Económica, un extenso organismo cuya función era supervisar distintos aspectos económicos sobre el trabajo de las SS, relacionados principalmente con la disponibilidad y el trabajo de los presos en los campos de concentración. Los comandantes de los campos informaban a la Inspección de los Campos de Concentración, dirigida por el general Glücks, el cual informaba a Pohl. Éste pasaba posteriormente los informes a Himmler. Pohl fue capturado en 1946 y llevado a Nenndorf, donde soldados británicos lo ataron a una silla y lo golpearon hasta dejarlo inconsciente. Las palizas se repitieron y acabó perdiendo varios dientes. Luego fue entregado a los americanos, que lo interrogaron durante más de medio año en sesiones de cuatro horas. En total Pohl soportó unas setenta sesiones de interrogatorios sin que en ningún momento tuviera derecho a abogado o a cualquier otra asistencia. Nunca fue acusado de nada en concreto y no se le aclaró por qué estaba siendo interrogado. Su juicio, Estados Unidos versus Oswald Pohl, es el caso de los Campos de Concentración, el número 4, y figura en los volúmenes 5 y 6 del NMT.

En noviembre de 1947 Oswald Pohl fue condenado a muerte por un tribunal militar americano. Después de conocer su sentencia, describió el trato emocional a que fue sometido en un informe que fue publicado en Alemania. Mark Weber, que extrae de él algunas citas, apunta que en Núremberg los americanos no lo sometieron a torturas físicas como los ingleses, pero los sometieron a torturas psíquicas más brutales. Los interrogadores americanos, la mayoría de ellos judíos, acusaron a Pohl del asesinato de 30 millones de personas y de haber condenado a muerte a 10 millones. Los acusadores judíos sabían que mentían y sólo pretendían romper su resistencia. "Puesto que yo no soy duro emocionalmente -escribió Pohl-, estas diabólicas intimidaciones surtían efecto y los interrogadores lograron lo que querían: no la verdad, sino bastantes declaraciones que servían para sus necesidades." Pohl fue obligado a firmar afidávits autoincriminatorios que fueron utilizados contra él en el juicio. "Como resultado del feroz maltrato físico en Nenndorf y de mi manejo en Núremberg, emocionalmente era un hombre completamente roto -aseguró Pohl en su informe-. Yo tenía 54 años y durante treinta y tres años había servido a mi país sin deshonra, y no era consciente de ningún crimen." Pohl fue colgado el 7 de junio de 1951. En su última súplica ante la corte expresó su fe en que algún día la histeria ciega dejaría paso a un entendimiento justo.

A pesar de que en el siglo XXI haya aún personajes incompetentes que, como el ministro Ruiz Gallardón, sigan en su ignorancia apelando a la parodia de justicia de Núremberg, la mayoría de juristas saben que lo ocurrido fue algo insólito, inaceptable, la antítesis de la Justicia. Ya en su momento, tanto en Europa como en América, hubo numerosas voces que denunciaron y lamentaron lo que estaba ocurriendo en Alemania. El 5 de octubre de 1946, en un discurso pronunciado en Ohio, el senador Robert A. Taft, reputado por ser la conciencia del Partido Republicano, denunció que en Núremberg imperaba el espíritu de venganza. "La venganza -dijo- casi nunca es justicia. La ejecución en la horca de los once hombres convictos será una mancha en nuestra historia que lamentaremos largo tiempo." El congresista de Mississipi John Rankin el 28 de noviembre de 1947 pronunció estas palabras en el Congreso de Estados Unidos: "Como representante del pueblo americano deseo decir que lo que está ocurriendo en Núremberg, Alemania, es una desgracia para Estados Unidos... Representantes de una minoría racial, dos años y medio después de la guerra, están en Núremberg no sólo ahorcando a soldados alemanes, sino juzgando a hombres de negocios alemanes en el nombre de Estados Unidos." Otro congresista, Lawrence H. Smith, representante de Wisconsin, el 15 de junio de 1949 dijo ante la Cámara: "Los juicios de Núremberg son tan repugnantes que debemos sentirnos avergonzados para siempre de esta página de nuestra historia."

El cuadro completo de la inmoralidad y el descaro imperantes en Núremberg lo ofrece Mark Lautern en *Das letzte Wort über Nürnberg* (*La última palabra sobre Núremberg*). Este autor escribe que en los intervalos, entre sentencia y sentencia o entre ejecución y ejecución, los judíos, que acaparaban toda la escena y eran ominipresentes, se dedicaban a mercadear con cigarrillos americanos, porcelanas, plata, oro, pieles y obras de arte. Uno era especialista en relojes, otro hacía contrabando con obras de arte. *Das letzte Wort über Nürnberg* es actualmente inasequible; pero es una fuente de Louis Marschalko en *The World Conquerors*, de esta obra procede la cita de Lautern que sigue:

> "Pero no fue sólo el mercado negro lo que convirtió los alrededores del Tribunal de Núremberg en un antro de Europa. Aún fue más horrible la degradación moral que se originó allí. Las orgías que los empleados extranjeros llevaron a cabo en apartamentos privados y hoteles causaron a menudo indignación en todo el distrito. El número de mujeres jóvenes contratadas por la Corte creció constantemente. Entre ellas había tanto alemanas como extranjeras, atraídas por la vorágine de depravación y corrupción. La incontinencia sexual y la más repugnante perversión predominaba en estos círculos. Ilimitados escándalos demostrados por copiosas evidencias aportaron material para años a ciertos periódicos y revistas."

## Propaganda, desnazificación, castigo y saqueo

Decenas de miles de prisioneros murieron en los campos de concentración alemanes al final de la guerra a causa de la hambruna y las epidemias que asolaron todo el territorio del Reich. La propia población alemana era víctima de las penurias que conllevaba el hundimiento progresivo del país: las ciudades estaban destruidas, los recursos energéticos escaseaban y el hambre y las enfermedades asolaban a la población. En estas circunstancias se hizo imposible alimentar a los presos, que en los campos de trabajo habían ingerido unas mil quinientas calorías antes de que se produjera el colapso. No se trata de buscar justificaciones a la existencia de los campos. Es, por supuesto, censurable que se detuviera a personas por razones raciales o ideológicas y se las encerrase en campos de concentración o de trabajo; pero los norteamericanos hicieron exactamente lo mismo con sus ciudadanos de origen japonés, que fueron internados en miserables centros de reclusión. Al final de la guerra encarcelaron incluso a su mejor escritor, Ezra Pound, por haber denunciado a los auténticos culpables de la catástrofe mundial, una historia a la que podríamos dedicar más atención si dispusiéramos de espacio. También los ingleses apresaron a personas que simpatizaban con el fascismo o con el nacionalsocialismo. La persecución ideológica y los crímenes cometidos en Francia después de la guerra merecerían asimismo un capítulo aparte.

Sería absurdo negar los crímenes de uno de los bandos en la conflagración más sanguinaria y mortífera conocida por la humanidad. Indudablemente los nazis cometieron atrocidades y hubo entre ellos fanáticos de la peor especie. Su peor cara la mostraron en la guerra contra la Unión Soviética. Los Einsatzgruppen, por ejemplo, fusilaron masivamente a partisanos que combatieron con saña al ejército alemán, entre ellos había judíos, gentiles y civiles de ambos sexos que les dieron cobertura. Tras la invasión de la Unión Soviética en 1941, el propio Hitler advirtió que la guerra en Rusia no se libraría según las normas de la guerra tradicional y concedió a Himmler poder para "actuar con independencia bajo su propia responsabilidad." Tampoco las actividades de los partisanos contemplaban restricciones de ningún tipo y también ellos liquidaron sin contemplaciones a los soldados que caían en sus manos. Habrá más tarde ocasión de volver sobre el tema de los Einsatzgruppen.

Como se ha venido viendo a lo largo de estas páginas, tanto Estados Unidos como Gran Bretaña y la URSS habían cometido crímenes inauditos que los deslegitimaban desde cualquier punto de vista. Pese a ello, lo primero que hicieron los vencedores fue organizar una campaña de propaganda que los exoneraba de cualquier responsabilidad y culpaba de todo a Alemania. Pretendieron desde el primer momento crear un sentimiento de culpa en el pueblo alemán, cosa que lograron plenamente, puesto que aún hoy persiste. Los Aliados se presentaron a sí mismos como liberadores, demócratas ejemplares, defensores de los derechos humanos, y comenzaron a reeducar a los vencidos para que aceptaran que el nacionalsocialismo era la ideología más perversa que había existido jamás. En las ciudades alemanas de la zona de ocupación americana aparecieron vallas publicitarias con fotografías de esqueletos, huesos carbonizados, prisioneros en uniforme ahorcados y niños muertos por hambre. Sobre la foto se preguntaba "¿Quién es culpable?". Un segundo póster contenía la respuesta: "¡Esta ciudad es culpable! ¡Tú eres culpable!". El siguiente paso fueron las películas de propaganda registradas en campos de concentración como Belsen o Buchenwald, donde muchos prisioneros habían muerto a causa del hambre y las enfermedades y muchos de los supervivientes eran esqueletos vivientes.

Mientras en algunos campos los presos seguían muriendo diariamente, en lugar de proceder de inmediato a la evacuación de los supervivientes para aliviar su sufrimiento, los Aliados convirtieron los campos en un macabro espectáculo turístico para periodistas, congresistas, senadores y curiosos más o menos morbosos. Ciudadanos alemanes fueron obligados a visitar Buchenwald, donde entre las principales atracciones se les mostraba el crematórium, las famosas pantallas de lámparas confeccionadas en teoría con pieles tatuadas, las cabezas reducidas, etc. Supuestamente, todo ello era obra de Ilse Koch, la esposa del comandante del campo, Karl Koch. Los cuerpos de los muertos fueron dejados esparcidos durante días para que fueran vistos por los visitantes. Se montó incluso un recorrido turístico de los campos de concentración.

Lo indignante es que mientras los libertadores se autopostulaban como ejemplo de respeto a la dignidad de la vida humana, en lugar de predicar con el ejemplo, tenían su propia ruta de campos, los campos de la muerte de Eisenhower, donde en la misma zona mantenían en la intemperie a millones de POWs alemanes, de los que lograron matar por hambre, frío y epidemias a cerca de un millón. Simultáneamente, funcionaban en Polonia y en Checoslovaquia centenares de campos donde iban a morir decenas de miles de civiles alemanes que eran tratados como animales. Además, como se ha visto, los salvadores del pueblo alemán y campeones de los derechos humanos consentían que millones de personas de etnia alemana fueran expulsadas de sus casas y deportadas en condiciones inhumanas. Por otra parte, los campos de los aliados comunistas seguían funcionando sin ningún problema como lo habían hecho siempre. Durante décadas, millones de seres humanos murieron en ellos sin que nunca nadie se haya acordado de estos muertos. Significativamente, apenas existen fotos del Gulag soviético ni de sus víctimas.

A la vez que se pretendía reeducar a la población, la JCS 1067 imponía destruir en lugar de construir, de lo que se derivaba un trato inhumano para las personas. A pesar de que oficialmente el Plan Morgenthau había sido abandonado, su espíritu y sus políticas estuvieron vigentes largo tiempo en la posguerra. El hecho de haber pertenecido al NSDAP fue un obstáculo insalvable que impedía a los ciudadanos encontrar trabajo y vivir en paz. Cientos de miles acabaron en la cárcel, pues la famosa directiva JCS 1067, fruto de los planes de venganza impuestos por Morgenthau, exigía medidas punitivas para quienes habían sido nacionalsocialistas. Se estima que de los trece millones de afiliados que llegó a tener el NSDAP, ocho millones seguían en el partido al final de la guerra. Debe considerarse que esta afiliación masiva era fruto de las políticas sociales que los nazis habían impulsado en Alemania. Hemos visto ya que se acabó con el paro que había martirizado durante lustros a las clases trabajadoras, se facilitó la adquisición de una vivienda a la población como manera de estimular y recompensar la natalidad; se eliminaron prácticamente los intereses bancarios; se propició el turismo y los viajes a las clases trabajadoras; se crearon, en definitiva unas condiciones sociales que lograron el reconocimiento mayoritario a las políticas del NSDAP.

Con el fin de excluir a los nazis de la vida pública, se imprimieron trece millones de cuestionarios ("Fragebogen"), que constaban de doce páginas y ciento treinta y tres preguntas que debían responder quienes buscaban un trabajo para poder sobrevivir. Ningún colectivo se libró de pasar por el filtro de los "Fragebogen". Según el grado de pertenencia o de simpatía hacia el partido o alguna organización afín, se determinaba si el sujeto era "culpable", "comprometido", "medianamente comprometido", "simpatizante"... Un médico, por ejemplo, no podía ejercer su profesión si había pertenecido al NSDAP. La mayoría de los funcionarios habían pertenecido al partido, por lo que la purga de la Administración puso en peligro su funcionamiento. En el cuestionario figuraban preguntas como qué se había votado en 1932, si se confiaba en la victoria de Alemania, si se tenían cicatrices en el cuerpo... En los cuestionarios se advertía que "falsa información daría pie a un procesamiento por los tribunales del Gobierno Militar." Sólo después de haber devuelto el impreso convenientemente rellenado y tras haber sido revisado por las autoridades de ocupación, se podía acceder al mercado de trabajo, siempre y cuando se hubiera pasado la criba. Si no era así, no había posibilidad de trabajar y tampoco de obtener cartilla de racionamiento. Lo peor era que uno podía ser considerado un criminal por haber sido nacionalsocialista y enviado a la cárcel. En función de la calificación obtenida, se obtenían distintas cartillas de racionamiento y se podía optar a ciertos puestos de trabajo.

Sobre el racionamiento de comida, Víctor Gollancz denunció, por ejemplo, que en marzo de 1946 la población de Hamburgo sólo recibía diariamente entre 1.050 y 1.591 calorías, o sea, cuatro rebanadas de pan seco, tres patatas medianas, tres cucharadas de avena, media taza de leche desnatada, una sobra o resto de carne y una pizca de grasa. La mortalidad infantil era diez veces superior a la de 1944. En febrero de 1946 nacieron en Dortmund 257 niños, de los cuales cuarenta y seis murieron. Giles MacDonogh escribe: "Políticos y soldados como Sir Bernard Montgomery insistían en que no se enviase comida desde Gran Bretaña. La inanición era un castigo. Montgomery decía que tres cuartas partes de los alemanes eran aún nazis." En el afán de imponer una culpa colectiva, incluso aquellos que se habían opuesto al nazismo pagaban las consecuencias de la política vengativa que se imponía al conjunto de los alemanes.

En Baviera el general Patton nombró ministro presidente a Fritz Schäffer, conocido por ser antinazi, pero finalmente fue cesado porque Schäffer no odiaba a todos los nazis. Se ha visto ya que el mismo Patton cayó en desgracia porque no compartía las políticas de odio y venganza que se derivaban de la JCS 1067. MacDonogh explica que en la cuenca del Ruhr "todos los ingenieros de minas fueron despedidos por nazis. Hubo entonces explosiones que se cobraron cientos de vidas -incluidos ingleses- y el general Templer concluyó que en el Gobierno Militar actuaban como estúpidos." Según este autor, en septiembre de 1946 en la zona americana se había enviado a la cárcel a 66.500 nazis y en la zona británica, a 70.000. En Nordhein-Westfalen dos millones y medio de casos habían sido examinados y muchos hombres y mujeres fueron encerrados durante años en condiciones terribles. Sobre los rusos, MacDonogh escribe: "creían firmemente en la culpabilidad colectiva y que cualquier alemán podía ser merecedor de castigo e incluso de muerte. Pusieron a los alemanes a trabajar y les dieron lo mínimo indispensable para que pudieran sobrevivir. Investigaron medio millón de casos en su zona."

Cuando se constata que los Aliados eran incapaces de dignificar la vida de la población y no deseaban alimentarla mínimamente, resulta en verdad ofensiva su pretensión de haber llegado a Alemania como liberadores. Víctor Gollancz, que señala que en Belsen los presos recibían 800 calorías, denuncia en *In Darkest Germany* (1947) que a principios de 1946 las autoridades británicas en Alemania propusieron bajar la ración diaria a 1.000 calorías. Los americanos proporcionaban entonces 1.270 calorías, mientras que los franceses estaban ya en las 950. En la obra citada, Gollancz relata su visita a Hamburgo, ciudad que tras ser totalmente destruida por los criminales bombardeos de saturación no tenía viviendas para alojar a la población, por lo que setenta mil personas vivían en refugios y en sótanos en condiciones penosas. "Muchos alemanes -escribe MacDonogh- estaban al principio preparados para ver a los Aliados como ángeles liberadores, pero pronto se sintieron decepcionados cuando comprobaron que los soldados tan humanos llegaban cargados de propaganda y odio hacia la población civil."

A la vez, los redentores del pueblo alemán se dedicaron a robar como pocas veces en la historia. Todos los Gobiernos se implicaron en el saqueo del país. Incluso la Familia Real británica no tuvo ningún reparo en quedarse para su disfrute con el *Carin II*, el yate de Göring. Debe considerarse que el grueso de las fuerzas anglo-americanas no entraron en Berlín hasta el viernes 6 de julio de 1945, por lo que los soviéticos dispusieron de más de dos meses de ventaja para saquear la capital del Reich. Los comunistas, expertos desde la Revolución Bolchevique en robar a conciencia, planificaron como auténticos expertos la operación no sólo en Berlín, sino en toda su zona de ocupación. Dos millones y medio de obras de arte de distinta naturaleza, de las cuales ochocientas mil eran pinturas que incluían cuadros de Rubens, Fra Angelico, Luca Signorelli, Zurbarán o Murillo, salieron hacia Rusia. Aparte, se incautaron unos cinco millones de toneladas en equipamientos y materiales de todo tipo, mayoritariamente procedentes del desmantelamiento de fábricas. De gran importancia fue el robo de secretos militares, científicos e industriales de gran valor, así como patentes de invención alemana. Joaquín Bochaca, que en *Los crímenes de los buenos* aporta cifras y datos de interés sobre el saqueo de Alemania, da la cifra de 346.000 patentes confiscadas. Bochaca apunta que una muestra aplastante de la servidumbre del Gobierno de la República Federal de Alemania se produjo años más tarde, cuando fue obligado a reconocer una deuda astronómica con Israel, un Estado que ni siquiera existía.

## 2ª PARTE
## FRACASO DEL PLAN DEL GOBIERNO MUNDIAL BASADO EN EL MONOPOLIO DE LA VIOLENCIA ATÓMICA

"Nuestro programa de posguerra depende por completo de la capacidad de aterrorizar al mundo con la bomba atómica." Estas palabras del secretario de Estado Edward Stettinius dirigidas al agente soviético Alger Hiss, que actuaba como asesor de Roosevelt en la Conferencia de San Francisco, son definitivamente reveladoras. Pronunciadas en abril de 1945, meses antes de que Truman ordenara lanzar la primera bomba atómica sobre Hiroshima, desvelan con claridad que el plan de Estados Unidos era preservar el monopolio nuclear para imponer un gobierno o una federación internacional que ellos tutelarían gracias al monopolio de la violencia atómica. Para lograr este objetivo era imprescindible obtener el consentimiento de las demás potencias y muy especialmente de la URSS, que desde el principio supo a través de su red de agentes, entre los que destacaban Dexter White y Alger Hiss, cuáles eran los proyectos de los norteamericanos.

Si en la Unión Soviética el hombre fuerte hubiera sido Trotsky, el agente de los banqueros illuminati, todo hubiera sido más fácil, toda vez que el encargado de presentar el plan del Gobierno global sustentado en el monopolio del terror atómico fue Bernard Baruch, el judío todopoderoso que había gestionado la liberación de Lev Davídovich Bronstein cuando fue detenido en Canadá, el banquero con el que soñó Trotsky para hacerse con el control de las finanzas de Rusia: "Lo que necesitamos aquí es un organizador como Bernard Baruch", dijo Trotsky en una ocasión. Pero en la URSS mandaba Stalin, el hombre que había perseguido con saña a todos los trotskystas, que había ordenado asesinar a Trotsky y que ostentaba el poder con mano de hierro. Como venía sucediendo desde la muerte de Lenin, el asunto del monopolio nuclear puso en evidencia que Stalin era un personaje al que no podían acabar de controlar.

Uno de los primeros en reclamar públicamente el tantas veces anunciado Gobierno Mundial fue Emery Reves, un judío de origen húngaro que ya en 1945 publicó *Anatomy of Peace*, un libro que sería traducido a veinticinco idiomas y publicado en treinta países, en el cual hacía un llamamiento a acabar con la soberanía de los Estados en favor del un gobierno internacional o global. Este "pacifista" se mostraba convencido de que la existencia de naciones soberanas iba en contra de la paz y aseguraba futuras guerras. Según él, los Estados-nación eran un anacronismo que había que superar: "No podemos tener democracia -decía- en un mundo de naciones independientes." Enseguida Albert Einstein, otro "pacifista" que había entregado a Roosevelt la carta que pedía la fabricación de la bomba atómica, se apresuró en una entrevista a aplaudir el proyecto, que calificó como "la respuesta política a la bomba atómica".

El 1 de febrero de 1946 *The Bulletin of the Atomic Scientists*, la publicación de los científicos que habían abocado al mundo a la era nuclear, dio publicidad al plan de la Federación Mundial de Reves: "Si Rusia u otros países -se decía en el artículo- no pueden ser persuadidos de que entren en la Federación enseguida, debe ser creada de todos modos por las naciones que están dispuestas a aceptar el esquema." El 15 de febrero de 1946 *The Bulletin* publicaba un nuevo artículo donde se insistía en que los científicos que habían fabricado la bomba consideraban necesario un gobierno mundial. En su número del 1 de marzo de 1946 *The Bulletin* anunciaba la aparición del libro *One World or None* (*Un mundo o ninguno*) escrito precisamente por los científicos judíos, la mayoría socialistas internacionales, que habían fabricado o impulsado la fabricación de las bombas de uranio y plutonio.

Es evidente que los partidarios del famoso Nuevo Orden Mundial ("New World Order") estaban utilizando a los científicos para revestir de ideas pacifistas y humanitarias su viejo proyecto de hacerse con el control absoluto del Planeta. Por su parte, los científicos judíos que habían pedido a Roosevelt que fabricase la bomba atómica para utilizarla contra Alemania buscaban lavar su imagen y demostrar que tenían conciencia del peligro. Por ello, se prestaban hipócritamente a ser utilizados y, como si ellos no fueran responsables de nada, apelaban ahora a los políticos para poner en práctica el viejo proyecto de los Illuminati con el fin de evitar el Armagedón bíblico, i. e. el fin del mundo anunciado en el Antiguo Testamento y en el Apocalipsis. En realidad, actuaban en equipo. Una vez más, bajo la fachada de ideas progresistas y filantrópicas se presentó la necesidad de crear el Gobierno Mundial para toda la humanidad y acabar con los Estados y con los caducos sentimientos patrióticos. Llegados a este punto, es de interés, antes de seguir adelante, recapacitar sobre los momentos históricos en que hemos encontrado la misma idea a lo largo de esta narrativa que venimos produciendo.

Los orígenes del proyecto proceden del Talmud. Se ha visto ya en el capítulo tercero que el sionista Michael Higger dedicó a la Universidad Hebrea de Jerusalén su obra *La Utopía Judía* (*The Jewish Utopia*), publicada en 1932. En ella se revisa el plan sionista de dominio mundial, que se alcanzará cuando "todos los tesoros y recursos naturales del mundo estarán en posesión de los justos (los judíos) en cumplimiento de la profecía de Isaías." La idea de financiar y dirigir el Movimiento Revolucionario Mundial (MRM) para conseguir el control de los recursos y las riquezas del mundo surgió con los Rothschild ya a finales del siglo XVIII. Su agente Adam Weishaupt (Espartaco) fundó el 1 de mayo la Orden de los Iluminados de Baviera y adoptó como símbolo la pirámide con El Ojo que Todo lo Ve ("All Seeing Eye"). La abolición de los gobiernos, de la propiedad privada, de la herencia, de las religiones, del patriotismo y de la familia eran los objetivos de la secta para el "Novus Ordo Seclorum" o Nuevo Orden Mundial. Los Illuminati inculcaban a sus seguidores que la felicidad universal se alcanzaría con la abolición de las naciones y la unión de la humanidad en una sociedad internacional. La unión de los illuminati y los frankistas de Jakob Frank, auspiciada por los banqueros judíos que impulsaban el MRM, precedió la aparición del *Manifiesto Comunista* (Karl Marx y Moses Hess procedían de familias frankistas), redactado por Marx para la Liga de los Justos ("Bund der Gerechten"), una organización secreta de los Illuminati.

Según se ha visto, los objetivos del comunismo coincidían con los de Weishaupt, pero quedaban ya concretados de manera explícita. El proletariado y la fuerza iban a ser utilizados por los banqueros internacionales para conquistar el mundo: la dictadura mundial del proletariado se lograría derrocando el orden establecido a través del terror y la violencia: el fin justificaba los medios. Cuando en 1860 Adolphe Cremieux, Gran Maestre del Gran Oriente de Francia, fundó la Alianza Israelita Universal, anunció en el manifiesto fundacional que se acercaba el momento "en que todas las riquezas y tesoros del mundo serán propiedad de los hijos de Israel." En los *Protocolos de los Sabios de Sión* se concreta y detalla de nuevo el plan para el Gobierno mundial: "Cuando hayamos dado nuestro gran golpe, diremos a todos los pueblos: todo iba muy mal para vosotros, todos estáis extenuados de sufrimiento. Nosotros vamos a suprimir la causa de vuestros tormentos, a saber: las nacionalidades, las fronteras, la diversidad de monedas." En resumen, la idea de "fraternidad universal", de un "rey invisible", de la "unificación de la humanidad", de una Liga de Naciones que aspirase a la unidad mundial venían siendo tópicos expresados una y otra vez en boca de ideólogos judíos y sionistas. "Tendremos un gobierno mundial tanto si les gusta como si no. La única pregunta es si lo conseguiremos mediante conquista o por consentimiento." Estas palabras del banquero illuminati Paul Warburg, el gran arquitecto de la Reserva Federal, pronunciadas el 17 de febrero de 1950 ante el Senado de Estados Unidos, son una prueba más de que detrás de la idea estaban los conspiradores de siempre.

## Bernard Baruch presenta el plan para el Gobierno Mundial

Dos judíos, Bernard Baruch y David Lilienthal, este último en contacto con Dean Acheson, el subsecretario de Estado, fueron los autores del plan para el Gobierno Mundial que el Gobierno de Estados Unidos trató de imponer a Stalin. Baruch, que según la *Encyclopaedia Judaica* actuó en Versalles como consejero económico personal del presidente Wilson y había sido consejero de cinco presidentes norteamericanos, fue designado por Truman para presentarlo ante la UNAEC (Comisión de Naciones Unidas para la Energía Atómica). El plan había sido de antemano expuesto y debatido en las páginas de *The Bulletin of the Atomic Scientists*, una publicación quincenal fundada a finales de 1945 por dos científicos judíos, Eugene Rabinowitch y Hyman H. Goldsmith, de la cual Baruch y Lilienthal eran editores. Robert Oppenheimer, el "Príncipe Oscuro", el 1 de junio de 1946 publicó en el número 12 del *Bulletin* un artículo titulado "El control internacional de la energía atómica", donde comentaba el proyecto de Baruch, su mentor. Oppenheimer, el "destructor de mundos", anunciaba la reunión de la Comisión de Naciones Unidas, apoyaba la creación de una Autoridad de Desarrollo Atómico ("Atomic Development Authority"), se mostraba partidario de que los países cedieran parte de su soberanía y apelaba a Estados Unidos para que aceptara perder "la monopolística posición de ventaja técnica en el campo de la energía atómica." Como se sabe, Oppenheimer había sido estrechamente vigilado por el FBI por su relación con el Partido Comunista. Consecuentemente, era partidario de una solución de compromiso y convergencia con la URSS.

Por fin, el 14 de junio de 1946 Baruch expuso el plan ante la UNAEC. En sus palabras introductorias presentó el dilema: había que escoger entre paz en el mundo o destruccion del mundo. "La ciencia ha arrancado de la naturaleza un secreto tan grande en sus potencialidades -dijo Baruch- que nuestras mentes se encogen de miedo por el terror que crea." Según el Plan Baruch, la Autoridad de Desarrollo Atómico supervisaría la evolución y el uso de la energía, dirigiría las instalaciones nucleares capaces de producir bombas e inspeccionaría las investigaciones que tuvieran fines pacíficos. Se prohibía la posesión ilegal de la bomba atómica. Los países violadores y aquellos que interfirieran en las inspecciones serían convenientemente castigados. Un Consejo de Seguridad sería el encargado de castigar e imponer sanciones a las naciones que violaran los términos del plan. Un punto muy importante tenía que ver con el derecho de veto. El Plan Baruch estipulaba que los miembros del Consejo de Seguridad de las Naciones Unidas perderían el derecho de veto en todo lo concerniente a las sanciones contra las naciones que desarrollasen actividades prohibidas. Sólo cuando el plan estuviera ya en funcionamiento, Estados Unidos comenzaría el proceso de destrucción de su arsenal nuclear.

Entretanto, los estadounidenses seguían adelante con su plan de pruebas nucleares en el atolón de Bikini. Sólo dos semanas después de la presentación del proyecto ante la UNAEC comenzó la Operación Crossroads (Encrucijada), que preveía varias detonaciones atómicas con una potencia de 21 kilotones cada una. La primera, "Able", se llevó a cabo el 1 de julio de 1946; la segunda, "Baker", el 25 de julio. Se había planificado realizar una tercera, "Charlie"; pero se suprimió debido a la tremenda contaminación radiocativa generada por "Baker".

El 19 de junio se había producido una segunda reunión de la UNAEC, en la que Andréi Gromyko, embajador en Estados Unidos y representante ante Naciones Unidas, presentó la propuesta de la URSS. Gromyko expresó que su país no estaba dispuesto a renunciar a su derecho de veto en el Consejo de Seguridad, el cual, según dijo el embajador soviético, era ya muy favorable a Estados Unidos. Gromyko, que, sin duda, debía de tener información sobre la Operación Crossroads, argumentó que para que el plan tuviera alguna credibilidad las sanciones anunciadas en el informe presentado por Baruch debían imponerse de inmediato. Pedía asimismo el intercambio de información científica. Además, no estaban dispuestos a permitir inspecciones internacionales en sus instalaciones. Desde el primer momento, los comunistas entendieron que el plan permitía a Estados Unidos mantener el monopolio nuclear. La prensa soviética denunció que "era un intento de establecer el dominio mundial atómico de América." El 1 de julio de 1946, el mismo día en que se llevó a cabo la primera prueba en el atolón de Bikini, *The Bulletin*, convertido en tribuna de debate sobre el Gobierno Mundial y el control de la energía atómica, reprodujo los textos de Baruch y Gromyko ante la UNAEC.

Desde la aparición de la secta de los Iluminados de Baviera, la conspiración para establecer el Gobierno Mundial apuntado por Adam Weishaupt había ido diversificándose y estructurándose en distintas tendencias. Entre las principales figuraban el comunismo, el sionismo, el imperialismo británico (utilizado desde el principio como herramienta de poder global por los Rothschild), el socialismo fabiano... El denominador común, el elemento transversal que las penetraba a todas eran los judíos. El comunismo, la facción más genuina de la conspiración, no apoyaba en 1946 el Plan Baruch. Aparentemente, el comunismo se había convertido con Stalin en un nacionalcomunismo expansionista controlado desde Moscú y había escapado del control inicial de los tiempos de Lenin y Trotsky. Como se ha dicho, si Trotsky hubiera vencido a Stalin en su lucha por el poder en Rusia, tras la Segunda Guerra Mundial habrían convergido paradójicamente dos ideologías teóricamente paralelas y se habría establecido por fin el Gobierno Mundial por consenso, pues los judeo-bolcheviques habían sido un instrumento eficacísimo de la conspiración de los banqueros judíos internacionales. Sin embargo, en la URSS seguía mandando Stalin, que había logrado el poder suministrando a sus enemigos trotskystas la misma medicina que ellos habían utilizado para eliminar a sus oponentes. En realidad, el problema no era irresoluble: se trataba de colocar en el poder a un nuevo Trotsky. Con esta finalidad, tanto en Rusia como en los países ocupados del este de Europa pronto comenzaría la lucha por el poder. El problema no era el comunismo, sino el comunismo liderado por Stalin. "Los Stalins vienen y se van -le había dicho Krivitsky a su amigo Reiss- pero la Unión Soviética perdurará."

Los socialistas fabianos, entre los que destacaban: Bertrand Russell, H. G. Wells, Arnold Toynbee... estaban entre los abogados del Gobierno Mundial. El 1 de octubre de 1946 Bertrand Russell publicó en *The Bulletin* un extenso artículo de tres páginas cuyo título era: "La bomba atómica y la prevención de la guerra". En él constataba que se había llegado a un punto muerto en las negociaciones con Stalin y que el acuerdo con la Unión Soviética se complicaba. Russell dejaba meridianamente claro que el monopolio de la violencia nuclear debía ser prerrogativa exclusiva del Gobierno Mundial:

> "...Está totalmente claro que sólo hay una manera de prevenir permanentemente las grandes guerras, y es el establecimiento de un gobierno internacional con un monopolio de poderosas fuerzas armadas. Cuando hablo de un gobierno internacional, me refiero a uno que gobierne de veras, no una fachada amistosa como la Sociedad de Naciones o una simulación pretenciosa como las Naciones Unidas tal como están actualmente constituidas. Un gobierno internacional, si tiene que ser capaz de preservar la paz, debe tener las únicas bombas atómicas, la única fábrica para producirlas, la única fuerza, los únicos barcos de guerra y, en general, lo que sea preciso para convertirlo en irresistible. Su personal atómico, sus escuadrones aéreos, las tripulaciones de sus barcos de guerra y sus regimientos de infantería deben estar solidariamente integrados por hombres de diferentes nacionalidades; no debe haber posibilidad de que se desarrolle el sentimiento de nacionalidad en ninguna unidad mayor que una compañía. Cada miembro de la fuerza armada internacional debería ser cuidadosamente formado en la lealtad al Gobierno internacional."

Russell tenía, evidentemente, muy presente el pensamiento político de Maquiavelo sobre la necesidad de que el monopolio de la violencia debía estar en manos del príncipe: "El monopolio de la fuerza armada es el atributo más necesario del Gobierno internacional." En un tono nada conciliador, Russell aconsejaba a americanos y británicos que si tras haber explicado con claridad que su objetivo era la cooperación internacional no conseguían la cooperación del Gobierno soviético, no deberían permitir que se creyera que estaban por la paz a cualquier precio. "En un momento dado -escribía-, una vez completado su plan para un gobierno internacional, deberían ofrecerlo al mundo y captar el máximo apoyo... Si Rusia aceptase voluntariamente, todo iría bien. Si no, sería preciso presionar al oso, incluso hasta el punto del riesgo de guerra, pues en este caso es casi seguro que los rusos accederían. Si Rusia no acepta la formación del Gobierno internacional, habrá guerra tarde o temprano. Es por ello inteligente hacer toda la presión necesaria."

A finales de 1946 se creó en Estados Unidos la "Atomic Energy Commission" (AEC), que pasó a manejar todo lo relacionado con materias nucleares y supuso el control civil de las plantas de fabricación atómica. También a final de año 1946 Stalin rechazó definitivamente el Plan Baruch con el argumento de que implicaba la sumisión a Washington. A partir de este momento fueron deteriorandose las relaciones entre ambos países y poco después comenzaría la guerra fría. El rechazo del Plan Baruch, no obstante, no implicaba necesariamente, ni mucho menos, la renuncia al Gobierno Mundial que se trataba de imponer a la humanidad desde hacía tanto tiempo; aunque, como mínimo, se había perdido una buena oportunidad para lograrlo.

Los científicos que fabricaron la bomba atómica compartían con los políticos y magnates judíos del "Brain Trust" el mismo deseo de aplastar a la Alemania nazi. Cuando Einstein propuso por carta al presidente norteamericano la fabricación de la bomba, lo hizo con la idea de que sería utilizada contra Alemania. Esa fue también la intención de Roosevelt, Baruch, Morgenthau, Rosenman, etcétera, al poner en marcha el Proyecto Manhattan. Aparte de sus sentimientos antialemanes, la mayoría de los físicos judíos, entre ellos Einstein, eran sionistas, lo cual implicaba que su fidelidad a uno u otro Estado era muy relativa, por no decir inexistente. Muchos de ellos, como Oppenheimer, eran partidarios de una autoridad mundial basada en principios internacionalistas que trascendieran las ideas de lealtad nacional. Algunos estaban comprometidos con el comunismo y siguieron dispuestos a trabajar en el empeño. De hecho, fueron científicos judíos los que ayudaron a la URSS a fabricar su bomba atómica.

Oppenheimer acabaría finalmente acusado de espiar en favor de la Unión Soviética, cosa que pudo hacer gracias a la posición privilegiada que ocupó como miembro del Consejo General Consultivo (General Advisory Board) de la Comisión de Energía Atómica (AEC), cuyo primer presidente fue David Lilienthal. Una de las primeras tareas de Lilienthal como presidente de la AEC fue la designación de los miembros del Consejo Consultivo. El primer escogido fue su amigo Oppenheimer, quien sería asimismo nombrado director del prestigioso Instituto de Estudios Avanzados de la Universidad de Princeton, en la que reinaba consagrado Albert Einstein.

El 4 de enero de 1947, fracasado definitivamente su plan, Bernard Baruch presentó su dimisión como representante de Estados Unidos en la Comisión de Energía Atómica de las Naciones Unidas. Su sustituto fue otro judío considerado anticomunista, Lewis Lichtenstein Strauss, un hombre al que Félix M. Warburg había introducido en la banca Kuhn Loeb & Co., donde había labrado su fortuna. A pesar de haber sido miembro del Comité Ejecutivo del "American Jewish Committee", parece ser que no era sionista, sino partidario de la asimilación de los judíos en los países donde vivían. Strauss manejó pronto información sobre las actividades comunistas de Oppenheimer y comenzó entonces un lento proceso de distanciamiento entre ambos.

Las dudas sobre la lealtad de Oppenheimer a EE.UU., surgidas ya en 1942, se disiparon por completo en marzo de 1947: el FBI supo fehacientemente que Oppenheimer informaba a la URSS y denunció sus actividades a David Lilienthal y a Lewis Strauss. Ambos eran amigos suyos y no quisieron creer los informes que lo señalaban como un infiltrado. Tampoco los miembros del Consejo de la AEC estaban dispuestos a dudar de su lealtad, por lo que en el verano de 1947 decidieron mantenerlo como presidente del Consejo General Consultivo. No obstante, Lewis Strauss comenzó a sospechar y sus relaciones con el Príncipe Oscuro fueron deteriorándose. Un hecho significativo fue la pugna de Oppenheimer con Edward Teller, el físico judío que había seguido en Los Álamos trabajando en una nueva versión de la bomba basada en la fusión nuclear: la bomba termonuclear o bomba H, que ellos llamaban la "Super". Desde su posición como presidente del Consejo del AEC, Oppenheimer recomendó que el Gobierno no gastase dinero en el proyecto. En julio de 1947 Estados Unidos poseía trece bombas de fisión nuclear y la URSS perseguía la fabricación de su propia bomba. Aparentemente, Oppenheimer trataba de impedir que Teller lograse fabricar una bomba atómica más potente y destructiva, que volvería a desequilibrar la balanza en favor de EE.UU.

En 1949 Lewis Strauss se convenció de que Oppenheimer no sólo trataba de boicotear o retrasar la fabricación de la bomba de hidrógeno, sino que había violado la seguridad nacional. Los rumores sobre la deslealtad de Oppenheimer fueron en aumento y en consecuencia el Gobierno decidió nombrar presidente de la AEC a Strauss, que sustituyó en el cargo a David Lilienthal, el gran aliado de Oppenheimer. La desconfianza era evidente en diversos niveles: el senador Joseph McCarthy había empezado una investigación sobre las relaciones de Oppenheimer con los comunistas y los mandos de la fuerza aérea exigían su sustitución. Por fin, en diciembre de 1953 el Comité Conjunto sobre Energía Atómica de la Cámara de Representantes envió una carta al FBI y al AEC en la que se decía que entre 1939 y 1942 Oppenheimer había espiado para la Unión Soviética y que desde 1942 había sido un agente que, siguiendo directrices de los soviéticos, influía en el ejército, en las cuestiones de energía atómica, en la inteligencia y en la diplomacia de Estados Unidos. Antes de que el Senado comenzara otra investigación, Lewis Strauss le exigió la dimisión de su cargo de presidente del Consejo General Consultivo de la AEC. Cuando Oppenheimer rechazó la exigencia, Strauss ordenó la apertura de un proceso, que tuvo lugar desde el 5 de abril al 6 de mayo de 1954. Oppenheimer acabó retirado en Princeton, donde Einstein presidía el Instituto de Estudios Avanzados, un "think tank" financiado por los Rothschild a través de una de sus múltiples fundaciones secretas. El caso de Oppenheimer se imbrica dentro de una amplia trama de espionaje en favor de la URSS, de la que interesa ahora todo lo relacionado con la bomba atómica.

## Judíos comunistas entregan a la URSS los secretos de la bomba atómica

Al final de la Segunda Guerra Mundial los americanos estimaban que los soviéticos necesitarían de siete a diez años para conseguir fabricar su propia bomba atómica. Ello significaba que Estados Unidos podía durante este tiempo hacerse con un monopolio nuclear inalcanzable. Cuando se supo que el 29 de agosto de 1949 la URSS había detonado su primera bomba nuclear, cuyo nombre en clave era "Joe" en honor a Josef Stalin, la sorpresa para algunos fue de envergadura. La bomba rusa era una réplica exacta de "Fat Man", la bomba de plutonio experimentada en el desierto Jornada del Muerto y lanzada el 9 de agosto de 1945 sobre Nagasaki. Muchas voces comenzaron a denunciar que había traidores, los cuales, operando desde el interior, estaban conspirando contra Estados Unidos.

Es un hecho demostrado que la invasión de espías soviéticos en la Administración de FDR alcanzó cotas asombrosas a lo largo de sus tres mandatos. Los casos más relevantes de agentes comunistas: Alger Hiss, Harry Hopkins, Harry Dexter White, han sido ya mencionados y volverán a ser objeto de atención en páginas sucesivas. Alger Hiss, miembro de la delegación estadounidense en Yalta, contó allí con el respaldo de Dean Acheson, uno de los impulsores del reconocimiento de la URSS en 1933. Acheson, acompañante de Dexter White en Bretton Woods, subsecretario de Estado entre 1945-47 y secretario de Estado entre 1949-53, ignoró repetidamente los informes del FBI que señalaban a los comunistas infiltrados en el Departamento de Estado. El propio Roosevelt despreciaba los esfuerzos de quienes denunciaban lo que ocurría en el seno de la Administración.

En 1940, cuando la URSS había agredido a sus vecinos de Europa oriental, Martin Dies, congresista demócrata por Texas que presidió entre 1938 y 1945 el Comité del Congreso sobre Actividades Antiamericanas ("House Committee on Un-American Activities"), advirtió a Roosevelt que había miles de comunistas y simpatizantes comunistas en la nómina del Gobierno. Roosevelt le dijo: "No creo en el comunismo más de lo que lo hace usted, pero no hay ningún problema con los comunistas en este país. Varios de mis mejores amigos son comunistas... No contemplo a los comunistas como una amenaza ni presente ni futura; de hecho veo a Rusia como nuestro mejor aliado en años sucesivos. Como le dije cuando empezó su investigación, debería limitarse a nazis y fascistas. Aunque no creo en el comunismo, Rusia está mucho mejor y el mundo mucho más seguro con el comunismo que con los zares." Absurdamente, en lugar de considerar la advertencia del presidente del Comité que investigaba el espionaje de comunistas en favor de la Unión Soviética, Roosevelt, el líder mundial que pretendía defender los valores de la libertad, la democracia y los derechos humanos, justificó el totalitarismo comunista de la URSS, un régimen sanguinario que había eliminado a más personas en una sola semana que lo zares en todo el siglo XIX. Sólo pueden entenderse estas palabras de Roosevelt si se considera que el comunismo era un instrumento del Poder Oculto y que él era un agente de este Poder que había puesto en marcha el MRM (Movimiento Revolucionario Mundial), había implantado el comunismo en Rusia y lo iba a imponer en China, según se verá en este mismo capítulo.

La inestabilidad que durante los primeros años de posguerra padeció el Departamento de Estado, un Ministerio que tenía fama de ser conservador, demuestra que el plan para que EE.UU. detentara en solitario el liderazgo mundial gracias al monopolio del terror atómico no gozaba de unanimidad. Edward Stettinius, que había asumido el cargo el 1 de diciembre de 1944, fue reemplazado en junio de 1945 por James F. Byrnes. Unas semanas después, el subsecretario de Estado Joseph Grew, un veterano en el cuerpo diplomático que había tratado de evitar la guerra con Japón, dimitió después de soportar durante dos meses ataques de la prensa, que lo tildaba de reaccionario y exigía su dimisión. El sustituto de Grew fue Dean Acheson, un "progresista" que se convirtió en la figura dominante en el Departamento y propició la salida de todos los aliados de Grew. A pesar de que algunas fuentes presentan a Acheson como antisoviético, lo cierto es que impulsaba una política de conciliación con Moscú y trabajó estrechamente con Alger Hiss hasta que en 1946 Hiss fue obligado a dimitir tras ser delatado como espía soviético. Tampoco Byrnes se mantuvo mucho tiempo como secretario de Estado. Según escribe Truman en *Years of Decisions* (Vol.1 de sus Memorias), Byrnes le anunció que "estaba cansado de mimar a los soviéticos" ("tired of babying the Soviets"). Byrnes, partidario de sacar a Hiss del Departamento, de enterrar definitivamente el Plan Morgenthau para Alemania y cada vez más opuesto a Stalin, amenazó varias veces con dimitir. Finalmente, el 21 de enero de 1947 la Casa Blanca aceptó su renuncia. Byrnes salió resentido del Gobierno y Truman lo sustituyó por Georges C. Marshall. En el Gobierno de Truman, como había ocurrido en los de Roosevelt, había, pues, muchos "amigos" de la Unión Soviética, donde Beria maniobraba en la sombra para sustituir a Stalin. Entre quienes se declaraban a favor de converger con el comunismo y de compartir con la URSS la tecnología nuclear estaba Robert Oppenheimer, quien no había ocultado su interés en lograr una confluencia con la URSS. La extensión del comunismo en toda Asia, donde la pieza clave era China, formaba parte de los proyectos de los internacionalistas. En este contexto debe situarse la transmisión de los secretos atómicos a la Unión Soviética.

Los documentos "Venona", descifrados en 1948, confirmaron que era cierto cuanto había denunciado el FBI en relación al espionaje soviético sobre el programa atómico. Publicados en 1995 por la NSA (Agencia Nacional de Seguridad), demuestran que ya en 1941 el Kremlin recibió información sobre el proyecto secreto británico-norteamericano de la bomba atómica. "Venona" es el código que se dio a las comunicaciones secretas de los espías soviéticos interceptadas por Estados Unidos. Además de estos documentos, existen hoy otras fuentes que permiten asegurar con certeza que Beria no sólo recibió información sobre el Proyecto Manhattan y la investigación en Los Álamos, sino también sobre los trabajos que desarrollaban los británicos. En *The Venona Secrets,* Herbert Romerstein, autor judío que no consigue ocultar cierto tufo trotskysta, confirma que la primera noticia que tuvieron los soviéticos sobre el proyecto atómico les llegó desde Londres el 25 de septiembre de 1941. Se trataba de un informe sobre una reunión mantenida nueve días antes por el Comité Británico del Uranio (British Uranium Committee). La fuente de la información fue un agente cuyo nombre en clave era "List". Romerstein, citando como fuente la obra *Special Tasks,* de Pavel Sudoplátov, apunta que "List" era en realidad John Cairncross, el secretario privado de Lord Hankey, quien presidía el "British Uranium Committee". Cairncross, que según algunos autores sería el "quinto hombre" del Grupo de Cambridge, niega en sus memorias que fuera él la fuente que informó a Moscú.

Antes de proseguir, hay que decir que el famoso grupo de espías de Cambridge estaba integrado por cinco agentes: Donald Maclean, Guy Burgess, Kim Philby, Anthony Blunt y un quinto hombre. En 1994 Roland Perry publicó el libro titulado *The Fifth Man* (*El quinto hombre*), donde afirma rotundamente que el quinto agente de los "Cinco de Cambridge" no era Cairncross, sino Nathaniel Mayer Víctor Rothschild (1910-1990), mejor conocido como el tercer Lord Rothschild, un triple agente que habría trabajado para el MI5 británico, el KGB y el Mossad. Burgess y Maclean fueron descubiertos en 1959, Philby, cuyo nombre en clave en Venona era "Stanley", lo fue en 1963. En 1979 fue la propia Margaret Thatcher quien denunció ante el Parlamento que Blunt era un espía soviético. Anthony Blunt, el cuarto hombre, habría sido reclutado por el MI5 en 1940 y fue "curator" (conservador) de la colección de pinturas reales y asesor personal de la reina, por lo que ostentaba el título de Sir de la Corona. En los 1960s Blunt solía pasar las fiestas de Navidad en la casa de Cambridge de Víctor Rothschild. Según documentos del MI5 hechos públicos en 2002, Moura Budberg, vieja conocida en esta obra, desveló ya en 1950 que Blunt era comunista, pero fue ignorada. Roland Perry ofrece en su libro información de sumo interés sobre las actividades de Víctor Rothschild, sobre quien escribe lo siguiente:

> "El tercer Lord Rothschild estuvo camuflado como el quinto hombre gracias a su poderosa posición dentro del 'Establishment'. La inmensa riqueza de su dinastía bancaria lo incrustó en la élite del poder más que cualquier otro de los miembros del Grupo de los Cinco. Era una cobertura perfecta y le sirvió de protección. Aparentaba encarnar a la clase dirigente británica del siglo XX y ello hacía impensable que pudiera ser un traidor. Sin embargo, un examen más profundo demostraba que tenía otras lealtades... Rothschild era más leal a su herencia judía que a cualquier cosa inglesa. Lo demostró mediante su prolongada entrega a los asuntos de su raza... Nunca estuvo tan comprometido con su país natal y su orden establecido. De hecho, cuando tuvo que elegir entre raza y patria, escogió más de una vez raza."

Si se considera que el Movimiento Revolucionario Mundial había sido financiado por miembros de la dinastía Rothschild desde la creación de los Illuminati de Weishaupt, es absolutamente coherente que un Rothschild estuviera entregado a la tarea de consolidar y expandir el comunismo, uno de los dos sistemas controlados por el Poder Oculto.

Entre los miembros de la delegación británica que colaboraron con Oppenheimer en el Proyecto Manhattan figuraban dos físicos judíos muy próximos a Víctor Rothschild, Rudolf Peierls y Otto Frisch. Ambos trabajaron en Birmingham. El primero afirmó que la reacción nuclear en cadena era posible, por lo que el experimento de Fermi en Chicago en 1942 habría sido en parte la demostración o confirmación de las teorías de Peierls. El segundo diseñó en 1940 el primer mecanismo de detonación de una bomba atómica. Ambos contaron con el respaldo de Sir Mark Oliphant, otro judío de origen australiano que era profesor de física en la Universidad de Birmingham. En la primavera de 1941 Oliphant autorizó a sus colegas la contratación de Klaus Fuchs, quien ya entonces era un agente que trabajaba en Inglaterra para la inteligencia militar soviética (GRU).

Sobre el origen de Fuchs hay cierta polémica: algunas fuentes aseguran que era judío; pero otras lo niegan por el hecho de que su padre, Emil Fuchs, fue un teólogo protestante. Miembro del Partido Comunista desde 1930, Fuchs había abandonado Alemania tras la llegada de Hitler al poder y se había instalado en Inglaterra, desde donde fue enviado a Estados Unidos para trabajar en la bomba atómica. Klaus Fuchs no fue identificado como espía hasta septiembre de 1949, fecha en que los británicos lo arrestaron tras recibir informes del FBI basados en el análisis de los documentos Venona. Peierls, Frisch y Fuchs presentaron un memorándum sobre las propiedades radioactivas de la bomba y su viabilidad, el cual fue entregado por Oliphant al Gobierno británico. Según Roland Perry, el MI5 recibió una copia del documento y Víctor Rothschild lo habría hecho llegar a Beria a través de un agente llamado Krotov que trabajaba en la Embajada británica.

Como hemos venido relatando, las sospechas sobre la deslealtad Julius Robert Oppenheimer fueron una constante casi desde que fue nombrado director científico del Proyecto Manhattan. El primer informe del FBI sobre Oppenheimer lleva fecha de 28 de marzo de 1941. En él se dice que en otoño de 1940 había participado en una reunión en el domicilio de Haakon Chevalier, marxista conspicuo, a la que habían asistido destacados comunistas como Isaac Folkoff y William Schneiderman. El primero, al que se designaba como "Uncle" en Venona, había sido uno de los fundadores del Partido Comunista de California y servía de enlace con la inteligencia soviética. El segundo, cuyo nombre en clave era "Nat", figuraba como líder de Partido Comunista de California. El FBI fue registrando numerosas referencias sobre Oppenheimer en las que repetidamente se aludía a él como un miembro secreto del Partido Comunista. En uno de estos informes se lee textualmente: "En diciembre de 1942, Julius Robert Oppenheimer fue tema de discusión entre Steve Nelson (un judío llamado Steve Mesarosh que había participado con la Brigada Lincoln en la guerra civil española) y Bernadette Doyle, secretaria de organización del Partido Comunista del condado de Alameda, California. Entonces, Steve Nelson informó que la Dra. Hannah Peters lo había visitado para comunicarle que el Dr. Oppenheimer no podía estar activo en el partido a causa de su trabajo en un proyecto especial...". En mayo de 1943 una referencia similar ahonda en la misma circunstancia: otra vez Bernadette Doyle le comunica a un agente soviético, John Murra, que la Sra. Oppenheimer y su esposo eran "camaradas" y que Robert Oppenheimer trabajaba en un proyecto especial en el Laboratorio de Radiación de Berkeley. Doyle le dice a Murra que Oppenheimer "era miembro del partido, pero que debía sacarlo de las listas de correo que manejaba y no debía ser mencionado en absoluto."

Ya el 10 de marzo de 1942 Beria había sugerido a Stalin la creación de un comité para la bomba atómica integrado por científicos, políticos y funcionarios de inteligencia. Pavel Sudoplátov, un veterano del NKVD, fue el encargado de coordinar los datos e informes que enviaban los agentes desde Estados Unidos, Inglaterra y Canadá. En *Special Tasks* (1994), obra citada anteriormente, Sudoplátov, que en febrero de 1944 fue nombrado por Beria jefe del Departamento "S", que unía la inteligencia de la NKVD con la militar (GRU) a fin de asegurar el proyecto de la bomba atómica soviética, asegura que Oppenheimer les proporcionó información secreta sobre el desarrollo de la bomba atómica. Según esta fuente, la información les llegó a través de Lisa Zarubina, la esposa del "rezident" Vassiliy Zarubin[17], quien había operado primero desde el Consulado de San Francisco y posteriormente lo hizo desde Washington. Zarubina[18], judía nacida en Besarabia cuyo verdadero nombre era Liza Rozensweig, viajaba con frecuencia a California y mantenía contacto directo con la esposa de

---

[17] Un "rezident" era un espía que residía en un país extranjero durante periodos de tiempo prolongados y era el máximo responsable de las operaciones de inteligencia de una "Rezidentura", que es el nombre que los soviéticos daban a una organización encabezada por uno o varios rezident. En Estados Unidos había cuatro Rezidenturas, tres de ellas legales y una ilegal. Las tres legales operaban desde la Embajada soviética en Washington, y desde los Consulados en Nueva York y en San Francisco.

[18] Esta espía soviética, que entre 1923 y 1928 trabajó en la Rezidentura de Viena, fue también conocida como Lisa Gorskaya y era capaz de hablar en yiddish, rumano, ruso, alemán, francés e inglés. En 1929 trabajó en Turquía con Yakov Blumkin, el terrorista judío que por orden de Trotsky asesinó el 6 de julio de 1918 a Wilhelm Mirbach, el embajador alemán en Rusia, con el fin de incitar a Alemania a reanudar la guerra. Según se ha narrado ya en otro capítulo, Blumkin vendió en Turquía manuscritos hasídicos robados en la Libería Central de Moscú para financiar a Trotsky. Una de las secretarias judías del físico Leó Szilárd, el redactor de la carta que proponía a Roosevelt la fabricación de la bomba atómica, había sido reclutada por la Zarubina.

Oppenheimer, Kitty. Jerrold y Leona Schecter aseguran también en *Sacred Secrets* que Elizabeth Zarubin logró obtener importante información sobre los secretos de la bomba atómica.

El 26 de abril de 1996, dos años después de la publicación del libro de Sudoplátov, apareció en el periódico *Pravda* un artículo basado en fuentes del SVR, sucesor del KGB, donde se confirmaba que documentos obtenidos de Oppenheimer y de otros cientificos occidentales se hallaban todavía en los archivos secretos soviéticos. En *The Venona Secrets* se reproduce el siguiente fragmento del artículo:

> "No es ningún secreto que información de primera mano sobre el experimento de la reacción nuclear llevado a cabo en 1942 por el físico italiano E. Fermi en Chicago fue obtenida a través de científicos próximos a Oppenheimer. La fuente de esta información fue un antiguo miembro del Comintern, G. Kheifitz, nuestro 'Rezident' en California y antiguo secretario de N. Krúpskaya (la esposa de Lenin). Él fue quien informó a Moscú del hecho que el desarrollo de la bomba nuclear era una realidad práctica. En aquel entonces, Kheifitz había establecido contacto con Oppenheimer y su círculo. De hecho, la familia de Oppenheimer, en particular su hermano, tenía nexos con el entonces ilegal Partido Comunista de EE.UU. en la costa oeste. Uno de los lugares para encuentros ilegales y contactos era la casa de la socialista Madam Bransten en San Francisco. Es precisamente allí donde Oppenheimer y Kheifitz se encontraron. Para nuestra inteligencia, la gente que simpatizaba con los comunistas era extremadamente valiosa para establecer contactos... El salón de Madam Bransten funcionó desde 1936 a 1942. Los soviéticos lo financiaron. Kheifitz ayudó a entregar los fondos para su financiación."

Al igual que la mayoría de los agentes involucrados en el espionaje atómico, Gregory Kheifitz era judío, como lo era también Louise Rosenberg Bransten. Ambos eran amantes. Kheifitz estuvo al frente de la Rezidentura de San Francisco desde 1941 hasta julio de 1944. Su nombre en clave era "Kharon". En 1948 acabaría siendo arrestado por el KGB durante la campaña contra el Comité Antifascista Judío, lo cual será estudiado más adelante en el contexto del asesinato de Stalin. Louise Bransten, una adinerada comunista de California, se había divorciado de Richard Bransten, escritor y editor comunista asimismo muy rico, pues había heredado un negocio de importación de café fundado por su padre, Morris J. Brandenstein. Posteriormente Richard Bransten se convertiría en un exitoso guionista de Hollywod. En 1947 Louise se casó con otro comunista judío, Lionel Berman, y pasó a llamarse Louise Berman. El "salón de Madam Bransten", mencionado en la cita, servía de cobertura para que Kheifitz pudiera reclutar agentes.

El código Venona no se descifró hasta abril de 1948; pero el FBI venía investigando desde principios de los 1940s la infiltración comunista en el laboratorio de Berkeley, uno de los centros vinculados al Proyecto Manhattan. La investigación inicial, llamada COMRAP ("Commintern Apparatus), acabó configurando un memorándum que en 1944 tenía ya casi seiscientas páginas y contenía unos cuatrocientos nombres. A medida que fue aumentando, el FBI decidió crear un nuevo archivo para el espionaje atómico CINRAD ("Communist Infiltration of the Radiation Laboratory"). En 1942 el FBI tenía pruebas suficientes sobre la deslealtad de Oppenheimer, por lo que se elaboró para él un archivo exclusivo.

Otra fuente muy importante de información y de suministro de materiales sobre los trabajos que se desarrollaban en Los Álamos fue el mencionado Klaus Fuchs, quien, según se ha dicho, trabajaba en Inglaterra para el GRU (inteligencia militar soviética), aunque su trabajo de espía en Estados Unidos fue dirigido por el NKVD. Fuchs llegó a América en septiembre de 1943 como miembro de una misión británica desplazada para trabajar en "Enormous" (el proyecto de la bomba atómica). Su contacto fue un comunista judío llamado Harry Gold, el cual había sido reclutado por Jacob Golos[19], otro agente judío que hasta su muerte en 1943 fue el amante de Elisabeth Bentley. Recuérdese que Bentley y Whittaker Chambers fueron los desertores que desvelaron para el FBI la extensión y complejidad del espionaje soviético en Estados Unidos. Harry Gold, "Gus", y Klaus Fuchs, "Rest" y también "Charles", se encontraron por primera vez el 5 de febrero de 1944 en Nueva York, concretamente en Manhattan. Nuevos contactos se produjeron el 25 de febrero y el 11 de marzo de 1944. En ambas ocasiones Fuchs entregó a Gold materiales sobre su trabajo en "Enormous". En el encuentro del 11 de marzo el dossier tenía cincuenta páginas. El correo Harry Gold se encontró en ocasiones con Fuchs en casa de la hermana del físico, que vivía en Cambridge (Massachussets).

---

[19] Jacob Golos, judío trotskysta de origen ucraniano, había participado en la revolución de 1905 en Rusia, dirigida por Trotsky y Parvus. En 1910 llegó a San Francisco y en 1919 fue uno de los fundadores del Partido Comunista de los Estados Unidos. En 1926 regresó a la URSS, pero fue requerido por sus camaradas americanos y volvió a América, donde ya en 1933 trabajaba para el NKVD. Elisabeth Bentley lo conoció en 1938 y, además de convertirse en su amante, aceptó trabajar como espía soviética. Sin embargo, ya en septiembre de 1939 Pavel Fitin, durante la Segunda Guerra Mundial jefe del Departamento de Extranjero del NKVD, informó a Beria que entre todas las organización trotskystas, la norteamericana era la más poderosa tanto en afiliación como en financiación. En el mismo informe se advertía que Jacob Golos, uno de los espías más importantes en Estados Unidos, no era de fiar. Puesto que su conocimiento de la red era extenso, Fitin recomendaba que se le ordenara regresar con el fin de arrestarlo. Antes de que acabara el año, Pavel Fitin insistió ante Beria sobre las actividades trotskystas de Golos, quien tenía la ciudadanía estadounidense y no aceptó la "invitación" para que regresara a Moscú.

En junio de 1944, Fuchs entregó a Gold un documento titulado "Fluctuaciones y rendimiento de una planta de difusion", que era copia de un texto original que llevaba fecha de 6 de junio. El jefe de Harry Gold era el teniente coronel del NKVD Semyon Semyonov (nacido Aba Taubman), otro judío conocido por el FBI como Semen Semenov cuyo nombre en clave era "Twen". Desde agosto de 1944 Klaus Fuchs trabajó en Los Álamos bajo las órdenes de Hans Bethe, el físico judío que dirigía la División de Física Teórica en Los Álamos y estuvo presente en el desierto de Jornada del Muerto cuando se llevó a cabo la prueba Trinity. Después de los genocidios atómicos perpetrados sobre las poblaciones de Hiroshima y Nagasaki, Fuchs siguió trabajando y espiando en Los Álamos, donde Edward Teller trabajaba en la bomba de hidrógeno.

En 1946 se aprobó en Estados Unidos la Ley McMahon o Ley de Energía Atómica, que prohibía la transferencia de información sobre la investigación nuclear ni siquiera a Gran Bretaña. Ello no impidió que Fuchs siguiera suministrando importantes documentos a la URSS sobre la Operación Crossroads en el atolón de Bikini. Desde finales de 1947 a 1949 le entregó a Alexander Feklissov, el agente del NKVD que se hizo cargo de la red de espías de Semyon Semyonov, los principales estudios teóricos para la creación de la bomba de hidrógeno, lo cual iba a ayudar a los soviéticos a construir su propia bomba de fusión, gracias a lo cual podrían neutralizar la ventaja que suponía la "Super".

En 1948 el FBI confirmó que Fuchs era miembro del Partido Comunista y comenzó a relacionarlo con los contactos que su hermana Kristel mantenía con un agente soviético cuyo nombre en clave era "Gus". En 1947 el FBI había descubierto también que el marido de Kristel, Robert Heineman, era comunista desde 1936. En 1949 agentes del FBI tuvieron ya la certeza de que Klaus Fuchs, quien había ya abandonado Estados Unidos, era "Rest", por lo que viajaron entonces a Londres con fotografías de supuestos espías para interrogarlo. En mayo de 1950 Fuchs identificó a Harry Gold y los americanos, aunque el 5 de octubre de 1944 los soviéticos le habían cambiado el nombre en clave por el de "Arno", conocieron por fin la identidad del espía llamado "Gus" en Venona. De este modo Harry Gold pudo ser arrestado. Sus declaraciones permitieron la detención de Julius y Ethel Rosenberg, otros dos famosos espías judíos.

En *My Silent War*, obra autobiográfica, Kim Philby, que tras ser descubierto se había refugiado en la Unión Soviética, lamentó que Fuchs no hubiera sabido mantener la boca cerrada. "Fuchs no sólo confesó su propia parte en el asunto -escribió Philby- sino que identificó a su contacto en Estados Unidos, Harry Gold. A través de Gold, que también fue parlanchín, la cadena llegó inexorablemente a los Rosenberg, quienes fueron debidamente electrocutados." Los Rosenberg han sido los únicos espías judíos condenados a la silla eléctrica. Klaus Fuchs fue sentenciado a catorce años, pero sólo estuvo nueve en la cárcel y acabó sus días en la Alemania comunista. Harry Gold obtuvo en 1951 una sentencia de treinta años, pero en 1965 fue puesto en libertad.

Las declaraciones de Harry Gold permitieron identificar a David Greenglass, que trabajaba en el Proyecto Manhattan en Los Álamos. Hijo de inmigrantes judíos procedentes de Rusia y Austria, en 1942 había contraído matrimonio con Ruth Printz, también de origen judío. El mismo año ambos se afiliaron a la Liga de Jóvenes Comunistas. Greenglass era hermano de Ethel, quien desde 1936 pertenecía a la YCLUSA (Young Communist League USA), donde conoció a Julius Rosenberg, líder de la organización, con quien contrajo matrimonio en 1939. El arresto de David Greenglass se produjo el 15 de junio de 1950 y fue el desencadenante de una serie de detenciones. Los Rosenberg, alarmados ante las previsibles consecuencias del interrogatorio de Harry Gold, estaban planeando salir del país. Julius Ronsenberg trató de convencer a los Greenglass para que huyeran e incluso les ofreció 4.000 dólares, pero les faltó tiempo. El 17 de junio Rosenberg fue arrestado y posteriormente lo fue su esposa Ethel.

Presentados estos cuatro personajes, veamos ahora el alcance de sus actividades de espionaje. En 1942 Semyon Semyonov reclutó para el NKVD a Julius Rosenberg, quien ya entonces trabajaba como ingeniero de inspección del Cuerpo de Señales del Ejército ("Signal Corps") en el laboratorio de Fort Monmouth. Allí se investigaba en proyectos militares secretos relacionados con electrónica, radares, misiles guiados, sistemas antiaéreos, etc. El espionaje en Fort Monmouth fue investigado en 1953 por el vilipendiado Joe McCarthy, un patriota que figura en la lista negra de la historia porque se atrevió a denunciar la conspiración, lo cual lo llevó a enfrentarse al Poder Oculto que se escondía detrás. En *Blacklisted by History. The Untold Story of Senator Joe McCarthy*, obra de M. Stanton Evans donde se reivindica la figura del senador que "cazaba brujas", se explica con detalle la trama de espionaje en Fort Monmouth (New Jersey), donde Julius Rosenberg, Morton Sobell, Joel Barr, Al Sarant y Aaron Coleman, todos ellos judíos, configuraban una red de espías soviéticos y/o sionistas. En otra parte de este capítulo habrá ocasión de comentar cómo se acabó con la carrera de Joe McCarthy. Cuando en 1944 Semyonov fue llamado a Moscú, Julius Rosenberg pasó a depender de Alexander Feklissov, a quien le entregó cientos de informes clasificados como "top secret". En 1945 el Ejército descubrió la afiliación comunista de Julius Rosenberg y fue despedido de Fort Monmouth, pero no se tomaron otras medidas.

Según los documentos Venona interceptados, Julius Rosenberg, cuyo nombre en clave era "Liberal", se convirtió él mismo en el jefe de un círculo de espías. Además de reclutar a su mujer y a su cuñado, Julius recomendó a Ruth Greenglass, "una chica lista e inteligente". Puesto que David Greenglass trabajaba en Los Álamos, recibió el encargo de hacerse con el diagrama de una lente que debía ser usada para detonar la bomba. Greenglass debía sacar del laboratorio el esquema de las lentes explosivas y entregarlo a J. Rosenberg. En *The Venona Secrets* se reproduce el siguiente mensaje de diciembre de 1944, emitido por la Rezidentura de Nueva York, que pudo ser descifrado en 1948:

> "'Osa' (Ruth Greenglas) ha regresado de un viaje para ver a 'Kalibr' (David Greenglass). 'Kalibr' expresó su disposición a ayudar a explicar el trabajo que se lleva a cabo en el Campo 2 (Los Álamos) e informó que ya había pensado antes en esta cuestión. 'Kalibr' dice que las autoridades del campo estaban tomando abiertamente todas las medidas de precaución para evitar que información sobre 'Enormous' caiga en manos rusas. Esto está causando gran descontento entre los trabajadores progresistas... A mitad de enero 'Kalibr' estará en 'Tiro' (Nueva York). 'Liberal' (Julius Rosenberg), refiriéndose a su ignorancia del problema, expresa su deseo de que nuestro hombre se entreviste con 'Kalibr' para interrogarlo personalmente. Asegura que 'Kalibr' estará muy contento del encuentro. ¿Considera aconsejable dicho encuentro? Si no, me veré obligado a elaborar un cuestionario y entregárselo a 'Liberal'. Informe si tiene alguna pregunta de interés prioritario para nosotros."

A pesar, pues, de las crecientes medidas de seguridad en Los Álamos a que se hace referencia en el texto, Greenglass consiguió el diagrama de las lentes esenciales que causaban la detonación de la bomba.

Otros dos agentes judíos del círculo de los Rosenberg eran Mike y Ann Sidorovich. Mike Sidorovich, tras participar en la Guerra Civil española en la Brigada Lincoln, había regresado a Estados Unidos en febrero de 1939. Con anterioridad había trabajado para la inteligencia soviética y expresó su disponibilidad a reanudar el contacto con el NKVD. En octubre de 1944 Rosenberg los recomendó a él y a su esposa Ann, también amiga íntima, para que entraran a formar parte del grupo de espías. La Rezidentura de Nueva York informó sobre ellos a Moscú. En el informe, aparte de mencionar el paso de Mike por España y su inactividad política durante tres años, se decía que Julius Rosenberg y Sidorovich eran amigos desde la infancia. Sobre Ann Sidorovich se comunicó que era modista y que podía abrir una tienda como cobertura. Se preguntaba a Moscú si Mike Sidorovich, cuyo nombre en clave fue "Linza", debía ser utilizado para asistir a Rosenberg o a "Yakov", nombre clave de William Perl, otro importante agente judío de los soviéticos cuyo verdadero apellido era Mutterperl.

Inicialmente, al autorizar el reclutamiento, Moscú asignó al matrimonio Sidorovich al círculo de Rosenberg; pero poco después la Rezidentura de Nueva York acabó enviándolos a Cleveland (Ohio), donde residía William Perl. Puesto que Mike Sidorovich era fotógrafo, ayudó a Rosenberg a fotografiar documentos robados. Los Rosenberg planearon que fuera Ann Sidorovich quien viajara a Nuevo México para recoger la información atómica que había sustraído David Greenglass del laboratorio. Sin embargo, quizá por el hecho de haber sido finalmente asignados a Perl, no puedo hacer ella el viaje y Julius Rosenberg utilizó a Harry Gold como correo. Fue esta circunstancia la que provocó que en 1950, tras la declaración de Klaus Fuchs y del propio Harry Gold, el FBI llegara hasta el círculo de los Rosenberg. En el juicio, que comenzó el 6 de marzo de 1951, Gold confesó que se había encontrado con Greenglass en su apartamento de Alburquerque y que le había entregado información sobre el proyecto de la bomba.

Julius Rosenberg actuaba como vínculo directo entre la Inteligencia soviética y el líder del Partido Comunista de Estados Unidos, Earl Browder. Además, era continua su labor de reclutamiento de nuevos agentes para sus superiores. En 1944, estando todavía trabajando en el Cuerpo de Señales del Ejército, fue enviado diez días a Washington, donde aprovechó para visitar a Max Elitcher, un amigo judío con el que compartía ideología comunista. Había pensado en él para fotografiar documentos, pues era un excelente fotógrafo. Cuando en 1948 se logró descifrar el código Venona, Elitcher fue identificado. En 1951 fue presentado como primer testigo de la acusación: después de haber pactado con el fiscal las mejores condiciones para sí mismo, prestó un testimonio muy perjudicial no sólo para Julius Rosenberg, sino también para Morton Sobell, quien había huido a México con su esposa Helen, judía como él cuyo apellido de soltera era Levitov. Desde México trataron de pasar a Europa, pero el 16 de agosto de 1950 fueron detenidos por hombres armados que los entregaron al FBI en la frontera. Alexander Feklissov, el jefe soviético de Rosenberg, confirmó en *The Man behind the Rosenbergs* (1999) que Morton Sobell, ingeniero en electrónica, había sido reclutado como espía soviético en el verano de 1944. Max Elitcher acusó a Sobell de microfilmar información secreta para Rosenberg, por lo que obtuvo una condena de treinta años de cárcel, de los que cumplió casi dieciocho, buena parte de ellos en Alcatraz.

El juez que condenó a los Rosenberg y a Morton Sobell, Irving R. Kaufman, era también judío. He aquí, extraído de *The Venona Secrets*, un fragmento de la sentencia dictada el 5 de abril de 1951:

> "Considero su crimen peor que el asesinato... Pienso que su conducta al poner en manos de los rusos la bomba atómica años antes de que la pudieran fabricar, según la predicción de nuestros mejores científicos, ha causado ya, en mi opinión, la agresión comunista en Corea, con el resultado de más de 50.000 muertos, y quién sabe si millones de personas inocentes pagarán el precio de su traición. De hecho con su deslealtad han alterado indudablemente el curso de la historia en perjuicio de nuestro país. Nadie puede decir que no vivimos en constante estado de tensión. Cada día tenemos evidencia de su traición en todas partes, pues las acciones de la defensa civil de nuestro país están encaminadas a prepararnos para un ataque atómico."

Hubo aún un otro grupo de comunistas judíos que realizaron espionaje atómico en favor de la Unión Soviética sin que llegaran a ser detenidos. Entre ellos figura el agente más joven, Theodore Hall, un joven de diecinueve años cuyo verdadero nombre era Theodore Alvin Holtzberg. Gracias a sus habilidades en matemáticas en la Universidad de Harvard, Hall fue uno de los jóvenes científicos reclutados para trabajar en el Proyecto Manhattan en Los Álamos, donde participó en los experimentos con el artilugio de implosión de "Fat Man" y también ayudó a calcular la masa de uranio de "Little Boy". Su nombre en clave en Venona fue "Mlad", el lexema ruso que origina la palabra "joven". Su llegada a Los Álamos se produjo en 1944. En noviembre marchó con un permiso a Nueva York, donde compartía piso con Saville Sax, otro joven judío que era miembro de la YCL ("Young Communist League"). Según Herbert Romerstein, cuando Hall le explicó a su colega el tipo de trabajo que realizaba, Sax lo convenció para que pasara información a la URSS sobre los experimentos en Los Álamos. Con objeto de contactar con la Inteligencia soviética, pensaron en ofrecerse a Earl Browder, el líder del Partido Comunista, quien de hecho estaba profundamente comprometido con el espionaje soviético en Estados Unidos. La secretaria de Browder desconfió de un adolescente que ofrecía importantes secretos y, temiendo que pudiera tratarse de un agente del FBI, lo rechazó. Finalmente, el contacto se produjo a través de Sergey Kurnakov, "Bek", que trabajaba como corresponsal en el *Daily Worker* y era a la vez un agente soviético de Inteligencia. La Rezidentura de Nueva York informó a Moscú sobre el caso y Kurnakov se convirtió inicialmente en correo de Ted Hall, quien le envió la información a través de Saville Sax.

Hall y Sax entregaron a Kurnakov informes y listas de personal que trabajaba en el proyecto de la bomba atómica. Entre los amigos de Hall en Los Álamos se encontraba Samuel Theodore Cohen, un joven judío de origen austríaco que trabajaba en el estudio del comportamiento de los neutrones en "Fat Man". Años más tarde Sam Cohen sería considerado el padre de la bomba de neutrones. En marzo de 1945 el NKVD confirmó a la Rezidentura de Nueva York que los informes de "Mlad" eran recibidos con gran interés. En mayo del mismo año la Rezidentura envió a Moscú un nuevo informe en el que Hall desvelaba los lugares de experimentación y los nombres de los jefes de cada grupo de investigación. Únicamente Oppenheimer figuraba en la lista con un nombre en clave: "Veksel". En 1950 el FBI sospechó que Hall había formado parte del espionaje soviético; pero, a pesar de que en marzo de 1951 fue interrogado, no logró imputarlo. En 1962 Ted Hall y su familia se establecieron en Inglaterra. Sólo cuando en 1995 la Agencia Nacional de Seguridad publicó los documentos Venona se supo que Saville Sax y Theodore Hall habían sido agentes soviéticos. Tres años antes, en 1992, la aparición en Rusia de documentos sobre el espionaje atómico había revelado que "Charles" y "Mlad" alertaron a la URSS sobre la prueba Trinity. En Venona estos nombres en clave correspondían a Fuchs y Hall.

El receptor de los informes que Hall entregaba a Sax dejó de ser Kurnavov, pues fue sustituido por otro agente de la Rezidentura de Nueva York, Anatoli Jacob Yakovlev, alias "John" según el FBI, que lo tenía identificado en relación con los casos de Fuchs, Gold y Greenglass. El propio Sax dejó de ser el correo, tarea que fue asumida por una espía comunista legendaria, Lona Cohen, cuyo nombre de soltera era Leontina Petka, hija de judíos polacos que habían emigrado a Estados Unidos. Lona se había casado en 1941 con Morris Cohen, otro judío de origen ruso nacido en Nueva York. Morris Cohen había formado parte del Batallón Lincoln y fue conocido como Israel Altman, que era el nombre que figuraba en el pasaporte robado que utilizó para entrar en España. Cohen había sido reclutado para el NKVD mientras se recuperaba en un hospital de Barcelona de las heridas recibidas en 1937 en el frente de Aragón. Lona viajaba con regularidad a Nuevo México en busca de los informes que le suministraba "Perseo", que no pudo ser identificado, aunque se ha llegado a pensar que se trataba del propio Ted Hall. La Agencia Nacional de Seguridad nunca llegó a identificar quiénes estaban detrás de "Volunteer" y "Lesley". Hoy se sabe que eran Morris y Lona Cohen.

# 3ª PARTE
# LA IMPOSICIÓN DEL ESTADO SIONISTA EN PALESTINA

En las páginas anteriores hemos venido constatando que tras la Segunda Guerra Mundial el mundo era un lugar turbulento en el que las naciones, extenuadas por la catástrofe que habían vivido, trataban de recuperar el aliento. Una ideología totalitaria cuya brutalidad había quedado en evidencia desde su triunfo en Rusia dominaba media Europa y medio mundo, pues iba a imponerse en China y en otros países de Asia. En estas circunstancias, las viejas colonias se disponían a aprovechar el "vacío de poder" para rebelarse contra las metrópolis y luchar por su independencia. La explosión de las bombas atómicas había cambiado drásticamente no sólo las condiciones de la guerra, sino también las de la paz. El hecho de que se estuviera fabricando una superbomba capaz de eliminar en un segundo toda forma de vida en 130 kilómetros cuadrados alrededor de la zona cero y de quemar gravemente a personas y animales en 750 kilómetros cuadrados da idea de la nueva situación creada en el Planeta. Fue en estas circunstancias internacionales cuando los sionistas lograron por fin imponer al mundo el Estado de Israel en Palestina.

El plan de partición de Palestina, la resolución 181, adoptada por 33 votos contra 13 y 10 abstenciones, dividía Palestina en seis regiones: tres de ellas (56% de la superficie total) debían formar el Estado judío; las otras tres con el enclave de Jaffa (43,35%) debían formar el Estado árabe. Jerusalén y sus alrededores (0,65%) serían "zona internacional" que debía ser administrada por la ONU. La primera injusticia evidente del plan de partición era que los judíos sólo poseían en propiedad el 6,6% de las tierras que se les adjudicaban. En el Estado árabe, en el que figuraban 552 pueblos árabes y 22 pueblos judíos, vivirían 725.000 árabes y sólo 10.000 judíos. En el Estado judío propuesto debían convivir 498.000 judíos en 183 pueblos y 497.000 árabes en unos 274 pueblos. La partición, como puede apreciarse, era profundamente parcial en favor de los judíos, a los que se entregaban las mejores tierras, por lo que sólo podía conducir a la confrontación, que era exactamente lo que habían previsto y preparado los sionistas.

Las presiones sionistas tanto en el interior como en el exterior de las Naciones Unidas fueron sin precedentes. En Estados Unidos la coacción sobre congresistas y senadores junto a la campaña de propaganda en los medios de comunicación batió todos los records. Como de costumbre, se acusó de antisemitismo, como si los palestinos no fueran semitas, a quienes trataron de defender los derechos del pueblo palestino. Se recurrió al chantaje y al soborno no sólo a las personas, sino también a las naciones, pues se colocaron micrófonos ocultos en las delegaciones de los países para conocer con antelación el sentido del voto y poder ejercer presión y chantaje a quienes iba a votar en contra del plan de partición. Finalmente en la noche del 29 de noviembre de 1947 se procedió a la votación. Mientras en Tel Aviv los sionistas recibieron eufóricos con bailes y canciones la noticia de la partición, en el mundo árabe se produjo una explosión de rabia en todas las capitales de la Liga Árabe. En Damasco las delegaciones de Estados Unidos y de la Unión Soviética fueron atacadas. En Jerusalén hubo asimismo numerosas escenas de violencia. El Alto Comité Árabe convocó una huelga general de tres días que estuvo plagada de incidentes. Todo fue en vano, pues, aunque no fue proclamado hasta el 15 de mayo de 1948, puede decirse que el Estado de Israel nació en realidad en noviembre de 1947.

## Algunos hechos históricos anteriores a 1936

A lo largo de esta obra se han venido aportando algunas de las claves que permiten entender cómo se llega a la usurpación de la tierra al pueblo palestino. En el primer capítulo se explicó ya que los sionistas no son judíos sefarditas o sefardíes (semitas), sino que muy mayoritariamente son askenazis o askenazíes (descendientes de los kázaros), por lo que ninguno de sus antepasados proviene de Palestina. Se ha visto también que las profecías y ensoñaciones mesiánicas de algunos cabalistas provocaron ya en el siglo XVIII que algunos judíos, sobre todo hasidistas, viajaran a Palestina. En cualquier caso, su número no fue significativo: a principios del siglo XIX había sólo unos pocos miles de judíos en Tierra Santa. Se ha hablado asimismo de los requerimientos a los Rothschild para que comprasen Palestina al sultán otomano y del nacionalismo protosionista de Moses Hess, el maestro de Karl Marx, cuya obra *Roma y Jerusalén* es considerada la génesis teórica del sionismo.

La idea de que los Rothschild utilizaran su riqueza para restaurar un reino judío en Palestina cobró impulso tras el episodio del "Damascus Affair". Poco a poco esta dinastía de banqueros, aparte de financiar proyectos en Jerusalén y en otros lugares, fue comprometiéndose más y comenzó a promover la fundación de colonias en Palestina, para lo cual colaboraron con Zadok Kahn y Michael Erlanger, miembros del Comité Central de la Alianza Israelita Universal, fundada como se sabe por el Gran Maestre Adolphe Isaac Crémieux. Una de las primeras colonias fue "Rishon le Zion", situada al sur de Jaffa. En 1895 Theodor Herzl, corresponsal en París de *Neue Freie Presse* de Viena, insistió ante los Rothschild en la idea de que el único modo de solventar el problema judío era que abandonaran Europa y fundaran su propio Estado. En febrero de 1896 Herzl publicó *Der Judenstaat* (*El Estado judío*), obra que suscitó enseguida gran interés. En el libro se defendía la tesis de que si se escogía Palestina como lugar para asentar a los judíos, elllos constituirían una especie de muralla contra Asia: "seríamos el centinela avanzado de la civilización contra la barbarie." En junio de 1896 Herzl viajó a Constantinopla con el fin de entrevistarse con el sultán Abdul Hamid II, quien se negó a recibirlo. En su *Journal*, Herzl escribe la respuesta que le hizo llegar el sultán: "El imperio no es mío, es del pueblo turco. Yo no puedo ceder ninguna parcela. Quizá, el día que se proceda al reparto del imperio, tendrán Palestina gratis. Pero es nuestro cadáver el que se repartirá." En estas circunstancias, Herzl consiguió convocar el 29 de agosto de 1897 el primer congreso sionista, al que asistieron unos doscientos delegados de todo el mundo.

Frente a la creciente organización del sionismo, uno de los problemas que tuvo desde el principio el movimiento nacional de resistencia en Palestina fue la estructura casi feudal de la sociedad palestina, en la que las grandes familias fueron incapaces de organizarse políticamente y converger en un frente nacional unificado. Sin embargo, hasta la aparición del sionismo, los palestinos, a pesar de la colaboración de los terratenientes con las autoridades otomanas y de la jerarquización social imperante, estaban bien cohesionados y los judíos no sionistas que vivían entre ellos, la mayoría en Jerusalén, estaban perfectamente integrados y eran aceptados por la sociedad palestina, que era diversa. Jerusalén, Haifa, Gaza, San Juan de Acre, Nazaretf, Jaffa, Jericó, Nablús, Hebrón eran ciudades florecientes. Las laderas de las colinas estaban cuidadosamente trabajadas mediante el sistema de bancales y los cítricos, las olivas, los granos y otros productos de la agricultura palestina eran conocidos y valorados en todo el mundo. Las manufacturas, el textil, la industria artesanal completaban la actividad comercial. Inicialmente, los palestinos fueron imprudentemente tolerantes con los primeros asentamientos sionistas, pero a principios del siglo XX empezaron a darse cuenta del peligro y se produjo el rechazo.

En 1903, pese a la oposición de Turquía y de los palestinos al sionismo, había en Palestina cerca de treinta asentamientos judíos, la mayoría de los cuales estaban subsidiados por Edmond de Rothschild. Los palestinos comenzaron a ver a los colonos sionistas como "extranjeros indeseables" y la oposición fue en aumento con el paso del tiempo. En 1904 Israel Zangwill, socialista fabiano que defendía un Gobierno mundial en el que su raza jugaría un papel determinante, lanzó un eslogan que haría fortuna: pedía que se diera "una tierra sin pueblo a un pueblo sin tierra." Este nacionalista judío, que por otra parte era internacionalista y partidario de suprimir otros nacionalismos, estableció así uno de los mitos sobre los que el sionismo justificó el robo de la tierra a los palestinos, un pueblo cuyos antepasados, los cananeos, la habían habitado desde mucho antes de que los primeros hebreos hicieran acto de presencia en Canaán. Los sionistas cultivaron desde entonces esta idea con el fin de presentar Palestina como un lugar remoto y desolado que podía ser tomado sin problema. Para ello fue preciso negar desde el principio la identidad palestina, su condición de nación y, por supuesto, cualquier legitimidad sobre la tierra que habitaban y poseían. Ralph Schönman, autor judío que denuncia el sionismo, escribe lo siguiente en *The Hidden History of Zionism* (*La historia oculta del sionismo*) en relación a este objetivo:

"Lo que distingue el sionismo de otros movimientos coloniales es la relación entre los colonos y la gente que ha de ser conquistada. El propósito declarado del movimiento sionista no es meramente explotar a los palestinos, sino dispersarlos y desposeerlos. El objetivo es sustituir a la población indígena con una nueva comunidad de colonos, erradicar a los granjeros, artesanos y habitantes de Palestina y sustituirlos por una población activa totalmente nueva compuesta por los colonizadores. Al negar la existencia de los palestinos, el sionismo pretende crear el clima político para su extirpación, no sólo de su tierra, sino de la historia."

En 1908 se fundó el periódico antisionista *Al-Karmal* y en 1911 nació en Jaffa un partido antisionista llamado Partido Nacional, cuyo objetivo era oponerse a los sionistas, no por su condición de judíos, sino porque eran extranjeros animados por un proyecto de colonización. De este modo, se llegó a la Primera Guerra Mundial. Los ingleses trataron de que el jerife de la Meca, Hussein, el único príncipe árabe descendiente del profeta con capacidad para lanzar una "fatwa" que justificara la guerra santa contra Turquía, los apoyara. Lord Herbert Kitchener, comisario británico en Egipto, prometió por escrito al jerife Hussein que Inglaterra garantizaría su ayuda contra cualquier intevención extranjera. Tras previa consulta de Hussein con los nacionalistas árabes de Siria y Palestina, comenzaron así unas negociaciones anglo-árabes recogidas en ocho cartas entre Hussein y Sir Henry MacMahon, el alto comisario en El Cairo. Esta correspondencia se produjo entre julio de 1915 y enero de 1916. Como es sabido, convencido de la fiabilidad de las promesas británicas, el 5 de junio de 1916 el jerife Hussein llamó a los árabes a la rebelión, unos hechos que en occidente han sido conocidos por el gran público gracias a la epopeya del famoso Lawrence de Arabia, que fue llevada al cine.

Pocos meses antes, en la primavera de 1916, Georges Picot, representante del Ministerio de Exteriores francés, y Sir Mark Sykes, del Foreing Office, redactaron un proyecto de acuerdo secreto que dividía el Oriente Póximo en cinco zonas. Conocido como el acuerdo Sykes-Picot, fue ratificado el 6 de mayo de 1916 por Paul Cambon, embajador de Francia en Londres, y Edward Grey, secretario de Estado del Foreign Office. Las fronteras trazadas por los diplomáticos europeos reducían el alcance de las promesas al jerife Hussein e iban a marcar el futuro del mundo árabe. En diciembre de 1916 cayó el Gobierno de Herbert Henry Asquith, quien había sido primer ministro desde abril de 1908. Remitimos al lector al capítulo séptimo, donde se ha relatado cómo en el momento en que se estaba a punto de pactar la paz con Alemania David Lloyd George, secretario de Estado para la Guerra, apoyado por una campaña mediática contra Asquith, maniobró para dejar aislado al primer ministro y hacerse con el control del Gobierno tras pactar con una delegación de sionistas norteamericanos la entrada de Estados Unidos en la guerra. El 7 de diciembre de 1916 Lloyd

George se convirtió en primer ministro del Reino Unido y Lord Balfour fue nombrado secretario del Foreign Office. Los sionistas habían recibido garantías de que Gran Bretaña iniciaría una campaña para conquistar Palestina. El 2 de noviembre de 1917 se produjo la famosa *Declaración Balfour*.

En el capítulo octavo se ha visto asimismo cómo en la Conferencia de San Remo, celebrada en abril de 1920, se estableció el Mandato Británico para Palestina, confirmado en julio de 1922 por el Consejo de la Sociedad de Naciones. Es pertinente recordar que los sionistas consideraron que la Resolución de San Remo obligaba a los británicos a cederles la soberanía sobre Palestina. Lord Curzon, opuesto en 1917 a la Declaración Balfour, era en San Remo el secretario del Foreign Office y defendió con energía la segunda parte del texto, que hacía referencia a la necesidad de garantizar los derechos de árabes y cristianos, a los que los diplomáticos ingleses y franceses aludían como minorías cuando en realidad constituían el grueso de la población de Palestina, puesto que en 1920 eran los judíos quienes constituían una minoría muy minoritaria. En la primera parte del capítulo octavo todo ello ha sido tratado con cierto detalle, por lo que ahora nos limitaremos a reproducir íntegramente el texto de la *Declaración Balfour*, en realidad una carta del secretario del Foreign Office dirigida a Lord Rothschild:

"Querido Lord Rothschild,
Tengo el placer de remitirle, en nombre del Gobierno de Su Majestad, la siguiente declaración de comprensión para con las aspiraciones judías sionistas, sometida al Gabinete y aprobada por él.
El Gobierno de S. M. considera favorablemente el establecimiento en Palestina de un Hogar nacional para el pueblo judío y pondrá todo su empeño en facilitar la realización de este objetivo, quedando entendido que no se hará nada que pueda perjudicar los derechos civiles y religiosos de las comunidades no judías en Palestina, así como a los derechos y al estatuto político de los que gozan los judíos en cualquier otro país.
Le estaría reconocido si pusiera esta declaración en conocimiento de la Federación Sionista."

El 19 de noviembre de 1917 Lord Balfour reconoció en una interpelación parlamentaria que no había habido "información oficial a los Aliados sobre el tema". A pesar de ello, Balfour dijo textualmente: "el Gobierno de Su Majestad cree que la declaración en cuestión será aprobada por ellos." Sin embargo, semanas después, en diciembre de 1917, Stéphen Pichon, ministro de Asuntos Exteriores de Francia, expuso en la Cámara de diputados la posición francesa de "internacionalización de Palestina", un hecho que parecía ignorar la *Declaración Balfour*. Pichon consideró que la dominación turca debía ser sustituida por "un régimen internacional basado en la justicia y la libertad" y no por una administración británica o francesa.

Esta posición provocó la inmediata reacción de los sionistas. Nahum Sokolov, secretario general del Congreso Sionista Mundial que vivía en Londres, se desplazó enseguida a París encabezando una importante delegación. Asimismo, el barón Rothschild contactó con G. Clemenceau, que había recién iniciado el 16 de noviembre su segundo mandato como primer ministro de Francia.

El 9 de febrero de 1918 Sokolov mantuvo una entrevista con Pichon, de la que surgió un comunicado que anunciaba que Gran Bretaña y Francia estaban por completo de acuerdo sobre todo lo concerniente al establecimiento judío en Palestina. El 14 de febrero de 1918 Pichon escribió una carta a Sokolov en la que reiteraba su apoyo a la Declaración. En diciembre de 1918 fue el propio Clemenceau quien ofreció a Lloyd George renunciar a los "derechos" de Francia en Palestina a cambio de una solución al problema de Renania y del reconocimiento británico a "la influencia exclusiva de Francia sobre Siria." El 31 de agosto de 1918 el predidente norteamericano Woodrow Wilson envió una carta al rabino Stephen Wise en la que asumía la Declaración. La tragedia del pueblo palestino, que todavía no ha concluido, comenzó a representarse. En 1949, Arthur Koestler, entonces un sionista que había asistido a la proclamación del Estado de Israel, en el ensayo *Analyse d'un miracle: naissance d'Israel* escribió lo siguiente sobre la *Declaración Balfour*: "Es un documento por el cual una nación promete solemnemente a otra nación el territorio de una tercera nación; aunque la nación a la que está hecha la promesa no fuese una nación, sino una comunidad religiosa y el territorio, en el momento en que se promete, perteneciera a una cuarta nación, Turquía." Sobrarían los comentarios si Koestler no utilizara el sustantivo milagro: evidentemente no había milagro, sino una demostración inequívoca de que los sionistas eran capaces de imponer su voluntad hasta extremos inconcebibles.

Tras la Conferencia de San Remo comenzó el mandato británico sobre Palestina. A petición de Chaim Weizmann, se nombró alto comisario a un judío sionista miembro del Partido Liberal, Herbert Samuel, que llegó el 1 de julio de 1920 y comenzó a tomar medidas que favorecieran la colonización sionista: creación del Fondo Nacional Judío ("Jewish National Fund"), concesión del monopolio de la electricidad al sionista Rosenberg, cesión a la Organización Sionista de competencias para estimular la inmigración judía, etc. Las protestas de los palestinos ante la inmigración judía fueron continuas y el 1 de mayo de 1921 se produjeron en Jaffa violentos motines antisionistas y antibritánicos que duraron varios días. Bichara Khader en *Los hijos de Agenor* cita distintas fuentes para cuantificar el número de víctimas de los incidentes y ofrece el siguiente saldo: 157 muertos y 705 heridos de la parte palestina y un centenar de muertos por el lado judío, cifras que dan idea de la crispación provocada por la política de Herbert Samuel. La violencia de los disturbios provocó una reacción del Gobierno británico, que el 3 de junio de 1922 publicó un documento conocido como el "White Manifest" o Libro Blanco, donde se matizaban las aspiraciones de los sionistas y se anunciaban limitaciones a la inmigración.

Los palestinos trataron de organizarse políticamente y celebraron hasta siete congresos entre 1919 y 1928. En el primero, celebrado el 15 de febrero en Jerusalén, se había aprobado el rechazo a la *Declaración Balfour*, la unión con Siria y la independencia total de Palestina en el marco de la unidad árabe. Sin embargo, pronto se puso de manifiesto la ineficacia de esta forma de oposición política debido a las rivalidades y a la diversidad de posiciones que se manifestaban. A ello contribuyó la habilidad de los británicos para crear en el seno del movimiento palestino una corriente que ellos llamaban "moderada". De este modo el movimiento nacional palestino no consiguió estructurarse debidamente y se llegó a un punto muerto.

Mientras, proseguía la inmigración ilegal. El sionismo sabía que sólo mediante la inmigración era posible transformar un país habitado por árabes en un Estado judío. De 1920 a 1932 desembarcaron en Palestina 118.378 nuevos inmigrantes[20]. El período álgido se situó entre 1924-26, la famosa "Aliyah" de judíos polacos que padecían las políticas antisemitas de Polonia. En 1931, según un censo de aquel año, había en Palestina 1.035.821 habitantes, de los cuales 759.712 eran musulmanes; 174.006, judíos; 91.938, cristianos y 10.101 no clasificados. El porcentaje de judíos que en 1922 era del 11% había aumentado hasta el 17,7%. Pese a todo, las cosas no iban según lo previsto, toda vez que muchos de estos inmigrantes no consideraban las condiciones de vida suficientemente estimulantes como para establecerse, por lo que entre 1924 y 1931 casi un tercio de los inmigrantes que habían entrado en Palestina la abandonaron tras haber estado allí un tiempo. De hecho en 1927 se produjeron más salidas que llegadas.

Los tumultos y enfrentamientos se recrudecieron en 1928, año en que los sionistas, con el fin de modificar el "statu quo" del acceso al Muro de las Lamentaciones, trataron de comprar tierras e inmuebles que se hallaban en los alrededores. Los palestinos reaccionaron y por iniciativa del Consejo Supremo musulmán de Hayy Amin al-Husseini fundaron el "Comité para la defensa de la mezquita de Al-Aksa". Por su parte los judíos, en un congreso celebrado en Zurich 1929, insistieron en la importancia del Muro de las Lamentaciones y en agosto desfilaron por las calles de Jerusalén. Los palestinos respondieron a su vez una semana más tarde con otra manifestación. El 23 de agosto estallaron por fin graves disturbios que de Jerusalén se extendieron a Jaffa, Haifa y Safed. Las colonias sionistas fueron atacadas y las hostilidades se prolongaron durante una semana. Las cifras de fallecidos y heridos por ambas partes dan idea de la gravedad de la revuelta: murieron 133 judíos y otros 339 resultaron heridos; los palestinos tuvieron

---

[20] Las cifras que se darán en adelante proceden de *Los hijos de Agenor*, la obra citada de Bichara Khader, quien a su vez las toma fundamentalmente de *A History of the Israeli-Palestinian Conflict* (1994), de Mark Tessler.

116 muertos y 232 heridos. Las mujeres palestinas, en su afán de oponer resistencia a la inmigración y a la colonización, celebraron el 26 de octubre de aquel mismo año su primer congreso nacional.

La situación explosiva llevó a los británicos a constituir una comisión de investigación, la llamada "comisión Shaw", cuyo informe concluyó que la causa de los estallidos era el temor de los árabes a ser desposeídos de sus tierras y a ser dominados por los judíos sionistas. Además, Sir Henry Hope Simpson, experto enviado por Londres para que evaluara los hechos sobre el terreno, presentó un informe en el que concluyó que los obreros palestinos estaban siendo discriminados y que las organizaciones sionistas usaban métodos "diabólicos" para hacer entrar inmigrantes judíos en Palestina. En 1930 se reanudaron las protestas y las autoridades decretaron el estado de excepción en Nablús.

El Gobierno británico, sobre la base del informe de la Comisión Shaw y el memoránum de Hope Simpson, publicó un nuevo Libro Blanco el 21 de octubre de 1930. En él se establecía que el Gobierno de Su Majestad tenía "un doble compromiso, respecto al pueblo judío por una parte, y respecto a la población no judía, por la otra." Los sionistas reaccionaron indignados. Como protesta, Chaim Weizmann dimitió de la presidencia de la Organización Sionista y de la Agencia Judía. Félix Warburg dimitió de la presidencia del comité administrativo de la Agencia. Pese a ello, Weizmann dirigió su presión sobre el primer ministro Ramsay Mac Donald, quien el 31 de febrero leyó ante la Cámara de Representantes una declaración dirigida a Weizmann en la que anulaba de hecho el Libro Blanco. En un pasaje se decía textualmente: "El Gobierno de Su Majestad no prescribe ni contempla ninguna suspensión o prohibición de la inmigración judía en ninguna de sus modalidades... La declaración del Gobierno de Su Majestad no implica una prohibición de la adquisición de tierras por judíos..." Los árabes consideraron esta declaración como "el libro negro", puesto que repudiaba de hecho el Libro Blanco.

De todos modos, el ambiente en Palestina no invitaba a los judíos europeos a abandonar los países en que vivían y a dejar sus casas. Las cifras demuestran que la inmigración se estancó por completo entre 1928 y 1931. A pesar de todos los esfuerzos de las organizaciones sionistas, en el conjunto de estos cuatro años sólo entraron en Palestina 16.445 judíos. Fue gracias al Acuerdo Haavara, firmado entre los nazis y los sionistas el 25 de agosto de 1933, que Palestina experimentó un empuje demográfico y económico sustancial. Como se ha explicado en el capítulo octavo, Hitler facilitó que decenas de miles de judíos alemanes trasladasen sus riquezas a Palestina y ello pemitió sentar las bases para la creación del futuro Estado de Israel. Entre 1933 y 1936, los años de máxima colaboración "nazionista", 178.671 judíos inmigraron a Palestina. Se estima que entre sesenta mil y ochenta mil procedían de Alemania y por ello entraban en Palestina en óptimas condiciones. Probablemente sin conocer el alcance del Acuerdo Haavara,

Jamal Husseini, el fundador del Partido Árabe Palestino, en una entrevista realizada en Londres en mayo de 1937 declaró textualmente:

> "Los sionistas tienen mucho que agradecerle a Hitler. El sionismo recibió un gran revés tras las revueltas de 1929 y en 1931, en realidad, más judíos abandonaban Palestina de los que entraban. Debería decirse que la revolución nazi salvó al sionismo. Empezó un resurgimiento del judaísmo en Alemania y jóvenes judíos se dirigieron a Palestina. Un periódico sionista dijo claramente que un Gobierno nazi en cada uno de los países europeos ayudaría enormemente al sionismo."

La lucha por la tierra fue determinante durante estos años. Los sionistas contaron con el apoyo británico sobre el terreno para iniciar la conquista de "una tierra sin pueblo para un pueblo sin tierra". Sin embargo, la falacia sionista se topó desde el principio con una realidad obstinada: el pueblo palestino existía y poseía la tierra, tenía, además, perfecta conciencia de su valor y no quería desprenderse de ella. Los dirigentes sionistas concentraron buena parte de sus esfuezos en multiplicar los asentamientos de colonos. El Fondo Nacional Judío asignó grandes cantidades de dinero a la compra de áreas rurales y también la maquinaria administrativa británica hizo cuanto estuvo en sus manos en favor de los sionistas. No obstante, los resultados finales de esta política de apropiación del suelo fueron un fracaso. En 1922 los sionistas poseían setenta y una colonias, el equivalente a 594.000 dunums (59.400 hectáreas). En 1931 tenían ciento diez asentamientos y 1.068.000 dunums. Más del 85% de las tierras habían sido compradas a grandes terratenientes, absentistas o residentes, lo cual había provocado el desahucio de veinte mil familias de agricultores palestinos. A pesar de todo, en el momento en que se produjo la partición en noviembre de 1947 los sionistas sólo poseían el 6,6% de la superficie total de Palestina o el 15% de las tierras cultivables.

## La situación entre 1936 y noviembre de 1947

La pérdida de tierras y la opresión continuada ejercida por británicos y sionistas agudizó la toma de conciencia del pueblo palestino sobre el destino que les esperaba. El 13 de septiembre de 1933 se reprodujeron graves disturbios en Jerusalén que fueron brutalmente reprimidos. En señal de protesta, los líderes árabes se manifestaron el 13 de octubre y de nuevo los británicos ejercieron un violencia desmedida que ocasionó 32 muertos y 97 heridos, entre los que estaba el líder octogenario Musa Jazem al-Husseini. La revuelta se expandió el día siguiente por todo el país. Por fin, en noviembre de 1935 los dirigentes de cinco partidos árabes formaron un frente unido con el fin de negociar con el alto comisario británico, al que propusieron la creación de un consejo legislativo con un presidente británico designado por Londres. La función de dicho consejo sería aconsejar y ayudar a las autoridades británicas. También en noviembre de 1935 se produjo la revuelta del jeque Izzidim al-Kassam, un líder árabe que creía que sólo "la revolución armada" podía liberar a Palestina del colonialismo anglo-sionista. Al-Kassam había formado núcleos de resistencia y fundado una organización secreta de musulmanes, mayoritariamente campesinos y obreros, que juraron dar la vida por la patria. Esta entidad se organizó de manera que contaba con una sección para la compra de armas, una unidad de entrenamiento, un grupo de espionaje y un departamento de propaganda. El 12 de noviembre los "fedayin" (milicianos o combatientes) decidieron iniciar una acción revolucionaria y tomaron posiciones en el pueblo de Yabed, cerca del pueto de Haifa. El ejército británico dio buena cuenta de ellos y el 21 de noviembre Izzidim al-Kassam fue abatido junto a otros fedayin. Su figura se convirtió en un símbolo de la resistencia palestina y hoy existe en Gaza una célula militar islamista que lleva su nombre. Las brigadas Izzidim al-Kassam gozan de reconocimiento unánime entre los grupos de resistencia palestinos.

En la primavera de 1936 se produjo la negativa a la propuesta del consejo legislativo sugerido por los palestinos. El Parlamento británico se plegó una vez más a las protestas de los sionistas y rechazó el proyecto. Fue en este contexto que se produjo el gran levantamiento popular que se prolongó a lo largo de tres años, hasta 1939. La desobediencia civil y la insurrección armada fueron las formas adoptadas por la revuelta. El 15 de abril de 1936 dos judíos fueron asesinados y la situación comenzó a deteriorase con rapidez. Los enfrentamientos diarios se extendieron por todo el territorio. Los nacionalistas de Nablús constituyeron un Comité Nacional, al que se adhirieron los seis principales partidos palestinos. El 25 de abril este Cómité se convirtió en el Alto Comité Árabe, que fue presidido por el muftí Hayy Amin al-Husseini. El Comité decretó una huelga general para forzar a los británicos a que aceptasen las reivindicaciones palestinas. El 7 de mayo se celebró un congreso al que asistieron ciento cincuenta delegados que representaban a todos los sectores de la población. Se decidió entonces dejar de pagar los impuestos y se respaldó la huelga general en toda Palestina, que iba a durar medio año.

Como de costumbre, los británicos reaccionaron con extrema severidad y desataron una campaña de represión. Aquellos considerados organizadores o simpatizantes de la huelga fueron detenidos. En todo el país se demolieron casas mediante la detonación de explosivos. El 18 de junio de 1936 buena parte de la ciudad de Jaffa fue destruida por las autoridades británicas, hecho que dejó sin hogar a seis mil personas. En las comunidades vecinas a la ciudad también fueron destruidas numerosas viviendas. El 30 de julio se declaró la ley marcial. A finales de agosto de 1936 comenzaron a entrar en Palestina grupos armados clandestinos procedentes de los países árabes vecinos. Puede decirse que la revuelta adquirió tintes de revolución social que puso de manifiesto la frustración y el desconcierto de las clases más humildes de la población. La influencia de los notables, en declive ante la espontaneidad del levantamiento protagonizado básicamente por el campesinado, no pudo reconducir la situación hasta pasados seis meses. Los británicos, alarmados ante la magnitud y la duración de la huelga, invitaron a viajar a Londres a los dirigentes árabes más conspicuos de Oriente Próximo en su afán de buscar mediadores ante el Alto Comité Árabe. Por fin, el 11 de octubre de 1936 el Comité hizo un llamamiento a la calma y ordenó poner fin a la huelga a partir del día siguiente. Un mes después, el 11 de noviembre, el Mando General de la Revolución Árabe en el sur de Siria-Palestina emitió un comunicado en el que se pedía "el fin de las hostilidades, con el fin de no enrarecer la atmósfera de las conversaciones en curso en las que la nación coloca todas sus esperanza."

Con el fin de averiguar lo ocurrido, a finales de año Gran Bretaña envió a Palestina la correspondiente comisión de investigación, que estuvo encabezada por Lord Peel. Sólo bajo presión de los soberanos árabes de la zona aceptaron los palestinos exponer sus quejas ante la llamada Comisión Peel, la cual redactó un documento publicado el 7 de julio de 1937. En él se analizaban los quince primeros años del mandato. Fundamentalmente, se extraían dos conclusiones sobre las causas de la revuelta: el deseo de independencia nacional del pueblo palestino y el temor a que los sionistas establecieran en su tierra una colonia. En el Informe Peel se detallaban asimismo otros factores subyacentes: expansión del espíritu nacionalista fuera de Palestina; aumento de la inmigración judía a partir de 1933; la habilidad de los sionistas para influir en la opinión pública británica y en lograr el apoyo del Gobierno; carencia de confianza en las intenciones de Londres; el temor a las compras continuadas de tierra a terratenientes absentistas, que provocaban la expulsión de los campesinos que habían trabajado la tierra; las evasivas Británicas en relación a considerar la soberanía palestina. Finalmente, el informe de la Comisión Peel resumía las demandas en tres puntos: cese inmediato de la inmigración sionista; paralización y prohibición de la transferencia de la propiedad de tierras árabes a colonos sionistas; establecimiento de un gobierno democrático controlado por los palestinos. Otro aspecto relevante era la recomendación, por primera vez, de una partición de Palestina para lograr una solución definitiva. La Comisión Peel otorgaba el 85% del territorio al Estado árabe y sólo proponía para el Estado judío las zonas costeras del norte de Tel Aviv y las colinas de Galilea.

Un mes más tarde se celebró en Zurich el XX Congreso Sionista. Puesto que el sionismo había previsto que el futuro Estado judío abarcaría toda Palestina, nada querían saber en principio de las propuestas de la Comisión Peel. En 1938, un año después de la publicación del Informe Peel, David Ben Gurión iba a presentar ante el Consejo Mundial de Poale Zion, precursor del Partido Laborista, un informe donde se reflejaban sus verdaderas pretensiones: "Los límites de las aspiraciones sionistas incluyen el sur de Líbano, el sur de Siria, toda Cisjordania y el Sinaí." Sin embargo, Chaim Weizmann aseguró ante el Congreso que para empezar la idea de la partición era "un paso en la buena dirección". Ben Gurión decidió entonces apoyar la estrategia de Weizmann, por lo que el Congreso autorizó conversaciones con el Gobierno británico.

Simultáneamente, en Palestina los enfrentamientos volvieron a reanimarse y el 26 de septiembre el comisario británico del distrito de Galilea, Andrews, al que se acusaba de preparar el traslado de la población árabe de la región, fue asesinado. Las autoridades británicas respondieron con la disolución del Alto Comité Árabe y de sus organizaciones locales. Varios de sus miembros fueron arrestados y otros huyeron a Damasco, donde se encontraba la dirección política de la revolución. Nuevamente la situación se convirtió en explosiva y a finales de 1937 Londres decidió enviar unos veinte mil soldados adicionales para afrontar la revuelta.

Ralph Schönman denuncia que fuerzas sionistas fueron integradas en los servicios de inteligencia británicos, quienes comenzaron entonces a confiar en los sionistas como brazos ejecutores. A partir de octubre de 1938 diecisiete batallones de infantería británicos tomaron la ciudad vieja de Jerusalén y comenzó una represión despiadada: ahorcamientos, castigos colectivos, destrucciones masivas de núcleos de población, detenciones, bombardeos de pueblos insurrectos. "la revolución -escribe Bichara Khader- fue ahogada en sangre. Se calcula que a finales de 1938 unas 2.000 personas fueron condenadas a largas penas de cárcel. Sólo en la cárcel de Acre se ahorcó a 148 árabes. Las casas destruidas fueron cinco mil y casi cincuenta mil el número de personas detenidas." A finales de 1938 Londres vio impracticable la idea de partición de Palestina y la rechazó definitivamente. Propuso entonces una conferencia a la que invitó a los representantes de la Agencia Judía, a los palestinos y a los árabes de los Estados vecinos.

La Conferencia de Londres, presidida por Neville Chamberlain, comenzó el 7 de febrero de 1939 y concluyó ya entrado el mes de marzo. Las posiciones se mantuvieron irreconciliables y el Gobierno de Chamberlain plasmó sus resoluciones en otro Libro Blanco preparado por Sir Malcolm MacDonald y publicado en mayo, donde se recogía la reivindicación árabe de crear un Estado para árabes y judíos en un plazo de diez años. En el Libro Blanco de MacDonald se establecía un techo para la inmigración de 75.000 personas en cinco años y pasado este tiempo la inmigración judía estaría sometida a la conformidad de la mayoría árabe. En el capítulo anterior se ha comentado ya cuál fue la reacción de Churchill, quien, tras entrevistarse con Chaim Weizmann, escenificó en el Parlamento una protesta en representación del sionismo internacional y acusó al Gobierno de Chamberlain de violar la promesa hecha en la *Declaración Balfour*.

El 16 de agosto de 1939 se celebró en Ginebra un nuevo congreso sionista, en el que Weizmann y Ben Gurión denunciaron indignados la traición de los británicos. A finales de 1939, ya iniciada la Segunda Guerra

Mundial, los líderes sionistas anunciaron una contraofesiva para establecer el Estado judío incluso si suponía la entrada en conflicto con los británicos. En Estados Unidos la publicación del Libro Blanco, como era de esperar, exasperó a los sionistas, que "obligaron" a Roosevelt a formular una protesta verbal. Pero si el sionismo rechazó el Libro Blanco de MacDonald, al que también consideraron un "libro negro", tampoco los palestinos lo valoraron de manera positiva, pues consideraron que diez años era un plazo excesivo para la creación del Estado árabe. Además, ya no se fiaban de los ingleses.

Puesto que en 1941 parecía que Alemania podía ganar la guerra, unos y otros contemplaron la posibilidad de acudir a Hitler en busca de ayuda. Ante las dudas e indecisiones de Londres, el sionismo revisionista se dispuso a combatir a los británicos. A finales de 1940 se produjo en Beirut, donde el Gobierno de Vichy ejercía aún el control, una entrevista entre Otto von Hentig, responsable del Departamento de Oriente del Ministerio de Exteriores alemán, y Naftali Lübentschik, miembro del Grupo Stern, creado por Abraham "Yair" Stern. Lübentschik propuso crear un frente contra Gran Bretaña. Un documento fechado el 11 de enero de 1941, "Propuesta de la Organización Militar Nacional (Irgún Zvaí Leumí) relativa a la solución de la cuestión judía en Europa y la participación de la NMO (National Militar Organization) en la guerra al lado de Alemania", fue transmitido por la Embajada del Reich en Turquía. El Irgún, tras una escisión del Haganá, había sido formado en 1931 por Jabotinsky, fundador del sionismo revisionista. El Grupo de Stern (Lehi) pretendía representar la verdadera esencia del Irgún. Puesto que los sionistas ya habían firmado con los nazis el Acuerdo Haavara, los términos plasmados en el documento insistían en las ideas que ya habían permitido la colaboración en 1933: se pedía la evacuación de las masas judías de Europa para asentarlas en Palestina, se constataban los intereses comunes así como la posibilidad de entendimiento y se proponía ligar el futuro Estado judío al Reich mediante un tratado. Los alemanes no se decidieron, por lo que en diciembre de 1941, después de que los ingleses hubieran tomado Líbano, Stern envió a Turquía a Nathan Yalin-Mor, pero la Inteligencia británica estaba ya alertada y fue detenido en el camino.

Por su parte, Amin al-Husseini, el muftí exiliado de Jerusalén, envió el 20 de enero de 1941 una carta a Hitler en la que solicitaba su ayuda contra Gran Bretaña, "esta enemiga encarnizada y astuta de la verdadera libertad de los pueblos." El 28 de noviembre de 1941 se produjo la entrevista entre el Führer y el muftí, quien le dijo a Hitler que los árabes serían "los amigos naturales de Alemania porque tienen los mismos enemigos de Alemania, especialmente los ingleses, los judíos y los comunistas." Al Husseini pidió que Alemania hiciera una declaración pública apoyando la independencia y la unidad de Palestina, Siria e Iraq, puesto que "sería muy útil a efectos de la propaganda sobre los pueblos árabes." Hitler, que no veía que tal declaración fuera oportuna, después de haber sido el principal colaborador de los sionistas desde 1933 hasta el inicio de la guerra, después de haber abonado

Palestina con judíos alemanes adinerados mediante el Acuerdo Haavara, proclamó cínicamente su oposición al hogar nacional judío en Palestina, que, según le dijo al muftí, era "un centro, bajo la forma de un Estado, al servicio de la influencia destructora de los intereses judíos."

En febrero de 1942 los británicos descubrieron el lugar donde se escondía Abraham Stern en Tel Aviv y lo mataron. Muchos miembros de la organización fueron entonces arrestados. Isaac Shamir sustituyó a Stern al frente de Lehi y fue uno de los responsables de la respuesta que se preparó para los británicos. El 6 de noviembre de 1944 integrantes de Lehi asesinaron en El cairo a Lord Moyne, ministro de Estado para Oriente Medio e íntimo amigo de Churchill. En el proceso los asesinos declararon que habían matado a Lord Moyne por la política hacia los judíos diseñada en el Libro Blanco de MacDonald. Este atentado iba a significar el inicio de la campaña de terror contra Gran Bretaña para provovar su salida de Palestina. Las autoridades británicas editaron carteles de busca y captura con las fotos y los nombres de una docena de terroristas del Irgún y de Lehi, entre los que estaban Menajem Beguin, futuro primer ministro de Israel entre 1977 y 1983 y Nobel de la Paz en 1978, e Isaac Shamir, ideólogo del atentado contra Lord Moyne, que también sería primer ministro de Israel entre 1983-1984 y entre 1986 y 1992.

Los líderes sionistas expresaron claramente durante los años de la guerra mundial lo que pretendían hacer con el pueblo palestino. Ralph Schönman cita, por ejemplo, las palabras del jefe del Departamento de Colonización de la Agencia Judía, Joseph Weitz, máximo responsable de la organización de los asentamientos, quien en 1940 escribió lo siguiente: "Entre nosotros debe quedar claro que no hay sitio para los dos pueblos en este país. No conseguiremos nuestro objetivo si los árabes están en este pequeño país. No hay más salida que traspasar a los árabes de aquí a los países vecinos. Todos ellos. No debe quedar ni un pueblo ni una tribu." Con estas ideas en la recámara, fueron armándose para proceder a la conquista de Palestina por la fuerza cuando llegara el momento. En junio de 1945, tan pronto hubo acabado la guerra en Europa, los sionistas se apresuraron a pedir a Gran Bretaña la constitución del Estado de Israel. En agosto de 1945 se celebró en Londres la Conferencia Sionista Mundial, donde se exigió que se tomase "una decisión inmediata para hacer de Palestina un Estado judío". Se reclamó que la Agencia Judía fuera dotada "de toda la autoridad para trasladar a Palestina tantos judíos como estime necesario."

En este contexto el Gobierno de Attlee tenía sólo dos alternativas: abandonar la decisión aprobada por el Parlamento en 1939 o renunciar al Mandato y retirarse de Palestina. La segunda opción constituía el anhelo del sionismo, pues les permitiría expulsar a los habitantes nativos, que estaban desarmados. El problema surgió con el nombramiento de Ernest Bevin como secretario del Foreign Office, un sindicalista que había sido durante la guerra ministro de Trabajo y que gozaba de prestigio en todo el país. Parece ser que el propio monarca, Jorge VI, le pidió al primer ministro Attlee que lo designase para el cargo, pues en las circunstancias de la posguerra lo consideraba el mejor hombre y el político de mayor fortaleza. A pesar de militar en el Partido Laborista, Bevin era anticomunista. Douglas Reed en *The Controversy of Zion*, obra que hemos citado con frecuencia, escribe lo siguiente sobre Bevin:

> "Era un hombre robusto, con la energía y el aire del campo en sus huesos y músculos y su valentía tradicional en la sangre; pero incluso él quedó psíquicamente roto en unos años por la ferocidad de la difamación incesante. No se dejó intimidar espiritualmente. Se dio cuenta de que tenía que enfrentarse con una empresa esencialmente conspiratoria, una conspiración de la cual la revolución y el sionismo eran partes vinculadas, y puede que fuera el único entre los políticos de este siglo que utilizó la palabra conspiración, la cual era según se define en el diccionario claramente aplicable al caso. Le dijo sin rodeos al Dr. Weizmann que no se dejaría coaccionar ni convencer para ninguna acción contraria a los intereses de Gran Bretaña. El Dr. Weizmann no había experimentado advertencias así, en este nivel tan alto, desde 1904, y su indignación, que se manifestó a través de la organización sionista mundial, originó el maltrato continuado de Mr. Bevin que se produjo entonces."

Bevin no compartía los esquemas sionistas y anunció que no aceptaba el planteamiento de que los judíos debían ser sacados de Europa. Naturalmente, el poder del sionismo internacional era capaz de arruinar las políticas del nuevo ministro de Exteriores del Reino Unido, para lo cual comenzó una campaña en todos los ámbitos: como de costumbre, se acusó a Bevin de antisemitismo; Churchill, desde la oposición conservadora, lo acusó de albergar "sentimientos antijudíos"; la Liga Antidifamación inventó un nuevo término difamatorio: "Bevinism".

La ofensiva sionista se forjó en Estados Unidos, donde se sucedían los presidentes judíos. Roosevelt, rodeado de comunistas y/o sionistas, había ya en 1938 concebido la idea de expulsar a los árabes de Tierra Santa. Sus consejeros judíos habían incluso calculado que la operación podía costar al contribuyente unos 300 millones de dólares. Roosevelt, campeón mundial de la democracia, no tenía ningún problema en afirmar ante sus colaboradores que Palestina debía pertenecer exclusivamente a los judíos y que no debería quedar ningún árabe. El 24 de julio de 1945, poco antes de que Churchill perdiera las elecciones, Harry S. Truman, el nuevo presidente de EE.UU., escribió a Churchill para decirle que la opinión pública norteamericana estaba en contra de restricciones a la inmigración judía en Palestina. El 16 de agosto de 1945, Truman fue interrogado por la actitud de su Gobierno sobre el asunto. "La posición americana -respondió- es que nosotros queremos dejar entrar en Palestina a tantos judíos como sea posible." Días después, el 31 de agosto, el presidente norteamericano sugirió en una carta al primer ministro Attlee que el Gobierno británico debería otorgar cien mil visados a los judíos de Austria y Alemania. Sin embargo, el propio Truman admite en *Years of Trial and Hope* que en septiembre de 1945 recibió un memorándum redactado por el Departamento de Estado donde se aconsejaba que los Estados Unidos debían "abstenerse de apoyar una política tendente a favorecer una inmigración masiva en Palestina durante el periodo interino."

Mientras, después de la guerra la inmigración clandestina se producía a gran escala y alcanzaba niveles sin precedentes. Un tráfico de cientos de miles de judíos de Rusia y de los países del este Europa (kázaros) era dirigido por las organizaciones sionistas hacia Tierra Santa. Allí, cada vez más preparados para afrontar el gran momento, los sionistas disponían ya de un verdadero ejército, la Haganá, y de un montón de milicias, entre las que destacaban el Palmach, fuerza de élite de la Haganá, el Irgún y Stern. Además de hostigar a la población palestina, debilitada y sin apenas dirección política, estas milicias aumentaron las acciones de sabotaje y los atentados, por lo que el 28 de enero de 1946 los británicos promulgaron una legislación extraordinara para tratar de atajar el terror sionista. De poco sirvió, pues las acciones terroristas no sólo no disminuyeron sino que aumentaron: entre el 16 y el 17 de junio el Palmach y el Stern volaron nueve puentes y atacaron los almacenes de los ferrocarriles en Haifa.

Ante esta nueva oleada de terror, los militares británicos pasaron al ataque: ocuparon las oficinas de la Agencia Judía, donde requisaron importantes documentos secretos, e hicieron una redada en la que arrestaron a unos dos mil setecientos sospechosos, entre los que estaban los líderes sionistas. En este contexto se produjo el famoso atentado en el Hotel Rey David de Jerusalén, que servía de cuartel general del Ejército. El 22 de julio de 1946 los terroristas del Irgún, cuyo líder era Menahem Beguin, el futuro Nobel de la Paz, detonaron 350 kilos de explosivos que desde el subsuelo destruyeron los siete pisos del ala sur del hotel. El brutal atentado acabó con la vida de noventa y una personas.

Uno de los propagandistas más famosos del terror sionista contra los británicos y los palestinos, Ben Hecht, periodista, novelista, dramaturgo, director de cine, productor y autor de unos setenta guiones, por lo que fue llamado el "Shakespeare de Hollywood", insertó un anuncio de una página entera en los principales periódicos de Estados Unidos dirigido "A los terroristas de Palestina". En el texto se decía: "Los judíos de América están con vosotros. Sois sus campeones... Cada vez que voláis un arsenal británico o hacéis saltar hasta el cielo un tren británico o robáis un banco británico o atacáis con vuestras armas y bombas a los traidores británicos y a los invasores de vuestra tierra, los judíos de América celebran en su corazón una pequeña fiesta." Este ferviente sionista indignó hasta tal punto al Gobierno de Londres con su apología del terrorismo que sus obras fueron boicoteadas en Inglaterra. Douglas Reed denuncia en *The Controversy of Zion* el odio a Jesucristo de este judío fanático, lo que invita a pensar que era talmudista. "Una de las cosas más excelentes hechas nunca por el pueblo -escribió

Hecht- fue la crucifixión de Cristo. Intelectualmente fue un acto espléndido. Pero no lo hicieron bien del todo. Sabéis, lo que yo hubiera hecho habría sido enviarlo a Roma para alimentar a los leones. Nunca hubieran podido hacer un salvador de carne picada."

Mientras Bevin buscaba una solución que le permitiera salvar la cara y defender los intereses del Reino Unido en Oriente Próximo, donde sólo controlaba ya el canal de Suez tras haber perdido su posición en Egipto, Truman reanudó sus presiones: el 4 de octubre de 1946 insistió en que Gran Bretaña debía permitir que cien mil judíos fueran acogidos en Tierra Santa. El presidente norteamericano apuntó, además, que su país estaba dispuesto a ayudar a establecer un "commonwealth judío en Palestina." Bevin recibió irritado el atosigamiento reiterado de Truman, que llegaba en el momento en que trataba de sentar a judíos y árabes alrededor de una mesa con el fin de lograr un compromiso. En resumen, el plan que presentó Bevin era el siguiente: Palestina sería dividida en dos cantones y Gran Bretaña sería la potencia mandataria durante cinco años más. En los dos primeros años se autorizaría la inmigración de cuatro mil judíos cada mes (96.000 en dos años). Pasado este tiempo no se permitirían más entradas sin consultar a los árabes, aunque la decisión final correspondería a un alto comisario británico y al Consejo de tutela de las Naciones Unidas.

Los esfuerzos de Bevin y el futuro del Reino Unido en Oriente Próximo quedaron sentenciados en Suiza. El terrorismo como medio para acabar con el Mandato británico en Palestina fue aprobado durante el XXII Congreso Sionista, celebrado en Ginebra en diciembre de 1946. A partir de entonces los líderes sionistas cedieron la iniciativa y el control de los acontecimientos a los líderes terroristas de los tres grupos armados hasta que se hubiera alcanzado el primer objetivo de empujar a los británicos fuera de Palestina. El Congreso designó a David Ben Gurión como responsable y coordinador de toda la actividad armada de la Agencia Judía. De este modo se intensificaron las emboscadas y cientos de soldados fueron asesinados de diversas maneras. La situación era insostenible. El 14 de febrero de 1947 judíos y palestinos rechazaron de plano la última propuesta de Bevin, quien, decepcionado, se rindió por fin. El 18 de febrero anunció en el Parlamento de Londres: "El Gobierno de Su Majestad se ha enfrentado a un conflicto de principios irreconciliables... Hemos decidido pedir a las Naciones Unidas que propongan una solución." El 23 de febrero de 1947 se produjo en la Cámara de los Comunes un gran debate sobre Palestina. Bevin dijo públicamente que la actitud de Estados Unidos había propiciado el fracaso de su política y reprochó con amargura al presidente Truman su obstinación en exigir la entrada de cien mil judíos en Tierra Santa antes de que la cuestión estuviera resuelta en profundidad.

El 28 de abril de 1947 la Asamblesa General de la ONU fue convocada en sesión extraordinaria para examinar la petición británica de transferencia del expediente palestino. Por la resolución 106 la Asamblea creó el UNSCOP (United Nations Special Committee for Palestine), que comenzó sus trabajos el 26 de mayo. Gran Bretaña advirtió que se retiraría de Palestina si otros poderes, en clara alusión a Estados Unidos, hacían imposible su administración. El 8 de agosto de 1947 el general Marshall, que desde principios de año era el nuevo secretario de Estado, informó al Gobierno que una retirada británica "provocaría una lucha sangrienta entre árabes y judíos." Una semana más tarde, el 15 de agosto, el subsecretario de Estado, Robert A. Lovett, advirtió sobre el peligro de que se consolidase entre los pueblos árabes y musulmanes un sentimiento contra Estados Unidos. El hecho de que 1948 fuese un año electoral en Estados Unidos provocó que Robert Hannegan, uno de los directores de campaña de Truman, recomendase al presidente el 4 de septiembre de 1947 que hiciera una declaración política y que respondiera a las amenazas británicas solicitando la admisión de 150.000 sionistas en Palestina. Hannegan dijo que esta nueva demanda "tendría una gran influencia y un gran efecto en la captación de fondos para el Comité Nacional del Partido Demócrata."

Un nuevo personaje iba a convertise de repente en el máximo crítico a las políticas norteamericanas en favor del sionismo. El 17 de septiembre de 1947 James Forrestal, un rico banquero que había servido a su país por patriotismo durante la guerra, dejó de ser secretario de la Marina para convertirse en el primer secretario de Defensa de Estados Unidos. Forrestal libró detrás de la escena una batalla que iba a costarle la vida. El 29 de septiembre de 1947 Forrestal, como secretario de Estado de Defensa, pidió al presidente en una reunión del Gabinete que el tema de Palestina no condicionase los intereses nacionales y que fuera sacado de la campaña electoral. La respuesta de Truman se produjo en la siguiente reunión del Gobierno, el 6 de octubre. Rechazó entonces la sugerencia de Forrestal con estas palabras: "Mr. Hannegan sacó el tema de la cuestión de Palestina. Dijo que mucha gente que ha contribuido a la campaña demócrata estaba presionando con fuerza y reclamaba garantías de la Administración sobre un apoyo definitivo a la posición judía en Palestina." A partir de este momento Forrestal comprendió que Truman estaba decidido a capitular a las presiones de los sionistas, quienes consideraban que Estados Unidos no hacía lo suficiente en la Asamblea General de Naciones Unidas para asegurarse los votos de otros países en favor de la partición de Palestina.

Mientras Forrestal libraba tanto en el interior del Partido Demócrata como en la Casa Blanca una batalla perdida de antemano, se acercaba la fecha de la votación. Chaim Weizmann era sin duda un altísimo funcionario del sionismo, el más alto; pero por encima de él estaban en Estados Unidos los grandes peces gordos: Bernard Baruch, Henry Morgenthau, Félix Frankfurter y otros, cuyo apoyo era la mayor garantía para el éxito de sus gestiones. Otros judíos poderosos se movían en el seno del Partido Demócrata, entre los que estaba el senador Herbert Lehman, cuyo padre había sido uno de los fundadores de la firma bancaria Lehman Brothers.

Lehman había sido entre 1943 y 1946 el primer director general de la UNRRA y había utilizado esta Agencia de Naciones Unidas para el contrabando de judíos del este de Europa a Palestina. Weizmann pidió el 19 de noviembre de 1947 al presidente Truman que Estados Unidos apoyara la inclusión del Negev (donde pensaban construir más tarde la central nuclear de Dimona), en el territorio sionista, puesto que se concedía gran importancia a este distrito. En su autobiografía, *Trial and Error*, Weizmann escribe: "Me prometió que lo comunicaría de inmediato a la delegación americana."

En definitiva, el poder del sionismo en Estados Unidos era imparable y Truman demostró que era un presidente ejemplarmente disciplinado. Todos los que en los Departamentos de Estado o de Defensa se opusieron como Forrestal a los designios de los sionistas por razones de índole económica, estratégica o militar fueron acusados de antisemitismo. Alfred Lilienthal, un judío amigo del pueblo palestino que se convirtió desde el principio en un crítico implacable del sionismo y de Estado de Israel, denunció en *What Price Israel?* (1953) que se utilizó el chantaje económico para reducir al silencio a personas con opiniones diferentes y que se produjo un linchamiento moral a quienes estuvieron en desacuerdo con los sionistas. Lo ocurrido con James Forrestal es el mejor ejemplo.

El secretario de Defensa, oficialmente "suicidado", escribió en *The Forrestal Diaries* entradas muy interesantes sobre los métodos del sionismo para controlar y manipular a los gobiernos. Forrestal fue testigo de la lucha soterrada desde el otoño de 1947 a la primavera de 1948 para lograr la creación del Estado sionista en Palestina. Según se ha dicho antes, el 29 de septiembre de 1947 Forrestal, que disponía de informaciones secretas facilitadas por el Servicio de Inteligencia, pidió a Truman que resistiera a las presiones del sionismo sobre Palestina. Forrestal, en conflicto con enemigos muy poderosos, presentó un memorándum el 21 de enero de 1948 donde analizaba las consecuencias de la sumisión al sionismo para la política exterior de EE. UU. El secretario de Defensa se convirtió así en un estorbo y se decidió que debía desaparecer. El 3 de febrero de 1948 Forrestal almorzó con Baruch. En su diario escribió lo siguiente: "He almorzado con B. M. Baruch. Adoptó la posición de aconsejarme que me mantuviera al margen en este asunto concreto, pues había sido ya identificado, hasta un punto nocivo para mis propios intereses ("to a degree that was not in my on interests"), por mi oposición a la política de Naciones Unidas sobre Palestina". Estamos, pues, ante un ejemplo de matonismo de alto copete.

Douglas Reed relata en *The Controversy of Zion* su propia experiencia cuando viajó a Estados Unidos a principios de 1949. Constató perplejo que la prensa y la radio lanzaban "ataques envenenados" contra el secretario de Defensa. El 9 de enero de 1949 se informó que Truman "aceptaría la dimisión de Forrestal en una semana". El día 11 de enero se insistió en que la dimisión "ya había sido aceptada". En realidad, todo formaba parte de la campaña de presión. Finalmente, el 31 de marzo Truman lo destituyó.

Ingresado en el Hospital Naval de Bethesda el 2 de abril, Forrestal, según la versión oficial, se suicidó el 21 de mayo de 1949. "Casualmente", el mismo día que debía salir porque había sido dado de alta saltó desde una ventana del décimo piso. Entre los efectos personales se encontró un álbum de recortes con los ataques contra él aparecidos en los periódicos. Hasta el año 2004 no se reveló el informe sobre su muerte; pero sus familiares declararon enseguida que había sido asesinado, toda vez que el suicidio era un acto inaceptable para él. En su funeral Truman lo describió como "una víctima de la guerra".

## De la partición (29/11/1947) a la proclamación de Israel (14/5/1948)

Al principio de esta tercera parte del capítulo se ha detallado ya el resultado de la votación del 29 de noviembre de 1947, cómo se repartió la tierra y cuáles eran las cifras de población en los dos Estados previstos. Dos días después, el 1 de diciembre se celebró la primera reunión del Gobierno de Truman, en la que el subsecretario de Estado Robert Lovett confesó que "nunca antes en su vida había sido sometido a tanta presión como en los últimos tres días." Lovett explicó que se había logrado el voto favorable de Liberia a través de la Compañía de Caucho y Neumáticos Firestone, que tenía la concesión sobre estas materias primas en el país. El representante de la compañía recibió instrucciones para que presionara al Gobierno liberiano, que pensaba votar en contra, para que cambiase el sentido de su voto. Se sabe que la presión consistió en un chantaje.

El 21 de enero de 1948 Fames Forrestal, en su afán de apoyar la resistencia del Departamento de Estado a la política de Truman, presentó un memorándum en el que analizaba los peligros de una política errónea: "Es difícil que haya algún segmento de nuestras relaciones exteriores de mayor importancia o de mayor peligro -escribió Forrestal- para la seguridad de Estados Unidos que nuestras relaciones en el Oriente Medio." En otro pasaje del texto advertía sobre la necesidad de evitar "un daño permanente en nuestras relaciones con el mundo islámico." En el Departamento de Estado, el subsecretario Lovett, tras leer el informe de Forrestal se dispuso a presentar otro memorándum que había sido preparado por el personal de Planificación del Departamento. En él, se decía al presidente que el plan de partición no era factible y que Estados Unidos no estaba comprometido en apoyarlo si no era aplicable sin el uso de la fuerza. Se afirmaba asimismo que iba en contra de los intereses de EE.UU. suministrar armas a los sionistas a la vez que se les negaban a los árabes. Robert Lovett añadía que el Departamento de Estado se sentía "seriamente apenado y desautorizado por las actividades de Niles en la Casa Blanca tras haber ido directamente al presidente por asuntos relacionados con Palestina." Posteriormente, el subsecretario se quejó de que Niles le había llamado desde la Casa Blanca "expresándole la esperanza de que se levantase el embargo de venta de armas a los sionistas." David K. Niles, judío de origen ruso, había sido el consejero de Roosevelt para Asuntos Judíos. Él y el juez Samuel Rosenman, que ya ha sido presentado, fueron los principales responsables de las acciones de Truman que habían colocado a Bevin y al Gobierno de Londres en posición insostenible, según denunció Byrnes, anterior secretario de Estado.

La entrada que James Forrestal escribió en su diario el 3 de febrero de 1948 merece ser transcrita extensamente, pues aquel día recibió la visita del hijo de Roosevelt y posteriormente almorzó con el omnipotente Bernard Baruch. Extraída de la primera edición de *The Forrestal Diaries*, sigue a continuación:

"Visita hoy de Franklin D. Roosevelt, Jr., quien llegó con una fuerte defensa del Estado judío en Palestina y diciendo que deberíamos apoyar la 'decisión' (las comillas en el término son del propio Forrestal) de Naciones Unidas... Puntualicé que las Naciones Unidas no habían tomado aún ninguna 'decisión', que era sólo una recomendación de la Asamblea General, que probablemente ninguna puesta en práctica de esta 'decision' por Estados Unidos tendría como consecuencia la necesidad de una moviliación parcial, y que yo pensaba que los métodos que habían sido utilizados por personas ajenas al brazo ejecutivo del Gobierno con el fin de chantajear y coaccionar a otras naciones en la Asamblea General constituían un escándalo. Él manifestó ignorancia sobre el útimo punto y regresó a su exposición general del caso de los sionistas.

No hizo amenazas, pero dejó muy claro que los fanáticos de esta causa actuaban con el convencimiento de poder derrotar la política del Gobierno sobre Palestina. Le repliqué que yo no tenía poder para hacer política, pero que actuaría con negligencia con respecto a mis obligaciones si no señalaba lo que pensaba sobre las consecuencias de una política particular que podía poner en peligro la seguridad de mi país. Le dije que yo únicamente dirigía mis esfuerzos a sacar la cuestión fuera de la política, es decir, que los dos partidos se pusieran de acuerdo en no luchar por los votos con este tema. Dijo que esto era imposible, que la nación estaba ya demasiado comprometida y que, además, el Partido Demócrata tenía las de perder y los republicanos las de ganar con tal acuerdo. Le dije que me veía obligado a repetirle lo que había dicho al senador McGrath en respuesta a la observación del este último de que nuestro fracaso en apoyar a los sionistas podría significar la pérdida de los Estados de Nueva York, Pennsylvania y California - que yo pensaba que ya era hora de que alguien considerase si lo que podíamos perder eran los Estados Unidos.

Almorcé con B. M. Baruch. Después del almuerzo, surgió con él la misma cuestión. Adoptó la postura de aconsejarme que no me mostrase demasiado activo sobre este asunto en particular, pues había sido ya identificado, hasta un punto que iba en contra de mis intereses, por mi oposición a la política de Naciones Unidas sobre Palestina. Dijo que él mismo no aprobaba las acciones de los sionistas, pero enseguida añadió que el Partido Demócrata sólo podía perder si trataba de cambiar la política de nuestro Gobierno, y dijo que era una cosa injusta dejar que los británicos armasen a los árabes y que nostros no suministrásemos un equipamiento similar a los judíos."

Cabría preguntarse quiénes era los que habían identificado al secretario Forrestal por su oposición a la política sobre Palestina. Tras esta advertencia de Baruch, fue orquestándose progresivamente una campaña de difamación en la prensa contra el secretario de Defensa. Los ataques alcanzaron niveles extremos de inclemencia y en menos de un año James Forrestal fue sacado del Gobierno. Caben pocas dudas, según se ha dicho anteriormente, de que su muerte en abril de 1949 fue un asesinato.

Los movimientos concertados de los Departamentos de Estado y Defensa se plasmaron en una declaración de Warren Austin, el embajador de Estados Unidos en las Naciones Unidas. El 24 de febrero de 1948 afirmó: "Estados Unidos no cree que deba ser empleada la fuerza para apoyar una recomendación de la Asamblea General." Añadió entonces que la partición no parecía una opción viable. El 25 de febrero el *New York Post* publicó un artículo del rabino Baruch Korff en el que afirmaba que las palabras de Austin eran "puro y simple antisemitismo." Las organizaciones sionistas se apresuraron a organizar una campaña masiva de cartas y telegramas: unos cien mil escritos de protesta llegaron a la Casa Blanca.

En marzo de 1948 la violencia en Palestina seguía aumentando, hecho que ponía en evidencia que las advertencias del Departamento de Estado sobre la inviabilidad del plan de partición estaban bien fundamentadas. El embajador Austin anunció el 19 de marzo un giro en la política norteamericana. Tras constatar que la resolución de la Asamblea no podía ser aplicada pacíficamente, propuso que se suspendiera la propuesta de partición, que se concertase una tregua y que tras el fin del Mandato se instalase una "administración fiduciaria" de Naciones Unidas. Ésta, precisamente, había sido la propuesta del Departamento de Estado en su memorándum del mes de enero. Los sionistas se enfurecieron: además de antisemitas, hubo quien acusó a los Estados Unidos de ser unos "tramposos diabólicos". Al mismo tiempo, no obstante, decidieron incrementer las acciones terroristas sobre el terreno.

En abril de 1948 Ernest Bevin, el secretario del Foreign Office, mantenía una lucha en solitario contra la oposición conservadora y contra la mayoría del Partido Laborista, cuyos miembros no lo respaldaban. En estas condiciones Bevin decidió lavarse las manos y tiró la toalla. El término del Mandato británico estaba fijado inicialmente para el 1 de agosto de 1948; pero en el mes de abril los sionistas supieron gracias a sus contactos en Londres que los británicos planeaban anticipar la retirada, por lo que decidieron pasar a la acción. El 9 de abril de 1948 se produjo la famosa matanza de Deir Yassin, una aldea que se hallaba a menos de cinco kilómetros al oeste de Jerusalén. Esta masacre ha pasado a la historia por ser la primera de una serie de acciones genocidas perpetradas a lo largo de 1948. Deir Yassin forma parte de la memoria colectiva del pueblo palestino a causa de su significado y del efecto psicológico que tuvo, pues, tal como se pretendía, logró aterrorizar a los árabes y desató la huida en masa de los residentes en la zona que la ONU había asignado a los judíos. Paul Eisen, un judío amigo del pueblo palestino y del pueblo alemán que lucha valientemente contra el sionismo, fundó la asociación "Deir Yassin Remembered" para honrar la memoria de las víctimas de la matanza.

A primeras horas de la mañana del 9 de abril el pueblo fue atacado por comandos terroristas del IZL (Irgún Zwaí Leumí) y del Lehi (el Grupo de Stern), liderados por Menahem Begin y Benzion Cohen. Mataron a 254 hombres (muchos de ellos ancianos), mujeres (algunas embarazadas) y niños. Los hombres adultos se encontraban trabajando la tierra cuando los criminales entraron en la aldea. Se detuvo a algunos hombres heridos, los cuales, con los ojos vendados, maniatados y con las ropas ensangrentadas, fueron cargados en camiones y trasladados a Jerusalén, donde los exhibieron por las calles entre los aplausos y las burlas de los sionistas de la ciudad. Acabado el desfile, regresaron con ellos a Deir Yassin, los pusieron en fila contra una pared y los asesinaron. Jacques de Reynier, director de la Cruz Roja Internacional, fue avisado de lo que estaba sucediendo en Deir Yassin y pidió entrevistarse con el comandante del destacamento del Irgún, quien le contó la historia de que con veinticuatro horas de antelación habían ordenado mediante altavoces a los habitantes del pueblo que evacuaran sus casas. Quienes no lo hicieron "tuvieron el destino que merecían." Este alto funcionario de la Cruz Roja se dirigió de inmediato a la aldea con una ambulancia y una camioneta. Ralph Schönman reproduce en *The Hidden History of Zionism* el relato de Jacques de Reynier:

> "... Llegué al pueblo con mi convoy y cesó el fuego. La banda (Irgún) llevaba uniformes con cascos. Todos eran jóvenes, algunos incluso adolescentes, hombres y mujeres armados hasta los dientes: revólveres, ametralladoras, granadas de mano y también alfanjes en sus manos. Una hermosa joven con ojos criminales me enseñó el suyo, todavía empapado de sangre; lo exhibía como un trofeo... Traté de entrar en una casa. Una docena de soldados me rodearon con sus ametralladoras apuntando a mi cuerpo. Su oficial me prohibió moverme. Los muertos, si los había, me serían traídos, dijo. Encolerizado como nunca en mi vida, les dije a aquellos criminales lo que pensaba de su conducta y los amenacé con todo cuanto acudió a mi mente, luego los aparté y penetré en la casa. La primera habitación estaba oscura, todo estaba en desorden, pero no había nadie. En la segunda, entre muebles destrozados y toda clase de escombros, encontré algunos cuerpos, fríos. La 'limpieza' allí se había hecho com ametralladoras y granadas de mano. Había sido rematada con

cuchillos, cualquiera podía ver eso. Lo mismo en la siguiente habitación, pero cuando estaba a punto de salir, oí algo como un suspiro. Mire por todas partes, giré los cuerpos, y finalmente descubrí un pequeño pie, todavía caliente. Era una niña de unos diez años, mutilada por una granada de mano, pero aún con vida... En todas partes se veía el mismo espectáculo. Había habido unas cuatrocientas personas en la aldea, unas cincuenta habían escapado con vida. El resto habían sido deliberadamente asesinadas a sangre fría...
De vuelta en mi oficina fui visitado por dos caballeros vestidos de paisano que me habían estado esperando durante una hora. Eran el comandante del destacamento del Irgún y su ayudante. Habían preparado un papel que querían que firmase. Era una declaración que decía que yo había sido recibido muy cortésmente por ellos y que había obtenido todas las facilidades solicitadas para el cumplimiento de mi misión y que les agradecía la ayuda recibida. Puesto que les mostré mis dudas y comencé a discutir con ellos, me dijeron que si valoraba mi vida, haría bien en firmar inmediatamente. La única opción que me dejaron fue convencerlos de que no valoraba mi vida en lo más mínimo."

El Irgún sacó fotografías de las personas asesinadas y las distribuyó entre la población árabe con una inscripción al dorso: "Esto te ocurrirá si no desapareces." La limpieza racial era el principal objetivo, pues se pretendía un futuro Estado judío étnicamente puro. La matanza de Deir Yassin tuvo el efecto deseado. En menos de dos semanas 150.000 árabes desalojaron sus aldeas y emprendieron la huida en dirección a Jordania y a Gaza. Fueron los primeros refugiados palestinos. Esta fuga masiva, que más tarde aumentaría escandalosamente, se debió a la estructura jerárquica y patriarcal de la sociedad árabe. Christian Zentner en *Las guerras de la posguerra* escribe lo siguiente sobre este hecho: "La sumisión del campesino al terrateniente y la de los beduinos a las familias de los jeques determinaron el éxodo masivo de los árabes, pues la huida de una de sus familias arrastraba consigo a centenares y hasta miles de personas." Lenni Brenner recoge en *The Iron Wall: Zionist Revisionism from Jabotinsky to Shamir* las declaraciones de Begin, presumiendo y alardeando de los efectos de la matanza:

> "Una leyenda de terror se propagó entre los árabes que fueron presa del pánico con la sola mención de nuestros soldados del Irgún. Valía lo que media docena de batallones para las fuerzas de Israel. Los árabes a lo largo de todo el país fueron presa de un pánico sin límites y comenzaron a huir para salvar sus vidas. Esta huida en masa se convirtió pronto en una enloquecida estampida incontrolable. De los 800.000 árabes que vivían en el actual territorio de Israel, sólo unos 165.000 siguen todavía allí. El significado político y económico de este acontecimiento difícilmente puede sobrestimarse."

El 12 de abril los guerrilleros árabes quisieron vengar la masacre de Deir Yassin y atacaron una columna de vehículos que a primera hora de la mañana salió de la parte nueva de Jerusalén en dirección al monte Escopo, donde los sionistas tenían la clínica Hassada y la Universidad judía. Entre la parte nueva, habitada en gran parte por judíos, y el monte Escopo se encuentra la ciudad vieja árabe. La franja entre la ciudad vieja y el monte Escopo así como el terreno circundante pertenecían asimismo a los árabes, por lo que el convoy debía pasar inevitablemente por zona árabe. Un vehículo blindado del Haganá servía de escolta y abría la marcha. Detrás de él seguía una ambulancia con la estrella de David roja, dos autobuses blindados, una segunda ambulancia y tres camiones cargados de víveres y medicamentos para el hospital. Un segundo vehículo blindado de escolta cerraba la columna. En un lugar estrecho de la carretera, al pie del monte, se produjo el asalto con granadas, fusiles y cócteles Molotov. Los autocares fueron incendiados y los ocupantes que trataban de abandonarlos fueron rematados por los atacantes, cuyo número iba en aumento, toda vez que del distrito viejo de Jerusalén y de las localidades próximas llegaron árabes que buscaban venganza y se cebaron en los médicos y enfermeras que viajaban en la caravana. Los muertos y desaparecidos fueron setenta y siete. Entre ellos el director del hospital, un profesor de psicología de la Universidad y tres catedráticos.

El 19 de abril los sionistas comenzaron su campaña de ocupación y limpieza étnica de ciudades palestinas con la toma de Tiberias. El 20 de abril, ante la pasividad de las tropas británicas, se decidieron ya a emprender acciones a gran escala, para lo cual utilizaron las tropas del Haganá, que a diferencia del Irgún, estaba organizado militarmente y era en realidad un ejército. El objetivo fue la ciudad portuaria de Haifa, que tenía una población de 158.000 habitantes, árabes en su mayoría. El ataque del Haganá se produjo desde el barrio judío situado en el monte Carmelo, que dominaba la ciudad. Los árabes no disponían de fuerzas armadas en la ciudad y sólo los británicos podían defenderlos; pero éstos recibieron órdenes de no intervenir en la lucha. De este modo, no hubo prácticamente resistencia y a los dos días los árabes decidieron pedir a los ingleses que negociaran la rendición de Haifa. El comandante de las fuerzas británicas actuó de intermediario entre los sionistas y los palestinos. Mientras que en la casi totalidad de las poblaciones conquistadas por los sionistas la población aborigen fue evacuada, en Haifa, pese a que el puerto había sido adjudicado al Estado judío en el plan de partición, se logró que casi una cuarta parte de los habitantes pudieran permanecer en la ciudad. En cualquier caso el número de refugiados árabes seguía creciendo y antes de la proclamación unilateral del Estado sionista alcanzaba ya la cifra de tres cientos mil.

Días después, el 25 de abril, el Haganá atacó la zona donde se había producido la emboscada contra el convoy sanitario, es decir, la región situada entre el monte Escopo y el distrito judío de Jerusalén. En tres horas todo el territorio quedó en poder de los judíos. Puesto que según el plan de partición correspondía a los árabes, unidades de la Legión Árabe de Jordania, tropas profesionales formadas y entrenadas por Gran Bretaña que eran comandadas por oficiales británicos, atacaron a los sionistas, pero salieron derrotadas y perdieron tres carros de combate. Dado el simbolismo y la importancia de Jerusalén, la ciudad tres veces santa, los ingleses recibieron por fin orden de intervenir. Tres compañías equipadas con piezas de artillería, morteros y ametralladoras fueron lanzadas al combate. Finalmente, tras duros enfrentamientos, el Haganá tuvo que evacuar el sector que había ocupado. Los británicos decidieron declarar zona militar la demarcación situada al este de Jerusalén y prohibieron el acceso a judíos y palestinos.

El mismo día 25 de abril fue también atacada la ciudad de Jaffa. En el acuerdo de partición de la ONU se había previsto que el Estado árabe tuviera por lo menos un puerto. La ciudad portuaria de Jaffa era, pues, de vital importancia para los palestinos. Tel Aviv, erigida en el decenio anterior por los judíos, se hallaba cerca de Jaffa, por lo que los sionistas, despreciando la resolución de la ONU, se lanzaron a la conquista de la ciudad, que resistió hasta el 12 de mayo de 1948. Existe un relato en primera persona sobre cómo cayó Ramla, próxima a Jaffa. En Ramla, situada muy cerca de Lod y a dieciséis kilómetros al sureste de Jaffa, vivía Jalil Wazir, entonces un niño de doce años. Conocido como Abu Yihad, Wazir fue cofundador de Al Fatah[21] junto con Yasser Arafat y durante muchos años, segundo responsable de la OLP. El periodista Alan Hart, autor de *Arafat. Biografía política* (1989), entrevistó a Abu Yihad antes de que fuera asesinado. Lo que sigue está sacado de dicha entrevista que figura en el libro de Hart:

> "Recuerdo, como si fuera ayer, el día que las fuerzas sionistas atacaron Jaffa -me dijo Abu Yihad-. Los árabes de la ciudad nos enviaron coches y camiones a Ramla. 'Ayuda para Jaffa', gritaban, 'ayuda para Jaffa'. Recuerdo a los hombres y mujeres de Ramla subiendo a los vehículos. Un hombre llevaba una pistola muy vieja y varios cuchillos y palos. En aquel tiempo nos ayudábamos entre nosotros mutuamente. Sabíamos que los judíos podían venir a por Ramla y Lod si capturaban Jaffa. Y eso fue exactamente lo que pasó. En una noche rodearon Ramla, cosa que consiguieron sin dificultad, porque los jordanos se retiraron sin combatir. Estábamos solos y rodeados. Nuestra gente no podían luchar; no tenían con qué hacerlo. El comandante y una delegación municipal visitaron a los comandantes judíos. Nuestro comandante les dijo: 'Muy bien, pueden entrar en la ciudad, pero no deben hacer daño a la gente ni tomar

---

[21] Al Fatah, nacida en 1957, fue la mayor y más influyente de las organizaciones de liberación que crearon la OLP (Organización para la Liberación de Palestina), fundada en 1964. Desde 1957 hasta 1965 Al Fatah se compuso de una red de células secretas y clandestinas. Arafat (Abu Amar) y Wazir (Abu Yihad) fueron los dos organizadores de la red. Abu Yihad fue asesinado en Túnez por un comando israelí en abril de 1987.

prisioneros, y deben permitir que las gentes se queden en sus casas y que vivan sus vidas con normalidad."

Naturalmente, los sionistas pretendían exactamente lo contrario. Por ello, cuando comprobaron que los habitantes de Ramla y Lod no huían, sometieron ambas ciudades al fuego de su artillería. Una tormenta de obuses cayó sobre Ramla. La casa de Wazir, situada en el barrio cristiano de Ramla, fue destruida. Entre las explosiones, él y su familia se dirigieron hacia la iglesia católica, donde hombres mujeres y niños pasaron dos días enteros apiñados. Cuando los judíos entraron en la ciudad, Jalil Wazir subió a lo alto de la iglesia: "con mis propios ojos vi a los soldados judíos disparando sobre las mujeres y niños que todavía estaban en la calle. No puedo olvidarlo. Luego me quedé mirando cómo entraban en nuestras casas dando patadas, rompiendo puertas y disparando. A veces sacaban a la gente a empujones y luego los mataban. En la iglesia, la gente lloraba. Decían: 'Deir Yassin, Deir Yassin'. Estábamos seguros de que nos iban a asesinar en masa."

Cuando los soldados entraron en la calle de la iglesia, el cura salió a su encuentro con una bandera blanca y regresó con los judíos, que comenzaron a separar a la gente. Todos los hombres de entre catorce y cincuenta años fueron llevados a campos de detenidos. Quedaron sólo en la ciudad los varones más ancianos, mujeres y niños, a los que se permitió regresar a sus hogares. Dos días más tarde se les ordenó por megafonía que salieran de las casas y se concentraran en varios puntos de la carretera, donde pasaron tres días en espera de unos autobuses que debían conducirlos a Ramallah. El segundo día se ordenó a los ancianos que comenzaran a caminar hacia Ramallah. Al tercer día llegaron los autobuses y en uno de ellos subió Jalil Wazir con tres hermanos, uno de los cuales era un bebé, tres hermanas, su madre, su abuela y su tía. Sin embargo, no había acabado aún el tormento, cuando faltaban quince kilómetros para llegar a la ciudad, se obligó a la gente a bajar y a recorrer a pie el resto del camino:

> "Así que empezamos a andar. Teníamos que caminar despacio. Algunas mujeres eran demasiado ancianas y enfermas y tenían que detenerse cada pocos minutos para recobrar el aliento y descansar. Algunas de las otras mujeres más capaces de andar se agotaban de llevar a sus hijos en brazos. Por la noche los judíos nos atacaron con su artillería y bombas de mortero. Al principio nos cubrimos detrás de unas rocas. Luego, al ver que el ataque continuaba, todos empezamos a llorar y a sentir pánico... y tuvimos que correr y correr hacia Ramallah. No puedo olvidar lo que sucedió. Algunas madres abandonaron a sus hijos, estaban demasiado agotadas para seguir llevándolos encima. Incluso mi tía le dijo a mi madre que dejase atrás alguno de sus hijos. Mi madre llevaba a tres encima. Mi tía le dijo: 'No puedes correr con tres niños a cuestas. Te matarán. Deja a dos de ellos y enviaremos ayuda cuando lleguemos a Ramallah'. Mi madre se negó. Luego me dijo: 'Jalil, ¿crees que podrías llevar a una de

tus hermanas y correr?' Yo le contesté: 'Sí', y lo hice. Algunos niños quedaron atrás porque no había nadie que los llevara. Otros quedaron allá porque sus madres murieron. Hasta la fecha no he sido capaz de olvidarlo."

Unas sesenta mil personas fueron expulsadas en las caravanas de refugiados que fueron dirigidas hacia Ramallah desde distintos puntos de Palestina. Otras localidades corrieron la misma suerte que Ramla y Lod. El 8 de mayo se ocupó Safad, donde se realizó la limpieza étnica de unos diez mil árabes para que la ciudad quedara en manos de poco más de mil judíos. El 12 de mayo, el mismo día que se rindió Jaffa, cayó también la ciudad árabe de Bissan. En plena orgía de terror sionista y ajenos al desastre humanitario que estaba provocando, los británicos, incumpliendo sus obligaciones, anunciaron el 14 de mayo de 1948 que daban por terminado su Mandato en Palestina. Según se había acordado en la ONU, tras la retirada de los ingleses, que debía producirse el 1 de agosto, una comisión se encargaría de hacer respetar la partición acordada. Tras la toma de posesión de la ONU se celebrarían elecciones en ambos Estados y luego las Naciones Unidas traspasarían los poderes a los respectivos Gobiernos.

## Proclamación unilateral de independencia y guerra de conquista

Antes de que los británicos anunciaran que se desentendían del Mandato de Palestina, los sionistas habían ya ocupado la mayoría de las ciudades árabes y expulsado a sus habitantes. El mismo 14 de mayo, día en que Sir Allan Cunningham, último alto comisario británico, abandonó Tierra Santa a bordo del crucero *Euryalus*, el Haganá comenzó el asalto a San Juan de Acre, que cayó el día 17. Desde el principio, pues, los hechos demuestran que los sionistas no tuvieron nunca ningún propósito de someterse a los planes de la ONU. En *El triángulo fatal: Estados Unidos, Israel y Palestina* Noam Chomsky cita unas palabras de Beguin, quien en 1948 declaró: "La partición de la patria es ilegal. Jamás será reconocida. La firma del acuerdo de partición tanto por instituciones como por individuos no es válida. No comprometerá al pueblo judío. Jerusalén fue y será siempre nuestra capital. Eretz Israel será devuelta al pueblo de Israel. Toda. Y para siempre."

Para incumplir impunemente la resolución 181, sin embargo, era preciso contar con la complicidad o la pasividad de las naciones que habían ganado la guerra mundial. Una vez más lo ocurrido en Estados Unidos es demostrativo de hasta que punto los "lobbies" de presión judíos ostentaban el poder real. El 13 de mayo de 1948 el presidente Truman recibió una carta de Chaim Weizmann donde le anunciaba que a las cero horas del 15 de mayo el Gobierno provisional del Estado Judío iba a entrar en funciones. En ella se le indicaba que se esperaba su rápido reconocimiento. El texto de la misiva lo reproduce el propio Weizmann en *Trial and Error*. Sigue un fragmento citado en *Los hijos de Agenor* por Bichara Khader:

"... El liderazgo que el Gobierno americano ejerció bajo su inspiración hizo posible el establecimiento de un Estado judío... Es por estas razones que sumamente espero que Estados Unidos, que bajo su dirección ha hecho tanto por encontrar una solución justa, reconocerá inmediatamente ("promptly") al Gobierno provisional del Estado judío. El mundo, pienso, considerará especialmente adecuado que la mayor democracia existente sea la primera en dar la bienvenida a la más nueva en la familia de las naciones."

El presidente de B'nai Brith, Frank Goldman, se presentó en la Casa Blanca en la mañana del 14 de mayo de 1948 y fue recibido por Truman. En 1947 los miembros de la logia de Nueva York, cuyo presidente era Lester Gutterman, habían aportado individualmente 50.000 dólares para el Haganá. Tras la proclamación de independencia, B'nai Brith envió a Haifa un barco tras otro cargados con suministros por valor de 4.000.000 de dólares. Evidentemente, Goldman pretendía asegurarse de que Truman no iba a fallar. La siguiente visita de la mañana fue Eliahu Epstein, representante de la Agencia Judía en Washington, quien entregó al presidente la notificación formal de que Israel sería proclamado aquel mismo día a las 18.01 (hora estadounidense)

En la tarde del 14 de mayo de 1948 se reunió en la gran sala del Museo de Tel Aviv el Consejo Nacional Judío. En una tribuna tomaron asiento los miembros de la Agencia Judía. Sobre sus cabezas se había instalado un gran retrato enmarcado de Theodor Herzl. El presidente del Consejo, David Ben Gurion, se puso en pie y todos los presentes cantaron el "Hatikwah", la canción de la esperanza, que iba ser desde entonces el himno de Israel. Posteriormente, Ben Gurion procedió a leer la declaración de Independencia, que teminaba con estas palabras: "Nosotros, miembros del Consejo Nacional, representantes del pueblo judío de Palestina y del movimiertno sionista internacional, nos hemos reunido en solemne asamblea. Amparados en el derecho nacional e histórico del pueblo judío y en la resolución de Naciones Unidas, proclamamos la fundación del Estado judío en la tierra santa, cuyo nombre será Israel." El Comité Ejecutivo de la Agencia Judía se constituyó en el primer Gobierno del nuevo Estado.

Once minutos después de la proclamación, i. e. a las 18.11 hora americana, Charlie Ross, secretario de prensa del presidente, leyó el escueto comunicado firmado por Harry Solomon Truman: "Este Gobierno ha sido informado de que un Estado judío ha sido proclamado en Palestina y el reconocimiento ha sido pedido por el Gobierno provisional de dicho Estado. Estados Unidos reconoce al Gobierno provisional como autoridad de facto de este nuevo Estado de Israel." El reconocimiento se produjo, pues, sin demora, tal y como había pedido Weizmann. Todavía seguía la reunión en el

Museo de Tel Aviv cuando los sionistas recibieron la noticia. Fue una exhibición de rapidez sin precedentes que no ha sido superada hasta la fecha. Los delegados de Estados Unidos en la ONU, que no habían sido informados, no podían creerlo, puesto que habían presentado un proyecto de tutela internacional para Palestina que estaba siendo examinado por la Asamblea General. Tras unos momentos de confusión, contactaron con la Casa Blanca y recibieron la confirmación de la veracidad de la noticia. Meses más tarde, cuando Chaim Weizmann visitó al presidente de Estados Unidos como primer presidente del Estado de Israel, Truman le reconoció que el reconocimiento era "de lo que estaba más orgulloso en su vida."

El 15 de mayo de 1948 tropas de Siria, Líbano, Iraq y Jordania entraron en Palestina. Fue el comienzo de la primera guerra árabe-israelí (1948-1949). El secretario general de la Liga Árabe, fundada en marzo 1945, envió un telegrama a Naciones Unidas en el que expresaba su asombro por la decisión de los sionistas, contraria a la legalidad. Denunciaba que los judíos habían tomado posesión de casi toda Palestina y justificaba la intervención: "Los Estados árabes se han visto obligados a intervenir con objeto de garantizar la paz y la seguridad, restablecer el orden en Palestina, y también para llenar el vacío dejado por los ingleses." Realmente, las tropas debían proteger los sectores entregados a los árabes según el plan de partición y sólo invadieron estos territorios. Sin embargo, la preparación y el equipamiento de los soldados eran muy deficientes. Además, carecían de un mando central que pudiera coordinar sus acciones. Siria y Líbano habían logrado la independencia recientemente y sus ejércitos apenas sumaban ocho mil hombres. El rey Faruq de Egipto disponía de más efectivos, pero eran poco profesionales y estaban igualmente mal pertrechados. Sólo la Legión Árabe del rey Abdullah de Transjordania era una auténtica fuerza militar bien armada y organizada, pues había sido adiestrada por los británicos, que seguían al mando. Su general era John Glubb, "Pachá". Los jefes y oficiales que estaban a sus órdenes eran asimismo británicos. Sólo la Legión Árabe fue capaz de plantar cara, los demás ejércitos árabes fueron derrotados en todos los frentes por el Haganá. Los árabes ignoraban las tácticas más elementales de la infantería, cargaban en tropel disparando viejas espingardas y actuaban de manera insensata, pues iban al encuentro del fuego enemigo porque llevaban una sura del Corán bendecida por el muftí.

El choque más significativo entre el Haganá y la Legión Árabe se produjo en Jerusalén. El plan de partición había dejado un corredor entre la Ciudad Santa y el mar para que los árabes y las autoridades internacionales que residían en ella tuviesen una salida libre hacia la costa. Los sionistas marcharon sobre Jerusalén y atacaron el distrito árabe desde la carretera de Tel Aviv; pero no sólo fracasaron en su intento de tomar la ciudad vieja, sino que perdieron el barrio judío enclavado en esta zona antigua de Jerusalén. Fue una derrota dolorosa, pues por primera vez en la historia todos los judíos sin excepción fueron expulsados de la parte histórica de la ciudad. El barrio judío fue ocupado por tropas de la Legión Árabe y sus habitantes, unos dos mil, tuvieron que desalojarlo. Los judíos salieron el 28 de mayo de 1948 por la Puerta de Sión y fueron llevados cautivos a Transjordania bajo vigilancia de la Cruz Roja.

El 29 de mayo, cuando los últimos judíos marchaban de la vieja Jerusalén, se aceptó la propuesta de alto el fuego presentada por el Consejo de Seguridad. Las operaciones bélicas deberían suspenderse durante un periodo de cuatro semanas, tiempo durante el cual una comisión mediadora trataría de poner fin a las hostilidades. Durante la tregua no debían entrar nuevos contingentes en Palestina y no debía introducirse material bélico. El incumplimiento de las condiciones del armisticio conllevaría las sanciones correspondientes. Se nombró presidente de la comisión mediadora de las Naciones Unidas al conde sueco Folke Bernadotte, emparentado con la Casa Real sueca y durante muchos años funcionario de la Cruz Roja sueca internacional. Folke Bernadotte anunció el 7 de junio que la tregua comenzaría a las seis de la madrugada del 11 de junio.

La elección de Bernadotte fue bien aceptada por parte de los sionistas, puesto que al final de la Segunda Guerra Mundial, como representante de la Cruz Roja, había intercedido ante Himmler en favor de miles de judíos, hecho que le había otorgado prestigio internacional. Como James Forrestal, el conde Bernadotte escribía un diario que fue publicado después de su muerte. En él anotó que tras aceptar su misión de paz, se detuvo en Londres en su viaje a Palestina y visitó a Nahum Goldman, entonces vicepresidente de la Agencia Judía y representante del Estado sionista, quien le aseguró que "el Estado de Israel estaba ahora en posición de asumir totalmente la responsabilidad por las acciones de la Banda de Stern y de los miembros del Irgun." Confortado con estas palabras, Bernadotte llegó a Egipto, donde se entrevistó con el primer ministro, Nokrashi Pasha, quien le dijo que "reconocía el alcance del poder económico judío, ya que controlaba el sistema económico de muchos países, entre ellos Estados Unidos, Inglaterra, Francia, el mismo Egipto y quizá incluso Suecia". Bernadotte no anotó en su diario ninguna objeción a la referencia sobre su país. Nokrashi Pasha le dijo también que los árabes "no esperaban poder escapar a ese dominio", pero añadió que no podían aceptar que quisieran conseguirlo a través de la fuerza y mediante el terrorismo y que se resistirían.

Los sionistas aceptaron el alto el fuego antes que los árabes, aunque no tenían ninguna intención de cumplir lo pactado. La tregua les iba a permitir reforzar de manera decisiva sus contingentes, pues de Europa llegaron millares de judíos perfectamente adiestrados que no necesitaban instrucción militar. Además, desde Checoslovaquia se enviaron suministros muy importantes de armas, una aportación determinante que había comenzado a producirse en marzo, tras el golpe de Estado de los comunistas en Praga, que en febrero de 1948 habían derribado de forma incruenta el Gobierno de Benes. El golpe había sido orquestado por comunistas judíos que actuaban bajo la batuta de Lavrenti Beria. El hombre fuerte de la conspiración fue el judío Rudolf Slansky (Rudolf Salzmann), secretario general del Partido Comunista de Checoslovaquia, el criminal que en 1945 había recibido a Benes con antorchas vivientes colgadas en las farolas.

Es pertinente reseñar que los judíos más destacados que se asentaron en el poder en Praga tras el golpe de febrero de 1948 acabarían siendo detenidos en noviembre de 1951 y en meses sucesivos. Acusados de ser sionistas, fueron enjuiciados en noviembre de 1952 y ejecutados por orden de Stalin. Como había ocurrido en los procesos de Moscú en la década de los 1930s, los medios occidentales calificaron el juicio que se abrió el 20 de noviembre de 1952 como una farsa y acusaron a Stalin de antisemitismo por la purga de judíos en los aparatos de los partidos comunistas de Europa del este. Sin embargo, lo cierto es que tan pronto estuvo en sus manos el control del Gobierno de Checoslovaquia, Slansky y compañía se apresuraron a enviar remesas de armamento a los sionistas de Palestina. Además de Slansky, llegaron al poder protegidos por Beria los siguientes comunistas judíos: Vladimir Clementis, ministro de Asuntos Exteriores, cuyo papel fue primordial en las operaciones de contrabando de armas a los israelíes; Bedrich Reicin, nombrado viceministro de Defensa; Bedrich Geminder, mano derecha de Slansky y figura destacada del Comintern; Josef Frank, adjunto de Slansky y subsecretario general del Partido Comunista; Rudolph Margolius, viceministro de Comercio Exterior; Stefan Rais, ministro de Justicia en abril de 1950; Artur London, viceministro de Asuntos Exteriores; André Simone (en realidad Otto Katz) jefe del Departamento de Prensa del Ministerio de Exteriores, un propagandista que llegó a usar una veintena de seudónimos y cuyo papel en la guerra civil española ha sido ya comentado; Otto Fischl, viceministro de Finanzas, que en el juicio de Praga admitió que era un nacionalista judío y que colaboraba con el servicio secreto israelí; Ludwig Frejka (en realidad Ludwig Freund) asesor económico de Klement Gottwald, presidente de República; Evzen Löbl, viceministro; Vavro Hajdu, también viceministro; y otros muchos que ocuparon cargos menos relevantes. Más tarde, en septiembre, los sionistas que gobernaban en Checoslovaquia formarían una brigada de judíos checos que fue desplazada a Palestina.

Contrariamente a los judíos, los árabes dudaron sobre la aceptación de la tregua, pues estaban convencidos de que beneficiaba a Israel. Además, en junio los palestinos fugitivos y desplazados superaban ya las seiscientas mil personas, las cuales anhelaban una derrota de los sionistas para poder regresar a sus casas. En Jordania y en Egipto se argumentaba que era a los judíos a quienes había que obligar a cumplir las decisiones de la ONU y exigirles que permitieran el regreso de los expulsados. Finalmente, una decisión del Gobierno británico obligó a los árabes a aceptar la tregua impuesta por las Naciones Unidas: los ingleses anunciaron que retiraban a sus oficiales de la Legión Árabe. Christian Zentner ofrece en *Las guerras de la posguerra* unas declaraciones del comandante Glubb Pachá: "La retirada de los oficiales británicos fue un duro golpe para la Legión. Entre ellos se encontraban los jefes de Estado Mayor, dos de brigada y cuatro de regimiento, además de todo el mando de la artillería. Y puesto que este arma se había organizado tres meses antes, no había oficiales jordanos capaces de reemplazarlos. Los oficiales ingleses fueron el armazón del edificio hasta 1948, sin ellos todo se vendría abajo..." Por último, pues, los árabes claudicaron y los combates cesaron más o menos.

A pesar de la prohibición expresa de la ONU, los comunistas judíos de Checoslovaquia les vendieron a los sionistas no sólo armas ligeras, sino también artillería, carros de combate e incluso aviones, tanto cazas como bombarderos. En las entregas había armamento capturado a los alemanes al final de la guerra mundial, como fusiles 98 K, ametralladoras de asalto M 42, bombas antitanque y aparatos de caza M-109. El material era transportado por vía aérea desde Checoslovaquia a Palestina con una escala en el territorio griego dominado por el general Markos, jefe de los guerrilleros comunistas que libraban la guerra civil en Grecia. También se envió material a Yugoslavia, cuyos líderes eran los comunistas judíos Tito y Pijade, y desde allí seguía en barco a los puertos de Haifa y Tel Aviv. De este modo, bien armados, cuando el 9 de julio de 1948 se reanudaron las hostilidades, los sionistas se lanzaron a una ofensiva que durante diez días les llevó de victoria en victoria: se conquistó Nazareth, lugar natal de Jesucristo, y toda Galilea quedó en manos de los judíos. El 19 de julio el conde Bernadotte puso todo su empeño en lograr una nueva tregua, pues no sólo huía en desbandada la población civil, cada vez más aterrorizada ante la limpieza étnica que practicaban los judíos, sino también las tropas árabes, incapaces de hacer frente al Haganá. El 29 de julio el mediador sueco logró detener otra vez la lucha por otras cuatro semanas.

El delegado de la ONU y la comisión que él presidía, integrada por representantes franceses, estadounidenses y belgas, se empeñaron en hacer cumplir a los israelíes la resolución de Naciones Unidas, es decir: las fronteras del Estado sionista tenían que ser las previstas en la "recomendación" del 29 de noviembre de 1947; Jerusalén sería internacionalizada bajo control de las Naciones Unidas; las Naciones Unidas deberían reafirmar y garantizar el derecho de los árabes expulsados a regresar a sus casas. Durante el mes de agosto, las discusiones entre el mediador sueco y los líderes sionistas se enconaron. Los judíos mostraron su desacuerdo con el conde Bernadotte y utilizaron primero la táctica de manifestarse con altavoces ante el edificio de la delegación de la ONU; luego sacaron a relucir carteles y pasquines en contra del representante de Naciones Unidas y de su comisión negociadora; finalmente, el 17 de septiembre de 1948 lo mataron en una calle de Jerusalén. Cuando una de las partes asesina al mediador, a la persona a quien se debe el máximo respeto y consideración por la dificultad que entraña su misión, poco puede decirse ante el estupor y la decepción por una violación tran grave. El fanatismo tribal de los criminales, eso sí, quedó en evidencia ante la opinión internacional. En este caso, además, se daba el agravante de que el conde Folke Bernadotte había rescatado a unos veinte mil de judíos de las manos de los nazis, lo cual demuestra el aprecio que el noble sueco sentía hacia el pueblo judío.

Sobre las cinco de la tarde del 17 de septiembre tres coches de Naciones Unidas salieron de la sede del Gobierno con intención de atravesar Jerusalén. Cuando los tres vehículos circulaban por la carretera de Katamon a Rehaviah, un "jeep" en el que además del conductor y iban cuatro hombres bloqueó la calle. Los asesinos, que vestían uniformes del Afrika Korps, saltaron a tierra y dispararon sus armas automáticas sobre los tres coches. Uno de los terroristas se encaminó hacia el automóvil en el que viajaba el conde Bernadotte. En el asiento delantero viajaban el coronel Begley, que conducía el jeep, y el capitán Cox, delegado belga. Detrás iban el asistente de Bernadotte, el general sueco Lundström, sentado junto a la ventanilla por la que se acercó el pistolero, en el centro estaba el coronel francés Serot y al otro lado el conde Bernadotte. Los disparos mataron en el acto al coronel Serot. Folke Bernadotte, gravemente herido por disparos en la cabeza, murió apenas llegó al hospital. Los tres coches de la delegación quedaron acribillados a balazos. Posteriormente, se supo que el jeep que utilizaron los criminales había sido robado tiempo atrás por los terroristas de la banda de la Estrella (Stern Gang).

El general Lundström, que salió ileso del atentado, declaró el día siguiente, 18 de septiembre, que "los asesinatos deliberados de dos altos funcionarios internacionales constituía una ruptura de la tregua de la mayor gravedad y una página negra en la historia de Palestina por la cual las Naciones Unidas exigirían una completa justificación." El general Lundström se equivocaba: no hubo ninguna exigencia hacia los sionistas. Los mecanismos de presión que venían operando entre bambalinas desde la *Declaración Balfour* funcionaron una vez más a la perfección. El asesinato del mediador de la ONU no tuvo la más mínima repercusión: los sionistas ignoraron las propuestas del conde Bernadotte: conquistaron y retuvieron los territorios que quisieron, rechazaron el derecho de los palestinos a regresar a sus casas y proclamaron que no permitirían que Jerusalén fuera internacionalizada.

*The Times* de Londres llegó incluso a culpar al mediador sueco por lo ocurrido, puesto que la propuesta de internacionalizar Jerusalén "indudablemente incitaba a ciertos judíos a matar al conde Bernadotte." Por supuesto, los sionistas prosiguieron con sus acusaciones de antisemitismo contra todos aquellos que abogaban por la causa árabe, lo cual constituía el más descabellado de los sarcasmos, toda vez que los auténticos semitas eran los palestinos y los sionistas eran en su gran mayoría judíos askenazis (descendientes de los kázaros). La impunidad de los sionistas fue desde entonces una constante: el Estado de Israel no ha cumplido nunca una sola resolución de Naciones Unidas y desde 1948 ha venido actuando ininterrumpidamente al margen de la legalidad internacional sin el menor problema.

En cuanto a los terroristas que asesinaron al mediador internacional, dos miembros del Stern llamados Yellin y Shmuelevitz fueron sentenciados cuatro meses después a ocho y cinco años de cárcel por una corte de justicia especial. Cuando leyó la sentencia, el presidente del tribunal dijo que "no había ninguna prueba de que la orden de matar al conde Bernadotte había sido dada por la dirección." O sea, como de costumbre, los terroristas actuaron por cuenta propia. En *The Controversy of Zion* Douglas Reed escribe lo siguiente sobre lo sucedido con los condenados: "Los dos hombres (según la Jewish Telegraph Agency), 'en vista de que se esperaba que el Consejo de Estado aprobase una amnistía general, apenas prestaron atención al proceso judicial', y a las pocas horas de ser sentenciados fueron puestos en libertad para ser escoltados en triunfo en una recepción popular."

El sucesor de Bernadotte fue un diplomático norteamericano, Ralph Bunche, que protestó por obligación y sin demasiada energía: las elecciones presidenciales estaban a punto de celebrarse y los votos y el dinero de los judíos eran imprescindibles para Truman. Además, Estados Unidos presidía el Consejo de Seguridad. En estas circunstancias, los sionistas reanudaron su guerra de conquista y se apoderaron de Beersheba, ciudad que debía formar parte del Estado árabe según el plan de partición. El Consejo de Seguridad ordenó el alto el fuego el 22 de octubre de 1948 y la retirada de los judíos a las posiciones existentes el día 14, una semana antes de la ofensiva. Naturalmente, los israelíes, aunque aceptaron el alto el fuego, no hicieron el menor caso de la orden de retirarse y siguieron con su política de hechos consumados con total impunidad. En febrero de 1949 reanudaron sus ataques contra las fuerzas egipcias. Entre marzo y abril los Estados árabes tuvieron que acogerse a un armisticio que sellaba su derrota. Los judíos habían conquistado 1.300 kilómetros cuadrados destinados a los palestinos dentro de los cuales se encontraban catorce ciudades y 313 poblados, cuyos habitantes habían huido masivamente para evitar la limpieza étnica anunciada tras el pogromo de Deir Yassin: "esto te ocurrirá, si no desapareces." El 56% del territorio concedido al Estado judío cuando los sionistas sólo poseían el 6,6% de la tierra, se había convertido en el 74% de la superficie total de Palestina.

Una vez concluida la primera guerra árabe-israelí, los palestinos tomaron conciencia de que lo ocurrido era una catástrofe, "al-Nakba", y así lo han venido repitiendo hasta hoy. La Palestina política desapareció del mapa, pues el rey Abdallah de Transjordania se anexionó Cisjordania, la orilla izquierda del Jordán, hoy llamada "West Bank", y la franja de Gaza quedó tutelada por la administración militar de Egipto. Entre noviembre de 1947 y diciembre de 1951 cerca de 850.000 palestinos, las tres cuartas partes de la población total, se convirtieron en refugiados, cuya aspiración irrenunciable al regreso dio origen al segundo gran concepto de la epopeya del pueblo palestino, "al-Awda", el derecho a regresar, simbolizado en la transmisión de generación en generación de una llave, aquella de la casa que tuvieron que abandonar sus antepasados al ser expulsados por los judíos sionistas. Estos exiliados se instalaron en campamentos de refugiados de Líbano, Jordania, Siria, Cisjordania o Gaza, donde han sobrevivido en la indigencia. Las Naciones Unidas pusieron en marcha en noviembre de 1948 un programa de ayuda para los refugiados palestinos, que el 8 de diciembre de 1949 fue reemplazado por la resolución 302, que creaba la UNRWA (United Nations Relief and Works Agency), encargada de distribuir las raciones de alimentos y de escolarizar a los niños.

## Las matanzas y la limpieza étnica

El plan Dalet (plan D) se activó a principios de abril de 1948 y tenía por objeto tomar, limpiar y destruir poblados árabes en las áreas designadas por el mando. La primera zona escogida fue la de las aldeas rurales en las montañas de Jerusalén y se implementó entre abril y mayo de 1948. Fue la "Operación Najson", llevada a cabo por unidades del Palmach, e iba a servir de modelo para el futuro. La brigada Alexandroni fue la encargada de atacar las aldeas de la costa. La brigada Golani recibió el 6 de mayo la orden de limpiar el oriente de Galilea. En 2008 se publicó en español *La limpieza étnica de Palestina*, un libro de Ilan Pappé, exiliado de Israel en 2007 a causa del boicot que sufrió por sus críticas al sionismo y por su defensa de los derechos del pueblo palestino. Aconsejamos al lector interesado la lectura de la obra del profesor Pappé, al que algunos de sus detractores acusaron de ser "un judío que se odia a sí mismo por el hecho de ser judío", calumnia habitual que deben soportar con frecuencia aquellos judíos que mantienen su dignidad y ponen su condición de seres humanos por encima de la etnia.

Puesto que el caso de Ilan Pappé es muy significativo, merece la pena explicar el origen de su ostracismo académico en Israel. Él mismo lo relata en su artículo "Boicot académico israelí: el 'caso Tantura'". A finales de 1980 Pappé impartió un curso en la Universidad de Haifa sobre el conflicto israelo-palestino. El curso despertó el interés del estudiante Teddy Katz, quien animado por el profesor Pappé decidió emprender una investigación sobre la suerte que el 23 de mayo de 1948 corrió la aldea de Tantura. En 1998 Katz presentó ante la Universidad de Haifa su tesis de maestría, en la que se concluía que 225 palestinos habían sido asesinados en Tantura: veinte habrían muerto durante la batalla, el resto, ejecutados después de la rendición de la aldea. Su calificación fue un altísimo 97% (el profesor Pappé apostilla que él le hubiera dado un 100%).

A finales de enero de 2000, el diario *Ma'ariv* entrevistó a Katz y algunos veteranos de la brigada Alexandroni, pese a que otros confirmaron los datos de la investigación, se negaron a admitir la masacre, interpusieron demanda por libelo y le exigieron una compensación de un millón de shekels. "Si se investiga la historia de Israel -escribe el profesor Pappé- contradiciendo la narrativa sionista se sufren represalias." Las presiones de la Universidad y de su propia familia provocaron una depresión en Katz que estuvo a punto de costarle la vida. Finalmente, aceptó firmar una carta de disculpa en la que se retractaba y admitía que en Tantura no había habido ninguna masacre, aunque enseguida se arrepintió. La investigación confirmó la limpieza étnica y la juez Pilpel dio por cerrado el caso. Sin embargo, la Universidad pidió la anulación de la calificación y acusó al estudiante de haber inventado las pruebas y al profesor Pappé de haberlo apoyado.

Después de tres días y tres noches escuchando las grabaciones del joven Katz con los testimonios y las pruebas, Pappé comprendió que no podía defender los hechos monstruosos acaecidos en Tantura. Decidó entonces hacer un resumen y colgarlo en la página web de la Universidad. Propuso también discutir el asunto con otros expertos, pero la Universidad consideró que su papel no era buscar la verdad sino defender el sionismo, y rechazó la propuesta. De esta manera el profesor Pappé descubrió que su Universidad había manipulado la historia sistemáticamente. "Fue así como -sigue Pappé-, sometido a un boicot de facto, me convertí en un paria dentro de mi propia Universidad. Amigos y colegas cancelaron las invitaciones a los cursos y seminarios que me habían enviado antes de que estallara el asunto Tantura, unos hechos que ponían al descubierto la brutal naturaleza de la limpieza étnica realizada por Israel en 1948." El compromiso y el empeño de Ilan Pappé en difundir los hechos provocó que fuera declarado "persona non grata".

Por desgracia, no existen tesis universitarias que permitan, como en el caso de Tantura, documentar con absoluto rigor las matanzas realizadas por los sionistas. Algunos autores, como el ya citado Ralph Schönman, han publicado, no obstante, declaraciones de testigos o informaciones publicadas en medios israelíes. El 28 de octubre de 1948 se produjo la masacre de Al-Dawayima, situada a unos pocos kilómetros al este de Hebrón. El horror de la matanza fue conocido a través de las declaraciones de un soldado que participó en los hechos, aparecidas en el diario *Davar*, publicado en lengua hebrea por la Federación General de Trabajadores de la Tierra de Israel. Este soldado afirmaba que los muertos fueron entre ochenta y un centenar; sin embargo otras fuentes permiten pensar que la cifra fue mayor. En *The Hidden History of Zionism,* Schönman publica este fragmento del testimonio del soldado:

> "... Mataron entre ochenta y cien hombres, mujeres y niños árabes. Para matar a los niños rompían sus cabezas con palos. No había una casa sin cuerpos... Un comandante ordenó a un soldado que llevase a dos mujeres al interior de un edificio que estaba a punto de dinamitar... Otro soldado se enorgullecía de haber violado a una mujer árabe antes de pegarle un tiro en la cabeza. Otra mujer árabe con su hijo recién nacido fue obligada

a limpiar el lugar durante un par de días, y luego les dispararon a ella y al bebé. Comandantes educados y de buenos modales considerados 'buenos chicos'... se convirtieron en vulgares criminales, y no en el fragor de la batalla, sino como método de expulsión y exterminio. Cuantos menos árabes quedasen, mejor."

Existe también sobre esta matanza un informe de 14 de junio de 1949, presentado por el Congreso de Refugiados Árabes de Ramallah y entregado al Comité Técnico de la Comisión de Conciliación para Palestina de Naciones Unidas. Gracias a este informe se sabe que la población de Al-Dawayima era de unos seis mil habitantes, pues cerca de cuatro mil personas se habían refugiado en ella antes de la masacre. Puesto que disponemos de este documento, pasamos a reproducirlo casi íntegramente:

"...La razón por la que se sabe tan poco de esta masacre, la cual, en muchos sentidos, fue más brutal que la masacre de Deir Yassin, es porque la Legión Árabe (el ejército que controlaba aquel área) temía que si se permitía que la noticia se expandiera, tendría el mismo efecto en la moral de los campesinos que tuvo Deir Yassin, principalmente que causara otra oleada de refugiados.
Para que sirva de ayuda, por tanto, a las delegaciones árabes reunidas en Lausana, se presenta aquí un breve informe de la masacre. Este informe procede de una declaración prestada bajo juramento por Hassan Mahmoud Ihdeib, el Mukhtar (jefe) de Al-Dawayima. He entrevistado personalmente al Mukhtar y me pareció hombre razonable y tranquilo, nada dado a la exageración.
Informa que media hora después de la plegaria del mediodía del viernes 28/10/48, escuchó el sonido de disparos en la parte oeste del pueblo. Al investigar, observó una tropa de unos veinte vehículos blindados acercándose al pueblo de Qubeida -en la carretera de Al-Dawayima-, una segunda tropa aproximándose por Beit Jibril, y otros vehículos armados acercándose desde Mafkhar-Al-Dawayima. El pueblo tenía sólo veinte guardias, que estaban apostados en el lado occidental.
Cuando los vehículos estaban a medio kilómetro del pueblo, abrieron fuego con sus armas automáticas y morteros y avanzaron sobre la villa en un movimiento semicircular, rodeándolo de este modo por el oeste, el norte y el sur. Una sección de los blindados entró en el pueblo disparando sus armas automáticas. Los soldados judíos saltaron y se esparcieron por las calles del pueblo disparando de manera indiscriminada a todo lo que veían. Los aldeanos comenzaron a huir del pueblo mientras los más ancianos se refugiaban en la mezquita y otros en una cueva cercana llamada Iraq El Zagh. Los disparos se prolongaron durante una hora.
El día siguiente, el Mukhtar se encontró con los aldeanos y acordó regresar al pueblo aquella noche para averiguar el destino de los que se habían quedado. Informa que en la mezquita estaban los cuerpos de unas sesenta personas, mayoritariamente los hombres de avanzada edad que se

habían refugiado allí. Su padre estaba entre ellos. Vio una gran cantidad de cuerpos en las calles, cuerpos de hombres, mujeres y niños. Entonces fue a la cueva de Iraq El Zagh. Encontró en la boca de la cueva los cuerpos de unas ochenta y cinco personas, otra vez hombres, mujeres y niños.

El Mukhtar tomó un censo de los habitantes del pueblo y comprobó que faltaban 455 personas, de las que 280 eran hombres y el resto mujeres y niños.

Había otras bajas entre los refugiados, cuyo número el Mukhtar no fue capaz de determinar.

El Mukhtar informa expresamente que el pueblo no fue conminado a la rendición y que las tropas judías no encontraron ninguna resistencia.

De nada sirve mencionar que este brutal ataque no provocado tuvo lugar durante la tregua."

De poco serviría continuar exponiendo casos y relatando los mismos hechos una y otra vez. La limpieza étnica continuó no sólo en 1948 y 1949, sino a lo largo de los años que siguieron. A principios de los 1950s los campos de refugiados de Gaza fueron objeto de diversas masacres. También durante la misma década se produjeron matanzas en aldeas de Cisjordania. De ellas, la más conocida es la de Qibya, donde en octubre de 1953 setenta y cinco civiles, hombres, mujeres y niños, fueron asesinados a sangre fría en sus casas durante la noche. Su máximo responsable fue Ariel Sharon, futuro primer ministro de Israel, que comenzó a forjar entonces su reputación de asesino. Entre los crímenes de Sharon más conocidos internacionalmente figuran las matanzas de Sabra y Chatila, los campamentos de refugiados del sur de Líbano, donde el 16 de septiembre de 1982 por los menos 2.400 personas, todas ellas mujeres, niños y ancianos, fueron exterminadas por orden de Sharon. Un tribunal belga admitió en 2001 una demanda interpuesta por una veintena de supervivientes y en Europa varios comités organizaron la Campaña por la Justicia con las Víctimas de Sabra y Chatila. Como siempre, los crímenes de los sionistas quedaron impunes, pues Ariel Sharon nunca llegó a ser juzgado.

Schönman ofrece una lista de pueblos árabes destruidos por Israel en todos los distritos de Palestina, la cual fue elaborada por Israel Shahak, presidente de la Liga Israelí por los Derechos Civiles y Humanos y autor de *Historia judía, religión judía*, libro citado repetidas veces. Las cifras permiten comprender el alcance de "al-Nakba". Antes de 1948 había en Palestina un total de 475 pueblos, de los cuales en 1988 sólo quedaban 90, es decir, 385 pueblos fueron destruidos, arrasados hasta los cimientos, puesto que el gobierno israelí emprendió una destrucción sistemática. En ocasiones, se plantaron posteriormente árboles en los lugares donde había pueblos o aldeas con el fin de borrar toda traza de su existencia; con frecuencia, se construyó un nuevo pueblo donde había estado ubicado el árabe. Shahak informa que la lista es incompleta porque es imposible encontrar numerosas comunidades árabes. Ello es debido a que los datos oficiales israelíes otorgan el nombre de "tribus" a más de cuarenta pueblos de beduinos, una estratagema que les permite reducir el número de comunidades palestinas establecidas de manera permanente. Alrededor del 93% de la tierra en el Estado de Israel está hoy controlada por la Administración de Tierras de Israel, regida por las directrices del Fondo Nacional Judío. Para poder vivir en la tierra, alquilarla o trabajarla debe probarse linaje de madre judía desde por lo menos cuatro generaciones. Incluso para poder trabajar en un kibbutz (comunidad agraria) es preciso demostrar pureza racial. En el caso de que trabajadores temporales cristianos relacionados con mujeres judías pretendan ser miembros del kibbutz, deben convertirse al judaísmo. "Los candidatos cristianos a formar parte del kibbutz mediante la conversión- escribe el profesor Shahak- deben prometer que escupirán cuando en el futuro pasen ante una iglesia o una cruz."

## El Golem nuclear sionista

Desde el principio, los sionistas decidieron que el Estado judío, erigido sobre la tierra usurpada al pueblo palestino, tenía que poseer la bomba atómica. Roland Perry confirma en *The Fifth Man* que, meses después de la proclamación de Israel, Víctor Rothschild estuvo involucrado en la fundación de un departamento especial de física nuclear en un instituto científico en Rehovot, donde en 1934 Chaim Weizmann había establecido el Instituto Sieff, que iba a convertirse en noviembre de 1949 en el Instituto Weizmann de Ciencia. Según Perry, su objetivo era fabricar el arma atómica para Israel. Este plan se convirtió en el secreto mejor guardado y en el más fervoroso deseo de los fundadores del nuevo Estado.

Perry asegura que Víctor Rothschild estuvo plenamente involucrado en el espionaje atómico a través de sus contactos con físicos judíos que trabajaban en la investigación nuclear y da noticia de varios viajes del tercer barón Rothschild a Estados Unidos, donde mantuvo en 1947 algunos encuentros con Lewis Lichtenstein Strauss, el presidente de la Comisión de Energía Atómica (AEC), con quien tenía una amistad personal. Lewis Strauss organizó una cena en su honor, a la que invitó a científicos y militares. Rothschild sacó el tema del intercambio de información en materia de secretos atómicos, lo cual inquietó a los norteamericanos, que pretendían mantener el monopolio nuclear el mayor tiempo posible. Strauss, según Perry, no permitió que Rothschild tuviera acceso a información de la AEC, aunque los soviéticos la obtuvieron en ocasiones a través de su red de espías.

Víctor Rothschild trató de mantenerse al corriente de todo lo relacionado con la investigación nuclear para transmitir la información al Instituto Weizmann, donde se pensaba ya en el reactor nuclear de Dimona en el desierto del Negev. "Bajo una apariencia modificada de preocupación sobre la propagación y los peligros de las armas nucleares -escribe Perry- era capaz de mantener contacto con los científicos apropiados en todo el mundo.

Empezó este proceso oficial y legítimo al final de la Segunda Guerra Mundial, convirtiéndose en un experto en daños colaterales, lo que le permitió supervisar el Proyecto Manhattan. Continuó en los 1950s, asistiendo incluso a conferencias sobre control de armas nucleares organizadas por científicos atómicos británicos." Rothschild informó a los líderes de la Inteligencia israelí, de la cual formaba parte pues era un agente secreto del Mossad, sobre los científicos que podían ser de utilidad, sobre dónde podía estar la tecnología necesaria y cómo podía ser obtenida y financiada.

El momento idóneo para conseguir la bomba atómica se presentó con ocasión de la crisis de Suez. En Egipto, tras la derrota en la guerra contra los judíos, se produjeron una serie de acontecimientos que llevaron al coronel Gamal Abdel Nasser a la presidencia de la República. El 23 de julio de 1952, una incruenta revolución palaciega protagonizada por un grupo de oficiales depuso al rey Faruq, que tomó el camino del destierro. El 18 de julio de 1953 se proclamó la República, cuyo primer presidente fue el general Mohamed Naguib. En noviembre del mismo año el coronel Nasser, al que Naguib había nombrado vicepresidente, destituyó al general y se convirtió en el hombre fuerte de la revolución egipcia. Él mismo redactó una Constitución en la que se le designaba como "Rais" (caudillo). En 1956 llegó el momento de la gran decisión. El 26 de julio, en un discurso de tres horas, Nasser anunció por radio la nacionalización de canal de Suez y de sus instalaciones técnicas. Las propiedades de la compañía anglo-francesa que lo explotaba iban a ser confiscadas y se abonaría la correspondiente indemnización. Una empresa estatal egipcia gestionaría esta importante vía navegable, la mayor fuente de ingresos del país, que hasta la fecha iban a parar a una compañía extranjera. El pueblo egipcio tenía derecho a los beneficios obtenidos por la explotación del canal y Egipto podría sufragar así la construcción de la presa de Asuán.

En Inglaterra y en Francia se reaccionó como de costumbre. La prensa inglesa calificó a Nasser como "el Hitler del Nilo". Como es sabido, el recurso de convertir en un nuevo Hitler (el monstruo por antonomasia) a quien se opone a los designios de las potencias que ganaron la guerra viene siendo un recurso habitual. En Francia se comparó la decisión de Nasser con la entrada de las tropas de Hitler en territorio del Rin. El ministro de Exteriores francés, Christian Pineau, se apresuró a viajar a Londres para buscar una estrategia común. Anthony Eden, primer ministro británico, pidió a Estados Unidos que presionara a Egipto para que Nasser renunciara a la nacionalización. Enseguida franceses y británicos contemplaron la opción de intervenir militarmente. Francia, aparte de los suministros habituales de armas, se apresuró a enviar a Israel dos docenas de los modernos cazabombarderos Mystère. La respuesta de Estados Unidos no fue la esperada y Francia y Gran Bretaña decidieron actuar por su cuenta.

Egipto apeló a sus derechos de soberanía sobre el canal y, puesto que seguía en guerra con Israel, argumentó que no tenía por qué permitir que los barcos enemigos surcaran el canal, tal y como habían hecho los ingleses con los buques alemanes durante la II Guerra Mundial. Las gestiones en la ONU resultaron infructuosas y el 14 de septiembre de 1956 los técnicos occidentales dejaron sus puestos de trabajo y fueron reemplazados por prácticos egipcios. Además de la importancia económica del canal de Suez, por donde pasaba el petróleo, estaba el papel político que podía desempeñar Nasser, un líder panarabista, al que convenía derrocar. Desde su llegada al poder en Egipto, Israel estaba considerando emprender una guerra preventiva y ocupar la franja de Gaza, desde donde operaban los fedayín palestinos.

Entre 1948 y 1956 el Consejo de Seguridad había condenado varias veces las agresiones de Israel a sus vecinos, con quienes mantenía una tensión permanente. El 10 de octubre de 1956 los sionistas lanzaron un ataque inesperado sobre Jordania que produjo bastantes víctimas. Gran Bretaña tenía un pacto de alianza y apoyo mutuo con Jordania, por lo que el rey Hussein, que temía una gran ofensiva israelí, pidió amparo a los ingleses. Jordania sólo obtuvo de Londres una condena a Israel como nación agresora a través de su delegado en el Consejo de Seguridad de la ONU. El rey Hussein contempló entonces la posibilidad de permitir la entrada de tropas iraquíes en Jordania con objeto de afrontar una posible guerra con Israel y se mostró también dispuesto a aunar sus fuerzas con Egipto.

Fue en estas circunstacias que los sionistas decidieron ofrecerse para hacer la guerra por Francia y Gran Bretaña. Shimon Peres, entonces director del Ministerio de Defensa, cuyo jefe de Estado Mayor era Moshé Dayán, mantuvo frecuentes encuentros con ministros del Gobierno de Guy Mollet, un socialista que fue largo tiempo vicepresidente de la Internacional Socialista. Su principal contacto fue Maurice Bourgès-Maunoury, el ministro de Defensa, a quien accedió a través de Abel Thomas, director general del Ministerio del Interior, del que había sido ministro Bourgès-Maunoury antes de ocupar la cartera de Defensa. Las gestiones de Peres con Bourgès-Maunoury dieron el resultado esperado, puesto que Francia se comprometió a suministrar a Israel el primer reactor nuclear para Dimona a cambio de que Israel atacase a Egipto.

El año siguiente, durante un breve periodo de tres meses y medio, entre el 13 de junio y el 30 de septiembre de 1957, Bourgès-Maunoury se convirtió en primer ministro de Francia y tuvo la ocasión de cumplimentar el compromiso adquirido con Peres, pues su ministro de Exteriores, Christian Pineau, firmó un acuerdo secretísimo con Shimon Peres y Asher Ben-Nathan, un agente del Mossad en el Ministerio de Defensa de Israel. Mediante este acuerdo los franceses se comprometieron a proporcionar a Israel un poderoso reactor de 24 megavatios, la ayuda técnica para saber hacerlo funcionar y algo de uranio. Este pacto secreto apenas fue conocido por una docena de personas, entre las que estaba, según Perry, Víctor Rothschild. En la letra pequeña del documento se incluía la entrega de equipo que había de permitir a los israelíes producir armamento con combustible nuclear. En el mismo año 1957 ingenieros franceses comenzaron una construcción subterránea de seis niveles bajo el suelo en el desierro del Neguev, donde quedaría instalado el reactor de dos plantas. En cuanto a Bourgès-Maunoury, tras abandonar la Presidencia del Consejo de Ministros, pasó a desempeñar el cargo de Ministro del Interior.

El 14 de octubre de 1956 el general Maurice Challe y el ministro de Trabajo Albert Gazier, comisionados por el primer ministro Guy Mollet, llegaron secretamente a Londres en avión y se entrevistaron con el primer ministro Eden, al que explicaron los planes tramados con los sionistas. Se trataba de saber cómo reaccionarían los ingleses si Israel atacaba a Egipto. El embajador británico en París había comunicado ya al Gobierno británico que Francia había servido setenta y cinco reactores Mystère a Israel, lo que le iba a permitir dominar el espacio aéreo del Cercano Oriente. Londres, sin conocer exactamente el fondo del acuerdo, comprendió que algo muy importante se había urdido entre franceses e israelíes. El plan preveía que Israel penetraría con rapidez en el Sinaí con el fin de llegar al canal de Suez. Entonces Francia y Gran Bretaña presentarían un ultimátum a ambos contendientes exigiéndoles la retirada de las tropas de la zona. Puesto que Egipto no aceptaría, Londres y París tendrían el pretexto para ocupar militarmente el canal con el fin de preservarlo de la inestabilidad de la guerra. Aparecerían así ante la opinión pública como pacificadores que buscaban proteger una vía navegable de interés internacional. Estados Unidos no fueron informados, pero el servicio secreto norteamericano comunicó el 15 de octubre al presidente Eisenhower que los israelíes habían movilizado sus tropas y que disponían de más aparatos Mystère que los doce suministrados oficialmente por Francia.

Como estratagema de distracción, Israel mantenía a través de la prensa una ofensiva dialéctica contra los jordanos, con lo que se apuntaba de este modo hacia Jordania como futuro escenario de la guerra. Simultáneamente, la atención mundial estaba puesta en Hungría, donde el 23 de octubre había comenzado la rebelión del pueblo húngaro contra la tiranía comunista, que sería reprimida a sangre y fuego por las tropas soviéticas. En estas circunstancias, en la noche del 29 al 30 de octubre de 1956 comenzó la "campaña del Sinaí". Además de la superioridad aérea, los israelíes disponían de doscientos cincuenta mil soldados frente a los setenta y cinco mil egipcios. El ataque cogió por sorpresa a los egipcios, que esperaban la ofensiva sobre Jordania. En cuanto al resto del mundo, el chasco fue significativo en Estados Unidos, que habían sido mantenidos al margen. El 30 de octubre se recibió en Washington un telegrama de Guy Mollet, en el que se explicaba que Inglaterra y Francia habían hecho un "solemne llamamiento" a Israel y a Egipto para que retirasen sus tropas de la zona del canal y pusieran fin a las hostilidades. Poco después llegó a Washington el mensaje del premier británico, Eden, en cuyo texto figuraba la palabra "ultimátum" de doce horas a ambos bandos y la comunicación de que tropas franco-británicas ocuparían la zona del canal.

El 31 de octubre los bombarderos británicos despegaron al anochecer desde Chipre y atacaron las bases aéreas de Egipto, cuya aviación fue destruida en tierra casi por completo. Nuevas oleadas de bombarderos atacaron El Cairo, Alejandría, Port Said e Ismailía. El 1 de noviembre Egipto rompió relaciones diplomáticas con Gran Bretaña y Francia. El 2 de noviembre se reunió en Nueva York el pleno de la Asamblea General. Por supuesto, Eisenhower se abstuvo de condenar a los judíos por su agresión contra Egipto, pero los norteamericanos presentaron una propuesta de alto el fuego, en la que se exigía a las tropas israelíes que se retirasen y que se tomaran medidas para la reanudación del tráfico marítimo en el canal. La propuesta fue aprobada por 65 votos contra 5. La URSS votó a favor. Después de su exhibición de fuerza en Hungría, hubiera sido absurdo pretender condenar en la ONU a los dos aliados de Estados Unidos. En la tarde del 4 de noviembre Hungría había sido totalmente ocupada y la península del Sinaí estaba en manos de los israelíes, incluidas Sharm El-Sheikh, en la punta meridional de la península, y la isla de Tirán, en la entrada del golfo de Aqaba. La franja de Gaza, repleta de refugiados palestinos, fue totalmente ocupada por primera vez.

Como si el alto el fuego no fuera con ellos y afectase únicamente a egipcios e israelíes, britanicos y franceses, con la excusa de que no podían dejar un vacío militar mientras se constituía una fuerza de la ONU, se aprestaron a intervenir según lo previsto. El 5 de noviembre Londres y París desplegaron en la zona tropas aerotransportadas y tomaron Port Said. El 6 de noviembre desembarcaron en Port Said más tropas británicas procedentes de Malta y los franceses ocuparon Port Fuad. Fuerzas conjuntas comenzaron el avance en la orilla occidental del canal. Los combates eran observados por los israelíes desde el otro lado sin intervenir, pues ellos habían cumplido ya sus objetivos. Sin embargo, tanto soviéticos como norteamericanos habían comprendido que se les presentaba una oportunidad idónea para acabar con la influencia franco-británica en Oriente Próximo y jugaron sus cartas en la crisis con el fin de ocupar su lugar en el futuro.

Moscú advirtió a Eden, Mollet y Ben Gurion que estaba dispuesta a utilizar "todos los medios disponibles" para detener la agresión, en clara alusión al armamento nuclear. Bulganin, presidente del Consejo de Ministros, propuso a Eisenhower actuar al unísono para "expulsar a los agresores"; pero el presidente estadounidense rechazó la opción alegando que ya la ONU estaba preparando el envío de tropas para garantizar la paz. El día 6 de noviembre la URSS elevó el tono de las amenazas y por medio de Jrushchov declaró que atacaría con cohetes a los países agresores. La Inteligencia norteamericana constató que muchos aviones de combate soviéticos se dirigían a Siria a través de Turquía, teóricamente con el fin de intervenir en el conflicto. Consciente de la gravedad de la situación,

Eisenhower manifestó al Comité de Defensa Nacional: "Si los soviéticos atacan a Francia y a Gran Bretaña, tendremos que ir a la guerra." Al comprobar que Washington no los apoyaba en su aventura, franceses y británicos se vieron forzados a detener las operaciones contra las fuerzas egipcias. El día 7 de noviembre una paz tensa se había instalado en el canal de Suez.

En definitiva, Francia y Gran Bretaña habían calculado muy mal el alcance de su aventura y cuando se presentó la fuerza expedicionaria de la ONU, integrada por soldados de Indonesia, India, Brasil, Colombia y de los países escandinavos, tuvieron que retirarse de Egipto. Su fracaso era evidente y Nasser, pese a la derrota, surgió como el vencedor, pues logró su propósito de que se aceptara la nacionalización del canal. Las consecuencias del descalabro fueron muchas y variadas: el primer ministro Eden tuvo que dimitir y Gran Bretaña se sumió en una grave crisis política. El canal de Suez, bloqueado por los barcos hundidos, estuvo cerrado durante medio año, lo que supuso escasez para los países europeos y aumento de los precios del crudo. Los trusts del petróleo norteamericanos se beneficiaron de la circunstancia y aumentaron sus ventas en Europa. Nasser se convirtió en un héroe para los árabes y en un ejemplo de resistencia para otros países. La URSS fue vista por la opinión pública árabe como la verdadera amiga y pudo sentar las bases de su futura influencia.

Otro de los vencedores tras la crisis de Suez fue Israel. A pesar de ser el país que había iniciado la agresión, se negó inicialmente a retirarse del Sinaí y de la franja de Gaza. Sólo en marzo de 1957 las presiones de los norteamericanos, que amenazaron con el boicot económico, lograron doblegar a los sionistas. Para que aceptaran la decisión de Naciones Unidas, tal como habían hecho franceses e ingleses, fue preciso ofrecerles compensaciones, entre ellas la apertura del golfo de Aqaba, que los egipcios bloqueaban en los estrechos de Tirán. Pudieron así convertir el puerto de Eilat, su salida al mar Rojo por Aqaba, en uno de los más modernos de la región. Las Naciones Unidas garantizaron el libre acceso al puerto de Eilat y en Scharm El-Sheikh, punto clave del golfo, establecieron un puesto de control con tropas de la ONU.

Pero el mayor logro del Estado sionista fue la creación de su Golem nuclear, cuya existencia es hoy una amenaza innegable para todo el mundo, pues es un elemento de destrucción masiva en manos de un Estado supremacista donde el odio racial está en la base de la educación. Según la ley judaica, sólo el sacrificio de un judío es pecado, por lo que los gentiles pueden ser sacrificados como los animales. Las leyes talmúdicas declaran con rotundidad que sólo el judío es humano y que los no-judíos son bestias con forma humana. Más de medio siglo después de su fabricación, el Golem nuclear sionista sigue existiendo oculto, al margen de cualquier control de la comunidad internacional. La equiparación del poder nuclear de Israel con el

Golem es una metáfora utilizada para designar el peligro de un monstruo descontrolado.

La leyenda del Golem es actualmente muy popular entre los israelíes. Es probable que Mary Shelley, la autora de *Frankenstein*, la tuviera en mente a la hora de escribir su famosa novela. Su origen se remonta al siglo XVI, cuando el rabino Judah Loew creó el Golem para defender a la comunidad judía de Praga de cualquier ataque, pues, como en otros lugares de Europa, se acusaba a los judíos checos de practicar crímenes rituales y se pedía su expulsión al emperador. El rabino Loew fabricó con arcilla una figura e introdujo en su boca un pergamino con el nombre secreto de Dios. Así nació el Golem, un autómata de enorme fuerza que obedecía a su creador. Durante el Sabbat, el rabino sacaba de su boca el pergamino y lo inmovilizaba. Un sábado olvidó hacerlo y marchó a la sinagoga. Pronto llegaron vecinos aterrados porque el Golem, enfurecido, lo destrozaba todo. Cuando Loew llegó a su casa, la halló arruinada, en el patio sus animales habían sido sacrificados. El rabino logró hipnotizar al monstruo y extraer de su boca el pergamino. El Golem cayó y Loew no volvió a animarlo. Según la leyenda, el Golem sigue guardado en el desván de la sinagoga de Praga.

El mundo supo que Israel llevaba un cuarto de siglo fabricando bombas atómicas gracias a las declaraciones de Mordechai Vanunu, el técnico nuclear israelí que, despúes de convertirse al cristianismo, desveló en 1986 a *The London Sunday Times* el secreto que las élites políticas habían conocido desde John F. Kennedy. Vanunu fue secuestrado por el Mossad en Roma, juzgado y sentenciado a dieciocho años de cárcel, de los que pasó once en confinamiento solitario. Cumplida su condena, trató de abandonar el país, pero no se le permitió. El 22 de abril de 2004 solicitó a Noruega un pasaporte y asilo político. El 11 de noviembre de 2004, tres semanas después de haber declarado a *al-Hayat*, periódico londinense en lengua árabe, que creía que John F. Kennedy había sido asesinado porque trató de impedir que Israel fabricase armamento nuclear, fue arrestado por la policía israelí en dependencias de la iglesia anglicana de Jerusalén, donde vivía desde su liberación. Desde entonces sigue confinado en un apartamento y no puede abandonar el país.

En febrero de 2015, después de más de cinco décadas aparentando desconocimiento, el Departamento de Defensa de Estados Unidos publicó por fin un informe secreto realizado en 1987 por el Instituto de Análisis de la Defensa que confirma que Israel posee bombas atómicas. Mientras todos los países han sido obligados a firmar el Tratado de No Proliferación Nuclear (TNP), lo que implica que están sometidos a inspecciones periódicas de la Agencia Internacional de la Energía, Israel nunca lo ha firmado y, consecuentemente, su Golem nuclear nunca ha sido inspeccionado, nadie sabe cuál es su poder de destrucción, cuáles son sus dimensiones. Desde que Vanunu alertó de la existencia del monstruo y del peligro que suponía para el mundo, Israel ha actuado en esta materia, como en todas, al margen de la legalidad internacional. Sólo el presidente Kennedy se atrevió a plantar cara al sionismo y ya se sabe cómo acabó: el 22 de noviembre de 1963 fue asesinado en Dallas.

Avner Cohen, profesor especializado en estudios sobre estrategia política e historia nuclear de Israel, publicó en 1998 *Israel and the Bomb*, trabajo que le ocasionó múltiples problemas. Desde entonces esta obra ha sido una referencia ineludible. Cohen demuestra ampliamente que el presidente Kennedy se enfrentó a David Ben Gurion y le dejó claro que no consentiría bajo ninguna circunstancia que Israel se convirtiera en un Estado nuclear. En el libro de Cohen se da a entender que el Estado sionista probablemente no sería hoy una potencia nuclear si Kennedy hubiera seguido vivo. El 16 de junio de 1963, JFK envió una carta a Ben Gurion que, según el profesor israelí, contenía un mensaje explícito e inusualmente duro: la amenaza de que una solución insatisfactoria sobre el tema nuclear pondría en peligro el compromiso y la ayuda del Gobierno de EE.UU con Israel. Desde la muerte de Kennedy, ningún otro presidente norteamericano ha vuelto a ejercer la más mínima presión sobre el programa nuclear israelí.

Habida cuenta de que hasta el momento nadie ha podido ver nunca al Golem nuclear sionista ni tener sobre él un mínimo control, es evidente que el mundo está prácticamente secuestrado por una amenaza inadmisible. El temor de que algún fanático talmudista, ebrio de odio racial, llegue al poder en Tel Aviv y pueda activar al monstruo es real y permanente. El Dr. Martin van Creveld, judío nacido en Rotterdam, profesor hasta 2007 de la Universidad Hebrea de Jerusalén y posteriormente de la Universidad de Tel Aviv, experto en historia militar y en teoría militar, hizo en septiembre de 2003 unas declaraciones extremadamente preocupantes al prestigioso semanario holandés *Elsevier*. La entrevista tuvo lugar en Jerusalén y fue realizada por Ferry Biedermann. El entrevistador preguntó sobre un plan de deportación de todos los palestinos y Martin van Creveld respondió que era bastante posible. Siguieron estas dos preguntas y respuestas:

> "Biedermann: ¿Cree usted que el mundo permitiría este tipo de limpieza étnica?
> Creveld: Depende de quién la haga y de la rapidez con que se produzca. Nosotros poseemos varios centenares de cabezas nucleares y misiles y podemos lanzarlos contra objetivos en todas direcciones, quizá incluso contra Roma. La mayor parte de capitales europeas son objetivos para nuestra fuerza aérea.
> Biedermann: ¿Se convertiría entonces Israel en un Estado granuja?
> Creveld: Permítame citar al general Moshé Dayán. 'Israel debe ser como un perro rabioso, demasiado peligroso para que lo molesten.' Considero que todo sería inútil llegados a este punto. Trataremos de evitar que las cosas lleguen a este extremo si es posible. Nuestras fuerzas armadas, sin embargo, no son las trigésimas más fuertes del mundo, sino las segundas

o las terceras. Tenemos la capacidad de llevarnos con nosotros al mundo. Y puedo asegurarle que esto sucederá, antes de que Israel se hunda."

Lógicamente, pese a la asunción execrable de Creveld de que Israel contempla las capitales europeas como posibles objetivos, el mayor riesgo lo corren los países árabes y musulmanes de Oriente Medio y Oriente Próximo, la mayoría de los cuales han sufrido las consecuencias de las políticas agresivas del Estado sionista desde 1948. Israel Shahak, cuyos puntos de vista nos merecen la máxima consideración, confirma que Israel no busca la paz ni la ha buscado nunca. En 1997 el profesor Shahak publicó el libro *Open Secrets: Israeli Foreign and Nuclear Policies* (*Secretos abiertos: las políticas nuclear y exterior de Israel*), en donde advierte sobre el mito de las supuestas diferencias entre los partidos laicos sionistas. Shahak sostiene que el lobby israelí en Estados Unidos apoya las políticas expansionistas de Israel con el fin de que se imponga en todo Oriente Medio. Shahak señala que la política nuclear de Israel constituye un peligro real que pocos se atreven a imaginar.

## 4ª PARTE
## EN ESTADOS UNIDOS, "BRUJAS" EN CHINA Y COREA, COMUNISMO

"Pienso que la conspiración comunista es simplemente una rama de una conspiración mucho mayor." Con estas palabras de Bella Dodd, miembro del Comité Nacional del Partido Comunista de Estados Unidos hasta su deserción en 1949, comienza Willard Cleon Skousen su obra *The Naked Capitalist* (1962). La Dra. Bella Dodd publicó en 1954 *School of Darkness*, obra en la que reconoce que las metas del comunismo eran la obtención del poder y la destrucción de la civilización cristiana, aunque millones de idealistas ingenuos estaban convencidos de que su fin era ayudar a los pobres. Cleon Skousen trabajó en el FBI a las órdenes de Edgar Hoover (director del FBI desde 1935 hasta 1972) durante los años en que se descubrió la envergadura de la penetración comunista en la Administración. John Edgar Hoover informó sobre el alcance de la conspiración al presidente Truman mediante la presentación de varios memorandos. Skousen confirma en su obra que el director del FBI quedó asombrado al comprobar que pese a sus informes, el Gobierno de Truman no reaccionaba.

En febrero de 1950, cuando China había caído ya en manos del comunismo y la Unión Soviética tenía su propia bomba atómica gracias a la traición y al espionaje, apareció en escena el senador Joseph "Joe" McCarthy, quien comenzó una lucha titánica y denunció la profunda penetración comunista en el seno de la Administración. Puede decirse que McCarthy tomó el relevo del congresista que durante siete años había presidido el Comité del Congreso sobre Actividades Antiamericanas, Martin Dies, al que Roosevelt, según sabemos, recomendó que se olvidase de los comunistas y que se centrase en los nazis y fascistas. Joe McCarthy (1912-1957), un patriota honesto y comprometido, figura hoy en el estercolero de la historia de su país. La historiografía oficial se ha encargado de ensuciar su nombre y utiliza el término "McCarthismo" para referirse a un periodo negro de la historia de Estados Unidos. Joe McCarthy es presentado en todo el mundo como un histérico que desató sin pruebas una "caza de brujas", una "cruzada anticomunista". Sin embargo, los documentos Venona y otras investigaciones demuestran sin lugar a dudas que la conspiración comunista fue de gran alcance y que el senador McCarthy tenía razón, por lo que debería ser sacado de la lista negra de la historia y rehabilitado como un héroe que tuvo el coraje de enfrentarse a poderosas fuerzas ocultas que él mismo no podía imaginar.

Las deserciones de Elizabeth Bentley y Whittaker Chambers, los dos espías comunistas, fueron determinantes para que el FBI pudiera comenzar a desenredar la madeja del espionaje comunista en Estados Unidos.

Chambers, cuya deserción en 1938 aparece ligada a las luchas entre trotskystas y stalinistas, y Elisabeth Bentley, que en agosto de 1945 se ofreció al FBI para actuar como doble agente, declararon en 1948 ante el Comité de Actividades Antiamericanas del Congreso y sus testimonios desencadenaron la persecución y arresto de numerosos agentes comunistas. Algunos de los personajes y de los hechos que se verán en este cuarto apartado del capítulo han ido ya apareciendo a lo largo de nuestro trabajo; pero ahora les dedicaremos el espacio que merecen y de este modo se podrá comprender con mayor amplitud su verdadera dimensión. Harry Dexter White, Alger Hiss y Harry Hopkins ocuparon puestos de tanta confianza en los Gobiernos de Roosevelt y Truman que difícilmente puede creerse que sus actuaciones no fueran conocidas por sus superiores. El caso más increíble es el de Dexter White, el economista judío de origen lituano que había entrado en el Departamento del Tesoro en 1934 de la mano de Jacob Viner, otro economista judío que era asesor personal de Henry Morgenthau.

## Harry Dexter White, al frente del Fondo Monetario Internacional

Al estudiar el Plan Morgenthau, se ha visto el papel determinante que jugaron en su redacción Dexter White y su equipo de comunistas judíos. Se ha apuntado asimismo que el Plan Morgenthau para la desindustrialización de Alemania estaba diseñado en última instancia para crear un vacío económico en Europa que podría ser explotado por la Unión Soviética. Ahora se verá el papel de White en los años decisorios de posguerra y el descubrimiento de sus actividades de espionaje en favor del comunismo. El 30 de abril de 1946, casi seis meses después de haber sido informado por el FBI de que Harry Dexter White era un agente comunista, el presidente Truman le envió una carta en la que lo felicitaba por sus servicios a la nación y por su confirmación por el Senado para el cargo de director ejecutivo del Fondo Monetario Internacional. En esta misiva, Truman le decía que lamentaba su salida del Departamento del Tesoro. "Mi pena es atenuada -escribió textualmente- por el conocimiento de que deja usted el Tesoro sólo para asumir nuevas obligaciones en el Fondo Monetario Internacional... En esa posición usted será capaz de llevar adelante el trabajo que con tanta destreza empezó en Bretton Woods... Estoy seguro de que en su nueva posición añadirá méritos a su ya distinguida carrera en el Tesoro."

Siete años y medio después, el 6 de noviembre de 1953, el fiscal general de Estados Unidos, Herbert Brownell Jr., declaró públicamente en un discurso pronunciado en Chicago que el expresidente Truman había nombrado a Harry Dexter White para un cargo de la máxima importancia conociendo sin ninguna duda que White era un agente comunista. Naturalmente, este alegato produjo un revuelo considerable. Con el fin de defenderse de la denuncia del fiscal general, Truman apareció el 16 de noviembre en un programa de televisión emitido simultáneamente a toda la nación por las cuatro grandes compañías del país. El día siguiente, 17 de noviembre, Brownell compareció ante el Comité de Investigación del Senado de Estados Unidos y dio una explicación sobre la acusación formulada contra Truman el 6 de noviembre. El mismo día 17, J. Edgar Hoover, director del FBI (Federal Bureau of Investigation), compareció asimismo ante el Comité que presidía el senador Joe McCarthy y expuso un informe detallado sobre el asunto. Tanto Brownell como Hoover fueron extremadamente duros con el expresidente Truman y presentaron recriminaciones bien fundamentadas en su contra. El fiscal general Brownell replicó también el 17 de noviembre de 1953 al discurso pronunciado por el expresidente Truman en su aparición televisiva ante el país. Brownell presentó un informe ante el Subcomité de Seguridad Interna del Senado. Un extracto de esta intervención es ofrecido por Léon de Poncins en *State Secrets*. De dicha obra procede el texto que sigue:

> "Desde abril de 1953, este subcomité ha venido celebrando una serie de audiencias con el propósito de exponer los planes de los agentes comunistas infiltrados en el Gobierno de Estados Unidos. El trabajo de este subcomité ha documentado con rigor el resultado de la exitosa penetración del espionaje comunista en nuestro Gobierno durante la Segunda Guerra mundial y posteriormente... El Departamento de Justicia ha estado preocupado desde que tomó posesión la nueva Administración con depurar el Gobierno. Uno de los problemas más importantes y vitales es sacar a todas las personas de dudosa lealtad y evitar futuras infiltraciones comunistas en el Gobierno de Estados Unidos. Entre otras alocuciones y artículos, el 6 de noviembre pronuncié en Chicago un discurso en el que traté públicamente el problema de la infiltración comunista en el Gobierno y los pasos dados por la administración Eisenhower para hacer frente al problema. En aquella intervención me referí al caso de Harry Dexter White y el modo en que lo manejó la administración Truman a partir de los hechos establecidos y los informes del Departamento de Justicia.
> Se ha dicho que insinué la posibilidad de que el anterior presidente de EE.UU. fuese desleal. No tenía intención de que se sacase esta conclusión... Concretamente dije que pensaba que la ignorancia de la evidencia en el caso White se debió a la negativa a afrontar el caso por parte de no comunistas en posiciones de responsabilidad y a la persistente ilusión de que el comunismo en el Gobierno de Estados Unidos era una pista falsa, y que la manera en que se habían ignorado los hechos probados sobre la deslealtad de White es típica de la ceguera sufrida por la anterior Administración en este asunto. Cuando este subcomité complete su investigación, creo que llegará a la conclusión, como yo lo hice, de que hubo una negativa por parte de Mr. Truman y de otros a su alrededor a afrontar los hechos y una idea errónea de que el espionaje comunista en altas estancias del Gobierno fue un espejismo. Y pienso que

concluirá que esta actitud puede haber ocasionado un gran daño a nuestra nación.

La administración Truman fue informada por lo menos ya en diciembre de 1945 de que había dos círculos de espías operando dentro del Gobierno... White se hizo cargo de sus obligaciones y ocupó el cargo de director ejecutivo de Estados Unidos en el Fondo Monetario Internacional el 1 de mayo de 1946. ¿Qué supo la Casa Blanca sobre sus actividades de espionaje antes de esta fecha? El 4 de diciembre de 1945, el FBI transmitió al general de brigada Harry H. Vaughan, asistente militar del presidente, un informe sobre los aspectos generales del espionaje soviético en Estados Unidos... Se trató de un informe secreto y de gran importancia de unas setenta y una páginas. Abarcaba todo el tema del espionaje soviético en este país durante y después de la II Guerra Mundial. Especificaba muchos nombres y describía numerosas organizaciones soviéticas de espionaje. Harry Dexter White y el círculo de espías del que formaba parte estaban entre los reseñados en dicho informe. Ninguna persona responsable que lo leyera puede negar que el resumen constituía un advertencia adecuada sobre el riesgo que comportaba el nombramiento de White para el Fondo Monetario Internacional o su continuidad en el Gobierno.

Copias de este informe fueron enviadas a un grupo de funcionarios del Gobierno y de la administración Truman, incluido el fiscal general. Sería difícil entender cómo, bajo ninguna circunstancia, un documento sobre materias tan delicadas y peligrosas no hubiera sido llevado a la consideración del presidente. Pero además, tengo aquí una carta de J. Edgar Hoover al general Vaughan fechada el 8 de noviembre de 1945. Como ustedes saben, el general Vaughan ha testificado ante este subcomité que de común acuerdo con Mr. Truman, cuando el FBI tenía información considerada de importancia para el presidente, se le remitía. Vaughan declaró que sabía que dicho informe fue presentado al presidente."

A continuación, el fiscal general leyó la carta en la que el jefe del FBI llamaba la atención a Vaughan sobre la importancia del informe que la acompañaba. En el documento figuraban los nombres de los espías que ocupaban puestos de responsabilidad en el Gobierno. Entre otros se mencionaba a Harry Dexter White, Gregory Silvermaster, George Silverman, Frank Coe, Laughlin Currie, Víctor Perlo, Maurice Halperin. Todos ellos, salvo Laughlin Currie, eran judíos y serían denunciados en 1948 por Wittaker Chambers, lo cual confirmó que la información contenida en el memorando de 1945 para la Casa Blanca era correcta. En este documento se decía que Dexter White había actuado desde 1942 como espía. Edgar Hoover observaba que si White era nombrado director del Fondo Monetario Internacional podría ejercer gran influencia en todas las cuestiones relacionadas con las finanzas internacionales, y añadía que él no podría mantenerlo sometido a vigilancia porque las oficinas del Fondo Monetario

Internacional eran consideradas como territorio neutral y, consecuentemente, los agentes del FBI no podían entrar en ellas. Herbert Brownell informó que en el otoño de 1948 se habían recuperado informes manuscritos de Dexter White para los soviéticos, los cuales se encontraban en posesión del Departamento de Justicia. El fiscal general terminó su intervención aludiendo a la aparición del expresidente Truman en los principales canales de televisión:

> "...Sin embargo, a la luz del discurso de Mr. Truman en televisión la pasada noche, parece que se admite ahora que el 6 de febrero de 1946, el día en que el nombramiento de White fue confirmado por el Senado, Mr. Truman había leído el más importante de los informes, al cual me he referido, y que poco después, a pesar de que tenía el derecho legal de pedir que fuera revocado el nombramiento, lo firmó y permitió que ocupase el cargo a partir de 1 de mayo con pleno conocimiento de los hechos referidos por el FBI. Es por supuesto extraordinario saber a través de Mr. Truman, a la vista de sus últimas declaraciones, que firmó el nombramiento de White con la idea de que podía ayudar a su detención... Me parece incluso más extraordinario saber que Mr. Truman estaba al corriente en 1946 de que una red de espías estaba operando dentro de su propia administración, cuando durante tantos años desde entonces ha estado diciendo al pueblo noerteamericano exactamente lo contrario. Ciertamente, me paraçe que esta explicación del nombramiento de White -o sea, que fue nombrado y se le permitió permanecer en el cargo durante más de un año para ayudar al FBI a que lo atrapara como espía- genera más preguntas que respuestas."

Toda la prensa norteamericana siguó al detalle las comparecencias de estos altos cargos ante el Subcomité de Seguridad Interna del Senado y ofreció en sus ediciones cumplidas reseñas sobre sus declaraciones. Los textos que reproduce León de Poncins en *State Secrets* proceden regularmente de fuentes periodísticas. Así, por ejemplo, la edición parisina del *New York Herald Tribune* informó el 19 de noviembre de 1953 sobre la declaración realizada el día anterior por Edgar Hoover. El director del FBI confirmó que ya a principios de noviembre de 1945 Elisabeth Bentley y Whittaker Chambers coincidían en la delación de Harry Dexter White y que las investigaciones habían podido demostrar que las informaciones de los dos desertores comunistas eran correctas. Hoover aseguró que cuando supieron que, pese a su memorando, el nombre de White había sido enviado al Senado para la confirmación de su nombramiento como director ejecutivo del FMI, decidieron presentar al presidente Truman un nuevo documento de veintiocho páginas con la información consolidada gracias a las declaraciones de Bentley y Chambers, el cual fue entregado al general Vaughan el 4 de febrero de 1946. El director del FBI dijo ante el subcomité que entre el 8 de noviembre de 1945 y el 24 de julio de 1946 habían entregado a la Casa Blanca siete comunicados sobre actividades de espionaje en los que el nombre de White aparecía especialmente mencionado. Durante el mismo periodo, dos informes sobre el espionaje soviético fueron remitidos al Departamento del Tesoro y otros seis sobre la misma materia fueron enviados al fiscal general. Hoover se refirió también a Virginius Frank Coe, otro de los hombres de Morgenthau y White en el Departamento del Tesoro que fue secretario del FMI desde junio de 1946 hasta diciembre de 1952. El director del FBI recordó que Frank Coe se había acogido a la Quinta Enmienda (Fifth Amendment) y se había negado a responder a las preguntas del subcomité relacionadas con White, lo cual había ocasionado su cese en el Fondo Monetario[22].

Una de las copias del informe de Edgar Hoover llegó también a las manos del secretario de Estado, James F. Byrnes, que, según él mismo relató más tarde, el mismo día que leyó el informe fue a ver a Truman, a quien expresó su consternación y preguntó qué pensaba hacer. Según Byrnes, el presidente dijo que él también estaba sorprendido por la información. Byrnes sugirió que se retirase el nombramiento aunque hubiera sido ya confirmado por el Senado. Truman podría haber rechazado la nominación o bien exigirle a White su dimisión. Byrnes le sugirió ambas posibilidades, pero el presidente no siguió su consejo.

Los casos de Harry Dexter White y de Frank Coe son extremadamente significativos, pues confirman las palabras de Bella Dodd y cuanto venimos sosteniendo en esta obra sobre la verdadera naturaleza del comunismo internacional como instrumento de los banqueros illuminati. Dexter White no era simplemente un espía comunista, sino el agente de una conspiración más amplia cuyo objetivo era el establecimiento de un poder global o internacional. Si no es así, cómo puede explicarse que White fuera uno de los fundadores del Banco Mundial y en buena medida el padre del Fondo Monetario Internacional, pues fue él quien ya en 1942 redactó el primer borrador de este organismo financiero. Ambas instituciones se aprobaron en la Conferencia de Bretton Woods y constituyen los pilares sobre los que se sustentó el sistema económico. La forma y las funciones que había de tener el FMI se determinaron en 1944 en Bretton Woods, donde White fue el economista que, gracias al poder político y económico de Estados Unidos, pudo imponer su plan al de Keynes. Fue White quien argumentó que el Fondo Monetario debía ser una institución basada en el dólar. Prueba de que Dexter White no era un agente de Stalin sino del Poder Oculto que pretendía el control de la Unión Soviética después de la guerra fue su insistencia en

---

[22] La Quinta Enmienda a la Constitución de los Estados Unidos establece que nadie estará obligado a declarar contra sí mismo, no sólo en los juicios, sino también en los interrogatorios policiales. Acogerse, sin embargo, a la Quinta Enmienda ante un comité de investigación del Congreso o del Senado y negarse a responder equivale a reconocer implicación en el asunto en cuestion, lo que acarrea con frecuencia repercusiones políticas.

que la URSS debía formar parte del FMI aunque sus principios económicos iban en contra de la libertad comercial y financiera. A pesar de que Keynes y otros se oponían a la participación de la Unión Soviética en la Conferencia de Bretton Woods, White logró que fuera invitada. Stalin, sin embargo, demostró de nuevo que él no era el hombre que los financieros internacionales querían al frente de la URSS, pues un año más tarde decidió que su país no formaría parte del Fondo Monetario Internacional.

Los documentos Venona demuestran plenamente que Harry Dexter White fue lo que en círculos profesiones se conoce como "un agente de influencia". Formó parte del círculo de Nathan Gregory Silvermaster, economista judío de origen ruso que estuvo junto a White en Bretton Woods y lideraba un grupo de espías que operó fundamentalmente en el seno del Departamento del Tesoro y en el Consejo de Guerra Económica. Elisabeth Bentley, que ya en 1945 había informado al FBI que Dexter White era un agente soviético, declaró en 1948 ante el Comité de la Cámara de Representantes que White pasaba información a los soviéticos a través de Silvermaster. Merced a los documentos Venona, queda establecido que White, cuyos nombres en clave: "Lawyer", "Richard" y "Jurist" fueron cambiando a lo largo del tiempo, pasó durante la Segunda Guerra Mundial información a la Inteligencia soviética, cuyo máximo jefe era Lavrenti Beria, el agente judío que preferentemente debía suceder a Stalin. Silvermaster, "Robert", utilizó el poder y la influencia de White en el Tesoro para infiltrar a más agentes soviéticos, uno de ellos fue Harold Glasser, "Rouble", que operaba dentro de otro círculo de espías cuyo líder era otro comunista judío, Víctor Perlo, por lo que Silvermaster pidió que Glasser fuera reasignado a su grupo. El 31 de marzo de 1945 el secretario de Estado Stettinius invitó a White a formar parte de la delegación de EE.UU. que acudiría a San Francisco para la Conferencia Fundacional de Naciones Unidas. White pasó entonces información sobre las discusiones de la delegación estadounidense.

El 19 de junio de 1947, Harry Dexter White dimitió como director ejecutivo del FMI. El presidente Truman le escribió una carta en la que le expresaba su gran aprecio y consideración por su trabajo y añadía que "no dudaría en llamarlo de tanto en tanto para pedirle asistencia." Poco después, el 15 de agosto de 1947, White fue interrogado por primera vez por el FBI. Admitió entonces que conocía a Silvermaster desde 1934. Reconoció que, siendo ambos empleados del Gobierno, eran colegas y que se reunían con frecuencia en la casa de Silvermaster, donde tocaban instrumentos: Silvermaster, la guitarra; su esposa Helen, el piano; William Ullman, otro funcionario del Tesoro que vivía con los Silvermasters, tocaba la batería; y White, la mandolina. White declaró que Silvermaster nunca le había pedido información confidencial y que "sería una sorpresa y una gran conmoción saber que Silvermaster estaba implicado en espionaje." En agosto de 1947, la NSA (National Security Agency) no había todavía descifrado el código Venona, cuyas interceptaciones iban a confirmar que cuanto había desvelado

Elisabeth Bentley era rigurosamente cierto. Finalmente, el 13 de agosto de 1948 Harry Dexter White acabó testificando ante el HUAC (House Un-American Activities Committee) y negó las acusaciones de Chambers y Bentley. Poco después de haber declarado, White sufrió un ataque de corazón y murió el 16 de agosto de 1948.

## Los casos de Harry Hopkins y Alger Hiss

Harry Hopkins, casado en primeras nupcias con una inmigrante húngara de origen judío, Ethel Gross, con la que tuvo tres hijos, murió el 29 de enero de 1946. No hubo mientras vivió sospechas sobre su lealtad a Estados Unidos. Designado por Franklin D. Roosevelt para que administrase el programa de Préstamo y Arriendo, un instrumento que permitió suministrar a los Aliados ayuda militar y económica de manera masiva, Hopkins se convirtió en una figura todopoderosa durante la guerra. Especialmente significativo es el hecho de que la ayuda a la URSS mediante el mencionado programa se realizó sin condiciones gracias a la intervención de Hopkins, hombre de máxima confianza del presidente Roosevelt que vivió en la Casa Blanca desde principios de 1940 hasta diciembre de 1943. Su caso parece, en efecto, cosa de brujas, pues es disparatado aceptar que Hopkins pudiera hacer cuanto hizo en favor del comunismo y de la URSS sin despertar sospechas de nadie. Sin duda, ello hubiera sido imposible sin el apoyo permanente de Roosevelt. Sería preciso saber hasta qué punto conoció el "Big Boy" (así apodaban algunos comunistas americanos a FDR) todos los manejos y las actuaciones de su mano derecha.

Ha sido recientemente cuando se ha llegado a la conclusión de que Harry Hopkins fue un agente soviético. El hecho de que muriese en 1946 sin que hubiera sido descubierto favoreció que sus actividades pasasen sin más a la historia. Debe tenerse en cuenta que, a pesar de haberse descifrado en 1948, los documentos Venona sólo fueron accesibles cuando en 1995 la NSA comenzó a publicarlos. Fue a partir de esta fecha cuando varios historiadores e investigadores comenzaron a escribir obras en torno a ellos y surgió entonces la sorpresa de que la mayoría coinciden en señalar que Harry Hopkins era el agente "19". La unanimidad no es absoluta: John Earl Haynes y Harvey Klehr, autores de *Venona: Decoding Soviet Espionage in America*, consideran que "19" era Laurence Duggan, del Departamento de Estado. Puesto que su tesis es minoritaria, nosotros nos atendremos a las conclusiones de Herbert Romerstein y Eric Breindel en *The Venona Secrets*, compartidas por el historiador militar Eduard Mark y por M. Stanton Evans, entre otros autores que publicaron en su momento libros sobre Venona.

En todo caso, es pertinente conocer una información de sumo interés antes de reseñar los datos que apuntan a Hopkins como el agente "19". El 1 de febrero de 1943 la compañía Chemator Incorporation recibió en Nueva York un encargo del Gobierno soviético, interesado en adquirir 100 kilos de óxido de uranio, 100 kilos de nitrato de uranio y 11 kilos de metal de uranio. Dicha compañía había ya suministrado a la URSS dentro del programa de Préstamo y Arriendo pequeñas cantidades de productos químicos. Era la primera vez que los soviéticos pretendían comprar uranio, por lo que la compañía pidió permiso a las autoridades. En marzo, los soviéticos pidieron toneladas de uranio. Casi siete años más tarde, el 5 de diciembre de 1949, poco después de que los comunistas detonaran su primera bomba atómica, el mayor George Racey Jordan, quien había ayudado a enviar el material de uranio a la Unión Soviética, primero desde Newark (New Jersey) y luego desde Great Falls (Montana), declaró ante el HUAC (House Un-American Activities Committee), que investigaba el envío de uranio a la URSS en relación con el asunto del espionaje atómico. Jordan confirmó los envíos de uranio y testificó que Harry Hopkins le dijo por teléfono que acelerara los embarques de las remesas. Dos días depúes, el 7 de diciembre de 1949, el teniente general Leslie Groves, encargado del Proyecto Manhattan, prestó asimismo declaración ante el HUAC. El general Groves declaró en el Congreso que él se quejó a los ejecutivos que trabajaban en el programa de Préstamo y Arriendo, quienes le dijeron que "había una gran presión para que nos acogiéramos al programa de Préstamo y Arriendo, aparentemente para dar a los rusos todo aquello que pudieran concebir. Se ejercía una gran presión para entregarles estos materiales de uranio. Nosotros no queríamos que esta material se enviase -insistió Groves- pero ellos (los ejecutivos) regresaron y regresaron." Como se sabe, Hopkins, el amigo y consejero de FDR, dirigía el programa de Préstamo y Arriendo.

En 1952, el mayor Jordan publicó *From Major Jordan's Diaries*, obra en la que figura su declaración ante el HUAC. Jordan acusa a Hopkins de haber actuado en contra de los intereses de Estados Unidos para ayudar a los soviéticos, a los que pasó secretos nucleares. En el libro se asegura que en 1943 Harry Hopkins envió secretamente un avión a Rusia con maletas negras que contenían documentos relacionados con la bomba atómica. El mayor Jordan se reitera en su testimonio ante el Comité del Congreso sobre varias entregas de uranio ordenadas por Hopkins sin que figurasen en registros escritos. Según los expertos, las mezclas de uranio refinado remitidas a la URSS fueron más que suficientes para producir una explosión atómica. A pesar de la aparición de este libro y del escándalo que ocasionó, nadie llegó a pensar entonces que Hopkins fuera un agente soviético. Es muy difícil explicar cómo es posible que en 1943, en pleno proceso de fabricación de la bomba atómica, cuando el FBI sospechaba de Oppenheimer y de otros científicos que trabajaban en Los Álamos, Hopkins pudo proceder a la entrega del uranio a los soviéticos pese a las objeciones de las autoridadeds militares. Sólo este hecho debería haber sido suficiente para retirarle la confianza. Sin embargo, Hopkins siguió siendo imprescindible para Roosevelt, con quien estuvo en Yalta, y, si no hubiera muerto, lo hubiera sido para Truman, a quien ayudó a preparar la Conferencia de Potsdam.

Según se desprende de los documentos Venona, el judío Isaac Akhmerov, "rezident ilegal" en Estados Unidos durante la Segunda Guerra Mundial, fue el contacto de Harry Hopkins. Akhmerov, agente del OGPU desde 1930, había viajado a Estados Unidos después de haber servido en China en 1934. Su esposa Elena se unió a él; pero en 1936 Akhmerov conoció a Helen Lowry, nieta de Earl Browder, el líder del Partido Comunista de Estados Unidos, que había sido reclutada por el servicio de Inteligencia soviético. Helen recibió el encargo de asistir a Akhmerov en una casa en Washington que iba a servir como lugar seguro de encuentros. En 1939 contrajeron matrimonio. Elena, la antigua esposa de Isaac Akhmerov, regresó a Moscú, donde se convirtió en secretaria del ominipotente Beria, jefe supremo de la policía y del servicio secreto (NKVD) desde 1938. Los recién casados fueron llamados a Moscú en el verano del mismo año y allí Helen obtuvo la ciudadanía soviética. En septiembre de 1941, poco después del primer viaje de Hopkins a Moscú, ambos fueron enviados de vuelta a Estados Unidos. Isaac Akhmerov restableció la rezidentura ilegal y se convirtió en el espía jefe de esta organización de agentes secretos. En diciembre de 1945 Helen y Isaac Akhmerov regresaron a la URSS.

Uno de los mensajes descifrados que los investigadores consideran determinante para establecer que Harry Hopkins trabajó para los soviéticos fue emitido por Akhmerov desde Nueva York el 29 de mayo de 1943. En él revelaba que "19" había informado sobre discusiones entre Roosevelt y Churchill en las que estuvo presente. El historiador militar Eduard Mark alude a este encuentro entre el presidente norteamericano y el premier inglés como "Trident Conference". Se trató de una conferencia secreta, pues no existen registros de las discusiones en los archivos oficiales del Departamento de Estado. Significativamente, sólo se tienen los informes soviéticos sobre ella. Eduard Mark argumenta de manera convincente que nadie, salvó Hopkins, podía gozar de la suficiente confianza de Roosevelt como para estar presente en un encuentro secreto, "tête à tête", con Churchill.

De todos modos, Hopkins no precisaba encubrir sus relaciones con los soviéticos, pues su posición de liderazgo en las relaciones oficiales con la URSS le permitía múltiples encuentros legales, a cara descubierta. Desde 1942 mantenía públicamente un contacto íntimo con el general A. I. Belyaev, presidente de la Comisión de Compra del Gobierno Soviético. Dos mensajes Venona de Washington a Moscú enviados en marzo y abril de 1943 contenían mensajes de Hopkins que Belyaev transmitía a sus jefes. Hopkins tenía de manera regular contactos con Andrei Gromyko, que en agosto de 1943 sustituyó a Litvínov como embajador de la URSS en Estados Unidos. Ya después de Yalta y tras la muerte de Roosevelt, Truman envió a Hopkins a Moscú en mayo de 1945 para que se entrevistase con Stalin. El subsecretario de Estado, Charles Bohlen, considerado un diplomático muy próximo a Hopkins, dejó constancia escrita del encuentro. En lugar de presionar para que se celebrasen elecciones libres en Polonia, como supuestamente pretendía EE.UU., Hopkins le dijo a Stalin que "Estados Unidos desearía una Polonia amistosa con la Unión Soviética y de hecho deseaba países amigos a lo largo de las fronteras soviéticas." A lo que Stalin replicó: "Si ello es así, podemos entendernos fácilmente en relación a Polonia."

En cuanto al caso de Alger Hiss, un protegido del juez del Supremo Félix Frankfurter, FDR fue advertido desde antes de la Segunda Guerra Mundial de que era un importante espía de la Unión Soviética. La información procedía de Whittaker Chambers, que desde 1938 había desertado. Roosevelt rechazó las acusaciones y ni siquiera quiso investigarlas. En 1948 Chambers prestó declaración ante el Comité del Congreso y quedó entonces definitivamente claro que uno de los hombres más destacados del Departamento de Estado, consejero de confianza del presidente Roosevelt en Yalta cuya participación en los trabajos para la fundación de la ONU fue relevante, era un agente comunista. Sobre si Alger Hiss era o no judío existen dudas. En una de las cintas utilizadas contra el presidente Richard Nixon en el caso Watergate, Nixon dice lo siguiente: "Los únicos no judíos en la conspiración comunista fueron Chambers y Hiss. Muchos creen que Hiss lo era. Pudo haberlo sido en parte, pero no lo era en sentido religioso. Los únicos no judíos. Todos los demás eran judíos. Y se desató un infierno sobre nosotros."

En *Blacklisted by History*, la obra ya mencionada sobre la lucha del infortunado senador McCarthy, M. Stanton Evans escribe lo siguiente: "Si White y Oppenheimer fueron prueba de la indiferencia en las normas de seguridad, el caso de Alger Hiss lo fue aún más. Este fue, por supuesto, el más famoso de todos los casos de espionaje. Fue también el caso que demostró la disposición de la administración Truman, no sólo a ignorar la seguridad en la Inteligencia, sino a acosar a los testigos que la suministraban." Esta actitud de la Administración fue secundada por la prensa, que comenzó a lanzar una campaña que acabó equiparando la persecución de los espías y agentes comunistas con una caza de brujas. No todos en el Gobierno, sin embargo, compartían el inmovilismo. A principios de 1946, tras la recepción de continuados informes del FBI basados en los testimonios de Chambers y Bentley, el secretario de Estado Byrnes comprendió que había que sacar a Hiss de su Departamento, lo que motivó la dimisión del espía soviético. Sin embargo, cuando en el verano de 1948 las declaraciones de los dos desertores llegaron a la opinión pública, la Casa Blanca y el Departamento de Justicia, en lugar de atacar y desacreditar a Hiss, se dedicaron a hostigar a Chambers.

La estrategia contra Chambers quedó registrada en una nota de la Casa Blanca firmado por George Elsey, asistente del presidente Truman. El 16 de agosto de 1948, Elsey dirigió a Clark Clifford, consejero de Truman introducido en la Casa Blanca por Samuel Rosenman, el informe con las directrices consensuadas en una reunión con el fiscal general Tom C. Clark.

En él se sugería que el Departamento de Justicia "debería hacer todos los esfuerzos posibles para establecer si Whittaker Chambers es culpable de perjurio." En el punto siguiente se pedía textualmente: "Investigation of Chambers confinment in mental institution". Es decir, se sugería que se investigase si Chambers había estado recluido en algún psiquiátrico. El FBI desechó el 20 de agosto la tesis de que Chambers podía estar loco. En una carta al fiscal general Clark, Edgar Hoover informó: "En relación a Whittaker Chambers, no hay ninguna indicación en los archivos del 'Bureau' o en los registros de la oficina de Nueva York de que Chambers haya estado internado." A pesar de todo, se persistió en el empeño de desacreditar a Chambers y de levantar cargos contra él; pero en noviembre de 1948 aportó ante el HUAC papeles y microfilms que constituían pruebas irrefutables de que Hiss estaba mintiendo. Estos documentos fueron fundamentales para posteriormente enviar a Alger Hiss a la cárcel.

Pese a todo, los esfuerzos para salvar a Hiss y condenar a Chambers no cesaron: el adjunto del fiscal general, Alexander Campbell, reaccionó a la declaración de Chambers ante el Comité del Congreso remitiendo una nota donde se decía: "Sería deseable que se procediera a una investigación inmediata con el fin de verificar si Chambers ha cometido perjurio. En relación con esto, deberían obtenerse copias fotostáticas de estos documentos juntamente con una copia del testimonio prestado por Chambers." Stanton Evans indica que más notas de este tipo fueron llegando a manos de Hoover. Dicho autor las ha localizado en distintos volúmenes del archivo Hiss-Chambers del FBI. En otra fechada el 2 de diciembre de 1948 se insistía en que el Departamento de Justicia quería "una investigación inmediata del 'Bureau' para determinar si Chambers había cometido perjurio." Tras ordenar a sus agentes que procedieran según se les ordenaba, Hoover anotó al margen: "no puedo entender por qué se está haciendo tanto esfuerzo para incriminar a Chambers con el fin de exonerar a Hiss." Más tarde volvió a comentar: "Me pregunto por qué no actúan también contra Hiss." Stanton Evans no puede evitar una apostilla sarcástica y escribe: "Era -es- una excelente pregunta."

El Comité del Congreso estaba presidido por Robert Stripling, quien contaba con el respaldo de un republicano que se convertiría años más tarde en presidente de Estados Unidos, Richard Nixon, "asesinado" por la prensa con el montaje del famoso caso Watergate[23]. Ambos estaban decididos a

---

[23] La administración Nixon trató de presionar a Israel para que cumpliera las resoluciones de la ONU y se retirase de los territorios ocupados durante la Guerra de los Seis Días. Tras la guerra de Yom Kippur en 1973, el rey Feisal de Arabia Saudí embargó los envíos de petróleo a EE.UU., Canada y Países Bajos como represalia por el apoyo prestado a Israel. Nixon entendió que permitir que el lobby judío dirigiera la política exterior iba en contra de los intereses de su país y a comienzos de 1974 defendió un compromiso alcanzado con Yaser Arafat para un acuerdo de paz. Envió a la zona al general Vernon Walters, quien regresó a Washington convencido de que los palestinos aceptaban la fórmula del mini-

descubrir la verdad. Cuando Stripling y Nixon descubrieron los planes de la Administración, protestaron indignados y advirtieron que tal actitud era escandalosa. Fue de este modo como Truman y compañía tuvieron que resignarse. El senador Joe McCarthy descubrió años más tarde en sus investigaciones que el departamento de Estado tenía ya en 1946 información desfavorable sobre Hiss, la cual confirmaba las alegaciones de Chambers. El 16 de diciembre de 1948 Alger Hiss, imputado por perjurio, se declaró no culpable. Su primer juicio fue declarado nulo el 10 de julio de 1949. Sometido de nuevo a juicio, el 20 de enero de 1950 fue condenado por perjurio y obtuvo una sentencia de cinco años de cárcel. Hiss salió de la cárcel en noviembre de 1954. Pese a tantas evidencias, Truman siguió defendiendo hasta el final al espía comunista. En 1956 el *U.S. News & World Report* reprodujo una entrevista hecha en televisión al expresidente, en la que Truman insistió en que Nixon había investigado "una pista falsa". El entrevistador le formuló la siguiente pregunta: "¿Cree usted que Hiss fue un espía comunista?". Su respuesta fue: "No, no lo creo."

Venona demostró que Chambers no había mentido y sí lo hizo Hiss. Según Chambers, en el otoño de 1936 apareció en escena un nuevo agente soviético de quien recibió órdenes. Este individuo se presentó como "Peter"; aunque posteriormente Chambers supo a través de Walter Krivitsky, quien como sabemos a huyó a Estados Unidos a finales de 1938, que Peter era en realidad Boris Yakovlevich Bukov, conocido como Boris Bykov y también "Sasha", un judío que había trabajado con Krivistsky en el GRU (Servicio de Inteligencia Militar), por lo que es muy probable que fuera un trotskysta.

---

estado y deseaban vivir en paz con Israel. El secretario de Estado Kissinger se encargó de desbaratar las conversaciones y evitó futuros contactos de Walters con la OLP. En junio del mismo año, poco después de que Kisinger saboteara el diálogo Nixon-OLP, el presidente norteamericano viajó a Oriente Próximo. La visita de Nixon a Arabia Saudí terminó con lo que los diplomáticos consideraron un mensaje sensacional. En su discurso de despedida, Feisal hizo una referencia inesperada a los problemas de Nixon en el Watergate y en la política interna, rompiendo la costumbre de que un líder de un país nunca interfiere en los asuntos domésticos de otro. He aquí las palabras textuales del rey extraídas de la declaración oficial del Ministerio de Información saudí: "Lo importante es que nuestros amigos en EE.UU. sean inteligentes para apoyarle, para estar a su lado, señor presidente, en sus nobles esfuerzos, casi sin precedentes en la historia de la humanidad, unos esfuerzos cuyo fin es asegurar la paz y la justicia en el mundo... Y cualquiera que se oponga a usted, tanto en su país como fuera, o que se oponga a nosotros, sus amigos en esta parte del mundo, evidentemente tiene un propósito en mente, y es provocar la división del mundo, la equivocada polarización del mundo, crear una discordia que nunca conducirá a la tranquilidad y la paz en el mundo." Parece ser que Nixon habría dicho a su interlocutor que estaba dispuesto a explicar a su pueblo que Israel y sus amigos norteamericanos controlaban la política exterior. El 9 de agosto Richard Nixon dimitió presionado por el escándalo Watergate y el 25 de marzo de 1975 el rey Feisal era asesinado. Los saudíes interrogaron durante diez semanas a Ibn Musa'ed, el asesino, y se sabe que averiguaron que tuvo en América una novia que era agente del Mossad, la cual desapareció sin dejar rastro tras el magnicidio.

Cuando llegó Bykov, Chambers sólo había recibido documentos en tres ocasiones, pero con el nuevo agente, que quiso conocer personalmente a algunos de los infiltrados en el seno de la administración Roosevelt, las entregas se agilizaron. En la primavera de 1937 Alger Hiss viajó a Nueva York para entrevistarse con Bykov. Chambers recogió a Hiss cerca de la estación del puente de Brooklyn y viajaron en tren hasta Brooklyn, donde encontraron a Bykov cerca del teatro Prospect. Los tres cogieron el metro y luego un taxi para asegurarse de que no los seguían y viajaron hasta Chinatown en Manhattan, donde comieron en el restaurante Port Arhur. Puesto que el inglés de Bykov era pobre, habló en alemán y Chambers tradujo sus palabras para Hiss, quien se comprometió a incrementar las entregas de documentos del Departamento de Estado. Chambers explicó al FBI cómo funcionaba la transmisión de materiales: algunas noches previamente convenidas, visitaba a Hiss en su casa de "30th Street", donde éste sacaba de una maleta con cremallera los papeles que él metía en otra maleta con cremallera para llevárselos a su apartamento, donde con una cámara Leica y otros equipos suministrados por Bykov fotografiaba o microfilmaba los documentos. Los originales eran devueltos a Hiss y los microfilms y las fotocopias eran entregados a Bykov. Algunos de estos documentos retenidos por Chambers fueron proporcionados al FBI cuando desertó.

Un mensaje de la Rezidentura de Wahington enviado a Moscú el 30 de marzo de 1945 fue descifrado por la NSA en 1969. En él se puede constatar que Alger Hiss, "Ales", mantenía entonces contacos con Isaac Akhmerov, el rezident ilegal a quien también Harry Hopkins pasó información. En dicho mensaje se confirmaba que Hiss había seguido vinculado a la inteligencia militar (GRU) mientras que todos los demás espías infiltrados habían sido transferidos al NKVD. Tras la Conferencia de Yalta, donde Hiss actuó como consejero especial del presidente Roosevelt y recibió mucha información militar, viajó a Moscú con el secretario de Estado Stettinius, donde habría sido condecorado oficialmente por Vyshinsky. La esposa de Alger Hiss, Priscilla, y su hermano Donald, también funcionario en el Departamento de Estado, fueron también espías soviéticos. Alger Hiss murió en 1996. El 30 de diciembre de aquel mismo año Herbert Rommerstein y Eric Breindel, autores de *The Venona Secrets*, publicaron en *The New Republic* un artículo titulado "Hiss: Still Guilty" ("Hiss: todavía culpable") en el que aportaban nuevos datos que demostraban la culpabilidad de Alger Hiss.

## "Una conspiración tan inmensa": la entrega de China al comunismo

Entre los hechos más trascendentales acaecidos en los años decisorios de posguerra la entrega de China al comunismo es quizá el de mayor relevancia. El 14 de junio de 1951 Joe McCarthy pronunció un extenso discurso en el Senado, donde denunció amargamente lo acontecido en octubre de 1949. He aquí un breve fragmento muy significativo de la indignación y la perplejidad del senador:

> "¿Cómo podemos dar cuenta de nuestra presente situación a menos que pensemos que hombres que ocupan altas posiciones en este Gobierno están concertados para lanzarnos al desastre? Esto debe de ser el fruto de una gran conspiración, una conspiración a una escala tan inmensa como para empequeñecer cualquier empresa parecida acontecida en la historia. Una conspiración de infamia tan negra, que, cuando sea finalmente expuesta, sus directores merecerán para siempre la maldición de todas las personas honestas... ¿Qué puede hacerse de esta serie ininterrumpida de decisiones y acciones que han contribuido a la estrategia de la derrota? No pueden ser atribuidas a la incompetencia. Si Marshall fuera simplemente estúpido, las leyes de la probabilidad indicarían que parte de sus decisiones hubieran servido los intereses de este país..."

Para poder explicar adecuadamente lo ocurrido en China es preciso retroceder de nuevo a mayo de 1919 y situarnos en el Hotel Majestic de París. En el capítulo octavo se ha explicado que en el contexto de la Conferencia de Paz el coronel Mandell House organizó una reunión en la que se gestó la fundación de una serie de organismos globales vinculados a la Round Table, la sociedad secreta fundada por Alfred Milner a la que pertenecían los Rothschild y los Astor entre otras familias de illuminati. Representantes de Morgan, Rockefeller y otros banqueros internacionales enviados a Europa gestaron entonces la fundación del RIIA (Royal Institute o International Affairs) y del CFR (Council on Foreign Relations). El lector recordará que las élites financieras idearon asimismo el IPR ("Institute of Pacific Relations"), cuya función principal iba a ser la dirección de los asuntos en la zona del Pacífico. El IPR nació finalmente en 1925 patrocinado por los capitalistas de Wall Street y entre sus objetivos figuraba la expansión de la ideología comunista, aunque en teoría pasaba por ser un foro de discusión sobre los problemas de Asia y sus relaciones con Occidente. El IPR, asociación privada que no pagaba impuestos, fue financiada principalmente por Morgan, Rockefeller y otros bancos y firmas de Wall Street. El IPR se dotó de dos órganos de expresión: la publicación trimestral *Pacific Affairs*, cuyo editor fue el criptojudío Owen Lattimore, y *Far Eastern Survey*, publicada por el Consejo Americano del IPR, cuyo secretario ejecutivo era Frederick Vanderbilt Field, conocido como "el millonario comunista". En 1937 surgió otro órgano de prensa, *Amerasia*, una publicación mensual cuyo papel fue de primer orden. El proyecto de *Amerasia*, aprobado por el IPR, fue propiedad del comunista judío Philip Jacob Jaffe y del propio Vanderbilt Field. Las políticas de Estados Unidos en China fueron finalmente impuestas por el IPR, como habrá ocasión de ver en las páginas que siguen.

En su famosa obra *Tragedy and Hope*, el "insider" (iniciado, persona con información privilegiada) Carroll Quigley reconoce que el IPR propició la caída de China en el campo comunista y se refiere a la investigación sobre el asunto emprendida en 1951 por el "Senate Internal Security Subcommittee" (SISS), creado el 21 de diciembre de 1950, que fue el equivalente al HUAC ("House Un-American Activities Committee") en el Congreso. Quigley explica que el SISS trató de demostrar que China había caído en manos del comunismo debido a la acción deliberada de un grupo de académicos expertos en el Lejano Oriente controlados y coordinados por el Institute of Pacific Relations. Llegado a este punto, Quigley da a entender que estos agentes poco hubieran hecho sin el respaldo que tenían y añade: "La influencia de los comunistas en el IPR está bien establecida, pero el patrocinio de Wall Street es menos conocido." Explica que el IPR estaba integrado por diez consejos nacionales independientes radicados en otros tantos países concernidos en los asuntos del Pacífico. La sede principal del IPR y su Consejo Americano se ubicaban en Nueva York, donde trabajaban interconectados. Entre 1925 y 1950 -desvela Quigley- cada uno gastó unos dos millones y medio de dólares, proveídos fundamentalmente por las fundaciones Rockefeller y Carnegie. Los déficits financieros anuales eran asumidos por "ángeles financieros, casi todos conectados con Wall Street." Además, individuos privados contribuían asiduamente con grandes sumas de dinero para hacer frente a los gastos de investigación, de viajes y de otro tipo.

Conocido esto, unas pinceladas sobre el proceso histórico en China iniciado a comienzos del siglo XX son necesarias para comprender mejor el desenlace final. El odio al extranjero fue el motor que iba a impulsar el proceso revolucionario. La presencia humillante a lo largo del siglo XIX de potencias como Gran Bretaña, Francia, Rusia, Japón y Alemania propició que los revolucionarios nacionalistas comenzaran la lucha en las ciudades. Sun Yat-sen, un médico al que perseguía la policía imperial, huyó al extranjero y desde Estados Unidos y Londres sentó las bases del KMT (Kuomintang). Durante la Primera Guerra Mundial los aliados lograron que China declarara la guerra a Alemania en 1917 a cambio de promesas que incumplieron. El 4 de mayo de 1919 los estudiantes se manifestaron en Pekin ante las embajadas extranjeras e incendiaron varios edificios. Mientras, la Internacional Comunista envió agentes a China con objeto de reconducir el movimiento nacionalista revolucionario por la senda del comunismo.

Se organizó inicialmente un Frente Unido entre el Partido Comunista Chino, fundado en julio de 1921, y los nacionalistas del Kuomintang (Partido Nacional del Pueblo) de Sun Yat-sen, que era masón y estaba casado con una mujer china de origen judío, Soong Ching-ling, de la etnia judía china de los Tiao Kiu Kiaou[24]. Conocida como Madame Sun Yat-sen, Soong Ching-ling

---

[24] Para conocer más sobre los Tiao-Kiu Kiaou, existe una obra que puede leerse en español: *El comunismo chino y los judíos chinos*, de Itsvan Bakony, quien a su vez bebe

colaboró estrechamente con Mao tras el establecimiento del comunismo. También el secretario y mano derecha de Sun Yat-sen era un judío llamado Morris Cohen. Fue el Cuarto Congreso de la Internacional Comunista (noviembre/diciembre 1922) el que propuso la alianza entre comunistas y nacionalistas. Lenin envió como embajador en China a Adolf Abrámovich Joffe, el judío que había encabezado junto a Trotsky la delegación soviética en las negociaciones de paz de Brest-Litovsk. Como se sabe, Joffe, trotskysta incondicional, se suicidó en 1927 como manera de protestar por la expulsión de Trotsky del partido. El 26 de enero de 1923, Sun Yat-sen y Adolf A. Joffe emitieron en Shangai la declaración que selló una alianza de colaboración durante el periodo 1924-27. Entonces, algunos chinos procedentes de clases acomodadas llegaban al comunismo por la vía de un nacionalismo radical. Junto a Joffe viajó otro judío, Jacob Borodin (Grusenberg), que se convirtió en consejero político del Kuomintang, al que trató de bolchevizar. En el Primer Congreso del Kuomintang, enero de 1924, muchos comunistas se situaron en posiciones ventajosas en el partido. Tras la muerte de Sun Yat-sen en 1925, Borodin apuntó como sucesor a Chiang Kai-shek, quien como Sun Yat-sen era masón de alto grado y se casó también con una Tiao Kiu Kiaou de la familia Soong, hermana de la mujer de Sun Yat-sen. El periodo de coalición estuvo plagado de polémicas y disensions entre los dos partidos.

Tras una estancia en Moscú, en 1927 Chiang Kai-shek llegó a la conclusión de que los soviéticos pretendían valerse del joven Partido Comunista Chino como instrumento de su política exterior. Las hostilidades comenzaron el 12 de abril de 1927 con un golpe anticomunista protagonizado por Chiang Kai-shek y el 28 de abril se produjo el asalto de la Embajada de la URSS en Pekín. Miles de miembros del PCCh acusados de ser desleales a China fueron liquidados. Heinz Neumann, otro judío trotskysta que representó al Comintern en España y que acabaría siendo purgado por Stalin en 1937, organizó en Nankín una rebelión comunista que fracasó. El Frente Unido quedó definitivamente roto. Los internacionalistas trotskystas habían concedido desde el principio gran importancia al triunfo del comunismo en China, por lo que estos hechos de 1927 sirvieron de

---

principalmente de otra fuente: *The History of the Jews in China*, de S. M. Perlmann. También aportan datos de interés la *Enciclopedia Judaica Castellana* y la *Jewish Encyclopedia*, según la cual los judíos chinos destacan en la agricultura, en el comercio, en la magistratura y en el ejército. La presencia de judíos en China se remonta según estas fuentes a tiempos inmemoriales. Marco Polo se refiere a la poderosa influencia comercial y política de los judíos en China. Durante el siglo XIX, los judíos Tiao-Kiu Kiaou se dedicaron al tráfico de opio en Shangai y en Honk Kong en connivencia con los británicos y con el banquero judío Elías David Sassoon. Todo indica que su colaboración con los comunistas fue muy significativa, pues muchos de los líderes fueron Tiao-Kiu Kiaou. Jean Lombard escribe en *La cara oculta de la Historia Moderna* que los judíos chinos trabajaron en el desarrollo de la francmasonería y de las sociedades secretas chinas. Según este autor, "el propio Mao y algunos de sus colaboradores del Partido Comunista y del Ejército Rojo pasan por ser unos Tiao-Kiu-Kiaou."

detonante para que Trotsky lanzase una campaña contra Stalin y tratase de recuperar el poder. Trotsky, Zinóviev y otros líderes judíos de la oposición trotskysta acusaron a Stalin de incompetencia y protagonizaron una conspiración en su contra que falló y acabó, según se ha dicho ya, con el confinamiento de Trotsky en Alma Ata en 1928.

En China iba a comenzar una larga guerra civil que acabaría con el triunfo de Mao Tse-tung en 1949. En un discurso pronunciado el 1 de agosto de 1927 en el Pleno del Comité Central, Stalin lo anunció con estas palabras: "Procedamos ahora a la segunda fase de la revolución en China. Mientras la primera etapa se caracterizó por el hecho de que la revolución se dirigía principalmente contra el imperialismo extranjero, el rasgo distintivo de la segunda etapa es que la revolución se dirigirá ahora directamente contra enemigos internos." Sin embargo, los consejeros soviéticos tuvieron que abandonar el país, el PCCh perdió todas las ciudades y sólo se mantuvo en el campo de manera clandestina. En la región de Hunan, provincia natal de Mao, éste había organizado ligas de campesinos por encargo del Partido Comunista y del Kuomingtang. Puede decirse que mientras Chiang Kai-shek liquidaba el comunismo urbano, Mao Tse-tung logró salvar el comunismo campesino. A finales de 1929 Gran Bretaña, Estados Unidos y Francia reconocieron al recién formado Gobierno nacionalista de Chiang Kai-shek.

Durante la década de los 1930s entraron en China muchos agentes de la Internacional Comunista que trabajaban subrepticiamente para los internacionalistas trotskystas, muchos de los cuales eran norteamericanos. Simultáneamente, se desarrollaron actividades de comunistas chinos en Estados Unidos, el más famoso de los cuales fue Chi Chao-ting, casado con un comunista judía norteamericana llamada Harriet Levine que era prima de Philip Jaffe. Chi escribió artículos para el *Daily Worker* bajo el seudónimo de R. Doonping en los que acusaba a Chiang Kai-shek de ser un contrarrevolucionario que había traicionado en 1927 la revolución china. Chi Chao-ting acabó doctorándose en Económicas por la Universidad de Columbia y trabajó para el Comité Central del Partido Comunista de Estados Unidos. Fue también muy activo en la "American Friends of Chinese People", organización que promovía la ayuda a los comunistas y tenía una publicación, *China Today*, en la que se prestó a colaborar Madame Sun Yat-sen. Entre los comunistas americanos más destacados de la organización figuraban Frederick Vanderbilt Field, Philip Jaffe, Thomas A. Bisson, Max Granich, Owen Lattimore, Anna Louise Strong y Grace Hutchins. Con excepción de Vanderbilt Field, todos ellos eran judíos. En 1936, Chi Chiao-ting pertenecía ya al Secretariado Internacional del IPR en Nueva York y contribuía en *Far Eastern Survey* y en *Pacific Affairs*. En 1937 se convirtió en socio de *Amerasia*. Otros dos comunistas chinos muy activos en el "Institute of Pacific Relations" y en sus publicaciones que posteriormente ocuparon posiciones destacadas en la China comunista fueron Chen Han-seng y Hsu Yung-ying.

En China, el generalísimo Chian Kai-shek lanzó a principios de la década de 1930 sucesivas campañas de aniquilamiento contra los comunistas de Mao, que sólo pudieron hallar un respiro gracias a la invasión de Manchuria por los japoneses. En octubre de 1934, después de sucesivas derrotas, los soldados campesinos de Mao iniciaron la legendaria "larga marcha" para evitar ser cercados y aniquilados. Durante un año las fuerzas comandadas por Mao Tse-tung caminaron prácticamente sin interrupción, acosadas y perseguidas por cientos de miles de soldados del Kuomingtang. Recorrieron más diez mil kilómetros a pie, distancia que es el doble, por poner un ejemplo, de la que hay entre Lisboa y Moscú. Cruzaron dieciocho cadenas montañosas, veinticuatro ríos, varios desiertos y pantanos. Los instructores políticos iban dejando soviets en las ciudades y localidades que atravesaban y formaban unidades de guerrilleros. De los cien mil hombres que conformaban las fuerzas de Mao, ochenta mil murieron de hambre, frío y agotamiento, cuando no lo hicieron ahogados en los ríos o despeñados por los barrancos. Según Christian Zentner, Mao tuvo además que vencer a enemigos internos, camaradas que trataron de matarlo, pues no era el hombre escogido por Stalin, quien buscaba sustituirlo por alguien de mayor confianza. En Moscú, Mao Tse-tung nunca fue considerado el jefe del partido. Todo invita a pensar que el hombre de Stalin en aquel momento pudo ser Chang Kuo-tao, jefe del cuarto ejército, dentro del PCCh oficialmente superior a Mao, al que durante la "larga marcha" trató varias veces de eliminar. Este hecho es sumamente significativo, puesto que los comunistas norteamericanos sí apostaron desde el principio por Mao Tse-tung, quien según Jean Lombard era un Tiao Kiu Kiaou.

En octubre de 1936 Moscú llegó a la conclusión de que era necesario reeditar un nuevo Frente Unido entre el Kuomingtang y el PCCh para derrotar a los japoneses, el enemigo exterior. El Partido Comunista de Estados Unidos y el propio Mao Tse Tung compartieron la idea; pero no así Chiang Kai-shek, para quien los japoneses eran un mal menor y consideraba prioritario derrotar a los comunistas, el enemigo interior que pretendía eliminarlo a él y a su sistema. En un memorando fechado el 18 de mayo de 1954 y titulado *Potentialities of Chinese Communist Intelligence Activities in the United States*, John Edgar Hoover, el director del FBI, revela que en junio de 1937 importantes comunistas judíos norteamericanos vinculados al IPR visitaron a Mao en Yenan. Entre ellos se cita a Philip Jacob Jaffe, Agnes Jaffe, Thomas A. Bisson y Owen Lattimore. A través de una carta, Mao le hizo saber a Earl Browder, el líder comunista de Estados Unidos, que estaba obteniendo información sobre los asuntos en Estados Unidos a través "varios amigos americanos y de otras fuentes."

Es muy significativo el hecho de que en la primavera de 1941 uno de estos "amigos americanos" de Mao, el profesor Lattimore, iba a ser nombrado por Roosevelt consejero del líder nacionalista Chiang Kai-shek en Chungking, capital de la China libre durante la guerra. De este modo el IPR logró un contacto estratégico de primer orden en un lugar especialmente sensible: evidentemente, Owen Lattimore escuchó y vio cuanto podía ser de interés para desarrollar la estrategia hacia el triunfo de Mao y el comunismo en China. Siendo asesor de Chiang Kai-shek, Lattimore viajaba esporádicamente a San Francisco para ejercer como jefe de la Oficina de Información de Guerra (OWI) de la Costa del Pacífico.

En definitiva, a finales de 1937 se acordó establecer en secreto el segundo Frente Unido con objeto de oponerse a los japoneses. Según parece, los comunistas prometieron al Kuomintang cuatro cosas: renunciaban a la reorganización agraria que estaban llevando a cabo; garantizaban que no derribarían al Kuomintang por la fuerza; aceptaban nuevos gobiernos regionales democráticos en los territorios fronterizos donde se habían establecido soviets; consentían en transformar el Ejército Rojo en un ejército nacional revolucionario. Durante este nuevo periodo de Frente Unido, *China Today* y los Amigos Americanos del Pueblo Chino dirigieron toda su artillería propagandística contra Japón y cesaron los ataques contra Chiang Kai-shek. En diciembre de 1937 se formó en Estados Unidos el Consejo de Ayuda a China, cuya finalidad era organizar la recogida de fondos para proyectos de asistencia a China. Entre los directores del Consejo estaban Philip Jaffe y Chi Chao-ting, ambos miembros del IPR y de *Amerasia*.

El periodo del segundo Frente Unido estuvo marcado en Estados Unidos, según el memorando de Edgar Hoover, por la infiltración en el Gobierno de Roosevelt de agentes que trabajaban por el logro de los objetivos comunistas en China. Edgar Hoover menciona a Lauchlin Currie, Michael Greenberg, Harry Dexter White, Salomón Adler y el grupo de *Amerasia*, quienes según el informe del FBI tenían acceso a documentos clasificados del Gobierno. Se nombra de nuevo de manera especial a Chi Chao-ting, quien teóricamente actuaba durante este periodo en nombre del Gobierno de Chiang Kai-shek, al que representó en 1944 en la Conferencia de Bretton Woods.

Tras el ataque japonés a Pearl Harbour, las cosas comenzaron a cambiar en China y la desconfianza marcó de nuevo las relaciones de Chiang Kai-shek y los comunistas, quienes durante la guerra pudieron aprovechar para fortalecerse. Chiang Kai-shek, aconsejado por Owen Lattimore, el estratega del IPR, tenía claro que, del mismo modo que Polonia había sido "casus belli" para Gran Bretaña en 1939, China lo había sido para los americanos, que la habían apoyado para contener la conquista japonesa. Sin embargo, en 1944 las fuerzas comunistas de Mao Tse-tung y Chou En-lai tenían una base independiente de poder en su feudo de Yenan, comandaban sus propios ejércitos y se preparaban para el momento decisivo. Por otra parte, dos agentes comunistas que pasaban por ser altos funcionarios norteamericanos, el diplomático John Stewart Service y Salomón Adler, próximo a Harry Dexter White en el Tesoro, se habían unido en Chungking a Owen Lattimore. Para completar el trío, Chi Chao-ting estaba colocado junto al ministro de Finanzas en el Kuomintang. Todos ellos estaban supuestamente en China para ayudar a los nacionalistas, pero en realidad odiaban a Chiang Kai-shek y trabajaban en la sombra para el triunfo del comunismo. En Chungking, Salomón Adler, John Stewart Service y Chi Chao-ting vivían juntos en la misma casa. En relación al asunto del IPR en China, El 14 de agosto de 1951 Elisabeth Bentley declararía ante el SISS que Salomón Adler era miembro del grupo de Silvermaster y que ella era el correo entre ambos. Bentley confirmó que también Harry Dexter White recibía información de Adler.

En el *Morgenthau Diary: China*, se encuentra un mensaje de Salomón Adler a Harry Dexter White, quien, evidentemente lo comentó con el secretario del Tesoro, Henry Morgenthau, pues éste anotó la conversación en su Diario. El comunicado se produjo en febrero de 1945 y en él Adler argumenta que sólo deben apoyar a Chiang si trata de verdad de promover un gobierno de coalición con Mao. La manera de presionar para lograrlo, según Adler, es utilizar el poder del Tesoro y retirar la ayuda financiera a Chiang, en especial un crédito anteriormente prometido de 200 millones de dólares en oro. Santon Evans reproduce en *Blacklisted by History* fragmentos del texto de Salomón Adler a Dexter White:

> "No parece haber alternativa para el Tesoro, salvo adoptar una política negativa hacia China. Deberíamos continuar enviando tan poco oro a China como sea posible. Porque este oro no será utilizado eficazmente para combatir la inflación... Deberíamos ser duros y lentos en aprobar gastos del Ejército en China. No hay necesidad de tener mala conciencia en este sentido, pues los chinos nos engañan a la menor oportunidad... Deberíamos denegar las demandas chinas de mercancías en préstamos y arriendos en materias civiles con la excusa de combatir la inflación... Deberíamos mantener una estrecha vigilancia sobre los fondos chinos en Estados Unidos."

Sin duda, estas palabras demuestran cuáles eran los planes que en febrero de 1945 se disponía a adoptar el Tesoro. Stanton Evans comenta por su parte: "Esta estrategia, expuesta por un agente comunista a otro agente comunista, se convertiría en cuestión de meses en la política oficial de Estados Unidos en relación a China." Este autor cita unas palabras que Henry Morgenthau escribió en su Diario: "Me encantan estas cartas de Adler." Evans añade: "White se aseguraba que el secretario del Tesoro Morgenthau viera los memorandos de Adler y los informes seleccionados de Stewart Service. Morgenthau llevaría el mensaje a la Casa Blanca, donde tenía acceso directo a FDR, su vecino de tanto tiempo en el valle Hudson de Nueva York. Puesto que Lauchlin Currie, en el 'staff' de la Casa Blanca, recibía informes actualizados de Service, cada memorando podía ser citado como confirmación del otro."

En cuanto a los esfuerzos para combatir a los japoneses, los informes que llegaban a Washington eran bien distintos según la fuente que los emitía. Mientras el diplomático Stewart Service informaba que sólo los comunistas estaban luchando contra los japoneses y que Chiang Kai-shek no hacía nada, el general Albert Wedemeyer aseguraba exactamente lo contario. Wedemeyer, un militar experto que había estado en China al mando de la lucha contra Japón durante muchos meses, publicó años más tarde el libro *Wedemeyer Reports* (1955). Según esta fuente, los comunistas chinos aportaron muy poco en la pelea contra los japoneses y no habían sido una ayuda: "No hubo fuerzas comunistas chinas - escribe Wedemeyer- luchando en ninguna de las batallas importantes de la guerra chino-japonesa." En función de los informes que le pasaba su servicio de Inteligencia, el general escribió en la obra citada: "Supe que Mao Tse-tung, Chou En-lai y otros líderes comunistas chinos no estaban interesados en combatir a los japoneses porque su principal preocupación era ocupar el territorio que las fuerzas nacionalistas evacuaban en su retirada."

En la primavera de 1945 el embajador de Estados Unidos en Chungking, el general Patrick Hurley, que entre 1929 y 1933 había sido secretario de Guerra, comunicó a sus superiores en Washigton que no confiaba en un diplomático que tenía a sus órdenes, John Stewart Service, por lo que pidió que fuera retirado del servicio en la Embajada. A finales de 1944 Service había regresado a Estados Unidos con un permiso de dos meses. Durante la visita, además reunirse con Lauchlin Currie y Dexter White, se entrevistó con personas que venían siendo vigiladas por el FBI, tales como Grace Granich, una comunista de origen judío que había sido secretaria del Earl Browder; Andrew Roth, judío de origen húngaro que había sido investigador del IPR y era teniente en la división del Lejano Oriente del Departamento de Inteligencia Naval; Rose Yardumian, otra judía de origen armenio encargada de la oficina del IPR en Washington y vieja amiga de los Lattimore. En ausencia de John Service, el embajador Hurley tuvo tiempo de leer detenidamente despachos y comunicados enviados por el diplomático, que supuestamente trabajaba para él, y no le gustaron nada. He aquí uno de ellos, reproducido fragmentariamente por M. Stanton Evans, especialmente contrario a la línea oficial de la Embajada:

> "Nuestras relaciones con Chiang Kai-shek continúan aparentemente sobre la base de suposición poco realista de que él es China y de que él es necesario a nuestra causa... En las presentes circunstancias, el Kuomintang depende de la ayuda americana para su subsistencia. Pero nosotros no dependemos en absoluto del Kuomintang. No lo necesitamos por razones militares... No debemos temer el colapso del Gobierno del Kuomintang... No necesitamos apoyar al Kuomintang por razones de política internacional... No necesitamos apoyar a Chiang en la creencia de que él representa a los grupos proamericanos o prodemocracia... No necesitamos sentirnos agradecidos a Chiang... Puede que haya un periodo

de cierta confusión, pero las ventajas eventuales de un colapso del Kuomintang lo compensarán."

Cuando a finales de enero de 1945 John Service regresó a Chungking, Pat Hurley había decidido ya que no lo quería en la Embajada. Además de mostrarle su hostilidad, el embajador le anunció que había solicitado su sustitución. En primavera Washington atendió la solicitud y sin ninguna ceremonia de despedida Service fue enviado de vuelta a Estados Unidos. El 12 de abril estaba ya en Washington, donde Andrew Roth le puso en contacto con Philip Jacob Jaffe, editor del periódico procomunista *Amerasia*. El encuentro entre ambos se produjo en el Hotel Statler. Desde hacía unas semanas Jaffe estaba siendo sometido a estrecha vigilancia, la cual incluía escuchas telefónicas, micrófonos ocultos y seguimiento de sus movimientos. Por si el primer encuentro con Granich, Roth y Yarmudian no había sido suficiente, a partir de este encuentro Service comenzó a aparecer en los archivos del FBI, que el 11 de mayo de 1945 remitió a la Casa Blanca un memorando de ochenta páginas relacionado con el caso *Amerasia*. En él, figuraban los movimientos del mes de abril de Philip Jacob Jaffe, John Service, Andy Roth, Mark Gayn (otro judío cuyo verdadero nombre era Julius Ginsberg) y Emmanuel Larsen (del Departamento de Estado). Cuando se desclasificó, el archivo de *Amerasia* constaba de más de doce mil páginas. En junio el FBI arrestó a John Service y a otros funcionarios del Departamento de Estado acusados de espionaje, pero Lauchlin Currie se encargó de que finalmente no fuera imputado.

El 24 de abril de 1945 Mao Tse-tung en un informe para el VII Congreso Nacional del Partido Comunista Chino aludía a la necesidad de eliminar a los agresores japoneses externamente y al Kuomintang internamente. Mao apuntaba a la reanudación de la guerra civil. A partir de este momento, puede ya observarse con mayor detalle de qué manera se actuó para que Mao Tse-tung pudiera vencer a Chiang Kai-shek y proclamnar la República Popular de China. El sabotaje de Harry Dexter White y Solomon Adler al préstamo del oro antes comentado puede decirse que fue el pistoletazo para desencadenar el plan. En 1951 Freda Utley publicó *The China Story*, obra en la que analiza la política de EE.UU. en China desde 1945. En ella alude al discurso pronunciado en Washington el 11 de abril de 1950 por el coronel L. B. Moody, del Cuerpo de Artillería. Moody denunció que el Gobierno de Estados Unidos había denegado de manera continuada ayuda militar a Chiang Kai-shek. Este coronel publicó el 16 de julio de 1951 en la revista *The Freeman* un extenso artículo en el que detalla los esfuerzos realizados en la sombra para denegar la ayuda militar. En el verano de 1945 este especialista del Ejército inspeccionó un excedente de municiones que se tenía pensado entregar al KMT (Kuomintang). El coronel Moody denuncia que los funcionarios que manejaron estos materiales procuraron por todos los medios que no fueran entregadas. Las municiones estaban bajo el control de la "Federal Economic Administration", sucesora del "Board of Economic Warfare". Cuando los suministros iban a ser entregados a Chiang, escribió Moody, "la FEA hizo cuanto pudo para bloquear o retrasar el envío de este material esencial, probablemente a través de funcionarios de la Embajada." Según el coronel, de las 153.000 toneladas de munición, Chiang sólo recibió un dos por ciento, "el resto fue arrojado al oceano o se desechó de otra forma." Rifles capturados a los alemanes que supuestamente debían ser para el generalísmo fueron intervenidos. "Una pequeña remesa fue enviada -señala Moody- pero el proyecto fue cancelado por órdenes de Washington."

En el otoño de 1945 John Carter Vincent fue nombrado director de la Oficina de Asuntos del Lejano Oriente ("Bureau of Far Eastern Affairs"). Este diplomático, como anteriormente John Stewart Service, iba a jugar un papel determinante. Coincidiendo con su designación, se produjo la dimisión de Patrick Hurley, el embajador norteamericano en China, quien, desde el episodio de Service se convirtió en un obstáculo para los planes de perjudicar a Chiang y favorecer a los comunistas. Pat Hurley comenzó a comprobar que había más funcionarios del Servicio Extranjero que participaban en la estrategia, pero sus comentarios fueron considerados desvaríos y él mismo fue calificado como jactancioso y fanfarrón. Poco acostumbrado a ser maltratado y ante la evidente campaña para desacreditarlo, el embajador Hurley dimitió a finales de noviembre de 1945. Su sustituto fue el famoso general George Marshall, el hombre que perdió súbitamente la memoria el 6 de diciembre de 1941 y no supo dónde había estado durante las doce horas previas al ataque japonés a Pearl Harbour.

Debe tenerse en cuenta que Stalin se había comprometido en Yalta a declarar la guerra a Japón tres meses después de la derrota de Alemania. Lo cual en el fondo suponía un bonito regalo de Roosevelt, pues era una invitación para que los soviéticos pusieran pie en Manchuria, cuyos puertos y líneas férreas eran de vital importancia. Tras el lanzamiento de la bomba atómica sobre Hiroshima, Moscú ordenó el comienzo de la operación en el Manchukuo (Manchuria), el Estado satélite de Japón. Fue una guerra relámpago, al más puro estilo alemán, pues el Ejército soviético logró en tres semanas una de sus más brillantes victorias. Lógicamente, esta entrega de Manchuria a Stalin iba en favor del establecimiento del comunismo en China.

Hay interpretaciones para todos los gustos sobre lo ocurrido tras la derrota japonesa. Puesto que el Kuomintang no tenía tropas en Manchuria, cincuenta mil soldados de infantería de Marina de Estados Unidos habían desembarcado en China y los aviones americanos transportaron a los soldados de Chiang Kai-shek a Manchuria para participar en la capitulación de los japoneses, que se habían rendido a los soviéticos. Pudo comprobarse entonces una vez más que Mao no era el hombre de Moscú, pues Stalin, que se había mostrado implacable en la ocupación de media Europa, aceptó entregar a Chiang Kai-shek la importante zona industrial de Manchuria y permitió que el Kuomintang ocupara las ciudades claves en el norte de China. Parece claro que si hubiera confiado en Mao Tse-tung jamás habría actuado así.

En el mes de noviembre de 1945, a través de las declaraciones de Elisabeth Bentley y Whittaker Chambers, el FBI pudo constatar que, sorprendentemente, las paralelas convergían: todas las redes de espionaje que investigaban aparecían interconectadas entre sí. El 27 de noviembre, el FBI presentó al presidente Truman un nuevo memorando de cincuenta páginas sobre el espionaje soviético en Estados Unidos, en el que confluían informaciones sobre COMRAP ("Comintern Apparatus") CINRAD ("Communist Infiltration of the Radiation Laboratory") y *Amerasia*. Este informe se haría famoso años más tarde cuando Richard Nixon lo leyó en parte ante los comités de investigación. Entre los nombres que aparecían en esta visión general de la infiltración comunista destacaban: Oppenheimer, Silvermaster, Hiss, Currie, Bransten, Kheifitz, White, Service, Adler, Glasser... entre otros menos relevantes.

El 20 de diciembre de 1945, con la supuesta misión de lograr que Mao y Chiang aceptasen formar un Gobierno de unidad, el general Marshall llegó a China, donde fue recibido por el general Wedemeyer. En septiembre de 1945, el embajador norteamericano, Patrick Hurley, había mediado para la celebración de un primer encuentro entre Mao Tse-tung y Chiang Kai-shek. Lucha o coalición eran, pues, las dos únicas opciones cuando capitularon los japoneses. Entonces, sin embargo, todo había cambiado en favor de los comunistas: en 1937 el PCCh tenía cuarenta mil afiliados; en 1945, un millón y medio. En cuanto a soldados regulares, había pasado de ochenta mil a más de novecientos mil. En 1937 los comunistas chinos dominaban un territorio de doce mil kilómetros cuadrados con dos millones de habitantes; en 1945 sus dominios eran diez veces superiores con más de 95 millones de habitantes. Pese a todo, Chiang Kai-shek estaba convencido de que podía vencer al comunismo con ayuda de sus aliados norteamericanos. Sin embargo, el hecho de que se le amenazara con cortarle la ayuda si no se coaligaba con los comunistas, equivalía a poner el mango de la sartén en manos de Mao, el cual para impedir que Chiang fuera asistido por sus teóricos aliados americanos sólo tenía que evitar que se formase el gobierno de unidad.

El principal mentor del general Marshall en China fue John Carter Vincent, diplomático que era un dirigente del IPR infiltrado en el Departamento de Estado, colega de Owen Lattimore e íntimo aliado de John Stewart Service y Lauchlin Currie. En noviembre de 1945, antes de que Marshall viajara a China, Vincent le presentó un memorando sobre la situación, el cual, junto a otros dos informes firmados por el propio Truman, le sirvieron de guía. Se trataba de que Chiang Kai-shek aceptase el acuerdo con "los llamados comunistas" (términos usados por Vincent). Desde el principio quedó claro que si Chiang no aceptaba el planteamiento, Estados Unidos suspendería su ayuda al generalísimo: "Una China desunida por la guerra civil -decía Truman en una carta- no puede ser considerada de manera realista como un lugar adecuado para la ayuda americana." Para rematar la faena, Solomon Adler, estaba entre los principales asesores económicos y financieros de Marshall. La actitud de Truman en relación al caso Dexter White se repitió con Solomon Adler, que había sido representante del Tesoro en China en 1944. El FBI sabía que en Chungking Adler había vivido con Chi Chao-ting y John Stewart Service en la misma casa. Pese a los repetidos informes de Edgar Hoover que lo señalaban como agente comunista, el presidente Truman no sólo lo mantuvo en el Tesoro, sino que lo promocionó, aumentó sus retribuciones y lo designó en puestos claves. En 1946 era asesor del general Marshall. En 1947 se le encargó que proporcionase información de fondo sobre China al general Wedemeyer. Desde diciembre de 1947 hasta febrero de 1948 discutió con el Departamento de Estado las cuestiones de ayuda técnica y financiera a Chiang Kai-shek. Naturalmente, siendo como era un esbirro de la conspiración comunista internacional que pretendía estrangular a Chiang, aconsejó que se cortase la ayuda a los nacionalistas chinos.

Sólo en mayo de 1950, tras la irrupción en escena del senador Joseph McCarthy, Salomón Adler, ya con la misión cumplida, consideró prudente abandonar el Tesoro y viajar a Inglaterra, desde donde se fugó a China con el fin de trabajar para el régimen comunista que había ayudado a implantar. Service, Vincent, Adler, Currie, Lattimore eran sólo la punta del iceberg. Stanton Evans cita al historiador Maochun Yu, quien basándose en el estudio de fuentes chinas escribe: "Cuando George Marshall estuvo en China, la penetración comunista en medios americanos fue desenfrenada. Muchos mecanógrafos e interpretes chinos empleados por el OSS y por la OWI (Office of War Information) eran agentes secretos que trabajaban para Yenan. Como se ha revelado en recientes materiales publicados en China, robaron documentos, organizaron actividades secretas, aportaron datos incorrectos y alimentaron a las agencias americanas de inteligencia en China con información falsificada."

A pesar de todo, durante los primeros meses de 1946 los nacionalistas del KMT estaban ganado la guerra y no comprendían por qué razón los norteamericanos pretendían obligarles a pactar con los comunistas en lugar de ayudar a derrotarlos. Precisamente, La primera decisión que tomó Marshall fue pedir una tregua, lógicamente aceptada por los comunistas, puesto que estaban perdiendo. Otro autor chino citado por Stanton Evans, el comunista Jung Chang, en un texto titulado "Saved by Washington" (Salvados por Washington) escribe lo siguiente:

"Marshall iba a prestar un servicio monumental a Mao. Cuando Mao tenía su espalda contra la pared en lo que puede ser llamado su Dunkerque a finales de la primavera de 1946, Marshall ejerció una presión fuerte y decisiva sobre Chiang para que detuviera la persecución de los comunistas en el norte de Manchuria... El 'diktat' de Marshall fue probablemente la decisión más importante que afectó al resultado de la guerra civil. Los rojos que vivieron aquel periodo, desde Biao hasta los jubilados del Ejército, comentan en privado que aquella tregua fue un error fatal de la parte de Chiang."

En julio de 1946, Marshall pisó el acelerador con el fin de llegar a la meta que le habían fijado. El general advirtió a Chiang que sus órdenes eran conseguir "la paz y la unidad" y que si no cesaba la lucha tendría que suspender la ayuda al KMT. Sin preocuparse en absoluto por el hecho de que nadie presionara a los comunistas, toda la responsabilidad por la continuación de la guerra civil se hacía recaer sobre el bando nacionalista. Joe McCarthy se referiría en 1951 a estos momentos. Según dijo el senador, el general Wedemeyer había preparado un plan sensato e inteligente que habría permitido mantener a China como un aliado valioso, pero fue saboteado, hecho que McCarthy consideró alta traición. En un discurso pronunciado el 14 de marzo de 1951, declaró que en realidad el general Marshall, ya enfermo y debilitado, había sido embaucado por los conspiradores:

"Cuando Marshall fue enviado a China con órdenes secretas del Departamento de Estado, los comunistas estaban entonces encerrados en dos áreas y estaban peleando una batalla perdida; pero a causa de aquellas órdenes la situación fue radicalmente cambiada en favor de los comunistas. En cumplimiento de aquellas órdenes, como sabemos, Marshall embargó todas las armas y municiones a nuestros aliados en China. Forzó el pasó a Manchuria a través de las montañas Kalgan, que controlaban los nacionalistas, con el fin de que los comunistas tuvieran acceso al equipamiento y a las ingentes cantidades de armas capturadas a los japoneses. No hace falta explicar al país cómo Marshall trató de forzar a Chiang Kai-shek a formar un gobierno de coalición con los comunistas."

El embargo de armas comenzó en el verano de 1946 y fue determinante. No sólo se imposibilitó a los nacionalistas la compra de armas y municiones, sino que también se impidió que recibieran aquellas remesas que ya habían sido compradas. Para que el bloqueo fuera completo, el embargo se coordinó con los británicos, que eran la alternativa más probable que tenían los nacionalistas. Esta política se mantuvo hasta comienzos del verano 1947, aunque durante los meses que siguieron se prosiguió a través de métodos clandestinos. Freda Utley explica en *The China Story* que Chiang Kai-shek intentó durante un año que se levantase el embargo para comprar una munición que no podía venderse a nadie más, toda vez que había sido fabricada durante la Segunda Guerra Mundial de acuerdo con unos requisitos previamente acordados. Según esta autora, el Departamento de Estado permitió inicialmente al Gobierno chino comprar munición para tres semanas y se concedió otra pequeña ayuda a los nacionalistas cuando en 1947 se ordenó a los marines norteamericanos que abandonaban China que dejaran munición del calibre 30 mm para seis días. Freda Utley cita de nuevo al coronel Moody, quien calculó que en diciembre de 1947 la munición en poder del Gobierno nacionalista era suficiente para combatir durante poco más de un mes.

A principios de 1948 la preocupación por lo que estaba aconteciendo en China impulsó al Congreso de Estados Unidos a presionar para que se concediera una ayuda de 125 millones de dólares en asistencia económica, que supuestamente podría aliviar la emergencia militar de Chiang Kai-shek. Nuevamente, agentes de la conspiración fueron capaces de maniobrar en la sombra para retrasar la ayuda. El 5 de abril el embajador chino en Washington hizo la primera solicitud para que se diera cumplimiento a la ley aprobada por el Congreso. Durante dos meses los chinos suplicaron en vano que se les permitiera hacer sus pedidos de suministros con los fondos habilitados para tal fin. Las municiones solicitadas únicamente podían obtenerse de los "stocks" del Gobierno; pero Truman autorizó al principio sólo transacciones comerciales. El general Claire Chennault, durante largo tiempo comandante de la Fuerza Aérea en China, testificó que se permitió en abril un primer envío que no llegó a Shangai hasta diciembre. El almirante Oscar Badger, que en el verano de 1948 formaba parte de un grupo de observadores norteamericanos en el norte de China, ratificó el testimonio del general Chennault. Las fuerzas del KMT sabían que el Congreso había votado la ayuda y la esperaban con ansiedad para poder afrontar batallas decisivas. Para su desgracia, no sólo se demoró la entrega, sino que sólo llegó el diez por ciento de lo que se esperaba. El almirante Badger añadió que, además, el material suministrado era defectuso en muchos aspectos. "Para las fuerzas del KMT -declaró Badger- fue la gota que colmó el vaso."

A principios de 1949 ocurrió el episodio definitivo que venía a demostrar que el Gran Maestre Truman participaba plenamente en el juego de la conspiración. El presidente Truman, Dean Acheson, miembro del CFR (Council on Foreign Relations) recién nombrado secretario de Estado, y otros personajes bien situados en el seno del Gobierno decidieron, pese a la aprobación del Congreso, suspender toda ayuda militar a Chiang Kai-shek. Para justificar la medida, argumentaron que la causa del KMT estaba ya perdida. Cuando el senador republicano Arthur Vandenberg tuvo conocimiento de lo que se pretendía, amenazó con denunciarlo públicamente. Con el fin de evitar el debate, Truman canceló la orden; pero Acheson -informa Stanton Evans- ordenó a sus subordinados del Departamento de Estado lo siguiente: "Es deseable que los embarques se retrasen cuando sea posible y que se haga sin que sea ordenado formalmente."

Finalmente, todas las medidas y las artimañas para propiciar la derrota del gobierno nacionalista de Chiang dieron su fruto y las fuerzas del KMT se vieron forzadas a abandonar el Continente y desembarcar en Formosa. Sin embargo, en lugar de dar por terminada la lucha en su contra, Acheson se mostró partidario de perseguir al generalísimo para liquidarlo de manera definitiva. Tan pronto los comunistas de Mao Tse-tung se hicieron con el poder en octubre de 1949, en el Departamento de Estado se produjo una conferencia en la que Philip Jessup, integrante del Consejo de Gobierno del IPR y también miembro del CFR, fue el protagonista. Se decidió que la caída de China no era el final del proceso, sino simplemente el principio. Se convino en que eran de esperar otros avances comunistas en la región y la política recomendada para Estados Unidos era mantenerse al margen y permitir que se produjeran. Concretamente los "expertos" en Asia recomendaban que se permitiera a los comunistas de Mao la invasión de Formosa. A mediados de noviembre Acheson aconsejó a Truman que reconociera el nuevo régimen de Pekín y que se desvinculase completamente de Chiang Kai-shek en Formosa. Estas directrices políticas fueron públicas, pero otras maniobras contra Chiang sólo se conocieron décadas más tarde. Hubo, por ejemplo, una serie de planes en el Departamento de Estado para hacer el trabajo por Mao y sacarle a Chiang de Formosa: se barajó la intervención militar e incluso se pensó en organizar un golpe contra el generalísimo.

Stanton Evans revela en *Blacklisted by History* que estas maquinaciones clandestinas contra el líder anticomunista no eran nuevas y que durante la Segunda Guerra Mundial habían ya existido planes para eliminarlo. Concretamente, este autor señala al general Joseph Stilwell, apodado "Vinegar Joe", como figura central. Stilwell, asistido nada menos que por John Service, formó parte del Estado Mayor de Chiank Kai-shek durante la Segunda Guerra Mundial. Según Frank Dorn, ayudante de Vinegar Joe, el general le ordenó en 1944 que diseñara un plan para sacar a Chiang de la escena mediante su asesinato. Dorn escribió que el general Stilwell le dijo que "The Big Boy" (Roosevelt) estaba harto de Chiang y de sus berrinches." Frank Dorn especula que la idea podría haber procedido de Harry Hopkins. Stanton Evans escribe que todo el complot podría haberse puesto en tela de juicio si no hubiera sido confirmado en 1985 por Eric Saul, archivero del OSS. Según Eric Saul, en los archivos de esta unidad (anterior a la CIA) existe constancia del plan, que al final no se ejecutó porque no llegó la orden.

En cuanto al plan de quitar a Chiang de en medio mediante un golpe de Estado en Formosa, existen informes escritos en el Departamento de Estado que lo confirman: el candidato para liderar el golpe era un disidente del KMT, un general llamado Sun Li-jen. A mediados de enero de 1950,

Acheson declaró que ni Formosa ni Corea se hallaban en sus planes de defensa. También a principios de año Philip Jessup realizó una gira por Asia para recoger información precisa. Estuvo en Tokio y también en Taipei. A su regreso informó sobre su visita a Chiang. En *Foreign Relations of the United States* se hallan recogidas sus palabras: "La casa del Generalísimo se localiza a bastante altura en las montañas, a unos veinte minutos en coche del centro de Taipei. Había un fortín con un centinela en una de las muchas curvas en la carretera de la montaña, y vimos a unos pocos soldados en los alrededores, pero no había gran presencia militar." Sin duda, estas observaciones podían ser de suma utilidad si se pensaba en deshacerse de Chiang mediante la acción de algún comando.

Todo lo dicho hasta aquí confirma la existencia de "la inmensa conspiración" denunciada por el senador Joseph McCarthy. Entre 1945 y 1950 una serie de agentes que servían los intereses de quienes financiaban el comunismo internacional entre bambalinas lograron que China fuera entregada a Mao Tse-tung. Si se hubiera actuado contra ellos en 1945, tal y como aconsejaban los informes suministrados por el FBI de John Edgar Hoover, la catástrofe de China, probablemente, se hubiera podido evitar. El hecho de que Salomón Adler, en lugar de ser depurado, fuera enviado a China con el general Marshall en 1946 consituye un episodio crucial. También fue esencial el papel de Chi Chao-ting como agente maoísta infiltrado en el KMT (Kuomintang) hasta su caída en 1949. Como Salomón Adler, Chi se fugó a Pekín una vez completada su misión. Lauchlin Currie es el tercer personaje que debería haber sido desenmascarado en 1945 y no lo fue. Las declaraciones de Elisabeth Bentley, confirmadas por los documentos Venona, sitúan a Currie en el círculo de Silvermaster y permiten afirmar que fue uno de los agentes comunistas más relevantes en el seno del Gobierno, pues su cartera de asuntos relacionados con China y su influencia en la Casa Blanca fueron de importancia capital. A estos tres capitostes principales, el senador McCarthy adjuntaría en 1950 más de una docena de nombres relevantes que, cobrando nómina del Gobierno Federal, colaboraban estrechamente con ellos a fin de implantar el comunismo en China.

El caso *Amerasia*, aunque tuvo su origen en la época de Roosevelt, fue el que más comprometió y puso en evidencia a Truman, pues todo se desarrolló ante sus propias narices y con su aprobación. Hemos dicho ya que *Amerasia* fue una revista mensual ligada al IPR, fundada en 1937 por Philip Jaffe y Frederick Vanderbilt Field. En ella aparecían análisis e informaciones relevantes sobre la situación en Asia y América. Fue a principios de 1950 cuando gracias a la perseverancia del senador McCarthy se llegó a profundizar en la investigación sobre el espionaje y las filtraciones de documentos secretos entregados a *Amerasia* desde distintos Departamentos de la Administración, en especial del Departamento de Estado. Finalmente, ya mucho después, en 1970, el Subcomité de Seguridad Interna del Senado publicó un informe en dos volúmenes, *The Amerasia Papers: A Clue to the Catastrophe of China* (*Los papeles de Amerasia: una pista sobre la catástrofe de China*). M. Stanton Evans inicia el capítulo 28 de su valioso libro sobre Joseph McCarthy con estas palabras sobre la importancia de la investigación liderada por el senador de Wisconsin:

> "Si McCarthy no hubiera hecho nada más durante su apogeo turbulento en el Senado, su papel en hacer saltar la tapa del escándalo *Amerasia* merecería los aplausos de una nación agradecida. Ello no sólo por el significado intrínseco del caso, sino porque fue la puerta de entrada a otras revelaciones impensables de los recintos más oscuros de la Guerra Fría.
> Y no debe haber ninguna duda de que fue McCarthy quien sobrellevó la carga -martilleando constantemente sobre el caso, desenterrando informes de seguridad sobre Service, y ejerciendo presión sobre la gente de *Amerasia* y sus cómplices. Hoover y sus agentes conocían los hechos -conocían mucho más de lo que supo McCarthy-, pero debían desarrollar su combate tras el escenario, en un guerra secreta de lucha de informes. Estos esfuerzos internos no eran suficientes para evitar que el comité Tydings (contrario a McCarthy) y el Departamento de Justicia de Truman vendieran una falsa versión de la historia. Fue McCarthy quien suscitaría la ira de la opinión pública y las protestas necesarias para que los problemas de seguridad implícitos en el caso pudieran ser expuestos con el fin de remediarlos adecuadamente.
> No era sólo un sencillo asunto de Service-Jaffe y los documentos que se pasaron entre ellos, o incluso la lista sucia de crímenes federales cometidos por los técnicos de *Amerasia*. El significado más profundo del caso radicaba en todo lo que subyacía detrás y que iba a ser necesario desvelar para que se ventilase públicamente. Yendo a por Service/*Amerasia*, McCarthy estiraba los bordes visibles de una enorme red -mucho más larga de lo que conocimos- que se extendió sobre el Gobierno federal y tenía objetivos más grandiosos que los papeles que llegaron a Jaffe, por muy importantes que fueran aquellos papeles."

También hubo que esperar hasta 1950 para que Joe McCarthy denunciara ante el Senado el papel jugado por el IPR en la caída de China. Cuando un organismo tan respetado fue atacado por el senador McCarthy, sus enemigos se escandalizaron. El senador Clinton Anderson preguntó incrédulo: "¿Pretende el senador McCarthy transmitir la impresión de que en 1935 y 1936 el Institute of Pacific Relations estaba bajo control comunista?" Aunque el IPR no fue denunciado públicamente hasta los años 1950s, el FBI sabía ya en 1945 que el grupo de *Amerasia* trabajaba codo con codo con el IPR, que le servía de tapadera. El 6 de junio de 1945, con autorización del fiscal general que ordenó la investigación, los agentes de Edgar Hoover registraron las oficinas centrales de *Amerasia* y encontraron cerca de mil ochocientos documentos etiquetados "top secret" que habían sido robados de archivos gubernamentales. En sus primeros discursos en el Senado, McCarthy señaló que destacados miembros del IPR estaban relacionados con *Amerasia* y los vinculó a la siniestra política de Estados Unidos en China.

En la investigación sobre el IPR apareció la figura destacada de Edward C. Carter, antiguo funcionario de la YMCA (Young Men's Christian Association), asociación que pretendía expandir los valores cristianos, los cuales, evidentemente, son antitéticos con el ateísmo comunista. Carter, que formó parte del IPR desde su fundación en 1925, fue secretario general de la organización desde 1933 a 1946 y vicepresidente de 1946 a 1948. Tras ser objeto de las investigaciones de McCarthy, se estableció que Frederick Vanderbilt Field y Joseph Barnes pasaron a ser sus ayudantes más próximos. Enseguida se incorporó Owen Lattimore, que se encargó de la edición de *Pacific Affairs*, buque insignia del IPR. A pesar de sus supuestas raíces cristianas, Carter destacó por los servicios prestados al comunismo, ideología que actuó contra el cristianismo allí donde logró imponerse. Según el periódico comunista *Daily Worker*, Carter fue durante la guerra presidente del Comité Nacional de Ayuda Médica a la URSS; según el FBI, presidió el Fondo de Ayuda a la Guerra en Rusia y fue también presidente del Consejo de Dirección del Instituto Ruso-Americano, organización que la Fiscalía General de Estados Unidos tenía catalogada como subversiva. Louis Budenz, director del *Daily Worker,* declaró ante los comités de investigación que Carter era miembro del Partido Comunista.

En 1951, el Subcomité de Seguridad Interna del Senado (SISS) presidido por Pat McCarran incautó los registros del IPR gracias a las pesquisas del senador McCarthy, quien averiguó que los archivos se hallaban en una granja de Edward Carter en Nueva Inglaterra. Estos documentos incluían la correspondencia entre altos funcionarios del IPR y miembros de la Administración, así como memorandos, actas de reuniones, e informes sobre acuerdos con representantes del Gobierno. En las conclusiones provisionales del SISS se estableció que tanto el Partido Comunista de Estados Unidos como funcionarios soviéticos consideraban al IPR un instrumento de la política comunista, la propaganda y la inteligencia militar, utilizado para orientar la política de Estados Unidos en el Lejano Oriente en favor de los objetivos comunistas.

El senador McCarthy señaló el papel de primer orden desempeñado por Owen Lattimore, miembro del CFR y del Consejo del IPR, para arruinar la causa nacionalista de Chiang Kai-shek y fortalecer a los comunistas de Yenan. Joe McCarthy denunció que Lattimore tenía un despacho en el Departamento de Estado que le daba acceso a las más altas instancias del poder ejecutivo. En los archivos del FBI, donde desde mayo de 1941 Lattimore era considerado comunista, las tesis del senador por Wisconsin se hallaban plenamente confirmadas. En la mayoría de las entradas en el registro del "Bureau" figuraba la inscripción "Owen Lattimore, Espionaje-R." La "R" en el encabezamiento significaba "Ruso". En 1948, los hombres de Edgar Hoover interrogaron a Alexander Barmine, antiguo oficial de inteligencia soviético, quien les informó que el general Berzin, jefe de la Inteligencia Militar (GRU) purgado en 1938 tras su paso por España, le había dicho que Owen Lattimore era un agente soviético al que se había encargado que montase un cobertura comercial para el espionaje soviético en China. En el archivo del FBI figura la declaración de Alexander Barmin, citada por M. Stanton Evans:

> "El informante recuerda que Berzin le dijo entonces... 'Ya tenemos la organización'. Berzin le dijo que la organización se llamaba 'Institute of Pacific Relations' y era la base de la red en China... En aquel entonces Berzin mencionó el hecho de que los dos hombres más prometedores y brillantes que la Inteligencia Militar Soviética tenía en el IPR eran Owen Lattimore y Joseph Barnes."

Philip Jessup, uno de los agentes procomunistas más destacados del IPR, del que presidía su comité de investigación, fue asimismo acusado por el senador McCarthy. Por encargo del secretario de Estado Acheson, Jessup organizó y dirigió una conferencia de expertos sobre el Lejano Oriente donde se discutió qué curso debía seguir la política de EE.UU. tras la debacle en China. Meses antes, en marzo de 1949, se había convertido en una figura relevante del Departamento de Estado, pues obtuvo el cargo de "Ambassador-at-Large", es decir, embajador itinerante de Estados Unidos. Jessup, al que Dean Acheson confió la conducción de la política sobre China, presidió el comité que confeccionó el "White Paper" (Libro Blanco), que fue presentado en agosto de 1949. En él, Estados Unidos se lavaba las manos, renunciaba a defender la libertad del pueblo chino y declaraba a los comunistas vencedores de la guerra civil. Cuando se publicó el Libro Blanco, la lucha continuaba y las fuerzas de Chiang Kai-shek mantenían el control sobre el sur de China, por ello Louis A. Johnson, el secretario de Defensa que el 28 de marzo de 1949 había sustituido al "suicidado" James Forrestal, y el general Claire Chennault argumentaron que el documento significaría un golpe definitivo para los nacionalistas, por lo que rogaron que no se procediera a su publicación.

El general Albert C. Wedemeyer, último comandante en jefe norteamericano en el teatro de operaciones chino confiesa en *Wedemeyers Reports* que le había asegurado al generalísimo Chiang Kai-shek que su país ayudaría a los nacionalistas chinos a establecer una forma de gobierno democrático después de la guerra. El embajador de Estados Unidos en China, John Leighton Stuart, escribió el 17 de marzo de 1948 que en su desesperación todos los grupos culpaban a América por su empecinamiento en pedir cambios estructurales y reformas en lugar de entregar la ayuda prometida, de la que "dependía la supervivencia de las instituciones democráticas." Freda Utley reproduce unas palabras del embajador escritas el 31 de marzo de 1948: "Los chinos no quieren convertirse en comunistas;

sin embargo ven que la marea del comunismo avanza irresistible. En medio de este caos y de esta parálisis, el generalísimo sobresale como la única fuerza moral capaz de actuar." El pánico del pueblo chino a ser entregado a una dictadura comunista como la que padecían los rusos fue advertido repetidamente por Leighton Stuart: "Recomendaríamos por ello -escribió el 10 de agosto de 1948- que los esfuerzos norteamericanos se encaminaran a prevenir la formación de un gobierno de coalición, y nuestros mejores medios se utilizaran para tal fin, y, si es posible, se incremente la ayuda al actual Gobierno." En su obra *Fifty Years in China* (1955) John Leighton Stuart denunció la responsabilidad del Departamento de Estado en la "gran catástrofe" y rechazó el Libro Blanco, al que consideró carente de valor histórico puesto que deformaba la realidad. Igualmente, Kenneth Colegrove, profesor de Ciencias Políticas en la Northwestern University, tuvo palabras muy duras para Dean Acheson y su Libro Blanco: "uno de los documentos más falsos jamás publicados por ningún país."

Sobre los crímenes y las atrocidades del comunismo en China podría escribirse largo y tendido, pues no tienen parangón. Robert Conquest, el sovietólogo británico que hemos venido citando a lo largo de esta obra, sitúa el coste humano del comunismo en Rusia entre 35 y 45 millones de vidas, estimación que los autores del *Libro negro del comunismo* reducen a 20 millones. A pesar de la magnitud, estas cifras se multiplican por dos o por tres en China. El profesor Richard L. Walker, de la Universidad de Carolina del Sur, asegura que las víctimas del régimen de Mao Tse-tung alcanzaron los 64 millones. En este caso la cifra coincide con la que se da en *El libro negro*, que es de 65 millones. Baste considerar que sólo durante la campaña conocida como el Gran Salto Adelante, entre 1958 y 1961, se produjo una hambruna en China que provocó entre 18 y 32.5 millones de muertes. El Partido Comunista, liderado por Mao Tse-tung, emprendió una campaña social, económica y política, con la cual pretendía transformar el país en una sociedad socialista a través de la colectivización agraria y la industrialización. Las granjas privadas fueron prohibidas y, como en Rusia, se consideró contrarrevolucionarios a quienes se oponían. El Gran Salto Adelante se convirtió en una catástrofe sin precedentes que acabó con la vida de decenas de millones de personas. El historiador holandés Frank Dikötter afirma que las bases de la campaña fueron la violencia y el terror, lo que provocó la mayor matanza de masas de la historia. Luego seguiría la Revolución Cultural. Zeng Yi, escritor disidente chino, explica en su obra *Scarlet Memorial: Tales of Cannibalism in Modern China* (1996) que durante los años de la Revolución Cultural los dirigentes comunistas chinos aleccionaron a las masas para que demostraran su conciencia de clase comiéndose los órganos y la carne de sus enemigos. El canibalismo, no obstante, según el gran escritor Lu Xun, formaba parte de las peores prácticas en la civilización china. El banquero illuminati David Rockefeller, cuyo clan colaboró desde finales del siglo XIX con los Rothschild y otros banqueros judíos en la conspiración comunista, en declaraciones a *The New York Times* publicadas el 10 de agosto de 1973, se refirió al régimen de terror de Mao como "uno de los más importantes y exitosos en la historia de la humanidad."

## Y más de lo mismo en Corea

Contrariamente a las predicciones y a los deseos de Stalin, Mao Tse-tung había ganado la guerra civil en China, la más larga de toda la historia moderna. Hasta 1948, Moscú había mantenido relaciones diplomáticas y acuerdos de cooperación únicamente con la china de Chiang Kai-shek, por lo que el PCCh no había recibido ayuda de la URSS, sino de sus amigos americanos. Los agentes de Stalin en el seno de los comunistas chinos venían informando de tendencias antisoviéticas entre los maoístas y Stalin no controlaba en absoluto lo que estaba sucediendo en China, aunque, naturalmente, a ninguna de las dos partes interesaba una ruptura. A pesar de las desconfianzas mutuas, a principios de 1950 Mao llegó a Moscú para firmar un Tratado de Amistad Chino-Soviético. En su biografía *Stalin. Breaker of Nations*, Robert Conquest afirma que durante esta visita el líder chino pidió la bomba atómica y Stalin se negó. Pese a todo, verbalmente Mao reconoció a Stalin como líder del comunismo mundial y éste, según Conquest, como gesto de buena voluntad, denunció a su principal agente en el seno del Politburó del PCCh, Kao Kang, un hombre de Beria, de quien entonces Stalin comenzaba a desconfiar, como se verá al final del capítulo. Significativamente, Kao Kang siguió en el Politburó sin problemas. En los documentos incautados a Beria tras su detención se hallaron numerosos textos sobre las "relaciones con el Comité Central del Partido Comunista Chino". La mayoría eran informes escritos por el propio Beria o enviados por Kao Kang, quien había comenzado su colaboración con Beria en el invierno de 1940 y duró hasta la detención de su jefe en el verano de 1953. Parece ser que Kao se suicidó a principios de 1954, aunque otra versión apunta que fue arrestado y fusilado.

En enero de 1950, el secretario de Estado Acheson anunció que Corea, Formosa y otros territorios de la zona dejaban de estar dentro del perímetro de defensa de Estados Unidos, lo cual, como mínimo, era una invitación a la expansión del comunismo. En Potsdam se había acordado dividir la península de Corea en dos zonas a lo largo del paralelo 38. El norte fue ocupado por el Ejército Rojo y el sur, por Estados Unidos. En el norte se había consolidado un régimen comunista tutelado por Moscú y en el sur uno anticomunista o capitalista. En marzo de 1950 se presentó en Moscú Kim Il Sung, él líder comunista norcoreano que sentía profunda admiración por Stalin. Sung pidió permiso para invadir la República de Corea, o sea, el sur de la península, y solicitó apoyo para sus planes de conquista. Convocada una reunión del Politburó a la que asistió Kim Il Sung, se dio luz verde al plan.

Así, a las cuatro de la madrugada del 25 de junio los comunistas norcoreanos cruzaron el paralelo 38 y lanzaron el ataque. Pese a desacuerdos increíbles, el general estadounidense Douglas MacArthur, radicado en Tokio, acudió en ayuda de los surcoreanos. MacArthur logró detener en los arrabales de Seúl el ataque sorpresa y lanzó una contraofensiva total en una maniobra estratégica que demostró su genio militar. Aunque Truman prohibió terminantemente que los bombarderos norteamericanos atacasen objetivos en Corea del Norte y que se llevase a cabo ninguna acción militar al otro lado del paralelo 38, el Ejército Rojo norcoreano fue severamente derrotado y retrocedió hacia el norte entre el caos y el desorden. Unos 150.000 soldados comunistas fueron capturados. El 29 de septiembre el general MacArthur restituyó en Seúl al Gobierno surcoreano. El 4 de octubre de 1950 la Asamblea Plenaria de la ONU acordó que las tropas de Naciones Unidas (surcoreanos, norteamericanos, británicos y una brigada turca recién incorporada) "continuarían su avance hacia el norte en acción de policía contra los agresores... para restablecer un Estado coreano único." El 19 de octubre Pyongyang, capital de Corea del Norte, fue atacada y a mediados de noviembre los norteamericanos alcanzaron el río Yalu, frontera entre Corea y Manchuria. Los comunistas norcoreanos habían sido vencidos y su ejército destruido.

El 19 de noviembre, miles de comunistas chinos comenzaron a atravesar el Yalu y penetraron en Corea. Tan pronto MacArthur tuvo noticia de los movimientos masivos de tropas en Manchuria: se estaban movilizando casi 900.000 combatientes, propuso destruir todos los puentes sobre el río Yalu mediante bombardeos aéreos intensivos con objeto de hacer prácticamente imposible la invasión. Asombrado, el general MacArthur recibió una orden que le impedía destruir los puentes y atacar las bases chinas más allá del río Yalu. La orden procedía del inefable general Marshall, que recientemente, el 21 de septiembre de 1950, había sido nombrado secretario de Defensa. MacArthur protestó indignado e informó que el reconocimiento aéreo demostraba que la invasión era total. Biógrafos y autores que han escrito sobre este famoso general estadounidense recogen numerosos textos y manifestaciones airadas. MacArthur habla de un jefe de escuadrilla herido de muerte: "De un brazo sólo le quedaba un muñón y su boca echaba espuma sanguinolenta. Me susurró al oído: '¿De qué lado están en realidad Washington y la ONU?'" El mismo día, MacArthur le dijo lo siguiente al general Hickey su jefe de Estado Mayor: "Seguro que es la primera vez en la historia militar que se le prohíbe a un jefe de tropa utilizar las armas en defensa de sus soldados y de sus posiciones."

El 28 de noviembre los ejércitos de la ONU huían hacia el sur: la brigada turca había sido engullida por la marea roja, la brigada inglesa fue casi aniquilada y los norteamericanos, perseguidos de cerca, realizaron la retirada más larga de su historia militar. El 29 de noviembre el general MacArthur propuso la intervención de las fuerzas nacionalistas chinas.

Desde Formosa, Chiang Kai-shek imploró que se le permitiera intervenir para liberar a su país, pero se le impidió cualquier movimiento. La climatología acabó de complicar la situación, pues a mediados de diciembre las tormentas de nieve dificultaban los movimientos y las temperatruras habían descendido a 35° bajo cero. Según algunos historiadores norteamericanos no hubo una guerra más frustrante en toda la historia de Estados Unidos que la guerra de Corea. No se permitió al general MacArthur anunciar al pueblo norteamericano que el país estaba inmerso en una nueva guerra y que el enemigo era la China roja. Las pérdidas de soldados norteamericanos fueron cuantiosas, el comandante del VIII Ejército, Walton Walker, murió en combate. Cuando las primeras informaciones sobre las bajas en el ejército llegaron al país, el congresista Joseph W. Martin escribió a MacArthur para saber de primera mano cuál era la razón de que murieran tantos soldados cuando la guerra estaba supuestamente ganada. El 20 de marzo de 1951 el general escribió desde Tokio al congresista y le explicó francamente su opinión. "Parece que es extremadamente difícil para algunos -decía MacArthur en un pasaje- comprender que es aquí en Asia donde los conspiradores comunistas han decidido jugar sus bazas para una conquista global..."

El 6 de abril de 1951, el congresista Martin, durante un debate sobre la guerra en Corea, leyó integramente en voz alta la carta del general MacArthur ante todos los representantes de la Cámara. El 11 de abril, enfurecido, Truman obligó a la Junta de Jefes de Estado Mayor a retirar el mando a MacArthur por razones militares. Se argumentaba en el texto que se había perdido confianza en su estrategia. La reacción de la opinión pública y del Congreso ante la noticia de la destitución del general fue abrumadora y se produjo una gran controversia con graves acusaciones hacia Truman, cuyo índice de aceptación era cada vez más bajo. Después de once años fuera del país, Douglas MacArthur regresó de inmediato a Washington. El 19 de abril de 1951 realizó su última aparición pública, que tuvo lugar ante el Congreso, donde pronunció un discurso de despedida, interrumpido en treinta ocasiones por las ovaciones.

En cuanto a la guerra, se prolongó otros dos años y murieron en ella más de un millón de personas. En 1953, tras la muerte de Stalin, se firmó un armisticio que mantenía la división del país en dos Estados con un frontera muy semejante a la que había en 1950, antes de que los norcoreanos realizaran la primera invasión. Lo que no se dijo nunca es que Jessup, Lattimore, Jaffe y otros estrategas del Institute of Pacific Relations infiltrados en el Departamento de Estado y en el Gobierno habían previsto inicialmente que toda la península de Corea debía quedar en manos del comunismo. Ello había sido aceptado de manera implícita en el Libro Blanco y en la declaración de Dean Acheson que confirmaba que Corea y Formosa quedaban fuera del ámbito de actuación de Estados Unidos.

## "Brujos" y "brujas", conjurados contra McCarthy

El senador McCarthy y otros muchos en América y en todo el mundo no alcanzaban a comprender cómo era posible que, tras haber luchado contra Japón para mantener la libertad de China, se entregara descaradamente a 600.000.000 de personas al bloque comunista. Durante años, congresistas y senadores se habían percatado de la seriedad de la situación. Existía un clamor generalizado de que en altos puestos de la Administración se protegía a comunistas que podían dañar la seguridad nacional y que pese a repetidas denuncias no pasaba nada. Por ello, la aparición en escena de Joe McCarthy en febrero de 1950 y su decisión de denunciar a personas concretas fue bienvenida para quienes comprendían la gravedad de la traición y exigían responsabilidades y castigo a los traidores.

Sin embargo, la tarea que se impuso el senador era propia de gigantes y él era sólo un hombre con todas las limitaciones y debilidades propias de los seres humanos. En 1953, el director del FBI, J. Edgar Hoover, después de haber sido testigo durante tres años de la lucha titánica del senador de Wisconsin, lo describió así en un informe a la prensa: "McCarthy es un antiguo marine. Fue un boxeador amateur. Es irlandés. Combinen todo esto y tendrán un individuo vigoroso que no será avasallado... Ciertamente es un hombre controvertido. Es serio y honesto. Tiene enemigos. Donde quiera que se ataque a subversivos de cualquier tipo... se corre el riesgo de ser víctima del criticismo más feroz y despiadado que pueda hacerse." Dos pinceladas más añadiremos a esta descripción: en su paso por la Marina estuvo en el Pacífico y fue oficial de inteligencia. Realizó dos docenas de misiones fotografiando objetivos desde el asiento trasero de bombarderos en picado o como artillero de cola en bombarderos regulares.

Entre los enemigos que le surgieron de inmediato se hallaba el presidente Truman, quien tardó poco en rechazar las acusaciones lanzadas por McCarthy y en calificarlas de mentiras. Lo mismo hicieron políticos prominentes, el Departamento de Estado, los medios de comunicación, todo tipo de supuestos expertos, académicos y diversos líderes de opinión. Durante más de tres años, Joe McCarty fue una especie de Quijote americano que, a diferencia del ingenioso hidalgo de La Mancha no tenía ni un ápice de locura, pues estaba lúcidamente cuerdo. Sus múltiples oponentes trataron de falsificarle la realidad y dijeron que veía brujas donde había ciertamente rebaños de judeo-marxistas traidores. McCarthy, como el inmortal personaje cervantino, fue un idealista, un hombre íntegro que soñó con "desfacer entuertos" y decubrir la verdad, un sueño imposible que acabaría convirtiéndose en la peor de las pesadillas. Aunque nuestro espacio es ya limitado, reseñaremos su lucha por desenmascarar a los enemigos de América y de la civilización cristiana.

Todo empezó el 9 de febrero de 1950, un jueves, en Wheeling (West Virginia). En el Club de Mujeres Republicanas estaban anunciadas para aquel mes una serie de conferencias del senador Joseph McCarthy, prácticamente un político desconocido de la minoría republicana en el Senado. Su denuncia sobre la infiltración de unos cincuenta comunistas en el Departamento de Estado recibió escasa atención; pero el periódico local *Wheeling Intelligencer* lo sacó en portada, por lo que la todopoderosa agencia global Associated Press envió una breve nota a sus clientes y días después varios periódicos ofrecieron la noticia a sus lectores. El 20 de febrero McCarthy pronunció un discurso en el Senado y, además de persistir en la denuncia, aludió a una lucha entre el comunismo ateo y la civilización cristiana occidental. McCarthy criticó la negligencia mostrada por el presidente Truman en relación al escándalo *Amerasia* y mencionó entre otros a John Stewart Service. Sin desvelar los nombres, hizo referencia a 81 casos de infiltrados comunistas en el Departamento de Estado y en otros Departamentos. Así, por ejemplo, el n° 1 era un empleado del subsecretario de Estado. Sobre el caso 28 dijo: "Este individuo ha estado en el Departamento de Estado como funcionario del Servicio Exterior desde 1936". Durante el debate algunos senadores rogaron a McCarthy que facilitara los nombres asociados a los números. Él respondió que estaba dispuesto a presentarse ante un comité de investigación y desvelar la identidad correspondiente a cada número, pues creía que era un error hacerlos públicos en la sala del Senado. Fue así como surgió el Comité Tydings, que abrió sus sesiones públicas el 8 de marzo de 1950. De este modo comenzó la era McCarthy en la política norteamericana.

Desde el principio, las sesiones se convirtieron en un acoso al senador McCarthy, al que se trató de hacer perder los nervios, pues fue interrumpido más de cien veces de manera agresiva en el curso de su presentación. En lugar de mostrar interés en investigar los hechos denunciados, pronto se vio que la principal preocupación era cuestionar al senador, lo que provocó la indignación de algunos republicanos. Cansado de ver cómo se acosaba a su colega, un senador protestó de este modo:

> "Sr. presidente, este es el procedimiento más inusual que he visto desde que he estado aquí. ¿Por qué no se trata de manera normal al senador de Wisconsin y se le permite hacer su informe cómo quiera, en lugar de someterlo a interrogatorio antes de que haya tenido ocasión de exponer lo que tiene que decir? Pienso que el senador de Wisconsin debería gozar de la cortesía que tienen todos los senadores y todos los testigos de proceder a la exposición a su manera y no desgarrarla en trozos antes de que haya tenido la oportunidad de pronunciar una sóla frase de manera continuada... No entiendo a qué se está jugando aquí..."

Por fin, McCarthy dijo que él presentaba pistas, extractos y nombres de sospechosos que debían ser objeto de seguimiento e investigación en cumplimiento del mandato del Senado. Sin embargo, los senadores Tydings, Green y McMahon lo veían exactamente al contrario: era McCarthy quien debía probar sus cargos. Ellos actuarían como una especie de jurado que juzgaría sobre las evidencias presentadas. Es decir, renunciaban a investigar sobre los casos denunciados. De todos modos, McCarthy ofreció más evidencias de las esperadas y con frecuencia asoció los nombres que iba presentando, por ejemplo John Stewart Service, con *Amerasia* y con el IPR, un organismo sobre el que quiso dejar claro que constituía un problema para la seguridad de Estados Unidos, por lo que debía ser objeto de riguroso escrutinio.

Tras esta sesión inicial, comenzaron las comparecencias. La dinámica fue la siguiente: McCarthy presentaba sus cargos, el comité convocaba al acusado, quien negaba todo, denunciaba que el senador de Wisconsin era un sinvergüenza o un patán y presentaba un manojo de respaldos de personajes eminentes, los cuales declaraban que el denunciado era un patriota y un honesto servidor público. A continuación el Comité, sin excepción, aceptaba las declaraciones como "hechos" y consideraba las respuestas como refutaciones concluyentes. Los casos de Philip Jessup y Owen Lattimore pueden servir como ejemplos. Jessup regresó de Asia y ofreció al subcomité un extenso resumen de su prosapia y de su carrera. Luego mencionó a personas relevantes que confiaban en sus decisiones y mostró su indignación por las acusaciones absurdas de McCarthy. Desde el punto de vista del Comité presidido por Tydings, ello era más que suficiente para emitir un veredicto favorable a Jessup. Owen Lattimore fue tratado con cortesía desmedida. Preguntó si podía leer sin interrupciones y Tydings le aseguró que podía. Lattimore procedió a exponer un informe enorme de unas diez mil palabras, contenido en cerca de treinta páginas que tardó dos horas y media en leer. A diferencia de lo acontecido con el senador McCarthy, Lattimore sólo fue interrumpido por las atenciones del presidente: "Doctor -dijo solícito Tydings- si en algún momento desea descansar un minuto, su exposición es larga, no dude en pedírmelo." Tras acabar el soliloquio sobre su vida, su carrera y sus escritos, Lattimore dirigió un feroz ataque contra McCarthy.

Días después, compareció ante el comité Louis Budenz. Fue una diligencia no planificada por Tydings, sino por McCarthy, quien tuvo ocasión de contraatacar con la citación de este testigo que había sido miembro del Politburó del PC de Estados Unidos y director editorial de *Daily Worker*. Budenz había desertado en octubre de 1945, casi al mismo tiempo que Elisabeth Bentley. Su información fue exhaustiva, pues conocía muy bien quién era quién en el seno de la organización. Los miembros demócratas que habían asistido plácidamente a los monólogos de Jessup y Lattimore quedaron estupefactos. Budenz testificó que miembros de la cúpula directiva de PC le habían asegurado que Lattimore era un agente del partido y que como tal debería tratarlo en *Daily Worker*. Recordó las tareas de propaganda y los servicios que Lattimore había prestado. Su declaración levantó ampollas. Los paños de seda con que los senadores demócratas habían preservado a Lattimore y a Jessup se convirtieron en guantes de boxeo. A pesar de la tormenta de preguntas escépticas e insultantes con que se golpeó al testigo, la declaración de Budenz fue demoledora.

McCarthy, apodado por la prensa "Tail-gunner Joe" (artillero de cola Joe), gozaba pese a todo del respaldo de la opinión pública, según demostraron las encuestas, y era una figura popular. No tardó nada en desenterrar el escándalo *Amerasia*, enterrado en dos ocasiones antes de su llegada. El asunto incluía crímenes, robo de documentos oficiales, perjurio, encubrimiento y otros delitos relacionados con la seguridad. Durante las sesiones, la intención del Departamento de Justicia fue enterrarlo por tercera vez. El senador Tydings comenzó por considerar el asunto una nimiedad. Sin embargo, el FBI conocía la complicidad del Departamento de Justicia en las componendas realizadas en el pasado para sepultar todo el escándalo y tenía registrados pinchazos telefónicos y otros documentos para probarlo. En cualquier caso, el Bureau era un brazo de la Justicia que tenía la obligación de mantener la boca cerrada en asuntos públicos sobre materias controvertidas, pues actuaba a las órdenes de la Fiscalía General. Ahora bien, si sus agentes eran llamados ante el Senado, la subordinación, la cultura de silencio y la tadicional discreción del FBI no los obligaba a cometer perjurio para proteger a gerifaltes del Departamento que habían delinquido.

Esta situación provocó un conflicto, pues se trató de amordazar a los hombres de Edgar Hoover para que continuara el encubrimiento. Para minimizar el caso, se rechazaron las evidencias y se consideró que los documentos carecían de importancia. Dos altos funcionarios, John Peurifoy, del Departamento de Estado, y Peyton Ford, ayudante del fiscal general Howard McGrath, se encargaron de alimentar a los periódicos con estos argumentos. Peurifoy dio pronto un paso más y emitió un comunicado de prensa en el que acusaba a McCarthy de ser un mentiroso compulsivo y atribuía a Hoover palabras que invitaban a despreocuparse del asunto Amerasia. Cuando supo que se le atribuían palabras que no había dicho, el director del FBI protestó ante el ayudante del fiscal general, que ni se inmutó, por lo que Edgar Hoover elevó su protesta por escrito a Howard McGrath. Diversos testimonios ante el Subcomité del Senado que atribuían al director del FBI palabras e informes no emitidos irritaron sobremanera a Hoover.

La idea de que todo era una tormenta en un vaso de agua iba calando en la prensa, por lo que se produjo la reacción del republicano Bourke Hickenlooper. Este senador, miembro del Subcomité del Senado, emitió un comunicado de prensa en el que insistía en que muchos papeles recuperados de *Amerasia* tenían que ver con materias militares y estratégicas que pudieron influir en la guerra en el Pacífico o ser de gran valor para los comunistas de Yenan en su lucha por el control de China. Hickenlooper describió algunos documentos especialmente importantes, como, por ejemplo, la localización de unidades navales en el Pacífico en noviembre de 1944 o mensajes de Roosevelt a Chiang Kai-shek. Las replicas y contraréplicas en los diarios dejaron claro que el Departamento de Justicia pretendía tapar el caso. Tras largas y repetidas comparecencias relacionadas con *Amerasia*, a finales de junio de 1950 Millard Tydings y compañía se empeñaban en redactar un informe que sirviera para poner fin a un asunto que no había hecho más que empezar. El 7 de julio tuvo lugar la última sesión y el 17 de julio el Subcomité tenía redactado el informe que se entregó al Senado.

Paralelamente a las sesiones públicas en el Senado, se desarrollaba tras el escenario una actividad frenética fuera del alcance de las cámaras para que se diera carpetazo a las denuncias de McCarthy sin mayores consecuencias. En teoría, en los archivos del Departamento de Estado podía encontrarse la confirmación de muchas de las cuestiones planteadas tras las acusaciones del senador de Wisconsin; pero había mucha gente interesada en que continuaran siendo inaccesibles, lo cual había de ser causa de conflictos y discusiones. La administración Truman se había negado en marzo de 1948 a que el Congreso pudiera tener acceso a datos que el Gobierno quería ocultar, supuestamente por razones de Estado. McCarthy consideraba que esta "ley del silencio" permitía encubrir delitos, por lo que insistía en que había que pedir la entrega de los archivos requeridos. Toda vez que la resolución 231 del Senado, bajo la cual funcionaba el Subcomité, decía explícitamente que los archivos deberían ser obtenidos y estudiados por el Subcomité, el tira y afloja entre el Senado y el Gobierno de Truman se prolongó varios meses. McCarthy argumentaba que si sus denuncias sobre la desastrosa situación de la seguridad del Estado eran falsas, el presidente podía demostrarlo fácilmente entregando los registros. El 4 de mayo Truman anunció que denegaba al Senado el acceso a los documentos requeridos, por lo que se produjo un "impasse". Tras muchas idas y venidas, se acordó que se restringiría la entrega y sólo se facilitarían algunos archivos. McCarthy y sus colaboradores aludieron a rumores de que los registros estaban siendo desvalijados. El 21 de junio, Tydings anunció que el FBI le había informado de que todos los materiales recopilados por el Bureau relacionados con la lealtad de las personas investigadas seguían en el Departamento de Estado, parte de los cuales estaban siendo examinados por el comité. El senador McCarthy solicitó por escrito al director del FBI que le confirmase la aseveración de Tydings. Edgar Hoover preguntó a Mickey Ladd, un agente de su confianza, si se había hecho la verificación anunciada por Tydings. El día siguiente Ladd respondió: "no hemos examinado archivo por archivo los registros del Departamento de Estado... Nunca hemos hecho tal comentario al senador Tydings." En consecuencia, Hoover, en un movimiento inhabitual, escribió el 10 de julio de 1950 una carta de respuesta al senador McCarthy, publicada íntegramente por Stanton Evans en *Blacklisted by History*, fuente principal de las líneas que venimos escribiendo:

"Mi querido senador:

He recibido su carta con fecha de 27 de junio de 1950 en la que pregunta si el Bureau ha examinado los 81 archivos sobre lealtad que los miembros del Comité Tydings han estado escudriñando y si tal examen del FBI ha revelado que los archivos están completos y que nada ha sido quitado de allí.

La Oficina Federal de Investigación no ha realizado tal reconocimiento y en consecuencia no está en disposición de hacer ningún informe en relación a si los archivos del Departamento de Estado están completos o incompletos.

Para su información, la Oficina Federal de Investigación suministró a Mr. Ford, a petición suya, un registro de todos los materiales sobre lealtad de los 81 casos en cuestión proveídos al Departamento de Estado. Para su mejor información, le adjunto una copia de la carta de Mr. Ford al senador Tydings, la cual he obtenido del fiscal general.

Lo saluda atentamente,
J. Edgar Hoover"

En nuestra opinión, el hecho de que Joe McCarthy escribiera al director del FBI indica que desconfiaba de Tydings y de las maniobras que pudiera emprender la administración Truman en relación a la "limpieza" de los archivos del Departamento de Estado. Esta carta permite constatar la sintonía existente entre Hoover y McCarthy. Naturalmente, en el Bureau sabían muy bien que la conspiración que pretendía descubrir el senador ante la opinión pública existía, pues llevaban más de una década investigándola. El presidente Truman había firmado el 22 de marzo de 1947 la Orden Ejecutiva 9835, conocida como la "Loyalty Order" (Orden de Lealtad), que permitió crear el LRB ("Loyalty Review Board") un Consejo que supuestamente estaba concebido para investigar y extirpar la influencia comunista en el Gobierno Federal. Se pretendía acallar así las voces críticas que acusaban a los demócratas de ser suaves con los comunistas. Se investigó a unos tres millones de personas; pero apenas trescientos empleados públicos fueron despedidos. En realidad toda esta parafernalia estaba diseñada para mitigar el desprestigio de Truman de cara a las próximas elecciones y limitar a la vez el papel de FBI con el fin de evitar la pretendida "caza de brujas".

A medida que la lucha de McCarthy con la administración Truman fue enconándose, las sospechas de que el Departamento de Estado estaba "limpiando" archivos de personas que deberían haber sido expulsadas se confirmaron. Veamos un ejemplo: McCarthy logró hacerse con las actas de una reunión del LRB celebrada el 14 de febrero de 1951, en la cual se trataron casos de lealtad en el Departamento de Estado, incluido el de John Stewart Service, y lo que se debería hacer con ellos. En las discusiones, algunos miembros expresaron claramente su preocupación por la liquidación que el Departamento realizaba de muchos sospechosos. El presidente del LRB, Bingham, dijo en relación al intercambio de opiniones sobre el asunto: "Creo que es justo decir que el Departamento de Estado, como ustedes conocen, tiene la peor nota de todos los Departamentos en las medidas de este Consejo de Lealtad... No ha encontrado a nadie culpable en función de nuestra normativa. Es el único Departamento que ha actuado de esta manera." Estas palabras no admiten dudas, ya que no son de McCarthy o de algún republicano integrante del Consejo, sino que proceden del presidente del LRB creado por Truman.

Cualquier funcionario del Gobierno que estuviera siendo investigado tenía la opción de renunciar al cargo. Si así lo hacía, se detenían de inmediato las averiguaciones y el proceso no tenía consecuencias. Con frecuencia, un empleado que había dimitido en un departamento era contratado más tarde en otro. Lógicamente Joe McCarthy se mostraba indignado ante esta farsa. "Pienso que deberíamos saber -protestaba el senador McCarthy- cuántos de los que dimitieron han obtenido cargos en otro departamento. Tomemos el caso de Meigs (Peveril Meigs había sido el caso n°3 de McCarthy ante el Senado). Mientras estaba siendo investigado, dimitió del Departamento de Estado. Se fue al Ejército y consiguió un empleo. Si tuvo o no acceso a asuntos clasificados, no lo sé. Su Consejo de Lealtad ordenó tras una audiencia que fuera exonerado de los cargos. Me pregunto cuántos casos hay análogos a este." Durante tres años, las argucias de todo tipo para obstaculizar la tarea del senador McCarthy fueron la norma; pero en 1952, después de un periodo de veinte años de mandatos demócratas, se produjo la victoria electoral de los republicanos que, teóricamente, debía cambiar algunas cosas.

En los primeros meses de 1953 pareció que llegaba la gran oportunidad para el senador Joseph McCarthy, reelegido sin problemas en Wisconsin. En las nuevas circunstancias, McCarthy se convirtió en presidente del "Senate Government Operations Committee" y también del "Permanent Subcommittee on Investigacions" (PSI). Además, retuvo su asiento en el "Senate Appropriations Committee", que controlaba los presupuestos de Departamentos ejecutivos. Algunos de sus más encarnizados enemigos, como William Benton, el senador de Connecticut que en 1951 llegó a presentar una resolución para expulsar a McCarthy del Senado, o el propio Millard Tydings no lograron la reelección. El nuevo presidente de EE.UU., Eisenhower, había colocado como vicepresidente en su candidatura a Richard Nixon, quien había respaldado a McCarthy durante los años de dura pugna con los demócratas. Ello auguraba que el senador podía contar con importantes apoyos. No todo iba a ser, no obstante, tan fácil como podía parecer, pues en la guardia del presidente se colocaron una serie de consejeros influyentes que despreciaban a McCarthy. No se puede olvidar que Eisenhower, "el terrible judío sueco", el responsable de los campos de la muerte, el hombre de Morgenthau y de Baruch, era un doméstico que formaba parte de la camarilla de conspiradores internacionales.

Pero si entre los republicanos McCarthy tenía enemigos, contaba entre sus amigos demócratas a los hermanos Kennedy, fieles y sólidos partidarios suyos. Tal era la sintonía entre Robert Kennedy y Joe McCarthy, que Bob le pidió que apadrinase a su primer hijo. Joseph "joe" Patrick Kennedy, patriarca del clan, deseaba que su hijo Robert fuera el jefe de los asesores o abogado principal ("chief counsel") de McCarthy en el nuevo comité que presidía; pero erróneamente, para evitar las habituales acusaciones de antisemitismo, McCarthy anunció el 2 de enero de 1953 que el joven judío de 26 años Roy M. Cohn sería el "chief counsel" del Subcomité Permanente de Investigaciones (PSI). Cohn, hijo del juez del Tribunal Supremo de Nueva York Albert Cohn, admitió que había sido nombrado por el senador McCarthy porque era judío. Crecía el rumor, evidentemente propagado por ellos mismos, de que McCarthy odiaba a los judíos. Ingenuamente, él quiso evitar que estas calumnias pudieran entorpecer su labor. A la vez, el hecho de que se considerase un antisemita a Joseph Kennedy, debió de ayudar en la elección.

La campaña de prensa en favor de Cohn fue liderada por George Sokolsky, un influyente columnista judío al que Cohn llamaba "rabbi", y por Richard Berlin, el presidente judío de la Corporación Hearst, ambos pretendidos anticomunistas. La mayoría de la prensa escrita y audiovisual mantenía una intensa campaña en contra del senador de Wisconsin, el cual ansiaba alguna cobertura en los medios. En el fondo, McCarthy vendió su alma al diablo, pues a cambio de la designación de Cohn contaba con el apoyo de los periódicos del grupo Hearst. El senador republicano Everett Dirksen lo confirmó: "Cohn fue puesto en el Comité por los periódicos de Hearst, y Joe no se atreve a perder ese respaldo." Cohn, homosexual que murió de Sida en 1986, introdujo en el equipo a otro joven judío heredero de un multimillonario, G. David Shine, el cual había evitado el servicio militar y la guerra de Corea. Shine se prestó a trabajar gratuitamente, por lo que McCarthy no se opuso a su inclusión en el equipo. Con el tiempo, este fichaje acabaría siendo determinante en el devenir de los acontecimientos. Para acabar de constatar cuán equivocados fueron estos pasos de McCarthy, hay que añadir que Bob Kennedy y Roy Cohn alimentaban una profunda enemistad rayana en el desprecio. Baste decir que cuando a principios de los 1960s Robert Kennedy se convirtió en fiscal general, trató de meter a Cohn en la cárcel.

No es posible seguir con detalle la trama sinuosa de los hechos que acabaron con McCarthy. Relataremos sólo algunos de los episodios que los conjurados en su contra utilizaron para precipitar su amarga derrota. Entre los principales enemigos de McCarthy, merece lugar destacado Maurice Rosenblatt, un judío sionista que actuaba como agitador de los grupos de presión y era un agente de los "brujos" que dirigían las operaciones detrás del escenario. Ya a principios de los 1940s este personaje, pretendido activista de izquierdas, había sido el catalizador de una movilización contra el HCUA (Comité del Congreso de Actividades Antiamericanas) que presidía Martin Dies. Rosenblatt se convirtió entonces en el director de una partida agrupada bajo el nombre de "Coordinating Committee for Democratic Action", que acusaba de fascistas a todos aquellos que criticaban las políticas procomunistas de Roosevelt. En la época de McCarthy, Rosenblatt reapareció al frente del NCEC (National Committee for an Effective Congress), un grupo fundado por él mismo en 1948 cuya tesis principal en relación al senador de Wisconsin era que Joe McCarthy era un nuevo Hitler con el que había que acabar antes de que esparciera el fascismo en Estados Unidos. Con la llegada en 1953 de la Administración republicana, el NCEC consiguió tener acceso a la Casa Blanca gracias a Paul G. Hoffman, otro judío que era amigo íntimo y consejero de Eisenhower. Hoffman, principal administrador del Plan Marshall, se casó más tarde con Anna Rosenberg, judía de origen húngaro que había ocupado diversos cargos con Roosevelt y que entre 1950 y 1953 fue subsecretaria de Defensa con Truman, nombramiento muy criticado por el senador McCarthy. Maurice Rosenblatt tenía en Paul Hoffman a un importante colega justo al lado del presidente.

En junio de 1953 McCarthy, en un intento de limar asperezas entre Bob Kennedy y Roy Cohn, nombró a Joseph Brown Matthews, conocido como J. B. Mathews, director de investigación del PSI, el Subcomité de Investigación Permanente que presidía. Matthews, implicado durante años en numerosos frentes del comunismo, rompió desencantado con el partido y pasaba por ser uno de los más famosos expertos anticomunistas. En 1938, ante el Comité Dies, informó sobre las actividades de numerosas organizaciones controladas de manera encubierta por el partido y se había convertido en un ejemplo de desertor comunista que colaboraba. Meses antes de ser fichado por McCarthy, Matthews había escrito para *The American Mercury* un artículo titulado "Rojos en nuestras iglesias", el cual, fatalmente, fue publicado poco después de su nombramiento. Los enemigos de McCarthy vieron en el texto la oportunidad de provocar una crisis en el equipo del senador y lanzaron una campaña en toda regla. El artículo comenzaba con estas palabras: "El mayor grupo de apoyo al aparato comunista en Estados Unidos está hoy compuesto por sacerdotes protestantes." A continuación se denunciaba a grupos extraños, como el "People's Institute of Applied Religion", que promovían el marxismo en iglesias rurales, y a la revista *The Protestant*, especializada en feroces vituperios anticatólicos y en apenas velada propaganda roja.

Rosenblatt y compañía comenzaron su campaña de inmediato a través de periodistas, activistas liberales y clérigos. Todos mostraron su indignación contra el tándem Matthews-McCarthy, a los que acusaron de intolerantes antiprotestantes. El poder del grupo de Rosenblatt se demostró con la amplitud de los ataques perpetrados por la prensa y por la reacción que fueron capaces de orquestar entre los senadores demócratas que integraban el subcomité de McCarthy. Tanta fue la fuerza de los grupos de presión, que lograron incluso que el presidente Eisenhower atacase al senador McCarthy, quien pronto se encontró acorralado y sin otra alternativa que despedir a Matthews. Las palabras de Eisenhower fueron concebidas por sus consejeros con el fin de provocar el mayor daño posible. Stanton Evans recoge el relato periodístico de Joseph Alsop, quien desveló en su momento lo sucedido en la Casa Blanca. "Eisenhower ha roto finalmente hostilidades contra el senador Joseph McCarthy -escribió Alsop- a través de la decisiva declaración en la que denuncia la difamación contra los clérigos protestantes perpetrada por el investigador favorito de McCarthy, J. B. Matthews." Alsop añadía que el verdadero interés del comunicado consistía en un hecho vital de fondo: "La Casa Blanca buscó enérgicamente la oportunidad, en realidad creó la oportunidad, para dar este duro golpe al senador de Wisconsin."

Uno de los periodistas de prestigio que colaboraba estrechamente con el NCEC de Rosenblatt era Drew Pearson, el mismo que había aprovechado años atrás el incidente de Patton con un soldado judío en un hospital para acusar al general de antisemitismo. Pearson, un lacayo que según algunas fuentes era un criptojudío, escribió varias columnas envenenadas. En una de ellas afirmó que tanto Matthews como McCarthy eran católicos, lo cual no era cierto, ya que Matthews era protestante, y que ambos estaban empeñados en un ataque indiscriminado contra las iglesias protestantes de la nación y en fomentar el odio religioso de manera deliberada por razones políticas. Las consecuencias de todo el montaje fueron muy graves para el PSI presidido por McCarthy, pues los miembros demócratas del subcomité exigieron mayores disculpas. Cuando todo ello degeneró en un enfrentamiento con McCarthy y sus colegas republicanos, decidieron boicotear las sesiones hasta final de año. Robert Kennedy abandonó también los debates, pero regresó más tarde como consejero de los senadores demócratas. En definitiva, la estrategia de los "lobbistas" dio unos resultados redondos: se había adulterado la lucha de McCarthy, un intolerante que no sólo perseguía a los comunistas, sino que injuriaba y desprestigiaba a la Iglesia Protestante, se había predispuesto en su contra al presidente Eisenhower y, además, el senador de Wisconsin había quedado tocado ante la opinión pública.

Otro capítulo de la lucha desigual que nuestro Quijote americano mantuvo contra sus descomunales enemigos tuvo su origen en Fort Monmouth, un laboratorio de investigación del Cuerpo de Señales del Ejército. El episodio comenzó cuando McCarthy, en la primavera e 1953, recibió una llamada enigmática que le ofreció importantes documentos sobre seguridad. McCarthy se reunió con el misterioso informador, un funcionario de inteligencia, quien le entregó un memorando confidencial sobre una investigación secreta que el FBI había entregado al Ejército. Este asunto iba a converstirse en una de las indagaciones más largas y complejas, que ocasionó problemas sin fin. El documento era un compendio de un informe que llevaba fecha de enero de 1951. El tema era el quebranto de la seguridad en Fort Monmouth, un laboratorio del Ejército en Eatontown (New Jersey). Más tarde en una de las sesiones del Senado se supo que el FBI había investigado a treinta y cuatro trabajadores del centro, la mayoría judíos. Las averiguaciones se prolongaron desde el verano de 1953 hasta la primavera de 1954, momento en que fueron súbitamente interrumpidas a causa de las increíbles acusaciones del Ejército contra McCarthy por actividades ilícitas.

Se ha dicho ya en las páginas sobre el espionaje atómico que en 1945 el Ejército había despedido de Fort Monmouth a Julius Rosenberg al descubrir que era comunista. Los demás componentes del círculo de agentes soviéticos y/o sionistas habían seguido trabajando y espiando en el laboratorio. Las investigaciones de McCarthy confirmaron que Monmouth había sido durante años un coladero de información y una debacle para la seguridad. Entre otros aspectos relevantes, los colaboradores del senador descubrieron que el complejo y las instalaciones vinculadas a él estaban relacionadas al máximo con aspectos de seguridad y que la indolencia y la irresponsabilidad en los más altos niveles del Ejército había sido escandalosa. Las pesquisas permitieron constatar graves negligencias en el manejo de papeles oficiales. Entre los principales agentes infiltrados que seguían en el laboratorio cuando comenzaron las sesiones ante el PSI (Permanent Subcommittee on Investigations), el equipo de Joe McCarthy citó a Aaron Coleman, un comunista judío que estuvo en el centro hasta septiembre de 1953. Cuando por fin fue despedido, se encontraron en su domicilio documentos clasificados extraídos de Fort Monmouth. El 8 y el 19 de diciembre de 1953 compareció ante el Subcomité y pese a las múltiples evidencias de su relación con Julius Rosenberg (condenado a muerte) y Morton Sobell (condenado a treinta años de cárcel) y de sus actividades de espionaje, nunca llegó a ser imputado ante un tribunal. Otro agente judío, Nathan Sussman, que había espiado para Julius Rosenberg, testificó durante las vistas del PSI que Coleman, Rosenberg, Sobell, Al Sarant y Joel Barr, todos ellos judíos vinculados al laboratorio de Fort Monmouth, eran agentes comunistas.

Al comenzar la investigación de McCarthy, Fort Monmouth había sido durante diez años un nido de agentes comunistas. Otros seis judíos acusados por McCarthy de ser comunistas fueron Jack Okun, Barry Bernstein, Samuel Simon Snyder, Joseph Levitsky, Harry Hyman y Ruth Levine. El primero, Jack Okun, fue compañero de piso de Aaron Coleman y había sido expulsado de Fort Monmouth por motivos de seguridad en 1949. A pesar de haber tenido acceso a los documentos que Coleman guardaba en la casa, Okun apeló con éxito la decisión y el Loyalty Review Board (LRB) permitió su readmisión en el Pentágono y luego se aceptó su dimisión. Esta fue una de las revocaciones en casos de seguridad que alertó a McCarthy y a sus ayudantes. Similar fue el caso de Barry Bernstein, un alto funcionario en el Laboratorio de Señales de Evans, donde ocupaba un cargo especialmente sensible con autorización secreta. En 1951, Bernstein había sido cuestionado en Monmouth por razones de seguridad y tras ser examinado por un consejo de seguridad del Primer Ejército fue suspendido en sus funciones. Enseguida apeló ante el Pentágono, se revocó la decisión y fue readmitido; pero, a diferencia de Okun, no dimitió y seguía en su puesto cuando comenzaron las audiencias públicas de McCarthy. Un tercer caso era el de Snyder, quien a finales de 1952 había sido expulsado del Laboratorio de Señales por un consejo regional del Primer Ejército. Tambien él había conseguido que el Pentágono permitiera su reincorporación para luego presentar la dimisión.

Las audiencias ante el Subcomité presidido por McCarthy demostraron que numerosos componentes del grupo Rosenberg-Sobell seguían en Monmouth en los primeros 1950s. Joseph Levistky había trabajado en el Laboratorio de Señales y luego en el Laboratorio Federal de Telecomunicaciones, donde había tenido acceso a proyectos clasificados del Ejército. Cuando McCarthy le preguntó si formaba parte de la conspiración comunista mientras manejaba información sensible para el Gobierno, Levistsky se acogió a la Quinta Enmienda (Fifth Amendment). También Samuel Snyder se acogió a ella. Debe considerarse que cuando un incriminado apelaba a la Quinta, indicaba que no podía responder a los cargos sin inculparse a sí mismo. En otras palabras, se entiende que la apelación a la Quinta Enmienda connotaba culpabilidad, aunque el acusado no pudiera ser imputado en un proceso criminal. Junto a Levitsky, trabajó hasta 1951 en el FTL (Federal Telecomunications Lab) Harry Hyman, que había sido identificado como un agente comunista por dos personas, Lester Ackerman y John Saunders, ambos excomunistas. Vemos, extraído de *Blacklisted by History*, un ejemplo de cómo se desarrollaban los interrogatorios:

> "McCarthy: ¿Ha tratado usted alguna vez el tema del espionaje con miembros del Partido Comunista?
> Hyman: Me niego a contestar por las razones dadas anteriormente (Quinta Enmienda).
> McCarthy: ¿Ha entregado alguna vez secretos gubernamentales a alguien que fuera conocido por usted como un agente de espionaje?
> Hyman: Declino contestar por los mismos motivos.
> McCarthy: Realizó usted 76 llamadas al Laboratorio Federal de Telecomunicaciones en Lodi, Nueva Jersey, entre el 24 de enero de 1952 y el 21 de octubre de 1953 con el propósito de recibir información clasificada y con el fin de entregarla a un agente o a agentes de espionaje?
> Hyman: Me niego a contestar por los mismos motivos."

Esta sesión tuvo lugar el 25 de noviembre de 1953. El senador McCarthy realizó numerosas preguntas relacionadas con el espionaje y aludió a cientos de llamadas telefónicas a instalaciones militares y científicas. En todas las ocasiones Hyman se acogió a la Quinta Enmienda. Otra destacada sospechosa de haber quebrantado la seguridad fue Ruth Levine, la cual había trabajado durante una década en el FTL, donde llegó a alcanzar una elevada posición con autorización secreta. Cuando las audiencias de Joe McCarthy comenzaron, Levine seguía empleada, a pesar de que diversos testigos habían declarado que formaba parte de una célula comunista que operaba en el seno del FTL. También ella, como sus colegas, rechazó las preguntas y se acogió a la famosa Quinta.

Inicialmente, McCarthy contó con el apoyo de Robert Stevens, que el 4 de febrero de 1953 había sido nombrado por Eisenhower secretario del Ejército. Stevens era un anticomunista que apenas tomó posesión del cargo mantuvo una reunión informativa para conocer el Programa de Lealtad y Seguridad en el Ejército. Su primer interés fue conocer qué pasos se habían dado para prevenir que personas desleales se infiltrasen en la institución y qué se había hecho para descubrir y expulsar a los sospechosos. Contactó en primer lugar con Edgar Hoover, el director del FBI y le pidió consejo. Luego envió un telegrama al senador McCarthy y le ofreció su ayuda en la investigación que había emprendido. Cuando el 10 de febrero de 1953 McCarthy anunció que había evidencias claras de espionaje en Fort Monmouth. Stevens dio instrucciones al general Kirke B. Lawton, comandante del puesto: "¡Coopere! Facilite que puedan interrogar a quienes deseen".

El general Lawton había llegado a Fort Monmouth en 1951 y había detectado problemas de seguridad, pero no había sabido actuar eficazmente, de ahí que su predisposición a cooperar fuera sincera. El 15 de octubre de 1953 compareció en sesión ejecutiva (no pública) ante el Subcomité del Senado. Sigue un fragmento del coloquio mantenido con McCarthy, reproducido por Stanton Evans:

> "McCarthy: ¿Diría usted que desde que tomó posesión del cargo y especialmente en los últimos seis meses ha venido trabajando para erradicar los riesgos para la seguridad acumulados en el Cuerpo de Señales y que ha dejado en suspenso un número considerable?
> Lawton: Es una pregunta a la que responderé sí, pero no retroceda seis meses... Resultados efectivos se han visto las dos últimas semanas. He estado trabajando durante los últimos veintiún meses tratando de lograr lo que se ha conseguido en las últimas dos semanas.
> McCarthy: ¿Diría usted que en las últimas semanas ha obtenido más resultados eficaces?
> Lawton: Absolutamente, más de los conseguidos en los últimos cuatro años.
> McCarthy: ¿Puede decirnos por qué sólo en las dos o tres últimas semanas ha logrado resultados eficaces?
> Lawton: Sí, pero mejor no lo digo. Lo sé muy bien, pero trabajo para Mr. Stevens."

A pesar de no ser una sesión pública, un enemigo de McCarthy, John Gibbons Adams, consejero general del Ejército considerado "Mrs. Rosenberg's people" (gente próxima a la subsecretaria de Defensa Anna Rosenberg), asistía a la vista e informó a Stevens de que Lawton había reconocido ante el PSI que McCarthy había logrado obtener más resultados en dos semanas que él en dos años. Estas observaciones no gustaron al secretario Stevens y mucho menos a otros que estaban por encima de él, los cuales pretendían acosar a McCarthy con el argumento de que estaba atacando al Ejército de manera injustificada. El trabajo soterrado de los enemigos de McCarthy consistía en provocar cambios de postura en aquellos que dentro del Ejército apoyaban la investigación. Fue así cómo el secretario Stevens, quien quería sin duda limpiar Monmouth y colaborar con el senador de Wisconsin, se halló pronto atrapado en el conflicto y cada vez más presionado por sus superiores. El general Lawton había mostrado en las audiencias la mayor predisposición a ayudar al Subcomité, por lo que una semana después de su comparecencia de octubre fue elogiado por McCarthy, quien le agradeció la posición que estaba adoptando. Lawton respondió: "Sí, pero esta postura me costará mi promoción. Y seré afortunado si sobrevivo mucho más aquí en Fort Monmouth."

Sus palabras fueron proféticas, toda vez que, efectivamente, se desestimó su promoción y en menos de un año fue relevado del mando. Después de su intervención del 15 de octubre, el general, además de ser apercibido por cooperar y hablar más de lo necesario, había recibido presiones a través de John. G. Adams para que acabara su depuración en Fort Monmouth. Más tarde, en una de las audiencias de McCarthy celebradas en abril de 1954, el general Lawton explicó que había recibido en octubre de 1953 una llamada de Adams en la que éste le dijo textualmente: "Espero que vea claramente que debe retirar ciertos casos que ha recomendado para su destitución por riesgos de seguridad." La respuesta de Lawton fue: "No lo haré. Deje que sea el secretario quien asuma la responsabilidad." Es evidente, pues, que se estaba librando una pugna entre los militares. A finales de 1953, Robert Stevens comenzaba a rectificar, pues declaró que el Ejército no tenía noticia de que hubiera en aquel momento espionaje en Fort Monmouth[25].

Un segundo general, Ralph W. Zwicker, un veterano de la II Guerra Mundial que comandaba Camp Kilner, otra instalación del Ejército en Nueva

---

[25] Librarse de Lawton se convirtió en un objetivo. Sólo el temor a que el senador McCarthy denunciara ante la opinión pública el hostigamiento al general y provocara una reacción indeseada retuvo a quienes querían deshacerse de él. En un intento de someter a Lawton mientras estaba al mando en Fort Monmouth, se le dijo que dejara de asistir a las sesiones de McCarthy y que dejara de colaborar con él. Como se había hecho con Ezra Pound o con James Forrestal, se trató de hacerlo pasar por enfermo. Sometido a un examen médico, sin especificar por qué enfermedad, fue enviado al Walter Reed Hospital. Las personas que lo visitaron no vieron en él ningún síntoma de mala salud. El secretario Stevens, por su parte, informaba en sus declaraciones que el general Lawton seguía al frente de Monmouth con el fin de mantener a raya a McCarthy. Ya en la primavera de 1954, se hizo saber al equipo del senador de Wisconsin que si el general aparecía ante el PSI sería castigado posteriormente con la pérdida de los beneficios a que tenía derecho por sus servicios en el Ejército. Finalmente, en el verano de 1954 fue apartado del mando en Fort Monmouth y a finales de agosto se retiró de la vida activa.

Jersey, iba a servir de herramienta para detener las investigaciones del senador McCarthy contra la infiltración comunista y dirigirlas en su contra. El comportamiento y la indignidad de Zwicker contrastan con la actitud honesta adoptada por el general Lawton. A finales de enero de 1954 un miembro del comité de McCarthy, George Anastos, telefoneó al general Zwicker para pedir información sobre un caso relacionado con la seguridad en Camp Kilner que involucraba a un empleado del cuerpo médico. Zwicker debió de dudar al principio, pues respondió que él mismo devolvería la llamada, cosa que hizo una hora más tarde. El general ofreció a Anastos el nombre del sospechoso, un comunista judío llamado Irving Peress, y añadió que trabaja como dentista. El día siguiente, el general Zwicker telefoneó de nuevo para confirmar que el Dr. Peress, que había obtenido el grado de capitán en la guerra de Corea, había sido ascendido a comandante y esperaba licenciarse con todos los honores. Este dentista, según se probó, había sido un organizador de grupos comunistas que había cometido perjurio cuando se incorporó a filas, puesto que había firmado una declaración en la que juraba que no mantenía relación con el comunismo.

McCarthy supo indignado que, teniendo conocimiento de que Peress formaba parte de una célula comunista, desde la Casa Blanca se había ordenado su promoción a comandante y la agilización de los trámites para su retiro. Cuando el 30 de enero de 1954 Peress compareció ante el Subcomité Permanente del Senado, se acogió repetidamente a la Quinta Enmienda para no responder a preguntas del tipo: ¿Reclutó usted en Camp Kilner a militares para el Partido Comunista? ¿Mantuvo reuniones del Partido Comunista en su casa con personal militar de Camp Kilner? ¿Existe una célula comunista en Camp Kilner de la que usted forma parte? ¿Organizó usted una célula comunista en Camp Kilner? Evidentemente, negarse a responder para no incriminarse después de haber firmado una declaración jurada en la que negaba su pertenencia al Partido Comunista constituía una prueba de que era un perjuro.

Así lo entendió el senador McCarthy, que escribió enseguida una carta que se entregó en mano en el Pentágono, en la que instaba a que se cancelase el licenciamiento honorable de Peress y fuera mantenido en el Ejército con el fin de que pudiera ser presentado ante una corte marcial. Puesto que el secretario Stevens estaba de viaje en Asia, la carta llegó a manos John G. Adams, el consejero general del Ejército. Este personaje publicó en 1983 un libro, *Without Precedent* (*Sin precedentes*), donde presume de haber precipitado con su actuación la caída de McCarthy. Según sus propias palabras, esta fue su reacción al recibir la carta del senador: "Decidí no hacer lo que McCarthy pedía, y en su lugar, dejar que el dentista se marchara. En resumen, al infierno con McCarthy." De este modo, el 2 de febrero de 1954, un día después de haber recibido la carta, el general Zwicker firmó la licencia de Irving Peress, que abandonó el Ejército con todos los honores.

Exasperado, McCarthy redobló sus esfuerzos para averiguar cómo podía actuarse con tanto descaro. Más de uno en el Ejército compartía la idea de que el caso Peress constituía un bochorno que demostraba cuán fácil era eludir la seguridad. El 13 de febrero, James Juliana, uno de los investigadores de McCarthy fue a Camp Kilner para entrevistarse con Zwicker, quien le dijo que él se había opuesto a licenciar honorablemente a Peress. Juliana regresó con el convencimiento de que el general compartía la crítica sobre la laxitud con que el Ejército manejaba los casos de seguridad. Se decidió entonces que Zwicker compareciera en audiencia ejecutiva el 18 de febrero con objeto de averiguar quién había ordenado que Peress pudiera irse de rositas y por la puerta grande. El senador McCarthy se presentó exhausto e irritable, pues su mujer había sufrido un accidente de coche y no había dormido en toda la noche. Sus ayudantes quisieron posponer la sesión, lo cual, vista la tensión con que se desarrolló la audiencia, hubiera sido lo mejor.

El día anterior, 17 de febrero, el consejero general Adams había visitado al general Zwicker y lo había aleccionado, quizá sobornado, para que no desvelase el nombre de quién había ordenado el retiro honroso del agente comunista. El mismo John Adams relata en *Without Precedent* el encuentro, aunque sin entrar en muchos detalles: "Estábamos ansiosos por hacer comprender a Zwicker -escribió Adams- que ni nombres ni más detalles sobre seguridad debían ser revelados." Para sorpesa de todos, cuando se esperaba un testigo bien informado y colaborador, Zwicker se mostró evasivo, se enfrentó verbalmente con McCarthy, cambió su testimonio tres o cuatro veces y rechazó responder a las preguntas sobre la extraña carrera y el grotesco licenciamiento de Irving Peress. Todo ello enfureció al senador McCarthy, que no podía aceptar las alegaciones de ignorancia esgrimidas por el general, quien cometió perjurio cuando dijo que no sabía nada de las conexiones de Peress con los comunistas, puesto que a finales de enero él mismo había desvelado a George Anastos que conocía el caso[26].

---

[26] Existen documentos publicados en 1955 por un Comité del Congreso, el Comité McClellan, que demuestran el perjurio del general Zwicker, quien se había expresado por escrito en términos muy parecidos a los de McCarthy. El 21 de octubre de 1953, Zwicker había escrito al comandante general del Primer Ejército: "Este oficial (Peress) rechazó firmar el certificado de lealtad, y rechazó contestar a las preguntas relacionadas con su afiliación a organizaciones subversivas apelando al privilegio constitucional..." Sobre la presencia de Peress en el Ejército, Zwicker dijo: "está claramente en desacuerdo con el interés de la seguridad nacional." Días después, el 3 de noviembre, cuando Zwicker conoció la promoción de Peress, envió una segunda carta al Primer Ejército en la que insistía en que Peress era un agente comunista: "Una investigación completada el 15 de abril de 1953 estableció que este oficial era un conocido y activo comunista en Queens N.Y." Estas palabras las había escrito sólo tres meses antes de que jurase ante Joe McCarthy que no sabía nada sobre las relaciones de Peress con el comunismo. No es, pues, extraño que los colegas de McCarthy pensaran que Zwicker sería un testigo útil y que el senador, perplejo, se exacerbara al comprobar el cambio de actitud del general.

Inusualmente irritable a causa del cansancio acumulado, los nervios traicionaron a McCarthy, que se enfrentó al general Zwicker como si fuera un fiscal acusador. Fue un grave error, quizá el que estaban esperando sus enemigos. McCarthy preguntó a Zwicker si pensaba que un general que encubría a sabiendas a un agente comunista debería ser apartado del mando. Zwicker respondió que no creía que ello fuera motivo suficiente para apartar a un general. El exmarine reaccionó iracundo y dijo: "Entonces, general, usted debería ser apartado del mando. Cualquier hombre que ha recibido el honor de ser ascendido a general y afirma que protegería a otro general que ha amparado a agentes comunistas no merece llevar el uniforme, general." Era la munición que necesitaban quienes trataban de liquidar al senador de Wisconsin. De inmediato, la prensa organizó un gran escándalo sobre la dureza con que McCarthy había tratado a Zwicker. Entre otras cosas, se dijo que había "insultado al uniforme" y que había acusado a un general condecorado en la guerra de "proteger a subversivos".

A partir de este momento comenzó la campaña final para destruir a Joe McCarthy, que no pudo ya reanudar sus trabajos. Una serie ininterrumpida de cargos se lanzó contra él y los miembros de su equipo, que tuvieron que dedicar todo su tiempo y su energía a rebatir o desmentir la avalancha continua de alegaciones. En la prensa, el flujo de propaganda en todo el país fue ya un crescendo continuado que no cesó hasta que se consiguió la censura de McCarthy y su reprobación por sus propios compañeros del Senado. El secretario Stevens no permitió que el general Zwicker u otros militares siguieran testificando.

Paul Hoffman, en cuya residencia de California se encontraba de vacaciones el presidente Eisenhower, lo cual da idea de la estrecha amistad entre los dos judíos, telefoneó a Stevens para felicitarle por la decisión, una felicitación que, claro está, era compartida por Eisenhower, del que Hoffman era su asesor más íntimo. Desde el entorno del presidente se ordenó a John Adams que recopilase información sobre la conducta de Roy Cohn y David Shine, los dos judíos que Sokolsky y el grupo Hearst habían situado junto al senador McCarthy. El encargo estaba justificado por el hecho de que durante la investigación en Fort Monmouth, Cohn había entrado en conflicto con el Ejército a causa de su compañero sentimental. Hay que considerar que la homosexualidad era entonces un tema tabú entre los militares. Las relaciones entre ambos y la conducta errática de Cohn iban a ser utilizadas para desestabilizar aún más a McCarthy y provocar su ruptura definitiva con el Ejército.

El 21 de enero de 1954 John Adams había mantenido una reunión en el despacho del fiscal general, Herbert Brownell, a la que entre otros había asistido el jefe de Gabinete de Eisenhower, Sherman Adams, un masón de alta graduación. Allí tuvo lugar una sesión informativa sobre las indagaciones que tenían lugar en Monmouth y en ella el consejero Adams denunció que Cohn trataba de obtener beneficios para Shine y que había incluso amenazado al Ejército valiéndose de su posición en el equipo de investigación del senador McCarthy. Sherman Adams pidió al consejero que presentara un informe por escrito, cosa que hizo el día siguiente. El texto que redactó, del que filtró extractos a la prensa, relataba una cronología de acontecimientos sobre las actividades de Cohn y el trato de Shine en relación con los puntos de vista y actuaciones de McCarthy.

El 10 de marzo, basándose en este informe, el Ejército formuló públicamente una serie de cargos, cuyo punto esencial era una queja sobre Cohn, quien con la aquiescencia de McCarthy, habría usado su poder en el Subcomité del Senado con el fin de obtener favores para Shine. Esta fue la génesis de una serie de audiencias mantenidas entre abril y junio de 1954 en las que McCarthy tuvo que defenderse de las alegaciones del Ejército, en las que, apoyándose en la cronología presentada por el consejero Adams y el secterario Stevens, se les acusaba a él y a Cohn de ejercer presiones deshonestas. McCarthy se defendió argumentando que el Ejército trataba de paralizar la investigación en su seno y desacreditar al PSI que él presidía. Las sesiones se televisaron y unos veinte millones de personas siguieron diariamente el espectáculo. Mientras duraron las audiencias, que produjeron unas tres mil páginas de transcripciones impresas, el senador McCarthy fue apartado de la presidencia del PSI. Su lugar fue ocupado temporalmente por el republicano Karl Mundt.

Joe McCarthy comprobó entristecido que el secretario Stevens, quien inicialmente lo había apoyado, actuaba bajo las órdenes del entorno de Eisenhower. Stevens declaró durante catorce días y explicó los cargos del Ejército contra McCarthy-Cohn; pero se mostró poco convincente a la hora de justificar las pretendidas amenazas contra el Ejército que se les atribuían a ambos. Durante las sesiones el senador Everett Dirksen, miembro del Subcomité de McCarthy, testificó que el consejero general John Adams y Gerald Morgan, un ayudante de Eisenhower, se le habían dirigido el 22 de enero de 1954 con la pretensión de suprimir parte de la investigación de McCarthy. Dirksen declaró que Adams le había mencionado que el Ejército tenía un archivo sobre Cohn y Shine y había dejado caer la amenaza de que el dossier podía ser muy dañino si se ventilaba en las primeras páginas de los periódicos. En este momento, John Adams comprendió que no tenía por qué ser cabeza de turco de Eisenhower y reveló que miembros del equipo de Eisenhower le habían ordenado que recopilara la cronología sobre Cohn y Shine en un encuentro mantenido en el despacho del fiscal general el día antes de dirigirse a Dirksen.

Era evidente, pues, que la Casa Blanca estaba implicada en la conspiración contra McCarthy y en el encubrimiento de la subversión en el Gobierno. El 17 de mayo, con el fin obvio de evitar que se pudiera investigar su propio papel, Eisenhower emitió una orden que reclamaba para sí un principio constitucional, según el cual el presidente podía prohibir a sus subordinados que revelaran ninguna información en el Congreso. El 27 de mayo McCarthy aludió exaperado a la "orden mordaza" de Eisenhower y urgió a los funcionarios federales a dar un paso al frente para ofrecer cualquier información sobre corrupción o subversión en el Gobierno. Sobre la orden mordaza, recordó: "El juramento que hace cada miembro del Gobierno de proteger y defender el país contra todos los enemigos, externos e internos, sobrepasa en mucho cualquier orden de seguridad presidencial." La respuesta de la Casa Blanca llegó el día siguiente. El secretario de prensa de Eisenhower transmitió a la prensa un comunicado en el que se comparaba una vez más a McCarthy con Hitler. Una comparación que gustó a diversos columnistas de relumbrón que en adelante también la utilizaron.

Apareció entonces en escena Joseph Welch, Una figura histriónica cuya actuación perfectamente medida y calculada fue lo que necesitaban los medios para completar el acoso y derribo del senador McCarthy. Joe Welch, abogado que actuaba como consejero del Ejército, ha pasado a la historia gracias a sus magníficas representaciones, retransmitidas por televisión. Las dotes de actor de este infame personaje se confirmaron en 1959 cuando asumió el papel de juez en *Anatomy of a Murder,* una película de Hollywood dirigida por Otto Preminger. En palabras de Stanton Evans "Welch trató todo el asunto como un melodrama en el cual los hechos y la razón eran inequívocamente secundarios ante la imagen y la impresión. Mucho de lo que dijo e hizo estaba dirigido a su concepción del proceso como una telenovela." Con absoluto desprecio hacia la verdad, por ejemplo, Welch mintió sin inmutarse ante las cámaras de televisión y declaró que parte del informe del FBI en el que se daban los nombres de más de una treintena de subversivos que operaban en Fort Monmouth era "una copia de carbón de exactamente nada" y, pese a que el director del Bureau, Edgar Hoover, había dicho que él escribió el informe, Welch aludió al documento como una "perfecta falsificación". En otra ocasión, acusó a McCarthy de aportar como evidencia un foto adulterada. Se trataba de una foto genuina en la que aparecían Shine, Stevens y el coronel Jack Bradley, que había sido recortada y aumentada para dotarla de mayor claridad. Los medios de comunicación aceptaron la versión de Welch e ignoraron las explicaciones de McCarthy.

El 9 de junio de 1954 McCarthy aludió a un abogado de la firma de Welch, Fred Fisher, quien había sido miembro del National Lawyers Guild, una organización que la Fiscalía General de Estados Unidos había considerado un bastión del Partido Comunista. Fisher, además de comunista, fue probablemente un sionista: murió años más tarde en Tel Aviv a donde había ido a dar una conferencia patrocinada por el Colegio de Abogados de Israel. El contrataque de Welch fue una embestida que ha sido reproducida en libros y videos repetidamente:

> "Hasta este momento, senador, creo que no había comprendido plenamente su crueldad y su insensatez. Fred Fisher es un joven que fue a la Escuela de Leyes de Harward, vino a mi firma y está empezando una

brillante carrera con nosotros... Nunca hubiera imaginado que podía ser usted tan irresponsable y tan cruel como para injuriar a este chico... Temo que lleve para siempre la cictariz que le ha marcado usted innecesariamente. Si estuviera en mi poder perdonarle por su temeraria crueldad, lo haría. Me considero un caballero, pero su perdón tendrá que proceder de alguien más."

McCarthy trató de ahondar en los antecedentes del National Lawyers Guild y de replicar con un más fuerte "tu quoque" para referirse a las acusaciones y al daño que el propio Welch había tratado de infligir en la reputación de sus colaboradores. Welch se negó a escuchar y e insistió en las injurias a Fisher:

"No sigamos asesinando a este chico, senador. Ya ha hecho usted bastante. ¿No le queda a usted sentido de la decencia, después de todo? ¿No tiene usted sentido de la decencia?"

Después de haber llamado indecente al senador ante las cámaras de televisión que retransmitían la audiencia, Welch rompió a llorar y los asistentes a la vista en la sala del Senado lo aplaudieron. A la salida de la sala, Welch lloró de nuevo ante las cámaras de los fotógrafos de prensa. Los periódicos se mostraron de acuerdo en resaltar la gran humanidad demostrada por Joe Welch, un hombre impactado por la vileza de McCarthy, del que nunca se hubiera esperado que fuera tan mezquino como para arruinar la carrera de Fisher con sus acusaciones. El hecho de que los cargos presentados por el senador fueran ciertos no interesaron en absoluto a los medios de comunicación: radio, televisión y prensa, tradicionalmente en manos de propietarios judíos obedientes al poder real, se habían conjurado para acabar con McCarthy y no iban a parar hasta conseguirlo. Scott Speidel, de la Florida State University, en un artículo titulado "How the Jewish Marxists in America Destroyed Joe McCarthy" (Cómo los judíos marxistas in América destruyeron a Joe McCarthy) considera que la prensa "nunca habían vertido tanto odio sobre una figura pública desde Adolf Hitler."

El siguiente paso de los conjurados contra McCarthy fue conseguir una condena del Senado con el fin de desacreditarlo definitivamente y arruinar para siempre su carrera política y su reputación. Para ello no bastaban los demócratas, pues de cara a la opinión pública era conveniente presentar a senadores republicanos que votasen en su contra para evitar la impresión de que era una lucha entre partidos. Los principales escogidos fueron Arthur Watkins, senador republicano por Utah que iba a presidir un comité especial del Senado que estudiaría los cargos contra McCarthy, y Ralph Flanders, senador de Vermont, quien, en un ataque salvaje a su compañero en la sala del Senado, lo había acusado a él, a Cohn y a Shine de ser un trío de homosexuales. Flanders tampoco se había privado de establecer similitudes entre McCarthy y Hitler, algo ya habitual. Días después de acribillar al martirizado McCarthy con estas diatribas, Flanders enumeró hasta treinta y tres cargos específicos en su contra, los cuales iba a ser la base de su censura. Algunos cargos eran tan raros que algunos republicanos le preguntaron de dónde procedían. Sin el mínimo pudor, Flanders reconoció que se los había dado el NCEC (National Committee for an Effective Congress), cuya alma mater era el judío sionista Maurice Rosenblatt, enemigo declarado del senador de Wisconsin y uno de los principales agitadores en su contra. Rosenblatt había extraído el material del NCEC y Flanders se había limitado a leerlo ante el Senado. Comenzó así el camino hacia el Calvario de McCarthy, que iba a terminar con la votación que lo crucificó el 2 de diciembre de 1954.

De este modo, las audiencias en el Senado contra McCarthy fueron conducidas bajo control republicano, aunque algunos senadores del partido seguían con él y no apoyaban la censura. Durante los años en que Joe McCarthy se enfrentó a Truman, pudo contar por lo menos con el respaldo de la mayoría de senadores de su partido; pero con un presidente republicano en la Casa Blanca presionando en su contra, se había producido la división. El principal puntal del NCEC en el entorno de Eisenhower fue una vez más Paul Hoffman, quien actuó de manera velada como correa de trasmisión entre el comité de Rosenblatt y la Casa Blanca, cuya influencia fue decisiva para la reprobación.

Tan descarado fue el liderazgo del NCEC en la campaña para censurar a McCarthy que se hizo cargo de los gastos económicos de Flanders y compañía. Stanton Evans reproduce un presupuesto de la organización para cubrir los gastos de 25 de junio al 10 de agosto de 1954, el cual asciende 23.650 dólares, 3.500 de los cuales eran anuncios publicitarios en tres periódicos de Washington. Este mismo autor escribe lo siguiente sobre la conexión entre Rosenblatt y Hoffman: "Detrás del escenario, Hoffman había apoyado el esfuerzo de Rosenblatt con contribuciones financieras. En medio de la batalla de la censura, sin embargo, mostró públicamente su conexión al recalcar la vinculación política entre el NCEC y la Casa Blanca. Poco después de que Flanders presentase su resolución contra McCarthy, el NCEC redactó y Hoffman firmó un telegrama ampliamente divulgado urgiendo el respaldo a la moción de censura."

Puede decirse que a finales de septiembre muchos de los que todavía respaldaban a McCarthy arrojaron la toalla al ver el combate perdido. A pesar de que algunos de sus amigos más fieles, los senadores William Jenner, Herman Welker y otros pocos, denunciaron lo que estaba ocurriendo, sus colegas en el Senado lo expulsaron en noviembre de su propio Comité. Por fin, el 2 de diciembre de 1954 el Senado lo condenó por "conducta contraria a las tradiciones senatoriales." El resultado de la votación fue 67-22. El hecho de que entre los votos de condena hubiera 22 emitidos por republicanos permitió argumentar que los dos partidos habían censurado al senador de Wisconsin, que se convirtió en una persona a la que había que evitar.

McCarthy se vio atrapado durante cuatro años en un combate a muerte que nunca podía ganar. Tuvo como enemigos a dos presidentes de Estados Unidos, al imperio universal de los medios de comunicación y, en definitiva, a la tiranía encubierta que venía financiando el comunismo desde sus inicios, cuyos grupos de presión abarcaban todo el espectro político y económico. Joseph McCarthy murió a los cuarenta y ocho años el 2 de mayo de 1957, treinta meses después de haber sido censurado. Parece ser que buscó el falso refugio de la bebida. Según algunos, el vacío y la exclusión a que fue sometido acabaron con su voluntad de vivir. Otros argumentan que bebió hasta morir. Durante las décadas siguientes, los falsificadores de la realidad, al servicio del Poder Oculto, se encargaron de arrojar su nombre al vertedero de la historia, donde están colocados quienes se han atrevido a denunciar la manipulación y los crímenes que una cábala de conspiradores ejerce sobre la humanidad.

# 5ª PARTE
# EL CONTROL DEL COMUNISMO
# BERIA Y EL ASESINATO DE STALIN

La figura de Stalin, Iósif Vissariónovich Dzhugashvili, es una de las más impresionantes de la historia. Durante los casi treinta años de poder inmisericorde en Rusia, demostró ser un policía formidable, de astucia y maldad incomensurables, que supo librarse de cuantos pretendieron quitarlo de enmedio. Su capacidad de enfrentarse al trotskysmo y a lo que representaba, su tenacidad en la tarea de eliminar sistemáticamente a sus enemigos, su inteligencia para maniobrar y resistir como dictador absoluto asombran si se considera que, salvo en los años de la guerra mundial, tuvo enfrente a fuerzas globales del Poder Oculto que pretendían sustituirlo por alguno de sus agentes. Por mucho que lo ignore la historiografía oficial, Stalin fue consciente de que la oposición trotskysta pretendía aprovecharse de la llegada de Hitler al poder para provocar la guerra con Alemania y recuperar el control de la URSS. Trotsky no tuvo reparos en exponer públicamente que en caso de guerra él y la oposición apartarían a Stalin del poder y luego organizarían la defensa que permitiría la victoria final[27].

El hecho de que entre todos los grandes matarifes del comunismo: Trotsky, Lenin, Yagoda, Kaganóvich, Beria, Mao Tse-tung y tantos otros, sólo Stalin sea criticado ante la opinión internacional es en extremo revelador. Yagoda, Kaganóvich y Beria, tres judíos con rango entre los mayores criminales de todos los tiempos, ni siquiera son conocidos por el gran público. Trotsky y Lenin, cuyos crímenes no desmerecen en nada a los de sus correligionarios, siguen siendo figuras emblemáticas y respetadas en ámbitos supuestamente progresistas del mundo entero. En cuanto a las terribles matanzas de Mao Tse-tung en China, ni se recuerdan ni se

---

[27] Isaac Deutscher, escritor e historiador polaco de origen judío considerado trotskysta, escribió las biografías de Stalin y de Trotsky. En *Stalin*, escribe lo siguiente: "En la crisis suprema de la guerra, los jefes de la oposición, de haber seguido vivos, habrían podido, en efecto, actuar bajo la convicción, verdadera o falsa, de que Stalin conducía la guerra de manera incompetente y fatal. Desde el principio, habrían podido oponerse al acuerdo con Hitler ¿Acaso Trotsky no había previsto una acción semejante contra Stalin en su 'tesis Clemenceau'? Imaginemos por un momento que los líderes de la oposición hubieran sobrevivido y hubieran asistido a la derrota del Ejército Rojo en 1941 y 1942, con Hitler a las puertas de Moscú y millones de soldados prisioneros de los alemanes, con el pueblo preso de una peligrosa crisis moral como la que se produjo en el otoño de 1941, en el momento en que el futuro de los soviéticos pendía de un hilo y que la autoridad de Stalin estaba en su punto más bajo. Es posible que ellos hubieran entonces tratado de derrocar a Stalin." Precisamente ese era el plan que fue puesto al descubierto en los procesos de Moscú. Esa era la idea inicial cuando los banqueros judíos de Wall Street financiaron a Hitler.

denuncian. Sólo los crímenes de Stalin son expuestos con cierta regularidad por los medios de comunicación, cuya propaganda se centra desde hace setenta años en exponer hasta la extenuación la maldad intrínseca del nazismo y el sufrimiento sin igual de los judíos.

La eliminación de numerosos judíos trotskystas, que desde la muerte de Lenin iban siendo desplazados paulatinamente del poder, fue una extraordinaria demostración de fuerza por parte de Stalin, el único "malo de la película" del comunismo internacional. Los juicios de Moscú, calificados por la prensa mundial como "show trials" (juicios espectáculo), demostraron a quienes quisieron ver la realidad que existían todo tipo de maniobras para desalojar a Stalin del Kremlin. Después de la Segunda Guerra Mundial, el problema de su sustitución al frente de la URSS resurgió poco a poco, sobre todo a medida que se comprobó que no pensaba ceder a nadie su poder omnímodo. Cuando Stalin se percató de que, como antes de la guerra, agentes judíos volvían a maquinar en la sombra para deshacerse de él, se mostró fiel a sus métodos de siempre y recuperó la política de detenciones y asesinatos de sus oponentes. Las acusaciones de antisemitismo surgieron en todas partes. Sin embargo, unas palabras del presidente de la Comunidad Judía de Berlín, Heinz Galinski, plantearon el problema en sus justos términos: "A diferencia del antisemitismo nazi -declaró Galinski- la acción comunista contra los judíos no tiene un carácter racial, sino un carácter político." Es decir, Stalin no perseguía a los judíos por el hecho de serlo, sino que lo hacía porque quienes pretendían acabar con él eran judíos que trabajaban para las fuerzas ocultas que habían financiado el comunismo desde el principio.

Acabada la Segunda Guerra Mundial, tardaron poco en comenzar las intrigas para suceder a Stalin, protagonizadas por algunos líderes del Comité Central y del Politburó. El personaje primordial de la conspiración fue Lavrenti Beria, georgiano como Stalin. Desde su puesto de Comisario del Pueblo para Asuntos Internos, cargo que ocupó desde el 25 de noviembre de 1938, tuvo en sus manos el control de la policía y del servicio secreto, el NKVD, lo cual ponía a su disposición los resortes necesarios para poder hacerse con el poder tras la anhelada desaparición del incombustible amo del Kremlin. Casi todos los estudiosos, como se verá, coinciden en señalarlo como el principal sospechoso del asesinato de Stalin. Antes de pasar a relatar la lucha que se desarrolló, es obligada una reseña sobre la figura de Beria, uno de los asesinos de masas más brutales y despiadados que dio el comunismo.

## Lavrenti Pávlovich Beria

Cuando Stalin decidió dar la batalla a los judíos sionistas y/o trotskystas que cuestionaban su liderazgo en los países de Europa "liberados" por el Ejército Rojo, comenzó a desconfiar también de los judíos que seguían en posiciones destacadas en la propia URSS. Adburahman Avtorkhanov, especialista en el periodo staliniano, escribe en *Staline assassiné. Le complot de Béria* que Stalin estaba convencido de que los espías sionistas se hallaban infiltrados en todas partes y veía en ellos a conspiradores en potencia. Según este autor, Stalin estudiaba los árboles genealógicos de miembros del Partido Comunista hasta la segunda e incluso tercera generación tratando de descubrir a judíos entre sus ancestros. Fue de este modo cómo descubrió que la madre de Beria figuraba censada como una judía georgiana. Puesto que, según se ha dicho, entre los judíos es la madre la que confiere la etnia, Lavrenti Beria era, pues, judío. Su madre, Tekle, que había nacido en Uria Sopeli, un pueblo habitado por judíos, lo parió el 29 de marzo de 1899 en Merkheuli, una aldea de Abjasia, región de Georgia donde vivían los mingrelianos, una antigua tribu caucásica.

A los dieciséis años, Beria realizó un viaje de ochocientos kilómetros en tren que lo llevó del mar Negro al mar Caspio, a la cosmopolita Bakú, donde cursó estudios en la Escuela Superior de Mecánica y Construcción, conocida como el "Technicum". Allí contactó con estudiantes revolucionarios marxistas que pedían el derrocamiento del zar, como Vsevolod Merkulov, con el que trabó amistad y acabó siendo uno de sus hombres de confianza, Mir Djaffar Bagirov y Evgeny Dumbadze, al que asesinaría años más tarde; pero a la vez se convirtió en un confidente de la Ojrana, la policía secreta zarista. Thaddeus Wittlin afirma en *Comisario Beria* que cuando en febrero de 1917 se formó en Rusia el Gobierno provisional presidido por el príncipe Lvov, "Beria pensó que era más inteligente estar en buenas relaciones con ambas partes y comenzó a jugar con dos barajas"; es decir, a los dieciocho años, edad en la que se comportaba ya como un adulto, pasó a trabajar a la vez para la Ojrana y para los conspiradores bolcheviques, cuyos líderes consideraban a Beria uno de los suyos

Después de la revolución de octubre, acogiéndose a la declaración de Lenin que garantizaba el derecho a la autodeterminación, Azerbayán, Georgia y Armenia, los tres países caucásicos, se proclamaron independientes. Sin embargo, los soviéticos pronto reaccionaron en Azerbayán, cuyos pozos petrolíferos del Caspio estaban siendo explotados por compañías internacionales, y el 25 de abril de 1918 crearon en Bakú el Consejo de Comisarios del Pueblo, llamado la Comuna de Bakú, que trató de imponer la dictadura del proletariado en todo el país. Stalin declaró que Bakú debía ser "la fortaleza del poder soviético en Transcaucasia". Se produjo entonces la reacción de los nacionalistas mussavatistas, apoyados por los británicos. La lucha en la capital fue de extrema dureza y los combates se libraron calle por calle. A finales de julio de 1918, el Gobierno bolchevique de Bakú dejó de existir. Pronto algunos regimientos británicos al mando del general Lionel Charles Dunsterville entraron en Bakú y ocuparon la ciudad, cuyo puerto era el centro del emporio del petróleo. Los veintiséis comisarios de la Comuna de Bakú fueron encarcelados. Se formó un Gobierno provisional, autodenominado "Dictadura Centrocaspiana", el cual, en manos de los mussavatistas azeríes, se mantuvo hasta abril de 1920. Fue durante estos años cuando Beria entró en contacto en Bakú con los servicios de Inteligencia británicos, para los que trabajó a partir de 1919.

Nikita Jrushchov confirmó en diversas ocasiones que Beria fue un agente británico. Tanto el mencionado A. Avtorkhanov como Anton Kolendic, autor de *Les derniers jours. De la mort de Staline à celle de Beria (mars-decembre 1953)*, refieren las circunstancias en que Jrushchov desveló públicamente la pertenencia de Beria al espionaje inglés. Kolendic reproduce las palabras pronunciadas por Jrushchov en la cena de clausura del XXII Congreso del PCUS, celebrado en 1961 en Moscú, en el que fue reelegido secretario general del partido. Jrushchov ofreció en aquella ocasión su versión de cómo en la noche del sábado 21 al domingo 22 de junio de 1953, durante la reunión del Politburó, se produjo el arresto de Beria: "He visto muchas cosas en mi vida -declaró el secretario general- pero jamás olvidaré aquella noche blanca, agotadora..." Sigue, entresacado del libro de Kolendic, el fragmento en que Jrushchov relata durante la cena celebrada en octubre de 1961 cómo en 1953 acusó a Beria ante sus camaradas del Politburó de haber trabajado para los británicos:

> "-... Por ello, camaradas, propongo que antes de nada abordemos la discusión del caso del camarada Beria...
> Todos lo aprobaron, unos en voz alta, otros con aplausos, algunos asintiendo con la cabeza...
> Beria, solo, estaba turbado, sorprendido, sencillamente cogido desprevenido. Estaba sentado a mi lado y me cogió amigablemente el brazo murmurando:
> - Pero qué te ocurre, Nikita, que mal espíritu te impulsa... ¿Qué significan estas bromas?
> Yo repelí el brazo y en voz bien alta, para que todos oyeran, le respondí:
> - ¡Presta atención! ¡Vas a comprenderlo!
> Después manifesté:
> - Lo que ocurre actualmente en Berlín-Este, el hecho de que Lavrenti Beria haya traicionado y vendido los intereses de la Unión Soviética, no es por casualidad, ni siquiera un simple error. ¡No! ¡Es Beria! Quisiera en primer lugar recordaros el pleno del Comité Central de 1937. Aquel día, un miembro del Comité Central, el camarada Grisha Kaminski había proporcionado pruebas de que Beria, que era entonces candidato al Politburó, había trabajado para el espionaje inglés y había colaborado con los grupos mussavatistas y que su caso no dependía pues del partido, sino del fiscal general de la República. ¿Qué ocurrió, camaradas? En lugar de abrir una investigación, Beria fue elegido miembro del Politburó y Grisha Kaminski desapareció después del pleno sin dejar rastro. Nunca más se oyó hablar de él."

La colaboración simultánea de Beria con los soviéticos y con los nacionalistas mussavatistas era, probablemente, una exigencia de su trabajo para la Inteligencia británica. En *Staline assassiné*, Avtorkhanov confirma la relación de Beria con los nacionalistas azeríes y recuerda que ya en el Informe Secreto al XX Congreso del PCUS, que no formó parte de los informes y resoluciones oficiales emitidas por el Congreso porque fue pronunciado en sesión cerrada el 25 de febrero de 1956, Jrushchov informó sobre la denuncia contra Beria formulada por el Comisario del Pueblo de Sanidad, Grisha Kaminski. En aquella ocasión Jrushchov fue más preciso y desveló que, apenas concluyó el pleno del Comité Central, Kaminski fue detenido y fusilado.

A finales de 1919 los británicos abandonaron la zona y dejaron Azerbaiyán en manos de los mussavatistas, que fueron reconocidos como el único Gobierno legal del país. Del derecho a la autodeterminación de los pueblos reconocido por Lenin nada quisieron saber los soviéticos, quienes, tan pronto salieron los británicos y los nacionalistas quedaron sin su protección, comenzaron a preparar un golpe de Estado. Al amanecer del 20 de abril de 1920 el XI Ejército soviético mandado por Kírov y su ayudante de campo, el komandarm Gekher, entraron en Bakú y se adueñaron de la ciudad. El mismo día, los miembros del Gobierno de la República Nacional de Azerbaiyán fueron detenidos y ejecutados en el patio de la prisión de Bailov. Se dio carta blanca a los soldados rojos para que actuasen contra la burguesía.

En *Comisario Beria*, Thaddeus Wittlin escribe: "Pronto fueron derribadas las ventanas y las puertas de las casas de los ricos, los conventos fueron demolidos y saqueados. Se obligó a las monjas a bailar desnudas antes de ser violadas y fusiladas. Se saquearon muchos hogares de la burguesía y de las clases acomodadas, cuyas mujeres fueron igualmente violadas." Durante la noche del 20 al 21 de abril las llamas de las casas incendiadas iluminaron la capital y al amanecer los cuerpos de sus habitantes, asesinados a bayonetazos o a puñaladas, yacían calcinados entre las ruinas. Beria, fiel a su principio de situarse junto a quienes detentaban el poder, asumió un papel central en la represión desencadenada por sus amigos bolcheviques. Puesto que había estado en contacto con los nacionalistas siendo agente británico, estuvo en condiciones de facilitar listas negras de personas que habían colaborado con el Gobierno de Azerbaiyán.

El terror, que duró seis días, ha pasado a la historia como la "Semana de aniquilamiento de la burguesía". Se detuvo y se encarceló a todos los oficiales del Ejército Nacional de Azerbaiyán. Los funcionarios también fueron sacados de sus casas, cargados en camiones y conducidos a la cárcel. "La prisión de Bailov estuvo tan atestada de presos -escribe T. Wittlin- que no había sitio ni para sentarse en el suelo. Tenían que mantenerse de pie, apretados entre sí, hombres, mujeres y niños, jóvenes y viejos, sanos y enfermos. Estaban llenas no sólo las celdas, sino también los pasillos y las salas, los baños, la lavandería, los almacenes y la enfermería. Todos estos lugares se convirtieron en celdas masivas." Pronto, sin embargo, se evacuó la cárcel. Los detenidos fueron trasladados en barco a la isla de Nargen, donde comenzaron los asesinatos en masa ejecutados por secciones de ametralladoras que, sin discriminación de edad o sexo, disparaban sobre grupos de cien o doscientas personas colocadas en fila junto a unas zanjas previamente abiertas, en las que iban cayendo los cuerpos. Dos pequeños vapores realizaron dos o tres viajes diarios desde el puerto hasta la isla. La operación, dirigida por Sergó Ordzhonikidze, fue realizada por el Komsomol (juventudes comunistas) de Bakú, cuyos principales jefes eran Dumbadze, Bagirov y Dekanozov, a los que asistía Lavreni Beria, a quien T. Wittlin señala como uno de los responsables de las matanzas: "Las listas y demás documentos preparados por Lavrenti Beria - afirma Wittlin- contenían los nombres y direcciones, así como los supuestos cargos contra las personas a las que Beria consideraba y describía como enemigos del régimen soviético."

Beria nunca creyó ni en Dios ni en Marx. Los estudiosos coinciden en describirlo como un hombre frío y calculador desprovisto de ideología. De hecho, mientras en el Cáucaso perduró la incertidumbre sobre el desenlace final, Beria fue situándose cerca de quienes iban detentando el poder; pero a partir de mayo de 1920 quedó claro dónde debía estar, por lo que se convirtió definitivamente en un comunista. En la cena de octubre de 1961 comentada arriba, Jrushchov declaró lo siguiente sobre él: "Beria jamás fue un comunista, sino un arribista calculador y egoísta que vio en nuestro partido la vía ideal para realizar sus planes de megalómano, de criminal y de espía." Sea como fuere, en mayo de 1920 Beria comenzó una carrera que a lo largo de treinta y tres años iba a convertirlo en el hombre más temido y poderoso de la URSS después de Stalin. Fue Ordzhonikidze quien, visto el talento mostrado por Beria durante los días de matanzas en la isla de Nargen, le ofreció un cargo de chekista con el rango de subjefe de la Sección de Operacione Secretas, cargo que llevaba aparejada la dirección de la prisión de Bailov, donde instaló su despacho.

Allí fue adquiriendo experiencia como interrogador y torturador. Existen testimonios de esta época sobre cómo procedía con las muchachas en los interrogatorios: además de abofetearlas, las obligaba a tumbarse boca abajo en el suelo, a quitarse los zapatos y a subirse las faldas hasta dejar a la vista su ropa interior. Beria ponía un pie sobre el cuello de la víctima y con una fusta la azotaba en el trasero y en las piernas. Su biógrafo, Taddeus Wittlin, quien durante 1941-42 coincidió en el campo de detenidos de Vorkuta con una mujer que había sido torturada por Beria, escribe lo siguiente:

> "El fustigamiento de las chicas excitaba a Beria sexualmente y no sólo porque estuvieran semidesnudas delante de él. No cabe duda de que una

chica desnuda a medias resulta excitante para un joven de veintiún años, como tenía Lavrenti Beria en aquellas fechas. Pero esa no era la principal razón por la que Beria se veía afectado: al cabo de recibir algunos azotes el cuerpo de la víctima se ponía morado, comenzaba a sangrar en algunos lugares y, finalmente, cuando la chica era incapaz de soportar el dolor por más tiempo, la llamada de la naturaleza tenía que ser obedecida. La visión de los excrementos no era agradable ni tampoco el olor. La verdadera razón del placer de Beria era la juventud de la víctima. Mientras más abandonada y joven e inocente fuese la chica, se hacía más deseable y excitante y, en consecuencia, mayor era el placer experimentado por Beria. Pese a ser un hombre maduro, fuerte y dotado de una voluptuosidad animal, Beria había vivido una vida austera, espartana, y hasta entonces sus experiencias sexuales habían sido limitadas."

A los pocos meses, como premio a su trabajo en la prisión de Bailov, Anastás Mikoyán y Ordzhonikidze, sus más poderosos amigos, propusieron el ascenso de Beria al puesto de jefe del Departamento de Operaciones Secretas y vicepresidente de la Cheka de Azerbaiyán. Su progresión continuó en 1921 y en el mes de julio, tras la caída de Georgia en manos de los soviéticos, Stalin ordenó personalmente a Ordzhonikidze el nombramiento de Beria, al que había conocido en Tiflis, como jefe de la Cheka de Georgia. No fue, sin embargo, hasta noviembre de 1922 cuando se instaló en la capital georgiana, donde en la prisión estatal de la calle Olginskaya se hallaba ubicada la sede de la Cheka. Con él llevó las fichas y los documentos más importantes de su archivo secreto. Enseguida tuvo que afrontar la hostilidad de buena parte de los georgianos al régimen soviético: redes mencheviques, obreros portuarios de Batumi, miles de trabajadores de las minas de carbón y manganeso de Chiatura, oficiales del antiguo ejército nacionalista y grupos independentistas protagonizaban el movimiento nacionalista y antibolchevique. Beria comenzó por detener discretamente a intelectuales y a los líderes de la oposición. Inicialmente, había permitido las actividades de los opositores con el fin de vencerlos y apuntarse el mérito.

En la primavera de 1923, en Sukhumi, la capital de Abjasia, Beria mató por primera vez a una persona con un tiro en la sien. En *Comisario Beria* se narra extensamente el episodio. La víctima fue un comerciante de ultramarinos llamado Ierkomoshvili, para quien había trabajado la madre de Beria. Él y su esposa habían ayudado económicamente a Tekle para que su hijo, al que llamaban "Lara", pudiera estudiar en Bakú. En lugar de agradecimiento, Beria sentía odio y rencor hacia ellos, por lo que decidió acusar al comerciante de actividades antisoviéticas y lo encarceló. Convencida de que "su querido muchacho" liberaría a su marido, Maro Ierkomoshvili se presentó para interceder. Beria interrogó al comerciante en presencia de su esposa Maro. Despúes de abofetear a la mujer y de propinarle dos puñetazos en la cara delante de él, ordenó al guardián que se llevara de nuevo al preso. Luego, Beria bajó al sótano. Según el relato de T. Vittlin, "ordenó al policía que lo acompañaba que se quedara fuera y entró en la celda. Sacó la pistola de la funda, la amartilló, la puso en la sien del anciano y apretó el gatillo. Seguidamente salió de allí." Esta primera ejecución fue paradigmática, toda vez que Beria ejecutó siempre a su víctimas con la mayor calma y sin la menor excitación ni emoción, como si se tratara de un acto intrascendente y sin importancia.

Beria tuvo información sobre los preparativos de un alzamiento organizado por un Comité Nacional clandestino que lideraba el general nacionalista Valiko Dzugheli. La fecha fijada era el 25 de agosto de 1924, por lo que dos días antes ordenó la detención del general Dzugheli. En vista de ello el coronel Cholokashvili atacó el día 24 los cuarteles del Ejército Rojo. Muchos pescadores, campesinos, estudiantes se unieron a los patriotas y hubo combates en la capital y en otras ciudades importantes. En Tiflis, las tropas soviéticas abandonaron los acuartelamientos y salieron de la ciudad. En diez días, sin embargo, los sublevados comenzaron a ceder y los que no huyeron a Turquía fueron capturados. Los campos de prisioneros, muchos de los cuales estaban heridos, se llenaron rápidamente y Beria, cuyos interrogatorios le servían para continuar acumulando datos y nombres para su famoso archivo, comenzó a ordenar ejecuciones, que duraron varios meses. Por las noches salían de la prisión del Estado camiones cargados de condenados. Conducidos hacia una explanada en las afueras de Tiflis, eran fusilados en grupos de cincuenta y hasta cien personas cerca de zanjas preparadas con anterioridad. En *El libro negro del comunismo* se da la cifra de 12.578 personas fusiladas del 29 de agosto al 5 de septiembre de 1924. Beria asistía con frecuencia a estas ejecuciones sumarias y vigilaba hasta que los muertos quedaban enterrados. En la primavera de 1925 terminaron los asesinatos en masa. Beria, señor de la vida y de la muerte, se había convertido en el hombre más temido de Georgia.

Sobre la vida privada de Beria, un tema tabú sobre el que no se informó nunca, tanto Anton Kolendic como Thaddeus Wittlin ofrecen en sus obras algunas pinceladas que permiten comprobar que era un criminal en todos los sentidos. El segundo narra en *Comisario Beria* cómo escogió a la que fue su mujer, Nina. Cuando en el verano de 1929 murió Tekle en la aldea de Merkheuli, Beria se desplazó a Abjasia en su lujoso tren especial, formado por tres vagones Pullman: uno funcionaba como coche dormitorio, otro disponía de bar y restaurante, el tercero era un salón perfectamente equipado. Ya de regreso a Tiflis, el tren quedó aparcado en una vía muerta de la estación de Sukhumi, donde Beria se detuvo unos días para gestionar diversos asuntos. Puesto que vivía en el tren, una hermosa joven de dieciséis años lo abordó en el edificio central de la terminal, convencida de que el todopoderoso jefe de la Cheka, su paisano, podía interceder por su hermano, detenido recientemente. Beria la invitó a subir al lujoso dormitorio habilitado en el coche cama y le pidió a la muchacha que se desnudara. Después de abofetearla, la violó. Luego, la dejó encerrada y fue al coche restaurante para cenar y beber vodka. Cuando regresó, pasó toda la noche con ella. Al amanecer, antes de salir, ordenó que sirvieran desayuno para dos. Durante los días que permaneció en la ciudad, conservó en el tren a su joven prisionera. Finalmente, decidió llevársela consigo a Tiflis y convertirla en su mujer.

Anton Kolendic escribe que la vida privada de "la espada de la Revolución", apodo recibido del propio Stalin, "estaba particularmente bien protegida y guardada en secreto. Nadie podía penetrarla ni tenía el coraje de hacerlo." Sólo cuando en junio de 1953 Beria fue arrestado, se atrevieron algunos a denunciar sus canalladas. Jrushchov cuenta que días despúes de la detención de Beria, Malenkov le confesó que el jefe de su guardia se dirigió a él con estas palabras: "Acabo de saber que Beria ha sido arrestado. Debo decirle que ha violado a mi hermosa hija, una chiquilla de quince años. Una tarde salió para hacer un encargo. Mi apartamento está contiguo al de Beria. Un tipo la abordó y la obligó a ir a casa de Beria. Él la esperaba y la convenció para que comiera algo con él. La hizo beber y cuando se adormeció, la violó." Pronto comenzaron a llegar declaraciones semejantes que relataban violaciones de muchachas y mujeres a las que Beria, siempre de la misma manera, alimentaba, emborrachaba y violaba. Debe descartarse que Malenkov y Jrushchov inventasen una sarta de calumnias contra el enemigo caído, toda vez que, según escribe textualmente Kolendic "se elaboró un dossier con más de doscientos informes individuales sobre las depravaciones, perversiones, y relaciones íntimas con chiquillas, jóvenes y mujeres." En todos los casos, los testimonios realizaban declaraciones muy duras que solían acabar con el mismo argumento: "Hasta ahora no me atrevía a decir nada a nadie y mucho menos quejarme o acusar, porque..."

A medida que las evidencias demostraban que Stalin se había consolidado como el sucesor de Lenin, Beria elaboró metódicamente su estrategia para ganarse su favor. En honor del dictador soviético, le puso el nombre de Joseph al hijo que tuvo con Nina. A pesar de que en realidad odiaba a Stalin, al que consideraba un tipo grosero y vulgar que apestaba a tabaco negro barato, no dudó en comportarse de manera servil y rastrera con tal de ganarse su confianza. En noviembre de 1931, el Comité Central en Moscú lo nombró primer secretario del Partido Comunista de Georgia. Beria viajó a la capital para agradecer personalmente a Stalin la confianza. Puesto que en el cuestionario que debía cumplimentar tenía que decir desde cuándo era miembro del partido, Stalin le sugirió pusiera la fecha de 1917. A partir de entonces, Beria se convirtió en brazo ejecutor de la política del Kremlin en el Cáucaso. Con el fin de agradar a Stalin, proyectó entonces un panegírico sobre su figura: *Primeros escritos y actividades de Stalin: sobre la historia de las organizaciones bolcheviques en Transcaucasia*, una obra que convertía a Stalin en un héroe de la Revolución y en un dios del comunismo, en la que la verdad histórica era lo de menos.

Durante los años treinta, pues, Beria fue sentando las bases para llegar a la jefatura del NKVD, que en 1934 se convirtió en sucesora de la Cheka, del GPU y del OGPU. El asesinato de Kírov, los juicios de Moscú y la purga del trotskysmo y del Ejército Rojo fueron los acontecimientos que pusieron a prueba su fidelidad a Stalin. Beria decidió entonces que debía llevar a cabo una nueva purga en Transcaucasia con el fin de demostrarle al jefe supremo que podía contar con él para liquidar a los indeseables. Cuando se produjo la caída de Yagoda, aspiraba a ocupar su lugar, por lo que el nombramiento de Yezhov le supuso una decepción; no obstante supo tener paciencia y seguir esperando su oportunidad. Yezhov no ignoraba que, mientras Beria siguiera al acecho, su posición como comisario de Interior y director de la Policía Secreta no estaba asegurada, por lo que le tendió varias trampas con el fin de liquidarlo, pero no lo logró. El 28 de julio de 1938 Stalin llamó personalmente a Beria y sin darle más explicaciones le ordenó que se presentara en Moscú. Beria llegó a sospechar que Yezhov estaba detrás del asunto y que podía ser detenido. Sabía que Yezhov lo odiaba y lo tenía en su lista negra. Pensó que podía haber preparado alguna denuncia en su contra que pudiera servir para convencer a Stalin de la necesidad de acabar con él. Una prueba de su desconfianza es la orden que dio a Bogdan Kobulov, uno de sus más íntimos colaboradores, para que destruyera sus archivos secretos en caso de que no regresara.

A su llegada a Moscú, el general Alexander Poskrebyshev, secretario personal de Stalin y jefe de la Sección Especial del Departamento Secreto de la Secretaría del Partido, lo estaba esperando en la estación de Kazan. Poskrebyshev, que formaba parte del llamado "gabinete secreto", era un hombre de máxima confianza del dictador, quien en ocasiones lo había utilizado para eliminar sin juicio a personalidades destacadas. Beria no estuvo del todo tranquilo hasta que comprobó que su destino era el Kremlin. Allí, Stalin le anunció que había decidido trasladarlo a Moscú con objeto de colocarlo en la Lubyanka junto al comisario Yezhov. Su cargo sería el de vicecomisario, lo que lo convertía en el número dos del Comisariado. El hecho de que el jefe lo hubiera escogido como lugarteniente del hombre que había tratado de eliminarlo fue interpretado por Beria como una señal de respaldo. Sin duda, Stalin lo había sacado de Tiflis para convertirlo en el sustituto de Yezhov. El 25 de noviembre de 1938 Beria se convirtió en el nuevo comisario para Asuntos Internos y jefe del NKVD. Yezhov pasó a desempeñar el cargo de comisario de Transportes Fluviales, un paso atrás en su carrera que evidenciaba su caída en desgracia.

Lo primero que hizo Beria como nuevo jefe del NKVD fue una purga radical del aparato de la Cheka: todos los colaboradores y muchos funcionarios que actuaban a las órdenes de Yezhov, cuyos días también estaban contados, fueron detenidos. Miles de viejos chekistas fueron fusilados o enviados a campos de trabajo. La política de destruir a sus adversarios y de colocar a sus seguidores en puestos claves le permitió tener a todo el país bajo su control en poco tiempo. A medida que fue asentándose en el poder, Beria demostró su capacidad para organizar y optimizar el trabajo y el rendimiento de los de presos que dependían de la Administración Superior de los Campos de Trabajos Forzados, GULAG ("Glavnoye Uprovlenye Lagerey"). Se trataba de que el Estado comunista aprovechara la esclavitud de millones de sus propios ciudadanos para producir con el menor coste posible. Fijó normas específicas para cada brigada de trabajadores y llegó a establecer hasta catorce tipos de alimentación. La cocina peor, la número uno, era para los castigados, que recibían un trozo de pan y un tazón de sopa aguada. Los "campeones" en el trabajo eran merecedores de la mejor comida, la número catorce. Hay que reconocer que el sistema funcionó a la perfección. Con millones de esclavos trabajando por un poco de comida en minas y bosques, en la construcción de carreteras, canales, vías férreas y túneles, la productividad no sólo mejoró, sino que aumentó de manera significativa.

El poder del comisario Beria fue creciendo progresivamente en todos los ámbitos. Como comandante en jefe de las Divisiones Especiales de las Fuerzas del NKVD, disponía de un Ejército muy fuerte y disciplinado, equipado con las armas más modernas, que incluían aviones y tanques. Además era jefe de la Sección de Misiones Especiales, que contaba con la red de espías desplegados en todo el mundo. De él dependía en última instancia el llamado Grupo Móvil, utilizado para asesinar y secuestrar en el extranjero a desertores, trotskystas y otros enemigos de la URSS[28]. En el interior del país persiguió y eliminó a los intelectuales que molestaban: además de ser el censor de la prensa, era el dictador de toda la cultura que se ofrecía al pueblo: el teatro, la literatura, las artes estaban bajo su control y supervisión.

Thaddeus Wittlin explica que Beria no sólo vivía para el trabajo, sino que se procuraba cuantos placeres tenía a su alcance. Sus agentes en el extranjero le enviaban fotografías y películas pornográficas que guardaba

---

[28] Dos asesinatos poco conocidos que merecen una reseña son los de Georges Agabekov y Evgeny Dumbadze. El segundo, después de haber sido chekista en Tiflis, escapó a Francia desengañado y en 1930 publicó en París sus Memorias, "Na Sluzhee Cheka i Kominterna" (Al servicio de la Cheka y el Komintern). En el libro describía a Beria como un criminal sangriento y un genocida. Dumbadze fue hallado muerto en su modesto piso de la capital francesa. Según la versión oficial, se suicidó inhalando gas procedente de su cocina. También en 1930 Agabekov, que había sido jefe de la sección oriental de la OGPU, publicó un libro en ruso que se tradujo al inglés, al francés y al alemán con el título *OGPU. The Russian Secret Terror*. Hemos localizado dos ejemplares editados en 1931 por la editorial Brentano's de Nueva York cuyo precio ronda los 300 euros, por lo que no los hemos adquirido. Podemos decir, no obstante, que Agabekov describe los métodos de espionaje soviéticos en Oriente, en Francia, EE.UU. y Alemania. En cuanto a Beria, se refería a él como un policía de mente estrecha que sabía muy poco sobre el Partido Comunista. Los hombres de Beria localizaron al desertor en Bruselas, donde vivía con pasaporte falso, y lo asesinaron.

bajo llave en el despacho de trabajo de su casa, en la calle Katchalov de Moscú. Con su ayudante, el coronel Sarkisov, se dirigía en ocasiones en su "Packard" negro a la calle Dostoyevsky, donde se hallaba un Instituto de Enseñanza Media que llevaba el nombre del genial escritor. Detenidos cerca del Teatro del Ejército, Beria observaba a las jóvenes que salían del edificio desde detrás de las cortinillas del coche. Sus preferidas, escribe Wittlin eran "muchachas de catorce a quince años, un tanto gorditas, con el rostro redondo, mejillas sonrosadas, ojos inocentes, cutis suave y labios carnosos." Escogida la presa, el coronel iba entonces a buscar a la niña, que era introducida en el asiento trasero del vehículo. Una vez en la Lubyanka, el coche se detenía en el patio, junto a la entrada que conducía a las oficinas de Beria. Wittlin, que probablemente utiliza como fuente el dossier citado más arriba con más de doscientos casos documentados, narra distintas variantes en la actuación del degenerado comisario. Veamos con mayor detalle unos ejemplos:

> "...Le explicaba a la pequeña que debía desnudarse y dar satisfacción a sus deseos físicos del modo que a él le gustaba y que le explicaba detalladamente. Si no lo hacía así, sus padres serían detenidos aquella misma noche y enviados a campos de trabajo en el extremo más alejado de Rusia, y lo mismo les ocurriría a sus hermanos y hermanas. La suerte de sus seres queridos dependía de ellla. Le dejaba a la niña unos segundos para que tomara una decisión. Cuando la niña cedía y se arrodillaba delante de él, totalmente desnuda, la forzaba a cometer un acto de sodomía. Beria observaba el rostro de la niña lleno de lágrimas y sentía un placer peculiar al obligar a una chiquilla inocente a cometer esos actos de perversión sexual. A veces, no se daba por satisfecho con ello y, sumamente excitado, echaba a la víctima al suelo y se dejaba caer sobre ella para violarla y destruir su virginidad.
> En otras ocasiones, en vez de llevarse a la chica a su despacho de la Lubyanka, la conducía a su casa de la calle Katchalov. Allí la invitaba a tomar un vaso de vino. La hacía beber y cuando la chiquilla se quedaba adormilada por los efectos del alcohol, Beria la poseía. La presencia en la casa de su esposa no detenía a Beria en sus excesos. La casa era amplia, tenía muchas habitaciones y dos entradas, y su esposa tenía órdenes rigurosas y definitivas de no entrar en el despacho de su marido en ninguna circunstancia."

Beria era adicto al vodka y al coñac, por lo que tenía un armario grande lleno de botellas. Según Wittlin, "mientras más poderoso se sentía, mayor placer hallaba en la bebida, sobre todo porque tenía la suerte de que por mucho que bebiera siempre se mantenía sobrio y se daba cuenta de lo que decía o hacía. Jamás en estado de embriaguez -añade el biógrafo- se le escapó una sola palabra de la que tuviera que arrepentirse." Es decir, en lugar de enturbiarle la mente, el vodka lo despejaba y le permitía interrogar con mayor agudeza y claridad de ideas. Sobre sus técnicas interrogatorias, Wittlin ofrece amplia información. Además de un puño de hierro, Beria guardaba en sus cajones una gama completa de vergas y cachiporras de todos los tamaños. En uno de los bolsillos de su americana solía llevar uno de estos instrumentos con el que podía matar a un hombre de un solo golpe. "Con la mano metida en uno de los bolsillos de su americana -escribe este autor- Beria se paraba detrás del detenido a una distancia de dos o tres pasos. Con la velocidad del rayo, sacaba del bolsillo la mano, armada con una especie de pequeño vergajo o cachiporra especial y, con la precisión del más avezado matarife, golpeaba al preso detrás de la oreja derecha. El hombre caía muerto instantáneamente." Puesto que las ordenanzas especificaban que las ejecuciones en secreto debían realizarse con un tiro en la nuca, cuando Beria salía de la celda ordenaba a un soldado que entrase y alojase una bala en la cabeza de la víctima. Wittlin añade que Beria tenía en su casa un maniquí o un muñeco con el que practicaba para golpear con la mayor precisión.

Desde marzo de 1939 Beria formó parte del Politburó. Fue entonces cuando decidió convencer a Stalin de la necesidad de acabar con Yezhov, el "enano sangriento". Obligado a dimitir como comisario de Transportes Fluviales, Yezhov, después de haber sido juzgado en secreto, acabó fusilado en abril de 1940. Durante aquel mismo año, Beria cometió algunos de sus crímenes más conocidos, como fueron la matanza de polacos en el bosque de Katyn y la eliminación de miles de nacionalistas en las repúblicas bálticas. Menos divulgado es el asesinato de los soldados rojos que retrocedían ante los finlandeses. Puesto que en el capítulo décimo se ha narrado ya el papel de Beria en la masacre de los oficiales polacos y también el terror desatado en Estonia por agentes judíos que actuaban bajo sus órdenes, queda ahora por reseñar de manera concisa cómo organizó los "destacamentos de barrera" para impedir la retirada de los soldados que huían del enemigo.

Como miembro del Consejo Superior de la Defensa, Beria pidió a Stalin que convenciera a los generales para que le cedieran unas unidades separadas del Ejército Rojo, que pasarían a integrarse en sus Fuerzas de Seguridad. Aunque de mala gana, los militares accedieron a la demanda y Beria inventó entonces un eslogan: "El soldado soviético jamás retrocede." Fue así como decidió crear unas unidades de infausta memoria que disparaban a traición y sin previo aviso a los soldados que retrocedían o se rendían al enemigo. El método criminal de Beria fue aplicado por primera vez en el frente de Finlandia por las tropas especiales del NKVD, las cuales, aunque pueda parecer increíble, asesinaban a sus propios compatriotas que trataban de ponerse a salvo ante las emboscadas de los patriotas fineses.

Posteriormente, ya durante la guerra contra Alemania, se instituyó la pena de muerte mediante ahorcamiento público tanto en la retaguardia como en el frente. Ante la alternativa de la cuerda en el cuello colocada por las manos de los chekistas o la bala en el pecho proveniente de las líneas alemanas, se optó normalmente por lo segundo. En el seno del Consejo

Supremo de la Defensa, Stalin pidió que se formulasen los principios de la actitud que se adoptaría hacia los soldados rusos apresados por los alemanes. Beria dijo claramente que "sólo los traidores, los espías y los enemigos de la Unión Soviética podían rendirse a los fascistas." Ello implicaba que todos los que se rendían al enemigo merecían la muerte. Por sugerencia de Beria, Stalin firmó una orden que fue leída en todas las unidades. En ella se proclamaba que todo soldado que fuera hecho prisionero sería considerado un desertor, cuyo castigo sería un consejo de guerra y la ejecución si volvía al Ejercito Rojo.

Los militares nunca perdonaron a Beria estos crímenes contra sus propios soldados. Anton Kolendic cita unas palabras indignadas del general Gueorgui Zhúkov pronunciadas en la sesión del Politburó del otoño de 1953 y dirigidas a Malenkov y a Vorochilov: "¿Saben ustedes que de 1.700.000 de nuestros hombres, de nuestros soldados hechos prisioneros durante la guerra y que regresaron vivos del cautiverio, han matado ustedes a más de un millón?" Pese a que ya conocemos la naturaleza criminal del comunismo, esta cifra es a todas luces horripilante. En cuanto a las familias de los soldados, se amenazaba con el arresto y la deportación de toda la familia de cualquiera que se pasara al enemigo. De este modo, las unidades de Beria detuvieron y deportaron a cientos de miles de parientes de oficiales y soldados que habían caído prisioneros. Beria emitió asimismo una circular a las unidades de guardia en los cientos de campos de trabajos forzados, donde se ordenaba que en caso de evacuación de la zona todos los detenidos debían ser ejecutados con ráfagas de ametralladora.

Capaz de todo tipo de dobleces, este personaje mefistofélico, pervertido y despiadado, pero a la vez sumamente astuto e inteligente, fue durante los años que duró la II Guerra Mundial el contacto primordial de los conspiradores internacionales aliados con el comunismo, los cuales, según se ha visto a lo largo de esta obra, operaban sobre todo en Estados Unidos y en Gran Bretaña. Existen documentos que prueban que Beria fue un agente de los británicos, lo que no se sabe es hasta qué extremo llegó su complicidad con los servicios de Inteligencia extranjeros a lo largo de los quince años que fue el hombre fuerte de la Unión Soviética.

Es bien conocida su estrecha colaboración con Allen Dulles, quien instalado en Berna fue entre 1941 y 1945 fue el jefe de los servicios secretos americanos en Europa, por lo que sus contactos eran oficiales. Tanto Allen Dulles (futuro director de la CIA) como su hermano John Foster Dulles (futuro secretario de Estado) formaron parte del grupo selecto que en 1919, en el Hotel Majestic de Paris, ayudó al "coronel" Edward Mandell House a crear las organizaciones de la Round Table, la sociedad secreta fundada por Cecil Rhodes y los Rothschild. Consecuentemente, ambos pertenecían al CFR (Council on Foreign Relations). Asociados con Morgan y Rockefeller, dos de los banqueros que habían financiado el comunismo, los hermanos Dulles formaban parte de la conspiración.

Como jefe del Servicio Secreto en su conjunto, espionaje y contraespionaje, Beria supervisaba toda la diplomacia de la URSS, incluidos los embajadores, puesto que sus agentes operaban en las Embajadas, cámaras de comercio y consulados. Al ser el jefe de la Propaganda, los partidos comunistas en EE.UU., Gran Bretaña y Francia seguían sus instrucciones. Beria tuvo acceso secreto a los personajes más influyentes, quienes seguramente apostaban por él como sucesor de Stalin. Él era el receptor último de las informaciones suministradas por Harry Dexter White, Alger Hiss, Harry Hopkins y otros agentes dobles infiltrados en las altas esferas de la Administración norteamericana, los cuales trabajaban en última instancia para los conspiradores que habían forzado la guerra mundial.

Como jefe del Desarrollo de la Energía Atómica, Beria recibió informes de R. Oppenheimer, de K. Fuchs, de N. Bohr, de Bruno Pontecorvo, físico italiano de origen judío al que en 1949 ayudó a escapar a Rusia a través de Francia y Finlandia, así como de otros físicos y espías judíos que, según hemos visto, trabajaban para el comunismo internacional. También el "Círculo de Cambridge" mantuvo estrecho contacto con Beria. Uno de los "Cinco de Cambridge", Kim Philby, alto responsable de la Inteligencia británica, le pasó informaciones detalladas de gran valor. Siendo un agente doble al servicio de Londres y Moscú, Philby llegó a convertirse en jefe del Servicio de Contraespionaje en Estados Unidos y fue uno de los organizadores de la CIA. Otros dos componentes del grupo, Guy Burgess y Donald McLean, huyeron en 1951 a la URSS con la ayuda de Beria. Todo ello sin olvidar al "quinto hombre", Víctor Rothschild. Roland Perry desvela en *The Fifth Man* el nombre del agente que Beria utilizaba como enlace de los cinco espías británicos: Yuri Modin. En dicha obra, Perry afirma que en 1947 Beria, urgido por Stalin a obtener más información sobre la bomba atómica, llegó a enviar cartas al físico judío Niels Bohr, en las que le solicitaba informes sobre las últimas investigaciones. Bohr respondió que los americanos le negaban el acceso.

## La lucha por el poder y por el control de los partidos y los países comunistas

El 8 de febrero de 1945, durante la Conferencia de Yalta, Beria asistió a una cena en la villa Koreiz durante la cual fue presentado a Roosevelt, a Churchill y al resto de los miembros de las delegaciones de EE.UU. y Gran Bretaña invitados por Stalin. En días sucesivos no se le volvió a ver. Medio año más tarde, en Potsdam, había expectación entre los norteamericanos y británicos que asistieron a la Conferencia de Paz. Existía el convencimiento de que Beria formaría parte de la representación soviética y más de uno quería conocer a este personaje, un tapado por el que muchos apostaban como el sucesor de Stalin. Beria, sin embargo, no hizo acto de presencia, lo cual sorprendió, pues a nadie escapaba que era el hombre con más poder en la URSS.

Acabada la Segunda Guerra Mundial, Beria fue ascendido al grado de mariscal de la Unión Soviética. En marzo de 1946 se decidió que, al estilo occidental, los Comisariados del Pueblo pasarían a llamarse Ministerios, por lo que Beria se convirtió en ministro de Asuntos Internos, ministro de la Seguridad del Estado y vicepresidente del Consejo de Ministros de la URSS. Fiel a su estrategia de mostrarse como un fiel y sumiso admirador de Stalin, Beria venía preparando una edición de las obras completas del dictador, por lo que había recopilado discursos, informes, cartas e incluso telegramas del gran jefe con el fin de editar en varios volúmenes las *Obras completas de Stalin*. El primero de los tomos apareció el 2 de noviembre de 1946. Aparentemente, pues, todo indicaba que Beria aceptaba el liderazgo indiscutible del gran Stalin; sin embargo, veremos a continuación cómo de manera soterrada iba dando pasos y moviendo sus inumerables piezas para convertirse en el nuevo líder de la Unión Soviética tan pronto llegara la oportunidad.

Las primeras discrepancias entre los líderes del Politburó surgieron en torno a la Yugoslavia de Josip Broz Tito y Moshe Pijade, los dos judíos que habían sido apoyados por Churchill y Roosevelt en la Conferencia de Yalta. Jules Moch, judío y exministro socialista de Léon Blum, de quien era sobrino, después de haber estado un tiempo en Yugoslavia invitado por Tito, al que tenía por amigo íntimo, publicó en 1953 *Yougoslavie, terre d'expérience*, una obra esclarecedora sobre lo acontecido en Yugoslavia. Moch desvela que Stalin, pese a los requerimientos, no quiso enviar ni armas ni dinero ni ayuda a Tito durante la guerra. Según Moch, Stalin, quien acusaría más tarde a Tito de trotskysmo, se mostró partidario de que volviera a reinar el rey Pedro, pero Churchill y Roosevelt abandonaron progresivamente al general Draza Miháilovic y a los patriotas que luchaban contra los alemanes. Por contra, ayudaron a Tito desde el principio. En Yalta, Stalin pidió qué era lo que estaba retrasando la formación de un gobierno unificado en Yugoslavia. Fue Mólotov quien, en la reunión de ministros de Exteriores celebrada el 10 de febrero de 1945 en la villa Vorontsov, exigió, siguiendo instrucciones de Stalin, que se enviaran telegramas a Tito y a Subasic, primer ministro del gobierno monárquico en el exilio, para que se apresurasen a poner en vigor el convenio pactado y redactado en Yalta para la formación de un gobierno de unidad.

Gueorgui Malenkov fue el primero en advertir ante el Politburó que Tito, Pijade y el judío búlgaro Traycho Kostov eran "caballos de Troya" que los internacionalistas trotskystas pretendían introducir en el orbe comunista que Stalin aspiraba a controlar desde Moscú; pero Andrei Zhdánov, consuegro de Stalin, puesto que su hijo Yuri estaba casado con su hija Svetlana Alilúyeva, puso en duda las acusaciones de Malenkov y no aceptó la tesis de que fueran trotskystas o agentes del imperialismo anglo-americano. Estos dos hombres, Malenkov y Zhdánov, eran los máximos aspirantes a suceder a Stalin, por lo que Beria tuvo claro que, si quería llegar a la cúspide, debía aprovecharse de las diferencias entre los dos favoritos para librarse de ambos. Durante toda la guerra, Malenkov había ejercido en la práctica como primer secretario del PCUS en sintonía con Stalin. En el pleno del Comité Central de marzo de 1946, Malenkov sustituyó como secretario del Comité a Zhdánov, quien había ocupado ininterrumpidamente dicho cargo desde 1934, y se convirtió en miembro del Politburó, lo cual parecía fortalecer su posición ante Stalin.

El sovietólogo A. Avtorkhanov argumenta en *Staline assassiné* que Zhdánov, que según algunas fuentes era judío y se llamaba en realidad Liphshitz, elaboró entonces un informe sobre el mariscal Zhúkov, protegido de Malenkov, que le permitió ganarse de nuevo la confianza de Stalin y recuperar en julio de 1946 su posición como secretario del Comité Central. Según este autor, en el informe sobre Zhúkov, comandante en jefe de las tropas terrestres y máximo responsable de Defensa después de Stalin, se acusaba al mariscal de aspirar a convertirse en el Bonaparte ruso. Esta calumnia perturbó profundamente al dictador, que había leído tesis semejantes en la prensa occidental, por lo que ya desconfiaba de este militar que durante la guerra se había convertido en un héroe para el pueblo ruso. Zhdánov no sólo logró que Stalin enviase a Malenkov al Turkestán, sino que colocó al general Josif Shikin, uno de sus colaboradores más próximos, como jefe de la Sección Militar del Comité Central en detrimento de Zhúkov. Otros dos protegidos suyos ocuparon asimismo puestos relevantes. El primero, Nikolai Voznesenski, fue nombrado adjunto a Stalin en el Gobierno. El segundo, Aleksei Kuznetsov, pasó a ocupar el cargo de secretario del Comité Central para la Seguridad y el Ejército. Estas maniobras y la pérdida de influencia de Malenkov alarmaron a Beria, que abogó por el regreso a Moscú de Malenkov, que no había sido apartado del Politburó, y trató de desplegar su poder contra Zhdánov y su grupo.

En esta pugna por el poder jugó un papel determinante el plan de Stalin de someter a sus dictámenes y a la influencia de Moscú a todos los países de Europa que estaban bajo la influencia de la URSS. En *La Revolución Permanente* Trotsky había escrito que "el nacionalsocialismo de Stalin degradaba la Internacional Comunista". Fue de nuevo este mismo asunto el que sirvió como detonante de la revuelta contra Stalin y su plan de sovietizar el este de Europa. A principios de 1947 Tito y Georgi Dimitrov, el comunista búlgaro que había sido secretario de la Internacional Comunista entre 1934 y 1943, mantuvieron una reunión secreta en la ciudad eslovena de Bled. Firmaron entonces un protocolo en el que se contemplaba la federación de Bulgaria y Yugoslavia, a la que podría unirse posteriormente Albania. El presidente de la futura Unión de Repúblicas Socialistas Sureslavas sería Dimitrov; Tito presidiría el Consejo de Ministros y Kostov sería adjunto a la Presidencia. Tan pronto se supo el plan, Moscú se opuso al proyecto. Puesto que el Ejército Rojo ocupaba Bulgaria, Dimitrov aceptó aparentemente la reprimenda. Por su parte, Tito no dio señales de vida. Las discusiones sobre el asunto en el seno del Politburó evidenciaron una vez más las discrepancias entre Zhdánov y Malenkov. En opinión de Malenkov, el camarada Zhdánov no parecía haber comprendido que habían sido las mismas potencias occidentales quienes habían reconocido en Yalta que estos países europeos entraban en la esfera de influencia de la URSS.

Entre el 22 y el 27 de septiembre de 1947 se celebró en Szklarska Poreba (Polonia) una conferencia de dirigentes de los partidos comunistas europeos. Los representantes soviéticos fueron Zhdánov y Malenkov, quienes llevaban la propuesta de creación de la Cominform (Oficina de Información de los Partidos Comunistas y Obreros), la organización debía sustituir a la Internacional Comunista (Comintern), que había sido disuelta por Stalin durante la Segunda Guerra Mundial. Oficialmente la Cominform fue creada el 5 de octubre de 1947 y se estableció que su sede estaría en Belgrado. Además de los partidos del bloque comunista, fueron también miembros fundadores el Partido Comunista Francés y el Partido Comunista Italiano. La tarea encomendada a la Cominform era coordinar la actividad de los partidos comunistas sobre la base de acuerdos mutuos. Se acordó asimismo que la Oficina de Información publicaría un *Boletín*. Ya en el mismo mes de octubre, Pavel F. Iudin, judío que sintonizaba perfectamente con Beria, se desplazó a Belgrado para organizar la publicación del periódico en cuatro ediciones: ruso, inglés, francés y serbo-croata. La cabecera del boletín era *Por una paz duradera, por una democracia popular*.

Pero no todo fue entendimiento. Mauricio Karl (Carlavilla), ofrece en *Malenkov*, obra publicada en Madrid en 1954, una información muy significativa que no aparece en ninguna de las obras que hemos venido estudiando. Según este sovietólogo español, hoy olvidado, Zhdánov había llevado a Polonia en calidad de observador a Josif Shikin, el general que había desplazado a Zhúkov en la Sección Militar del Comité Central. Según Carlavilla, Zhdánov recibió en plena conferencia la orden de enviar urgentemente a Shikin a Moscú. El general viajó en avión y regresó al día siguiente con un plan militar que preveía la integración de los ejércitos de los países satélites en el Ejército Rojo, lo cual equivalía a privar de independencia a las fuerzas armadas nacionales. Tras la lectura del documento en el pleno, Zhdánov pidió su aprobación, pero uno de los dos representantes yugoslavos, Edvard Kardelj, llamado en realidad Kardayl, también conocido como "Sperans" y "Kristof", judío de origen húngaro que ejerció como ministro de Exteriores de Yugoslavia entre 1948 y 1953, argumentó que como delegados no tenían autorización para firmar ningún acuerdo militar y sugirió que se levantase la sesión hasta tener instrucciones en uno u otro sentido. Siempre según Carlavilla, el segundo yusgoslavo, Milovan Djilas, voló a Belgrado con el borrador de la proposición y regresó el mismo día por la noche con la respuesta de Tito y Pijade. "Siento comunicar -anunció Kardelj- que el Comité Central del Partido Comunista Yugoslavo no aprueba el protocolo militar propuesto y nos ordena no firmarlo."

Pese a que la negativa de Yugoslavia a firmar el protocolo militar supuso un grave revés, Zhdánov, principal impulsor de la idea de la Cominform, pasó a ocupar en noviembre de 1947 el tercer puesto en el Politburó, retenido desde enero de 1946 por Beria, quien retrocedió hasta la quinta plaza. Puesto que el número dos era Mólotov, hombre de la vieja guardia que no contaba como posible sucesor de Stalin, debe entenderse que Zhdánov era el claro favorito. Malenkov, que en enero de 1946 figuraba en cuarta posición, había sido desplazado hasta la novena. La creación de la Cominform coincidió prácticamente con la puesta en marcha del Plan Marshall, que no excluía a la URSS y mucho menos a las llamadas democracias populares de Europa oriental. Stalin, sin embargo, rechazó la ayuda, pues entendió que lo que se pretendía en realidad era la dominación política y económica de Europa. Desde su punto de vista, se quería financiar y afianzar el comunismo en los países del este europeo, pero en beneficio de los intereses del imperialismo americano y en detrimento del poder que Moscú deseaba ejercer sobre ellos. Naturalmente, Stalin contemplaba el proyecto de federación balcánica auspiciado por Dimitrov y Tito como parte de la estrategia para menoscabar su autoridad sobre los partidos y los países comunistas.

El 21 de enero de 1948, Dimitrov, pese a haber sido advertido por Moscú, insistió en una conferencia de prensa celebrada en Sofía en que la federación balcánica era conveniente y necesaria. *Pravda*, bajo control de Zhdánov, informó sobre las palabras del líder búlgaro con comentarios que parecían aprobar la idea. Malenkov no desaprovechó la ocasión para denunciar a Zhdánov y advertir a Stalin que el proyecto estaba concebido como un contrapeso al poder de la URSS, por lo que la línea seguida por Zhdánov conducía al fortalecimiento de las tendencias cetrífugas en Europa oriental. El 28 de febrero, *Pravda* publicó un comunicado de la redacción, según Avtokhanov redactado por Stalin, en el que dejaba claro que el hecho de haber publicado la conferencia de prensa de Sofía no implicaba que el periódico aceptase en absoluto los planteamientos del camarada Dimitrov: "Es posible -había dicho Dimitrov sobre el gran proyecto- que en sus inicios la federación integre a Yugoslavia, Bulgaria y Albania y que después se adhieran Rumanía, Polonia, Checoslovaquia y quizá Hungría."

Además del Plan Marshall, el otro gran asunto que coincidió con la creación del Cominform fue la votación en la ONU sobre la partición de Palestina. A pesar del apoyo de la URSS a la resolución, Stalin fue pronto acusado de antisemitismo. Algunos datos permitirán contextualizar esta imputación. Desde el triunfo de la Revolución de Octubre, Lenin, Trotsky, Zinóviev, Kámenev y compañía decidieron ejecutar a los antisemitas: el sólo hecho de poseer un ejemplar de *Los Protocolos de los sabios de Sión* podía significar una condena a muerte. Durante la prolongada luna de miel con el Gobierno sionista de Roosevelt, Stalin, aconsejado por Beria, autorizó la creación de un Comité Judío Antifascista, que presidió Salomón Mikhoels, director del famoso teatro yiddish de Moscú, el cual realizó diversos viajes a Londres y a Nueva York. Judíos residentes en el extranjero, especialmente en Estados Unidos e Inglaterra, enviaron dinero y todo tipo de ayuda. Beria colocó como presidentes adjuntos del Comité a Viktor Alter y Henrik Ehrlich, dos judíos polacos que antes de la guerra dirigían el "Bund" (Sindicato General de trabajadores judíos de Polonia). A la cabeza del Comité Judío Antifascista figuraban también Solomon Lozovsky, sionista declarado que en 1936 había organizado a los trabajadores en Barcelona, y Polina Zhemchúzhina, la mujer judía de Molotov. Centenares de intelectuales judíos desplegaron en el seno del Comité una intensa actividad de propaganda. Entre los más destacados, Nicolás Werth cita a Ilya Ehrenburg, a los poetas Samuel Marshak y Peretz Markish, al pianista Emile Guilels, a Vassili Grossman y al físico Piotr Kapitza, uno de los padres de la bomba atómica soviética. En febrero de 1944, Mikhoels y otros firmaron una carta en la que proponían e Stalin la creación de una república autónoma judía en Crimea, pese a que los judíos tenían ya en la URSS un "estado nacional" en Birobidzhan. Es innegable que el activismo de los judíos en medios periodísticos, literarios y artísticos era predominante. A principios de 1945, se prohibió la publicación del *Libro negro* sobre las atrocidades nazis contra los judíos, obra de Peretz Markish auspiciada por el Comité Judío Antifascista, cuyos editores eran Ilya Ehrenburg y Vassili Grossman. El motivo de la prohibición fue la visión sesgada de los hechos históricos: el argumento principal era que la invasión alemana de la URSS no había tenido otro objeto que la aniquilación de los judíos. A lo largo de 1946 y 1947, las tendencias sionistas y nacionalistas del Comité Judío Antifascista eran más que evidentes, como lo demuestra su presión para que Stalin votara favorablemente a la creación del Estado de Israel.

Una vez creado el Estado sionista en Palestina, las cosas cambiaron repentinamente, toda vez que Stalin empezó a darse cuenta de que, tanto en Rusia como en los países europeos, había numerosos judíos que trabajaban en su contra. Convencido de la existencia de un "complot sionista", pronto dejó de confiar en aquellos miembros de la vieja guardia que estaban casados con mujeres judías, que no eran pocos. El 19 de diciembre de 1947 varios miembros del Comité Antifascista Judío fueron detenidos y comenzó una investigación que iba a prolongarse durante cuatro años, hasta agosto de 1952. Entre los arrestados se hallaba Mikhoels, al que Stalin apreciaba y en 1946 lo había distinguido con la Orden de Lenin. El dictador había acumulado pruebas de que el Comité Judío Antifascista que presidía Mikhoels era un centro de espionaje americano. Tras la detención del famoso actor judío, se desató, como de costumbre, una campaña de prensa internacional exigiendo su liberación. Poco despúes de salir de la cárcel, el

13 de enero de 1948, murió en un accidente de coche: "Desgraciadamente - confesó en 1953 Beria antes de ser ejecutado- a su salida de la prisión Mikhoels estaba tan transtornado que comenzó a beber y encontró la muerte en un accidente de coche." Esta declaración que niega el asesinato, confirma casi con certeza que Beria, obedeciendo órdenes de Stalin, se vio obligado a preparar el accidente para demostrar su fidelidad. Documentos publicados en ocasión del XXII Congreso del PCUS contienen declaraciones de funcionarios de la Seguridad que revelan los preparativos y la ejecución del "accidente de coche". Stalin ordenó la celebración de funerales nacionales, como correspondía a un artista que detentaba la Orden de Lenin.

A comienzos de 1948, pues, el llamado "complot sionista" y la disidencia de algunos partidos comunistas europeos eran asuntos de máxima preocupación para el dictador de la URSSS. Malenkov y Mólotov convinieron en que era preciso llamar al orden a Tito y a Pijade, por lo que concibieron el plan de invitarlos a Moscú. Se cursó la invitación, pero los líderes yugoslavos sospecharon lo peor y no la aceptaron. Sin embargo, el martes 10 de febrero de 1948 dos delegaciones de búlgaros y yugoslavos se presentaron en el Kremlin y fueron recibidas por el propio Stalin. La fuente sobre lo tratado es *Conversations with Stalin*, de Milovan Djilas, asistente a la reunión. Por la parte soviética, además de Stalin, participaron Mólotov, Zhdánov, Malenkov y Súslov. Los búlgaros eran Dimitrov, Kolarov y Kostov. Los representantes yugoslavos fueron Kardelj, Bakaric y el propio Djilas.

El primero en hablar fue Mólotov, quien criticó severamente que Bulgaria y Yugoslavia hicieran alianzas y planeasen federarse sin consultar siquiera con ellos. Stalin interrumpió para advertir a Dimitrov que en el extranjero se interpretaba que Moscú aprobaba lo que decía en sus conferencias de prensa. Como ejemplo relató una entrevista con visitantes polacos a los que había hecho la siguiente pregunta: "¿Qué piensan sobre la declaración de Dimitrov?" La respuesta fue que era una proposición razonable. "Ellos pensaban -dijo Stalin- que Dimitrov había hecho la declaración con el pleno acuerdo del Gobierno soviético." El tono de las acusaciones fue en aumento y Mólotov añadió que conocían los contactos entre Bulgaria y Rumanía para formar una federación. Dimitrov se disculpó diciendo que sólo habían hablado en términos generales. Nuevamente Stalin interrumpió indignado: "Es falso, pues se lograron acuerdos para una unión aduanera y para una coordinación de los planes industriales." Apoyándose en la acusación de Stalin, Mólotov preguntó: "¿Y podría usted explicarnos qué significan una unión aduanera y una coordinación de planes económicos, sino la creación de un Estado único?" Dimitrov trató de excusarse admitiendo el error: "Es posible que nos hayamos equivocado, pero incluso estos errores en política extranjera son instructivos para nosotros." Según Djilas, en un tono violento y sarcástico de rechazo Stalin le intimó: "¡Ah, ustedes se instruyen!".

Simultáneamente, Beria, que no perdía ocasión para sacar provecho de las situaciones, decidió que el momento era propicio para hacer su propia jugada. Los líderes checoslovacos, los masones Benes y Masaryk, tampoco se hallaban cómodos en la Cominform diseñada por Stalin. Beria vio entonces la oportunidad de demostrarle al gran jefe su eficacia quitándolos definitivamente de enmedio y colocando en el poder a hombres de su confianza. En el mismo mes de febrero de 1948, organizó una conspiración en Checoslovaquia que ha pasado a la historia con el nombre de "golpe de Praga". En Yalta se había decidido entregar Checoslovaquia al Ejército Rojo; no obstante, el 6 de mayo de 1945 tanques americanos aparecieron en los suburbios de Praga. El general Patton emitió un mensaje radiado desde su cuartel general en el que anunciaba que sus fuerzas blindadas tomarían la ciudad el día siguiente. Miles de mujeres se prepararon a recibir con flores a los norteamericanos. Finalmente, como sabemos, el 9 de mayo entraron los soldados rojos y detrás de ellos llegaron las fuerzas de la Policía Secreta de Beria. Así, a la ocupación nazi siguió la comunista. Más tarde, en la Conferencia de Potsdam, se aceptó la expulsión de dos millones y medios de alemanes. El instrumento de Beria para la "solución final" de los sudetes alemanes fue el líder de los comunistas checos, el judío Rudolf Slansky, cuyo nombre real era Rudolf Salzman. En febrero de 1948, Beria se sirvió nuevamente de él para perpetrar el golpe de Estado. Había llegado la hora de prescindir definitivamente de los dos masones, Benes (el presidente) y Masaryk (ministro de Asuntos Exteriores), a los que los comunistas habían permitido medrar durante casi tres años.

Slansky, secretario general del Partido Comunista, se rodeó de una camarilla de judíos cuyos nombres y cargos se han citado ya en la tercera parte del capítulo. Su prioridad inmediata fue suministrar armas a los sionistas que estaban librando su guerra de conquista en Palestina. El hecho de que los puertos de la Yugoslavia de Tito y Pijade fueran utilizados para embarcar importantes remesas enviadas desde Checoslovaquia demuestra una vez más que Stalin no veía visiones al denunciar el "complot sionista", sino que constataba hechos reales. En 1951 Stalin acabaría ordenando la detención de catorce comunistas checos, once de las cuales eran judíos. Más adelante comentaremos algunas de las declaraciones realizadas por algunos de estos judíos, condenados a muerte en el juicio celebrado en 1952. En cuanto a la suerte de Benes y Masaryk, el primero había facilitado las cosas a Slansky/Salzman y siguió en Checoslovaquia, donde murió en septiembre del mismo año. Peor suerte tuvo Masaryk. El 9 de marzo de 1948 visitó a Benes para comunicarle que pensaba escapar a Londres el día siguiente, cosa que no le estaba permitida. Beria tuvo información de la entrevista y aquella misma noche dos de sus "gorilas" visitaron a Masaryk en su despacho del palacio Czernin, residencia del ministro de Exteriores, y lo suicidaron. Parece ser que trataron de ahogarlo en la bañera del cuarto de baño. Tras perder el conocimiento, lo lanzaron al patio por la ventana. Oficialmente, se suicidó arrojándose por la ventana, el problema de esta versión es que no se olvidó de cerrarla.

Para tratar de reconducir la situación creada con los planes de federación auspiciados por Yugoslavia, los cuales afectaban a Bulgaria, Rumanía y quizá Albania, se decidió convocar a todos los jefes de Gobierno a una nueva reunión de la Cominform, cuya sede seguía, pese a todo, en Belgrado. Comenzaron las negociaciones oficiosas y Tito, que no quería salir de su país, esgrimió un "informe sobre la situación internacional" presentado en la primera Conferencia por Zhdánov, según el cual los asuntos extranjeros eran competencia de los ministros de Asuntos Exteriores. Fracasados estos contactos con los yugoslavos, el primer acto de la ruptura procedió del Politburó de la URSS, que el 20 de marzo de 1948 comunicó a Tito que la Unión Soviética iba a retirar de Yugoslavia a sus técnicos militares y expertos civiles ante la "falta de hospitalidad y confianza" demostradas por el Gobierno yugoslavo. Se produjo entonces un intercambio de comunicados llenos de recriminaciones mutuas que sólo sirvieron para poner de relieve las diferencias. En una carta fechada el 27 de marzo, los soviéticos acusaron a los yugoslavos de trotskystas y les recordaron que Trotsky había sido un renegado al servicio del capitalismo internacional. Tito escribió personalmente el 13 de abril una carta en la que lamentaba el tono y el contenido del texto enviado por el PCUS.

Finalmente, durante la segunda quincena de junio de 1948 se celebró en Bucarest la segunda Conferencia de la Cominform. Según Carlavilla, en estas fechas fracasó un plan de Malenkov para asesinar a Tito, quien podría haber sido avisado por algún miembro del Politburó, quizá Zhdánov. En Rumanía, bajo presión soviética, las delegaciones asistentes convinieron en condenar al régimen de Tito por separarse de la ortodoxia soviética. Traycho Kostov, que había recibido a Tito en Sofía unos meses antes, había pactado con el embajador yugoslavo, coronel Obrad Cicmil, que Bulgaria apoyaría por razones tácticas las tesis de la Cominform. El coronel Cicmil le informó que la prensa yugoslava lanzaría una campaña de prensa en su contra para hacer más creíble su oposición a Tito. Yugoslavia fue expulsada y la sede de la Oficina de Información se tasladó a Bucarest. El Politburó decretó durante la reunión de la Cominform el inicio del bloqueo de Berlín, que comenzó el 24 de junio de 1948. Estos hechos eran la prueba de la desconfianza entre los ganadores de la guerra y el fin de la luna de miel entre la URSS y sus aliados occidentales.

A partir de este momento se intensificó la lucha por el poder y por el control de los partidos comunistas, que iba a culminar finalmente con el asesinato de Stalin a principios de marzo de 1953. La primera víctima fue Zhdánov, que murió el 31 de agosto de 1948. Miembro del partido desde 1913 y del Comité Central desde 1930, su posición tras haber desplazado a Malenkov parecía inmejorable; pero Beria, que utilizaba la táctica de hablar bien de él delante de Stalin, y Malenkov supieron aprovechar todos sus errores en el asunto yugoslavo, el cual inquietaba tanto al dictador que llegó a pensar incluso en una intervención militar. Ya el 29 de junio de 1948, después de la expulsión de Yugoslavia de la Cominform, aparecieron en *Pravda* las primeras indicaciones de la caída en desgracia de Zhdánov, cuyos amigos y colegas en el seno de la Kominform fueron objeto de acusaciones de "titoísmo". El propio Zhdánov se habría opuesto a la expulsión de Yugoslavia. Ello enojó a Stalin, que lo sustituyó por Malenkov como segundo secretario del Comité Central, o sea, como adjunto de Stalin. Dos meses después, el corazón de Zhdánov, sin que nunca antes hubiera padecido el menor síntoma, sufrió un ataque repentino. No se le practicó ninguna autopsia y cuatro médicos de máximo prestigio: Yegorov, Vinogradov, Mayorov y Vasilenko firmaron el certificado de defunción. Existen hoy pocas dudas de que Beria estuvo detrás de la desaparición de Zhdánov, que habría muerto envenenado. Como de costumbre, el 2 de septiembre los asesinos desfilaron en los funerales rindiendo honores junto al ataúd rodeado de flores.

Tras la eliminación de Zhdánov, fueron cayendo paulatinamente todos sus seguidores y colaboradores, lo cual es una prueba más de que su muerte no fue un hecho casual. En su biografía de Beria, Thaddeus Wittlin explica perfectamente este asunto: "Beria era demasiado inteligente como para empezar una acción tan importante con sólo el consentimiento de Stalin; había otras personas que todavía eran muy poderosas y tenía que pedirles que se colocaran a su lado. El más importante era Malenkov. Aun cuando Beria odiaba a Malenkov, al que consideraba su rival, le pidió que se uniera a él y participara en la conjura. No fue difícil convencerlo. Malenkov, que en cierta ocasión fue derrotado por Zhdánov, era su enemigo." La purga de los hombres de Zhdánov fue organizada por Viktor Abakúmov, quien siguiendo instrucciones de Beria preparó el que ha pasado a la historia como "Caso Leningrado". Entre los arrestados y enviados a prisión o a campos de concentración estaban, entre otros muchos, los hombres que Zhdánov había situado en posiciones relevantes: Nikolai Voznesenski, miembro del Politburó y jefe de la Comisión Estatal de Planificación; su hermano Alexei, rector de la Universidad de Leningrado; Alekséi Kuznetsov, secretario del Comité Central para la Seguridad y el Ejército; el teniente general Josif Shikin...

A principios de septiembre de 1948 llegó Golda Meyersohn a Moscú. Esta famosa sionista iba a desempeñar el cargo de embajadora de Israel en la URSS. Fue recibida en olor de multitudes por una muchedumbre de judíos que la agasajaron enfervorizados. Unas diez mil personas celebraron un servicio en la Sinagoga Coral de Moscú, en cuyos alrededores se apiñaron miles de judíos soviéticos al grito de "el pueblo de Israel vive". El 8 de noviembre, Polina, miembro destacado del Comité Judío Antifascista y esposa de Mólotov, le dispensó una calurosa recepción diplomática. Robert Conquest escribe en su biografía sobre Stalin que estas muestras públicas y privadas de sionismo y sentimiento judío fueron la gota que colmó el vaso del dictador. El 20 de noviembre de 1948, el Politburó ordenó la disolución del Comité Judío Antifascista. Sus publicaciones, la principal de la cuales era el periódico yiddish *Einikait*, fueron prohibidas y muchos de sus miembros fueron arrestados. Comenzó entonces una campaña de prensa en la que se acusaba a los judíos de "cosmopolitas desarraigados" que se dedicaban a dinamitar los valores del país. En los periódicos, con el fin de desvelar la identidad de este grupo de supuestos conspiradores internacionales, a los que se acusaba de no comprender la cultura rusa, comenzaron a aparecer entre paréntesis los nombres judíos originales junto a los falsos nombres rusos adoptados.

A finales de 1948, Stalin exigió a Beria la detención de Polina Mólotov, que fue detenida el 21 de enero de 1949 acusada de haber "perdido documentos que contenían secretos de Estado." El hecho de que Polina Zhemchúzhina era una ferviente sionista no admite dudas. Antes de la Segunda Guerra Mundial, había viajado a Estados Unidos en calidad de directora del Trust Cosmético de la Unión Soviética. La esposa de Roosevelt, sionista como ella, la había recibido en la Casa Blanca, donde pasaron juntas una tarde entera. Polina tenía un hermano en América llamado Samuel Carp, el cual había abandonado Rusia en 1911 y se había convertido en multimillonario gracias en buena parte a los beneficios obtenidos en el comercio con la Unión Soviética. Stalin desconfiaba profundamente de Polina y de sus actividades: la consideraba una burguesa sionista y una enemiga del pueblo. Tras la detención de su mujer, Mólotov, que se presentó ante Stalin y aceptó el arresto de Polina, duró poco como ministro de Exteriores, pues fue sustituido por Andrei Vyschinsky. Mólotov, no obstante, no fue apartado del todo y fue nombrado vicepresidente del Consejo de Ministros.

Si quería seguir gozando de la confianza del jefe mientras trabajaba en la sombra para sustituirlo, Beria, instrumento imprescindible del dictador en todas las cuestiones de represión y seguridad, no podía hacer otra cosa que mostrar sumisión y obedecer las indicaciones del gran Stalin, al que supuestamente consideraba el líder indiscutible de la URSS. Stalin estaba convencido de que la rebelión de los partidos comunistas europeos estaba vinculada al complot sionista, por lo que ambos asuntos estaban interrelacionados y se retroalimentaban. A lo largo de 1949, ello fue cada vez más evidente, como se irá viendo, puesto que los líderes que encabezaban la disidencia en todos los países eran judíos. En *Les derniers jours. De la mort de Lenin a celle de Beria*, Anton Kolendic dedica el capítulo 12, titulado "Algunos archivos de Beria", al caso de Bulgaria. Tras la detención de Beria en junio de 1953, se incautaron sus archivos y se hallaron documentos redactados por Stalin, algunos relacionados con el caso de Georgi Dimitrov y Traycho Kostov. Gracias a estos textos puede apreciarse cómo fue gestándose la crisis búlgara desde la salida de

Yugoslavia de la Cominform, en junio de 1948, hasta el proceso de Traycho Kostov, en junio de 1949.

## La crisis búlgara

Antes de la Conferencia de la Cominform en Bucarest, Malenkov anunció a Kostov, vicepresidente del Consejo de Ministros y secretario general del Comité Central del Partido Comunista Búlgaro, que debía representar a su país en la reunión de la Cominform que había de poner freno a Tito y a las ambiciones yugoslavas. Una vez dado este paso, Traycho Kostov se sintió fortalecido y el sábado 26 de junio de 1948, en la sesión extraordinaria del Politburó búlgaro, lanzó un ataque despiadado contra Dimitrov, al que culpó de todos los errores del partido desde su fundación en 1919. Lo acusó de "proseguir personalmente, a pesar de las advertencias formales del camarada Stalin, la política obsoleta y comprometida, de hecho abiertamente antisoviética, de fomentar una colaboración con Tito y sus agentes imperialistas, lo cual se ponía de manifiesto en el telegrama abiertamente amigable enviado el día anterior a Tito." La actitud abyecta del judío Kostov queda en evidencia, pues era una indignidad evidente apelar a un telegrama estrictamente personal para acusar de "titoísta" a su compatriota[29]. Kostov tenía fama de ser un político brillante y ambicioso; sin embargo, su actuación puso definitivamente en evidencia su doblez y sirvió para constatar que era capaz de traicionar a sus camaradas más íntimos para sacar provecho personal. El asombro de los camaradas búlgaros fue total, pues era la primera vez que se atacaba abiertamente a Dimitrov, gran figura de la extinta Internacional (Comintern) y líder de la clase obrera búlgara. Traycho Kostov, consciente de la existencia de agentes soviéticos en el seno del Politburó búlgaro, estaba tratando de escudarse en Dimitrov para demostrar su fidelidad a Moscú. Pocos días después, a principios de julio, se celebró un pleno del Comité Central del Partido Comunista Búlgaro en el que se aceptó por unanimidad la resolución del Cominform contra Yugoslavia.

La salud de Dimitrov no era nada buena, quizá por ello los ataques de Kostov en la sesión del Politburó y las críticas formuladas en su contra en la reunión del Comité Central lo abrumaron de tal modo que cayó enfermo. Tan pronto Stalin tuvo noticia de su enfermedad, ordenó "transportar urgentemente a Dimitrov a un sanatorio para poder asegurar su tratamiento. Evitar toda preocupación y toda actividad. Que se cuide y repose." Dimitrov fue trasladado a Moscú y Traycho Kostov comenzó entonces a preparar la

---

[29] Kolendic explica en una nota a pie de página que el 16 de junio de 1948 el presidente Tito había enviado un telegrama a Dimitrov, que cumplía sesenta y seis años, para felicitarlo en su aniversario. El 25 de junio Dimitrov había respondido: "Le agradezco de todo corazón su felicitación."

convocatoria de un congreso del partido con el fin de hacerse plenamente con el control del mismo. Pese a todo, Dimitrov recibió un largo informe oficial firmado por Kostov, el cual fue llevado personalmente a Moscú por Georgi Tchankov, miembro del Politburó búlgaro. Con la autorización de los médicos que lo atendían, Dimitrov decidió volar en avión a Sofía, donde durante la primera mitad de diciembre de 1948 trabajó sin descanso en la elaboración de documentos para el congreso y, sobre todo, en el informe general que debía definir la orientación de Bulgaria.

Antes del regreso de Dimitrov a Bulgaria, Kostov le había enviado a Stalin un telegrama firmado en nombre del Gobierno búlgaro por él mismo como presidente interino. En él, pedía una ayuda excepcional en forma de créditos sin interés, un préstamo a largo plazo y la entrega urgente, fuera de toda previsión, de materias primas y productos de consumo para estabilizar la situación en Bulgaria. En el margen de este telegrama Stalin escribió lo siguiente: "¿Por qué se ha rechazado la solución escogida? Esta es una ocasión para aplicarla sin problemas." La contestación oficial llegó al Gobierno búlgaro a través de la Embajada soviética en Sofia: "En respuesta a su demanda de asistencia expresada en el primer telegrama, el Gobierno de la URSS está dispuesto a darle satisfacción y espera que el Gobierno de la República Popular de Bulgaria envíe cuanto antes una delegación plenipotenciaria." Traycho Kostov se mostró exultante, pero pronto tuvo que rebajar su euforia, pues los comunicados de Dimitri Ganev, jefe de la delegación búlgara desplazada en noviembre de 1948 a Moscú, indicaban que los rusos hacían marcha atrás. Según Ganev, Anastas Mikoyan, vicepresidente del Consejo de Ministros que encabezaba el equipo negociador ruso, estaba desaparecido. Ganev apuntó textualmente en un informe: "Se rumorea en el Ministerio que no habrá tratado, pues nuestro Gobierno, como el de Yugoslavia, traicionará a la Unión Soviética y se pasará al campo de los imperialistas." Antes del inicio del congreso, el 12 de diciembre de 1948, Kostov envió un nota adusta en la que insistía en la necesidad de apresurar la firma del tratado económico y comercial para 1949.

El congreso comenzó con la intervención de Dimitrov, que en un discurso de seis horas leyó su informe ante los delegados. Acto seguido intervino Traycho Kostov, que fue reelegido secretario del partido. Entre aplausos y ovaciones presentó su informe sobre el nuevo programa del Partido Comunista Búlgaro. Pavel Iudin asistió al congreso en compañía de Mijail Súslov, el delegado oficial de la Unión Soviética. Ambos elaboraron un informe en el que destacaron "... las demostraciones dirigidas contra la Unión Soviética bajo la forma de aplausos frenéticos en favor de Traycho Kostov, particularmente motivados por sus declaraciones antisoviéticas hábilmente enmascaradas." Estas denuncias decidieron definitivamente a Moscú a romper con los dirigentes búlgaros. El 13 de enero de 1949, por mediación de Mijail Bodrov, el nuevo embajador soviético en Sofia, Stalin envió a Dimitrov una carta personal en la que le pedía "... restablecer el orden en Sofia, reemplazar a los responsables del deterioro de las relaciones... y en primer lugar el desde hace mucho tiempo descarado trotskysta Troycho Kostov..."

Dimitrov convocó inmediatamente el Politburó, que se reunió en su residencia. Tras leer en voz alta la carta de Stalin, tomó la palabra en primer lugar Vulko Tchervenkov, un stalinista casado con una hermana de Dimitrov, Elena, que además de ministro de Cultura era un agente de Moscú infiltrado en el Gobierno. Dimitrov le interrumpió sin miramientos diciendo que había gente de más edad y más inteligente y le dio la palabra a Vasil Kolarov, el ministro de Exteriores que había sido su colaborador durante los años que presidió la Comintern. Kolarov, turbado, se mostró indeciso, pero acabó diciendo que todos estaban de acuerdo con el camarada Stalin, aunque quizá era preciso estudiar el asunto y explicarlo a los camaradas soviéticos. El ministro de Economía, Petko Kunin pidió una reunión del Consejo de Ministros, proposición que fue aceptada, y defendió la posición de Kostov en relación al tratado económico. Sin embargo, no se ignoró el aviso de Stalin y se decidió suspender al camarada Kostov en sus funciones de secretario del Partido Comunista Búlgaro. A propuesta de Kolarov, Tchervenkov asumió provisionalmente el cargo en espera de la decisión final que debería ser adoptada por el Pleno del Comité Central.

El día siguiente, 14 de enero, Dimitrov convocó una reunión extraordinaria del Consejo de Ministros, que se centró en las relaciones con la URSS y al problema de la negativa de Moscú a firmar el tratado económico y comercial para 1949. Puesto que Beria tenía en Tchervenkov una fuente de información en el interior del Consejo, Stalin le pidió un informe sobre las intervenciones de los ministros. De este modo conoció las declaraciones antisoviéticas de Kunin, el ministro de Economía, y de Iván Stefanov, ministro de Finanzas. El Consejo pidió a Dimitrov que intercediera urgentemente ante el camarada Stalin para evitar la quiebra de todos sus planes. Dimitrov envió entonces un telegrama al dictador en el que le rogaba su intervención personal para lograr la firma del tratado. Anton Kolendic, en el mencionado capítulo de su obra sobre los archivos de Beria, lamenta que no existan datos sobre las discusiones del Politburó sobre este telegrama del Gobierno búlgaro. Sorprendentemente, Ganev telefoneó a Dimitrov para anunciarle que los rusos habían cedido. El 18 de enero de 1949 Mikoyan y Ganev firmaron solemnemente en Moscú el "Tratado de intercambio y de cooperación económica y comercia para el año 1949."

Pese al éxito que representaba la firma del acuerdo, la situación de Traycho Kostov, directamente acusado por Stalin de ser un trotskysta, no había cambiado. Tchervenkov, apoyado por Kolarov, Vladimir Poptomov y Georgi Damianov formó una comisión encargada de examinar el trabajo y las actividades de Kostov, la cual dictaminó en su contra y propuso que fuera destituido de todas sus funciones en el partido y en el Gobierno. El informe de esta comisión fue leído ante el Politburó, ante el que Kostov realizó una autocrítica aceptada por la mayoría. Se optó entonces por trasladar al Pleno del Comité Central la sentencia sobre el futuro de Traycho Kostov, una decisión que significaba una derrota para Tchervenkov y los prorrusos. El 11 de febrero de 1949 Dimitrov presidió el Pleno del Comité Central con el caso Kostov como tema esencial. Petko Kunin declaró más tarde que Dimitrov había sufrido por la mañana un ataque de hígado y que justo antes del pleno los médicos le habían suministrado una gran cantidad de opio para calmar el dolor, por lo que asistió drogado a la sesión.

Naturalmente, toda la atención estaba puesta en el discurso de Kostov, cuya intervención fue muy aplaudida, lo cual era habitual. Luego intervinieron sus principales detractores, Vulko Tchervenkov y otro miembro del Comité Central, Tsola Dragoitcheva, que, como Tchervenkov, era agente de Moscú. Ambos figuran en los documentos secretos de Beria con los nombres en clave de "Spartacus" y "Sonia". Dragoitcheva lanzó un ataque sin paliativos contra Kostov, al que acusó a gritos de ser "un traidor, un enemigo, un elemento antisocial." Hubo protestas en voz alta y se organizó un tumulto considerable, por lo que entre los silbidos de los que protestaban Dimitrov retiró la palabra a la camarada Dragoitcheva. Finalmente, el Plenario del Comité decidió por amplia mayoría anular la decisión provisional del Politburó de sancionar a Kostov y lo confirmó en sus funciones en el partido y en el Gobierno.

Georgi Dimitrov salió muy tocado de la agitada reunión y por la noche sufrió mareos y náuseas, por lo que los médicos rusos que lo cuidaban concluyeron que era preciso regresar con él a la URSS para que siguiera el tratamiento que había iniciado antes de regresar a Bulgaria. El 12 de febrero partió en un avión soviético hacia Moscú, de donde ya no regresó, pues murió el 2 de julio de 1949. El 3 de julio *Pravda* anunció que había muerto "cerca de Moscú, en el centro de cuidados intensivos de Barvikha, como consecuencia de una larga y dolorosa enfermedad (hígado, diabetes)." Naturalmente, hubo todo tipo de especulaciones alentadas por la prensa occidental y, aunque no existen pruebas, se dio por hecho que Dimitrov no tuvo una muerte natural. En este caso, sin embargo, la enfermedad existía, por lo que no sería del todo descabellado aceptar la versión oficial[30].

---

[30] No fue esta la primera vez que Stalin retuvo a Dimitrov en Moscú. Cuando el 8 de septiembre de 1944 las tropas soviéticas entraron en Bulgaria, pese a las demandas del Comité Central y a las peticiones del propio Dimitrov, Stalin, alegando que la situación en Bulgaria no estaba aún consolidada y temía por la vida del camarada Dimitrov, no permitió el regreso del célebre comunista búlgaro. Las razones de su negativa eran, ciertamente, bien distintas: puesto que ya entonces no confiaba plenamente en Dimitrov, Stalin lo retuvo unos meses para asentar en Bulgaria una red de agentes rusos y búlgaros del NKVD. Finalmente, el 6 de diciembre de 1945, quince meses después de la formación del Gobierno, Dimitrov llegó a Sofia. Con él llegó el que era su secretario irremplazable desde 1938, el judío Jakob Mirov-Abramov. Según Iván Karaivanov, alto funcionario de la Internacional Comunista, antes de convertirse en secretario de Dimitrov, Mirov-Abramov había sido primero secretario de Trotsky y posteriormente de Zinóviev y de

Tras la salida de Dimitrov, Kostov reasumió sus funciones como presidente del Consejo de Ministros. Sin embargo, en el Secretariado del partido y en el Politburó surgió una resistencia abierta a sus decisiones, la mayoría de las cuales fueron boicoteadas. Vulko Tchervenkov le gritó a la cara en una reunión del Politburó que no trabajaría ni colaboraría con él, puesto que era "un enemigo y un agente del extranjero." El 10 de marzo de 1949 Stalin y Mólotov firmaron una larga carta en nombre del Gobierno soviético, dirigida al presidente del Consejo de Ministros de Bulgaria en funciones, es decir, a Kostov. La misiva, cargada de acusaciones advertencias y amenazas, fue entregada a Vasil Kolarov por el embajador soviético Bodrov. En la carta Stalin criticaba severamente a los búlgaros por su antisovietismo, lamentaba que se permitieran manifestaciones antisoviéticas y que en el seno del Gobierno y del partido residieran "elementos enemigos, antisoviéticos y espías imperialistas tales como Kostov, Kunin, Stefanov y otros." Ante la posición cada vez más indignada e intransigente de Moscú, se decidió convocar un nuevo pleno extraordinario del Comité Central para el 26 de marzo con el fin de forzar la dimisión de las personas denunciadas por el camarada Stalin.

El Plenario del Comité fue presidido por Kolarov y Tchervenkov, que esgrimieron en la mano la carta de Stalin con las acusaciones nominales. En esta ocasión se decidió por fin la exclusión de Kostov del Politburó y su destitución como viceministro presidente del Consejo de Ministros y presidente del Comité Económico y Financiero. Una vez fuera del partido y de los organismos gubernamentales, Kostov fue nombrado director de la Biblioteca Nacional. Finalmente, el 20 de junio de 1949 fue arrestado en compañía de Kunin y Stefanov. Siguiendo las instrucciones de Stalin, que exigió una declaración escrita por el propio Kostov, Beria ordenó a sus esbirros que lo torturaran adecuadamente. Una vez hubo redactado y firmado una larga confesión, comenzaron los preparativos del proceso, que, por expreso deseo de Stalin, según consta en una nota dirigida a Beria y a Abakúmov, debía ser público y "si es posible, con presencia de periodistas extranjeros y occidentales."

Viktor Abakúmov era un viejo y experimentado funcionario de la GPU que había trabajado con Yagoda y con Yezhov antes de convertirse en el brazo derecho de Beria. Llegó a Sofia a comienzos de noviembre de 1949 con el encargo de organizar el proceso. Estudió los documentos y escuchó a testigos y acusados. El proceso se celebró en diciembre en la gran sala del Club del Ejército. Las tres principales acusaciones contra Kostov eran: capitulación ante los fascistas búlgaros en 1942, espionaje en favor de los Servicios de Inteligencia británicos, y organización de un complot con los dirigentes yugoslavos en vistas a la formación de una federación

---

Kámenev. Este personaje rocambolesco habría actuado como nexo entre Yagoda y Trotsky.

antisoviética. Ante la prensa internacional, Kostov apareció como un héroe, pues rechazó las acusaciones y negó la mayor parte de las declaraciones que él mismo había redactado y firmado, las cuales figuraban en el acta de acusación, leída íntegramente ante la corte. Tras aceptar que el documento de unas treinta mil palabras que contenía su biografía política había sido escrito por su propia mano, negó al tribunal los hechos que figuraban en el escrito.

En 1934 Kostov, jefe de cuadros del secretariado balcánico, se encontró por primera vez en Moscú con Tito, conocido entonces como "Walter". En un fragmento de su declaración firmada, escribió lo siguiente sobre su relación con el futuro mariscal Tito de Yugoslavia:

> "La posición del Partido Comunista Yugoslavo todavía era difícil. Su liderazgo estaba cuestionado por fuertes luchas de facciones. Se trataba de dar apoyo a un nuevo liderazgo del partido en el interior del país. La elección de Bela Kun y de Valetsky, que entonces todavía no habían sido desenmascarados como trotskystas, recayó en Tito. En aquel tiempo era conocido bajo el seudónimo de "Walter". La elección de Bela Kun y Valetsky no fue accidental, pues según pude comprobar personalmente gracias a materiales que tenía a mi disposición y a través de archivos del partido sobre "Walter"-Tito, éste había adoptado posiciones trotskystas. En 1934, Tito me habló de sus ideas trotskystas y me explicó sus preocupaciones... Me reconoció su odio hacia el liderazgo del PCUS ejercido por Stalin. Sólo gracias al apoyo de Bela Kun y de Valetsky y a los informes favorables que yo di, Tito pudo viajar en 1934 a Yugoslavia y asumir allí una posición de liderazgo."

En otro fragmento de la declaración escrita, Kostov hizo referencia a una visita de Kardelj, el judío de origen húngaro que era uno de los confidentes de Tito. En noviembre de 1944, Kardelj explicó a Kostov la gran estrategia de Tito para el este de Europa. Estas son las palabras escritas por Kostov en el acta de acusación:

> "Kardelj me informó de manera estrictamente confidencial que durante la guerra británicos y americanos habían suministrado armas y municiones a los partisanos yugoslavos con la estricta condición de que al final de la guerra Tito mantendría a Yugoslavia al margen de la URSS y no permitiría que la Unión Soviética estableciera su influencia ni en Yugoslvia ni en el resto de los Balcanes. Sobre esta base se concluyó un acuerdo formal durante la guerra entre británicos y americanos y Tito."

La fuente de estas citas es una revista digital, *Revolutionary Democracy* (revolutionarydemocracy.org), que se publica semestralmente en abril y septiembre en Nueva Delhi. Nacida en abril de 1995, los materiales de esta publicación ocupaban en abril de 2015 XXI volúmenes. Los textos citados proceden de un documento titulado "Traycho Kostov and Tito's Plans for Eastern Europe" (Traycho Kostov y los planes de Tito para el este de Europa). En él se revela que en 1946 Kostov viajó a Belgrado y se encontró con Tito, al que no había visto desde 1934. En su declaración firmada escribió lo siguiente sobre este encuentro:

> "No había visto a Tito desde hacía doce años y quedé enormemente impresionado por el cambio destacable que había experimentado. Se mostraba pomposo en su uniforme militar y sus dedos ensortijados. Durante nuestro encuentro Tito estuvo constantemente aparentando y con su aspecto externo y su manera de hablar se daba aires de ser un gran personaje. Tito me recibió como a un viejo amigo, pero no obstante se comportaba de manera arrogante, dándome a entender que no era el mismo Tito de hacía doce años... Me dio las gracias por el servicio que le presté en Moscú y me reconoció que de otro modo no habría podido llegar a ocupar la posición que había alcanzado en Yugoslavia."

El plan, según se desprende de la confesión escrita de Kostov, consistía en que Bulgaria se uniese a la federación de pueblo eslavos como la séptima república, por lo que se convertiría en la mayor y más poblada de la Federación. Ingleses y americanos habían prometido a Tito que utilizarían a la prensa, como de costumbre, para justificar el incumplimiento de lo acordado en Yalta. Se esperaba que la URSS acabaría resignándose al encontrarse con el hecho consumado de la Federación. A pesar de la negativa de Kostov a reconocer los hechos que figuraban en el acta de acusación, los testigos que aparecieron fueron confirmando uno tras otro lo que había escrito. El segundo acusado, Ivan Stefanov, el ministro de Finanzas, se dirigió indignado a Kostov con estas palabras: "Estoy profundamente asombrado de que el principal organizador de esta conspiración, el responsable de que hoy me encuentre ante esta corte, no tenga el coraje de admitir su culpabilidad por los crímenes que ha cometido." Puesto en pie, Stefanov se quitó los lentes y mirando a Kostov a la cara añadió: "Parece que Traycho Kostov quiere seguir siendo un traidor y quiere demostrar su cobardía hasta el final." Los otros acusados se mostraron también furiosos con Kostov y le recriminaron que los hubiera metido en la conspiración y luego los hubiera traicionado. Todos lo acusaron y ofrecieron pormenorizados relatos inculpatorios de sus actividades. Después de haber sido sentenciado, Kostov, comprobando que había sido el único condenado a muerte, envió una carta al Politburó en la que admitía que su extensa declaración escrita era correcta y solicitaba clemencia. He aquí algunas de sus palabras:

> "Me declaro culpable de la acusación formulada por la corte y confirmo plenamente las disposiciones escritas por mi propia mano durante la investigación. Dándome perfecta cuenta en el último momento de la

incorrección de mi conducta ante el tribunal popular... lamentando sinceramente mi actitud, debida a una extremada excitación de mis nervios y al mórbido egoísmo de un intelectual... suplico revoquen mi sentencia de muerte si lo consideran posible y la commuten por un confinamiento estricto de por vida..."

Según un comunicado del Gobierno búlgaro, Kostov fue ejecutado el 16 de diciembre de 1949, dos días después de la finalización del proceso. De los otros diez acusados que fueron asimismo juzgados, cuatro fueron condenados a prisión de por vida.

Puesto que en los documentos intervenidos tras la caída de Beria se hallan los informes que tenía el NKVD sobre Kostov, merece la pena demorarnos todavía unos minutos, antes de abandonar el caso búlgaro. En las directivas escritas a Lev E. Vlodzimirski, jefe de la sección de Investigación de Casos Especialmente Importantes del Ministerio de Asuntos Internos, Beria alude varias veces a declaraciones, informaciones y acusaciones contra Kostov transmitidas por "Sonia" y "Spartacus". El pseudónimo "Spartacus" venía siendo utilizado por Vulko Tchervenkov desde que en los años treinta trabajaba en la clandestinidad para la GPU y lo conservó durante su dilatada colaboración como miembro del aparato de propaganda del Comintern y a lo largo de la guerra. Los informes de "Spartacus" sobre Traycho Kostov se remontan, por tanto, a los años anteriores a la Segunda Guerra Mundial. "Sonia" era la segunda agente soviética que desde antes de la guerra enviaba a Vlodzimirski, entonces director especial de asuntos secretos, informes demoledores sobre Kostov. Anton Kolendic declara en su libro que supo que "Sonia" era Tsola Dragoitcheva merced a la edición en 1978 de las memorias antiyugoslavas de T. Dragoitcheva, en las que se adivina que "Sonia" era su pseudónimo clandestino. En 1983 estas memorias se editaron en francés en Montreal con el título *De la défaite à la victoire (Mémoire d'une révolutionnaire bulgare)*. Kolendic aclara que entre 1945 y 1947 tuvo ocasión de hablar con Kostov sobre Tsola Dragoitcheva, a la que se refería como "la cartera". Siendo miembro del Comité Central del partido, Tsola era amante de un chófer que trabajaba en la Embajada soviética en Sofía. El Comité Central del Partido Comunista Búlgaro que dirigía Kostov la utilizaba como enlace. Cuando en 1945-46 se formó el segundo Gobierno del Frente Patriótico. Tsola Dragoitcheva formó parte de él.

Basándose en informes de "Sonia y de "Spartacus", Vlodzimirski llama en una carta la atención de Beria sobre el pasado trotskysta de Traycho Kostov y sobre su implicación en política antisoviética, en espionaje y en el "complot titoísta". Sobre el pasado trotskysta, hay que retroceder hasta 1934-1935, cuando Kostov y Tchervenkov trabajaban en el aparato del Comintern que dirigían Dimitrov y Kolarov. Dimitrov había confiado a Kostov un puesto de responsabilidad en la Sección Balcánica de la Internacional, lo cual precisaba el visto bueno de la GPU, con la que Kostov trabajó necesariamente. Entonces, la GPU le exigió que "completase" la acusación dirigida contra dos miembros del Comité Central del Partido Comunista Búlgaro, Vasil Tanev y Blagoi Popov, los dos comunistas búlgaros que habían sido detenidos junto a Dimitrov por el incendio del Reichstag y juzgados en el proceso de Leipzig en 1933-34. Tras una larga negociación con los nazis, el Gobierno soviético había logrado su liberación y, tras recibirlos en Moscú con todos los honores, les había concedido la ciudadanía soviética, lo mismo que a Dimitrov. En 1935, la GPU descubrió que eran trotskystas y emplazó a Traycho Kostov para que "completase" las pruebas de que ambos preparaban el asesinato de Dimitrov; pero Kostov no completó ninguna acusación ni fabricó ninguna prueba contra los dos comunistas búlgaros. Ello no sirvió para salvarlos, toda vez que "Spartacus" (Vulko Tchervenko) y Vladimir Poptomov presentaron pruebas contra ellos y testimoniaron que Tanev y Popov "... habían creado una fracción trotskysta, habían acusado públicamente a Dimitrov y habían amenazado con matarlo." Condenados a quince años de presidio, ambos desaparecieron sin dejar rastro en el campo siberiano de Krasny. La GPU comenzó a elaborar entonces un expediente sobre Kostov: su comportamiento había provocado que se desconfiara de él, por lo que en el dossier quedaba señalado como trotskysta. Cuando Dimitrov tuvo conocimiento del tema, lo alejó de Moscú y, pretextando una "misión urgente", lo envió a la Bulgaria zarista para que trabajara allí de manera clandestina. En resumen, en los archivos de la GPU existía documentación que contenía numerosas acusaciones de trotskysmo contra Kostov, la cual fue utilizada en el juicio que lo condenó a muerte.

## Fracaso del golpe de Estado en Hungría

Mucho nos hemos extendido con la crisis búlgara; pero no por ello podemos dejar en el tintero la relación del fallido golpe de Estado en Hungría, cuyos preparativos coincidieron con los hechos que acontecían en Bulgaria. El principal protagonista fue, una vez más, un judío sionista llamado Laszlo Rajk (en realidad Reich). John Gunzberg, escribió en *Behind Europe's Curtain* que los húngaros bromeaban sobre Rajk diciendo que había entrado en el Gobierno porque se necesitaba a alguien que pudiera firmar los papeles en sábado, dando a entender así que era el único no judío. Gunther citaba a Rakosi, Gerö, Farkas, Vas, Vajda, Revai y otros judíos a los que calificaba de "moscovitas". Sin embargo, la condición de judío de Laszlo Rajk es confirmada por el autor judío Howard M. Sachar en *Israel and Europe: an appraisal in history* (1999). Este mismo autor confirma asimismo que Traycho Kostov también era judío. Nuestra fuente de información para las líneas que seguirán es "The Incredible Story of Laszlo Rajk", un trabajo que procede de *Revolutionary Democracy*, la publicación digital citada unos párrafos más arriba. En cualquier caso, para el lector interesado en saber más existe en internet el documento íntegro del juicio contra Rajk en pdf, cuyo título es *László Rajk and his accomplices before the People's Court.*

Unas semanas después de la expulsión de Yugoslavia de la Cominform, concretamente en la noche del 10 de julio de 1948, el cuerpo de Milos Moich, un joven húngaro de origen yugoslavo, fue hallado en su apartamento de Budapest por una amiga. Moich agonizaba en un charco de sangre; pero antes de morir tuvo tiempo de revelar a la mujer el nombre de su asesino, Zivko Boarov, un agregado de prensa en la Embajada yugoslava. Cuando la policía detuvo a Boarov, comenzó una larga investigación que permitió desenmarañar una conspiración de alto calado. Las pistas condujeron a Laszlo Rajk, el ministro húngaro de Asuntos Exteriores; al comandante en jefe del Ejército, el general George Palffy; al jefe de cuadros del Partido Comunista Húngaro, Tibor Szony, también judío; y a Lazar Brankov, diplomático en la legación yugoslava. A través de ellos se llegó al ministro del Interior de Tito, Aleksandar Rankovic, un judío de origen austríaco cuyo verdadero nombre era Rankau.

No todo era uniformidad en la Yugoslavia de Tito, quien tuvo pocos reparos a la hora de eliminar a quienes se oponían a la ruptura con Moscú. Cientos de disidentes fueron liquidados, entre ellos Arso Jovanovic, prestigioso general partisano asesinado cuando trataba de pasar a Rumanía. Aquellos que en el interior de Yugoslavia se mostraron de acuerdo con el pronunciamiento de la Cominform fueron llamados "informbirovtsi" ("cominformianos") y acabaron internados masivamente en campos de concentración. El campo principal fue el de Goli Otov (la isla desnuda). Sólo en este campo, según el analista independiente Vladimir Dedijer, se internó a unas 32.000 personas. El número de muertos en todos los campos por ejecuciones, agotamiento, hambre, epidemias o suicidios no ha podido establecerse.

Uno de los que aprobaron la resolución de la Cominform fue Milos Moich, quien desde el fin de la guerra trabajaba como agente en Hungría para la policía secreta de Rankovic (UDBA). Moich cometió el error de confiar a Andras Szalai, agente secreto y miembro de la sección de propaganda del Partido Comunista, que quería desvelar los planes de Tito para Hungría. Szalai avisó de inmediato al embajador yugoslavo, Karl Mrazovich. Se conoce cómo se desarrollaron los acontecimientos a partir de este momento gracias a la declaración del verdugo de Moich, Zivko Boarov, quien declaró en el juicio de Rajk. Boarov explicó que cuando se supo que Moich pensaba denunciar a Tito y las actividades de la UDBA, el diplomático Lazar Brankov informó a Belgrado. El ministro del Interior, Rankovic, ordenó que se obligara a Moich a pasar la frontera y, si ello no era posible, debía ser liquidado. Sigue un fragmento de su testimonio en el juicio:

"Brankov -dijo Boarov- me mandó que yo lo hiciera y me dijo que, puesto que yo era serbio y cercano a Moich, tenía las mayores posibilidades de éxito. Al principio me negué. Entonces Brankov y Blasich (primer secretario de la legación yugoslava) me llevaron ante el embajador Mrazovich y le dijeron que me negaba a realizar el trabajo. Mrazovich me repitió el encargo y me ordenó que lo ejecutara. No me atrevía a desobedecer. Mrazovich me entregó su propio revólver.

Entonces me dirigí al apartamento de Moich en la noche del 10 de julio tras asegurarme de que estaba solo. Tuvimos una larga conversación. Traté de convencerlo de que desistiera de sus propósitos e intenté que aceptara una entrevista con Brankov en la Embajada. Si aceptaba, sabía que podríamos ponerlo al otro lado de la frontera. No quería usar el revólver contra él, pero Moich rechazó todas mis propuestas. Entonces empecé a amenazarlo y le dije que estaba jugando con su vida, por lo que se desató una riña y en un momento de la pelea perdí la cabeza y le disparé con el revólver de Mrazovich. Regresé a la Embajada e informé a Brankov, pues el ministro Mrazovich ya había marchado a Yugoslavia."

Desde que ocurrieron los hechos narrados por Boarov hasta las detenciones de Laszlo Rajk, Tibor Szonyi y del general Palffy pasó un año. Rajk fue detenido en su casa el 30 de mayo de 1949 y Palffy el 18 de julio. Antes de proceder contra estas importantes figuras, la policía llegó a la conclusión de que preparaban un golpe de Estado que debía ponerse en marcha con el arresto y asesinato de dos líderes judíos stalinistas, Matyas Rakosi, secretario general del Partido Comunista; y Ernö Gerö, "Pedro" en España durante la Guerra Civil, donde destacó en la eliminación de trostkystas. Según los planes de los conjurados, si la conspiración triunfaba, Rajk y Palffy iban a convertirse en los nuevos hombres fuertes de Hungría.

El general Palffy se apellidaba en realidad Österreicher y en 1934 cambió su nombre. Según informa Ithiel de Sola Pool en *Satellite Generals. A Study of Military Elites in the Soviet Sphere*, Palffy estaba casado con una mujer judía, Katalin Sármány. Pese a que en círculos militares era aborrecido, al final de la guerra organizó el Departamento Político del Ministerio de Defensa y comenzó su carrera hacia la cúspide. En 1945 fue ascendido de comandante a coronel y en 1946, de coronel a general. En 1947 era una personalidad entre la élite militar, que procedía de la Academia Militar Ludovika. Militares que en el régimen anterior no habían podido progresar por sus orígenes judíos medraban entre 1947 y 1948. En febrero de 1948 Palffy ascendió a teniente general y se convirtió en Inspector General del Ejército y en ministro de Defensa. Palffy se rodeó entonces de una camarilla de amigos judíos o casados con mujeres judías, entre ellos, el teniente general Kalman Revai, que sucedió a Palffy como Inspector General del Ejército por un corto periodo de tiempo; el teniente general Laszlo Solym, jefe de Estado Mayor desde 1948 a 1950; el general Gustav Illy, un homosexual que fue inspector de entrenamiento entre 1947 y 1949; el general Istvan Beleznay, casado con una judía. En realidad, todos ellos eran hombres relativamente jóvenes, oportunistas que se habían puesto al servicio de los comunistas para hacer una carrera vertiginosa.

Laszlo Rajk era, igual que Lavrenti Beria u Otto Katz, el típico judío que aspiraba sobre todo al poder y se movía al margen de ideologías. Frío como el acero, era un aventurero político capaz de representar mútiples papeles. Como Katz, sin ideales ni lealtades, sólo se sentía ligado al sionismo, la ideología de los nacionalistas judíos en todo el mundo. En 1931, tras ser detenido por distribuir propaganda comunista, aceptó convertirse en espía de la policía en la Universidad de Budapest. A partir de entonces comenzó su carrera, en la que fue capaz de desempeñar distintos papeles como doble o triple agente, según fuera menester. El jefe de la policía húngara, Sombor-Schweinitzer, lo envió en 1937 a España, supuestamente para informar sobre los comunistas húngaros que luchaban en el Batallón Rakosi. Llegó a París con falsos papeles que lo convertían en un comunista checo y desde Francia entró en España, donde se las ingenió para convertirse en comisario político del Battallón Rakosi. Lo curioso del caso es que Rajk fue acusado de trotskysta y expulsado del Partido Comunista. En 1939, después de haber desertado del Batallón, huyó a Francia, pero fue detenido. Los franceses lo entregaron a los alemanes, que lo internaron primero en el campo de concentración de St. Cyprien y posteriormente en los de Gurs y Vernet. Ante el tribunal que lo juzgó y condenó, Rajk admitió que durante el internamiento mantuvo estrecho contacto con trotskystas húngaros y yugoslavos y mencionó en particular a Vukmanovich, conocido como "Tempo", el cual se había convertido en primer ministro de Macedonia, y a Mrazovich, el embajador de Yugoslavia en Budapest que había entregado la pistola a Boarov.

Estando internado en Francia, Rajk fue visitado por un agente comunista infiltrado junto a Allen Dulles en la OSS (Office of Strategic Services), el famoso Noel H. Field, una figura sombría, un doble o triple agente que probablemente era trotskysta. Field le dijo que tenía instrucciones de sus superiores de ayudarlo a regresar a casa. En agosto de 1941, Laszlo Rajk estaba ya de vuelta en Hungría, donde informó a Peter Hain, el jefe de la policía política, sobre su misión en España y su estancia en Francia. Con el fin de que los comunistas no sospecharan de él, se decidió encarcelarlo durante un tiempo. De este modo, Rajk, cuya extraordinaria capacidad de actuación le permitió engañar a unos y otros, fue considerado uno de los mejores miembros del Partido Comunista y en mayo de 1945 se convirtió en secretario de organización del Partido Comunista en el distrito del Gran Budapest.

En contacto con el teniente coronel Kovach, de la delegación militar americana, colaboró simultáneamente con la Inteligencia de Estados Unidos. Rajk fue encargado entonces de organizar una facción dentro del Partido Comunista que sirviera para dividir al partido y arrebatarle la mayoría a

Rakosi. El 20 de marzo de 1946, Laszlo Rajk se convirtió en ministro del Interior, una posición crucial que le permitió colocar en el Ministerio a agentes británicos y americanos, que eran reclutados en Suiza por Allen Dulles y Noel Field. De este modo Rajk puso al judío Tibor Szonyi como jefe del departamento de cuadros, un lugar clave, pues ello le permitió ir colocando a sus hombres en la oficina del primer ministro, en el Ministerio de Exteriores, en los departamentos de Prensa y Radio, y, por supuesto, en el propio Ministerio del Interior.

A través de Lazar Brankov, quien bajo la cobertura de su puesto en la Embajada ejercía como jefe de la Inteligencia yugoslava en Hungría, Rajk fue suministrando información sensible a Tito gracias a su puesto como ministro de Interior. Según declaró en el juicio, fue en el verano de 1947 cuando tuvo la primera entrevista con el ministro del Interior yugoslavo, Rankovic. Rajk se encontraba de vacaciones en Abbazia, ciudad croata en la costa del Adriático. Una mujer rubia de unos treinta años que hablaba húngaro contactó con Rajk para anunciarle que su homólogo yugoslavo deseaba hablar con él y lo visitaría en Abbazia. Días más tarde llegó Rankovic y la mujer ejerció como intérprete entre ambos. El ministro yugoslavo dijo que había ido a verlo obedeciendo órdenes directas de Tito. Durante la entrevista, se fraguó la futura colaboración entre los dos ministros del Interior. Laszlo Rajk, con la cooperación de Szonyi, comenzó a posicionar en el Ejército y en la Policía a gente "adecuada" que daría apoyo a un eventual golpe de Estado.

A finales de 1947, Tito y Rankovic viajaron a Hungría para firmar un pacto de amistad y hubo entonces ocasión de concretar el desarrollo de la conspiración. Rajk organizó una cacería y planeó un encuentro privado con Rankovic en el tren en el que viajaban hacia el lugar de caza. El intérprete en esta ocasión fue Brankov. Rankovic resaltó que, al desvelarle el plan, estaba siguiendo las instrucciones de Tito. Durante el juicio, el juez pidió a Rajk que relatara los pormenores del plan. En resumen, se trataba de organizar varias federaciones entre Yugoslavia y otros países con el fin de romper la dependencia de las democracias populares con Moscú y sustituir la influencia de Stalin por la de Tito. Según Rajk, Rankovic especificó que una gran federación sería construida bajo el liderazgo de Tito. Cuando el juez se interesó por cómo iba a producirse la toma del poder en Hungría, se produjo el siguiente intercambio:

> "Rajk: La tarea en Hungría consistía en derrocar el régimen de democracia popular. Arrestar, por supuesto, a los miembros del Gobierno y dentro de esto...
> Juez: ¿Quiénes eran los enemigos principales?
> Rajk: ... y dentro de esto los más peligrosos, dijo Rankovic, tenían que ser eliminados si no quedaba otro remedio.
> Juez: Diga los nombre de quiénes eran.

Rajk: Por nombres, pensó que el primero de todos era Rakosi, Gerö y Farkas.
Juez: ¿Los mencionó concretamente?
Rajk: Los mencionó y me dijo que que yo sería el responsable de poner en práctica todo el programa en Hungría, y en relación con ello, me explicó cómo evaluaba Tito la situación y las fuerzas con las que se podía contar.
Juez: ¿Prometió ayuda yugoslava?
Rajk: Sí, puso énfasis en destacar que podía contar con el apoyo de una adecuada agrupación de fuerzas; pero consideró absolutamente importante que en las acciones políticas, en la organización de las fuerzas, debería depender de mi propio respaldo interno.

En la primavera de 1948, Rajk se entrevistó con Selden Chapin, el diplomático estadounidense que entre 1947 y 1949 actuó como ministro plenipotenciario en Hungría. Le preguntó si podía confirmarle que, como le había dicho Rankovic, Washington aprobaba el plan de Tito. Sobre este entrevista, Rajk declaró en el juicio lo siguiente: "Chapin dudó un poco antes de hacerme una declaración, finalmente lo hizo y dijo que conocía este plan y que Estados Unidos no pondría ninguna objeción sobre la puesta en práctica de la política de Yugoslavia." Así pues, con la ayuda del general Palffy, que obraba en el Ejército exactamente igual que lo hacía él en la Policía, Rajk fue madurando el plan. Sin embargo, ya entonces estaba bajo sospecha, como lo demuestra el hecho de que tras un viaje a Moscú, en agosto de 1948 Rajk dejó súbitamente de ser ministro del Interior y se convirtió en ministro de Asuntos Exteriores, un cargo que lo desvinculaba de la policía secreta y de la política interna de Hungría.

Los ministros de Exteriores de los países satélites estaban condicionados y debían someterse a la política del Kremlin. Quizá por esta razón, el mismo mes de agosto de 1948 Brankov le comunicó a Rajk que Rankovic deseaba verlo con urgencia. Puesto que no era conveniente que Rajk se desplazase a Belgrado, fue Rankovic quien tuvo que viajar de nuevo a Hungría. El encuentro secreto se celebró en la finca de un terrateniente llamado Antal Klein. El embajador yugoslavo en Budapest, Mrazovich, hizo de intéprete. Fue la amante de Mrazovich, Georgina, amiga de Klein e hija de un alto funcionario del ayuntamiento llamado Gero Tarsznyas, la que concertó lo que supuestamente tenía que ser una cacería, según relató ante el tribunal Antal Klein, quien prestó testimonio muy indignado y molesto por la utilización de que había sido objeto.

La reunión secreta se celebró a principios de octubre de 1948, el embajador Mrazovic había invitado a Georgina, la cual estuvo presente en la finca y prestó asimismo una valiosa declaración, pues ella y Antal Klein identificaron a Rajk ante la corte. El hacendado Klein declaró que Mrazovich llegó a su finca acompañado de Laszlo Rajk, que vestía un abrigo de fieltro de color verde y lentes oscuros. He aquí el momento de la identificación ante el tribunal:

> "Juez: ¿Qué papel desempeñó Laszlo Rajk en esta así llamada cacería?
> Klein: No conozco a Laszlo Rajk. No conozco al hombre; nunca lo había visto. Ahora que he sido puesto ante él por las autoridades, reconozco en él al hombre que estuvo presente entonces con Mrazovich con el abrigo verde de fieltro y los lentes.
> Juez: ¿Lo reconoce ahora?"

El anciano terrateniente se giró, miró enojado a todo el tribunal, luego miró a la cara a cada uno de los acusados. En el rostro de Rajk se dibujó una amplia sonrisa. "Ese es", gritó Antal Klein, señalándolo con un dedo tembloroso. Cuando salió de la sala, todavía aparentemente indignado por no haber sido presentado y por haber llevado en su carruaje a su reserva de caza a un grupo de conspiradores, su malestar era muy evidente.

El general Palffy, que tenía bajo su mando la guardia de fronteras, facilitó el paso del coche del ministro yugoslavo del Interior, Aleksandar Rankovic, que entró en el país sin ser inspeccionado y estaba aguardando a Rajk y a Mrazovich en la casa del guardián, ya en la zona de caza de la propiedad. Georgina, que iba con Mrazovich y Rajk, el cual no fue presentado ni a ella ni a Klein. Relató así ante el juez el encuentro entre los conspiradores:

> "Cuando llegamos a la cabaña del guarda, vi a un hombre con traje de cazador que estaba esperando allí, llevaba un arma. Era un hombre de mediana estatura y de unos cuarenta años. Mrazovich me pidió que me quedase en la casa y preparase un almuerzo. Me sorprendió que no me presentase a ninguno de los dos hombres. Entonces parlamentaron caminando arriba y abajo en las cercanías de la casa del guarda y alejándose a veces. Oí que uno de los hombres hablaba una lengua eslava. Una y otra vez se acercaron lo suficiente y yo pude escuchar. Estoy segura de que no era ruso, quizá serbio. El hombre con el abrigo verde hablaba húngaro y Mrazovich traducía entre los dos. Pude entender algunas palabras de la conversación cuando estuvieron cerca de mí, por ejemplo, Mrazovich hablaba sobre Yugoslavia y dijo que la acción debía emprenderse... Luego hablaron sobre alguien llamado Palffy, que sería nombrado ministro de Defensa. Oí también los nombres de los ministros Rakosi y Farkas mencionados en varias ocasiones. Cuando acabaron de hablar entraron en la cabaña y tomaron un tentempié."
> Juez: Por favor venga aquí. ¿Reconoce a la persona de esta fotografía como la que estaba esperando en la casa del guarda? Mírela.
> Georgina: Sí, la reconozco.
> Juez: ¿Está usted segura?
> Georgina: Sí.

Juez: He verificado que este foto en la cual la testigo reconoce a la persona en cuestión es una fotografía de Rankovich, la cual queda ahora incluida en la documentación."

Debe considerarse que el encuentro en la finca de Antal Klein se produjo poco después de que Laszlo Rajk dejara de ser ministro del Interior y meses después de la expulsión de Yugoslavia de la Cominform. Estos dos hechos justifican que Tito considerase necesario ejecutar el golpe de Estado cuanto antes. Por ello Rankovich anunció a Rajk que Tito estaba dipuesto a poporcionar mayor ayuda directa. Ya en Budapest, Rajk mantuvo una entrevista con el general Palffy y le transmitió la necesidad de tenerlo todo preparado para la ocupación de los lugares vitales. Según declaró ante el tribunal, a finales de 1948 todo estaba preparado e incluso habían llegado de Yugoslavia dos asesinos experimentados que comenzaron a estudiar los hábitos y los movimientos de Rakosi, Gerö y Farkas, cuyo arresto debía ser la señal para desencadenar el golpe. El general Palffy mencionó ante la corte al coronel Korondy, a quien se confió la formación de tres grupos pequeños, de una docena de hombres, que debían proceder al arresto de los tres líderes y que deberían matarlos si se resistían. Era preciso que los tres se hallaran en Budapest, por tanto se pensó en un día en que hubiera reunión del Politburó o del Consejo de Ministros: los tres podrían ser detenidos cuando regresaran a sus casas después de las sesiones. Veamos un fragmento textual del testimonio de Palffy:

"Palffy: Le expliqué oralmente a Rajk el diseño de mi plan. Lo sustancial del mismo era que el golpe debía ser inciado por diez batallones del ejército y unidades de la policía. En Budapest, algunos lugares claves, en primer lugar la sede del Partido Comunista, el Ministerio de Defensa y el Ministerio del Interior, la radio y las oficinas del *Szabad Nep* (periódico del partido), las estaciones de ferrocarril, los trabajos públicos y algunos distritos en los que pudiera surgir resistencia, debían ser ocupados por esas fuerzas. Simultáneamente, enseguida después de la ocupación, los grupos pequeños debían arrestar a los tres políticos mencionados previamente. Yo mandaría toda la fuerza armada y el coronel Korondy, mandaría las unidades de policía. Este era mi plan general. Rajk lo aprobó. Después recibí instrucciones de detallarlo.
Juez. ¿De quién?
Palffy: De Rajk..."

El hecho de que la condición de judío de Laszlo Rajk, que además era masón, sea sólo desvelada por Howard M. Sachar en la obra citada anteriormente, invita a relatar, para terminar con las citas del proceso, el momento en que el juez se interesó por su nombre, hecho que indignó a Rajk, quien interpretó que el magistrado estaba tratando de insinuar que era judío:

"Juez: ¿Cómo escribía su abuelo su sombre?
Rajk: Mi abuelo, siendo de origen sajón, escribía su nombre Reich.
Juez: Así, su abuelo se llamaba Reich. ¿Cómo se convirtió en Rajk? ¿Legalmente?
Rajk: Sí, legalmente. No puedo dar la fecha exacta en que fue legalizado. En mi certificado de bautismo está ya escrito con 'a', es decir, Reich se convirtió en Rajk. No acabo de ver cómo puede esto tener el menor interés para el tribunal. En relación a esto, deseo añadir que soy genuinamente ario. La ley aria de Hungría..."

El juez no permitió que continuara y lo cortó con brusquedad diciendo que no le interesaba saber si era ario o no, pues sólo quería conocer cómo se había cambiado el nombre y si lo había hecho de manera legal. Rajk, que sabía que el apellido Reich era uno de los adoptados con frecuencia por judíos que deseaban ocultar su raza, entendió que el juez estaba insinuando cuál era su origen.

Abreviando, puede decirse que se apartó a Laszlo Rajk del Ministerio del Interior porque Rakosi, ya antes de la expulsión de Yugoslavia de la Cominform, había comprendido que Stalin estaba disgustado con él por su inacción y temió que pudiera acabar él mismo bajo sospecha de deslealtad. Según algunas fuentes, a finales de 1947 Stalin le habría dicho públicamente a Rakosi que estaba ciego, pues no veía lo que estaba sucediendo delante de sus narices. Puesto en la disyuntiva de escoger entre Tito y Stalin, Rakosi (en realidad Rosenkranz) pensó en salvarse a sí mismo y decidió guardar fidelidad a Moscú. Pese a todo, en febrero de 1949 Rajk se convirtió en secretario general del Frente Popular para la Independencia. En la fiesta del 1 de mayo se situó en la tribuna al lado de Rakosi, por lo que nada parecía indicar que se estaba gestando su detención y la de sus colegas, que se produjo el 30 de mayo de 1949. Desde que dejó de ser ministro del Interior, Rajk había sido vigilado y a pesar de su popularidad creciente, Rakosi, puesto entre la espada y la pared, procedió a desencadenar la purga contra Rajk y sus cómplices, a los que se acusó de espionaje en favor de los poderes occidentales con el fin de separar a Hungría de la esfera socialista.

El 15 de junio de 1949 se anunció que Laszlo Rajk había sido cesado como ministro de Asuntos Exteriores y expulsado del Politburó y del Partido Comunista por ser "titoísta", "trotskysta" y "nacionalista". El 10 de septiembre de 1949 la formulación de cargos fue publicada en la prensa de todo el mundo y el 16 de septiembre de 1949, acusados de organizar un complot para hacer pasar a Hungría bajo el control de Estados Unidos y de recibir ayuda militar de Yugoslavia, Laszlo Rajk, el general George Palffy, Tibor Szonyi y sus cómplices comparecieron ante los tribunales. El 22 de septiembre de 1949 Laszlo Rajk, Tibor Szonyi y Andras Szalai fueron condenados a muerte por la justicia civil. El yugoslavo Lazar Brankov obtuvo cadena perpetua. Por otra parte, un tribunal militar sentenció a la pena máxima a Palffy, a Korondy y a otros dos oficiales. La sentencia se ejecutó a mediados de octubre. Tras el proceso de Rajk, otras noventa y cuatro personas fueron arrestadas y hubo una quincena más de sentencias de muerte.

En países como Rumanía y Albania hubo también en 1949 procesos contra las llamadas "fracciones trotskystas proyugoslavas"; pero escapa ya de las posibilidades de esta obra dedicarles atención. En noviembre de 1949, una vez domeñados los agentes titoístas o trostskystas en Bulgaria y Hungría, Stalin convocó en Budapest una nueva reunión de la Cominform, que estuvo presidida por Súslov. El título del informe principal era: "El Partido Comunista Yugoslavo, entre las manos de asesinos y de espías." En él se acusaba a Tito de actuar contra el comunismo en beneficio de Estados Unidos de América. En un artículo publicado el 21 de agosto de 1949, el propio Stalin había denunciado los crímenes del régimen de Tito contra ciudadanos de la URSS y amenazaba con estas palabras: "El Gobierno soviético estima necesario declarar que no tiene intención de aceptar tal situación y que se verá obligado a recurrir a otros medios más eficaces... para defender los derechos y los intereses de los ciudadanos soviéticos que se hallan en Yugoslavia y llamar al orden a los esbirros fascistas que creen que todo les está permitido."

Sin duda el apoyo de los norteamericanos, más que evidente para Stalin, fue determimante a la hora de refrenar una intervención militar contra Tito y Pijade. El propio Tito, en agosto de 1949 se dirigió a militares y miembros del partido en Skopje y reafirmó su voluntad de resistir una invasión del Ejército Rojo. "Podría parecer a primera vista -dijo- que estamos solos, pero esto no es verdad." El 4 de septiembre de 1949, *Borba*, el periódico del partido, dedicó una página entera a comentarios de Dean Acheson, secretario de Estado norteamericano, y de Héctor McNeil, diplomático del Foreign Office, en los que confirmaban que en occidente se apoyaban los esfuerzos del mariscal Tito para mantener y defender la independencia de Yugoslavia.

En 1951 apareció el libro *Tito and Goliath*, escrito por el editor y diplomático estadounidense Hamilton Fish Armstrong y publicado en Londres por Víctor Gollancz. En él se analiza el conflicto entre Tito y Stalin desde una perspectiva favorable a la posición yugoslava. Hamilton F. Armstrong, amigo personal de Tito que vivió en Belgrado en 1949 y 1950 los momentos culminantes del enfrentamiento con Moscú, comparte en esta obra las tesis del traductor de Marx al serbo-croata, Moshe Pijade, al que considera "el jefe intelectual del Partido Comunista Yugoslavo y el primer estatega en su lucha contra los bolcheviques." Desde 1928 hasta 1972, Armstrong fue editor de *Foreign Affairs*, el periódico del Council on Foreign Relations (CFR), lo cual lo sitúa en la esfera de la Round Table. Ya el título de su obra, de la que poseemos la primera edición, es bien significativo: salta a la vista que el criptojudío Tito es visto como un nuevo David que desafía al gigante filisteo Goliath (Stalin). Pijade denunció a principios de septiembre de 1949 que la actitud de Stalin hacia Yugoslavia era comparable a la "actitud racista" de Hitler hacia las naciones pequeñas.

En opinión de Hamilton Fish Armstrong, Zhdánov representaba a los partidarios de "una comunidad comunista internacional liderada por la URSS, ciertamente; pero no sometida por el temor y subyugada a los designios de Stalin, sino animada de un fervor revolucionario". El problema, pues, seguía siendo el mismo de siempre. No se trataba de condenar el comunismo, sino de denunciar el nacionalcomunismo de Stalin, puesto que pretendía que el control y la pureza de la ortodoxia debía ejercerse desde Moscú y no desde los despachos de los banqueros internacionales que lo habían financiado inicialmente. Por ello, porque se pretendía retomar el control del comunismo internacional, Roosevelt le dijo a Martin Dies, presidente del Comité sobre Actividades Norteamericanas, que dejase de investigar a los comunistas y se dedicara a los nazis. Por ello, como se ha visto, cuando el senador McCarthy tomó el relevo de Dies y trató de denunciar cuán profundos eran los tentáculos del comunismo en la Administración, fue destrozado por la prensa.

Como había ocurrido en los años treinta, cuando se celebraron los procesos de Moscú, la prensa internacional comenzó a desarrollar la tesis de que los juicios contra los judíos Laszlo Rajk y Traycho Kostov eran "show trials", juicios amañados en los que se condenaba a disidentes comunistas que luchaban contra la dictadura stalinista. Mientras duró la Segunda Guerra Mundial, Stalin gozó de inmunidad absoluta: no hubo ningún problema en que atacase a Polonia, a Finlandia y a otros países, en que eliminase a los polacos en Katyn... Tampoco hubo problema en Yalta, ni en Potsdam, donde se permitió la limpieza étnica de millones de alemanes, según ha quedado explicado. Sin embargo, en 1949 los planes se habían torcido y, como en los años treinta, cuando se financió a Hitler para recolocar a Trotsky en Moscú tras una guerra que debía acabar en tablas, el problema volvía a ser Stalin.

Después de que la parodia bochornosa de Nuremberg fuese aclamada internacionalmente como modelo de justicia, los procesos contra Rajk y Kostov sirvieron para reivindicar otro comunismo, el de Tito y Pijade, frente al "imperialismo mandón" ("bossy imperialism") de Stalin. La expresión, citada por Armstrong en *Tito and Goliath*, es de Moshe Pijade, que pretende erigirse en ideólogo de la auténtica ortodoxia comunista y distingue entre objetivos del comunismo internacional y objetivos nacionales de Rusia. Es decir, en lugar de fortalecer el poder nacional de la Unión Soviética, la misión de los países satélites era servir a la causa de la revolución comunista internacional, por lo que debían constituir la base de la propaganda ideológica para la marcha del comunismo hacia el oeste. Hamilton Fish Armstrong lo expresa con estas palabras: "Hay en todo esto algo que evoca las grandes controversias que dividieron a los bolcheviques en los primeros años. Existía, como entonces, un desacuerdo entre quienes era revolucionarios internacionales y los que estaban resueltos a construir primero el socialismo en un país."

En el primer aniversario de la expulsión de Yugoslavia de la Cominform, *Borba*, el órgano del Partido Comunista Yugoslavo, insistía en la idea de que la Yugoslavia de Tito marchaba por la verdadera senda del marxismo: "La verdad sobre la lucha entre la Cominform y Yugoslavia -se decía en *Borba*- y sobre los principios por los que está luchando nuestro partido está creciendo diariamente en el movimiento obrero internacional y no hay razón para pensar que no vaya a triunfar." Poco después, en agosto del mismo año 1949, Tito insistía en Skopje en que "la mayoría de los pueblos progresistas del mundo entero" estaban con ellos. Estos son los plateamientos y argumentos que parecen convencer a la mayoría de autores, pues en casi todas las obras que hemos consultado las referencias a los procesos contra los "titoístas" se caracterizan por la simpatía hacia los encausados y la condena sin paliativos a Stalin. El primero en adoptar esta posición es el propio Armstrong, toda vez que *Tito and Goliath* fue, quizás, la primera obra que ofreció un análisis pormenorizado de lo que se estaba cociendo en aquellos años decisorios.

Haciéndose eco de los argumentos de Moshe Pijade, Armstrong critica el proceso contra Kostov apoyándose en un texto publicado por Pijade el 27 de enero de 1950 en una publicación quincenal, *Yugoslav Fortnightly*, según el cual Moscú se habría implicado en una negociación sobre la unión de Bulgaria y Yugoslavia. Armstrong, en sintonía con el artículo de Pijade, denuncia que en el juicio no se dijo que a finales de 1944 se produjo un encuentro entre soviéticos, búlgaros y yugoslavos en Moscú, donde se presentó un borrador de tratado redactado por Kostov sobre una hipotética unión de ambos países. El hombre de Belgrado en la reunión fue el propio Moshe Pijade. El representante soviético, Vyshinsky, propuso que el primer paso fuera un tratado de cooperación político, económico y militar. Anunció que la URSS redactaría un boceto y pidió a Pijade que presentase su propio esbozo en el próximo encuentro, que tuvo lugar el 27 de enero de 1945. Según Pijade, las tres delegaciones aprobaron entonces un texto final, al cual Gran Bretaña presentó objeciones. En cualquier caso, siempre según Pijade, antes de que los delegados abandonaran Moscú, se acordó que en febrero se reunirían de nuevo en Belgrado para firmar los documentos. El encuentro, sin embargo, no se produjo, ya que Gran Bretaña vetó dicha federación. Armstrong escribe que, pese al veto británico, "no se cerró la puerta a la idea de una federación incluso más amplia, que podría integrar a Albania." El propio Armstrong, no obstante, reconoce enseguida que los soviéticos decidieron entonces posponer incluso cualquier tratado de amistad búlgaro-yugoslavo. Para Hamilton Fish Armstrong, estos contactos mantenidos durante la guerra son una prueba "demoledora" que invalida el proceso y las acusaciones contra Kostov. Naturalmente, no podemos compartir esta idea, pues, tal como se ha visto, la posición de la Yugoslavia de Tito y Pijade en 1949 constituía un desafío indiscutible a la pretendida autoridad de la URSS.

Ya para concluir con estas páginas sobre la pugna por el control de los partidos y los países comunistas, en las que nos hemos demorado más de lo previsto, recogeremos una entrevista de 1950 entre Tito y el autor de *Tito and Goliath*, la cual refuerza la tesis de que los conspiradores que habían financiado la Revolución de Octubre en 1917 pretendían recuperar el mando. Armstrong apunta que los comunistas yugoslavos habían pensado en la China de Mao Tse-tung, el líder comunista impuesto por el "Institut of Pacific Relations" (IPR) en su búsqueda de posibles aliados:

> "Casi todas las conversaciones que he mantenido con líderes yugoslavos -escribe Armstrong-, en Belgrado o en el extranjero, han desembocado tarde o temprano en China, y siempre la esperanza es que Stalin violará tarde o temprano los intereses nacionales de China de manera tan flagrante que los comunistas chinos no lo podrán tolerar, se aprovecharán del hecho de que físicamente son capaces de rechazarlo y entonces cooperarán tácitamente o quizás abiertamente con el Partido Comunista Yugoslavo. Sus argumentos para esperar esto no son disparatados."

O sea, en 1950 existía en Yugoslavia la esperanza de configurar un eje contra la Cominform con un punto de apoyo en Belgrado. Más adelante el texto sigue así:

> "Muchos expertos en China niegan que haya diferencias políticas o prácticas entre el comunismo chino y el ruso. Tito opina que estos puntos de vista no tienen en cuenta el hecho de que stalinismo no es lo que él llama comunismo y no cree que muchos chinos lo llamarían comunismo si lo experimentaran. Tito mantiene que los comunistas chinos están seguros de que son diferentes de los comunistas stalinistas simplemente porque están en disposición de hacerlo. Su propio caso demuestra, señala, que existen agudas diferencias en la ideología y en la práctica en el mundo comunista, y que lo que lo que las hace aflorar es el rechazo stalinista a reconocer el derecho a la autonomía de los partidos y de los Estados comunistas."

Durante sus conversaciones, Tito recordó a Armstrong que en los años treinta Mao Tse-tung mantenía pésimas relaciones con los soviéticos y que durante un tiempo hubo dos Comités Centrales en el Partido Comunista Chino, uno instalado en Moscú y otro dirigido por Mao en China. Tito resaltó el hecho de que Mao no sólo logró evitar los intentos de Moscú de apartarlo, sino que fue capaz de organizar sus ejércitos comunistas sin ayuda de Stalin. Lógicamente, lo que no dicen ni Tito ni Armstrong es que ello sólo fue posible porque Roosevelt y Truman, impulsados por los conspiradores del

IPR, retiraron la ayuda a Chiang Kai-shek y apoyaron a los comunistas de Mao Tse-tung.

## El "antisemitismo paranoico" de Stalin

A pesar de las tensiones y las divergencias acontecidas durante 1949, el dictador de la URSS parecía consolidado en el poder tras haber cortado por lo sano. Además de imponer el dominio de Moscú sobre los países satélites, la Unión Soviética se convirtió aquel año en la segunda potencia nuclear del planeta. Puede decirse que el 21 de diciembre de 1949, fecha del septuagésimo aniversario de Stalin, Beria, que desde 1946 presidía la Comisión de Energía Atómica, había conseguido presentar a su jefe el logro que tanto había anhelado. Con motivo de la celebración del cumpleaños del generalísmo, el día fue declarado festivo en todo el país y por la noche se celebró una función de gala en el teatro Bolshoi, a la que Stalin asistió acompañado de su hija Svetlana. En los palcos de honor se hallaban presentes los miembros del Politburó y todo el Cuerpo Diplomático. Durante la cena de gala que siguió en el Kremlin, se leyeron telegramas de felicitación procedentes de todo el mundo. El mariscal Beria se levantó y pronunció un discurso lleno de entusiasmo por la obra de su amado jefe. "Toda la vida del camarada Stalin -aseguró Beria- está inseparablemente ligada a la gran lucha por la creación y el fortalecimiento del Partido Comunista y la victoria de la revolución proletaria para el bienestar de los trabajadores y la victoria del comunismo." Fuera, la muchedumbre reunida cerca de los muros del Kremlin observó asombrada la aparición de la imagen del gran líder en el cielo. Beria había preparado este nuevo obsequio para el "Padre del Pueblo": una diapositiva de Stalin con uniforme y gorra militar e insignias del rango de generalísimo fue proyectada por un potente reflector antiaéreo sobre una nube negra que encapotaba la Plaza Roja. Fue como una aparición del supuesto Dios del comunismo internacional.

Aparentemente, pues, Beria, con el fin de mantener la confianza de Stalin, seguía siendo el perro fiel que ejecutaba sus designios. Uno de los asuntos que ponía a prueba repetidamente sus habilidades era el llamado "complot sionista", que desde el asesinato de Salomón Mikhoels en enero de 1948 no había hecho más que crecer. Tras la disolución del Comité Judío Antifascista en noviembre de 1948 y la detención de Polina Mólotov en enero de 1949, la espiral de detenciones de judíos, sobre todo en Leningrado y en Moscú, había proseguido a lo largo de 1949. Uno de los miembros más conspicuos del Comité Judío, Solomon Lozovsky, fue detenido cinco días después que la esposa de Molotov, el 26 de enero de 1949. Se ha dicho ya en el capítulo noveno que Lozovsky, dirigente de la Internacional Sindical Roja junto a Andreu Nin, fue uno de los tres judíos que viajaron a España en 1936 para organizar las células comunistas y preparar la creación de un comité revolucionario. Más tarde, junto a otros sionistas americanos, alentó a

Roosevelt para que entrara en la guerra. El arresto de Lozovsky, presidente del Sovinformburo (agencia de noticias soviética) entre 1945 y 1948, tuvo un gran impacto internacional.

Otro hecho relevante aconteció el 7 de julio de 1949, fecha en que tres jueces judíos del tribunal de Leningrado, Achille Grogorievich Leniton, Ilia Zeilkovich Serman y Rulf Alexandrovna Zevina, fueron arrestados y acusados de adoptar posiciones contrarrevolucionarias y antisoviéticas. Condenados a diez años en campos de concentración, apelaron infructuosamente, pues el Tribunal Supremo aumentó la pena a veinticinco años, ya que consideró que el tribunal de Leningrado no había tenido en cuenta que los condenados "habían afirmado la superioridad de una nación sobre las otras naciones de la Unión Soviética." Era una clara alusión al supremacismo judío.

La instrucción del sumario contra los acusados del Comité Antifascista Judío duró más de dos años, durante los cuales tuvo lugar una lucha soterrada en la que Stalin, como se verá más adelante, trató de arrebatarle al todopoderoso Beria el control de los servicios de seguridad. Ello demoró inevitablemente la apertura del juicio, un proceso a puerta cerrada que no iba a empezar hasta mayo de 1952. De los quince acusados, trece fueron sentenciados a muerte. Sólo Lina Solomonovna Stern salvó finalmente la vida. Esta judía de origen letón había sido introducida en el entorno de Stalin por Anna Alliluyeva, hermana de la segunda esposa de Stalin, que había estado casada con Stanislaw Redens, un jefe de la Cheka al que Beria odiaba. Polina Mólotov, cuya detención había servido a Beria para debilitar la posición de Mólotov, cultivaba un grupo de confidentes y amigas judías en el que además de Lina Stern estaban Zinaida Bujarin, esposa de Nikolai Bujarin, purgado por Stalin en 1938, y Miriam Svanidze, que había estado casada con un cuñado de Stalin ejecutado en 1941, Alexander Svanidze, hermano de la primera mujer de Stalin, Ekaterina "Kato" Svanidze. Cansado de las maquinaciones de este grupo de judías, Stalin ordenó su detención y Beria no tuvo ningún problema en acusar a Lina Stern de "cosmopolitismo", pues de paso se vengó de Anna Alliluyeva y de Stanislaw Redens, a los que consideraba enemigos[31].

---

[31] Sobre Stanislaw Redens, quien según algunas fuentes también era judío, T. Wittlin ofrece información de interés en *Comisario Beria*. Wittlin lo califica como "uno de los más crueles y brutales jefes del NKVD". Yezhov lo colocó junto a Beria en Tiflis como segundo jefe con el fin de espiarlo. Como se ha dicho, Yezhov deseaba eliminar a Beria, pues veía en él a su peor enemigo. Puesto que al estar casado con Anna Alliluyeva, Redens era pariente del dictador, Beria actuó con mucha diplomacia en sus relaciones con la pareja. Puso a su disposición una villa lujosa en el balneario de Sochi y una casa confortable con jardín en la capital. "Cuando descubrió que a Stanislaw Redens le gustaban el vodka y las chicas -escribe Thaddeus Wittlin- lo presentó a algunos de sus amigos solteros que compartían los mismos gustos. Ni que decir tiene que estos tipos eran agentes de Beria." De este modo, trataba de desacreditar a Redens para que fuera llamado cuanto antes a Moscú.

Se organizó con la habilidad de siempre una campaña internacional contra Stalin, al que le llovieron acusaciones de antisemitismo. En general, se ha impuesto la idea de que Stalin se comportaba como un "paranoico", pues la historiografía oficial considera que era absurda su desconfianza hacia los judíos. Thaddeus Wittlin asegura que los odiaba; sin embargo, el dictador "antisemita" tenía como amante a una judía, Rosa Kaganóvich. Un hijo de Lavrenti Beria, Sergo, asegura que Stalin tuvo con ella un vástago llamado Yura. La esposa de Alexander Poskrebyshev, su secretario personal de toda la vida, era una judía llamada Bronislava Solomonovna Metallikova, quien, acusada de trotskysmo, acabó ejecutada en 1941. Si contemplamos el Politburó, se constata que, además de Beria y Kaganóvich, que eran judíos, Mólotov, Vorochilov y Andreyev estaban casados con mujeres judías, por lo que sus hijos eran judíos. En *Complot contra la Iglesia*, Maurice Pinay, seudónimo utilizado por un grupo de sacerdotes católicos opuesto al Concilio Vaticano II, asegura que también Malenkov era judío. Según esta fuente, era hijo de Maximilian Malenk, un apellido que se considera judío. Además, y en esto coinciden otros autores, Malenkov estaba casado con una hermana de Nikita Jrushchov llamada Pearl-Mutter, que era conocida como la "camarada Schemschuschne". Algunas fuentes apuntan que Jrushchov era también judío y su nombre completo era Nikita Salomón Jrushchov. En *Staline Assassiné*, A. Avtorkhanov escribe que Stalin "descubrió que Jrushchov tenía una hija cuya madre era judía." Avtorkhanov añade que "la propia hija de Malenkov se había casado con un judío." Ciertamente, si Stalin hubiera tenido que sospechar de los judíos que se movían en su entorno no hubiera acabado nunca, puesto que estaba rodeado de ellos. Lo que Stalin constataba en realidad es que, inexorablemente, detrás de cada maniobra en contra de su política o de su liderazgo asomaban uno o varios judíos, quizá por ello Avtorkhanov llega a la conclusión de que el antisemitismo de Stalin era "pragmático".

Se ha demostrado a lo largo de esta obra que desde que Stalin se hizo con el poder sus principales enemigos fueron judíos trotskystas, internacionalistas, a los cuales trató de eliminar, frecuentemente con ayuda de otros judíos que, aunque sólo fuera por interés personal o coyunturalmente, por razones estratégicas, lo apoyaron. Stalin no ignoraba que los judíos habían protagonizado la Revolución Bolchevique. Se ha visto ya que casi todos los miembros del primer Gobierno comunista de 1918 era judíos. Además, todos los Comisariados estuvieron desde el principio copados por judíos procedentes del extranjero. En el Comisariado de Interior y en el de Asuntos Exteriores, detentaban todos los puestos de importancia. Lo mismo ocurría en los Comisariados de Economía, de Justicia, de Educación Pública, del Ejército, de Sanidad, de Comercio Exterior, etc..

Aunque los historiadores oficiales siguen sin prestar atención a esta realidad, la cual eluden o rehuyen como si se tratara de una anécdota, hay estudiosos que se atreven a decir la verdad. Alexander Solzhenitsyn, uno de ellos, denunció lo ocurrido en Rusia con estas palabras clarividentes: "Debe comprenderse que los líderes bolcheviques que tomaron el poder en Rusia no eran rusos. Odiaban a los rusos. Odiaban a los cristianos. Guiados por odio étnico, torturaron y masacraron a millones de rusos sin el menor remordimiento. No se trata de una exageración. El bolchevismo cometió la mayor matanza de seres humanos de todos los tiempos. El hecho de que la mayoría del mundo sea indiferente o ignorante sobre este enorme crimen es la prueba de que los medios de comunicación globales están en manos de los responsables."

A estos medios de comunicación denunciados por Solzhenitsyn, hay que añadir una pléyade de autores y propagandistas que, de entre los innumerables criminales comunistas, únicamente han venido señalando al "antisemita" Stalin. Estos medios y estos historiadores son los que han presentado a Tito, a Rajk, a Slansky y a otros homicidas comunistas como víctimas inocentes del dictador del Kremlin. La mayoría de las fuentes consideran un hecho anecdótico, irrelevante, que fueran judíos quienes estaban al frente de los movimientos contra Stalin en todos los países de Europa oriental; sin embargo, los hechos demuestran una y otra vez que era la regla general y no una casualidad. En Yugoslavia, junto a los judíos Tito, Pijade, Rankovic y Kardelj, se hallaba Josef Wilfan, otro judío de Sarajevo que actuaba como consejero económico del mariscal. El representante yugoslavo ante la ONU era Alexander Bebler, otro judío de origen austríaco. En *The World Conquerors*, el autor húngaro Louis Marschalko, el cual cae en el error de considerar a Laszlo Rajk como un gentil sacrificado por judíos fieles a Stalin, explica con detalle cómo en Hungría el poder cayó en manos de criminales judíos, ya fueran sionistas, internacionalistas o stalinistas, que realizaron la persecución y eliminación de los húngaros mal considerados por una u otra razón.

En Polonia, como en los otros países de Europa oriental, los hombres del NKVD de Beria tomaron el control y dio comienzo la escabechina. Como se ha explicado ya al inicio de este capítulo, Beria puso la represión en manos de "vengadores" judíos, que regentaron los campos de concentración y se cebaron en los alemanes que debían ser transferidos hacia el oeste. En el momento de la creación de la Cominform el poder en Polonia estaba en manos de tres hombres: dos judíos, Jakub Berman y Boleslaw Bierut, y Wladyslaw Gomulka, que estaba casado con una judía. Berman era miembro del Politburó y jefe de los órganos de seguridad polacos; Bierut presidía el Comité Central del Partido Comunista. Ambos, según Gomulka, eran "pimpollos" del NKVD, i. e. de Beria. En cuanto a Gomulka, primer ministro del Gobierno polaco cuando en junio de 1948 se produjo la reunión de la Cominform en Rumanía, parece ser que se había solidarizado con los delegados de Tito en la primera reunión, en octubre de 1947, y que en Bucarest se opuso a la expulsión de los yugoslavos. Fue señalado entonces como titoísta o trotskysta por los diarios *Glos Ludu*, *Nowe Drogi* y *Pravda*, que denunciaron a la "banda trotyskysta del camarada Gomulka". Comenzó entonces una pugna que había de provocar el encarcelamiento de Gomulka en 1951. El hecho de que Bierut y Berman fueran dos agentes de Beria, otorga al proceso de Varsovia un interés añadido.

El propio Gomulka ofrece una versión de los hechos en unas memorias tituladas *Mes quatorze années*. Se sabe gracias a estos textos que Stalin comenzó a sospechar de Beria, ya que desconfiaba de sus dos esbirros en Varsovia. El sovietólogo Avtorkhanov parafrasea en *Stalinne assassiné* algunos fragmentos de la versión que ofrece Gomulka en sus memorias. Stalin concibió un plan para detener a Berman y a Gomulka con el fin de obligarlos a declarar contra Beria y Bierut. Stalin quería saber hasta qué punto Beria estaba conspirando contra él con ayuda de sus protegidos judíos en Polonia. En un texto reproducido por Avtorkhanov Gomulka lo explica así:

> "Bierut tenía mucho miedo de Berman, pues temía que en el curso de un proceso, o durante la instrucción del mismo, Berman fuera capaz de decir las cosas más comprometedoras. Así, por ejemplo, que Beria habría fomentado en una cierta época un complot contra Stalin, y que Bierut habría estado involucrado en este supuesto complot. Debo decir que no tengo una certeza absoluta de que las cosas fueran exactamente así, pero así es como me fue contada la historia. Sea como fuere, Bierut permanecía constantemente en guardia y estableció sobre Berman una vigilancia reforzada y también yo mismo lo hice entonces, puesto que era yo el primero que debía comparecer ante el tribunal. El escenario previsto era el siguiente... Bierut determinaba las cosas mientras podía, recurriendo incluso al envío de informaciones falsas a Moscú, como por ejemplo la de que yo estaba mortalmente enfermo... Bierut consiguió así tensar al máximo la cuerda y, finalmente, fue la muerte de Stalin que nos libró a todos de este mal paso."

Cabe pensar, lógicamente, que el veterano Gomulka sabía mucho más de lo que llega a insinuar. Con esta cita que afirma sin ambages que la muerte de Stalin fue providencial, llega el momento de adentrarnos en la narrativa del asesinato del dictador. La capacidad de intriga de Beria, su ambición sin límites, su hipocresía extremada, su insensibilidad hacia los sentimientos de los demás, lo ponían a la altura del mismo Stalin, al que incluso superaba. Su hija Svetlana Alilúyeva en *20 Letters to a Friend* escribió al respecto: "Considero que Beria era más astuto, más fingidor, más cauteloso, más desvergonzado, más determinado y más firme en sus acciones, y en consecuencia más fuerte que mi padre." Tal era la capacidad de maniobra de Beria, escribe Avtorkhanov, que "todas las maquinaciones e interrogatorios acababan en sus manos, pues se interrogaba a sus criaturas, las cuales eran interrogadas por otras de criaturas suyas."

## La lucha abierta entre Stalin y Beria

Escribir sobre la lucha soterrada que libró Stalin contra Beria durante los tres últimos años de su vida es quizá la tarea más ardua que hemos afrontado a lo largo de nuestro trabajo. Ello se debe a las contradicciones, omisiones intencionadas y a la parcialidad evidente de algunas de las fuentes disponibles. Anton Kolendic ofrece textos escritos por Beria después de su detención y antes de su ejecución, los cuales merecen poca credibilidad, pero son útiles en ocasiones. Tampoco pueden aceptarse sin reservas los textos de Nikita Jrushchov, el hombre que se hizo con el poder en la URSS tras la desaparición de Stalin y Beria. En cuanto a ciertos autores, la mayoría no quieren correr el riesgo de ser acusados de antisemitismo y algunos llegan a negar lo evidente. En su biografía de Stalin, por ejemplo, Robert Conquest pretende absurdamente que los once judíos sionistas ejecutados en 1952 tras el juicio de Praga, todos ellos agentes de Beria, eran veteranos stalinistas y fervientes antisionistas ("needless to say -escribe en inglés- they were veteran Stalinists and fervent-anti-Zionists"). Creemos que la posición más acertada es la de Nicolas Werth, quien en el capítulo del *Libro negro del comunismo* titulado "La última conspiración" admite que la complejidad de los hechos es tan grande que el estado actual de los conocimientos sobre lo ocurrido no permite desentrañar la verdad, por lo que hay que esperar el acceso "a los archivos presidenciales, donde se han conservado los expedientes más secretos y los más sensibles."

Trataremos, pues, de presentar hechos contrastados que sean creíbles. Uno de ellos, para empezar, es el miedo mutuo que Stalin y Beria comenzaron a tenerse, por lo que la pugna que mantuvieron fue, entre otras cosas, por salvar la vida. Tanto Jrushchov como la hija de Stalin coinciden en declarar que Stalin temía que Beria pudiera intentar un complot para asesinarlo. Según T. Wittlin, Beria había introducido a sus espías en los círculos más próximos al "gran jefe". Menciona entre ellos a una georgiana llamada Alejandra Nakashidze, que había sido su amante en Tiflis. Esta mujer, agente de las Fuerzas de Seguridad con el grado de Comandante, fue colocada como ama de llaves en el apartamento privado de Stalin en el Kremlin, donde vigilaba cuanto ocurría en el círculo personal del dictador. Haciendo uso de sus encantos, acabó engatusando a Vasily "Vasia" Stalin, el hijo del dictador. El biógrafo de Beria asegura que Stalin en los últimos años desconfiaba de algunos de sus más íntimos colaboradores. "Temeroso de ser asesinado -escribe Wittlin- sólo comía en su casa de los suburbios moscovitas, Blizhny, en Kuntsevo. Pero a pesar de que la comida le era preparada por su vieja cocinera Matriona Petrovna y servida por su criada y ama de llaves Valentina Istomina, "Valechka", y ambas le eran fieles y lo querían, Stalin exigía que cada plato e incluso cada trozo de pan que le servían, fuese examinado anteriormente por un médico."

En cuanto a Beria, cuando Stalin quiso purgar el Partido Comunista de Georgia, que él controlaba a través de los mingrelianos de su etnia, no tuvo ninguna duda que se trataba de un movimiento en su contra, puesto que Stalin pretendió hacerlo sin él y sin Viktor Abakúmov, que desde el 7 de mayo de 1946 era el jefe de la Seguridad del Estado (MGB) y hombre de confianza de Beria. Las sospechas sobre Abakúmov y sobre Beria se habían incrementado como consecuencia del arresto del médico judío Jacob Etinger en noviembre de 1950. Un investigador de la Seguridad del Estado, Mikhail Ryumin, informó a Beria sobre las conexiones de Etinger con el Comité Antifascista Judío. Ryumin había descubierto que el doctor Etinger trató a Zhdánov y al general Scherbakov (comisario político del Ejército muerto en mayo de 1945) con malas prácticas con intención de liquidarlos. Abakúmov, que había organizado con Beria la desaparición de Zhdánov, informó a su jefe, quien le habría ordenado detener la investigación. Ryumin lo denunció a Stalin, quien durante el verano de 1951 decidió pasar a la acción y desató los acontecimientos que iban a culminar en 1952.

El 12 de julio de 1951 Stalin ordenó la detención de Viktor Abakúmov, Nikolai Selivanovsky, Mikhail Likhachev, Mikhail Belkin y Georgiy Uthekin. Estos arrestos iban claramente dirigidos contra el inexpugnable Beria. El 9 de agosto de 1951, Stalin nombró nuevo ministro de la Seguridad del Estado a Semyon Ignatiev. Con este nombramiento el Ministerio de Seguridad del Estado quedó independiente del ministro de Asuntos Internos, es decir de Beria. Abakúmov fue arrestado por haber obedecido a Beria e ignorado órdenes de Stalin. Según Nicolás Werth, fue acusado en primer lugar "de haber hecho desaparacer de manera deliberada a Jacob Etinger", quien murió en prisión. Además, añade Werth, Abakúmov fue acusado de "impedir que fuera desenmascarado un grupo criminal formado por nacionalistas judíos infiltrados en el área más elevada del Ministerio de la Seguridad del Estado." En octubre de 1951 Stalin le ordenó a Beria que arrestase al teniente general Nahum Isaakovich Eitingon, el organizador del asesinato de Trotsky que en España había reclutado a Caridad Mercader, a África de las Heras y a Carmen Brufau, las famosas agentes hispanas del NKVD. La hermana de Eitingon, Sofía, que era doctora, y otros judíos que como él eran funcionarios de la Seguridad del Estado fueron asimismo detenidos y acusados de formar parte de un complot sionista para hacerse con el poder en la URSS. Abakúmov fue relacionado con una vasta "conspiración judeo-sionista" que vinculaba al Comité Antifascista Judío con el llamado "asunto de las batas blancas", oficialmente de "los médicos asesinos", que será luego tratado con más detalle. El juicio contra Abakúmov, relacionado con los crímenes imputados anteriormente a Lauvrenti Beria, se inició en Leningrado el 12 de diciembre de 1954, bastante después de las muertes de Stalin y Beria. El 19 de diciembre de 1954 fue ejecutado.

En Georgia, simultáneamente a todas estas detenciones de 1951, el "asunto mingreliano" supuso una purga sin pecedentes de todos los amigos personales de Beria y del conjunto de militantes de su región natal. Cientos de secretarios del partido en pueblos y distritos fueron purgados. Bajo la acusación de "nacionalismo burgués", Ignatiev, siguiendo órdenes directas de Stalin, procedió al arresto de los dirigentes del Comité Central y del Gobierno de Georgia. Candide Charkviani, primer secretario del Partido Comunista colocado en el cargo por Beria en 1939, había controlado la Policía Secreta en el Cáucaso desde que su jefe había ido a Moscú para dirigir el Comisariado de Asuntos Internos. Charkviani fue secuestrado de noche cuando regresaba a su casa. La purga en Tiflis se prolongó a lo largo de varios meses e Ignatiev hizo detener al ministro de Justicia de la República, B. I. Shoniya; al fiscal general, A. M. Rapaya; al segundo secretario del Comité Central, Mikhail Ivanovich Baramiya, uno de los hombres más fieles de la llamada "banda de Beria". Estos hechos fueron una seria advertencia y alertaron definitivamente a Beria, quien comenzó a pensar que Stalin le reservaba la misma suerte que habían tenido Menzhinski, Yagoda y Yezhov, sus tres predecesores en el cargo. De hecho, él mismo había acabado con Yezhov tras haber ocupado su lugar en el Comisariado de Asuntos Internos.

Otro movimiento contra las posiciones de Beria fue la depuración de sus hombres en Checoslovaquia, un país que consideraba su feudo personal desde el "golpe de Praga". Poco después de que Ignatiev se hiciera cargo del Ministerio de la Seguridad del Estado comenzó una oleada de detenciones, entre las cuales estaban los jefes de la Policía Secreta checa, que hasta entonces habían dependido directamente de Beria. Por mucho que se tilde a Stalin de "paranoico antisemita", los hechos demuestran una vez más que la mayoría de los altos cargos detenidos además de judíos eran sionistas, como lo prueba la ayuda inestimable que en el verano de 1948 prestaron a sus colegas que estaban conquistando Palestina. Stalin e Ignatiev actuaron con tanta rapidez que los arrestados pensaron que habían sido abandonados y traicionados por su protector, al que creyeron culpable de su caída en desgracia. Puesto que tenemos a mano *The Nine Lives of Otto Katz*, el libro de Jonathan Miles citado con anterioridad, podemos ofrecer algunos detalles sobre cómo se produjeron los hechos.

Gracias a esta obra, sabemos que André Simone (Otto Katz) comunista-sionista que figura entre los agentes más versátiles de su tiempo, había pasado varias semanas en Belgrado junto a Tito y Pijade y había también viajado a la Bulgaria de Traycho Kostov. En marzo de 1947 André Marty, que durante la Guerra Civil española había delatado a numerosos trotskystas que operaban en las Brigadas Internacionales, escribió una carta en la que denunciaba que Otto Katz, un hombre sin otras raíces que las étnicas que ejercía como el principal propagandista del Gobierno de Slansky, había trabajado para la Inteligencia británica. Marty lo vinculaba con círculos trotskystas. Consejeros soviéticos viajaron a Checoslovaquia y Katz fue objeto de vigilancia. Jonathan Miles escribe que "empezó a ser aislado del partido, dejó de ser invitado a conferencias como consejero y perdió su posición como editor extranjero de *Rudé Pravó*". La Inteligencia Militar soviética informó a sus colegas checoslovacos de la StB (Seguridad del Estado) que querían un informe de Katz para apoyar el caso de otro sospechoso, Karel Sváb. El 27 de enero de 1950, Katz reconoció durante su declaración la comisión de múltiples errores, pero aseguró que siempre había sido fiel al Partido y a Rusia. En mayo de 1950 se paralizó su caso y, aunque él expresó su deseo de viajar a Alemania, se le asignó trabajo en la radio.

A comienzos de 1951, antes por tanto del nombramiento de Ignatiev, la atmósfera política había ido tensándose en Praga. Quizá ello se explica por el hecho de que fuese la Inteligencia Militar soviética la que había iniciado las pesquisas. Algunos de los líderes de la StB fueron purgados y en febrero se produjeron las primeras detenciones de dos altos cargos judíos: Vladimir Clementis, ministro de Exteriores y Artur London, su viceministro. Otro judío con el cargo de viceministro, Evzen Löbl, que había sido detenido anteriormente, fue quien ofreció durante los interrogatorios las pruebas que precisaba Ignatiev para ordenar la detención de Rudolf Slansky (Salzmann), el secretario general del Partido Comunista y líder del Gobierno checo, que fue arrestado el 24 de noviembre de 1951. Como se recordará, este judío fue uno de los protagonistas destacados en la limpieza étnica de millones de sudetes alemanes y sus actuaciones criminales en 1945 fueron incontables. Durante los primeros días de 1952 se produjo la detención de otros dos judíos Rudolph Margolius, viceministro de Comercio Exterior, y Ludwig Frejka (Freund), que asesoraba en cuestiones económicas al presidente de la República, Klement Gottwald. En total, como sabemos ya, fueron catorce los altos cargos arrestados, once de los cuales eran judíos. El último en ser detenido el 9 de junio de 1952 fue André Simone (Otto Katz), al que se le informó que tanto Artur London como Evzen Löbl habían declarado en su contra.

El presidente Gottwald, que desde la Presidencia de la República comprendió que no tenía otra opción que colaborar con Stalin, viajó a Moscú para discutir los detalles del proceso de Praga, que comenzó el 20 de noviembre de 1952 y fue retransmitido por radio durante los ocho días que duró. "Mercenarios" y "sucia banda de víboras" fueron algunos de los calificativos destinados a la audiencia. Los catorce prisioneros fueron acusados de "trotskystas, titoístas, sionistas y traidores burgueses nacionalistas que bajo la dirección de agencias de espionaje occidentales actuaban al servicio de los imperialistas de Estados Unidos." Freda Margolius escribió una carta a Gottwald solicitando la máxima pena para su esposo, hecho que, según Jonathan Miles, dejó petrificada a la prensa extranjera, con la sola excepción del comunista *L'Humanité*, que calificó su actitud de "admirable". Como de costumbre, el proceso de Praga fue descalificado entonces y sigue descalificado hoy como "juicio espectáculo".

Ni uno solo de los múltiples procesos con los que Stalin desenmascaró a sus enemigos ha merecido nunca la menor credibilidad. Siempre, por tanto, fueron amaños, parodias, inventos, etc, etc.

Sin embargo, Slansky (Salzmann) reconoció ante el tribunal que en 1928 se vinculó a una facción trotskysta, que en 1930 había sido reclutado por la Inteligencia de Estados Unidos y que durante la guerra trabajó a la vez para el Servicio Secreto británico. Asimismo, desveló que a través de Moshe Pijade y del agente británico Konni Zilliacus contactó y colaboró con los titoístas. Slansky vinculó a las logias masónicas con las organizaciones sionistas y corroboró que el presidente Benes había sido un gran maestre de la masonería y un agente imperialista. Admitió que él personalmente había colocado a los otros trece acusados en las posiciones que ocupaban al ser detenidos. Cuando el juez le pidió que detallara la infiltración de sionistas en cargos importantes, dijo que, una vez en posiciones de poder, "los sionistas colocaban por su parte a otros sionistas en sectores de la vida política y económica... Los sionistas que operaban en Checoslovaquia formaban parte de una conspiración internacional liderada por sionistas americanos." He aquí un pasaje en el que Slansky expresa su punto de vista sobre el poder del sionismo en Estados Unidos:

> "El movimiento sionista en todo el mundo está, de hecho, dirigido y gobernado por los imperialistas, en particular los imperialistas de Estados Unidos mediante los sionistas americanos. Porque los sionistas americanos, los cuales, como en otros países, son los sionistas más poderosos financieramente y más influyentes políticamente, forman parte de los círculos imperialistas de poder en América."

Ofreceremos ahora algunos fragmentos del testimonio de Otto Katz y el lector podrá hacerse una idea de por dónde se movió este múltiple agente a lo largo de su fantástica carrera. Enjuiciado como André Simone, Otto Katz fue presentado como un "astuto globetrotter, un espía sin ataduras". Después de declararse culpable de los cargos que se le imputaban, el juez le pidió que explicase sus errores. Katz reconoció que había trabajado para los servicios de Inteligencia franceses, británicos y norteamericanos y que había espiado en contra de Checoslovaquia. Miles reproduce en su obra esta pregunta que da pie a una respuesta interesantísima:

> "Fiscal: ¿Cuándo y cómo se vinculó al servicio de espionaje francés?
> Katz: En septiembre de 1939 me comprometí con el ministro francés Mandel en París... Mandel mantenía su propio servicio de espionaje con el apoyo de algunos magnates capitalistas judíos y franceses."

Hemos visto ya que Mandel, al que Paul Reynaud nombró en 1940 ministro del Interior por un breve periodo, se llamaba en realidad Jeroboam Rothschild (aunque no pertenecía a la familia de banqueros) y cambió su nombre por el de Louis George Rothschild. Este personaje fue uno de los principales belicistas europeos. Tan descarada era su posición en favor de la guerra, que algunos políticos franceses lo acusaron de colocar su condición de judío por encima de los intereses de Francia. Es muy interesante saber que, apoyado por capitalistas judíos, había llegado a montar su propio servicio de inteligencia, para el que en 1939 reclutó a Otto Katz, quien había ya acabado con sus correrías y misiones en España. El fiscal preguntó a continuación: "¿Cuándo firmó su compromiso para colaborar con el Servicio de Inteligencia Británico?" Entonces, Katz se extendió en todo tipo de detalles y aportó los nombres de las dos personas que le propusieron el trabajo en París: Paul Willert y Noël Coward, quienes le pidieron que firmara un documento por triplicado, pues Willert le dijo que era costumbre que cada agente se comprometiera por escrito. Ambos confirmaron al autor de *The Nine Lives of Otto Katz* que todo lo declarado por Katz ante la corte era rigurosamente cierto.

En otro momento del interrogatorio Katz explicó cómo fue "chantajeado" por su correligionario David Schönbrunn en Nueva York para que trabajase para el espionaje americano. El pasaje merece la cita íntegra:

> "Katz: "...Schönbrunn, amenazándome con contar al Partido Comunista de Checoslovaquia mi conexión con Mandel, me coaccionó para que trabajase para los servicios de espionaje americanos...
> El juez presidente: ¿Quién era Schönbrunn?
> Katz: El hijo de un capitalista judío que había inmigrado a Estados Unidos antes de la Primera Guerra Mundial. En 1946-47, Schönbrunn estaba al servicio de la Overseas News Agency, la cual era un órgano de los capitalistas judíos norteamericanos, financiada entre otros por el conocido belicista Bernard Baruch. Esta agencia es uno de los vínculos más importantes entre los sionistas norteamericanos y los nacionalistas judíos en Estados Unidos y coopera estrechamente con el Departamento de Estado."

La "Overseas News Agency" (ONA) fue lanzada el 14 de julio de 1940 como un apéndice de la "Jewish Telegrafic Agency" (JTA), que había sido fundada en Europa por Jacob Landau. En 1921 la JTA trasladó sus oficinas principales de Londres a Nueva York. Jonathan Miles explica que la OSS (Office of Strategic Services, predecesora de la CIA) fichó a Katz a través de la ONA y desvela que Jacob Landau había visitado a Otto Katz en México con el fin de que trabajase para el movimiento sionista escribiendo informes sobre Alemania.

Katz informó al tribunal que en la primavera de 1947 había hablado con Slansky en su despacho y le había explicado sus relaciones con las mencionadas agencias. Luego implicó a Clementis y declaró que el ministro de Asuntos Exteriores le había entregado documentos y le había pagado por su arriesgado trabajo. El propio Clementis confirmó que había filtrado a Katz informes secretos sobre política exterior y documentos confidenciales sobre acuerdos entre la URSS y sus satélites. Clementis concretó que le había entregado a Katz 60.000 coronas de los fondos del Ministerio y que en otra ocasión la cifra había sido de 50.000 coronas. El fiscal aprovechó para constatar que Clementis había financiado con fondos públicos sus actividades de espionaje. "Sí -asintió Katz- Clementis financió mis actividades de espionaje."

En definitiva, en el "juicio espectáculo" los judíos sionistas fueron desvelando uno tras otro sus conexiones. Bedrich Geminder, principal colaborador de Slansky, reconoció que se había movido habitualmente en círculos de sionistas alemanes. Otto Fischl, el viceministro de Finanzas, confesó que había sido un agente de la Gestapo y que durante la guerra había colaborado con los nazis en Checoslovaquia. Sobre sus vínculos con el sionismo, Fischl testificó que como agente de los servicios secretos de Israel había reclutado a numerosos sionistas para Slansky. Admitió asimismo que desde el Ministerio de Finanzas había propiciado acuerdos comerciales con Israel que favorecían claramente al Estado sionista. Fischl, que en Israel fue apodado "el Himmler judío" con el fin de despistar y ocultar sus verdaderas actuaciones, confesó que había propiciado un desembolso de 6.000 millones de coronas para ayudar a emigrantes judíos. Bedrich Reicin, que había sido viceministro de Defensa, reconoció que como agente de la Gestapo había traicionado a dirigentes comunistas y que los nazis le permitieron como recompensa escapar a Moscú, donde contactó con el grupo de Slansky. Ludwik Frejka (Freund), que había sido jefe del Departamento de Economía del presidente Gottwald, manifestó que había sido un agente secreto de Estados Unidos y reveló que había utilizado su posición para sabotear las relaciones económicas entre la Unión Soviética y Checoslovaquia. Evzen Löbl y Rudolf Margolius declararon que desde el Ministerio de Comercio trataron de conectar la economía de Checoslovaquia al occidente. Ambos admitieron que trabajaron para el espionaje norteamericano, aunque el primero explicó que también había trabajado para los servicios secretos de Gran Bretaña, Austria e Israel y que había colaborado con los políticos del Estado judío para socavar las relaciones entre Praga y Moscú.

El 27 de noviembre de 1952, el juez que presidía el tribunal, Jaroslav Novák, se levantó para leer el veredicto. De los catroce acusados, Artur London, Vavro Hajdu, y Evzen Löbl fueron condenados a cadena perpetua; los once restantes, sentenciados a muerte. Para justificar el veredicto, el juez Novák argumentó que la máxima pena se debía a "la profundidad de su traición a la confianza del pueblo, a la magnitud de su maldad e infamia, y al daño excepcional ocasionado a nuestra sociedad por sus actos criminales... Los acusados son hasta tal punto enemigos del pueblo trabajador que es necesario hacerlos inofensivos extirpándolos de la sociedad humana." De nada sirvieron los actos de solidaridad de artistas e intelectuales judíos en algunos países europeos, Slansky y compañía fueron ahorcados el 3 de diciembre. El Parlamento israelí (Knesset), además de su "profundo horror", expresó su preocupación por la suerte de tres millones y medio de judíos que vivían tras el Telón de Acero. El primer ministro Ben Gurión habló de "la más negra de las tragedias negras". La policía de Tel Aviv se vio obligada a proteger la delegación checa, que fue atacada por manifestantes enfurecidos.

La indignación contra Stalin y la campaña internacional en contra de su "antisemitismo paranoico" habían seguido aumentando, sobre todo después de que unos meses antes del juicio de Praga se condenase a muerte en la URSS a otros veinticinco judíos. El proceso de los miembros del Comité Antifascista Judío se había celebrado a puerta cerrada en Moscú entre el 11 y el 18 de julio de 1952. Se trató de un juicio secreto que acabó con el procedimiento que había comenzado a principios de 1949. El 12 de agosto, sentenciados por espionaje y traición, fueron ejecutados trece miembros del Comité, entre los cuales, además del ya mencionado Solomon Lozovsky, había una docena de supuestos intelectuales, la mayoría escritores y científicos. Junto a ellos fueron también ajusticiados otros diez judíos, los llamados "ingenieros saboteadores" de la Fábrica de Automóviles Stalin. En el *Libro negro del comunismo* se especifica que el sumario del Comité Antifascista Judío dio origen a ciento veinticinco condenas, de las cuales veinticinco fueron sentencias de muerte y un centenar de ellas penas de reclusión en campos de concentración.

Relacionado con la conspiración judeo-sionista, el asunto de las batas blancas, que explotó también en el otoño de 1952, iba a ser determinante. Stalin pensaba seguramente utilizarlo contra Beria; pero fue Beria quien supo aprovecharse de él para acabar por fin asesinando a Stalin. Ya Abakúmov había sido detenido y sustituido por Ignatiev por haber hecho caso omiso a las órdenes del dictador sobre la detención de los médicos del Kremlin. En *Les deniers jours* Anton Kolendic alude al informe de Nikita Jrushchov al XX Congreso, en el que dedica unas palabras al arresto de los médicos. Según Jrushchov, en el Politburó Stalin repartió los atestados con las confesiones de culpabilidad de los médicos y dijo a sus colegas: "Estáis ciegos como gatitos. Qué pasaría sin mí. El país naufragaría porque vosotros no sabéis cómo reconocer a los enemigos."

Kolendic contrasta en su libro los textos que Beria redactó mientras estaba detenido con las versiones que ofrece Jrushchov. Combinando estos textos con otras fuentes, trataremos ahora de resumir brevemente cómo se llegó a la detención de los médicos del Kremlin que, una vez más, eran casi todos judíos. En 1952 doscientas treinta y seis personas eran beneficiarias de los servicios médicos del Kremlin, que, además de los profesores jefes de los servicios, contaban con unas cuatrocientas personas entre médicos, enfermeras, farmacéuticos, personal técnico y de mantenimiento. Entre este personal se hallaba una joven radióloga, la doctora Lydia Timachuk, que anteriormente había pertenecido a la Seguridad del Estado. Según Beria, era una "sek-sot" (Sekretny Sotroudnik), es decir, una colaboradora secreta de

Ryumin, lugarteniente de Ignatiev, que era jefe de la sección de Investigación Especial de casos contra la seguridad del Estado. Evidentemente resentido, Beria escribió que la doctora Timachuck era "terriblemente ambiciosa y una verdadera puta que, durante su noche de guardia, podía hacer desfilar hasta tres amantes." Lydia Timachuk había escrito a Stalin tras la muerte de Zhdánov para denunciar que había sido tratado de manera inadecuada por los doctores Yegorov, Vasilenko y Mayorov. Posteriormente se supo que estos mismos médicos habían tratado al líder búlgaro Georgi Dimitrov. El dictador habría guardado la carta en sus archivos con el fin de utilizarla en el futuro.

Sobre Ryumin, con quien colaboraba estrechamente la doctora Timachuck, hay que decir que Stalin lo tenía en alta estima y lo consideraba "un hombre honorable y un comunista". Ryumin consideraba que los judíos eran una nación de espías, por lo que había roto todo contacto con ellos en el seno de la Seguridad del Estado (MGB). Tras el arresto de Abakúmov, Stalin había ordenado una investigación sobre corrupción y mala gestión en el seno de la MGB, la cual había derivado en la expulsión de muchos jefes. Stalin ordenó el arresto de todos los coroneles y generales judíos en el seno del MGB. Según relata A. Kolendic, el doctor M. G. Kogan rechazó una petición de Ryumin, jefe de Seguridad del Kremlin, para que Lydia Timachuk se convirtiera en "médico titular". Cuando le comunicó la noticia a la doctora, le dijo que se trataba de "cocina judía" y añadió que la "gentuza judía se había instalado confortablemente en el Kremlin y hacía la ley." Cedemos ahora la palabra a Kolendic, cuyo texto sigue así:

> "Lydia le confió entonces que había oído recientemente a los hermanos Kogan, ambos profesores y jefes de servicio en el hospital, cuchichear sobre el diagnóstico del mariscal Kóniev, enfermo al que ellos cuidaban. Ella aseguró haber entendido claramente a B. B. Kogan decirle a su hermano menor. '...ve arrastrando el diagnóstico y lo enviaremos a reunirse con Zhdánov'. Buen profesional del contraespionaje, Ryumin ordenó inmediatamente a Lydia que redactase un informe con todos los detalles y que continuase ahondando en el asunto. Algunos días más tarde, Lydia había escrito un largo informe que entregó a Ryumin."

Beria declaró que había leído dicho informe y lo calificó como "una sarta de invenciones idiotas que un perro no se habría tragado ni untada con mantequilla." Consecuentemente, se ordenó a Ryumin que la "doctora histérica" fuese expulsada del Kremlin y enviada a ejercer la medicina a un campo de mujeres. Lydia Timachuk escribió desde el campo una carta al mismísimo Iósif Vissariónovich Stalin. La segunda comandante del campo tenía una hermana trabajando en la dacha de Stalin y fue a través de este canal que la epístola llegó a manos del dictador. En el texto, la doctora denunciaba "la omnipotencia de los criminales y de los asesinos que preparaban nuevos atentados contra el propio guía del pueblo, el bien amado

Stalin". En esta carta, la doctora Timachuk repetía todas las acusaciones contenidas en el primer informe a Ryumin. Según parece, esta misiva fue recibida por Stalin sin que Beria supiese nada. Además de ésta, había recibido asimismo otra carta de acusación escrita por el mariscal Iván Stepanovich Kóniev, héroe de guerra que había sido nombrado recientemente viceministro de defensa de la URSS. Stalin consideró que tenía "terribles pruebas en la mano", por lo que presentó ante el Politburó el texto de Kóniev, donde el mariscal denunciaba que un grupo de médicos judíos del hospital del Kremlin trataban de envenenarlo y afirmaba que sabía que "este grupo de espías americanos e ingleses había ya asesinado a numerosos dirigentes, Zhdánov y otros, y que se preparaba para matar al mismo jefe supremo, Stalin."

En la cita que precede al párrafo anterior, puede comprobarse que la doctora Timachuk había denunciado a Ryumin que los hermanos Kogan pretendían deshacerse del mariscal, internado en el hospital. Naturalmente, Beria relacionó la cartas de Koniev y Timachuk y trató de desacreditar a ambos. Puesto que había calificado a la doctora de "gran puta", prosiguió la misma senda y argumentó que Timachuck besuqueaba a Kóniev y que había sido ella quien había generado las sospechas en el mariscal. Según otras fuentes, la propia Lydia Timachuk había también asegurado a Stalin que los "medicos asesinos" querían matar al mariscal Kóniev y le dijo personalmente "que su deber de oficial y miembro del partido era ayudar a desenmascarar a las bandas de espías extranjeros". Jrushchov confirma asimismo en sus escritos que Kóniev remitió una larga carta a Stalin donde afirmaba "que lo estaban envenenando con las mismas drogas utilizadas para matar a Zhdánov" y desvela que, tras el arresto de Beria en junio de 1953, el mariscal Ivan Stepanovich Kóniev fue designado para que instruyera el sumario en contra del asesino de Stalin.

Finalmente, el 7 de noviembre de 1952 el doctor judío Miron Vovsi, antiguo jefe terapeuta del Ejército Rojo, fue arrestado por su implicación en el tratamiento inadecuado del líder búlgaro Dimitrov. El doctor Mirov era primo de Solomon Mikhoels, el líder desaparecido del Comité Antifascista Judío. Durante su interrogatorio, Mirov realizó una serie de revelaciones que iban a desencadenar las detenciones que Stalin venía deseando desde hacía tiempo. Mirov confesó que Mikhoels había actuado bajo dirección de agentes anglo-americanos. En este momento, la batalla entre Stalin y Beria se hallaba en su punto álgido y por ello no es fácil comprender todos los hechos que se iban produciendo.

Uno de ellos, por ejemplo, fue la destitución de Ryumin de su posición en el MGB. El 13 de noviembre de 1952, el Comité Central lo apartó soprendentemente con el argumento de que era "inadecuado para el puesto". No se sabe si Stalin lo supo ni si fue él quien dio la orden; pero todo indica que se trató de una maniobra desesperada de Beria, cuya situación era cada vez más comprometida. El 14 de noviembre, Ignatiev padeció un ataque de corazón y no pudo regresar al trabajo hasta enero de 1953. Tras la detención de Mirov, los arrestos e interrogatorios de los médicos judíos del Kremlin, entre los que estaban los hermanos Kogan, Rapoport, Feldman, Grinstein y otros, se habían ido sucediendo; pero Beria logró colocar al frente de la investigación a uno de sus más íntimos colaboradores Sergo (Sergei) Goglidze. Este chekista ostentaba el inhabitual palmarés de haber sido un capitoste de los servicios de seguridad con tres comisarios del Interior. Se había convertido en hombre de máxima confianza de Beria en 1938, cuando, siendo un jefe del NKVD en Georgia, traicionó a Yezhov y avisó a Beria de que tenía orden de arrestarlo. Entonces, Beria convenció a Stalin para que anulara la orden. Goglidze sería ejecutado junto a su jefe en diciembre de 1953.

Durante los interrogatorios, que incluían palizas por orden del propio Stalin, los doctores confesaron uno tras otro su culpabilidad y sus contactos con "Joint" (American Joint Distribution Committee), una organización internacional de nacionalistas judíos que financiaba el sabotaje y el espionaje en la Unión Soviética[32]. El 13 de enero de 1953 una crónica de la agencia *Tass* daba noticia del desmantelamiento por los órganos de la Seguridad del Estado de "un grupo terrorista de médicos que tenía como meta, a través de un tratamiento médico pernicioso, abreviar la vida de cierto número de hombres públicos en la Unión Soviética." Todos los médicos, con la excepción de los profesores V. N. Vinogradov y P. I. Yegorov, eran judíos. En la información se indicaba que los médicos trabajaban para dos redes de información extranjeras. Todos los doctores judíos al servicio de los americanos habían sido reclutados por la "organización burguesa-nacionalista judía internacional Joint". La noticia se publicó simultáneamente en *Pravda* e *Izvestia*, los dos principales periódicos soviéticos. "Un grupo de espías y sucios asesinos, ocultos tras la máscara de profesores médicos -se decía en *Pravda*- ha sido descubierto hace cierto tiempo por los órganos de seguridad el Estado." El sovietólogo Avtorkhanov estima que el artículo de *Pravda* fue redactado por Stalin, ya que contenía todos los rasgos estilísticos de la prosa del dictador. El texto terminaba así:

---

[32] Del mismo modo que se ha podido comprobar a través de archivos occidentales que Stalin estaba en lo cierto cuando acusó a Trotsky de ser un agente extranjero, también puede establecerse que la acusación de "antisemitismo paranoico" formaba parte de una campaña para ocultar la verdad. El "Joint Distribution Committee" era una organización sionista internacional creada en 1914. Trabajaba a escala internacional con actividades económicas y de propaganda en favor de la judería. Los cuarteles generales de la organización se situaron en Nueva York, pero tenía representantes en casi todos los países. Entre sus líderes más prominentes, Jüri Lina cita a Paul Warburg. A partir de 1938 el "Joint" comenzó sus maniobras en la URSS. Jüri Lina, citando la *Encyclopaedia Judaica*, asegura que el illuminati Félix Warburg fue presidente del American Joint Distribution Committee.

"El pueblo soviético estigmatiza con la cólera de la indignación a esta banda criminal de asesinos y a sus amos extranjeros. Él aplastará como a reptiles repugnantes a estos miserables mercenarios que se han vendido a los dólares y a las libras esterlinas. En cuanto a los inspiradores de estos mercenarios asesinos, pueden estar seguros por adelantado de que no serán olvidados ni escaparán al castigo y se sabrá encontrar las vías para descubrirlos y hacerlos partícipes de la severa sentencia."

La campaña tuvo continuidad en días sucesivos. Sin duda para estimular a la gente, el 21 de enero de 1953 se publicó un decreto del Presídium del Soviet Supremo de la URSS en el que se honraba a la doctora Timachuk con la máxima distinción: "En virtud de la ayuda que ella ha prestado a su Gobierno en el marco de la lucha contra los médicos criminales -se decía en el texto-, se ha decidido conceder a la doctora Timachuk Lydia Fedosseievna la orden de Lenin." El 31 de enero el editorial de *Pravda* insistía en la necesidad de "educar a los trabajadores en el éspíritu de la alta vigilancia política" y aludía a los "procesos criminales de los últimos años contra bandas de espías y elementos subversivos en Bulgaria, Hungría, Checoslovaquia, Polonia y otros países de democracia popular." Se repetía de nuevo que era necesario "desmantelar en la URSS a una banda de viles espías y abyectos asesinos." El 6 de febrero el periódico informaba que la Seguridad del Estado había arrestado a grupos de espías en diferentes regiones del país. El 11 de febrero Lydia Timachuk envió una carta a la redacción de *Pravda* para agradecer colectivamente a los lectores el "gran número de telegramas y felicitaciones" que había recibido por su denuncia de "los enemigos del pueblo soviético." El 18 de frebrero, *Pravda* invitaba a la población de todas las regiones del país a "desenmascarar a los enemigos del pueblo".

La mayoría de autores coinciden en apuntar que el "asunto de las batas blancas", como el proceso de Praga, formaba parte de la lucha a vida o muerte que Stalin estaba librando con Beria, cuya negligencia en la vigilancia del complot había quedado en evidencia. Los dos eran maestros inigualables en el arte de la conspiración y el asesinato. Eran auténticos virtuosos en la destreza de ganarse la confianza de la víctima escogida antes de lanzar en el momento más inesperado el golpe definitivo. Sin duda, uno y otro comprendían que tenían frente así al enemigo más formidable de cuantos habían enfrentado a lo largo de sus carreras criminales. Avtorkhanov apunta que durante la campaña lanzada por *Pravda* ambos acabaron con la vida de dos enemigos, oficialmente muertos de manera natural. Según este autor, Beria se cobró la vida del general Sergei Kossynkine, comandante en jefe del Kremlin y responsable de la seguridad de Stalin. El 17 de febrero *Izvestia* informó sobre la muerte "prematura" de este general que Stalin había escogido entre su guardia personal para que ocupase el puesto de máxima confianza. Kossynkine, un hombre joven con una salud excelente, sentía hacia Stalin una devoción fanática y no dependía en absoluto de Beria, al que despreciaba profundamente. Según Avtorkhanov, el joven general "había visiblemente subestimado las capacidades de Beria, lo cual explicaba su muerte prematura."

La muerte atribuida a Stalin precisa unas líneas, pues se trata de uno de sus colaboradores, el judío Lev Zakharovich Mekhlis, un teniente general que había sido secretario del dictador, viceministro de Defensa y comisario político del Ejército Rojo. En los años veinte y treinta, Mekhlis, uno de los numerosos judíos que rodearon y apoyaron a Stalin, se convirtió en uno de sus verdugos favoritos, de ahí que en círculos íntimos fuera apodado "el tiburón" y también "el diablo sombrío". En 1930 Stalin lo escogió para sustituir a Bujarin en la editorial de *Pravda*, desde donde justificó los procesos de Moscú y el Gran Terror desatado por su jefe. En diciembre de 1937, fue determinante en la purga del Ejército Rojo desde su puesto de comisario político. En un extenso artículo publicado en 2005 por CODOH (Committee for Open Debate on the Holocaust), Daniel W. Michaels desvela que en 1938 Mekhlis, no obstante, se vio obligado a justificarse, toda vez que en las oficinas del NKVD llegó una carta sellada en Nueva York y firmada por "tu hermano Solomon", en la que se informaba sobre amigos de negocios y parientes de Mekhlis en NYC. El "tiburón" se presentó de inmediato ante Stalin y argumentó que la carta había sido enviada por provocadores que pretendían desacreditarlo. Aparentemente debió de convencer al dictador, pues no se volvió a oír nada sobre el tema. Durante la guerra, Mekhlis editó el periódico de las Fuerzas Armadas *Krasnaya zvezda* y fue responsable de otras publicaciones militares desde las que se orquestaba la propaganda y el odio, como, por ejemplo, las incitaciones de Ilya Ehrenburg al asesinato y violación en masa de las mujeres alemanas. Durante la guerra sintonizó y cooperó estrechamente con Beria desde su puesto de jefe de la Administración Política del Ejército. Existen testimonios que demuestran que las tropas lo temían y lo odiaban a causa de los severos castigos y ejecuciones que ordenaba: "Era frío y despiadado desde lo más hondo de su corazón", asegura el escritor Konstantin Simonov. Al final de la guerra, él mismo anunció a los cuatro vientos en *Pravda* que el generalísimo lo había nombrado ministro de Control del Estado, puesto de gran confianza que ocupó hasta diciembre de 1949 desde el que inspeccionaba la corrupción y las irregularidades en la economía soviética.

Según Avtorkhanov, Stalin sospechó que Mekhlis era un sionista y lo relacionó con el complot de los doctores judíos. Mientras se esperaba la sentencia del tribunal sobre los "médicos criminales", envió a Mekhlis a Saratov para "una misión importante". Dicho autor escribe que así "fue más fácil arrestarlo sin hacer ruido y sin que nadie se enterase. Conducido al hospital de la prisión de Lefortovo, en Moscú -asegura Avtorkhanov-, hizo todas las revelaciones que necesitaba Stalin y murió el 13 de febrero de 1953." Fue enterrado con todos los honores en la plaza Roja en presencia de numerosos miembros del Politburó, mariscales y ministros; pero Stalin no asistió a los funerales. Otra de las fuentes que venimos citando, Thaddeus Wittlin, coincide en que Lev Mekhlis fue liquidado por Stalin, pero lo atribuye simplemente al antisemitismo: "Si Mekhlis había caído víctima del Gran Jefe -escribe Wittlin- esto significaba que el antisemitismo de Stalin había crecido al envejecer hasta tal punto que no podía soportar la presencia de ningún judío." Este autor añade que Beria "comprendió que la ejecución de Mekhlis era otra advertencia personal para él porque el general Mekhlis, jefe de la Administración Política del Ejército, había sido un íntimo colaborador suyo."

## Stalin, asesinado. El golpe de Estado de Beria

Frente a quienes han alimentado la tesis de la paranoia de Stalin, Avtorkhanov insiste en que "Stalin no mataba a nadie por el instinto o la pasión homicida. No era un sádico y tampoco un paranoico." Este autor considera que estos errores de apreciación se deben a una "premisa incorrecta del tipo antropológico." Veamos un fragmento de la obra *Stalinne assassiné* donde este sovietólogo rechaza la idea de cualquier enfermedad mental de Stalin:

> "En realidad, todos los actos, todas las iniciativas, todos los crímenes de Stalin son lógicos, ligados a objetivos precisos y escrupulosamente fieles a cierto número de principios. No se encuentran en su mundo interior los zigzags de un enfermo mental, cuyo espíritu se oscurece y luego recobra la claridad, que pasa del entusiasmo a la melancolía, que es capaz de cometer hoy un crimen y de arrepentirse de él mañana, como era el caso del zar Iván el Terrible, que estaba verdaderamente enfermo. Stalin era un hombre político que que utilizaba con frecuencia métodos criminales para alcanzar sus objetivos. Puede incluso decirse que representaba un híbrido único en su género y en la Historia, en el que la ciencia política estaba unida de manera orgánica al arte del crimen, en el cual superaba a todos los otros hombres políticos. Stalin no había variado nunca un ápice en sus actos, y sus crímenes estaban regidos por los principios más rigurosos."

El biógrafo de Beria coincide en que a pesar de sus setenta y tres años, Stalin "se hallaba en un estado de claridad mental verdaderamente excepcional". Pocos días antes de su muerte, el 17 de febrero de 1953, recibió en el Kremlin a Krishna Menon, embajador de India en la URSS. Según Menon, a pesar de su edad, Stalin parecía un hombre con excelente salud. El embajador publicó en 1963 *The Flying Troika*, obra en la que aparecen extractos de su diario, en el que anotó que durante la entrevista Stalin se entretuvo dibujando en su bloc de notas una manada de lobos y expresó una idea como comentario a sus dibujos que nada tenía que ver con la entrevista diplomática. Stalin dijo en voz alta que los campesinos procedían sabiamente al exterminar a los lobos rabiosos. En 1963 Krishna Menon había comprendido que sin duda Stalin pensaba en los "lobos rabiosos" de su Politburó. En clara alusión a estos dibujos de Stalin, Stuart Kahan, sobrino de Lazar Kaganóvich, publicó a principios de los años ochenta una obra poco rigurosa titulada *El lobo del Kremlin*, una biografía de Kaganóvich traducida al español que nos merece poca credibilidad. En ella Kahan sostiene que su tío formó parte de la conjura para envenenar a Stalin, organizada por algunos miembros del Politburó entre los que cita a Voroshilov, Mólotov y Bulganin.

La lucha en el seno del Politburó se había puesto de manifiesto durante el XIX Congreso del PCUS, celebrado en octubre de 1952, poco antes de que diera comienzo el proceso de Praga contra los sionistas de Beria y de que fueran arrestados la mayoría de los médicos judíos del Kremlin. Dicho Congreso tuvo lugar después de un largo periodo en el que, incumpliendo las disposiciones de los estatutos, el PCUS no se había reunido. Trece años habían pasado desde la celebración en marzo de 1939 del XVIII Congreso. Stalin contrarrestó el "Informe del Comité Central", redactado por Malenkov y aprobado por la mayoría del Politburó, con el lanzamiento el 2 de octubre de millones de ejemplares de su obra *Problemas económicos del socialismo en la URSS*. En ella se sostenía la tesis de que Estados Unidos había pretendido poner fuera de combate a Alemania y Japón con el fin de apoderarse de los mercados extranjeros, de las fuentes de las materias primas y conseguir el dominio del mundo. En su obra *Malenkov*, Carlavilla ofrece un resumen del opúsculo de Stalin, así como el informe íntegro de Malenkov al Comité Central y los discursos del mariscal Bulganin, del camarada Beria, de Vorochilov y el discurso completo de Stalin. Pese a que el estudio de estos textos ofrece datos de interés, renunciamos a demorarnos en ellos, puesto que es preciso afrontar ya cómo se produjo el asesinato de Stalin.

Sobre el Congreso, por tanto, diremos sólo que durante los interrogatorios de los miembros del Comité Antifascista Judío, los nombres de Mólotov, Vorochilov y Mikoyan habían sido denunciados, por lo que Stalin había perdido por completo su confianza en ellos: los consideraba integrantes del complot sionista dirigido contra su persona y sospechaba que habían sido espías angloamericanos. Dos hijos de Anastas Mikoyan, ambos generales, se encontraban en prisión. Pese a todo, Mólotov pronunció el discurso de apertura del Congreso y Vorochilov, el de clausura. Aunque las alabanzas al generalísimo figuraban en todos las intervenciones, la debilidad y soledad de Stalin no pasaron desapercibidas durante las sesiones. Beria, que se había hábilmente aliado con Malenkov, supo rehabilitarse ante los delegados y evidenció en su discurso que tenía un plan político. Además del panegírico habitual al dictador, dejó caer que el Partido y sus prioridades estaban por encima de Stalin.

Del Congreso surgió un nuevo Comité Central, que según era costumbre se consagraba a problemas de organización, tales como la elección del secretario general y de los miembros del Politburó. Fue en el seno de este organismo donde Stalin libró la batalla por seguir manteniendo el control del partido. Stalin ofreció al nuevo Comité su dimisión como secretario general con el argumento de que era ya demasiado viejo y estaba en exceso cansado para compaginar el cargo con el de presidente del Consejo de Ministros. Las fuentes que manejamos no coinciden sobre si fue o no aceptada esta dimisión: Robert Conquest asegura que fue rechazada, pues lo miembros del Comité Central sabían que no era sincera. Adburahman Avtorkhanov, por contra, afirma que fue aceptada. Según él, Stalin creía que su propuesta no sería aprobada y la había realizado para averiguar quiénes eran sus amigos. La aceptación fue, escribe Avtorkhanov, "una derrota histórica de Stalin".

El Comité Central, elegido durante el Congreso mediante una votación secreta de los delegados, decidió la sustitución del Politburó por un nuevo órgano, el "Presídium", integrado por veinticinco miembros. En el nuevo organismo figuraban los diez componentes del antiguo Politburó, incluidos los nombres que Stalin había recusado, más otros quince nuevos personajes, a los cuales se añadieron once miembros suplentes. Stalin reaccionó con una artimaña de última hora y se dirigió al Presídium del Comité Central para proponer la elección en el seno del Presídium de un órgano más pequeño que permitiera resolver los asuntos corrientes con mayor agilidad. De este modo se creó el "Bureau del Presídium" del Comité Central del PCUS, integrado por nueve miembros. De este modo Stalin quiso apartar a Mólotov, Vorochilov, Kaganóvich y Mikoyan. Inicialmente logró que Mólotov y Mikoyan no formasen parte del nuevo "Bureau", en el que además de Stalin figuraban Malenkov, Beria, Jrushchov, Bulganin, Vorochilov, Kaganóvich y dos novedades: Mikhail Pervukhin y Maksim Saburov. Posteriormente Jrushchov explicaría que en la práctica el grupo se redujo a cinco personas: Stalin, Malenkov, Beria, Bulganin y él mismo, por lo que también Vorochilov y Kaganóvich quedaron excluidos del núcleo. Pese a todo, el aparato político-policial, siguió en manos de Malenkov, que controlaba el partido, y de Beria, ministro del Interior. De ahí que el segundo maniobrase continuamente para asegurarse la colaboración del primero. Stalin había controlado el partido a través de la policía; sin embargo Beria comprendía que para poder suceder a Stalin sería preciso el visto bueno del partido. El hecho de que Stalin estuviera tratando de purgar el aparato político-policial facilitaba la conspiración de Beria, que influía cada vez más en Malenkov.

A finales de 1952, con el asunto de los "médicos criminales" en plena efervescencia, las prioridades de Beria se centraron en la anulación del llamado "gabinete secreto" de Stalin. Todo indica que el arresto de Vinogradov, médico personal del dictador, formó parte de la estrategia de

Beria para aislarlo. Mientras los doctores judíos habían sido arrestados durante los meses de octubre y noviembre, el 4 de diciembre, un día después de que fueran ahorcados los condenados en el proceso de Praga, el profesor Vinogradov apareció en una intervención pública, lo cual demuestra que seguía en libertad. Su arresto se produjo, por tanto, durante el mes de diciembre y fue Beria el que optó por incluirlo en el complot de los médicos del Kremlin. La principal figura del gabinete secreto era el general Poskrebyshev. Para apartarlo, Beria, escribe Avtorkhanov, "organizó la desaparición del despacho de Poskrebyshev de documentos secretos personales que pertenecían a Stalin." La fuente de Avtorkhanov son las *Memorias* de Jrushchov. Este soviétologo considera, sin embargo, que es posible que Beria lograse hurtar papeles más importantes que los manuscritos de economía a los que alude Jrushchov, quien cita en sus *Memorias* estas palabras de Stalin: "Tengo la prueba de que Poskrebyshev había extraviado materiales secretos. Nadie salvo él podía hacerlo. La pérdida de estos documentos secretos se llevó a cabo a través de él. Es por tanto él quien ha entregado los secretos que le habían sido confiados." Poskrebyshev, que había dirigido la palabra a los delegados del XIX Congreso y había sido elegido miembro del Comité Central, fue confinado a su pueblo natal y se le prohibió abandonarlo.

Otro de los hombres que protegían a Stalin era el general Vlasik, al mando de la guardia personal del dictador. Vlasik era un chekista al que Beria había mantenido largo tiempo junto a Stalin y su fidelidad era ya inquebrantable; sin embargo Beria logró que Stalin ordenase su arresto. Gracias a la hija de Stalin, Svetlana, se sabe que tanto Vlasik como Poskrebyshev fueron detenidos a finales de diciembre de 1952:

> "Puede decirse que en el transcurso de este último periodo incluso aquellos que durante lustros habían gozado de la intimidad de mi padre cayeron súbitamente en desgracia. El inamovible Vlasik fue encarcelado durante el invierno de 1952 y fue igualmente en la misma época cuando fue destituido su secretario personal, Poskrebyshev, que le había servido durante cerca de veinte años."

Un tercer obstáculo era el general Kossynkine, un incondicional de Stalin que estaba al mando de la guardia del Kremlin. Se ha narrado ya que Kossynkine, siendo relativamente joven, murió de manera inesperada, puesto que no se le conocían problemas de salud. Sobre el arresto del profesor Vinogradov, Avtorkhanov escribe en *Staline assassiné* el siguiente párrafo:

> "Existen las razones más serias para suponer que fue igualmente en el contexto del plan diseñado por Beria que fueron arrestados Vinogradov, el médico personal de Stalin, y Yegorov, jefe de la dirección médica y hospitalaria del Kremlin. Es sin duda también en el marco de este plan

que fue relevado de sus funciones Yefim Smirnov, ministro de Sanidad de la URSS, que estaba autorizado a entrar en casa de Stalin. Se designó enseguida para sustituirlo a un médico que nadie conocía, un tal Tretiakov (asumió el cargo el 27 de enero de 1953). El nuevo ministro de Sanidad mantenía relaciones personales con Beria."

Tanto las ejecuciones de los sionistas checos como las detenciones de los médicos suscitaron la máxima atención en Israel, donde el Partido de los Obreros Unidos (Mapam), prosoviético, y el Partido Comunista, perdieron la simpatía de la población y del Gobierno. Moshe Sharett, el ministro de Exteriores que pronto iba a convertirse en primer ministro, pronunció ante el Knesset (Parlamento) duras palabras contra Stalin, al que comparó con Hitler. En diciembre de 1952 Arieh Kubovy, embajador israelí en Praga, fue acusado de espionaje y declarada persona non grata. Kubovy representaba asimismo a su país en Polonia, país que también exigió su retirada. A principios de 1953, Budapest presentó cargos de espionaje contra Yosef Walter, agregado cultural israelí, al que expulsó de Hungría.

También en enero de 1953, antes de que el recién elegido Eisenhower tomara posesión del cargo, se produjo un hecho relevante: Churchill viajó a Nueva York y se alojó en casa de Bernard Baruch, donde ambos se entrevistaron con el futuro presidente de Estados Unidos. En la foto que dejó constancia de la entrevista de esta troika suprema de sionistas, aparece el incombustible Baruch sentado en el centro, en el vértice superior del triángulo, en posición más elevada que sus huéspedes. Evidentemente, no trascendió nada de lo tratado; pero el 14 de enero, cuatro días después de que Churchill regresara a Londres, la delegación de Israel en la ONU anunció que pensaba plantear el caso de los médicos y el "antisemitismo" en la URSS en la próxima Asamblea General.

El 6 de febrero de 1953 se conoció a através de la prensa que ciento sesenta judíos influyentes habían sido detenidos en Hungría. Entre los arrestados se citaba a Imre Biro, padre de la primera esposa del presidente Matyas Rakosi; al presidente de la comunidad judía, Stöcker; al general Gabor Peter, jefe de la Policía Secreta húngara, y a su jefe de Secretaría, el coronel Caspo; al director de Radio Budapest, Imre Szirmay; al juez Garay; y a los profesores Benedek y Klimko, entre otros. El 9 de febrero fue destituido Gyula Deesi, ministro de Justicia de Hungría, otro judío que tenía el grado de coronel en la Policía húngara, grado que le había sido otorgado por sus méritos en la instrucción del sumario contra el cardenal Mindszenty. Según medios de comunicación en Viena, la destitución del ministro de Justicia significaba el principio de una purga antijudía en las filas el Partido Comunista.

El mismo día 9 de febrero de 1953 un pequeño explosivo estalló en la legación soviética de Ramat Gan en Israel. La esposa del embajador y otros dos funcionarios resultaron heridos. Los terroristas no fueron localizados y tres días despúes, el 12 de febrero, Moscú rechazó las disculpas de Ben Gurión: las calificó de camuflaje para esconder su responsabilidad en el atentado. Además, se anunció el cierre de la Embajada de la URSS en Israel y se exigió que los sionistas cerrasen trambién la suya en la Unión Soviética. El 19 de febrero fue detenido Ivan Maisky, otra personalidad judía muy significativa, pues había sido hombre de máxima confianza de Mólotov y era el viceministro de Exteriores. Como se recordará, Maisky, siendo embajador en Londres, se había convertido en íntimo amigo del español Juan Negrín y de su esposa judía, exiliados en la capital británica tras su huida de España. Durante el interrogatorio, Maisky confesó que había sido reclutado como espía británico por Winston Churchill. Diariamente se producían en la URSS nuevos arrestos que conferían gran amplitud al complot y permitían avances sustanciales en la instrucción de la conspiración.

Consecuentemente, no puede extrañar que en estas circunstancias, Stalin, contra viento y marea, estuviera decidido a juzgar cuanto antes a los médicos judíos y a sus cómplices con el fin de librarse definitivamente de ellos. Durante todo el mes de febrero de 1953 *Pravda* llevó a cabo una campaña continuada que incendió la atmósfera política del país. Un día sí y otro también fueron apareciendo artículos, reportajes y comentarios dedicados a los "asesinos", a los "espías", a los "criminales", a los "agentes subversivos", a los "renegados", a la "vigilancia necesaria". Las últimas entregas se produjeron los días 20, 22, 23, 26, 27 y 28 de febrero. El proceso debía comenzar a mediados de marzo de 1953. Algunas fuentes apuntan que Stalin había planeado deportaciones masivas de judíos soviéticos hacia Birobidzhan, pero ello no ha podido demostrarse a través de ningún documento.

En la tarde/noche del domingo 1 de marzo de 1953, once días después de que el embajador Krishna Menon se entrevistase con Stalin y estimara que parecía "un hombre de excelente salud", la vieja Matriona Petrovna, una de las pocas personas en las que el dictador seguía confiando, descubrió el cuerpo de su amado jefe caído cerca de una mesa, sobre la alfombra de una de las habitaciones privadas de su dacha de Kuntsevo. Petrovna pidió ayuda alarmada y Stalin fue colocado sobre un sofá. Se pensó inicialmente que había perdido el sentido a causa de la embriaguez; pero la vieja sirvienta tardó poco en sentenciar que Stalin no estaba bebido y que era sin duda algo más serio. Se trataba de una hemorragia cerebral que le había paralizado el lado derecho del cuerpo y privado del habla. En realidad, Stalin había sufrido un atentado contra su vida organizado, cuando no ejecutado, por Beria. Anton Kolendic, Thaddeus Wittlin, Adburahman Avtorkhanov, Peter Myers y Stuart Kahan, el sobrino de Kaganovich, afirman entre otros autores que Stalin fue asesinado y que Beria estuvo detrás de su muerte. La gran incógnita sigue siendo de qué manera se mató a Stalin, en qué circunstancias se produjo el magnicidio, cómo estuvo organizado el golpe de Estado.

Lo que sí se sabe es que Beria, Malenkov, Jrushchov y Bulganin fueron los últimos que estuvieron con Stalin. Es un hecho probado que el sábado 28 de febrero este cuarteto estuvo cenando con él en su dacha de las cercanías de Moscú. Puesto que el dictador era un hombre que por norma se acostaba sobre las cuatro o las cinco de la madrugada y se levantaba poco antes del mediodía, es razonable pensar que la reunión se prolongó hasta bien entrada la madrugada. Parece ser que Malenkov había solicitado el encuentro con el pretexto de conocer las recomendaciones de Stalin sobre ciertas cuestiones que debían afrontarse el lunes 2 de marzo en la reunión del Consejo de Ministros. Entre ellas debía de estar el asunto del proceso contra los médicos judíos: una semana antes Stalin había comunicado a los miembros del Bureau del Presídium que tendría lugar a mediados de marzo y les había entregado copias del acta de la acusación final redactada por Safonov, el fiscal general, que era una criatura de Beria. Entre los materiales del futuro proceso destacaban documentos que demostraban que los americanos habían logrado crear durante la guerra centros de espionaje no sólo en el seno del personal hospitalario del Kremlin, sino en el interior mismo del Comité Central (Lozovsky) y en la Seguridad del Estado (Abakúmov). Según distintas fuentes, cuando Malenkov, Jrushchov y Bulganin se retiraron, Beria, con la excusa de que tenía algunas cuestiones personales que quería aclarar con Stalin, quedó a solas con el dictador. En consecuencia, él fue la última persona que estuvo con Stalin antes de que el domingo 1 de marzo fuera hallado en el suelo por Matriona Petrovna. Algunos estudiosos han destacado el hecho de que la muerte de Stalin coincidió con la fiesta de Purim

Mas de media docena de versiones sobre la muerte de Stalin han sido ofrecidas por personajes de relieve internacional. Rechazamos las de Ehrenburg, Ponomarenko, y Harriman, el embajador norteamericano, pues son indudablemente sesgadas. Tampoco ofreceremos la versión que da Jrushchov en sus *Memorias*, según la cual la cena duró hasta las cinco de la mañana del domingo 1 de marzo. Sí queremos apuntar, por contra, la más osada de las hipótesis, la que ofrece Thaddeus Wittlin en su biografía sobre Beria. Este autor polaco precisa que Stalin y el cuarteto habían asistido a una función de cine en el Kremlin antes de ir a cenar a la dacha de Kuntsevo. Su narración pretende imaginar cómo pudieron suceder los hechos, se recrea en el ambiente y describe detalles o matices con cierta pretensión literaria. He aquí el párrafo final del capítulo 46 de *Comisario Beria*, titulado "Última conversación":

> "Era a comienzos de marzo y la nieve en el jardín, debajo de las ventanas, alcanzaba todavía bastante altura; también había nieve en las desnudas ramas de los árboles que se movían al viento. En la habitación los troncos crepitaban en la chimenea y sus llamas daban resplandores azules y rojizos. El ambiente era cálido y acogedor. El Gran Camarada iba de un lado a otro de la amplia estancia con sus pasos lentos y pesados, pero

seguros. Lavrenti estaba de pie, con el debido respeto, cerca de la ventana. La vista del jardín oscuro al otro lado parecía un cuadro pintado sobre fondo azul. Por un momento Stalin se volvió y se quedó mirando la vívida pintura. Vuelto de espaldas a su subordinado, el dictador le mostró su cuello ancho y, exactamente encima de este, el punto débil, mortal, justamente bajo la oreja derecha y el hueso detrás. Un golpe rápido y preciso con la cachiporra que Beria siempre llevaba en el bolsillo podía causar el mismo efecto logrado tantas veces en las pácticas hechas con sus víctimas en los sótanos de la Lubyanka.

Llegó el momento esperado, preciso, que tal vez jamás volvería a presentarse. ¿Se aprovechó Beria de la oportunidad? Nadie lo sabe con certeza."

La hipótesis más extendida entre el pueblo ruso es la llamada de "los viejos bolcheviques", ofrecida por Avtorkhanov en *Staline Assassiné*. Así narra este autor lo sucedido según esta versión:

"... Llegada la noche, Malenkov, Jrushchov y Bulganin discutieron con Stalin sobre ciertos temas del orden del día; bebieron como de costumbre bastante alcohol y se marcharon relativamente temprano. Pero no se dirigieron a sus domicilios respectivos y emprendieron el camino del Kremlin. Beria, por su parte, escogió quedarse con Stalin como en otras ocasiones para tatar con él asuntos personales. Entra entonces en escena un personaje al que todavía no conocemos. Según una de las versiones, se trataría de un hombre, un ayudante de campo de Beria. Según la otra, una mujer que trabajaba a su servicio. Beria le hizo saber a Stalin que poseía informes sobre Jrushchov de una terrible gravedad relacionados con el asunto de los médicos criminales y llamó a su colaboradora con un dossier. Pero antes de que Beria pudiera presentárselo a Stalin, la mujer hubo rociado el rostro de Stalin con una sustancia ligera, probablemente éter. Stalin perdió enseguida el conocimiento y ella misma le hizo varios pinchazos e introdujo en sus venas un veneno de acción lenta. Stalin continuó siendo 'cuidado' en los días siguientes por esta misma mujer, que representó el papel de médico y repitió las inyecciones con dosis tales que Stalin pudiera seguir vivo un cierto tiempo y pareciera que moría lentamente de muerte natural."

El primero en ser avisado fue Malenkov, quien a su vez contactó con Beria, Jrushchov y Bulganin. Los cuatro se presentaron de nuevo en la dacha y ya en la mañana del 2 de marzo llamaron a Svetlana y a su hermano Vassili, quienes encontraron a su padre ya sin conciencia, agonizando, cuando llegaron. Se les dijo que la noche anterior Stalin había sido hallado en su biblioteca, caído cerca del sofá, y que fue trasladado a su dormitorio. Así describe el cuadro Svetlana Alilúyeva en sus cartas a un amigo:

"... Médicos desconocidos, que habían sido llamados por primera vez junto al enfermo, se agitaban febriles, le aplicaban sanguijuelas sobre el cuello y la nuca, hacían cardiogramas, radiografías de los pulmones, mientras que una enfermera no cesaba de hacer pinchazos y uno de los médicos tomaba notas describiendo la evolución de la enfermedad... Todos discutían, iban y venían, se esforzaban, ideaban nuevas tentativas para salvar una vida que nadie podía salvar... Me di cuenta de repente que conocía a la joven doctora, que la había visto en alguna parte. Imposible desgraciadamente saber dónde. Nos hicimos en silencio signos con la cabeza, pero sin dirigirnos la palabra."

Quienes atendían al dictador eran, pues, médicos extraños a la familia, inexpertos, que ni siquiera sabían hacer funcionar el aparato de respiración artificial reclamado con urgencia. Un anestesista del equipo de reanimación explicó más tarde que el aparato no pudo ser puesto en funcionamiento porque "era material americano moderno que funcionaba con un voltaje diferente." Este testigo citado en *Les derniers jours* añade: "Ante la imposibilidad de usar el aparato de respiración artificial, advertimos al profesor Lukomski, quien ordenó masajes a mano." En cuanto a las sanguijuelas en el cuello de Stalin, se trataba de un método primitivo que en los pueblos de Rusia se venía usando tradicionalmente. Por otra parte, es sin duda relevante la mención de la joven doctora o enfermera, que podría ser, evidentemente, la misma persona mencionada en la versión de los viejos bolcheviques. Otro aspecto interesante del texto de Svetlana es la constatación de que en el cuello y en la nuca de Stalin debían de ser evidentes las huellas de algún moratón o cardenal sobre el que aplicaban las sanguijuelas. Ello nos induce a pensar que quizá la verdad sobre lo ocurrido podría ser una síntesis de los dos relatos que hemos ofrecido. Es decir, Beria podría haber dejado conmocionado mediante un golpe no mortal al dictador e inmediatamente después la misteriosa mujer habría entrado para inyectarle alguna sustancia que asegurase su muerte poco después, de manera que amigos y familiares pudieran aceptar que había muerto de manera natural a causa de un derrame cerebral. Varios testigos confirman que repentinamente Stalin recobró por un instante la conciencia. Jrushchov, puerilmente, en la narración que ofrece en sus memorias sobre este momento, asegura lo siguiente "se puso a estrechar la mano de cada uno de nosotros." Sólo desde la estulticia puede darse credibilidad a esta versión absurda. Por contra, Svetlana ofrece la siguiente apreciación:

"Su agonía fue terrible... Lo consumía bajo las miradas de todos los asistentes... En cierto momento abrió bruscamente los ojos y envolvió la mirada de las personas que lo rodeaban. Fue una mirada aterradora, de la que no se podía decir si llevaba la marca de la locura o de la cólera. Esta mirada nos penetró a todos durante una fracción de minuto. Y de repente ocurrió un hecho incompensible y terrible que hasta ahora no he sabido explicar, pero que no puedo olvidar. De repente levantó en alto su brazo válido, el izquierdo, no se supo si quería indicar algo o si nos amenazaba. Su gesto fue poco claro, pero de apariencia amenazante y nadie comprendió a qué hacía alusión o a quién se dirigía."

Svetlana Alilúyeva conocía muy bien a Lavrenti Beria, quien había tratado de ganarse sus simpatías siendo aún una niña. Una última cita suya en la que describe la actitud de Beria durante los últimos instantes del velatorio servirá para pasar a narrar los pasos que dio éste con el fin de controlar la situación en los primeros momentos del golpe de Estado, durante los cuales fue capaz de imponerse sin excesiva dificultad:

"Sólo un hombre se conducía de una manera que rozaba el límite de la indecencia y era Beria... Mirándolo, se veía que estaba interiormente sobreexcitado... Su rostro no cesaba de deformarse bajo los efectos de los arrebatos que lo agitaban. Ahora bien, estas pasiones podían ser descifradas a simple vista: la ambición, la crueldad, la astucia, la voluntad desmesurada de poder... Se le veía hacer esfuerzos, en aquel momento tan decisivo, por no parecer demasiado pérfido, y también para no dejarse ganar por alguno más hábil que él... Se acercaba a la cama y hundía profundamente su mirada en el rostro del enfermo. Mi padre abría en ocasiones los ojos, pero era una mirada privada de conciencia... Beria lo observaba entonces con insistencia: se habría dicho que absorbía la brillantez que emanaban los ojos turbios... Cuando todo hubo terminado fue el primero en precipitarse al corredor y se le oyó desde la sala gritar sin poder disimular su triunfo: '¡Khrustalyov, mi coche!'"

Khrustalyov era el guardaespaldas del dictador, al que Beria comenzó a dar órdenes como si estuviera ya a su servicio. Era la primera demostración de que apenas hubo muerto Stalin el poder iba a pasar a sus manos. Ordenó asimismo que Svetlana fuera sacada fuera de la alcoba. Inmediatamente abandonó la dacha Blizhny y se dirigió raudo a su despacho para tomar el control de la situación antes de que pudiera producirse alguna reacción de sus potenciales oponentes. Telefoneó a Tretiakov, el nuevo ministro de Sanidad, y a la Academia de Medicina y ordenó el traslado del cadáver, al que debería hacerse la autopsia, y la redacción de un comunicado médico firmado por profesores y especialistas. Tras este paso, el cuerpo debía ser trasladado al Kremlin para que de cara al público se pudiera informar que el Gran Camarada había sufrido el ataque mientras trabajaba solo en su despacho. Beria contactó también con los jefes de varios regimientos y ordenó que las divisiones blindadas estuvieran a punto para reforzar la guarnición de Moscú y apoyar a sus batallones de la Policía Secreta, que se estacionaron en la capital y en localidades cercanas. En cuanto a la política informativa, cesaron de inmediato los textos de denuncia sobre el complot de los médicos judíos y prohibió que se diera ninguna muestra de luto. Los cines y teatros continuaron abiertos y la música funeraria fue prohibida en las radios hasta que se diera la noticia del fallecimiento oficialmente.

El 4 de marzo de 1953 Radio Moscú emitió un comunicado conjunto del Gobierno y del Comité Central del PCUS, en el que se anunciaba que dos días antes el camarada Stalin había sufrido una hemorragia cerebral mientras trabajaba en el Kremlin. El padre de la patria estaba inconsciente y la parte derecha de su cuerpo había quedado paralizada. Además de perder el habla, respiraba mal. El boletín fue firmado por nueve médicos, cuyos nombres fueron leídos por el locutor. El día 5, cuando llevaba ya tres días muerto, Beria autorizó la publicación de la muerte del dictador. El 6 de marzo, el día después de la muerte oficial, el Presídium del Comité Central, propuesto por Stalin, fue disuelto y se reinstauró el antiguo Politburó, que había sido liquidado en octubre de 1952. Beria, con el asentimiento de Malenkov, Jrushchov y Bulganin, i. e. el cuarteto que había cenado con el dictador la última noche, maniobró para expulsar del Secretariado del Comité Central a los hombres escogidos por Stalin para acabar con el antiguo Politburó.

Ya que había riesgo de una sublevación del Ejército para defender la memoria del Jefe Supremo, los principales militares sobre los que se apoyaba Stalin fueron destituidos. Entre ellos estaban el mariscal Aleksandr Vasilevski, ministro de Defensa; el general Artemiev, comandante de la región militar de Moscú; el teniente general Sinilov, comandante de la plaza de Moscú. Todos los cuadros del Ministerio de Seguridad fueron destituidos y arrestados, entre ellos, evidentemente, el viceministro Ryumin, que había asumido la dirección de la investigación del asunto de las "batas blancas-médicos criminales". El mariscal Beria reunificó nuevamente los Ministerios de la Seguridad y de Interior en uno solo y retomó el mando. Ignatiev fue, pues, depuesto de su cargo, pero extrañamente no fue depurado y logró mantenerse gracias, quizás, a la protección de Malenkov. Los hombres de confianza de Stalin en los principales centros urbanos del país fueron depurados cuando no eliminados. Andrianov, primer secretario del Comité del regional partido en Leningrado y miembro del Presídium del Comité Central, desapareció. Otros dos miembros del Presídium, Melnikov y Patolitchev, secretarios de los Comités de Kiev y Minsk, fueron asimismo destituidos.

Beria buscó mantener la colaboración de Malenkov, al que cedió el cargo de presidente del Consejo de Ministros de la URSS. Él se situó en segundo lugar como primer vicepresidente y mantuvo además el Ministerio del Interior. Bulganin fue colocado en el Ministerio de Defensa, que iba a concentrar en adelante los antiguos Ministerios de la Guerra y de la Marina. En cuanto a Jrushchov, asumió las funciones de primer secretario del Comité Central del PCUS bajo la dirección de Malenkov, que era el secretario general del partido. De este modo detentaban entre los cuatro todos los resortes del poder: Beria se convertía en el gran estratega y Malenkov podía movilizar el partido y el Estado. De Bulganin se esperaba que vigilase al

Ejército. Más tarde, por declaraciones posteriores de Malenkov y del propio Beria, trascendió que Jrushchov no estuvo de acuerdo con el nuevo reparto de funciones y propuso que el mariscal Georgui Zhúkov, muy respetado por todos, entrase en el Gobierno con el cargo de ministro de Defensa Nacional, puesto que gozaba de una inmensa popularidad y podía reforzar la unidad entre el pueblo y el Ejército. Beria se opuso argumentando que su tarea era proseguir la obra de Stalin y no destruirla encumbrando a "Napoleones imaginarios". En el Consejo de Ministros, como miembros del mando colectivo, entraron también Mólotov, Kaganóvich, Voroshilov y Mikoyan. El golpe de Estado seguía su curso.

Ya el día 6 de marzo, el día posterior a la muerte oficial del dictador, Beria se presentó en la dacha de Kuntsevo y ordenó al personal que empacaran las pertenencias personales de Stalin. El mismo día funcionarios del NKVD y de la Policía Secreta llegaron para cargar en camiones todo tipo de propiedades del camarada Stalin, que fueron trasladadas a unos almacenes próximos a Moscú. Beria anunció luego a los servidores de la dacha que sus servicios ya no eran necesarios. Salvo los hombres que Beria había introducido en la casa con misiones de espionaje, militares y guardaespaldas de Stalin fueron detenidos. Según T. Wittlin, la villa acabó siendo "vaciada por completo, desposeída incluso de sus cuadros y cortinas, de sus bombillas y cables eléctricos." Puertas y ventanas quedaron selladas. Puesto que disponemos del relato pormenorizado que sobre este episodio ofrece Anton Kolendic en *Les derniers jours*, no resistimos proceder a la cita. Según narra este autor basándose en declaraciones de Malenkov, el cuerpo del dictador salió de la dacha en un ataúd ligero de madera provisional.

> "Cuando La guardia volvió a cerrar tras el camión el gran portal de hierro, un nuevo coronel del NKVD que acababa de llegar con Beria se aproximó al personal agrupado en el patio y ordenó a todos que se reunieran delante del garaje que dos criados aún limpiaban. Todos estaban asombrados, pero habituados a obedecer ciegamente y a ejecutar las órdenes sin una palabra, se dirigieron uno tras otro al garaje. Alguien había llevado incluso a la vieja sirvienta de Stalin, Matriona Petrovna, la cual, agotada por el dolor, se acurrucaba en una esquina entre dos enormes cocineras. Un hombre entrecano con uniforme de general de las fuerzas del NKVD que había entrado en el garaje acompañado de algunos oficiales se dirigió al personal con voz cortante y autoritaria. El general desconocido dijo de manera severa y breve:
> 'Primero: vosotros habéis firmado unos compromisos. Por eso, el primero que revelará el menor secreto sobre la vida y la muerte de nuestro jefe, el camarada Stalin, será severamente castigado. Segundo: ¡haced las maletas! No tardéis más de lo imprescindible. ¡Estad dispuestos a salir dentro de cinco minutos!'
> Mientras, una docena de camiones habían llegado. Todos los sirvientes fueron apiñados con sus bártulos a bordo de los camiones y escoltados

por soldados armados fueron enviados a Siberia. Incluso los soldados y los oficiales de la guardia personal de Stalin fueron trasladados a Siberia. La misma noche o más bien de madrugada un pelotón del NKVD cargó en camiones todo el mobiliario, los objetos personales, cada libro y cada cuadro, el menor trozo de papel... '¡Todo, es preciso recogerlo todo y llevarlo todo al depósito!' tal era la orden de Beria. Cuando todas las órdenes de Beria fueron ejecutadas, la villa de Stalin fue cerrada y precintada.

Cuando todos los objetos personales fueron llevados al depósito del NKVD, un grupo de prisioneros cuidadosamente escogidos los examinó sistemáticamente bajo control de los oficiales. Ellos escogieron cada documento, el menor papel, cartas, fotografías, notas, actas... todo fue catalogado y clasificado y luego remitido a Beria.

Después de la liquidación de Beria, durante una sesión del Politburó, Malenkov expuso el problema de la recuperación de todos los bienes de Stalin, no solamente de los documentos, de las obras y de las cartas, sino también del mobiliario, de la biblioteca y de los objetos personales, con el fin de abrir un gran museo dedicado a Stalin, como ya existía uno para Lenin. Fue en aquella ocasión que Malenkov contó todos estos detalles y reveló el hecho de que la mayor parte de los objetos personales de Stalin, excepto los documentos y los papeles, se hallaban en el depósito del Ministerio del Interior."

En la tarde del mismo día 6 de mayo, el ataúd con el cuerpo embalsamado de Stalin fue colocado en la Sala de Columnas del edificio de la Casa de la Unión, donde quedó expuesto al público durante tres días y tres noches. La cola de moscovitas que pretendía rendir un último homenaje al Gran Camarada llegó a alcanzar los cuatro kilómetros. En la noche del 7 de marzo, la milicia y las tropas del NKVD tuvieron que dispersar concentraciones. Se había bloqueado todo el centro de Moscú, las dos orillas del río Moskova, con la Plaza Roja y el Kremlin en el centro. En el curso de las intervenciones hubo muertos y heridos. Según fuentes oficiales, los enfrentamientos y los desórdenes tuvieron lugar porque la muchedumbre quería tomar la Plaza Roja. El comunicado oficial decía que "elementos contrarrevolucionarios y espías imperialistas entraron en escena, excitando a la masa con eslóganes dirigidos contra el Gobierno soviético y el camarada Stalin, a los que el pueblo respondió dignamente. Para evitar el linchamiento y la efusión de sangre, los órganos del NKVD tuvieron que intervenir..." Según declaraciones de corresponsales extranjeros, la misma noche, en diversos lugares de Moscú, hubo manifestaciones masivas, verdaderos pogromos y desórdenes todos dirigidos contra los judíos. Los gritos de la gente indicaban que la furia estaba motivada por la campaña de Stalin contra los médicos judíos. El historiador soviético Roy Medvedev, según el cual dos millones de personas llegaron a Moscú para rendir homenaje al dictador, asegura que hubo numerosos y graves enfrentamientos que provocaron centenares, sino millares de muertos.

Por fin, el lunes 9 de marzo tuvo lugar el funeral multitudinario. El féretro fue sacado de la Sala de Columnas a hombros de los miembros del nuevo Gobierno. Beria y Malenkov iban en primer plano. Para prevenir, supuestamente, cualquier posibilidad de desórdenes, Beria movilizó a sus fuerzas especiales: tanques, coches blindados y tropas de infantería con ametralladoras y lanzallamas cubrieron las calles abarrotadas por donde debía pasar la comitiva fúnebre. Una exhibición de fuerza que demostraba inequívocamente su poder a los asociados en el golpe de Estado. Ya en la Plaza Roja, cerca del Mausoleo de Lenin, los discursos oficiales fueron pronunciados por Malenkov, Beria y Mólotov. Diversos autores confirman que Vasily Stalin, "Vassia", el hijo del dictador que era general de las Fuerzas Aéreas, rompió varias veces el silencio de la ceremonia. Bajo los efectos del vodka, sin querer ocultar su indignación, Vasily acusó en publico a Beria de ser el asesino de su padre y lo insultó desde lejos. Muchos pudieron oír claramente palabas ultrajantes como "svolotch", "blad", y "suken-sin", o sea, "granuja", "hijo de puta" y "marica". Días más tarde, Beria convocó a su colega Bulganin, el nuevo ministro de Defensa, al que expresó su opinión de que era intolerable que un alcohólico como Vasily Stalin siguiera siendo general de las Fuerzas Aéreas. Bulganin, que temía a Beria, estuvo de acuerdo. Convocó a Vasily en el Ministerio, donde le pidió que entregara su carné y demás documentos militares. De este modo el hijo del dictador fue deshonrosamente expulsado del Ejército y de las Fuerzas Aéreas.

A pesar de que el informe de la autopsia estaba escrito de tal forma que complacía a todos, Beria, ante el temor de que los médicos pudieran ser en el futuro testigos peligrosos decidió "prescindir" de ellos. En *Comisario Beria* se desvela que el profesor Arseni Rusakov, uno de los médicos que firmaron la autopsia, "murió de manera repentina e inesperada". Según Wittlin, el ministro de Sanidad, Tretiakov, fue conducido al despacho de Beria en la Lubyanka. He aquí su narración:

> "Allí se enteró de que se le confiaba un nuevo destino: director de un nuevo y enorme hospital, con dos mil camas, que acababa de ser inaugurado en Vorkuta, uno de los mayores campos de trabajos forzados del extremo norte. Aquella misma noche, el ministro de Sanidad fue conducido a un tren prisión, donde en un vagón de ganado, y juntamente con otros sesenta detenidos, se encontró con el profesor Kuperin y dos de los ocho colegas que con él habían firmado el certificado de la muerte de Stalin. Los otros cuatro médicos eran menos importantes, y Beria podía esperar, de momento, antes de ocuparse de ellos."

Doce días después de la muerte de Stalin, Beria ordenó el arresto de Ryumin, el hombre que por orden de Stalin había torturado personalmente a los médicos judíos hasta hacerlos confesar. Encarcelado en la prisión de Lefortovo, fue interrogado por Beria en varias ocasiones. En una de las sesiones, escribe T. Wittlin, "Ryumin fue golpeado brutalmente por Beria, quien con ambos puños le rompió los dientes al exsecretario de Stalin." Interrelacionada con Ryumin estaba Lydia Timachuk, la mujer que había escrito la carta a Stalin denunciando el plan criminal de los médicos del Kremlin. En la noche del 3 de abril, fue conducida a la oficina central de la Lubyanka, donde Beria le pidió que se quitara la Orden de Lenin que Stalin le había concedido. Posteriormente fue confinada en una celda solitaria en el sótano de la cárcel, en espera de su traslado a un campo de trabajos forzados. El día 4 de abril *Pravda* publicó la noticia de que Lydia Timachuk había sido desposeída de la Orden de Lenin.

El mismo día 4 de abril apareció en *Pravda* una declaración oficial del Ministerio de Asuntos Internos. En ella Beria rehabilitaba a todos los médicos judíos, quienes, según se decía en el anuncio, habían sido acusados sin fundamento. En la nota, Beria recordaba que en aquella época el Ministerio de la Seguridad del Estado no había estado bajo su control y había usado en sus encuestas e interrogatorios métodos no permitidos y prohibidos por las leyes de la Unión Soviética. Es decir, el principal torturador de la URSS, el hombre que durante treinta años había hecho de la tortura y el asesinato su modus operandi habitual, argumentaba ahora que se había torturado ilegalmente a los médicos. En días sucesivos, *Pravda* siguió en sus noticias y editoriales denunciando a los enemigos de Beria. Sobre Ignatiev se dijo que era un hombre totalmente "ignorante de los asuntos políticos" que había estado dominado por Ryumin, su segundo, "un tipo criminal y pervertido."

Entre los hermanos de sangre liberados por Beria estaba asimismo Polina Semionovna Zhemchúzhina (nacida Perl Karpovskaya), la hija de un sastre judío que se había convertido en la mujer de Mólotov. Fue esta una manera idónea de obtener la fidelidad del exministro de Exteriores, quien pese a que había votado a favor del arresto del Comité Antifascista Judío, no podía sino lamentar que la implicación de su esposa hubiera sido descubierta. El propio Beria escribió sobre este asunto antes de ser ejecutado: "Ordené que no se interrogase más a Polina Semionovna y que fuese enviada en secreto al campo especial de mujeres. Sabía que al camarada Stalin le gustaba en ocasiones prolongar la vida de los condenados a muerte." Algunos días después de la muerte de Stalin, Beria visitó personalmente a Mólotov en su casa y le entregó sana y salva a su mujer. "Mólotov -escribió Beria- lloraba de alegría como un niño. Preciso de un buen momento para convencerse de la realidad del regreso de Polina Semionovna."

Otros dos judíos importantes liberados por Beria fueron Ivan Maisky y Nahum Eitingon. La desaparición de Stalin salvó sin duda la vida de ambos. Maisky, que como se ha dicho había sido arrestado unos días antes acusado de espionaje, era el hombre en quien Beria había pensado como su ministro de Asuntos Exteriores tan pronto consumase el golpe de Estado y se hiciera definitivamente con el poder. Maisky, al que el hijo de Beria describió como "el judío ágil y pequeño que parece un ratón", fue un colaborador esencial de Chaim Weizmann y de David Ben Gurión y había jugado un papel clave para que Stalin aceptase la partición de Palestina. Cuando Beria fue detenido, Maisky volvió a la cárcel, pero finalmente fue perdonado en 1955.

En cuanto a Nahum Isaakovich Eitingon, teniente general de la Seguridad del Estado, el agente de Beria que participó en el asesinato de Andreu Nin y organizó el de Trotsky, había sido detenido en octubre de 1951 junto a otros agentes judíos de alto rango, acusados de formar parte del "complot sionista para tomar el poder". En *The Venona Secrets* se apunta que el FBI supo gracias a un pinchazo telefónico efectuado el 26 de febrero de 1941 que se preparaba un encuentro entre Robert Oppenheimer, Isaac Folkoff, otro agente judío que había sido uno de los fundadores del Partido Comunista de California, y un individuo conocido sólo como "Tom", que sería el nombre en clave de Nahum Eitingon. Según los documentos Venona, dos agentes de Eitingon actuaron entre 1942 y 1945 como correos de la red que obtenía para Beria los secretos atómicos de Estados Unidos. Junto a Eitingon había sido asimismo arrestada en 1951 y condenada a diez años de prisión su hermana Sofía, que era médico y fue acusada de trabajar como vínculo entre los doctores judíos del Kremlin y los conspiradores. Todos ellos fueron liberados tras la eliminación de Stalin. Como en el caso de Maisky, Eitingon regresó a la cárcel tras la ejecución de Beria. Antes de ser juzgado en noviembre de 1957, permaneció cuatro años en la prisión de Butyrka. Acusado de conspiración contra el régimen, el tribunal lo condenó a doce años. Finalmente, tras la caída de Jrushchov en 1964, fue puesto en libertad.

## Alemania y el fin de Beria

Puesto que el fin de Beria está relacionado con los sucesos de junio de 1953 en La RDA, hemos dejado para el final el comentario de los hechos que acontecieron en las dos Alemanias en relación con Israel y con la lucha por el control de los partidos comunistas y de la Cominform. Mucho habían cambiado las cosas desde que durante los años finales de la guerra Henry Morgenthau, Harry Dexter White y otros agentes del comunismo internacional infiltrados en la administración Roosevelt planeaban convertir Alemania en un país de agricultores con el fin de facilitar la implantación de un régimen comunista. Como consecuencia de la actitud irreconducible de Stalin, el Plan del sionista Morgenthau, que en esta época era ya asesor financiero de Israel, fue perdiendo partidarios y las relaciones con la URSS iban de mal en peor.

Stalin había demostrado una y otra vez a lo largo de sus años al frente de la Unión Soviética que se oponía al Gobierno Mundial. No debe olvidarse que Hitler fue financiado inicialmente para que desatase una guerra que debía permitir reinstalar en el Kremlin a los internacionalistas de Trotsky, purgados en los procesos de Moscú. La primera divergencia grave en la posguerra fue la negativa de Stalin a aceptar la creación del Gobierno Mundial basado en el monopolio de la violencia nuclear, cuya propuesta expuesta en 1946 en el *Bulletin of Atomic Scientists* había sido elaborada por David Lilienthal y Bernard Baruch, agentes de los financieros judíos internacionales. Stalin la rechazó porque suponía la sumisión a Washington y la prensa soviética denunció que Estados Unidos pretendía el "dominio atómico del mundo". Comenzó así la guerra fría.

Este era el telón de fondo que promovió la desconfianza y desató la lucha que hemos venido explicando por el control de los países comunistas en Europa. En este contexto debe entenderse la creación en noviembre de 1949 de la República Federal de Alemania con capital en Bonn, que gracias a los acuerdos de Petersberg fue reconocida por los aliados occidentales. Un mes antes había nacido la República Democrática de Alemania (RDA). Konrad Adenauer tuvo que vencer grandes divergencias y la oposición mayoritaria de la población. Un pequeño partido neonazi de Sajonia fue ilegalizado y también lo fue posteriormente el partido comunista. El canciller Adenauer comenzaría más tarde negociaciones con los sionistas que veremos ahora en resumen, pues son de interés por su relación con los hechos que venimos estudiando.

Nos referimos al asunto de las reparaciones, sobre el que da cumplida información Howard M. Sachar en *Israel an Europe. An Appraisal in History*. Ya en 1941 Nahum Goldmann había lanzado la idea de compensaciones a los judíos y durante la guerra un comité liderado por Siegfried Moses había apuntado que el beneficiario primero sería Israel, un Estado que ni siquiera existía. David Ben Gurión exigió en 1949 que no se permitiera el nacimiento de la "Bundesrepuplik" hasta que estuviera encauzado el asunto de las reparaciones y pidió a los Aliados que actuaran como mediadores; sin embargo éstos no consideraron entonces oportuna la intermediación. Por fin en abril de 1951 dos emisarios israelíes, David Horowitz y Maurice Fischer, mantuvieron en el Hotel Crillon de París un acuerdo secreto con el canciller Adenauer[33] y comenzaron después las negociaciones directas. Los sionistas crearon incluso un "Departamento de

---

[33] Tras la llegada de los nazis al poder, según desvela Howard M. Sachar, Adenauer fue depuesto del cargo de alcalde de Colonia. Para hacer frente a su situación, fue mantenido por dos amigos judíos establecidos en Estados Unidos, Daniel Heinemann y Otto Kraus, quienes le remitían regularmente giros en dólares desde Nueva York. "Estas obligaciones privadas -escribe textualmente este autor judío- pesaban mucho sin duda en la conciencia del canciller."

Reparaciones" en el Ministerio de Exteriores. Nahum Goldmann, por su parte, organizó la "Conferencia sobre Reclamaciones Materiales Judías contra Alemania".

En diciembre de 1951 Ben Gurión decidió presentar el asunto de las negociaciones directas con la República Federal de Alemania ante el Knesset. El 7 de enero de 1952 se celebró el debate y el 9 de enero se obtuvo la aprobación del Parlamento para concertar un acuerdo con Bonn. Tanto el Gobierno sionista como la Conferencia de Reclamaciones acordaron exigir inicialmente una indemnización anticipada de 1.5 billones de dólares para la comunidad judía en general, de los cuales un billón debería pagarse en concepto de reparaciones a Israel y el resto a la Conferencia de Reclamaciones como indemnización a las organizaciones sociales judías. El lugar "neutral" escogido para el inicio de las negociaciones formales fue Vassenaar, un suburbio de La Haya donde el "Oudkasteel", un antiguo castillo ducal convertido en hotel, sirvió de sede de la conferencia.

En este contexto, los líderes de Estados Unidos, Gran Bretaña y Francia recibieron el 10 de marzo de 1952 una proposición de la Unión Soviética que ha pasado a la historia como la Nota de Stalin, conocida también como Nota de Marzo. En ella el dictador de la URSS proponía la reunificación de Alemania con un planteamiento que buena parte de la clase política, incluida la CDU, valoró de manera positiva, puesto que se creyó que la propuesta era sincera. Las ideas básicas eran las siguientes: las fronteras serían las fijadas en Potsdam; un único Gobierno alemán participaría en las negociaciones de paz; las fuerzas de ocupación deberían retirarse; partidos y organizaciones políticas tendrían actividad libre; Alemania sería neutral y no podría formar parte de ninguna alianza militar; Alemania tendría su propio ejército nacional y acceso a los mercados mundiales; Los miembros de las Fuerzas Armadas y del NSDAP no condenados por crímenes de guerra podrían participar en el establecimiento de una Alemania pacífica y democrática. Se produjo entonces un cruce de notas conocido como "la batalla de las notas" y la oferta fue rechazada por los Aliados, lo que indignó a muchos alemanes a uno y otro lado de la frontera. Resurgió en determinados círculos y en sectores de la población la teoría de una nueva "puñalada por la espalda". Para entender el rechazo, es preciso considerar que ya desde 1951 expertos militares alemanes y representantes occidentales habían iniciado en Petersberg conversaciones para la contribución de la República Federal de Alemania en la Comunidad Europea de Defensa y su futura integración en la OTAN, que finalmente iba a producirse en 1955.

Hecho este inciso necesario, podemos regresar a La Haya, donde el 21 de marzo de 1952 sionistas y alemanes se encontraron en la Conferencia de Wassenaar. En la delegación israelí figuraban Félix Shinnar, abogado nacido en Alemania que era el director del Departamento de Reparaciones del Ministerio de Exteriores, y Giora Josephthal, tesorero de la Agencia Judía. Moses Leavitt y Alex Easterman, ambos ejecutivos del "Jewish Joint

Distribution Committee", actuaban en representación de la Conferencia de Reclamaciones. Por parte alemana estaban el profesor Franz Böhn, decano de la Universidad Johann Wolfgang Goethe en Frankfurt, y el Dr. Otto Küster, que había sido compañero y amigo de Shinnar en Stuttgart. En principio, los alemanes aceptaron la obligación de las reparaciones financieras a los judíos, pero trataron de ligar las cantidades y los términos del pago a la Conferencia de la Deuda Alemana a los Aliados, negociación que veintitrés delegaciones aliadas mantenían al mismo tiempo en Londres con la "Bundesrepublik". Hermann Abs, presidente del Banco Central de Alemania Occidental, y el canciller Adenauer trataron de posponer cualquier compromiso con Israel y los judíos hasta que se hubiera resuelto el tema de la deuda a los países aliados. Sin embargo, los socialdemócratas alemanes, cuyo líder era Kurt Schumacher, acudieron en apoyo de Israel en el Bundestag (Parlamento) y apelaron a la "obligación moral" hacia Israel. El Comité de Asuntos Exteriores, reunido en sesión de emergencia, otorgó en mayo de 1952 prioridad a las reclamaciones de los sionistas. Como no podía ser de otra manera, toda la prensa apoyó sin fisuras la resolución de poner en segundo lugar la Conferencia de Deuda de Londres.

A finales de mayo de 1952 Küster y Böhn, los dos negociadores alemanes en Wassenaar, presentaron su dimisión al canciller Adenauer, quien tuvo que imponer su autoridad a los miembros de la delegación alemana para que aceptaran regresar a Holanda y reanudaran las conversaciones con una nueva propuesta económica que fue presentada con antelación al primer ministro israelí David Ben Gurión. El 9 de junio de 1952 los sionistas decidieron volver a Holanda y el 28 de junio se reinició la negociación que se prolongó hasta el 22 de agosto. Finalmente, el Gobierno de la Bundesrepublik aprobó el 3 de septiembre el borrador del acuerdo, mientras que el Gobierno de Israel lo hizo dos días más tarde. Franz-Josef Strauss, el presidente de la CSU (Unión Social Cristiana), la rama bávara de la Unión Cristiano Demócrata de Adenauer, presentó una carta firmada por los líderes de varios partidos en la que se suplicaba a Adeanuer que reconsiderase la magnitud de las reparaciones comprometidas con Israel; pero no hubo marcha atrás.

Una vez más con el aplauso unánime de la prensa alemana e internacional, Alemania y representantes de Israel y de la judería mundial firmaron el acuerdo el 10 de septiembre en Luxemburgo. Adenauer había llegado de camino hacia París, a donde se dirigía para firmar el tratado que permitía a la República Federal de Alemania formar parte de la Comunidad Europea del Carbón y del Acero. En el mundo árabe, la reacción fue de indignación. El Gobierno de Arabia Saudita canceló en octubre un contrato de equipos de telecomunicaciones firmado con Siemens. El Gobierno de Siria amenazó con concluir las negociaciones que mantenía con tres compañías alemanas para ampliar las instalaciones de los puertos de Latakia y Tarsus si no se cancelaba el Tratado de Luxemburgo.

Adenauer había firmado el Tratado de Luxemburgo en un momento en que un tercio de la población alemana vivía de manera deplorable en viviendas miserables. Debe recordarse que una quinta parte eran refugiados que lo habían perdido todo tras ser desalojados de sus casas y transferidos brutalmente hacia el oeste. No es, pues, de extrañar que el Parlamento (Bundestag) debatiera durante seis meses las consecuencias económicas y diplomáticas del acuerdo suscrito por Adenauer. El 4 de marzo de 1953, coincidiendo con la muerte de Stalin, se realizó en el Bundestag la lectura definitiva del Tratado. El canciller lanzó duras pullas contra la URSS a la que acusó de utilizar "el odio racial y la persecución racial como armas políticas del régimen comunista." Adenauer aludió incluso al reciente proceso de Praga y acusó al Gobierno de Praga de antisemitismo. Concluyó expresando su esperanza de que la aceptación del Tratado de Luxemburgo fuera "una contribución alemana al fortalecimiento del espíritu de relaciones humanas y tolerancia en el mundo." Una segunda lectura se produjo el 18 de marzo, sólo una semana antes de que concluyera el mandato del Gobierno de Adenauer, y el Tratado fue aprobado por 239 votos a favor, 35 en contra y 86 abstenciones. El texto fue remitido el 20 de marzo al Senado (Bundersrat), que lo ratificó. El mismo día fue firmado por el presidente de la República, Theodor Heuss.

Mientras en la República Federal acontecían los hechos que hemos esbozado, Stalin, según se ha visto, libraba una guerra sin tregua contra los judíos que en Europa Oriental y en la Unión Soviética conspiraban en favor del sionismo, que para él era sinónimo de imperialismo capitalista. Naturalmente, en la República Democrática Alemana abundaban los comunistas judíos que priorizaban a Israel por encima de cualquier otra consideración y trabajaban como agentes encubiertos en favor del Estado judío y de la causa sionista. En la RDA el primer comunista judío investigado fue Paul Merker, que en el verano de 1948 había publicado *Der Krieg in Pälästina* (*La guerra en Palestina*), donde expresaba su solidaridad con los judíos y el Estado sionista. En agosto de 1950, denunciado por espionaje, fue expulsado del Comité Central y mantenido en arresto domiciliario. Merker, quien en contra de la línea oficial de Moscú mantenía las mismas posiciones que los líderes sionistas de Israel, fue acusado de querer "vender" la RDA, de "fortalecer el Israel sionista y capitalista", de pretender "traspasar la fortuna del pueblo alemán". Las declaraciones de Artur London, uno de los condenados en el proceso de Praga, sirvieron para confirmar los cargos contra Paul Merker, que a finales de noviembre de 1952 fue por fin encarcelado y se anunció que sería juzgado. Junto a él fueron imputados otros miembros del Partido Comunista, los cuales eran todos judíos. Entre otros estaban Alexander Abusch, Erika Glasser-Wallach, Leo Bauer, Bruno Goldhammer o Fritz Sperling.

El 20 de diciembre de 1952 el líder comunista stalinista Hermann Matern publicó el informe titulado *Lehren aus dem Prozeß gegen das*

*Verschwörerzentrum Slansky* (*Lecciones del juicio contra el centro conspirativo de Slansky*), el cual supuso un golpe decisivo contra Merker. El documento de Hermann Matern denunciaba las "actividades criminales de las organizaciones sionistas". En él se decía textualmente: "El imperialismo americano organizó y puso en marcha distintas actividades de espionaje en las democracias populares con el Estado de Israel y con la ayuda de las organizaciones sionistas." En este informe se señalaba que Paul Merker formaba parte de la rama alemana de esta conspiración internacional, en la que el sionismo "nada tenía en común con los objetivos de la humanidad", puesto que era una herramienta del imperialismo de Estados Unidos y "servía exclusivamente sus intereses y los intereses de los capitalistas judíos." En el informe de Matern, los judíos dejaban de ser "víctimas del fascismo" y eran vistos como responsables de una poderosa conspiración internacional y antialemana.

A partir de este momento comenzó a expandirse el temor entre muchos sionistas que militaban en el Partido Comunista de la RDA o medraban en el seno de organizacions e instituciones sociales. Durante los dos primeros meses de 1953 centenares de judíos, supuestos comunistas, pasaron a la Bundesrepublik. Entre los tránsfugas más destacados podemos citar a los siguientes: Leo Zuckermann, un sionista aliado de Merker en el Berlín oriental en todo lo relativo a reparaciones que se fugó con su familia al Berlín occidental en enero de 1953. Zuckermann había sido entre 1949 y 1950 director de la oficina de Wilhelm Pieck, jefe del Estado de la RDA. Julius Meyer, presidente de la comunidad judía en el Berlín comunista. Leo Löwenkopf, presidente de la comunidad judía de Dresde. Albert Hirsh, encargado de los asuntos judíos en la Oficina de Enlace de las iglesias. Este personaje había sido delegado del "American Joint Distribution Committee", la agencia judía a la cual pertenecían los médicos del Kremlin. Telmuth Lohser, presidente de la comunidad judía de Leipzig. Gunter Singer, presidente de la comunidad judía de Erfurt. Se estima que entre enero y febrero cerca de medio millar de judíos abandonaron la RDA y pasaron a la República Federal ante el temor de ser arrestados y acusados de espionaje.

Mención aparte merece Gerhardt Eisler, otro agente judío que vio peligrar su situación. Este famoso espía, cuyo nombre aparece repetidamente en los documentos Venona, era, según Richard Nixon, jefe de Propaganda de la RDA cuando fue destituido del cargo a principios de 1953. Eisler, definido por su propia hermana Ruth Fischer como "el perfecto tipo de terrorista", fue uno de los hombres importantes de Beria en Estados Unidos, donde acabó siendo juzgado en 1947 después de haber gozado de la protección de Eleanor Roosevelt, una sionista recalcitrante como sabemos. El Gobierno pidió un millón de dólares de fianza, pero el juez dejó la cifra en 23.500 dólares, que fueron pagados por el Partido Comunista. En mayo de 1949 se fugó en el *Batory*, un barco polaco en el que viajó de polizón. Estados Unidos pidió su extradición a Gran Bretaña y fue detenido en

Southampton, pero acabó en libertad y llegó sin problemas a Alemania, donde fue contratado por la Universidad de Leipzig hasta que se convirtió en jefe del Departamento de Información del Gobierno de la RDA.

Así estaban las cosas en las dos Alemanias cuando Beria logró por fin deshacerse de Stalin. Un més después del magnicidio, comenzaron las complicaciones en la Unión Soviética, toda vez que el Politburó recibió presiones del Ejército, cuyo odio hacia Beria era profundo. El mariscal Zhúkov, que personificaba el malestar general y encabezaba las reivindicaciones, se convirtió en un enemigo peligroso para Beria, quien en una confesión posterior tras su detención dejó escrito que había expresado a sus colegas del Politburó que Zhúkov, el héroe ruso de la Seunda Guerra Mundial, "representaba la amenaza de un bonapartismo que quería silenciar al partido." Pese a todo, Beria seguía contando con la colaboración vital de Malenkov; pero en una reunión del Presídium (Politburó) celebrada el 9 de abril de 1953, el grupo formado por Jrushchov, Bulganin y Zhúkov provocaron el primer enfrentamiento serio. Tras una exposición de Beria sobre la situación política interna, sus propuestas fueron rechazadas y se produjo una ruptura muy importante. Incluso Malenkov, según declaró con posterioridad Jrushchov al referirse a esta sesión histórica, se alineó con quienes se oponían a Beria, quien interpretó lo ocurrido como una declaración de guerra.

Gracias a declaraciones de Adenauer, se sabe que durante los meses de abril y mayo de 1953 representantes acreditados por él canciller alemán y por Beria, el nuevo hombre fuerte de la URSS, mantuvieron repetidos encuentros secretos con el fin de estudiar las posibilidades de un acercamiento y una mayor colaboración ente las dos Alemanias. Anton Kolendic ofrece en *Les derniers jours* información valiosa sobre estas reuniones y sobre las decisiones y actuaciones de Beria que precipitaron su caída. Según este autor, "para formar una Alemania unida, Adenauer hubiera vendido su alma al diablo. Por ello autorizó y alentó los contactos entre su colaborador más íntimo, Hans Gobke, secretario de Estado y coordinador de los servicios de información, y el representante de Beria." Durante la guerra mundial, Hans Gobke y Allen Dulles, director general de la CIA, habían sido canales habituales de Beria. Mientras que con Dulles las relaciones eran lógicas, pues eran aliados, los contactos con Gobke, en teoría un funcionario nazi, constituyen una paradoja y son menos inteligibles. Después de la guerra, Gobke había colaborado con los servicios de información americanos y también había prestado algunos servicios a Beria.

Durante estas conversaciones secretas, La República Federal de Alemania planteó distintas modalidades para un acercamiento que permitiera una mayor cooperación entre las dos Alemanias e insistió en la necesidad de relajar el régimen policial y militar en la RDA. Pidió además la liberación de numerosos prisioneros. Por su parte, los soviéticos solicitaban la anulación de los planes para la integración en un futuro de la RFA en la OTAN. En estas circunstancias, en mayo de 1953 Beria, sin contrapartidas de la otra parte, retiró de Berlín Este y de toda la RDA gran número de oficiales y cuadros del NKVD que habían demostrado mayor compromiso con la política de Stalin. A la vez, concedió mayores poderes a las instancias locales y a la policía militar alemana. Junto a esta relajación de la disciplina de ocupación, se produjo la liberación de muchos prisioneros políticos de la cárcel de Bautzen. De inmediato surgieron todo tipo de especulaciones e interpretaciones sobre el alcance y el propósito de estas medidas.

Entre el 16, 17 y 18 de junio se produjeron en el Berlín oriental y en varias ciudades una serie de revueltas y manifestaciones cuya interpretación varía enormemente según la fuente que las comenta. En Moscú se entendió que las medidas unilaterales tomadas por Beria en el mes de mayo habían sido la señal para que los grupos de oposición se preparasen para la insurrección y la manifestación pública de su antisovietismo. Un texto del propio canciller Adenauer considera que la causa más directa del levantamiento fue un decisión del Consejo de ministros de la RDA tomada el 28 de mayo de 1953, según la cual se aumentaba en un diez por ciento la jornada diaria, lo cual significaba la imposición de cuotas de producción más duras sin subidas salariales. Si el descontento con esta medida fue el detonante, cabe pensar que la organización se tomó bastante tiempo para preparar la sublevación, que comenzó cuando los obreros que trabajaban en la avenida de Stalin de Berlín interrumpieron su trabajo en la mañana del día 16 de junio y enviaron una delegación a la sede de la Presidencia para entregar un memorándum. Pronto cerca de un millar de personas se reunieron ante el edificio e impidieron que el vicepresidente Heinrich Rau y el ministro de la Construcción, Fritz Selbmann, les dirigieran la palabra. La muchedumbre los recibió con gritos airados y una lluvia de piedras, que obligó a los ministros a retirarse del balcón.

Walter Ulbricht, que en 1946 había sido el artífice de la unificación entre los partidos socialdemócrata y comunista en la zona oriental de Alemania, unión que dio lugar al SED (Sozialistische Einheitspartei Deutchlands), ostentaba en 1953 el cargo de secretario general del partido y exigió la intervención del mando de las tropas soviéticas. En lugar de autorizarla, Beria la prohibió y ordenó al ministro de la Seguridad del Estado, el general Wilhelm Zeiser, un hombre muy fiel conocido en España como el general Gómez, que emitiera un comunicado radiofónico anunciando que se había anulado el aumento de la jornada laboral. De este modo las unidades soviéticas permanecieron en sus acuartelamientos. Cuando amaneció el día 17, columnas de manifestantes aparecieron en las calles de la capital y se concentraron en los alrededores del barrio gubernamental, adonde confluyeron unas cuarenta mil personas. Los soldados soviéticos, no obstante, siguieron sin reaccionar a pesar de las provocaciones directas: cuando aparecieron fueron recibidos con una lluvia de ladrillos y piedras, las ventanas de la Oficina de Propaganda en la Potsdamer Platz fueron rotas a pedradas y el edificio incendiado. Berlín Este quedó pronto sumido en el caos de la revuelta. A primeras horas de la tarde la situación dio un vuelco alarmante cuando en Magdeburgo, Brandenburgo, Lepizig, Dresde, Chemnitz y en otras ciudades de la RDA centenares de miles de manifestantes se sumaron a la protesta contra la ocupación soviética. No es posible que todo ello se hubiera podido organizar sin que el ministro de la Seguridad del Estado, el omnipotente Beria, se hubiera enterado de nada. Parece evidente que la rebelión se había planeado a gran escala y que Beria supo de antemano lo que se estaba tramando.

Lo ocurrido en Moscú durante la noche del día 16 no es conocido, pero todo indica que fueron los jefes del Ejército Rojo quienes decidieron actuar en contra de las órdenes de Beria. Después de cerrar a cal y canto los pasos fronterizos entre los dos sectores de la capital alemana, los tanques y las tropas soviéticas se lanzaron contra la multitud. La represión, que se prolongó hasta el día 18 de junio, arrojó un balance de víctimas que, una vez más, varía según la fuente. Entre los papeles de los archivos secretos de Beria se encontró un documento sobre los sucesos del 17 de junio en Berlín Este. Se trata nada menos que de un informe que el canciller Adenauer presentó en la reunión del Gobierno de la República Federal. En él se alude a fuentes calificadas como seguras y se dan estas cifras: más de quinientas personas murieron en los enfrentamientos. Noventa y dos manifestantes fueron abatidos "para dar ejemplo", según consta textualmente en el informe. Más de cinco mil personas fueron arrestadas. Otras fuentes rebajan sustancialmente el número de muertos, que sigue sin ser conocido con seguridad.

Cuando Beria, a quien en círculos del Ejército llamaban la "nutria sanguinaria", supo que las tropas de ocupación habían abandonado sus cuarteles y habían marchado sobre los manifestantes de Berlín a pesar de sus órdenes, se presentó sin demora ante Malenkov, en cuyo despacho entró sin esperar ser anunciado. Allí contactó telefónicamente con el general en jefe soviético, el cual le informó que sus unidades "se habían visto obligadas a hacer uso de sus armas". Beria protestó indignado y pidió a Malenkov que interviniera inmediatamente y convocase a los militares responsables para que se explicasen. Malenkov se mostró alterado y explicó que el mariscal Zhúkov, en tanto que jefe del Estado Mayor del Ejército, con la aprobación del ministro de las Fuerzas armadas de la URSS, Bulganin, había anunciado que debía dar la orden de intervenir y de impedir las "provocaciones imperialistas y la insurrección antisoviética en Alemania del Este." Malenkov dijo que tuvo que apoyar dicho punto de vista, ya que los argumentos eran convincentes. Según Malenkov, Zhúkov "declaró abiertamente que sin una intervención rápida y enérgica, no garantizaba el desarrollo futuro de los acontecimientos para el destino de Alemania del Este y de otras democracias populares." Beria tuvo claro entonces que Zhúkov, y Bulganin, quienes controlaban el Ejército, estaban decididos a enfrentarse a él. Puesto que Jrushchov los apoyaba, sólo Malenkov podía reconducir la situación creada.

Entre los documentos requisados durante el registro del apartamento de Beria figuran trescientos informes del servicio de escuchas. Estas escuchas demuestran que desde la sesión del Presídium del 9 de abril en la que perdió la votación, Beria supo que una fracción estaba en guerra contra él. A. Kolendic reproduce en *Les derniers jours* algunos de estos textos, en los que el jefe del servicio S. J. Tikholiubov especifica que ha "suprimido lo superfluo". Extraído de la obra mencionada, sigue el fragmento de una conversación mantenida el 6 de junio de 1953 entre Kliment Vorochilov, que entonces era presidente del Presídium del Soviet Supremo, por tanto, jefe del Estado según la Constitución, y Nikita Jrushchov:

> "Jrushchov: Veamos ahora un problema muy importante. La conducta y las iniciativas de Lavrenti Pavlovich nos inquietan seriamente. Usted vio como se comportó ayer, en la reunión... y ello a pesar de la decisión del Presídium...
> Vorochilov: Basta. Yo sólo puedo hablar bien del trabajo y de la personalidad de Lavrenti Pavlovich. Todas sus acciones han sido fructíferas y útiles para el país y el partido.
> Jrushchov: Bien, bien, Kliment Yefremovich, pero entonces usted no ve cuáles son los fines de Beria...
> Vorochilov: Nikita Sergueievich, sin duda hoy se ha levantado con el pie izquierdo para estar tan furioso contra el mundo entero..."
> Jrushchov: Nosotros no contemplamos tolerar más su poder arbitrario. Hay numerosas pruebas contra él. Incluso sobre sus relaciones con los imperialistas y el espionaje internacional.
> Vorochilov: Verdaderamente, Nikita Sergueievich es usted un imbécil ('durak') por decir tales estupideces. ¿Comprende bien dónde vivimos y dónde estamos...?"

Anton Kolendic comenta que es evidente que Vorochilov, quien durante mucho tiempo había estado en las altas esferas del poder, sabía muy bien que las conversaciones eran escuchadas, razón por la cual se muestra tan prudente en sus juicios sobre Beria, en cuya destitución, algunos días después, participó muy activamente.

Thaddeus Wittlin, apoyándose en comentarios y declaraciones de funcionarios del Ministerio de Seguridad del Estado, asegura que Beria pensaba tomar el poder y culminar el golpe de Estado aquel mismo mes de junio de 1953. Este autor explica que dos milicianos de la guardia del Kremlin dispararon sobre el automóvil del primer ministro cuando éste salía por la puerta Spassky, la entrada principal del Kremlin. Malenkov resultó ileso, pero el chófer fue alcanzado por las balas. Los centinelas afirmaron que el conductor del automóvil no respondió cuando pidieron la consigna ni se detuvo para mostrar los documentos. De acuerdo con sus instrucciones, los guardias estaban obligados a disparar en casos semejantes. Pese a la detención inmediata de los autores de los disparos, que pertenecían a la Policía de Seguridad de Beria, comenzó a circular la sospecha de que lo ocurrido había sido un intento de eliminar a Malenkov, lo cual hubiera permitido a Beria ocupar de inmediato su cargo de presidente del Gobierno. Wittlin apunta que los enemigos de Beria en el Presídium estaban de noche en sus casas pendientes de cualquier ruido en la calle, pues sabían que si a estas horas un coche se detenía frente a su puerta podía significar el fin.

Sobre cómo se produjo la detención de Beria se han propagado distintas versiones. T. Wittlin ofrece tres de ellas en un capítulo de *Comisario Beria* titulado "El hombre que murió tres veces". La primera apunta que Beria fue detenido cuando se dirigía al teatro Bolchoi para asistir a la representación de *Los Decembristas* y ejecutado aquella misma noche del 27 de junio de 1953. Veamos un fragmento de esta versión: "El automóvil negro de Beria seguía marchando entre dos tanques que lo protegían como si fuesen dos potentes acorazados dando escolta a un navío ligero. Sin embargo, no condujeron al coche en dirección al Bolchoi, sino a las afueras de Moscú, donse se hallaba la prisión de Lefortovo, la mejor custodiada de la URSS. Aquella misma noche, Beria fue ejecutado en una celda de dicha cárcel."

La segunda versión es la información ofrecida por la agencia Associated Press, publicada por periódicos de Berlín, Londres y Nueva York el 18 de febrero de 1954. Según ésta, Los principales dirigentes soviéticos y diplomáticos de varias repúblicas populares asistieron a una recepción ofrecida por el embajador polaco para honrar la amistad entre Polonia y la URSS. Era ya tarde cuando Bulganin y Vorochilov, que habían ido en el coche oficial de Beria, se le acercaron para sugerirle que abandonaran ya la fiesta. Tras ellos salieron otros jerarcas, entre ellos los principales generales. La comitiva, encabezada por la limusina de Beria, quien había dicho al chófer que acompañarían primero a Bulganin y luego a Vorochilov, no siguió el itinerario esperado y el conductor detuvo el automóvil en el centro del patio interior de la Lubyanka. Cuando Beria vio que otros coches los habían seguido, preguntó al chófer qué juego era aquél. El hombre que se volvió y bajó el cuello del abrigo de cuero negro no era su conductor habitual, que era a la vez su guardaespaldas, sino un jefe de alta graduación al que conocía superficialmente. Vorochilov tomó entonces un brazo de Beria y salieron. Los generales habían salido ya de sus coches y los esperaban. En el umbral de la puerta estaba el director de la prisión con dos funcionarios, los cuales condujeron al grupo hacia la sala de juicios donde un grupo de tres jueces solía dictar sentencias sumarísimas. En esta ocasión el mariscal Ivan S. Koniev, presidía la corte acompañado de otros siete miembros. Los cargos concretos fueron: tratar de hacerse con el poder total; ser un espía al servicio del extranjero; tratar de instaurar el capitalismo en Rusia. Según este versión, una vez leída la sentencia, se requirió la presencia de un pelotón de fusilamiento. Un capitán, un sargento y dos números de la guardia llevaron a Beria a una celda del sótano y allí fue ejecutado, en el mismo lugar donde cientos de presos habían sido aniquilados por orden suya.

La tercera versión es la que más consenso concita y por ello dedicaremos a ella las últimas páginas de este capítulo. El tercer escenario del arresto de Beria es la sala principal de conferencias del Kremlin, donde en la tarde/noche del 21 de junio se reunió el Presídium del PCUS. Antes, a finales de mayo de 1953, se había celebrado una reunión del Presídium en el curso de la cual la dirección del partido ucraniano, comprometido con Jrushchov, fue sustituida por otra leal a Beria. Después de la sesión, Jrushchov, según explica él mismo, se dirigió a Malenkov y ambos viajaron en el mismo coche hacias sus dachas, que estaban próximas. Su relato sigue así:

> "Le expresé mi deseo de tener con él una conversación seria, pero no me atrevía a empezar porque tenía miedo de los micrófonos de Beria. Nos paseamos por su jardín y le dije:
> - Escucha, camarada Malenkov, ¿No comprendes hacia dónde nos conduce esto? Nos encaminamos al desastre. Beria afila sus cuchillos.
> Malenkov respondió:
> - Sí, yo también estoy inquieto desde hace tiempo, ¿pero qué podemos hacer?
> - Debemos oponerle resistencia, impedir sus artimañas antipartido. Debemos defendernos...
> - ¿Qué? ¿Pretendes que me oponga a él sólo?
> - No estás solo. Yo estoy ahí, también Bulganin está de acuerdo. Estoy seguro de que los otros se unirán a nosotros.
> - Bien, ¿pero qué debemos hacer según vosotros?
> - En primer lugar debes cambiar tu manera de presidir las sesiones del Presídium. Cuando Beria dice o propone alguna cosa, tú estás enseguida de acuerdo, sin discusión, sin pedir la opinión de otros miembros. Proclamas inmediatamente la proposición aceptada y pasas al siguiente punto. No seas tan sumiso y no te precipites. En adelante, cuando Beria hable, cállate y deja que los otros se expresen. Verás que no tendrá la mayoría. Esta mayoría está contra él, pero actualmente se muestra impotente porque tú, en tanto que secretario del partido y jefe del Gobierno, lo sostienes..."

Ciertamente, mantener la colaboración con Malenkov era vital para Beria desde hacía tiempo, pues de este modo se aseguraba el beneplácito del partido. Por ello, una vez se contó con Malenkov fue más fácil convencer a los demás, es decir, Vorochilov, Kaganóvich, Saburov y los otros. Jrushchov escribe en sus memorias que al entrevistarse con Mólotov para exponerle la necesidad de ir contra Beria, éste le dijo: "Sí, estoy totalmente de acuerdo contigo. Pero aún quiero pedirte una cosa: ¿cuál es la posición de Malenkov?" La respuesta fue: "Te hablo en nombre de Malenkov y de

Bulganin. Ya hemos intercambiado nuestros puntos de vista sobre este asunto."

No obstante, el talón de Aquiles de Beria eran los militares. Su relación con ellos había quedado marcada durante la guerra. En 1968, una revista ilustrada de Praga publicó un relato sobre el odio que el Ejército había acumulado contra el ministro del Interior. El autor, un diplomático checoslovaco, citaba como fuente a Bulganin. Según esta información, en el mes de febrero de 1953, poco antes del asesinato de Stalin, un grupo de mariscales y generales encabezados por Zhúkov y Moskalenko habían visitado a Bulganin, su ministro de Defensa, para solicitar que les organizara una entrevista con Stalin. Querían revelarle la verdad en relación a numerosas acciones criminales emprendidas por el ministerio del Interior y el NKVD contra el Ejército soviético. Delante de Bulganin, los mariscales atacaron abiertamente a Beria, a Abakúmov e incluso a Malenkov. Afirmaron que durante la guerra y después de la liberación esta troika había matado o enviado a prisión y a la muerte a numerosos oficiales y soldados honestos que se habían distinguido durante los combates. Después de la muerte del dictador, según se explica en la versión aparecida en la revista de Praga, Jrushchov y Bulganin convencieron a los militares de que sería suicida ir a la vez contra Malenkov, jefe del Gobierno y del partido, y contra Beria. Cuando se les anunció que se había logrado convencer a Malenkov para que se sumase a la acción, se decidió que Moskalenko confeccionaría un plan detallado de las operaciones.

En definitiva, puesto Beria controlaba la Policía y la guardia del Presídium obedecía sus órdenes, su detención no hubiera sido posible sin la intervención del Ejército. Conozcamos lo que escribió Jrushchov al respecto:

"... Por ello, decidimos asegurarnos la participación del Ejército. Al principio, confiamos el encarcelamiento y la vigilancia de Beria al camarada Moskalenko, comandante en jefe de la Defensa Aérea, y de otros cinco generales. Finalmente, en la víspera de la sesión, Malenkov agrandó el círculo para incluir al mariscal Zhúkov y a algunos otros. En total once mariscales y generales. En aquella época se exigía que todos los militares que entrasen en el Kremlin se sometieran al control de armas, de manera que hubo que encargar al camarada Bulganin que se encargase de permitir el paso a los militares con sus armas. Tomamos las disposiciones para que durante la reunión del Presídium el grupo de Moskalenko esperase nuestra llamada en una habitación próxima. Cuando Malenkov diera la señal, sus hombres debían entrar en la sala de sesiones, arrestar a Beria y conducirlo a prisión."

La versión de la destitución y arresto de Beria que ofrece Anton Kolendic en *Les derniers jours* explica las grandes líneas de los preparativos de la detención. Entre sus fuentes, cita unas declaraciones del propio Moskalenko, en las que éste revela que la última reunión antes de la acción tuvo lugar en la noche del 20 al 21 de junio de 1953. Asisitieron a la misma el ministro Bulganin, el mariscal Zhúkov y el propio Moskalenko. Se pusieron a punto todos los detalles y se examinaron todas las eventualidades. Moskalenko explica que estuvieron de acuerdo en todo salvo en un punto: "¿Qué había que hacer con Beria?". Jrushchov y Moskalenko eran partidarios de liquidarlo de inmediato; pero Bulganin y Zhúkov estaban absolutamente en contra. El mariscal Zhúkov insistió en que debía pasar ante un tribunal popular y llegó a argumentar que "era preciso mantenerlo vivo para que pudiera dar testimonio de los crímenes de Malenkov y de los otros."

Para justificar la presencia de once mariscales y generales en el Kremlin sin que Beria sospechase y alertase a la guardia, en la mañana del 21 de junio Malenkov anunció por telefono a través de su Secretariado que además de la sesión ordinaria del Politburó acudiría asimismo un equipo especial del Comité de Defensa Nacional para examinar la situación en Alemania del Este y sus implicaciones internacionales. Zhúkov, el salvador de Moscú; Ivan Koniev, inspector jefe del Ejército; el mariscal Malinovsky, héroe de Stalingrado; el general Moskalensko, viceministro de Defensa; formaban parte del grupo de militares que fueron conducidos a la sala número 3, donde aguardaron a que se les hiciera entrar en la sala donde se hallaban reunidos los miembros del Politburó. Antes del inicio, Beria se apresuró a decirle a Malenkov: "Gueorgui Maksimilianovich, debemos tomar medidas urgentes contra lo que ocurre en Berlín." A lo que Malenkov, sin apartar la vista de los papeles respondió: "Lavrenti Pavlovich, la sesión va a empezar... está en el orden del día... usted podrá entonces..." Según Jrushchov, autor de la cita, Beria no dijo nada, pero se notó que estaba bastante sorprendido por la reacción inhabitual de Malenkov, quien siempre le había mostrado una conducta servil.

El ataque contra Beria lo inició Jrushchov, quien, como se ha narrado anteriormente, lo acusó de ser una agente del espionaje inglés y de haber traicionado y vendido los intereses de la URSS con su actuación en los hechos acaecidos en la RDA. "Beria jamás ha sido un comunista -concluyó Jrushchov-, sino un arribista calculador y egoísta que vio en nuestro partido la vía ideal para realizar sus planes de megalómano, de criminal y de espía." Beria se levantó y pidió la palabra; pero Bulganin saltó gritando que él había pedido la palabra con anterioridad y le lanzó una retahíla de graves acusaciones. Luego siguieron Mólotov, Kaganóvich, Vorochilov y otros. Cuando Beria se puso de nuevo en pie para tratar de defenderse, Malenkov apretó el timbre reservado y la puertas laterales se abrieron de par en par. En este momento, con Zhúkov al frente, irrumpieron en la sala los mariscales y generales con las armas en la mano. Moskalenko apuntó su metralleta en la espalda de Beria y Malenkov pronunció estas palabras: "Como presidente del Consejo de Ministros de la Unión Soviética, os ordeno que arrestéis a Lavrenti Beria y lo pongáis a disposición de las instancias judiciales competentes." De este modo, los jefes militares se llevaron a Beria. Unos días después de su detención, el 25 de junio, Beria escribió una carta a Malenkov con el permiso de sus guardianes en la que se quejaba del trato recibido: "Dos hombres me estiraron por el brazo, mientras otros me empujaban por la espalda con sus metralletas y sus pistolas. Me arrojaron como un saco en un rincón del secretariado. Cuando mis lentes cayeron no me permitieron recogerlas, pese a que les expliqué que no veía nada. Me trataron como a una bestia feroz..."

En la obra de Kolendic que venimos utilizando como fuente principal, se ofrece a partir de escritos, declaraciones e informaciones diversas, una reconstrucción de lo ocurrido tras la detención de Beria. De acuerdo con la mayoría de los miembros del Politburó, los jefes militares se aseguraron el control de los puntos estratégicos de Moscú y de las principale ciudades. Al mismo tiempo se procedió al arresto de los responsables de los órganos del Ministerio del Interior. Puede afirmarse que los más próximos colaboradores y acólitos de Beria fueron liquidados o desactivados de inmediato. La actitud de colaboración de Vsevolod Merkulov, que ayudó a Malenkov a organizar la purga tras los primeros momentos de la destitución de Beria, fue vital. Todos los ministros de Interior y sus adjuntos de todas las repúblicas y provincias autónomas de la Unión Soviética fueron arrestados. Se logró así dominar y controlar a las fuerzas armadas del Ministerio del Interior y del NKVD, que constituían un segundo ejército. El propio Merkulov declaró que se eliminó a cerca de tres mil funcionarios de la Seguridad.

El mayor número de arrestos y destituciones afectó al servicio de contraespionaje de Beria en el seno del Ejército. Allí la purga fue llevada a cabo por una comisión especial dirigida por el ministro Bulganin. Íntimo de Beria desde los años de Bakú y Tiflis, Merkulov había sido uno de los organizadores de la red de espías dentro del Proyecto Manhattan y Beria lo había colocado como ministro de la Seguridad del Estado en sustitución de Ignatiev. Bruscamente, pasados ya unos días, fue arrestado. Según una información de Pravda del 23 de diciembre de 1953, Merkulov acabó fusilado junto a su jefe. Sus confesiones y las de otros acusados se hallan recogidas en un centenar de páginas.

El 10 de julio de 1953 se produjo por fin el primer anuncio oficial de la caída de Beria. En primera página de *Pravda* se publicaba un "comunicado del Pleno del Comité Central del PCUS", en el que se informaba que se había adoptado la decisión de excluir a Beria y se había aceptado la resolución del Presídium del Soviet Supremo de someter a la Corte Suprema de la URSS el examen de sus actividades enemigas. Textualmente, se decía que el camarada Malenkov había presentado un informe "que se refería a las actividades delictivas contra el Partido y el Estado, sabotaje contra la seguridad de la Unión Soviética realizado en interés del capital extranjero." Se denunciaba asimismo que Beria había pretendido "colocar el Ministerio de Asuntos Internos por encima del Gobierno y del Partido Comunista de la Unión Soviética." Cuando radio Moscú retransmitió el comunicado de

*Pravda*, la estupefacción fue general, tanto en la unión Soviética como en el extranjero, pues nadie ignoraba que Beria era el hombre más poderoso de la URSS.

Pero si hay diversas versiones sobre cómo se produjo el arresto de Beria, también la fecha de su muerte ha sido objeto de controversia. El 16 de diciembre de 1953, todas las radios soviéticas emitieron un comunicado oficial que fue publicado asimismo el día siguiente por *Pravda* e *Izvestia*. En él se informaba que había concluido la instrucción del proceso contra el traidor Beria, un agente del imperialismo internacional, y sus cómplices y que próximamente serían juzgados. Parece ser, sin embargo, que el proceso verbal contra L. P. Beria, V. N. Merkulov, V. G. Dekanozov, B. J. Kobulov, S. A. Goglidzé, P. Y. Mechik y L. E. Vlodzimirski ya se había celebrado cuando se emitió el comunicado, pues habría comenzado el 14 de diciembre y finalizado el día siguiente, fecha en que fueron sentenciados y ejecutados. Estos chekistas condenados a muerte junto a Beria pasaban por ser armenios, georgianos, etc., pero distintas fuentes apuntan que eran casi todos ellos criptojudíos como el mismo Beria. Merkulov, por ejemplo, uno de los miembros más conspicuos de la llamada "mafia de Beria", pasa por ser azerí, pues nació en Azerbayán; pero en *Complot contra la Iglesia* Maurice Pinay, seudónimo utilizado por los obispos opuestos a las reformas del Concilio Vaticano II, asegura que era judío.

Existe, por otra parte, una declaración oficial aparecida el 24 de diciembre de 1953 en *Pravda* e *Izvestia*, los periódicos gubernamentales, según la cual Beria fue juzgado por traición, condenado a muerte y ejecutado el 23 de diciembre. Sin embargo, distintos relatos aseguran que Beria fue liquidado mucho antes. En 1962, por ejemplo, La *Gran Enciclopedia Universal Polaca*, publicada por el Gobierno comunista polaco, dio como fecha de su muerte el mes de julio de 1953. Si esta información fuera cierta, habría que pensar que el hombre que compareció ante el tribunal presidido por el mariscal Koniev, era un doble que respondió adecuadamente a las preguntas que se formularon. En el proceso verbal, por ejemplo, figura una pregunta de Koniev, el militar que junto con la doctora Timachuk había denunciado por carta a Stalin las actividades criminales de los médicos judíos del Kremlin. En relación a las actuaciones de Beria tras la muerte de Stalin, el mariscal Koniev preguntó: "¿Quién le dio la autorización para proclamar, sin consultar al ministro de Defensa y sin acuerdo del Consejo de Defensa, el estado de alerta en el Ejército y de subordinar el mando del Estado Mayor al comité especial compuesto por sus hombres y colocado bajo su dirección?" La respuesta fue: "Obedecía a la razón de Estado. Si no hubiera proclamado inmediatamente el estado de alerta y la alarma de primer grado, quién sabe qué hubiera ocurrido... El Politburó estaba descabezado, el Gobierno no se reunió hasta el día siguiente, mientras que el Comité Central tenía que reunirse con dificultad tres días más tarde... Para evitar la anarquía era preciso actuar rápido..."

En cualquier caso, puesto que existen asimismo confesiones y otros textos escritos a mano por Beria, cabe pensar por lo menos que, efectivamente, no fue ejecutado en el acto, como sugieren otras fuentes, sino que durante algún tiempo siguió vivo y pudo ser interrogado. Hay, además, testigos y pruebas documentales de que en diciembre se celebró un proceso en el que se condenó a muerte a Beria. Parece, pues, razonable considerar que la persona que compareció ante el tribunal en el juicio a puerta cerrada podía ser el auténtico Beria.

Para terminar, queda sólo reseñar, necesariamente de manera muy escueta, la gestión que a petición de sus "amigos internacionales" realizó Beria ante Mao para acabar con la guerra de Corea. Desde mayo de 1953, Beria mantuvo contactos secretos con los norteamericanos, los cuales querían convencer a chinos y norcoreanos de la conveniencia de detener las hostilidades. El hombre clave de Beria en China, su representante especial, era Pavel Iudin, el judío que ya en 1947 había sido enviado a Yugoslavia para dirigir y supervisar el periódico *Por una paz duradera, por una democracia popular,* el boletín de la Cominform. Este viejo colaborador, utilizado por Beria en misiones muy importantes, había sido nombrado miembro permanente de la Academia de Ciencias y era considerado el filósofo oficial del partido. En Pekín, además de sus funciones de informador, fue encargado de la edición de las obras completas de Mao y acabó siendo nombrado embajador. En mayo de 1953 trabajó estrechamente con Kao Kang, el agente de Beria denunciado por Stalin, el cual, sorprendentemente, no había sido liquidado. Según A. Kolendic, "a instancias de Beria, Iudin solicitaba y obtenía diariamente una entrevista con Kao Kang". Kolendic añade que Iudin recibía los informes de Kang y a su vez le transmitía "consignas de Beria sobre la necesidad de aceptar todas las condiciones de los americanos y poner fin a la guerra de Corea". Entre los documentos obtenidos tras el arresto de Beria se encontraron numerosos textos sobre las "relaciones con el Comité Central del Partido Comunista chino". Se trataba de informes redactados por él mismo o remitidos por Kao Kang, que era miembro del Politburó. Cuando el 27 de julio de 1953 se firmó solemnemente el Tratado de Panmunjon que supuso el alto el fuego y el fin de las hostilidades, Beria estaba ya detenido, si no había sido ejecutado.

En definitiva, Como había ocurrido con Stolypin, con Alejandro II, con Nicolás II y su familia, todos ellos asesinados por comisionados de los conspiradores judíos que aspiraban al control y la usurpación de las riquezas de Rusia, Stalin fue asimismo despachado por un agente del Poder Oculto. Nos parece razonable concluir que Lavrenti Pavlovich Beria, el asesino de Stalin, era el criptojudío escogido por quienes habían financiado el comunismo desde sus orígenes. Su figura fue creciendo durante la Segunda Guerra Mundial. La información secreta que le suministraron los agentes judíos infiltrados en el Proyecto Manhattan y la que fue recibiendo en los años de posguerra consolidaron su poder. Apenas acabada la guerra, Beria fue colocando a sus hombres al frente de los servicios de Seguridad de Polonia, Checoslovaquia, Hungría, Bulgaria, Rumanía, Yugoslavia... Stalin comenzó a sospechar de él cuando constató que muchos de estos judíos delegados por Beria se oponían subrepticiamente a su política en relación al control de la Cominform. Una vez eliminado el dictador, Beria trató de consolidar el golpe de Estado para hacerse con el poder en la URSS.

Cabe penar que, una vez que Adenauer claudicó por completo y aceptó entregar compensaciones multimillonarias a los sionistas, era conveniente una Alemania unida que pudiera hacer frente a las obligaciones desproporcionadas, casi imposibles, asumidas por el canciller alemán en contra de la opinión de su propio partido. Sólo así puede entenderse la conducta errática de Beria durante las jornadas de junio de 1953, encaminada a entregar la RDA y facilitar la reunificación, a pesar de que un año antes las potencias occidentales y el propio Adenauer habían rechazado la propuesta contenida en la Nota de Stalin.

# ÍNDICE

Abakúmov, 553, 560, 584, 591, 592, 603, 626

Abdul Hamid II, 414

Abdullah, 444

Abraham, 425, 426

Abs, 616

Abusch, 618

Acheson, 217, 393, 399, 494, 495, 499, 500, 501, 504, 573

Ackerman, 516

Adams, 518, 520, 521, 522, 523

Adenauer, 62, 614, 615, 616, 617, 620, 621, 622, 631

Adler, 263, 485, 486, 490, 491, 495

Agabekov, 539

Aisenstadt, 176, 177, 178

Akhmerov, 473, 474, 478

Alejandro II, 631

al-Husseini, 419, 421, 422, 425

Alilúyeva, 545, 582, 605, 607

al-Kassam, 421

Allen, 268, 542, 567, 620

Alphand, 208

Alsop, 217, 514

Alter, 548

Altman, 209, 411

Álvarez, 10

Álvarez del Vayo, 10

Amberger, 310

Amery, 9, 37, 78, 153

Anastos, 519, 521

Anderson, 497

Andrews, 424

Andreyev, 580

Andrianov, 608

Aníbal, 313

Anna, 180, 199, 335, 483, 513, 518, 579

Anna Alliluyeva, 579

Antelman, 274

Arafat, 439, 477

Arnold, 177, 395

Artemiev, 608

Asquith, 416

Astakhov, 106

Astor, 479

Asuero, 381

Atila, 144

Attlee, 350, 355, 427, 428

Attolico, 40, 92, 113, 114, 119, 131, 139, 147, 148, 152

Aubrac, 209

Austin, 435

Avtorkhanov, 530, 531, 532, 545, 580, 582, 594, 595, 596, 597, 599, 600, 601, 603, 605

Bacque, 288, 322, 323, 326, 327

Badger, 493

Bagirov, 530, 533

Bakaric, 550

Baldwin, 243, 244

Balfour, 37, 78, 153, 157, 159, 416, 417, 418, 425, 448

Bar, 209, 213, 368

Baramiya, 585

Barmine, 498

Barnes, 497, 499

Baruch, 30, 63, 203, 209, 262, 265, 266, 268, 269, 274, 275, 283, 288, 291, 332, 368, 390, 393, 394, 396, 397, 431, 432, 434, 435, 511, 589, 601, 614

Bar-Zohar, 55, 336, 337, 338, 339, 340, 341, 342

Bashtakov, 186

Baudoin, 205, 208

Bauer, 618

Baum, 249

Bazata, 334

Beach, 232

Beaverbrook, 205

Bebler, 581

Beck, 18, 20, 21, 22, 24, 32, 39, 42, 45, 47, 48, 49, 52, 53, 63, 64, 68, 72, 80, 82, 84, 85, 86, 87, 88, 89, 90, 92, 93, 94, 97, 99, 100, 101, 105, 107, 111, 114, 116, 117, 122, 124, 126, 129, 132, 133, 134, 135, 138, 139, 140, 141, 142, 143, 144, 145, 146, 150, 152, 169, 170

Beevor, 319

Begley, 448

Beguin, 426, 429, 442

Beit, 453

Beleznay, 566

Belisha, 44

Belkin, 584

Belyaev, 474

Ben Gurión, 32, 179, 336, 424, 425, 430, 443, 462

Benedek, 602

Benes, 23, 33, 34, 35, 36, 37, 38, 39, 40, 42, 44, 46, 47, 346, 349, 353, 354, 361, 445, 550, 551, 587

Ben-Nathan, 457

Bensussan, 248, 249

Bensussan-Butt, 248

Bentley, 284, 285, 286, 405, 465, 469, 470, 471, 475, 485, 490, 496, 507

Benton, 511

Beria, 102, 171, 179, 182, 183, 184, 185, 186, 221, 275, 298, 320, 356, 364, 400, 402, 403, 405, 445, 446, 471, 474, 501, 528, 529, 530, 531, 532, 533, 534, 535, 536, 537, 538, 539, 540, 541, 542, 543, 544, 545, 546, 547, 548, 549, 550, 551, 552, 553, 554, 557, 558, 559, 560, 562, 563, 566, 577, 578, 579, 581, 582, 583, 584, 585, 591, 592, 593, 595, 596, 597, 598, 599, 600, 601, 603, 604, 605, 606, 607, 608, 609, 610, 611, 612, 613, 614, 619, 620, 621, 622, 623, 624, 625, 626, 627, 628, 629, 630, 631, 632

Berl, 119

Berlin, 48, 319, 512

Berman, 363, 404, 581, 582

Bernadotte, 445, 447, 448, 449

Bernays, 370, 371

Bernstein, 286, 292, 515

Bertrand, 238, 355, 395

Berzin, 498

Beseler, 16

Bethe, 266, 406

Beveridge, 355

Bevin, 430, 435

Bevin Alexander, 198

Biaer, 358

Biddle, 53, 126

Biedermann, 462, 463

Bien, 188, 208, 229, 623, 625

Bierut, 581

Bingham, 510

Biro, 602

Bisson, 483

Bjerknes, 264

Blasich, 565

Bloch, 163, 266

Blokhin, 186

Blum, 144, 322, 544

Blumentritt, 197

Blumkin, 403

Blunt, 401

Boarov, 564, 565

Bobrzynski, 16

Bochaca, 389

Bodenschatz, 215

Bodrov, 557

Bohlen, 296, 474

Böhn, 616, 617

Bohr, 263, 543

Bollack, 119

Bonnet, 28, 36, 39, 79, 81, 88, 103, 109, 122, 131, 141, 145, 146, 148, 149, 152, 153

Bordiot, 34, 37

Boreczek, 365

Boris, 209

Bor-Komorowski, 188

Bormann, 377

Borodin, 482

Bourgès-Maunory, 457

Bourgès-Maunoury, 457, 458

Bower, 355

Brandeis, 30, 223, 264, 275, 283

Brandenstein, 404

Brandt, 322

Brankov, 565, 566, 568

Bransten, 404, 490

Brauchitsch, 84

Brech, 321

Breindel, 479

Brenner, 177

Brinkmann, 315

Browder, 410, 474, 484

Brownell, 522

Brufau, 584

Brunschwig-Bordier, 209

Bryant, 269, 373

Brys, 365

Buch, 58

Bucinskis, 181

Budas, 178

Budberg, 401

Budenny, 310

Budenz, 498

Budziewicz, 100

Bujak, 304

Bujarin, 579, 596

Bukov, 478

Bulganin, 459, 598, 599, 608, 611, 622, 626, 627

Bulkin, 179

Bullit, 39

Bunche, 449

Bunkowski, 162

Burchet, 270

Burckhardt, 20, 67, 69, 97, 100, 111

Burgess, 401

Butz, 376

Byrnes, 203, 269, 400, 434, 469

Cadogan, 78, 149

Cairncross, 400, 401

Cajander, 172

Cambon, 204, 416

Campbell, 77, 476

Canaris, 200

Capon, 267

Carlavilla, 228, 547, 552

Carol, 78, 80, 94

Carolina, 500

Carp, 554

Carrier, 187

Carrington, 271

Carter, 273, 489, 491, 497, 498

Caspo, 602

Cazalet, 298

Cecil, 543

Chagall, 43

Challe, 458

Chamberlain, 9, 21, 22, 23, 27, 28, 32, 35, 36, 37, 38, 40, 41, 42, 43, 44, 68, 69, 70, 71, 73, 77, 78, 82, 85, 86, 97, 117, 121, 122, 127, 128, 135, 136, 151, 153, 155, 157, 158, 190, 210, 239, 380, 424

Chambers, 284, 286, 405, 465, 468, 469, 471, 475, 476, 477, 478, 490

Chang, 492

Chao, 483, 485, 491, 495

Chapin, 569

Charkviani, 585

Chautemps, 206

Chen Han-seng, 483

Chennault, 493

Chevalier, 402

Chi Chao-ting, 483, 485

Chian, 483

Chmielewski, 364

Chodacki, 96, 97

Cholokashvili, 535

Chou, 485, 487

Churchill, 36, 44, 80, 156, 157, 158, 196, 216, 236, 241, 254, 280, 297, 301, 305, 308, 323, 347, 350, 351, 424, 427

Chvalkovsky, 73, 76, 80

Ciano, 111, 123, 141, 146, 148, 149, 151, 169

Cicmil, 552

Citron, 181

Clark, 273, 306, 357, 475

Clay, 329

Clayton, 292

Clemenceau, 417

Clementis, 446, 586

Clifford, 475

Clinton, 274, 497

Coe, 284, 286, 291, 325, 468, 469, 470

Cohen, 204, 411, 462

Cohn, 512, 513, 523

Colegrove, 500

Coleman, 407, 515

Conant, 269

Conot, 370

Conquest, 500, 501

Cooper, 9, 44

Corbin, 145

Cortesi, 140

Coston, 34, 207

Coulondre, 73, 134, 155

Coward, 588

Cox, 448

Creveld, 462

Cristo, 382, 429

Cross, 328

Csaky, 47

Cunningham, 442

Currie, 468, 485, 486, 487, 488, 490, 491, 496

Curzon, 296, 300, 306, 351, 416

Czernin, 551

Dahlerus, 121, 129, 138, 240

Daladier, 36

Dallet, 266

Damianov, 558

Daniel, 43, 209, 596, 615

Danzig, 15, 17, 19, 22, 64, 69, 88, 96, 98, 100, 106, 110, 127, 142, 170, 175, 309

Darlan, 120

Davidescu, 175

Davies, 104, 106, 301

Davignon, 86

Davis, 217

Dawson, 75

Day, 177

Dayán, 457, 463

De Gaulle, 204, 206, 208, 296, 297

Dedijer, 565

Deesi, 602

Dekanozov, 533, 629

Delano, 67, 275

Delbos, 31

Delski, 179

Denikin, 17

Deutscher, 528

Dieckhoff, 62

Dies, 399, 464, 513, 574

Diethelm, 209

Diewerge, 214

Dikötter, 500

Dill, 204

Dimitrov, 546, 547, 548, 550, 554, 555, 556, 557, 558, 559, 563, 591, 593

Dimont, 179

Dios, 51, 168, 174, 215, 236, 288, 336, 461, 533, 578

Dirksen, 80, 81, 121, 512, 523

Djilas, 547, 550

Dmowski, 16, 17, 18

Dodd, 464, 470

Dodge, 336

Dollinger, 260, 315

Donald, 420

Dönitz, 313, 321, 377

Donovan, 335

Doonping, 483

Dorn, 495

Douglas, 30, 217, 288, 294, 334, 368, 371, 380, 381, 427, 429, 432, 449, 502, 503

Doumenc, 110

Doussinague, 276, 277

Doyle, 403

Draganov, 105

Dragoitcheva, 558, 563

Duff, 9, 44, 70

Duggan, 472

Dulles, 268, 295, 542, 567, 620

Dumbadze, 530, 533, 539

Dunsterville, 531

Dwinger, 161, 163, 164, 165

Dzugheli, 535

Early, 249

Easterman, 616

Eastland, 285, 286

Eden, 23, 44, 69, 189, 204, 295, 297, 299, 300, 323, 456, 458, 459, 460

Eduardo, 19

Ehrenburg, 317, 318, 319, 548, 596, 604
Ehrlich, 548
Eichmann, 56, 382
Einsenstein, 364
Einstein, 263, 264, 265, 374, 391, 396, 397, 398
Eisen, 436
Eisenhower, 249, 286, 287, 288, 290, 293, 320, 321, 322, 323, 324, 325, 327, 329, 330, 331, 332, 333, 342, 344, 367, 368, 386, 458, 459, 466, 511, 513, 514, 517, 522, 523, 526, 601
Eisenlohr, 29
Eisler, 619
Eitingon, 584, 613
Elitcher, 409
Ellowitz, 374
Elsey, 475
Engelhardt, 313
Engels, 274
Epstein, 178, 179, 181, 443
Eremenko, 235
Erkko, 172
Erlanger, 413
Espartaco, 392
Esser, 361, 362, 363
*Esther*, 381
Etinger, 584
Evans, 407, 472, 475, 476, 486, 487, 491, 492, 494, 495, 496, 498, 509, 514, 516, 517, 524, 526
Falco, 377
Farago, 334
Färberböck, 318
Farkas, 564, 568, 570, 571
Faruq, 444, 456
Fay, 200

Feder, 11
Feigin, 177
Feisal, 476
Feklissov, 406, 408, 409
Feldman, 594
Feodotov, 181
Ferguson, 265, 286
Fermi, 267, 402, 404
Ferry, 462
Feuerstein, 364
Field, 567
Fink, 209
Finkel, 364
Finkelstein, 104
Fischer, 615, 619
Fischl, 446, 589
Fisher, 288, 524, 525
Fiske, 375
Fitin, 335, 405
Flanders, 526
Flandin, 19
Folkoff, 402, 613
Ford, 217, 265, 508, 510
Forrestal, 9, 431, 432, 433, 434, 435, 445, 499, 519
Forster, 122
Foster, 115, 268, 295, 542
Francis, 203, 237
Francisco, 234, 267, 276, 370, 390, 403, 404, 405, 471, 484
Franck, 265
Franco, 15, 71, 73, 276
François-Poncet, 40, 71, 141, 146
Frank, 210, 228, 230, 266, 274, 284, 286, 293, 374, 377, 392, 442, 446, 468, 469, 470, 495, 500

Frankenberger, 199

Frankenstein, 461

Frankfurter, 55, 56, 63, 231, 235, 275, 283, 335, 431, 475

Franklin, 33, 67, 218, 232, 275, 279, 282, 290, 304, 335, 434, 471

Frau, 312, 318

Freedman, 294

Freeman, 306, 488

Frejka, 446, 586, 590

Freud, 374

Freund, 446, 586, 590

Freyman, 266

Frick, 377

Frisch, 267, 402

Fritsch, 60

Fritzsche, 377

Fuchs, 402, 405, 406, 407, 409, 411, 543

Funk, 12, 377

Fust, 60

Gafencu, 79, 89, 90, 118

Galinski, 529

Gallardón, 368, 384

Gamelin, 120, 204

Ganev, 556, 557

Garay, 602

Gauché, 109

Gaus, 382

*Gay*, 269, 334

Gayn, 488

Gazier, 458

Gebhardt, 319

Gehrke, 264

Gekher, 532

Geminder, 446, 589

Gens, 178

Gensoul, 207

Georgina, 569, 570, 571

Gerber, 181

Gerö, 564, 566, 568, 571

Gilad, 336, 338

Gilbert, 156, 157

Gimborski, 362

Ginsberg, 488

Glasser, 286, 291, 325, 471, 490, 618

Glikman, 364

Glubb, 444, 446

Glückmann, 178

Glücks, 383

Göbbels, 21, 57, 60, 61, 92, 98, 154, 212, 323

Gobke, 620

Goethe, 52, 616

Goglidze, 594

Gold, 405, 406, 407, 409, 411

Goldhammer, 618

Goldman, 62, 179, 180, 369, 442, 445

Goldmann, 62, 179, 369, 615

Goldsmith, 393

Golem, 455, 460, 461, 462

Golikov, 220

Gollancz, 347, 355, 388, 389, 574

Golos, 405

Gómez, 276, 621

Gomulka, 364, 581, 582

Goodrich, 318

Gordon, 373

Göring, 19, 27, 58, 61, 63, 76, 97, 121, 122, 128, 129, 131, 133, 135, 138, 140, 143, 155, 198, 211, 215, 240, 377, 378, 389

Gorka, 18

Gort, 158, 196
Gosniej, 356
Gottwald, 446, 586, 587, 590
Grabbe, 177
Grabski, 303, 364
Graff, 192
Gramberg, 178
Graml, 57, 60
Granich, 483, 487, 488
Green, 506
Greenberg, 485
Greenglass, 407, 408, 409, 411
Greiser, 96, 97, 100, 101, 114, 122
Grew, 228, 399
Grey, 416
Grinstein, 594
Gromyko, 394, 474
Gröning, 260, 365
Gros, 377
Gross, 356, 471
Grossman, 364, 548
Groves, 268, 473
Grübnau, 96, 97, 100
Grunbaum, 364
Grusenberg, 482
Grynszpan, 54, 55, 56, 364
Guariglia, 141, 146, 153, 154
Guderian, 196, 197, 198, 199
Guggenheim, 274
Guido, 26
Guilels, 548
Guillermo, 157, 356
Gunther, 564
Gunzberg, 564
Gurin-Loov, 178

Gustavo, 172
Gustloff, 54, 56, 314, 315, 335
Gutkin, 177
Gutterman, 442
Habsburgo, 16, 24
Hácha, 42, 47
Hagelin, 191
Hain, 567
Hajdu, 446, 590
Halder, 197, 198
Halifax, 9, 22, 23, 27, 29, 33, 37, 38, 46, 47, 49, 67, 68, 69, 70, 71, 72, 73, 74, 75, 76, 77, 78, 79, 80, 81, 82, 83, 84, 85, 86, 87, 88, 90, 91, 94, 97, 100, 101, 103, 105, 106, 107, 108, 109, 110, 111, 114, 116, 117, 118, 121, 122, 123, 125, 127, 128, 129, 130, 131, 132, 133, 134, 135, 136, 138, 139, 141, 142, 143, 144, 145, 146, 148, 149, 150, 151, 152, 153, 154, 155, 156, 169, 189, 190, 205, 234, 240, 245, 246
Hall, 410, 411
Hallett, 200, 202, 204
Halow, 374
Halperin, 468
Halupovitsch, 179
Haman, 380, 381
Hambro, 191
Hamilton, 215, 216, 574, 575, 576
Hammon, 209
Hanfstängl, 200
Hankey, 400
Hanna, 364
Hannegan, 430, 431
Harbord, 333
Harel, 336
Harriman, 221, 268, 301, 302, 306, 604
Harris, 242, 250, 254, 257, 368

Harrison, 269, 332

Hart, 197, 242, 247, 439

Hasenöhrl, 264

Hastings, 243, 249

Hawking, 264

Haynes, 472

Hazak, 181

Hecht, 429

Heilbronn, 209

Heine, 274

Heineman, 406

Heinemann, 615

Heinlein, 25, 29, 33

Helphand, 293

Henderson, 20, 29, 40, 46, 47, 73, 75, 76, 81, 91, 94, 96, 97, 99, 110, 118, 119, 121, 123, 125, 126, 127, 128, 129, 130, 131, 132, 133, 134, 135, 136, 137, 138, 142, 144, 145, 146, 148, 153, 154, 155, 160

Henke, 317

Hentig, 425

Heras, 584

Hermann, 209

Herminghaus, 312

Herzl, 414, 443

Hess, 215, 274, 293, 377, 379, 392, 413

Heuss, 618

Hewel, 193

Heydrich, 59, 63

Hickenlooper, 508

Hickey, 502

Hida, 267

Higger, 391

Hillers, 318

Himmelhoch, 181

Himmler, 59, 210, 383, 385, 445, 590

Hirohito, 262, 267

Hirsch, 178

Hirsh, 177, 209, 619

Hiss, 268, 390, 398, 400, 465, 471, 475, 476, 477, 478, 490, 543

Hitler, 9, 10, 13, 14, 15, 16, 18, 20, 21, 22, 23, 24, 25, 26, 27, 28, 29, 32, 34, 35, 36, 37, 38, 39, 40, 41, 42, 43, 44, 46, 47, 48, 49, 50, 51, 52, 55, 57, 59, 61, 63, 64, 65, 67, 68, 69, 70, 71, 73, 74, 75, 76, 77, 78, 80, 81, 82, 84, 86, 87, 88, 89, 90, 91, 92, 93, 94, 97, 98, 101, 102, 105, 107, 109, 110, 111, 112, 113, 116, 117, 118, 120, 121, 122, 123, 125, 126, 127, 128, 129, 130, 131, 132, 133, 134, 135, 136, 137, 138, 141, 142, 143, 144, 145, 147, 148, 149, 150, 151, 152, 154, 155, 156, 160, 169, 189, 190, 191, 192, 194, 195, 196, 197, 198, 199, 200, 201, 202, 203, 204, 206, 207, 210, 211, 215, 218, 219, 220, 221, 222, 224, 230, 235, 238, 240, 241, 243, 245, 262, 263, 268, 275, 283, 298, 314, 342, 351, 362, 363, 368, 378, 379, 380, 382, 385, 402, 420, 425, 456, 513, 524, 525, 526, 528, 574, 575, 601, 614

Hoare, 79

Hochhuth, 260

Hodza, 25, 46

Hoff, 177, 179, 181

Hoffman, 351, 513, 522, 526

Hoggan, 16, 19, 22, 25, 29, 39, 41, 46, 47, 49, 52, 64, 65, 68, 70, 73, 80, 82, 85, 87, 92, 93, 98, 99, 106, 108, 113, 117, 130, 131, 135, 136, 142, 147, 151, 239

Holsti, 171

Hoover, 286, 291, 464, 466, 467, 468, 469, 476, 484, 485, 491, 495, 496, 497, 498, 504, 508, 509, 510, 517, 524

Hope, 249, 419, 420, 428, 480

Hopkins, 219, 220, 221, 222, 223, 224, 297, 398, 465, 471, 472, 473, 474, 478, 495, 543

Hore-Belisha, 158, 159

Horowitz, 39, 94, 615
Horthy, 75
Höss, 373, 377
Hossbach, 310
Howard, 35, 47, 508, 564, 572, 615
Hsu, 483
Huber, 329
Hull, 31, 62, 228, 229, 230, 232, 283, 284, 287, 289, 290
Hurley, 487, 488, 489, 490
Hussein, 415, 416, 457
Hutchins, 483
Hyman, 393, 516, 517
Ierkomoshvili, 535
Ignatiev, 585, 586, 591, 593, 608, 612, 629
Ilia Zeilkovich, 578
Illy, 566
Inönü, 279
Irving, 158, 190, 193, 199, 204, 210, 212, 215, 241, 244, 250, 252, 253, 255, 257, 258, 259, 410, 519, 520, 521
Isaías, 392
Iscariote, 380
Ismay, 204, 205, 243, 249
Istomina, 584
Iudin, 546, 556, 631
Iván el Terrible, 597
Ivanov, 133
Jabotinsky, 178, 213, 374, 425, 437
Jackson, 369, 370, 372, 373, 375, 377
Jacobo, 157
Jacobson, 158
Jaffe, 480, 483, 484, 485, 488, 496, 497, 504
Jakobson, 181
Jedrichovski, 301, 302

Jedrzejewicz, 65
Jenner, 527
Jentzsch, 260
Jerjes, 381
Jeroboam, 36, 204, 588
Jerome, 158
Jeschonnek, 211
Jessup, 494, 495, 499, 504, 506, 507
Jodl, 196, 197, 199, 211, 377, 378, 381
Joel, 407, 515
Joffe, 181, 481
Johnson, 77, 499
Jolanski, 180
Jorge VI, 127, 216, 427
Josephthal, 616
Jouvenel, 238
Jovanovic, 565
Jowitt, 377
Jrushchov, 221, 459, 531, 532, 534, 536, 580, 583, 591, 593, 599, 600, 603, 604, 605, 606, 608, 614, 620, 623, 625, 626, 627, 628
Judá, 265
Judah, 367, 461
Juliana, 520
Jung, 492
Jurkowski, 364
Kaan, 209
Kac, 364
Kahan, 598, 603
Kahn, 209, 274, 413
Kahnweiler, 43
Kalinin, 184, 186
Kallio, 172
Kaltenbrunner, 377, 379
Kámenev, 293, 548, 559

Kann, 266

Kao, 501, 631

Kapitza, 548

Kapner, 335

Kaps, 318

Karaivanov, 559

Kardelj, 547, 550, 561, 581

Karl, 225, 227, 276, 546

Karmi, 336

Kartes, 180

Katsube, 271

Katz, 446, 451, 566, 585, 586, 588, 589

Kauffmann, 218

Kaufman, 209, 212, 213, 214, 258, 313, 323, 342, 368, 410

Kaufmann, 218, 264

Keitel, 76, 125, 206, 377, 381

Kempner, 382

Kennan, 247, 251, 301, 302

Kennard, 35, 47, 49, 67, 68, 73, 75, 79, 83, 86, 101, 108, 111, 116, 118, 123, 125, 127, 129, 130, 132, 133, 134, 135, 138, 139, 142, 143, 144, 146, 150, 152

Kennedy, 9, 70, 83, 85, 93, 117, 136, 307, 461, 462, 511, 512, 513, 514

Kerr, 306

Keynes, 286, 470

Khader, 418, 419, 424, 442

Kheifitz, 404

Khrustalyov, 607

Kim, 501

Kimmel, 226, 227, 228, 230, 231, 232, 233, 234

Kirkpatrick, 154

Kírov, 532, 537

Kirschbaum, 374

Kissinger, 477

Kistiakowsky, 267

Kitchener, 415

Kitt, 178

Kivimäe, 180

Klausen, 235

Klehr, 472

Klein, 569, 570, 571

Klement, 446, 586

Klimko, 602

Klotz, 14

Klusseck, 161

Knox, 228, 230

Kobke, 169

Kobulov, 186, 538, 629

Koc, 51

Koch, 338, 340, 386

Koenig, 209

Koestler, 417

Kofkin, 181

Kogan, 592, 593, 594

Kohn, 158

Kohnert, 98

Kolarov, 550, 557, 558, 559, 563

Kolendic, 531, 536, 542, 554, 555, 557, 563, 583, 591, 592, 603, 609, 620, 623, 627, 628, 631

Koniev, 593, 625, 627, 630

Konovalov, 315

Kopiera, 161

Kordt, 109

Korff, 435

Korondy, 571, 573

Kossynkine, 595, 601

Kostov, 545, 546, 550, 552, 554, 555, 556, 557, 558, 559, 560, 561, 562, 563, 564, 574, 575, 586

Kovach, 567
Kramer, 382
Krauch, 372
Kraus, 615
Krawiecki, 364
Krigel-Varlimont, 209
Krivitsky, 395, 478
Krivoshéin, 183
Kriwienko, 186
Krofta, 25, 29, 46, 47
Kroppman, 181
Krotov, 402
Krümmer, 95
Krúpskaya, 404
Kubek, 282, 284, 285, 286, 288, 290, 291, 294, 322
Kubovy, 601
Kuhl, 333
Kuhn, 221, 224, 282, 397
Kulka, 353
Kummetz, 313
Kun, 560
Kunin, 557, 558, 559
Künsberg, 66
Kuperin, 612
Kurnakov, 410, 411
Kurusu, 228, 229
Küster, 616, 617
Kutzeba, 304
Kutzer, 169
Kuuli, 177
Kuusinen, 173
Kuznetsov, 545, 553
Kwiatowski, 364
La Chambre, 120

La Guardia, 91, 178, 367
Laar, 179, 180
Ladd, 509
Laidoner, 176
Lammer, 382
Lamsdorf, 361, 362, 364
Landau, 589
Langsdorff, 192
Lanz, 200
Lanz von, 200
Larsen, 488
Lasch, 316
Lattimore, 480, 483, 484, 485, 487, 491, 497, 498, 499, 504, 506, 507
Laughlin, 468
Laurence, 221, 268, 270, 472
Lautern, 384
Laval, 150
Law, 274
Lawrence, 416
Lawton, 517, 518, 519
Leahy, 272, 292
Leavitt, 616
Lebbin, 181
Lebrun, 205
Lecache, 56
Lehman, 264, 282, 431
Lehndorff, 316
Lehrman, 364
Leichnitz, 166
Leighton, 499
LeMay, 261, 273
Lenard, 262, 264
Lenin, 104, 141, 159, 274, 275, 293, 390, 394, 404, 481, 528, 529, 530, 532, 537, 548, 549, 554, 595, 610, 611, 612

Leniton, 578
Lenz, 109
Leo Aisenstadt, 178
Leopoldo, 204
Lepecki, 53
Lequerica, 206
Lester, 20, 442, 516
Levien, 140
Levin, 178
Levine, 483, 516, 517
Levitov, 409
Levitsky, 516
Lewinsohn, 282
Liddell, 197, 242, 247, 298
Liebenfels, 200
Likhachev, 584
Lilienthal, 393, 397, 398, 432, 614
Lina, 176, 177, 178, 179, 180, 181, 182, 579, 594
Lincoln, 12, 200, 266, 403, 408, 411
Lindbergh, 217
Lindemann, 247, 248, 249, 254, 258, 323, 361, 368
Lindsay, 74
Lippmann, 249
Lipski, 21, 22, 48, 49, 64, 83, 84, 85, 87, 91, 92, 93, 119, 122, 134, 135, 138, 139, 140, 142, 143, 145
List, 400
Litvínov, 43, 93, 103, 104, 220, 277, 297, 474
Liu, 11
Lloyd, 37, 416, 417
Löbl, 446, 586, 590
Lobonovich, 181
Lockhart, 104
Loeb, 43, 221, 224, 282, 397

Loew, 461
Lohser, 619
Lombard, 119, 205, 481, 484
London, 446, 586, 590, 618
Loraine, 113, 114, 123, 146, 148, 149
Lorentz, 264
Lothian, 240
Lovett, 430, 433
Löwenkopf, 619
Lowry, 474
Lübentschik, 425
Lubienski, 84
Lublin, 295, 339, 340, 356, 364
Lubomirski, 101
Luce, 217
Lucke, 60
Ludwig, 446, 586
Luis XVI, 381
Lukasiewicz, 36, 39, 66, 82, 84, 85, 88, 94, 107, 145, 147
Lukomski, 606
Luttichau, 326
Lutze, 59, 60
Lvov, 296, 299, 301, 530
Lwow, 48
Lyons, 159
MacArthur, 267, 288, 502, 503
Macdonald, 263
MacDonogh, 315, 316, 345, 346, 349, 367, 373, 388, 389
Machado, 157
Mackensen, 126, 139
Mackenzie, 283
Mackiewicz, 84
Maclean, 298, 401
MacMahon, 415

Magee, 382

Magilewski, 284

Magistrate, 113

Mahmoud, 452

Maisky, 221, 602, 613

Maka, 364

Makins, 47

Malenk, 580

Malenkov, 536, 542, 545, 546, 547, 548, 549, 552, 553, 555, 580, 598, 599, 603, 605, 608, 609, 610, 611, 620, 622, 624, 625, 626, 627, 628, 629

Malinovsky, 627

Malta, 295, 381, 459

Mandel, 9, 36, 43, 204, 588

Mandell, 157, 479, 542

Mannerheim, 174

Maochun, 491

Maquiavelo, 395

Marcus, 370, 373

Margolius, 446, 586, 587, 590

Marinesko, 314

Mark, 66, 90, 243, 373, 375, 376, 379, 382, 383, 384, 402, 416, 419, 472, 474, 488

Markish, 548

Markos, 447

Markovitch, 181

Marples, 355

Marschalko, 368, 374, 384, 581

Marshak, 548

Marshall, 228, 232, 233, 234, 325, 400, 430, 479, 489, 490, 491, 492, 495, 502, 513, 547, 548

Marty, 586

Marx, 235, 274, 293, 373, 392, 413, 533, 574

Masaryk, 23, 24, 29, 45, 550, 551

Maser, 377

Matern, 618

Mathes, 167, 168

Matthews, 306, 513, 514

Maurras, 119

Maxim, 220

Maxwell, 373

Mayer, 208

Mayorov, 553, 591

McCarran, 498

McCarthy, 398, 407, 464, 466, 475, 477, 479, 491, 492, 495, 496, 497, 498, 499, 504, 505, 506, 507, 508, 510, 511, 512, 513, 514, 515, 516, 517, 518, 519, 520, 521, 522, 523, 524, 525, 526, 527, 574

McClellan, 521

McFadden, 281

McGrath, 434, 508

McLean, 543

McMahon, 406, 506

McNeil, 573

Mechik, 629

Medina, 157

Medvedev, 611

Meigs, 511

Mekhlis, 596

Melnikov, 608

Mendès, 209

Menon, 598

Menzel, 374

Mercader, 584

Merkel, 260, 365

Merker, 618, 619

Merkulov, 186, 530, 628, 629

Metallikova, 579

Meyer, 43, 104, 264, 619

Meyersohn, 553

Michaels, 596

Mihaílovic, 544

Mikhoels, 548, 549, 578, 593

Mikolajczyk, 297, 298, 299, 300, 301, 303, 306, 307

Mikoyan, 556, 557, 599, 609

Miles, 587, 589

Milner, 21, 75, 104, 267, 274, 479

Mindszenty, 602

Minsker, 179

Mirbach, 403

Mirov, 593

Mirov-Abramov, 559

Mirvitz, 181

Mjasnikov, 180

Moch, 544

Modin, 543

Moich, 564, 565

Moiséievich, 183

Molay, 33

Mollet, 457, 458, 459

Mólotov, 93, 104, 105, 106, 107, 108, 109, 110, 116, 117, 119, 141, 150, 159, 170, 171, 172, 173, 175, 203, 220, 221, 224, 228, 275, 285, 296, 298, 299, 302, 304, 306, 544, 547, 549, 550, 553, 554, 559, 578, 579, 580, 598, 599, 602, 609, 611, 613, 626, 628

Moltke, 21, 22, 42, 47, 48, 51, 52, 53, 72, 84, 92, 95, 105

Monick, 205

Monnet, 205

Montague, 159

Montgomery, 331, 388

Monzie, 152

Moody, 488, 493

Morawski, 96

Mordejai, 364, 380, 381

Morel, 364, 365

Morgan, 21, 267, 274, 366, 367, 479, 480, 523, 543

Morgenthau, 28, 63, 78, 209, 213, 248, 258, 274, 275, 281, 282, 283, 284, 285, 286, 287, 288, 289, 290, 291, 292, 293, 294, 308, 322, 323, 325, 329, 332, 333, 342, 344, 368, 387, 396, 400, 431, 465, 469, 486, 511, 614

Moro-Giafferi, 56

Morris, 374, 404, 411, 481

Morrison, 218

Morton, 322, 407, 409, 410, 515

Moscicki, 86, 125, 129

Moshé, 457, 463

Moskalenko, 626, 627, 628

Moszynski, 187

Moyne, 426

Mrazovich, 565, 566, 567, 569, 570

Mullins, 264, 265, 268, 269, 271

Mundt, 523

Murra, 403

Murray, 370, 371

Mussolini, 24, 26, 27, 35, 40, 41, 73, 88, 111, 112, 113, 114, 123, 125, 126, 131, 139, 141, 146, 147, 150, 151, 152, 153

Myers, 603

Nadich, 367

Naggiar, 105

Naguib, 456

Nakashidze, 583

Nasser, 456, 457, 460

Naville, 187

Negrín, 10, 221, 602

Neilson, 237

Nelson, 402

Neumann, 482

Neurath, 21, 22, 80, 82, 377
Newman, 266
Newton, 72, 73, 75, 76
Nicholls, 248
Nicolás, 176, 319, 548, 584, 631
Nikitchenko, 377
Nilbitz, 169
Niles, 433
Nin, 578
Nina, 536, 537
Nixon, 475, 476, 490, 511, 619
Noel, 567
Noël, 18, 39, 126, 133, 139, 142, 150, 588
Nomura, 229
Norstad, 262
Nossack, 246, 247
Novák, 590
Noviks, 181, 182
Nowak, 364
O'Hare, 352
O'Malley, 189
Ogilvie-Forbes, 128, 138
Ohlendorf, 372
Okun, 515
Oliphant, 402
Oppenheimer, 265, 266, 267, 268, 393, 396, 397, 400, 402, 403, 404, 405, 411, 473, 475, 490, 543, 613
Orange, 157
Ordzhonikidze, 533, 534
Osinsky, 159
Osten, 102
Osubka-Morawski, 303
Ott, 235

Owen, 189, 480, 483, 484, 485, 491, 497, 498, 499, 506
Paasikivi, 172
Pacelli, 140
Palffy, 565, 566, 569, 570, 571, 573
Palu, 180
Panning, 162
Papee, 141
Papen, 26, 99, 377, 379
Pappé, 450, 451
Parvus, 293, 405
Pash, 266
Pasha, 445
Pasternak, 179, 181
Patolitchev, 608
Patrick, 202, 487, 489, 490, 512
Pats, 177, 180
Päts, 176, 178
Patton, 288, 327, 330, 331, 332, 333, 334, 351, 367, 388, 514, 550
Paulus, 320
Pavlov, 203, 296
Pearl-Mutter, 580
Pearson, 514
Peel, 157, 423
Pehle, 283
Peierls, 402
Pelican, 374
Peres, 336, 457
Peress, 519, 520, 521
Perkovski, 96
Perl, 374, 409, 613
Perlman, 179
Perlmann, 481
Perlo, 468, 471
Perry, 298, 401, 402, 455, 457, 543

Pervukhin, 599
Pesah, 177, 180
Petain, 200, 204, 205, 206, 207
Peters, 403
Petrat, 374
Petrovna, 584, 603, 604, 609
Peurifoy, 508
Philby, 204, 401, 407, 543
Phipps, 38, 70, 125, 129, 150, 151
Picasso, 43
Pichon, 23, 417
Picot, 416
Pieck, 619
Piekanowski, 356, 364
Pierre-Bloch, 209
Pijade, 360, 447, 544, 545, 547, 549, 551, 573, 574, 575, 581, 586, 587
Pilpel, 451
Pilsudski, 16, 17, 18, 20, 65, 89, 92
Pinay, 580, 630
Pinczewski, 163, 164
Pineau, 456, 457
Pinkeles, 200
Pío, 137, 140, 260
Planck, 264
Plevén, 205
Pohl, 372, 383
Poincaré, 264
Polina, 548, 553, 554, 578, 579, 613
Polo, 481
Poncet, 15
Poncins, 276, 277, 283, 285, 291, 466, 469
Pontecorvo, 543
Popov, 563
Poptomov, 558, 563

Portal, 254
Poskrebyshev, 538, 579, 600, 601
Potocki, 32, 53, 63, 64, 65, 66, 99
Potok, 364
Potrek, 311
Pound, 265, 385, 519
Preminger, 524
Prentice, 202
Price, 432
Primrose, 23
Princip, 54
Printz, 407
Puening, 266
Puertas, 609
Puntila, 173
Querub, 368
Quigley, 249, 480
Quisling, 191, 193, 194
Rabinowitch, 393
Raczynski, 66, 67, 85, 94
Räder, 191, 194, 195, 196, 199, 206, 210, 221, 377
Rais, 446, 456
Rajk, 564, 565, 566, 567, 568, 569, 570, 571, 572, 573, 574, 575, 581
Rakutin, 179
Randolph, 157
Rankin, 384
Rankovic, 565, 568, 569, 570, 581
Rapaya, 585
Rapoport, 594
Rassinier, 37, 43, 61, 63, 147, 156
Rath, 54, 55, 56, 57, 58, 61, 62
Rau, 621
Raubal, 201
Redens, 579

Reed, 30, 233, 294, 368, 380, 381, 427, 429, 432, 449, 519

Reicin, 446, 590

Reimann, 161

Reina, 246

Reiss, 395

Revai, 564, 566

Reves, 390, 391

Reynaud, 9, 36, 43, 204, 205, 206, 207, 588

Reynier, 436

Rhodes, 21, 267, 543

Ribbentrop, 27, 29, 43, 47, 48, 49, 64, 67, 71, 72, 73, 74, 76, 81, 83, 84, 85, 86, 87, 88, 95, 97, 101, 104, 105, 106, 110, 111, 114, 116, 117, 118, 119, 123, 124, 126, 131, 133, 136, 137, 138, 139, 141, 143, 145, 147, 148, 150, 153, 154, 155, 170, 190, 193, 195, 204, 224, 239, 275, 298, 377, 378, 380, 381

Ribes, 94

Richardson, 226, 227, 231

Richelieu, 20

Ristau, 163, 164, 165

Robinson, 52, 370

Rockefeller, 224, 267, 479, 480, 500, 543

Roden, 373

Rodenberger, 259

Romanov, 380

Romer, 303, 304

Romerstein, 335, 400, 410, 472

Roosevelt, 9, 10, 30, 31, 33, 39, 43, 44, 62, 63, 65, 66, 67, 71, 74, 78, 82, 83, 87, 88, 90, 91, 92, 94, 104, 106, 108, 109, 112, 117, 125, 129, 136, 141, 156, 170, 189, 190, 200, 205, 211, 212, 214, 217, 218, 219, 220, 221, 222, 223, 224, 225, 226, 227, 228, 230,231, 232, 233, 234, 236, 240, 249, 262, 264, 268, 272, 274, 275, 276, 277, 279, 280, 281, 282, 283, 287, 288, 289, 290, 291, 292, 294, 295, 296, 297, 299, 301, 302, 304, 305, 306, 307, 308, 322, 323, 331, 335, 343, 368, 369, 370, 390, 391, 396, 399, 400, 403, 425, 428, 433, 434, 464, 465, 471, 473, 474, 475, 478, 484, 485, 489, 495, 496, 508, 513, 544, 548, 554, 574, 577, 578, 614, 619

Rosenberg, 43, 191, 377, 378, 404, 406, 407, 408, 409, 410, 418, 513, 515, 516, 518

Rosenblatt, 512, 513, 514, 526

Rosenfeld, 374

Rosenman, 212, 223, 323, 335, 370, 396, 433, 475

Ross, 443

Roth, 487, 488

Rothschild, 11, 21, 23, 36, 56, 68, 69, 156, 157, 159, 199, 204, 208, 264, 265, 267, 274, 298, 392, 394, 398, 401, 402, 413, 414, 416, 417, 455, 457, 479, 500, 543, 588

Rubinov, 180

Rublee, 63

Rudolf, 98, 114, 115, 171, 215, 346, 373, 377, 379, 402, 445, 551, 586, 590

Rudolph, 446, 586

Ruiz, 368, 384

Rummel, 265

Runciman, 33, 34

Rundstedt, 197, 198, 199

Rusakov, 611

Russell, 230, 355, 395

Ryti, 174

Ryumin, 584, 591, 592, 593, 608, 612

Saburov, 599, 626

Sachar, 564, 572, 615

Sachs, 176, 264

Sack, 356, 362, 363, 364

Sadeh, 338

Saint-Paulien, 319
Salmon, 158
Samuel, 418
Sandler, 24
Sapieha, 304
Sara, 67
Sarant, 407, 515
Sarkisov, 539
Sármány, 566
Sassoon, 159, 481
Sauckel, 377
Sauer, 260
Saul, 495
Saundby, 254
Saunders, 516
Sax, 410, 411
Schacht, 11, 377
Schäffer, 388
Schecter, 404
Scheer, 179
Scherbakov, 584
Schicklgruber, 199
Schiff, 224, 274
Schimschelevitsch, 179
Schirach, 377
Schlicht, 166
Schliefstein, 178
Schmidt, 26, 41, 137, 154
Schmiede, 163, 164, 165
Schmotkin, 176, 178
Schmundt, 197
Schneiderman, 402
Schollenberg, 169
Schönbrunn, 588, 589

Schönman, 30, 415, 424, 426, 436, 452, 454
Schor, 179
Schörner, 345
Schulenburg, 104, 105, 106, 116
Schumacher, 616
Schumann, 208
Schuras, 181
Schuschnigg, 26
Schweitzer, 361
Scott, 525
Seeds, 107, 110
Segré, 267
Selbmann, 621
Seligman, 282
Selivanovsky, 584
Semyonov, 406, 407
Serber, 266
Sergey, 410
Serot, 448
Serov, 183
Service, 90, 485, 486, 487, 488, 489, 490, 491, 495, 496, 497, 505, 506, 510
Seyss-Inquart, 26, 27, 377, 379
Shahak, 454, 463
Shamir, 337, 426, 437
Sharett, 601
Sharon, 454
Shaw, 419, 420
Shawcross, 377
Shelley, 461
Sherman, 522
Sherwood, 219, 220, 223
Shikin, 545, 547, 553
Shinc, 512, 522, 523, 524, 526
Shinnar, 616

Shipstead, 344
Shirer, 54, 249
Shmuel, 356
Shmuelevitz, 449
Shoniya, 585
Short, 231, 232, 233, 234
Shtein, 172
Shustin, 181, 182
Shustov, 180
Sidor, 45, 72
Sidorovich, 408, 409
Sieff, 455
Sikorski, 165, 170, 188, 189, 298
Silverman, 468
Silvermaster, 468, 470, 471, 486, 490, 496
Simm, 180
Simón, 179
Simone, 446, 586, 588
Simonov, 596
Simpson, 373, 419, 420
Singer, 364, 619
Siniegubow, 186
Sinilov, 608
Skalitzky, 348
Skousen, 464
Slansky, 445, 446, 551, 581, 586, 587, 589, 590, 618
Slawoj-Skladkowski, 98
Smedley, 235
Smigly-Rydz, 19, 39, 86
Smirnov, 601
Smith, 286, 330, 384
Snyder, 516
Sobell, 407, 409, 410, 515, 516
Sokolnicki, 99

Sokolov, 417
Sokolsky, 512, 522
Solomon, 249, 269, 284, 364, 443, 488, 491, 548, 578, 591, 593, 596
Solomon Adler, 284, 488, 491
Solowic, 364
Solski, 188
Solym, 566
Solzhenitsyn, 312, 580, 581
Sombor-Schweinitzer, 567
Sommerville, 207
Sonnenberg, 162
Soong, 481
Sorge, 234, 235
Spaight, 210, 241, 242, 247
Spears, 204, 205, 206
Speer, 377
Speidel, 525
Sperling, 618
Spiers, 204
Spirka, 162
Stalin, 10, 18, 50, 71, 77, 93, 102, 103, 104, 105, 110, 112, 115, 116, 117, 118, 133, 159, 170, 171, 172, 173, 175, 183, 185, 188, 203, 218, 219, 220, 221, 224, 234, 235, 249, 274, 275, 276, 277, 278, 279, 280, 281, 289, 290, 293, 294, 295, 296, 297, 298, 299, 301, 302, 303, 304, 305, 306, 307, 308, 315, 319, 321, 323, 331, 335, 339, 343, 350, 351, 352, 364, 366, 390, 393, 394, 395, 396, 398, 400, 403, 404, 446, 470, 471, 474, 482, 484, 489, 490, 501, 503, 528, 529, 530, 531, 534, 536, 537, 538, 541, 542, 543, 544, 545, 546, 547, 548, 549, 550, 551, 552, 553, 554, 555, 556, 557, 558, 559, 560, 568, 572, 573, 574, 575, 576, 577, 578, 579, 580, 581, 582, 583, 584, 585, 587, 590, 591, 592, 593, 594, 595, 596, 597, 598, 599, 600, 601, 602, 603, 604, 605, 606, 607, 608, 609, 610, 611, 612, 613,

614, 616, 617, 618, 620, 621, 626, 630, 631, 632

Stanhope, 158, 201

Stanley, 37, 401

Stanton, 407, 472, 475, 476, 486, 487, 491, 492, 494, 495, 496, 498, 509, 514, 517, 524, 526

Stapledon, 243

Stark, 222, 226, 228, 230, 233, 234, 262

Starke, 166

Stefanik, 23

Stefanov, 557, 559, 562

Stein, 43, 100, 374

Steinhardt, 106, 108, 221

Stelmach, 181

Stepanovich, 592, 593

Stern, 425, 426, 428, 436, 445, 448, 449, 579

Stettinius, 267, 268, 269, 290, 295, 390, 399, 471, 478

Stevens, 517, 518, 519, 520, 522, 523, 524

Stilwell, 495

Stimson, 223, 230, 289

Stöcker, 602

Stolypin, 631

Strang, 105, 106

Strassman, 179

Strauss, 397, 455, 617

Streicher, 373, 377, 381

Stripling, 476

Strong, 483

Stuart, 217, 499, 598, 603

Stuckart, 128

Studniberg, 364

Studnicki, 16

Stürmer, 373, 381

Subasic, 545

Sudoplátov, 400, 403, 404

Sumner, 219

Sun Li-jen, 495

Sun Yat-sen, 481, 483

Sunic, 366

Súslov, 550, 556, 573

Sussman, 515

Sváb, 586

Svanidze, 579

Sverdlov, 177, 319

Svoboda, 349, 353

Sweney, 272

Swope, 269

Sykes, 416

Syrovy, 47

Szalai, 565, 573

Szczepaniak, 162

Szembek, 53, 84, 99, 111

Szilárd, 263, 264, 403

Szirmay, 602

Szony, 565

Szwagiel, 114

Szymánski, 87

Taft, 384

Tanev, 563

Tarsznyas, 569

Tataresco, 79

Tatlock, 266

Taylor, 25, 376, 379

Tchankov, 556

Tchervenkov, 557, 558, 559, 562, 563

Tekle, 530, 535, 536

Teller, 263, 266, 397, 406

Templer, 388

Tesch, 374

Tessler, 419

Thompson, 334

Thon, 374

Thorn, 166, 167, 168

Thyssen, 199

Tibbets, 269

Tikholiubov, 623

Tilea, 77, 78, 79, 80, 90

Timachuck, 591, 592, 593

Timoshenko, 277

Tinkpulwer, 364

Tiso, 45, 71, 75

Toland, 201

Toynbee, 395

Tretiakov, 601, 607, 612

Trevor-Roper, 203

Trotsky, 102, 118, 141, 218, 274, 275, 293, 319, 390, 394, 403, 405, 481, 482, 528, 546, 548, 552, 559, 575, 584, 594, 613, 614

Truman, 203, 236, 262, 269, 270, 272, 273, 284, 288, 291, 292, 323, 344, 350, 370, 390, 393, 400, 428, 429, 430, 431, 432, 433, 442, 443, 449, 464, 465, 466, 467, 468, 469, 471, 473, 474, 475, 477, 490, 491, 493, 494, 496, 502, 503, 505, 509, 510, 513, 526, 577

Tse-tung, 482, 483, 485, 487, 488, 490, 494, 495, 500, 501, 528, 576, 577

Tuch, 178

Tuka, 74

Tupper, 233

Tydings, 496, 505, 506, 507, 508, 509, 510, 511

Ulam, 267

Ulbricht, 621

Ullman, 471

Umansky, 220

Untermayer, 30, 106, 221, 342

Uthekin, 584

Utley, 374, 488, 493, 499

Vainu, 181

Vajda, 564

Valetsky, 560

Vandenberg, 494

Vanderbilt, 480, 483, 496, 497

Vansittart, 9, 44, 78, 109

Vanunu, 461, 462

Vasilenko, 553, 591

Vasilevski, 608

Vaughan, 467, 468, 469

Veale, 210, 237, 241, 250, 259, 375

Vernet, 567

Vigderhaus, 179

Vincent, 56, 304, 489, 491

Viner, 465

Vinogradov, 553, 594, 600, 601

Vlasik, 600, 601

Vlodzimirski, 562, 563, 629

Voigt, 358

Vora, 361

Voroshílov, 107, 109, 110

Vovsi, 593

Voznesenski, 545, 553

Vseviov, 179

Vukmanovich, 567

Vyshinsky, 478, 576

Walker, 500, 503

Walter, 601

Walters, 477

Walther, 81, 84, 95

Warburg, 200, 217, 274, 282, 392, 397, 420, 594

Warner, 373

*Warszawski*, 121

Watkins, 526

Wazir, 439, 440, 441

Webb, 266

Weber, 66, 90, 243, 373, 375, 376, 379, 382, 383

Weckert, 55, 56, 57, 58, 60, 61

Wedemeyer, 487, 490, 491, 492, 499

Weil-Curiel, 209

Weise, 161

Weishaupt, 274, 293, 392, 394, 401

Weiss, 88, 327, 360

Weisskopf, 267

Weit, 284

Weitz, 426

Weizmann, 32, 157, 158, 418, 420, 424, 425, 427, 431, 442, 443, 455, 613

Weizsäcker, 48, 81, 91, 92, 94, 96, 97, 101, 109, 113, 138, 139, 143, 155, 263, 382

Welch, 524, 525

Welczeck, 55

Welker, 527

Welles, 31, 53, 219

Wellington, 246

Wells, 243, 395

Wenger, 166

Wenner-Gren, 130

Wennerstrum, 375, 376

Werner, 104, 373

Werth, 176, 312, 548, 583, 584

Weygand, 204, 205

Wheeler, 222

Wheller-Bennet, 248

White, 283, 284, 285, 290, 325, 398, 465, 468, 469, 470, 471, 485, 486, 487, 490, 543

Whiteley, 298

Wiedemann, 69

Wiegand, 90

Wieselmann, 374

Wiesner, 98, 114, 115

Wigner, 263

Wilcox, 334

Wildenstein, 43

Wilfan, 581

Wilkes, 12

Wilkinson, 234

Willert, 588

Wilson, 17, 19, 29, 31, 38, 54, 62, 94, 292, 393, 417

Wimetal, 348

Winant, 307

Wise, 9, 30, 417

Witos, 304

Wittlin, 530, 532, 533, 534, 536, 539, 540, 553, 579, 583, 597, 603, 604, 609, 611, 612, 624

Witz, 228

Wolf, 268

Wolfe, 158

Wolinska, 365

Wood, 22, 23, 68, 69, 217, 222

Woodring, 334

Woods, 209, 286, 295, 381, 399, 466, 470, 485

Wühlisch, 115

Xun, 500

Yagoda, 528, 537, 559, 560, 585

Yahvé, 236, 336

Yakovlev, 411

Yalin-Mor, 425

Yardumian, 487

Yartsev, 171

Yegorov, 553, 591, 594, 601

Yellin, 449

Yezhov, 102, 171, 537, 538, 541, 560, 579, 585, 594

Yihad, 439, 440

Young, 277, 280, 407, 410, 497

Yura, 579

Yylha, 174

Zabrousky, 276, 277, 278, 279, 280

Zangwill, 414

Zarubin, 184, 403

Zarubina, 403

Zayas, 299, 311, 313, 344, 353, 354, 356, 359, 360, 369

Zeiser, 621

Zembol, 162

Zeng, 500

Zentner, 437, 446, 484

Zevina, 578

Zhdánov, 545, 546, 547, 548, 550, 552, 553, 574, 584, 591, 592, 593

Zhemchúzhina, 548, 554, 613

Zhúkov, 542, 545, 547, 609, 620, 622, 626, 627, 628

Ziemer, 369

Zilliacus, 587

Zimbalov, 178, 179

Zinóviev, 293, 482, 548, 559

Zucker, 364

Zuckerman, 249

Zuckermann, 619

Zulawski, 304

Zwicker, 519, 520, 521, 522

Zyborski, 98

## OTROS LIBROS PUBLICADO POR OMNIA VERITAS

Omnia Veritas Ltd presenta:

### HISTORIA PROSCRITA I
LOS BANQUEROS Y LAS REVOLUCIONES

POR

VICTORIA FORNER

*Los procesos revolucionarios necesitan agentes, organización y, sobre todo, financiación, dinero.*

**LAS COSAS NO SON A VECES LO QUE APARENTAN...**

Omnia Veritas Ltd presenta:

### HISTORIA PROSCRITA II
LA HISTORIA SILENCIADA DE ENTREGUERRAS

POR

VICTORIA FORNER

*"El verdadero crimen es acabar una guerra con el fin de hacer inevitable la próxima."*

**EL TRATADO DE VERSALLES FUE "UN DICTADO DE ODIO Y DE LATROCINIO"**

Omnia Veritas Ltd presenta:

### HISTORIA PROSCRITA IV
HOLOCAUSTO JUDÍO, NUEVO DOGMA DE FE PARA LA HUMANIDAD

POR

VICTORIA FORNER

*Nunca en la historia de la humanidad se había producido una circunstancia como la que estudiaremos...*

**UN HECHO HISTÓRICO SE HA CONVERTIDO EN DOGMA DE FE**

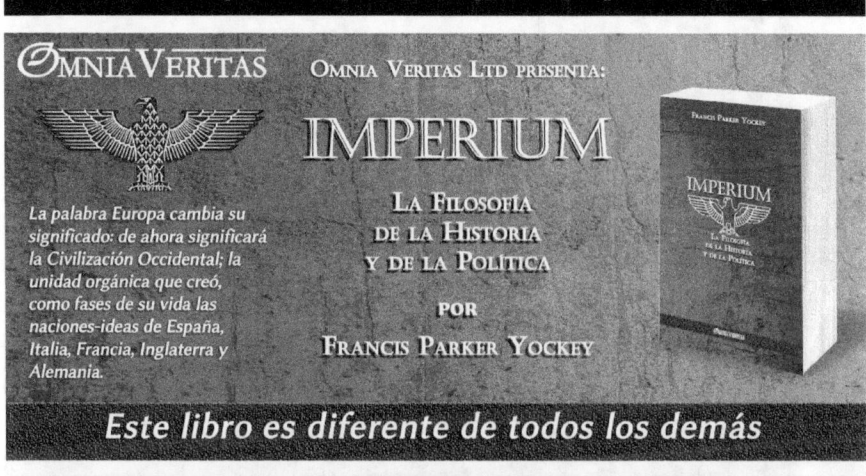

## OTROS LIBROS PUBLICADO POR OMNIA VERITAS

Omnia Veritas Ltd presenta:

### HISTORIA PROSCRITA I
### LOS BANQUEROS Y LAS REVOLUCIONES

POR

VICTORIA FORNER

*Los procesos revolucionarios necesitan agentes, organización y, sobre todo, financiación, dinero.*

**LAS COSAS NO SON A VECES LO QUE APARENTAN...**

Omnia Veritas Ltd presenta:

### HISTORIA PROSCRITA II
### LA HISTORIA SILENCIADA DE ENTREGUERRAS

POR

VICTORIA FORNER

*"El verdadero crimen es acabar una guerra con el fin de hacer inevitable la próxima."*

**EL TRATADO DE VERSALLES FUE "UN DICTADO DE ODIO Y DE LATROCINIO"**

Omnia Veritas Ltd presenta:

### HISTORIA PROSCRITA IV
### HOLOCAUSTO JUDÍO, NUEVO DOGMA DE FE PARA LA HUMANIDAD

POR

VICTORIA FORNER

*Nunca en la historia de la humanidad se había producido una circunstancia como la que estudiaremos...*

**UN HECHO HISTÓRICO SE HA CONVERTIDO EN DOGMA DE FE**

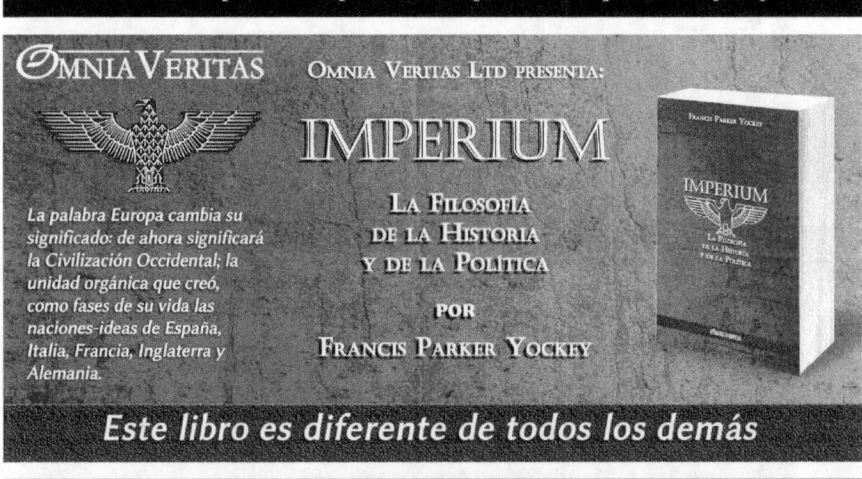

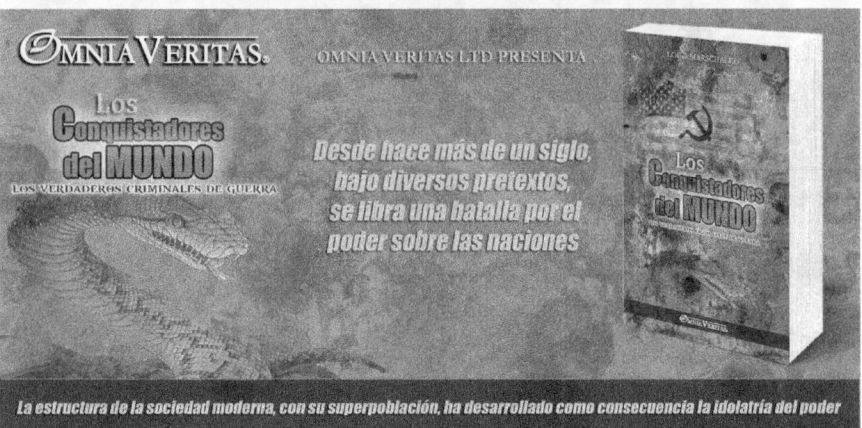

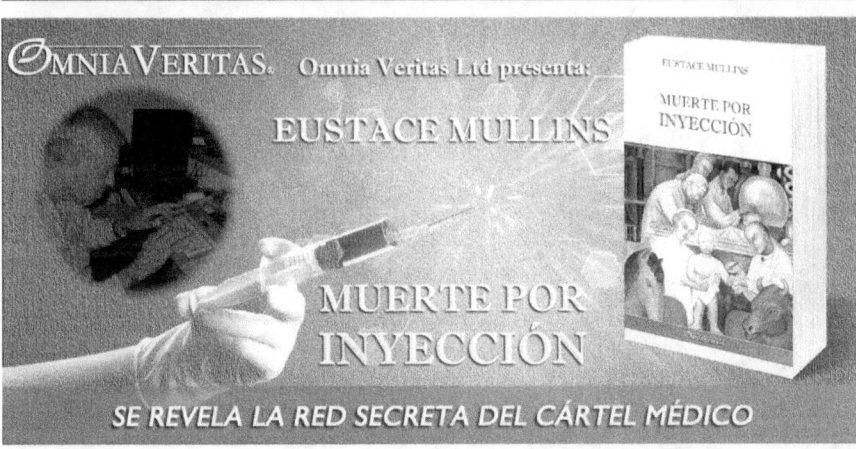

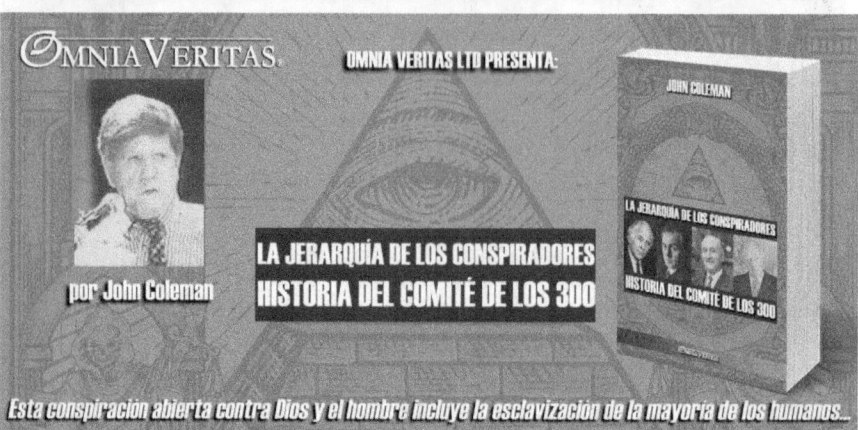

www.ingramcontent.com/pod-product-compliance
Lightning Source LLC
Chambersburg PA
CBHW060218230426
43664CB00011B/1471